NH농협은행 5급

최신기출유형 + 모의고사 6회 + 무료NCS특강

시대에듀

2025 최신판 시대에듀 NH농협은행 5급 필기전형
최신기출유형 + 모의고사 6회 + 무료NCS특강

Always **with you**

사람의 인연은 길에서 우연하게 만나거나 함께 살아가는 것만을 의미하지는 않습니다.
책을 펴내는 출판사와 그 책을 읽는 독자의 만남도 소중한 인연입니다.
시대에듀는 항상 독자의 마음을 헤아리기 위해 노력하고 있습니다. 늘 독자와 함께하겠습니다.

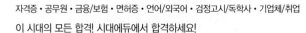

머리말 PREFACE

사랑받는 일등 민족은행 NH농협은행은 농업인과 고객 모두가 행복한 금융을 만들기 위해 나아가고 있다. NH농협은행은 100% 민족자본으로 설립된 은행으로, 고객과 임직원뿐만 아니라 국민 모두에게 사랑받는 신뢰할 수 있는 은행이 되고자 하며, 고객 서비스와 은행건전성, 사회공헌 모든 측면에서 일등이 되어 한국을 대표할 수 있는 은행으로 거듭나고자 한다.

NH농협은행은 인재를 채용하기 위해 필기전형을 시행하여 지원자가 업무에 필요한 역량을 갖추고 있는지 평가한다. NH농협은행 5급 필기전형은 2024년에 직무상식평가가 시행되지 않았으며, 인 · 적성평가, 직무능력평가, 논술평가로 치러졌다. 또한 채용분야에 따라 직무능력평가의 출제범위가 다르게 구성되었다.

이에 시대에듀에서는 NH농협은행 5급 필기전형을 준비하는 수험생들이 시험에 효과적으로 대비할 수 있도록 다음과 같은 특징을 가진 본서를 출간하게 되었다.

도서의 특징

1. 2024년 기출복원문제를 수록하여 최근 출제경향을 한눈에 파악할 수 있도록 하였다.
2. 직무능력평가 출제영역별 대표기출유형과 기출응용문제를 수록하여 체계적인 학습이 가능하도록 하였다.
3. 직무상식평가 출제범위인 농업 · 농촌 및 디지털/금융 · 경제/IT 상식을 수록하여 빈틈없이 준비하도록 하였다.
4. 최종점검 모의고사 3회분과 OMR 답안카드를 통해 실전처럼 연습하고 시험 전 자신의 실력을 스스로 평가할 수 있도록 하였다.
5. NH농협은행 인재상과의 적합 여부를 판별할 수 있는 인 · 적성평가와 면접 기출 질문을 수록하여 채용 전반에 대비할 수 있도록 하였다.
6. 논술 작성방법 및 논술 기출복원문제를 수록하여 한 권으로 필기전형을 완벽히 준비할 수 있도록 하였다.

끝으로 본서가 NH농협은행 5급 필기전형을 준비하는 여러분 모두에게 합격의 기쁨을 전달하기를 진심으로 기원한다.

SDC(Sidae Data Center) 씀

농협은행 기업분석

◇ 비전

사랑받는 일등 민족은행

사랑받는 은행	고객, 임직원뿐만 아니라 국민 모두에게 사랑받는 신뢰할 수 있는 은행
일등은행	고객서비스와 은행건전성, 사회공헌 모든 측면에서 일등이 되는 한국을 대표할 수 있는 은행
민족은행	100% 민족자본으로 설립된 은행으로 진정한 가치를 국민과 공유하는 존경받을 수 있는 은행

◇ 경영목표

전략목표

고객이 먼저 찾는 매력적인 은행

플랫폼 · 기업금융 · WM 경쟁력 강화와 체계적인 인재육성을 통해
고객이 먼저 찾는 매력적인 은행으로 진화

추진전략

고객 맞춤형 서비스 제공	디지털 혁신 주도	차별적 사업역량 구축	지속가능한 신뢰 경영 확립

◇ 윤리경영

사랑과 신뢰를 받는 일등 민족은행

NH농협은행은 경제적, 법적, 윤리적 책임 등을 다함으로써 모든 이해관계자인 고객, 농민조합원, 협력업체, 지역농(축)협, 직원 등 모두가 함께 성장 · 발전하여 사랑과 신뢰를 받는 일등 민족은행을 만든다.

◇ 인재상

NH농협은행은 사랑받는 일등 민족은행으로 발돋움하기 위해 다음과 같은 인재상을 추구한다.

최고의 금융전문가	최고의 금융서비스를 제공하기 위해 필요한 금융전문 지식을 갖추고 부단히 노력하는 사람
소통하고 협력하는 사람	고객 및 조직구성원을 존중하고 소통과 협력에 앞장서는 사람
사회적 책임을 실천하는 사람	도덕성과 정직성을 근간으로 고객과의 약속을 끝까지 책임지는 사람
변화를 선도하는 사람	다양성과 변화를 적극 수용하여 독창적 아이디어와 혁신을 창출하는 사람
고객을 먼저 생각하는 사람	항상 고객의 입장에서 고객을 먼저 생각하고 고객만족에 앞장서는 사람

농협은행 기업분석

◇ ESG 경영

비전 슬로건	미래를 만드는 시작, 농협금융을 만나는 순간		
전략 키워드	Make the 'Green' Moment	Make the 'Hope' Moment	Make the 'Right' Moment
	E	S	G
전략 방향	2050 탄소중립 달성 기후변화 대응 경영체계 구축	'협동과 혁신'의 가치 확산 농업 · 농촌 · 지역사회 상생 협력	ESG 경영 내재화 지배구조 투명성 제고

◇ 사회공헌

사회공헌 지출 누계 은행권 1위, NH농협은행!(2006~2022년)

사회공헌 활동 금액 '2조 클럽' 은행권 최초 달성! 농협은행은 임직원의 정성과 마음을 바탕으로 농업인과 국민이 행복한 아름다운 미래를 만들기 위해 다양한 나눔의 손길을 펼치고 있다.

지역사회/공익	• 일손 부족으로 어려움을 겪는 농가 지원을 위해 임직원 모두가 참여하는 농촌봉사활동 실천 • 산불, 수해 등 지속되는 재난 · 재해에 신속하게 대응하고 복구 작업 등에 적극 동참
서민금융	• 농가경영비 상승으로 어려움을 겪는 농업인에게 대출 우대금리를 제공하여 농가 소득에 기여 • 농식품펀드(PEF) 운용을 통해 성장 잠재력이 높은 유망 녹식품 기업 적극 발굴 및 투자 지원
학술/교육	• '초록사다리캠프'를 실시하여 농촌지역 학생들에게 양질의 교육 제공 • '행복채움 금융 교실'을 운영하여 소외계층을 대상으로 한 교육활동 지원
메세나/체육	• '매직 테니스' 프로그램을 통해 인프라가 부족한 지역의 학생에게 스포츠 체험 기회 제공 • 테니스 · 소프트테니스 · 당구 스포츠단 운영 및 비인기 스포츠 유망주 선수 후원
환경/글로벌	• 'NH교실숲' 프로젝트를 실시하여 환경보호의 중요성을 알리고 탄소중립 실천 • NH농협은행 해외영업점을 통해 캄보디아와 인도 등 글로벌 지역사회 발전에 기여
말벗서비스	• '농촌어르신 말벗서비스', '일손나눔', 보이스 피싱 같은 금융사기에 대한 대응법 안내 등 농촌지역 어르신들을 위한 활동

◇ CI

NH농협은행

미래를 향한 새 희망, NH농협은행의 CI

시그니처는 심볼과 로고타입을 가장 합리적이고 균형적으로 조화시킨 것으로 NH농협은행의 정식 표기를 의미하며, NH농협은행의 이미지를 인식시키는 가장 직접적인 표현 형식이다.

◇ 올원프렌즈

NH농협은행은 친근한 캐릭터를 통해 고객에게 금융을 쉽게 이해하고 더 가깝게 소통하기 위해 올원프렌즈를 개발하였다.
농협은행의 금융, 농업, 사회 공헌을 담은 올원프렌즈의 이야기를 농협은행의 온 · 오프라인 채널을 통해 만날 수 있다.

INFORMATION

신규직원 채용 안내

◇ 지원방법

① 농협 홈페이지(www.nonghyup.com)
② 당행 채용 홈페이지(www.nhbank-recruit.com)

◇ 지원자격

① 연령/성별/학력/전공/어학점수(글로벌 분야 제외)에 따른 지원 제한 없음
② 남자의 경우 병역필 또는 면제자
③ 신규직원 교육 입교 및 계속 근무 가능한 자
④ 해외여행에 결격사유가 없는 자(외국인인 경우 한국 내 취업에 결격사유가 없는 자)
⑤ 당행 내규상 신규채용 결격사유가 없는 자

◇ 채용절차

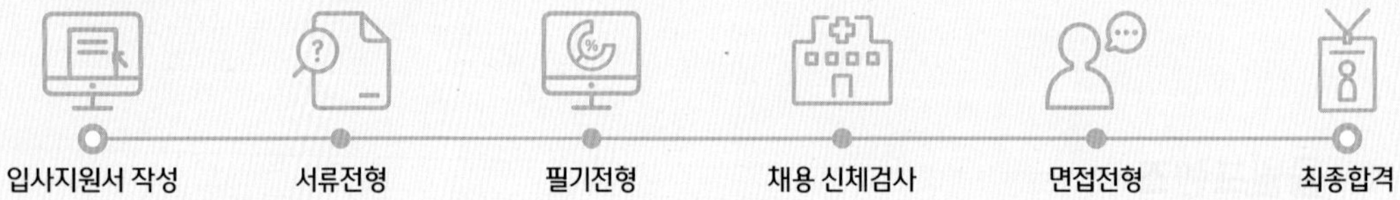

◇ 필기전형

구분	출제범위		문항 수	시간
인 · 적성평가(Lv.2)	조직적합성, 성취 잠재력 평가		325문항	45분
직무능력평가	공통(전체)	의사소통능력, 문제해결능력, 자원관리능력, 수리능력, 정보능력 등	60문항	85분
	카드, 글로벌	공통(전체) + 조직이해능력		
	IT	공통(전체) + 기술능력		
논술평가	공통(전체)	약술 농업 · 농촌 관련 시사	2문항 (약술 1) (논술 1)	50분
	카드, 글로벌	논술 금융(경제) · 디지털 주제 2문항 중 택 1		
	IT	논술 디지털 · IT 주제 2문항 중 택 1		

※ 2024년도 NH농협은행 5급 신규직원 채용 안내문을 기준으로 구성하였습니다.

❖ 자세한 채용절차는 직무별 채용방침에 따라 변경될 수 있으니 반드시 채용공고를 확인하기 바랍니다.

2024년 기출분석

총평

오프라인으로 시행된 2024년 농협은행 5급 필기전형은 이전과 달리 직무상식평가가 사라지고 직무능력평가의 영역이 추가되어 문항 수 및 시간의 변경이 있었다. 직무능력평가의 공통 영역으로 자원관리능력이 추가되었으며, 카드 · 글로벌 분야는 조직이해능력, IT 분야는 기술능력이 추가되어 60문항 85분으로 변경되었다. 직무능력평가는 PSAT형으로 출제되었으며 제시된 지문이 길어 시간이 부족했다는 평이 많았다. 다만 오답감점이 사라져 수험생들의 부담이 덜했을 것이라 생각된다. 논술평가는 이전과 동일하게 50분 동안 약술 1문제, 논술 1문제에 대한 답변을 작성해야 했으며, 평소 농민신문이나 뉴스 등을 참고하여 답변을 작성하는 연습을 하였다면 어렵지 않게 답변을 작성할 수 있었을 것이다.

◇ 영역별 출제비중

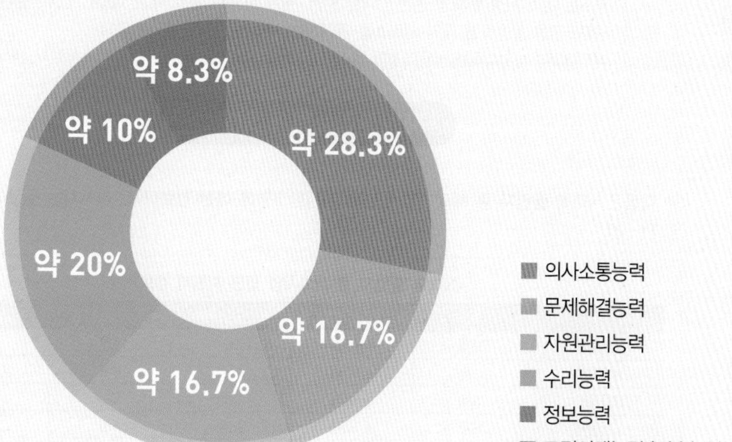

◇ 영역별 출제특징

구분		출제특징
직무능력평가	의사소통능력	• 제시된 지문의 길이가 긴 편 • 농협 및 농업 관련 지문에 대한 일치/불일치 문제
	문제해결능력	• 제시된 자료 또는 표를 바탕으로 문제를 해결하는 유형
	자원관리능력	• 제시된 조건에 따라 가장 높은 점수를 획득한 지원자를 고르는 문제
	수리능력	• 자료해석 문제의 출제비중이 높음 • 제시된 자료의 그래프 또는 표를 해석하는 문제
	정보능력	• 엑셀 INDEX 함수를 활용하여 결괏값을 구하는 문제
	조직이해능력	• 제시된 사례에 나타난 조직의 유형을 고르는 문제
	기술능력	• 실무에서 활용할 수 있는 기술에 대해 물어보는 문제

주요 금융권 적중 문제

NH농협은행 5급

의사소통능력 ▶ 내용일치

2024년 적중

03 다음 글의 내용과 일치하지 않는 것은?

경제학에서는 가격이 한계 비용과 일치할 때를 가장 이상적인 상태라고 본다. '한계 비용'이란 재화의 생산량을 한 단위 증가시킬 때 추가되는 비용을 말한다. 한계 비용 곡선과 수요 곡선이 만나는 점에서 가격이 정해지면 재화의 생산 과정에 들어가는 자원이 낭비 없이 효율적으로 배분되며, 이때 사회 전체의 만족도가 가장 커진다. 가격이 한계 비용보다 높아지면 상대적으로 높은 가격으로 인해 수요량이 줄면서 거래량이 따라 줄고, 결과적으로 생산량도 감소한다. 이는 사회 전체의 관점에서 볼 때 자원이 효율적으로 배분되지 못하는 상황이므로 사회 전체의 만족도가 떨어지는 결과를 낳는다.

위에서 설명한 일반 재화와 마찬가지로 수도, 전기, 철도와 같은 공익 서비스도 자원배분의 효율성을 생각하면 한계 비용 수준으로 가격(=공공요금)을 결정하는 것이 바람직하다. 대부분의 공익 서비스는 초기 시설 투자 비용은 막대한 반면, 한계 비용은 매우 적다. 이러한 경우, 한계 비용으로 공공요금을 결정하면 공익 서비스를 제공하는 기업은 손실을 볼 수 있다.

예컨대 초기 시설 투자 비용이 6억 달러이고, 톤당 1달러의 한계 비용으로 수도물을 생산하는 상수

자원관리능력 ▶ 인원선발

2024년 적중

※ 다음은 N대학 졸업자 중 해외기업 인턴에 지원한 5명에 대한 정보이다. 이어지는 질문에 답하시오. [1~2]

〈N대학 졸업자 중 해외기업 인턴 지원자 정보〉

구분	나이	평균 학점	공인영어점수	관련 자격증 개수	희망 국가
A지원자	26세	4.10점	92점	2개	독일
B지원자	24세	4.25점	81점	0개	싱가포르
C지원자	25세	3.86점	75점	2개	일본
D지원자	28세	4.12점	78점	3개	호주
E지원자	27세	4.50점	96점	1개	영국

수리능력 ▶ 자료추론

2024년 적중

04 N은행에 근무 중인 귀하는 자사의 성과를 평가하기 위해 퇴직연금 시장의 현황을 파악하고자 한다. 퇴직연금사업장 취급실적 현황을 보고 판단한 내용으로 옳지 않은 것은?

〈퇴직연금사업장 취급실적 현황〉

(단위 : 건)

구분		합계	확정급여형(DB)	확정기여형(DC)	확정급여·기여형(DB&DC)	IRP 특례
2021년	1/4	152,910	56,013	66,541	3,157	27,199
	2/4	167,460	60,032	75,737	3,796	27,893
	3/4	185,689	63,150	89,571	3,881	29,087
	4/4	203,488	68,031	101,086	4,615	29,756
2022년	1/4	215,962	70,868	109,820	4,924	30,350
	2/4	226,994	73,301	117,808	5,300	30,585
	3/4	235,716	74,543	123,650	5,549	31,974
	4/4	254,138	80,107	131,741	6,812	35,478

NH농협은행 6급

의사소통능력 ▶ 내용일치

2024년 적중

06 **농협은행 교육지원팀 과장인 귀하는 신입사원들을 대상으로 청렴교육을 실시하면서, 사내 내부제보준칙에 대하여 설명하려고 한다. 다음은 내부제보준칙 자료의 일부이다. 귀하가 신입사원들에게 설명할 내용으로 옳지 않은 것은?**

> **제4조** 임직원 및 퇴직일로부터 1년이 경과하지 않은 퇴직 임직원이 제보하여야 할 대상 행위는 다음과 같다.
> ① 업무수행과 관련하여 위법·부당한 행위, 지시 또는 직권남용
> ② 횡령, 배임, 공갈, 절도, 금품수수, 사금융 알선, 향응, 겸업금지 위반, 성희롱, 저축관련 부당행위, 재산국외도피 등 범죄 혐의가 있는 행위
> ③ 「금융실명거래 및 비밀보장에 관한 법률」 또는 「특정금융거래정보의 보고 및 이용 등에 관한 법률」 위반 혐의가 있는 행위
> ④ 제도 등 시행에 따른 위험, 통제시스템의 허점
> ⑤ 사회적 물의를 야기하거나 조직의 명예를 훼손시킬 수 있는 대내외 문제
> ⑥ 그 밖에 사고방지, 내부통제를 위하여 필요한 사항 등

수리능력 ▶ 거리·속력·시간

2024년 적중

01 **K씨는 오전 9시까지 출근해야 한다. 집에서 오전 8시 30분에 출발하여 분속 60m로 걷다가 늦을 것 같아 도중에 분속 150m로 달렸더니 오전 9시에 회사에 도착하였다. K씨 집과 회사 사이의 거리가 2.1km일 때, K씨가 걸은 거리는?**

① 1km
② 1.2km
③ 1.4km
④ 1.6km
⑤ 1.8km

문제해결능력 ▶ 문제처리

2024년 적중

02 **K은행은 A, B, C, D 각 부서에 1명씩 신입사원을 선발하였다. 지원자는 총 5명이었으며, 선발 결과에 대해 다음과 같이 진술하였다. 이 중 1명의 진술만 거짓으로 밝혀졌을 때, 다음 중 항상 옳은 것은?**

> • 지원자 1 : 지원자 2가 A부서에 선발되었다.
> • 지원자 2 : 지원자 3은 A 또는 D부서에 선발되었다.
> • 지원자 3 : 지원자 4는 C부서가 아닌 다른 부서에 선발되었다.
> • 지원자 4 : 지원자 5는 D부서에 선발되었다.
> • 지원자 5 : 나는 D부서에 선발되었는데, 지원자 1은 선발되지 않았다.

① 지원자 1은 B부서에 선발되었다.
② 지원자 2는 A부서에 선발되었다.
③ 지원자 3은 D부서에 선발되었다.
④ 지원자 4는 B부서에 선발되었다.
⑤ 지원자 5는 C부서에 선발되었다.

주요 금융권 적중 문제

IBK기업은행

의사소통능력 ▶ 내용일치

2024년 적중

※ 다음 글의 내용으로 적절하지 않은 것을 고르시오. [1~3]

01

많은 사람들은 소비에 대한 경제적 결정을 내리기 전에 가격과 품질을 고려한다. 하지만 이러한 결정은 때로 소비자가 인식하지 못한 다른 요소에 의해 영향을 받는다. 바로 마케팅과 광고의 효과이다. 광고는 제품이나 서비스에 대한 정보를 전달하는 데 사용되는 매개체로 소비자의 구매 결정에 큰 영향을 끼친다.

마케팅 회사들은 광고를 통해 제품을 매력적으로 보이도록 디자인하고 여러 가지 특징들을 강조하여 소비자들이 해당 제품을 원하도록 만든다. 예를 들어 소비자가 직면한 문제에 대해 자사의 제품이 효과적인 해결책이라고 제시하거나 유니크한 디자인, 고급 소재 등을 사용한다고 강조하는 것이다. 이렇게 광고는 소비자들에게 제품에 대한 긍정적인 이미지를 형성하게 하여 구매 욕구를 자극해 제품의 판매량을 증가시킨다.

그러므로 현명한 소비를 하기 위해서는 광고에 의해 형성된 이미지에 속지 않고 실제 제품의 가치와

자원관리능력 ▶ 비용계산

2024년 적중

※ 다음은 I은행의 지난해 직원별 업무 성과내용과 성과급 지급규정이다. 이어지는 질문에 답하시오. [16~17]

〈직원별 업무 성과내용〉

성명	직급	월 급여(만 원)	성과내용
임미리	과장	450	예·적금 상품 3개, 보험상품 1개, 대출상품 3개
이윤미	대리	380	예·적금 상품 5개, 보험상품 4개
조유라	주임	330	예·적금 상품 2개, 보험상품 1개, 대출상품 5개
구자랑	사원	240	보험상품 3개, 대출상품 3개
조다운	대리	350	보험상품 2개, 대출상품 4개
김은지	사원	220	예·적금 상품 6개, 대출상품 2개
권지희	주임	320	예·적금 상품 5개, 보험상품 1개, 대출상품 1개
유수연	사원	280	예·적금 상품 2개, 보험상품 3개, 대출상품 1개

수리능력 ▶ 금융상품 활용

2024년 적중

03 A대리는 새 자동차 구입을 위해 적금 상품에 가입하고자 하며, 후보 적금 상품에 대한 정보는 다음과 같다. 후보 적금 상품 중 만기환급금이 더 큰 적금 상품에 가입한다고 할 때, A대리가 가입할 적금 상품과 상품의 만기환급금이 바르게 연결된 것은?

〈후보 적금 상품 정보〉

구분	직장인사랑적금	미래든든적금
가입자	개인실명제	개인실명제
가입기간	36개월	24개월
가입금액	매월 1일 100,000원 납입	매월 1일 150,000원 납입
적용금리	연 2.0%	연 2.8%
저축방법	정기적립식, 비과세	정기적립식, 비과세
이자지급방식	만기일시지급식, 단리식	만기일시지급식, 단리식

적금 상품 만기환급금

KB국민은행

의사소통능력 ▶ 주제 · 제목찾기

2024년 적중

※ 다음 글의 주제로 가장 적절한 것을 고르시오. [1~2]

01

금융당국은 은행의 과점체제를 해소하고, 은행과 비은행의 경쟁을 촉진시키는 방안으로 은행의 고유 전유물이었던 통장을 보험 및 카드 업계로의 도입을 검토하겠다고 밝혔다.
이는 전자금융거래법을 개정해 대금결제업, 자금이체업, 결제대행업 등 모든 전자금융업 업무를 관리하는 종합지급결제사업자를 제도화하여 비은행에 도입한다는 것으로, 이를 통해 비은행권은 간편결제 · 송금 외에도 은행 수준의 보편적 지급결제 서비스가 가능해지는 것이다.
특히 금융당국이 은행업 경쟁촉진 방안으로 검토 중인 은행업 추가 인가나 소규모 특화은행 도입 등 여러 방안 중에서 종합지급결제사업자 제도를 중점으로 검토 중인 이유는 은행의 유효경쟁을 촉진시킴으로써 은행의 과점 이슈를 가장 빠르게 완화할 수 있을 것으로 판단되기 때문이다.
이는 소비자 측면에서도 기대효과가 있는데, 은행 계좌가 없는 금융소외계층은 종합지급결제사업자 제도를 통해 금융 서비스를 제공받을 수 있고, 기존 방식에서 각 은행에 지불하던 지급결제 수수료가 절약돼 그만큼 보험료가 인하될 가능성도 기대해 볼 수 있기 때문이다. 보험사 및 카드사 측면에서도 기존 방식에서는 은행을 통해 진행했던 방식이 해당 제도가 확립된다면 직접 처리할 수 있게 되어 방식이 간소화될 수 있다는 장점이 있다.
하지만 이 또한 현실적으로 많은 문제들이 제기되는데, 그중 하나가 소비자보호 사각지대의 발생이다. 비은행권은 은행권과 달리 예금보험제도가 적용되지 않을 뿐더러 은행권에 비해 규제 수준이

문제해결능력 ▶ 순서추론

2024년 적중

01 카드게임을 하기 위해 A ~ F 6명이 원형 테이블에 앉고자 한다. 다음 〈조건〉에 따라 이들의 좌석을 배치하고자 할 때, F와 이웃하여 앉을 사람은?(단, 좌우 방향은 원탁을 바라보고 앉은 상태를 기준으로 한다)

조건

- B는 C와 이웃하여 앉는다.
- A는 E와 마주보고 앉는다.
- C의 오른쪽에는 E가 앉는다.
- F는 A와 이웃하여 앉지 않는다.

① B, D
② C, D
③ C, E
④ D, E

수리능력 ▶ 확률

2024년 적중

03 S부서에는 부장 1명, 과장 1명, 대리 2명, 사원 2명 총 6명이 근무하고 있다. 새로운 프로젝트를 진행하기 위해 S부서를 2개의 팀으로 나누려고 한다. 팀을 나눈 후 인원수는 서로 같으며, 부장과 과장이 같은 팀이 될 확률은 30%라고 한다. 대리 2명의 성별이 서로 다를 때, 부장과 남자 대리가 같은 팀이 될 확률은?

① 41%
② 41.5%
③ 42%
④ 42.5%

STRUCTURES

도서 200% 활용하기

2024년 기출복원문제로 출제경향 파악

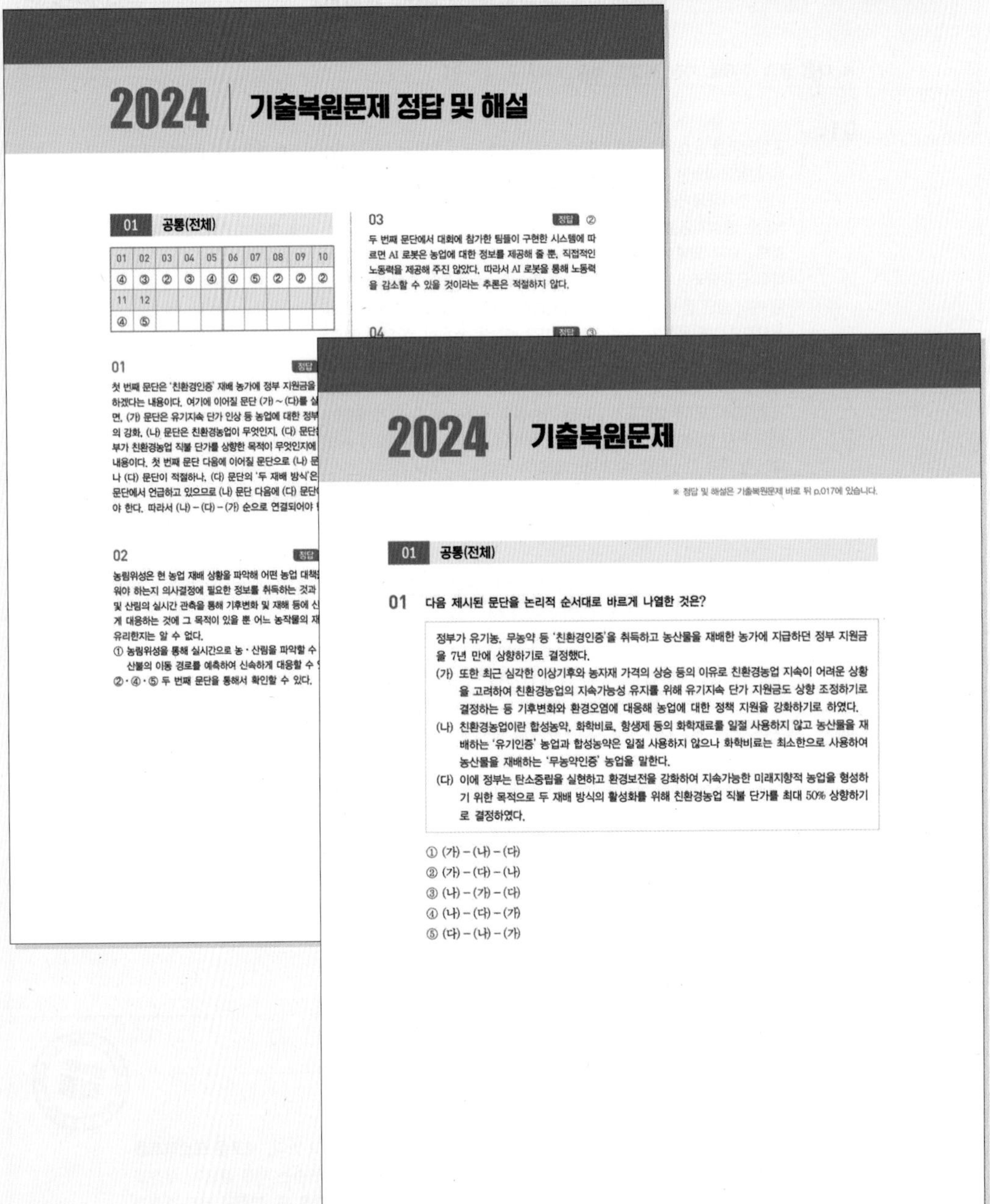

2024 | 기출복원문제 정답 및 해설

01 공통(전체)

01	02	03	04	05	06	07	08	09	10
④	③	②	③	④	④	⑤	②	②	②
11	12								
④	⑤								

03 정답 ②

두 번째 문단에서 대회에 참가한 팀들이 구현한 시스템에 따르면 AI 로봇은 농업에 대한 정보를 제공해 줄 뿐, 직접적인 노동력을 제공해 주진 않았다. 따라서 AI 로봇을 통해 노동력을 감소할 수 있을 것이라는 추론은 적절하지 않다.

2024 | 기출복원문제

※ 정답 및 해설은 기출복원문제 바로 뒤 p.017에 있습니다.

01 공통(전체)

01 다음 제시된 문단을 논리적 순서대로 바르게 나열한 것은?

정부가 유기농, 무농약 등 '친환경인증'을 취득하고 농산물을 재배한 농가에 지급하던 정부 지원금을 7년 만에 상향하기로 결정했다.

(가) 또한 최근 심각한 이상기후와 농자재 가격의 상승 등의 이유로 친환경농업 지속이 어려운 상황을 고려하여 친환경농업의 지속가능성 유지를 위해 유기지속 단가 지원금도 상향 조정하기로 결정하는 등 기후변화와 환경오염에 대응해 농업에 대한 정책 지원을 강화하기로 하였다.

(나) 친환경농업이란 합성농약, 화학비료, 항생제 등의 화학재료를 일절 사용하지 않고 농산물을 재배하는 '유기인증' 농업과 합성농약은 일절 사용하지 않으나 화학비료는 최소한으로 사용하여 농산물을 재배하는 '무농약인증' 농업을 말한다.

(다) 이에 정부는 탄소중립을 실현하고 환경보전을 강화하여 지속가능한 미래지향적 농업을 형성하기 위한 목적으로 두 재배 방식의 활성화를 위해 친환경농업 직불 단가를 최대 50% 상향하기로 결정하였다.

① (가) – (나) – (다)
② (가) – (다) – (나)
③ (나) – (가) – (다)
④ (나) – (다) – (가)
⑤ (다) – (나) – (가)

2 • NH농협은행 5급

▸ 2024년 11월 3일에 시행된 NH농협은행 5급 필기전형의 기출복원문제를 수록하였다.
▸ '직무능력평가'의 최근 출제경향을 파악할 수 있도록 하였다.

대표기출유형&기출응용문제로 영역별 체계적 학습

대표기출유형

01 문장삽입

| 유형분석 |

- 논리적인 흐름에 따라 글을 이해할 수 있는지 평가한다.
- 한 문장뿐 아니라 여러 개의 문장이나 문단을 삽입하는 문제가 출제될 가능성이 있다.

다음 글에서 〈보기〉의 문장이 들어갈 위치로 가장 적절한 곳은?

(가) 자연계는 무기적인 환경과 생물적인 환경이 상호
이루고 있음이 밝혀진 이래, 이 이론은 자연을 이해하
(나) 그동안 인류는 더 윤택한 삶을 누리기 위하여 산
(다) 이로써 우리의 삶은 매우 윤택해졌으나 우리의 상
공해가 누적되고 있고, 우리 생활에서 없어서는 안 될
따라서 우리는 낭비되는 자원 그리고 날로 황폐해져 가
인지를 깨닫고, 이를 실천하기 위해 우리 모두의 지

보기

만약 우리가 이 위기를 슬기롭게 극복해내지 못한다

① (가)
③ (다)
⑤ (마)

정답 ④

(라)의 앞부분에서는 위기 상황을 제시하고, 뒷부분에서는 자연
보기의 문장은 각성의 당위성을 이끌어내는 내용이므로 (라)에

유형풀이 Tip

- 보기를 먼저 읽고, 선택지로 주어진 빈칸의 앞 · 뒤 문장을
어색하지 않은 위치를 찾는다.
- 보기 문장의 중심이 되는 단어가 빈칸의 앞뒤에 언급되어

4 • NH농협은행 5급

대표기출유형 01 기출응용문제

※ 다음 글에서 〈보기〉의 문장이 들어갈 위치로 가장 적절한 곳을 고르시오. [1~2]

Easy

01

(가) 1783년 영국 자연철학자 존 미첼은 빛은 입자라는 생각과 뉴턴의 중력이론을 결합한 이론을 제시하였다. 그는 우선 별들이 어떻게 보일 것인지 사고 실험을 통해 예측하였다. 별의 표면에서 얼마간의 초기 속도로 입자를 쏘아 올려 아무런 방해 없이 위로 올라간다고 가정해 보자. (나) 만약에 초기 속도가 충분히 빠르지 않으면 별의 중력은 입자의 속도를 점점 느리게 할 것이며, 결국 그 입자를 별의 표면으로 되돌아가게 할 것이다. 만약 초기 속도가 충분히 빠르면 입자는 중력을 극복하고 별을 탈출할 수 있을 것이다. 이렇게 입자가 별을 탈출할 수 있는 최소한의 초기 속도는 '탈출 속도'라고 불린다.
(다) 이를 바탕으로 미첼은 '임계 둘레'라는 것도 추론해냈다. 임계 둘레란 탈출 속도와 빛의 속도를 같게 만드는 별의 둘레를 말한다. 빛 입자는 다른 입자들처럼 중력의 영향을 받는다. 그로 인해 빛은 임계 둘레보다 작은 둘레를 가진 별에서는 탈출할 수 없다. 그런 별에서 약 30만 km/s의 초기 속도로 빛 입자를 쏘아 올렸을 때 입자는 우선 위로 날아갈 것이다. (라) 그런 다음 멈출 때까지 느려지다가, 결국 별의 표면으로 되돌아갈 것이다. 미첼은 임계 둘레를 쉽게 계산할 수 있었다. 태양과 동일한 질량을 가진 별의 임계 둘레는 약 19km로 계산되었다. (마) 이러한 사고 실험을 통해 미첼은 임계 둘레보다 작은 둘레를 가진 암흑의 별들이 무척 많을 테고, 그 별들에선 빛 입자가 빠져나올 수 없기에 지구에서는 볼 수 없을 것으로 추측했다.

보기

미첼은 뉴턴의 중력이론을 이용해서 탈출 속도를 계산할 수 있었으며, 그 속도가 별 질량을 별의 둘레로 나눈 값의 제곱근에 비례한다는 것을 유도하였다.

① (가) ② (나)
③ (다) ④ (라)
⑤ (마)

PART 1

CHAPTER 01 의사소통능력 • 5

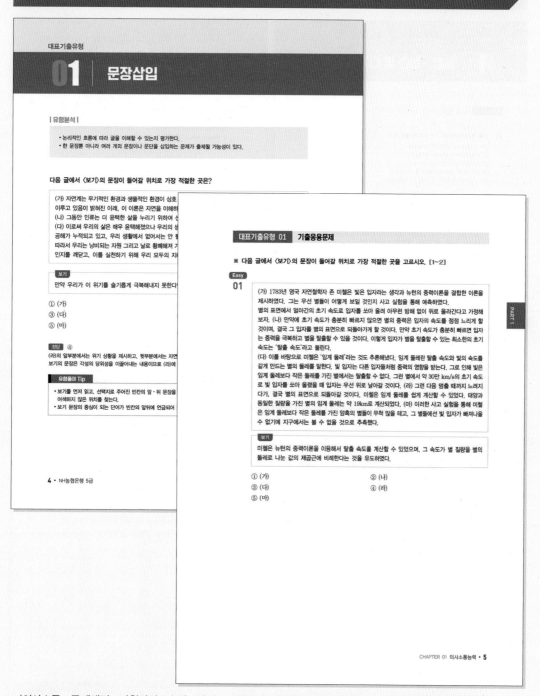

▸ '의사소통 · 문제해결 · 자원관리 · 수리 · 정보 · 조직이해 · 기술'의 대표기출유형과 기출응용문제를 수록하였다.
▸ 출제영역별 유형분석과 유형풀이 Tip을 통해 체계적인 학습이 가능하도록 하였다.

STRUCTURES

도서 200% 활용하기

직무상식평가까지 완벽하게 준비

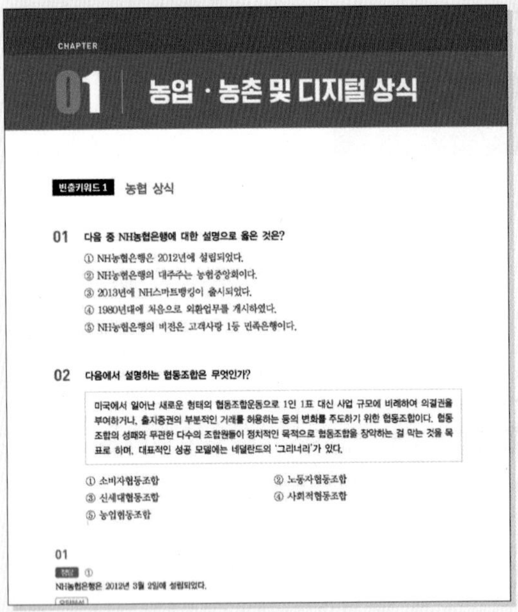

CHAPTER

01 농업 · 농촌 및 디지털 상식

빈출키워드 1 농협 상식

01 다음 중 NH농협은행에 대한 설명으로 옳은 것은?

① NH농협은행은 2012년에 설립되었다.
② NH농협은행의 대주주는 농협중앙회이다.
③ 2013년에 NH스마트뱅킹이 출시되었다.
④ 1980년대에 처음으로 외환업무를 개시하였다.
⑤ NH농협은행의 비전은 고객사랑 1등 민족은행이다.

02 다음에서 설명하는 협동조합은 무엇인가?

미국에서 일어난 새로운 형태의 협동조합운동으로 1인 1표 대신 사업 규모에 비례하여 의결권을 부여하거나, 출자증권의 부분적인 거래를 허용하는 등의 변화를 주도하기 위한 협동조합이다. 협동조합의 성패와 무관한 다수의 조합원들이 정치적인 목적으로 협동조합을 장악하는 걸 막는 것을 목표로 하며, 대표적인 성공 모델에는 네덜란드의 '그리너리'가 있다.

① 소비자협동조합 ② 노동자협동조합
③ 신세대협동조합 ④ 사회적협동조합
⑤ 농업협동조합

01

정답 ①

NH농협은행은 2012년 3월 2일에 설립되었다.

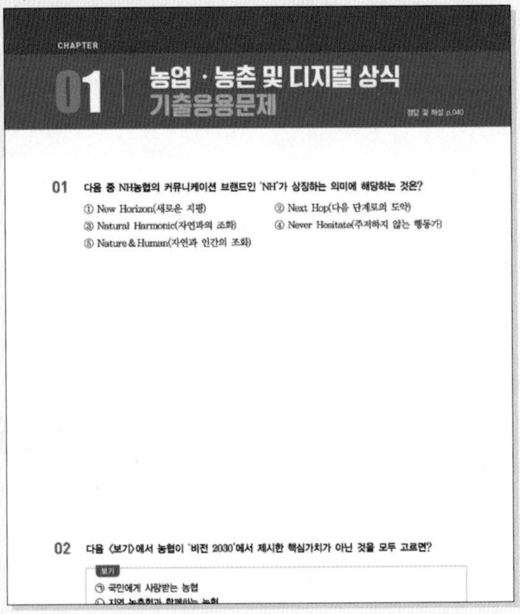

CHAPTER

01 농업 · 농촌 및 디지털 상식 기출응용문제

정답 및 해설 p.040

01 다음 중 NH농협의 커뮤니케이션 브랜드인 'NH'가 상징하는 의미에 해당하는 것은?

① New Horizon(새로운 지평) ② Next Hop(다음 단계로의 도약)
③ Natural Harmonic(자연과의 조화) ④ Never Hesitate(주저하지 않는 행동가)
⑤ Nature & Human(자연과 인간의 조화)

02 다음 〈보기〉에서 농협이 '비전 2030'에서 제시한 핵심가치가 아닌 것을 모두 고르면?

보기

㉠ 국민에게 사랑받는 농협

▸ '농업 · 농촌 및 디지털/금융 · 경제/IT 상식' 빈출키워드 및 기출응용문제를 수록하여 빈틈없이 준비하도록 하였다.

최종점검 모의고사로 실전 연습

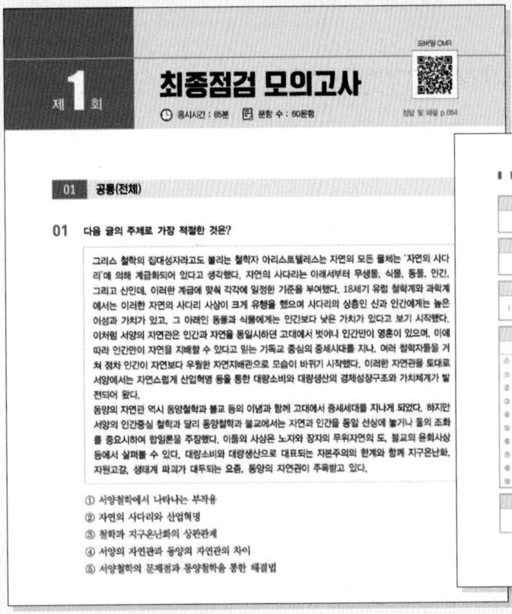

모바일 OMR

제 1 회 최종점검 모의고사

응시시간 : 85분 문항 수 : 60문항

정답 및 해설 p.064

01 공통(전체)

01 다음 글의 주제로 가장 적절한 것은?

그리스 철학의 집대성자라고도 불리는 철학자 아리스토텔레스는 자연의 모든 물체는 '자연의 사다리'에 의해 계급화되어 있다고 생각했다. 자연의 사다리는 아래서부터 무생물, 식물, 동물, 인간, 그리고 신인데, 이러한 계급에 맞춰 각각에 일정한 기준을 부여했다. 18세기 유럽 철학계와 과학계에서는 이러한 자연의 사다리 사상이 크게 유행을 했으며 사다리의 상층인 신과 인간에게는 높은 이성과 가치가 있고, 그 아래인 동물과 식물에게는 인간보다 낮은 가치가 있다고 보기 시작했다. 이처럼 서양의 자연관은 인간과 자연을 동일시하던 고대에서 벗어나 인간만이 영혼이 있으며, 이에 따라 인간만이 자연을 지배할 수 있다고 믿는 기독교 중심의 중세시대를 지나, 여러 철학자들을 거쳐 점차 인간이 자연보다 우월한 자연지배관으로 모습이 바뀌기 시작했다. 이러한 자연관을 토대로 서양에서는 자연스럽게 산업혁명 등을 통한 대량소비와 대량생산의 경제성장구조와 가치체계가 발전되어 왔다.
동양의 자연관 역시 동양철학과 불교 등의 이념과 함께 고대에서 중세시대를 지나게 되었다. 하지만 서양의 인간중심 철학과 달리 동양철학과 불교에서는 자연과 인간을 동일 선상에 놓거나 둘의 조화를 중요시하여 합일론을 주장했다. 이들의 사상은 노자와 장자의 무위자연의 도, 불교의 윤회사상 등에서 살펴볼 수 있다. 대량소비와 대량생산으로 대표되는 자본주의의 한계와 함께 지구온난화, 자원고갈, 생태계 파괴가 대두되는 요즘, 동양의 자연관이 주목받고 있다.

① 서양철학에서 나타나는 부작용
② 자연의 사다리와 산업혁명
③ 철학과 지구온난화의 상관관계
④ 서양의 자연관과 동양의 자연관의 차이
⑤ 서양철학의 문제점과 동양철학을 통한 해결법

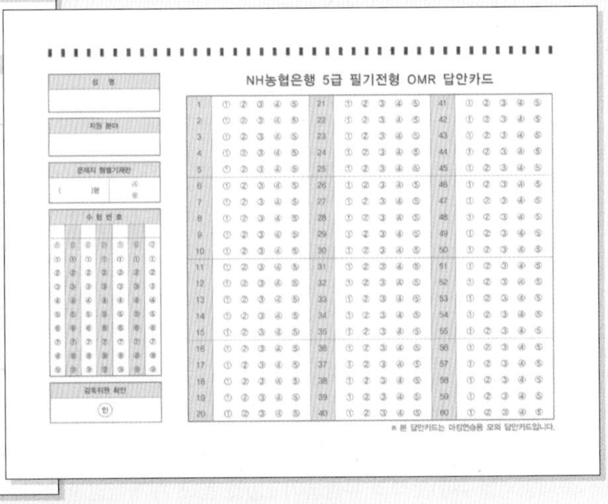

▸ 최종점검 모의고사 3회분과 OMR 답안카드를 수록하여 실제 시험처럼 최종 마무리 연습을 할 수 있도록 하였다.

인·적성평가 + 면접 + 논술까지 한 권으로 대비

PART

4 인·적성평가

개인이 업무를 수행하면서 능률적인 성과물을 만들기 위해서는 능력과 경험 그리고 회사에서의 교육 및 훈련 등이 필요하지만, 성격이나 성향 역시 중요하다. 여러 직무분석 연구에서 나온 결과들에 따르면, 직무에서의 성공과 관련된 특성들 중 최고 70% 이상이 능력보다는 성격과 관련이 있다고 한다. 따라서 최근 기업들은 인성검사의 비중을 높이고 있는 추세이다.
현재 기업들은 인성검사를 KIRBS(한국행동과학연구소)나 SHR(에스에이치알) 등의 전문기관에 의뢰해서 시행하고 있다. 전문기관에 따라서 인성검사 방법에 차이가 있고, 보안을 위해서 인성검사를 의뢰한 기업을 공개하지 않아 특정 기업의 인성검사를 정확하게 판단할 수 없지만, 지원자들이 후기에 올린 문제를 통해 인성검사 유형을 예상할 수 있다. 본서는 NH농협은행의 인성검사와 수검요령 및 검사 시 유의사항에 대해 간략하게 정리하였으며, 인성검사 모의연습을 통해 실제 시험 유형을 확인할 수 있도록 하였다.

01 NH농협은행 인·적성평가(Lv.2)

NH농협은행의 인재상과 적합한 인재인지 평가하는 테스트로, 각 문항에 대해 자신의 성격에 맞게 '아니다', '대체로 아니다', '대체로 그렇다', '그렇다'를 선택하는 유형이 출제된다.

(1) **문항 수** : 325문항
(2) **시간** : 45분
(3) **출제범위** : 조직적합성, 성취 잠재력

02 인성검사 수검요령

CHAPTER

02 NH농협은행 5급 실제 면접

NH농협은행 5급 면접전형은 원데이 면접으로 하루 동안 치러지며 PT 면접, 토론 면접, 적합성 면접 등으로 구성되어 있다. 2024년 채용에서 카드, IT 분야는 PT 면접, 토론 면접, 적합성 면접이, 글로벌 분야는 PT 면접, 영어 면접, 적합성 면접이 진행되었다. 면접 순서는 배정받은 조에 따라 임의로 지정되며 면접이 진행되는 동안 휴대전화 등 전자기기를 확인할 수 없다.
면접을 통해 인성과 마케팅 능력을 평가받기 때문에, 지원자는 면접 과정에서 도덕성, 정직성 같은 기본 인성 외에 성실성, 마케팅 능력 등 다양한 가치를 선보여야 한다.

토론 면접	적합성 면접	PT 면접	RP(Role Play) 면접
• 주어진 주제 및 상황에 대해 지원자 간, 팀 간 토론	• 다대다 면접 • 인성 & 당행 조직 적합도	• 다대일 면접 • 주어진 주제에 대한 PT 및 추가 질의·응답	• 15 ~ 20분 • 면접관 2명 • 지원자 : 금융점포 창구직원 역할 등 • 마케팅 역량, 고객서비스 역량 평가

1. 토론 면접

4 ~ 8명이 2개 조로 나뉘어 하나의 사회 이슈에 대해 바람직한 결론을 도출하는 방식으로 진행되며, 토론 주제에 대한 자료가 주어지고 이에 대해 10분가량 분석할 수 있는 시간을 준 뒤 토론을 진행한다. 지원자의 문제해결력과 기획력을 확인하기 위한 면접으로, 면접관은 지원자의 의사소통 능력 및 배려, 협동심 등을 평가한다. 2014년까지는 찬반 토론 면접을 했으나 2015년부터 찬반 토론 대신 한 가지 주제에 대해 다양한 의견을 나누는 형식으로 바뀌었다. 상대방의 의견을 최대한 존중하고 경청하는 것이 중요하며, 말을 많이 하는 것보다 간결하게 하는 것이 중요하다. 많은 말은 오히려 감점을 받을 수 있다. 인사담당자는 토론 면접의 팀 중 하나로 조장을 맡으면 적극성 어필에 좋은 점수를 받을 수 있다고 언급했다.

- AI기술을 활용한 비대면 진료에 대해 토의해 보시오.
- 유스 마케팅 전략에 대해 토의해 보시오.
- 토지보상금의 유치·마케팅 전략에 대해 토의해 보시오.
- 농협은행의 더 나은 홍보와 수익 극대화를 위한 새로운 광고모델을 제시한 뒤 그 이유를 토의해 보시오.
- 농협은행의 카드 신상품을 개발할 때 필요한 서비스 혜택에 대해 토의해 보시오(단, 서비스 혜택은 연 10만 원

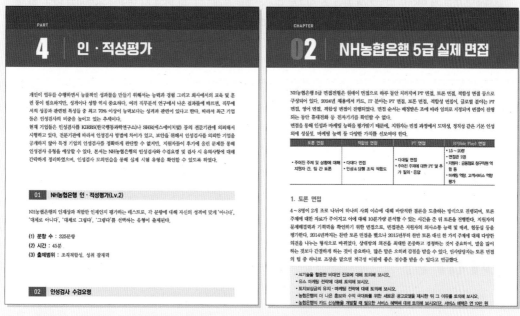

▸ 인·적성평가 모의연습 + 실제 면접 기출 질문 + 논술 기출복원문제로 채용 전반에 대비할 수 있도록 하였다.

Easy & Hard로 난이도별 시간 분배 연습

40 **A주임은 새 차량 구입을 위해 더 큰 목돈을 마련하고자 적금 가입 계획을 다음과 같이 수정하여 N은행의 밝은미래적금에 가입하였다. A주임이 만기 시 받을 수 있는 이자액은 얼마인가?**

- A주임은 2024년 11월 1일 자신의 스마트폰의 N은행 모바일앱을 통해 N은행의 밝은미래적금에 가입하였다.
- A주임이 계획한 가입기간은 40개월이다.
- 매월 1일 25만 원을 적금계좌로 이체한다.
- A주임은 사정상 2024년 10월 9일에 H은행의 주택청약종합저축을 해지하고, 2024년 12월 5일에 N은행 주택청약종합저축에 가입하였다.

① 408,720원 ② 425,250원
③ 442,100원 ④ 461,250원
⑤ 472,000원

Easy
41 **근무하는 A사원은 고객 甲에게 적금 만기를 통보하고자 한다. 甲의 가입 상품 정보가 같을 때, A사원이 甲에게 안내할 금액은?**

- 상품명 : N은행 희망적금
- 가입자 : 甲(본인)
- 가입기간 : 24개월
- 가입금액 : 매월 초 200,000원 납입
- 적용금리 : 연 2.0%
- 저축방법 : 정기적립식
- 이자지급방식 : 만기일시지급, 단리식

① 4,225,000원 ② 4,500,000원
③ 4,725,000원 ④ 4,900,000원

Hard
05 **'도덕적 딜레마 논증'에 대한 비판으로 적절한 것을 〈보기〉에서 모두 고르면?**

년대에 이르러 어린이를 의료 실험 대상에서 배제시켜야 한다는 주장이 대두되었다. 그 주장의 핵심적인 근거는 어린이가 의료 실험과 관련하여 제한적인 동의능력만을 가지고 있다는 것이었다. 여기서 동의능력이란, 충분히 자율적인 존재가 제안된 실험의 특성이나 위험성 등에 대한 적절한 정보를 인식하고 그것에 기초하여 그 실험을 자발적으로 받아들일 수 있는 능력을 일컫는다. 그렇기 때문에 어린이를 실험 대상으로 하는 연구는 항상 도덕적 논란을 불러일으켰고, 1962년 이후 미국에서는 어린이에 대한 실험이 거의 시행되지 않았다. 이러한 상황에서 1968년 미국의 소아 약물학자 셔키는 다음과 같은 '도덕적 딜레마 논증'을 제시하였다. 어린이를 실험 대상에서 배제시키면, 어린이 환자 집단에 대해 충분한 실험을 하지 않은 약품들로 어린이를 치료하게 되어 어린이를 더욱 커다란 위험에 몰아넣게 된다. 따라서 어린이를 실험 대상에서 배제시키는 것은 도덕적으로 올바르지 않다. 반면, 어린이를 실험 대상에서 배제시키지 않으면 제한적인 동의능력만을 가진 존재를 실험 대상에 포함시키게 된다. 제한된 동의능력만을 가진 이를 실험 대상에 포함시키는 것은 도덕적으로 올바르지 않다. 따라서 어린이를 실험 대상에 포함시키는 것은 도덕적으로 올바르지 않다. 우리의 선택지는 어린이를 실험 대상에서 배제시키거나 배제시키지 않는 것뿐이다. 결국 어떠한 선택을 하든 도덕적인 잘못을 저지를 수밖에 없다.

보기

㉠ 어린이를 실험 대상으로 하는 연구는 그 위험성의 여부와는 상관없이 모두 거부되어야 한다. 왜냐하면 적합한 사전 동의 없이 행해지는 어떠한 실험도 도덕적 잘못이기 때문이다.
㉡ 동물실험이나 성인에 대한 임상 실험을 통해서도 어린이 환자를 위한 안전한 약물을 만들어낼 수 있다. 따라서 어린이를 실험 대상에 포함시키지 않더라도 어린이 환자가 안전하게 치료받지 못하는 위험에 빠지지 않을 수 있다.
㉢ 부모나 법정 대리인을 통해 어린이의 동의능력을 적합하게 보완할 수 있다. 어린이의 동의능력이 부모나 법정대리인에 의해 적합하게 보완된다면 어린이를 실험 대상에 포함시켜도 도덕적 잘못이 아닐 수 있다. 따라서 이런 경우의 어린이를 실험 대상에 포함시켜도 도덕적 잘못이 아닐 수 있다.

① ㉠ ② ㉡
③ ㉠, ㉢ ④ ㉡, ㉢
⑤ ㉠, ㉡, ㉢

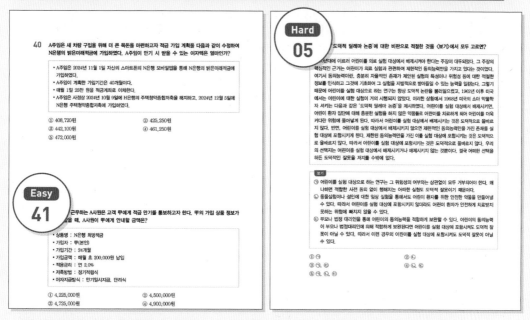

▸ Easy&Hard 표시로 문제별 난이도에 따라 시간을 적절하게 분배하여 풀이하는 연습이 가능하도록 하였다.

STUDY PLAN

학습플랜

1주 완성 학습플랜

본서에 수록된 전 영역을 단기간에 끝낼 수 있도록 구성한 학습플랜이다. 한 번에 전 영역을 공부하지 않고, 한 영역을 집중적으로 공부할 수 있도록 하였다. 필기전형에 대한 기초 학습은 되어 있으나, 학습 계획 세우기에 자신이 없는 분들이나 미리 시험에 대비하지 못해 단시간에 많은 분량을 봐야 하는 수험생에게 추천한다.

ONE WEEK STUDY PLAN			
Start!	1일 차 ☐	2일 차 ☐	3일 차 ☐
	____월 ____일	____월 ____일	____월 ____일
4일 차 ☐	5일 차 ☐	6일 차 ☐	7일 차 ☐
____월 ____일	____월 ____일	____월 ____일	____월 ____일

STUDY CHECK BOX							
구분	1일 차	2일 차	3일 차	4일 차	5일 차	6일 차	7일 차
기출복원문제							
PART 1							
PART 2							
제1회 최종점검 모의고사							
제2회 최종점검 모의고사							
제3회 최종점검 모의고사							
다회독							
오답분석							

스터디 체크박스 활용법

1주 완성 학습플랜에서 계획한 학습량을 어느 정도 실천하였는지 표시하여 자신의 학습량을 효율적으로 관리한다.

구분	1일 차	2일 차	3일 차	4일 차	5일 차	6일 차	7일 차
PART 1	의사소통 능력	×	×	완료			

CONTENTS

이 책의 차례

Add+

2024년
기출복원문제

2024 기출복원문제

※ 정답 및 해설은 기출복원문제 바로 뒤 p.017에 있습니다.

01 공통(전체)

01 다음 제시된 문단을 논리적 순서대로 바르게 나열한 것은?

> 정부가 유기농, 무농약 등 '친환경인증'을 취득하고 농산물을 재배한 농가에 지급하던 정부 지원금을 7년 만에 상향하기로 결정했다.
>
> (가) 또한 최근 심각한 이상기후와 농자재 가격의 상승 등의 이유로 친환경농업 지속이 어려운 상황을 고려하여 친환경농업의 지속가능성 유지를 위해 유기지속 단가 지원금도 상향 조정하기로 결정하는 등 기후변화와 환경오염에 대응해 농업에 대한 정책 지원을 강화하기로 하였다.
>
> (나) 친환경농업이란 합성농약, 화학비료, 항생제 등의 화학재료를 일절 사용하지 않고 농산물을 재배하는 '유기인증' 농업과 합성농약은 일절 사용하지 않으나 화학비료는 최소한으로 사용하여 농산물을 재배하는 '무농약인증' 농업을 말한다.
>
> (다) 이에 정부는 탄소중립을 실현하고 환경보전을 강화하여 지속가능한 미래지향적 농업을 형성하기 위한 목적으로 두 재배 방식의 활성화를 위해 친환경농업 직불 단가를 최대 50% 상향하기로 결정하였다.

① (가) – (나) – (다)
② (가) – (다) – (나)
③ (나) – (가) – (다)
④ (나) – (다) – (가)
⑤ (다) – (나) – (가)

02 다음 글의 내용으로 적절하지 않은 것은?

> 농림 및 산림 상황의 관측과 홍수, 가뭄 등 자연재해에 대한 대응을 목적으로 농촌진흥청, 산림청, 우주항공청이 공동으로 개발 중인 국내 최초 농림위성을 운영 및 관리하는 농업위성센터의 개소식이 열려 농업분야에서의 위성시대 시작을 알렸다.
> 농업위성센터는 지상국의 위성운영시스템인 농림위성을 운영 및 관리하며, 위성정보를 처리, 저장, 관리 및 활용하는 대국민 자료 서비스 업무를 수행한다. 이를 통해 주요 농작물의 생육과 재배면적 등 작황, 농경지 이용 변화 등을 상시 관측해 그 정보들이 식량안보 및 수급 안정 등 정책과 농업 현장에 활용될 수 있도록 돕는다.
> 또한 농림위성은 120km 관측 폭, 5m 해상도로 지구 표면을 관측해 3일이면 전국을 촬영할 수 있으며, 단기간에 연속적인 영상정보를 취합할 수 있으므로 식생이나 농업환경 변화 및 전 국토의 농・산림의 실시간 파악도 가능하다. 따라서 농경지 토양 및 농업용 물 자원 현황, 가뭄, 홍수, 산불, 병해충 등 기후변화 및 자연재해에 신속한 대응이 가능할 것으로 기대된다.

① 농림위성을 통해 산불의 이동 경로의 예측이 가능하다.
② 농림위성을 통해 각 농작물의 작황 상황 파악이 가능하다.
③ 농림위성을 통해 어느 농산물의 재배가 유리한지 알 수 있다.
④ 농림위성을 통해 수급 안정이 필요한 농산물이 무엇인지 알 수 있다.
⑤ 농림위성을 통해 육안 조사 없이도 주요 농작물 재배 관측이 가능하다.

03 다음 글을 읽고 추론한 내용으로 적절하지 않은 것은?

> 지난 프랑스 국제농업박람회에서 농업과 관련한 다양한 신기술이 선보여졌는데, 그중 단연 주목받은 분야는 '농업분야 생성형 인공지능(AI) 개발대회'였다. 이는 농업도 이제 AI시대에 접어들었음을 실감할 수 있도록 하였다.
> 농민을 위해 특화된 생성형 AI 서비스를 개발하고자 이틀에 걸쳐 진행된 '가이아 프로그래밍 대회'에는 총 8개의 팀이 참가하였다. 참가한 팀들은 대화형 로봇을 훈련시켜 농장 이전, 농업일자리 소개, 작물관리, 가축관리, 구매 및 판매, 농업 관련 표준과 규정 해석, 날씨 예측 등 여러 분야에서 혁신적인 시스템을 구현해냈다.
> 이 대회를 통해 유럽에서는 가까운 시일 내에 농업 전용 AI 서비스가 개발되어 농민들이 농업경영에 실질적인 도움을 받을 수 있을 것으로 기대하고 있다.

① 농업에 관한 어려운 법 조항도 AI 로봇과 대화를 통해 이해가 가능해질 것이다.
② 노동력 부족 문제를 겪고 있는 농민들도 AI 로봇을 통해 노동력을 감소할 수 있을 것이다.
③ 농산물의 판매 유통 경로 확보가 어려운 농민들도 AI 로봇을 통해 이를 해결할 수 있을 것이다.
④ 농업경영에 있어 조언을 구할 경험자가 주변에 없어도 AI 로봇을 통해 도움을 받을 수 있을 것이다.
⑤ 새로 농업을 시작하는 사람들도 어렵지 않게 작물과 가축을 관리하는 방법을 AI 로봇에게 배울 수 있을 것이다.

04 다음 글을 읽고 타당한 것을 〈보기〉에서 모두 고르면?

식탁을 만드는 데 노동과 자본만 투입된다고 가정하자. 노동자 1명의 시간당 임금은 8,000원이고, 노동자 1명이 투입되어 A기계 또는 B기계를 사용하여 식탁을 생산한다. A기계를 사용하면 10시간이 걸리고, B기계를 사용하면 7시간이 걸린다. 이때, 식탁 1개의 시장가격은 100,000원이고, 식탁 1개를 생산하는 데 드는 임대료는 A기계의 경우 10,000원, B기계의 경우 20,000원이다.
만약 A, B기계 중 어떤 것을 사용해도 생산된 식탁의 품질은 같다고 한다면, 기업은 어떤 기계를 사용할 것인가?(단, 작업 환경, 물류비 등 다른 조건은 고려하지 않는다)

보기

㉠ 기업은 B기계보다는 A기계를 선택할 것이다.
㉡ '어떻게 생산할 것인가?'와 관련된 경제 문제이다.
㉢ 합리적인 선택을 했다면, 식탁 1개당 24,000원의 이윤을 기대할 수 있다.
㉣ A기계를 선택하는 경우 식탁 1개를 만드는 데 드는 비용은 70,000원이다.

① ㉠, ㉡
② ㉠, ㉢
③ ㉡, ㉢
④ ㉡, ㉣
⑤ ㉢, ㉣

※ 다음은 NH농협의 전세 및 월세 대출 상품 정보이다. 이어지는 질문에 답하시오. **[5~6]**

〈NH농협 전세 및 월세 대출 상품 정보〉

구분	NH 청년대출	아낌e 보금자리대출	NH 전월세대출
대상	• 만 34세 이하 무주택자 • (전세) 보증금 3억 원 이하 • (월세) 보증금 1.5억 원 이하, 월세 70만 원 이하	• 연소득 기준 1인 가구 55백만 원 이내, 부부 합산 85백만 원 이내, 1자녀 가구 90백만 원 이내, 다자녀가구 1억 원 이내	• 무주택 또는 1주택자
기간	• 임차기간 중 2년 이내	• 1년, 2년, 3년	• 25개월 이내
한도	• 최대 2억 원 이내에서 임차보증금의 90% 이내	• 최대 5억 원 이내에서 임차보증금의 70% 이내	• (전세) 최고 3억 원 이내에서 전세보증금의 80% 이내 • (월세) 최고 1.5억 원 이내에서 보증금에서 임대차 전 기간에 해당하는 월세 합계액을 차감한 금액의 80% 이내
금리	• 연 3.3%	• 1년 : 연 3.0% • 2년 : 연 3.3% • 3년 : 연 3.5%	• 1.5억 원 초과 : 연 3.3% • 1.5억 원 이하 : 연 2.5%

※ 대출금리는 고정금리로 가정하며 매월 이자를 납부함

05 다음 중 A고객의 조건에 가장 부합하는 상품과 계약 유형은?

> 만 28세의 사회초년생인 A고객은 직장 근처 오피스텔에 임대차계약 1년을 체결하고 싶으나 자금이 부족해 NH농협에서 전세 및 월세 대출을 신청하려고 한다. 계약을 체결하고 싶은 오피스텔은 전세와 월세 모두 가능하며, 전세는 보증금 3억 원, 월세는 보증금 2억 원에 월 60만 원이다. A고객은 무주택자로 소득은 연 5,200만 원이고, 보유재산은 7,000만 원이며, 전세 및 월세 대출 외 추가 대출은 진행하지 않을 예정이다. 또한, 월세로 계약할 경우 대출이자를 포함한 월세 지출액이, 전세로 계약할 경우 대출이자가 월 80만 원 이하여야 한다.

① NH 청년대출, 전세
② NH 청년대출, 월세
③ 아낌e 보금자리대출, 월세
④ NH 전월세대출, 전세
⑤ NH 전월세대출, 월세

06 다음 중 B고객의 조건에 가장 유리한 상품과 계약 유형은?

> 무주택자인 B고객은 만 30세로 자녀가 없는 신혼부부이며, 부부합산 소득은 7천 8백만 원이다. B고객은 신혼집 계약을 위해 NH농협에서 전세 및 월세 대출을 진행하려고 하며, 전세 및 월세 대출 외 필요한 금액은 고정금리 연 4%의 일반 신용대출로 진행하려고 한다. B고객은 2년 동안 아파트를 임대할 예정이며 해당 아파트는 전세 및 월세 모두 가능하고 전세의 경우 3억 원이며, 월세의 경우 보증금 2억 원에 월세 70만 원이다.

① NH 청년대출, 전세
② 아낌e 보금자리대출, 전세
③ 아낌e 보금자리대출, 월세
④ NH 전월세대출, 전세
⑤ NH 전월세대출, 월세

※ N회사는 기술지원을 위해 파견팀을 구성하고자 하며, 다음은 파견팀장 선발에 대한 자료이다. 이어지는 질문에 답하시오. **[7~8]**

〈파견팀장 선발방식〉

- 지원자 중 선발점수가 가장 높은 1인을 파견팀장으로 선발한다.
- 기준에 따라 산정한 학위 점수(30점), 파견근무 점수(30점), 관련 분야 근무경력 점수(30점)에 가점(최대 10점)을 합산하여 선발 점수(100점)를 산정한다.
- 선발 점수 최고점자가 2인 이상인 경우, 관련 분야 근무경력이 더 오래된 지원자를 선발한다.
- 학위 점수(30점)

학사	석사	박사
20점	25점	30점

- 파견근무 점수(30점)

없음	1회	2회	3회	4회 이상
16점	21점	24점	27점	30점

- 관련 분야 근무경력 점수(30점)

6개월 미만	6개월 이상 1년 미만	1년 이상 3년 미만	3년 이상 5년 미만	5년 이상
10점	18점	24점	28점	30점

- 가점 사항(최대 10점)

연구 실적 분야 수상실적	업무 실적 분야 수상실적	청렴 분야 수상실적	공학계열 석사학위 이상
1개당 2점	1개당 2점	1개당 1점	1점

〈파견팀장 지원자 현황〉

구분	학위	파견근무 횟수	관련 분야 근무경력	수상실적
A지원자	컴퓨터공학 학사	3회	4년 10개월	연구우수 1회
B지원자	경영학 박사	없음	7년 2개월	업무우수 1회
C지원자	철학 석사	6회	1년 1개월	-
D지원자	생명과학 박사	2회	2년 7개월	-
E지원자	전자공학 석사	1회	5년 9개월	청렴 2회

07 파견팀장 선발방식에 따를 때, 다음 중 파견팀장으로 선발될 지원자는?

① A지원자
② B지원자
③ C지원자
④ D지원자
⑤ E지원자

08 인사위원회의 권고에 따라 관련 분야 근무경력 점수 산정기준이 다음과 같이 변경되었다. 변경된 기준에 따를 때, 파견팀장으로 선발될 지원자는?

〈관련 분야 근무경력 점수 변경사항〉

• 변경된 기준

12개월 미만	12개월 이상 18개월 미만	18개월 이상 32개월 미만	32개월 이상 50개월 미만	50개월 이상 70개월 미만	70개월 이상
18	22	24	26	28	30

① A지원자
② B지원자
③ C지원자
④ D지원자
⑤ E지원자

09 다음은 2023년 상반기와 2024년 상반기의 N국 주요 경제 지표를 나타낸 자료이다. 이에 대한 설명으로 옳은 것은?

〈N국 주요 경제 지표〉

구분	2023년 상반기	2024년 상반기
실업률	3.2%	3.5%
소비자물가지수	5.1%	3.8%
기준금리	3.5%	3.0%
GDP	2,100조 원	2,250조 원

① 2023년 상반기 대비 2024년 상반기 실업률의 증가율은 10% 이상이다.
② 2023년 상반기 대비 2024년 상반기 소비자물가지수(CPI)의 감소율은 25% 이상이다.
③ 2023년 상반기 대비 2024년 상반기 기준금리의 감소율은 15% 이상이다.
④ 2023년 상반기 대비 2024년 상반기 N국 주요 경제 지표는 모두 감소했다.
⑤ 2023년 상반기 대비 2024년 상반기 GDP 증가액은 120조 원이다.

10 다음은 N회사의 연도별 임직원 현황에 대한 자료이다. 이에 대한 〈보기〉의 설명 중 옳은 것을 모두 고르면?

〈N회사의 연도별 임직원 현황〉

(단위 : 명)

구분		2021년	2022년	2023년
국적	한국	9,566	10,197	9,070
	중국	2,636	3,748	4,853
	일본	1,615	2,353	2,749
	대만	1,333	1,585	2,032
	기타	97	115	153
고용형태	정규직	14,173	16,007	17,341
	비정규직	1,074	1,991	1,516
연령	20대 이하	8,914	8,933	10,947
	30대	5,181	7,113	6,210
	40대 이상	1,152	1,952	1,700
직급	사원	12,365	14,800	15,504
	간부	2,801	3,109	3,255
	임원	81	89	98

보기

㉠ 매년 일본, 대만 및 기타 국적 임직원 수의 합은 중국 국적 임직원 수보다 많다.
㉡ 매년 전체 임직원 중 20대 이하 임직원이 차지하는 비중은 50% 이상이다.
㉢ 2022년과 2023년에 임직원 수가 전년 대비 가장 많이 증가한 국적은 모두 중국이다.
㉣ 2022년 대비 2023년 임직원 수의 감소율이 가장 큰 연령대는 30대이다.

① ㉠, ㉡
② ㉠, ㉢
③ ㉡, ㉣
④ ㉠, ㉢, ㉣
⑤ ㉠, ㉡, ㉢, ㉣

11 엑셀에서 셀 서식의 '조건부 서식' 기능을 사용하여 셀의 색상을 변경하려면 어떤 옵션을 선택해야 하는가?

① 서식
② 셀 서식
③ 셀 스타일
④ 조건부 서식 새 규칙
⑤ 조건부 서식 규칙 관리

12 다음 제시된 스프레드시트를 참조하여 작성한 수식 「=INDEX(B2:D9,2,3)」의 결괏값은?

	A	B	C	D
1	코드	정가	판매수량	판매가격
2	L-001	25,400	503	12,776,000
3	D-001	23,200	1,000	23,200,000
4	D-002	19,500	805	15,698,000
5	C-001	28,000	3,500	98,000,000
6	C-002	20,000	6,000	96,000,000
7	L-002	24,000	750	18,000,000
8	L-003	26,500	935	24,778,000
9	D-003	22,000	850	18,700,000

① 805
② 1,000
③ 19,500
④ 12,776,000
⑤ 23,200,000

01 **다음은 대·중소기업 동반녹색성장 협력사업에 대한 자료이다. 이에 대한 설명으로 옳지 않은 것은?**

〈대·중소기업 동반녹색성장〉

- 대·중소기업 동반녹색성장 협력사업(Green Growth Partnership)
  - 기술과 인력이 부족한 중소기업에 대기업의 선진 에너지 관리 기법을 공유하여 중소기업의 에너지 절약 기술 향상 및 기업 경쟁력 강화
- 사업대상
  - (대기업) 동반성장의지가 있으며, 유틸리티 등 우수 에너지 절약 기술을 보유한 에너지 다소비 사업장
  - (중소기업) 평소 에너지 절약 추진에 관심이 있거나 에너지 관리 기법 등에 대한 정보를 습득하고자 하는 중소 산업체
- 추진절차

구분	세부사항
참여기업 모집 공고	참여를 원하는 대·중소기업
사업 설명회 및 간담회	참여를 원하는 기업 의견 수렴
참여 대·중소기업 확정	참여기업 및 연간 추진일정 확정
대·중소기업 에너지 실무회의 운영	실무회의 연중 지속 운영
기술지도 실시	기업별 기술지원사업 실시
기술지도 공유를 위한 워크숍 개최	우수사례 및 에너지 분야 신기술 공유

① 중소기업의 에너지 절약 기술 향상 및 기업 경쟁력 강화를 위한 사업이다.
② 먼저 사업 공고를 통해 참여를 희망하는 대기업 또는 중소기업을 모집한다.
③ 참여기업이 확정되면 참여기업 간 의견을 공유하는 사업 설명회를 개최한다.
④ 참여기업의 에너지 실무회의는 연중 지속적으로 운영된다.
⑤ 참여기업은 워크숍을 통해 우수사례와 에너지 분야의 신기술을 서로 공유한다.

02 다음은 N회사의 보안업무 취급 규칙에 따른 보안업무 책임자 및 담당자와 이들의 임무에 대한 자료이다. 이를 이해한 내용으로 적절하지 않은 것은?

〈보안업무 책임자 및 담당자〉

구분	이사장	총무국장	비서실장	팀장
보안책임관	○			
보안담당관		○		
비밀보관책임자				○
시설방호책임자	○			
시설방호부책임자		○		
보호구역관리책임자			○ (이사장실)	○ (지정보호구역)

〈보안업무 책임자 및 담당자의 임무〉

구분	수행임무
보안책임관	• 회사의 보안업무 전반에 대한 지휘, 감독총괄
보안담당관	• 자체 보안업무 수행에 대한 계획, 조정 및 감독 • 보안교육 및 비밀관리, 서약서 집행 • 통신보안에 관한 사항 • 비밀의 복제, 복사 및 발간에 대한 통제 및 승인 • 기타 보안업무 수행에 필요하다고 인정하는 사항 • 비밀취급인가
비밀보관책임자	• 비밀의 보관 및 안전관리 • 비밀관계부철의 기록 유지
시설방호책임자	• 자체 시설 방호계획 수립 및 안전관리 • 자위소방대 편성, 운영 • 시설방호 부책임자에 대한 지휘, 감독
시설방호부책임자	• 시설방호책임자의 보좌 • 자체 시설 방호계획 및 안전관리에 대한 실무처리 • 자위소방대 편성, 운영
보호구역관리책임자	• 지정된 보호구역의 시설안전관리 및 보안유지 • 보호구역 내의 출입자 통제

① 비밀문서를 복제하고자 할 때에는 총무국장의 승인을 받아야 한다.
② 비밀관리기록부를 갱신할 때에는 담당부서 팀장의 확인을 받아야 한다.
③ 비서실장은 이사장실을 수시로 관리하고, 외부인의 출입을 통제해야 한다.
④ 이사장과 총무국장은 화재 예방을 위해 자위소방대를 편성·운영해야 한다.
⑤ 비밀취급인가를 신청할 때 필요한 서약서는 이사장에게 제출해야 한다.

01 N전자 상담원인 귀하는 전자파와 관련된 고객의 문의전화를 받았다. 가전제품 전자파 절감 가이드라인을 참고할 때, 상담내용 중 적절하지 않은 것을 모두 고르면?

〈가전제품 전자파 절감 가이드라인〉

오늘날 전자파는 우리 생활을 풍요롭고 편리하게 해주는 떼려야 뗄 수 없는 존재가 되었습니다. 일상생활에서 사용하는 가전제품의 전자파 세기는 매우 미약하고 안전하지만 여전히 걱정이 된다구요? 그렇다면 일상생활에서 전자파를 줄이는 가전제품 사용 가이드라인에 대해 알려 드리겠습니다.

1. 생활가전제품 사용 시 가급적 30cm 이상 거리를 유지하세요.
   - 가전제품의 전자파는 30cm 거리를 유지하면 밀착하여 사용할 때보다 1/10로 줄어듭니다.
2. 전기장판은 담요를 깔고, 온도는 낮게, 온도조절기는 멀리 하세요.
   - 전기장판의 자기장은 3～5cm 두께의 담요나 이불을 깔고 사용하면 밀착 시에 비해 50% 정도 줄어듭니다.
   - 전기장판의 자기장은 저온(취침모드)으로 낮추면 고온으로 사용할 때에 비해 50% 줄어듭니다.
   - 온도조절기와 전원접속부는 전기장판보다 전자파가 많이 발생하니 가급적 멀리 두고 사용하세요.
3. 전자레인지 동작 중에는 가까운 거리에서 들여다보지 마세요.
   - 사람의 눈은 민감하고 약한 부위에 해당되므로 전자레인지 동작 중에는 가까운 거리에서 내부를 들여다보는 것을 삼가는 것이 좋습니다.
4. 헤어드라이기를 사용할 때에는 커버를 분리하지 마세요.
   - 커버가 없을 경우 사용부위(머리)와 가까워져 전자파에 2배 정도 더 노출됩니다.
5. 가전제품은 필요한 시간만 사용하고 사용 후에는 항상 전원을 뽑으세요.
   - 가전제품을 사용한 후 전원을 뽑으면 불필요한 전자파를 줄일 수 있습니다.
6. 시중에서 판매되고 있는 전자파 차단 필터는 효과가 없습니다.
7. 숯, 선인장 등은 전자파를 줄이거나 차단하는 효과가 없습니다.

상담원 : 안녕하십니까, 고객상담팀 김○○입니다.
고객 : 안녕하세요, 문의할 게 있어서 전화했습니다. 이번에 전기장판을 사용하는데 윙윙거리는 전자파 소리가 들려서 도저히 불안해서 사용할 수가 없네요. 전기장판에서 발생하는 전자파는 어느 정도인가요?
상담원 : ㉠ 일상생활에서 사용하는 모든 가전제품에서는 전자파가 나오지만 그 세기는 매우 미약하고 안전하니 걱정하지 않으셔도 됩니다.
고객 : 하지만 괜히 몸도 피곤하고 전기장판에서 자면 개운하지 않은 것 같아서요.
상담원 : ㉡ 혹시 온도조절기가 몸과 가까이 있지 않나요? 온도조절기와 전원접속부는 전기장판보다 전자파가 더 많이 발생하니 멀리 두고 사용하면 전자파를 줄일 수 있습니다.
고객 : 네, 온도조절기가 머리 가까이 있었는데 위치를 바꿔야겠네요.
상담원 : ㉢ 또한 전기장판은 저온으로 장시간 이용하는 것보다 고온으로 온도를 올리고 있다가 저온으로 낮춰 사용하는 것이 전자파 절감에 더 효과가 있습니다.
고객 : 그럼 혹시 핸드폰에서 발생하는 전자파를 절감할 수 있는 방법도 있나요?
상담원 : ㉣ 핸드폰의 경우 시중에 판매하는 전자파 차단 필터를 사용하시면 50% 이상의 차단 효과를 보실 수 있습니다.

① ㉠, ㉡
② ㉠, ㉢
③ ㉡, ㉢
④ ㉡, ㉣
⑤ ㉢, ㉣

02 **다음은 매뉴얼 작성 규칙과 해외여행 중 자연재해 발생 시 행동 매뉴얼을 나타낸 것이다. ㉠~㉤ 중 매뉴얼 작성 규칙에 위배되는 것은?**

〈매뉴얼 작성 규칙〉

- 매뉴얼의 서술은 가능한 한 단순하고 간결해야 하며, 비전문가도 쉽게 이해할 수 있어야 한다.
- 매뉴얼 내용 서술에 애매모호한 단어 사용을 금지해야 한다.
- 매뉴얼 작성 시 추측성 내용의 서술은 금물이다.
- 이용자로 하여금 알기 쉬운 문장으로 쓰여야 한다.

〈해외여행 중 자연재해 발생 시 행동 매뉴얼〉

㉠ 재외공관에 연락하여 본인의 소재지 및 여행 동행자의 정보를 남기고, 공관의 안내에 따라 신속히 현장을 빠져나와야 합니다.

㉡ 지진이 일어났을 경우, 비교적 안전한 위치에서 자세를 낮추고 머리 등 신체 주요부위를 보호합니다. 그리고 엘리베이터 대신 가급적 계단을 이용해야 하며, 엘리베이터 이용 중 지진이 일어난 경우에는 가까운 층을 눌러 대피합니다.

㉢ 해일이 발생할 경우, 가능한 한 높은 지대로 이동합니다. 이때 목조건물로 대피할 경우 급류에 쓸려갈 수 있으므로 가능한 한 철근콘크리트 건물로 이동해야 합니다.

㉣ 태풍·호우 시 큰 나무를 피하고, 고압선 가로등 등을 피해야 감전의 위험을 줄일 수 있을 것입니다.

㉤ 자연재해 발생 시 TV·라디오 등을 켜두어 중앙행정기관에서 발표하는 위기대처방법을 숙지합니다.

① ㉠
② ㉡
③ ㉢
④ ㉣
⑤ ㉤

2024 | 기출복원문제 정답 및 해설

01 공통(전체)

01	02	03	04	05	06	07	08	09	10
④	③	②	③	④	④	⑤	②	②	②
11	12								
④	⑤								

01 정답 ④

첫 번째 문단은 '친환경인증' 재배 농가에 정부 지원금을 상향하겠다는 내용이다. 여기에 이어질 문단 (가)~(다)를 살펴보면, (가) 문단은 유기지속 단가 인상 등 농업에 대한 정부정책의 강화, (나) 문단은 친환경농업이 무엇인지, (다) 문단은 정부가 친환경농업 직불 단가를 상향한 목적이 무엇인지에 대한 내용이다. 첫 번째 문단 다음에 이어질 문단으로 (나) 문단이나 (다) 문단이 적절하나, (다) 문단의 '두 재배 방식'은 (나) 문단에서 언급하고 있으므로 (나) 문단 다음에 (다) 문단이 와야 한다. 따라서 (나) – (다) – (가) 순으로 연결되어야 한다.

02 정답 ③

농림위성은 현 농업 재배 상황을 파악해 어떤 농업 대책을 세워야 하는지 의사결정에 필요한 정보를 취득하는 것과 농림 및 산림의 실시간 관측을 통해 기후변화 및 재해 등에 신속하게 대응하는 것에 그 목적이 있을 뿐 어느 농작물의 재배가 유리한지는 알 수 없다.

오답분석

① 농림위성을 통해 실시간으로 농·산림을 파악할 수 있어 산불의 이동 경로를 예측하여 신속하게 대응할 수 있다.
②·④·⑤ 두 번째 문단을 통해서 확인할 수 있다.

03 정답 ②

두 번째 문단에서 대회에 참가한 팀들이 구현한 시스템에 따르면 AI 로봇은 농업에 대한 정보를 제공해 줄 뿐, 직접적인 노동력을 제공해 주진 않았다. 따라서 AI 로봇을 통해 노동력을 감소할 수 있을 것이라는 추론은 적절하지 않다.

04 정답 ③

ⓛ 제시된 상황은 어떤 기계를 선택하면 식탁을 만드는 비용을 최소화할 수 있는지에 대한 것이므로 옳다.
ⓒ 식탁 1개당 이윤을 계산하기 위해서는 식탁의 시장가격에서 식탁을 만드는 데 드는 비용인 노동자의 임금과 임대료를 빼야 한다. 기계별 식탁 1개당 드는 비용을 계산하면 다음과 같다.
- A기계를 선택하는 경우 : $8,000\times10+10,000=90,000$원
- B기계를 선택하는 경우 : $8,000\times7+20,000=76,000$원

기계별 이윤을 계산하면 A기계는 $100,000-90,000=10,000$원, B기계는 $100,000-76,000=24,000$원이다. 따라서 합리적인 선택을 하는 경우 B기계를 선택하며, 이때 이윤은 식탁 1개당 24,000원이다.

오답분석

㉠ 기업은 B기계를 선택하는 것이 A기계를 선택하는 것보다 $24,000-10,000=14,000$원의 이윤이 더 발생하므로 B기계를 선택할 것이다.
㉣ A기계를 선택하는 경우 드는 비용은 90,000원이다.

05 정답 ④

NH 전월세대출 상품을 이용해 전세로 계약할 경우 대출받을 수 있는 보증금은 3억 원$\times$0.8=2.4억 원으로 남은 보증금액인 6,000만 원은 A고객의 보유재산으로 충족이 가능하다. 또한 월세가 없으므로 임대차계약에 대한 월 지출액은 보증금대출에 대한 이자에 해당하는 금액인 2.4억 원$\times$3.3%$\div$12개월=66만 원이므로 A고객의 조건에 부합한다.

오답분석

① NH 청년대출 상품을 이용해 전세로 계약할 경우, 최대 2억 원 이내에서 임차보증금의 90%의 대출이 가능하다. 따라서 이 상품을 이용할 경우 대출받을 수 있는 금액은 최대 2억 원이다. 이 경우 남은 보증금 1억 원은 A고객의 보유재산을 넘어서게 되므로 부합하지 않는다.
② NH 청년대출 상품은 월세로 계약할 경우 임차보증금이 1.5억 원 이하여야 하지만, 오피스텔의 월세 보증금은 2억 원이므로 조건에 부합하지 않는다.
③ 아낌e 보금자리대출 상품을 이용해 월세로 계약할 경우 대출받을 수 있는 보증금은 2억 원$\times$70%=1.4억 원이므로 남은 보증금액은 A고객의 보유재산으로 충족이 가능하다. 그러나 A고객이 대출이자를 포함해 월 지불할 월세

지출액은 1.4억 원×3.0%÷12개월+월세 60만 원=95만 원이므로 A고객의 조건에 부합하지 않는다.

⑤ NH 전월세대출 상품을 이용해 월세로 계약할 경우 대출받을 수 있는 보증금은 최대한도인 1.5억 원이므로 남은 보증금액은 A고객의 보유재산으로 충족이 가능하다. 그러나 A고객이 대출이자를 포함해 월 지불할 월세 지출액은 1.5억 원×2.5%÷12개월+월세 60만 원=91만 2,500원이므로 A고객의 조건에 부합하지 않는다.

06

정답 ④

상품 및 계약 유형에 따라 월별 비용을 구하면 다음과 같다.

• NH 청년대출(전세)
  - 전세대출금액 : 최대한도 2억 원
  - 일반신용대출 : 3억−2억=1억 원

  따라서 월 이자비용은 (2억 원×3.3%÷12)+(1억 원×4%÷12)≒883,333원이다.

• 아낌e 보금자리대출(전세)
  - 전세대출금액 : 3억 원×70%=2.1억 원
  - 일반신용대출 : 3억−2.1억=0.9억 원

  따라서 월 이자비용은 (2.1억 원×3.3%÷12)+(0.9억 원×4%÷12)=877,500원이다.

• 아낌e 보금자리대출(월세)

  아낌e 보금자리대출로 월세 계약을 진행할 경우 상대적으로 금리가 높은 일반신용대출의 대출금액도 커지고 추가로 월세 70만 원도 부담해야 하므로, 아낌e 보금자리대출의 전세 대출보다 불리하다.

• NH 전월세대출(전세)
  - 전세대출금액 : 3억 원×80%=2.4억 원
  - 일반신용대출 : 3억−2.4억=0.6억 원

  따라서 월 이자비용은 (2.4억 원×3.3%÷12)+(0.6억 원×4%÷12)=860,000원이다.

• NH 전월세대출(월세)

  NH 전월세대출로 월세 계약을 진행할 경우 월세 보증금으로 [2억 원−(70만 원×24개월)]×80%=1.4656억 원을 대출받을 수 있다. 이에 대한 월 이자비용은 (1.4656억 원×2.5%÷12)≒305,333원이며, 추가로 월세 70만 원까지 지불해야 하므로 남은 보증금에 대한 신용대출 이자비용을 제외하더라도 이미 100만 원을 초과해 NH 전월세대출의 전세 대출보다 비용이 많이 든다.

따라서 B고객에게 가장 유리한 상품은 월 이자비용이 가장 적은 NH 전월세대출의 전세 대출이다.

07

정답 ⑤

파견팀장 선발 방식에 따라 지원자들의 선발 점수를 산출하면 다음과 같다.

(단위 : 점)

구분	학위 점수	파견 근무 점수	관련 분야 근무경력 점수	가점	선발 점수
A지원자	20	27	28	2	77
B지원자	30	16	30	2	78
C지원자	25	30	24	−	79
D지원자	30	24	24	−	78
E지원자	25	21	30	(1×2)+1	79

선발 점수 최고점자가 C와 E로 2인 이상이므로, 관련 분야 근무경력이 더 오래된 E를 파견팀장으로 선발한다.

08

정답 ②

변경된 관련 분야 근무 경력 점수 산정기준에 따라 지원자들의 선발 점수를 산출하면 다음과 같다.

(단위 : 점)

구분	학위 점수	파견 근무 점수	관련 분야 근무경력 점수	가점	선발 점수
A지원자	20	27	28	2	77
B지원자	30	16	30	2	78
C지원자	25	30	22	−	77
D지원자	30	24	24	−	78
E지원자	25	21	28	(1×2)+1	77

선발 점수 최고점자가 B와 D로 2인 이상이므로, 관련 분야 근무경력이 더 오래된 B를 파견팀장으로 선발한다.

09

정답 ②

2023년 상반기 대비 2024년 상반기 소비자물가지수 변화율을 계산하면

$\frac{3.8-5.1}{5.1}\times100\fallingdotseq-25.49\%$이므로 감소율은 25% 이상이다.

오답분석

① 실업률의 변화율은 $\frac{3.5-3.2}{3.2}\times100\fallingdotseq9.38\%$이므로 증가율은 10% 미만이다.

③ 기준금리의 변화율은 $\frac{3.0-3.5}{3.5}\times100\fallingdotseq-14.29\%$이므로 감소율은 15% 미만이다.

④·⑤ 2023년 상반기 대비 2024년 상반기 GDP는 2,250−2,100=150조 원 증가하였다.

10

정답 ②

㉠ 연도별 일본, 대만 및 기타 국적 임직원 수의 합을 구하면 다음과 같다.
- 2021년 : 1,615+1,333+97=3,045명
- 2022년 : 2,353+1,585+115=4,053명
- 2023년 : 2,749+2,032+153=4,934명

따라서 매년 일본, 대만 및 기타 국적 임직원 수의 합은 중국 국적 임직원 수보다 많다.

㉢ 2022년, 2023년 국적별 임직원 수의 전년 대비 증감폭을 구하면 다음과 같다.
- 2022년 임직원 수의 2021년 대비 증감폭
  - 한국 : 10,197−9,566=631명
  - 중국 : 3,748−2,636=1,112명
  - 일본 : 2,353−1,615=738명
  - 대만 : 1,585−1,333=252명
  - 기타 : 115−97=18명
- 2023년 임직원 수의 2022년 대비 증감폭
  - 한국 : 9,070−10,197=−1,127명
  - 중국 : 4,853−3,748=1,105명
  - 일본 : 2,749−2,353=396명
  - 대만 : 2,032−1,585=447명
  - 기타 : 153−115=38명

따라서 2022년과 2023년에 임직원 수가 전년 대비 가장 많이 증가한 국적은 모두 중국이다.

오답분석

㉡ 연도별 전체 임직원 수를 구하면 다음과 같다.
- 2021년 : 8,914+5,181+1,152=15,247명
- 2022년 : 8,933+7,113+1,952=17,998명
- 2023년 : 10,947+6,210+1,700=18,857명

연도별 전체 임직원 중 20대 이하 임직원이 차지하는 비중을 구하면 다음과 같다.
- 2021년 : $\frac{8,914}{15,247}\times 100 \fallingdotseq 58.5\%$
- 2022년 : $\frac{8,933}{17,998}\times 100 \fallingdotseq 49.6\%$
- 2023년 : $\frac{10,947}{18,857}\times 100 \fallingdotseq 58.1\%$

2022년의 경우 전체 임직원 중 20대 이하 임직원이 차지하는 비중은 50% 미만이다.

㉣ 2022년 대비 2023년 연령대별 임직원 수의 증감률을 구하면 다음과 같다.
- 20대 이하 : $\frac{10,947-8,933}{8,933}\times 100 \fallingdotseq 22.55\%$
- 30대 : $\frac{6,210-7,113}{7,113}\times 100 \fallingdotseq -12.7\%$
- 40대 이상 : $\frac{1,700-1,952}{1,952}\times 100 \fallingdotseq -12.91\%$

따라서 2022년 대비 2023년 연령대별 임직원 수의 감소율이 가장 큰 연령대는 40대 이상이다.

11

정답 ④

조건부 서식 새 규칙 추가 기능을 통해 특정 요구 조건을 만족하는 셀의 서식을 변경할 수 있다.

12

정답 ⑤

「=INDEX(범위, 행, 열)」는 해당하는 범위 안에서 지정한 행, 열의 위치에 있는 값을 출력한다. 따라서 [B2:D9]의 범위에서 2행 3열에 있는 값 23,200,000이 도출된다.

02 카드, 글로벌

01	02								
③	⑤								

01

정답 ③

대・중소기업 동반녹색성장의 추진절차에 따르면 사업 설명회는 참여기업이 확정되기 전에 개최된다. 즉, 사업 설명회를 통해 참여를 원하는 기업의 의견을 수렴한 뒤 참여기업을 확정한다.

02

정답 ⑤

서약서 집행 담당자는 보안담당관이며 보안담당관은 총무국장이다. 따라서 서약서는 이사장이 아닌 총무국장에게 제출해야 한다.

03 IT

01	02								
⑤	④								

01

정답 ⑤

ⓒ 전기장판은 저온모드로 낮춰 사용해야 고온으로 사용할 때보다 자기장이 50% 줄어든다. 고온으로 사용하다가 저온으로 낮춰 사용하는 것이 전자파를 줄일 수 있다는 내용은 가이드라인에서 확인할 수 없으므로 적절하지 않다.

ⓔ 시중에 판매하는 전자파 차단 필터는 연구 결과 아무런 효과가 없는 것으로 밝혀졌으므로 적절하지 않다.

02

정답 ④

ⓔ의 경우 추측성 내용의 서술로 작성되었음을 알 수 있다. 매뉴얼에 따르면 추측성 내용의 서술은 금물이다. 추측성 설명은 문장을 애매모호하게 만들 뿐만 아니라 사용자에게 사고를 유발시켜 신체적・재산적 손실을 가져다 줄 수 있다.

PART 1

직무능력평가

CHAPTER 01

의사소통능력

합격 Cheat Key

의사소통능력을 평가하지 않는 금융권이 없을 만큼 필기시험에서 중요도가 높은 영역이다. 또한, 의사소통능력의 문제 출제 비중은 가장 높은 편이다. 이러한 점을 볼 때, 의사소통능력은 NCS를 준비하는 수험생이라면 반드시 정복해야 하는 과목이다.

국가직무능력표준에 따르면 의사소통능력의 세부 유형은 문서이해, 문서작성, 의사표현, 경청, 기초외국어로 나눌 수 있다. 문서이해·문서작성과 같은 제시문에 대한 주제 찾기, 내용일치 문제의 출제 비중이 높으며, 공문서·기획서·보고서·설명서 등 문서의 특성을 파악하는 문제도 출제되고 있다. 따라서 이러한 분석을 바탕으로 전략을 세우는 것이 매우 중요하다.

1 문제에서 요구하는 바를 먼저 파악하라!

의사소통능력에서 가장 중요한 것은 제한된 시간 안에 빠르고 정확하게 답을 찾아내는 것이다. 그러기 위해서는 우리가 의사소통능력을 공부하는 이유를 잊지 말아야 한다. 우리는 지식을 쌓기 위해 의사소통능력 지문을 보는 것이 아니다. 의사소통능력에서는 지문이 아니라 문제가 주인공이다! 지문을 보기 전에 문제를 먼저 파악해야 한다. 주제찾기 문제라면 첫 문장과 마지막 문장 또는 접속어를 주목하자! 내용일치 문제라면 지문과 문항의 일치 / 불일치 여부만 파악한 뒤 빠져 나오자! 지문에 빠져드는 순간 소중한 시험 시간은 속절없이 흘러 버린다!

2 잠재되어 있는 언어능력을 발휘하라!

의사소통능력에는 끝이 없다! 의사소통의 방대함에 포기한 적이 있는가? 세상에 글은 많고 우리가 학습할 수 있는 시간은 한정적이다. 이를 극복할 수 있는 방법은 다양한 글을 접하는 것이다. 실제 시험장에서 어떤 내용의 지문이 나올지 아무도 예측할 수 없다. 따라서 평소에 신문, 소설, 보고서 등 여러 글을 접하는 것이 필요하다. 잠재되어 있는 글에 대한 안목이 시험장에서 빛을 발할 것이다.

3 상황을 가정하라!

업무 수행에 있어 상황에 따른 언어 표현은 중요하다. 같은 말이라도 상황에 따라 다르게 해석될 수 있기 때문이다. 그런 의미에서 자신의 의견을 효과적으로 전달할 수 있는 능력을 평가하는 것은 당연하다. 따라서 다양한 상황에서의 언어표현능력을 함양하기 위한 연습의 과정이 요구된다. 업무를 수행하면서 발생할 수 있는 여러 상황을 가정하고 그에 따른 올바른 언어표현을 정리하는 것이 필요하다. 의사표현 영역의 경우 출제 빈도가 높지는 않지만 상황에 따른 판단력을 평가하는 문항인 만큼 대비하는 것이 필요하다.

4 말하는 이의 입장에서 생각하라!

잘 듣는 것 또한 하나의 능력이다. 상대방의 이야기에 귀 기울이고 공감하는 태도는 업무를 수행하는 관계 속에서 필요한 요소이다. 그런 의미에서 다양한 상황에서의 듣는 능력을 평가하는 것이다. 말하는 이가 요구하는 듣는 이의 태도를 파악하고, 이에 따른 판단을 할 수 있도록 언제나 말하는 사람의 입장이 되는 연습이 필요하다.

5 반복만이 살길이다!

학창 시절 외국어를 공부하던 때를 떠올려 보자! 셀 수 없이 많은 표현들을 익히기 위해 얼마나 많은 반복의 과정을 거쳤는가? 의사소통능력 역시 그러하다. 하나의 문제 유형을 마스터하기 위해 가장 중요한 것은 바로 여러 번, 많이 풀어 보는 것이다.

01 문장삽입

| 유형분석 |

- 논리적인 흐름에 따라 글을 이해할 수 있는지 평가한다.
- 한 문장뿐 아니라 여러 개의 문장이나 문단을 삽입하는 문제가 출제될 가능성이 있다.

다음 글에서 〈보기〉의 문장이 들어갈 위치로 가장 적절한 곳은?

(가) 자연계는 무기적인 환경과 생물적인 환경이 상호 연관되어 있으며 그것은 생태계로 불리는 한 시스템을 이루고 있음이 밝혀진 이래, 이 이론은 자연을 이해하기 위한 가장 기본이 되는 것으로 받아들여지고 있다. (나) 그동안 인류는 더 윤택한 삶을 누리기 위하여 산업을 일으키고 도시를 건설하며 문명을 이룩해왔다. (다) 이로써 우리의 삶은 매우 윤택해졌으나 우리의 생활환경은 오히려 훼손되고 있으며 환경오염으로 인한 공해가 누적되고 있고, 우리 생활에서 없어서는 안 될 각종 자원도 바닥이 날 위기에 놓이게 되었다. (라) 따라서 우리는 낭비되는 자원 그리고 날로 황폐해져 가는 자연에 대하여 우리가 해야 할 시급한 임무가 무엇인지를 깨닫고, 이를 실천하기 위해 우리 모두의 지혜와 노력을 모아야만 한다. (마)

보기

만약 우리가 이 위기를 슬기롭게 극복해내지 못한다면 인류는 머지않아 파멸에 이르게 될 것이다.

① (가)　② (나)
③ (다)　④ (라)
⑤ (마)

정답 ④

(라)의 앞부분에서는 위기 상황을 제시하고, 뒷부분에서는 자연에 대한 인류의 각성을 촉구하는 내용을 다루고 있다. 보기의 문장은 각성의 당위성을 이끌어내는 내용이므로 (라)에 들어가면 앞뒤 내용을 논리적으로 연결할 수 있다.

유형풀이 Tip

- 보기를 먼저 읽고, 선택지로 주어진 빈칸의 앞・뒤 문장을 읽어 본다. 그리고 빈칸 부분에 보기를 넣었을 때 그 흐름이 어색하지 않은 위치를 찾는다.
- 보기 문장의 중심이 되는 단어가 빈칸의 앞뒤에 언급되어 있는지 확인하도록 한다.

대표기출유형 01 기출응용문제

※ 다음 글에서 〈보기〉의 문장이 들어갈 위치로 가장 적절한 곳을 고르시오. [1~2]

Easy

01

(가) 1783년 영국 자연철학자 존 미첼은 빛은 입자라는 생각과 뉴턴의 중력이론을 결합한 이론을 제시하였다. 그는 우선 별들이 어떻게 보일 것인지 사고 실험을 통해 예측하였다.
별의 표면에서 얼마간의 초기 속도로 입자를 쏘아 올려 아무런 방해 없이 위로 올라간다고 가정해 보자. (나) 만약에 초기 속도가 충분히 빠르지 않으면 별의 중력은 입자의 속도를 점점 느리게 할 것이며, 결국 그 입자를 별의 표면으로 되돌아가게 할 것이다. 만약 초기 속도가 충분히 빠르면 입자는 중력을 극복하고 별을 탈출할 수 있을 것이다. 이렇게 입자가 별을 탈출할 수 있는 최소한의 초기 속도는 '탈출 속도'라고 불린다.
(다) 이를 바탕으로 미첼은 '임계 둘레'라는 것도 추론해냈다. 임계 둘레란 탈출 속도와 빛의 속도를 같게 만드는 별의 둘레를 말한다. 빛 입자는 다른 입자들처럼 중력의 영향을 받는다. 그로 인해 빛은 임계 둘레보다 작은 둘레를 가진 별에서는 탈출할 수 없다. 그런 별에서 약 30만 km/s의 초기 속도로 빛 입자를 쏘아 올렸을 때 입자는 우선 위로 날아갈 것이다. (라) 그런 다음 멈출 때까지 느려지다가, 결국 별의 표면으로 되돌아갈 것이다. 미첼은 임계 둘레를 쉽게 계산할 수 있었다. 태양과 동일한 질량을 가진 별의 임계 둘레는 약 19km로 계산되었다. (마) 이러한 사고 실험을 통해 미첼은 임계 둘레보다 작은 둘레를 가진 암흑의 별들이 무척 많을 테고, 그 별들에선 빛 입자가 빠져나올 수 없기에 지구에서는 볼 수 없을 것으로 추측했다.

보기

미첼은 뉴턴의 중력이론을 이용해서 탈출 속도를 계산할 수 있었으며, 그 속도가 별 질량을 별의 둘레로 나눈 값의 제곱근에 비례한다는 것을 유도하였다.

① (가)
② (나)
③ (다)
④ (라)
⑤ (마)

02

자본주의 경제체제는 이익을 추구하려는 인간의 욕구를 최대한 보장해 주고 있다. 기업 또한 이익 추구라는 목적에서 탄생하여, 생산의 주체로서 자본주의 체제의 핵심적 역할을 수행하고 있다. 곧 이익은 기업가로 하여금 사업을 시작하게 하는 동기가 된다. (가) 이익에는 단기적으로 실현되는 이익과 장기간에 걸쳐 지속적으로 실현되는 이익이 있다. 기업이 장기적으로 존속, 성장하기 위해서는 단기 이익보다 장기 이익을 추구하는 것이 더 중요하다. 실제로 기업은 단기 이익의 극대화가 장기 이익의 극대화와 상충할 때에는 단기 이익을 과감히 포기하기도 한다. (나) 자본주의 초기에는 기업이 단기 이익과 장기 이익을 구별하여 추구할 필요가 없었다. 소자본끼리의 자유 경쟁 상태에서는 단기든 장기든 이익을 포기하는 순간에 경쟁에서 탈락하기 때문이다. 그에 따라 기업은 치열한 경쟁에서 살아남기 위해 주어진 자원을 최대한 효율적으로 활용하여 가장 저렴한 가격으로 좋은 품질의 상품을 소비자에게 공급하게 되었다. (다) 이 단계에서는 기업의 소유자가 곧 경영자였기 때문에, 기업의 목적은 자본가의 이익을 추구하는 것으로 집중되었다.

그러나 기업의 규모가 점차 커지고 경영 활동이 복잡해지면서 전문적인 경영 능력을 갖춘 경영자가 필요하게 되었다. (라) 이에 따라 소유와 경영이 분리되어 경영의 효율성이 높아졌지만, 동시에 기업이 단기 이익과 장기 이익 사이에서 갈등을 겪게 되는 일도 발생하였다. 주주의 대리인으로 경영을 위임 받은 전문 경영인은 기업의 장기적 전망보다 단기 이익에 치중하여 경영 능력을 과시하려는 경향이 있기 때문이다. 주주는 경영자의 이러한 비효율적 경영 활동을 감시함으로써 자신의 이익은 물론 기업의 장기 이익을 극대화하고자 하였다. (마)

보기

이는 기업의 이익 추구가 결과적으로 사회 전체의 이익도 증진시켰다는 의미이다.

① (가)
② (나)
③ (다)
④ (라)
⑤ (마)

03 다음 글에서 〈보기〉의 내용이 들어갈 위치로 가장 적절한 곳은?

(가) 나는 하나의 생각하는 것이다. 즉, 의심하고, 긍정하고, 부정하고, 약간의 것을 알고 많은 것을 모르며, 바라고 바라지 않으며, 또 상상하고, 감각하는 어떤 것이다. 왜냐하면 앞서 내가 깨달은 바와 같이 설사 내가 감각하고 상상하는 것들이 내 밖에서는 아마도 무(無)라고 할지라도 내가 감각 및 상상이라고 부르는 이 사고방식만큼은 그것이 하나의 사고방식인 한, 확실히 내 속에 있음을 내가 확신하기 때문이다. 그리고 이 몇 마디 말로써 나는 내가 참으로 알고 있는 것을 혹은 지금까지 알고 있다고 생각한 모든 것을 요약했다고 믿는다.

(나) 하지만 전에 내가 매우 확실하고 명백하다고 인정한 것으로서 그 후 의심스러운 것이라고 알게 된 것이 많다. 무엇이 이런 것들이었는가? 그것은 땅, 하늘, 별들, 이밖에 내가 감각을 통하여 알게 된 모든 것이었다. (다) 그러면 나는 이것들에 대해서 무엇을 명석하게 지각하고 있었는가? 물론 이것들의 관념 자체, 즉 이것들에 대한 생각이 내 정신에 나타났었다고 하는 것이다. 그리고 이러한 관념들이 내 속에 있다는 것에 대해서는 나는 지금도 부정하지 않는다.

(라) 그러나 한편 나는, 내가 아주 명석하게 지각하는 것들을 바라볼 때마다 다음과 같이 외치지 않을 수 없다. 누구든지 나를 속일 수 있거든 속여 보라. 그러나 내가 나를 어떤 무엇이라고 생각하고 있는 동안은 결코 나를 무(無)이게끔 할 수는 없을 것이다. 혹은 내가 있다고 하는 것이 참이라고 할진대 내가 현존한 적이 없었다고 하는 것이 언젠가 참된 것이 될 수는 없을 것이다. 또 혹은 2에 3을 더할 때 5보다 크게 되거나 작게 될 수 없으며, 이밖에 이와 비슷한 일, 즉 거기서 내가 명백한 모순을 볼 수 있는 일이 생길 수는 없을 것이라고. 그리고 확실히 나에게는 어떤 하느님이 기만자라고 보아야 할 아무 이유도 없고, 또 도대체 한 하느님이 있는지 없는지도 아직 충분히 알려져 있지 않으므로 그저 저러한 선입견에 기초를 둔 의심의 이유는 매우 박약하다. (마)

보기

그러나 산술이나 기하학에 관하여 아주 단순하고 쉬운 것, 가령 2에 3을 더하면 5가 된다고 하는 것 및 이와 비슷한 것을 내가 고찰하고 있었을 때, 나는 적어도 이것들을 참되다고 긍정할 만큼 명료하게 직관하고 있었던 것은 아닐까? 확실히 나는 나중에 이것들에 관해서도 의심할 수 있다고 판단하기는 했으나 이것은 하느님과 같은 어떤 전능자라면, 다시없이 명백하다고 여겨지는 것들에 관해서도 속을 수 있는 본성을 나에게 줄 수 있었다고 하는 생각이 내 마음에 떠올랐기 때문일 따름이었다.

① (가)
② (나)
③ (다)
④ (라)
⑤ (마)

04 다음 글에서 〈보기〉의 문장 ㉠, ㉡이 들어갈 위치로 가장 적절한 곳은?

별의 밝기는 별의 거리, 크기, 온도 등을 연구하는 데 중요한 정보를 제공한다. 별의 밝기는 등급으로 나타내며, 지구에서 관측되는 별의 밝기를 '겉보기 등급'이라고 한다. 고대의 천문학자 히파르코스는 맨눈으로 보이는 별의 밝기에 따라 가장 밝은 1등급부터 가장 어두운 6등급까지 6개의 등급으로 구분하였다. 이후 1856년에 포그슨은 1등급의 별이 6등급의 별보다 약 100배 밝고, 한 등급 간에는 밝기가 약 2.5배 차이가 나는 것을 알아내었다. 이러한 등급 체계는 망원경이나 관측 기술의 발달로 인해 개편되었다. 맨눈으로만 관측 가능했던 1 ~ 6등급 범위를 벗어나 그 값이 확장되었는데 6등급보다 더 어두운 별은 6보다 더 큰 수로, 1등급보다 더 밝은 별은 1보다 더 작은 수로 나타내었다. (가)

별의 겉보기 밝기는 지구에 도달하는 별빛의 양에 의해 결정된다. 과학자들은 단위 시간 동안 단위 면적에 입사하는 빛 에너지의 총량을 '복사 플럭스'라고 정의하였는데, 이 값이 클수록 별이 더 밝게 관측된다. 그러나 별의 복사 플럭스 값은 빛이 도달되는 거리의 제곱에 반비례하기 때문에 별과의 거리가 멀수록 그 별은 더 어둡게 보인다. 이처럼 겉보기 밝기는 거리에 따라 다르게 관측되기 때문에 별의 실제 밝기는 절대 등급으로 나타낸다. (나)

절대 등급은 별이 지구로부터 10파섹(1파섹=3.086×1013km=약 32.6광년)의 거리에 있다고 가정했을 때 그 별의 겉보기 등급으로 정의한다. 별의 실제 밝기는 별이 매초 방출하는 에너지의 총량인 광도가 클수록 밝아지게 된다. (다) 광도는 별의 반지름의 제곱과 별의 표면 온도의 네제곱에 비례한다. 즉, 별의 실제 밝기는 별의 표면적이 클수록, 표면 온도가 높을수록 밝다.

과학자들은 별의 겉보기 등급에서 절대 등급을 뺀 값인 거리 지수를 이용하여 별까지의 거리를 판단한다. (라) 어떤 별의 거리 지수가 0이면 지구와 그 별 사이의 거리가 10파섹임을 나타내고, 0보다 크면 10파섹보다 멀다는 것을 의미한다. 예를 들어 '북극성'의 겉보기 등급은 2.0 정도이고, 절대 등급은 −3.6 정도이므로 거리 지수는 5.6이다. 이 값이 0보다 크기 때문에 북극성은 10파섹보다 멀리 있으며, 실제로 지구에서 133파섹 떨어져 있다. (마) 이처럼 별의 밝기와 관련된 정보를 통해 멀리 떨어져 있는 별에 대해 탐구할 수 있다.

보기

㉠ 이 값이 큰 별일수록 지구에서 별까지의 거리가 멀다.
㉡ 예를 들어, '리겔'의 경우 겉보기 등급은 0.1 정도이지만, 절대 등급은 −6.8 정도에 해당한다.

	㉠	㉡
①	(다)	(가)
②	(라)	(나)
③	(라)	(다)
④	(라)	(마)
⑤	(마)	(나)

Hard

05 다음 글에서 〈보기〉의 문장 ㉠~㉢이 들어갈 위치로 가장 적절한 곳은?

세포의 DNA는 생물의 모든 유전 정보를 가지고 있다. DNA의 유전 정보들 중 단백질 합성을 위한 정보는 mRNA(messenger RNA)를 통해 리보솜(Ribosome)에 전달되고, 이를 바탕으로 리보솜에서 단백질이 합성된다. (가) 예를 들어 세포가 독성 물질에 노출되면 특정한 단백질들이 합성되는데, 이러한 단백질들은 독성 물질로부터 세포를 보호하는 역할을 한다. 그런데 이러한 단백질들이 만들어질 때에는 특정 단백질 합성과 관련된 mRNA들의 양도 증가한다. (나) 특정 상황에서 증가된 mRNA들의 종류를 분석하면 그 상황에 대응하기 위해 어떤 유전자가 발현되었는지 구체적으로 알 수 있다.

(다) 이러한 번거로움은 이미 밝혀진 DNA 정보에 따라 유전자 조각을 작은 슬라이드에 규칙적으로 배열한 DNA칩을 이용한 검사를 통해 해결할 수 있다. DNA칩과 mRNA를 통해 특정 상황에서 발현되는 유전자를 찾으려면, 먼저 세포에서 mRNA들을 추출한다. 추출한 mRNA들을 DNA칩의 유전자 조각과 결합할 수 있는 유전자 조각들로 만들고, 이들이 결합할 때 형광이 나타나도록 형광물질을 부착한다. 그런 다음 이를 DNA칩 위에 뿌리면 DNA칩에 나열된 유전자 조각과 mRNA로 만든 유전자 조각이 결합된다. 이 결합에 따라 나타난 형광 정보를 컴퓨터 프로그램으로 분석할 수 있다.

이와 같은 검사를 통해 mRNA로 만든 유전자 조각에서 나타나는 특정 단백질 합성과 관련된 유전자를 한눈에 파악할 수 있다. 이러한 방법을 활용하면 특정 상황에서 나타나는 단백질 합성과 관련된 유전자의 변화를 알 수 있기 때문에 어떤 개체가 독성 물질에 노출되었을 때 그에 따라 나타난 유전자의 변화를 확인할 수 있다.

보기

㉠ 따라서 특정 상황에서 mRNA가 갑자기 많이 나타난다면 그 상황이 세포에게 유해한 상황이라는 것을 짐작할 수 있다.

㉡ 그런데 mRNA들은 다양한 종류가 한꺼번에 발현되는 특성이 있기 때문에 특정 단백질 합성과 관련된 것들만 일일이 구분하려면 시간이 오래 걸리고 번거롭다.

㉢ 단백질들은 생체의 구성 성분이 될 뿐만 아니라 상황에 따라서는 세포를 보호하는 역할도 한다.

	㉠	㉡	㉢
①	(가)	(나)	(다)
②	(나)	(가)	(다)
③	(나)	(다)	(가)
④	(다)	(가)	(나)
⑤	(다)	(나)	(가)

02 빈칸추론

| 유형분석 |

- 글의 전반적인 흐름을 파악하고 있는지 평가한다.
- 첫 문장, 마지막 문장 또는 글의 중간 등 다양한 위치에 빈칸이 주어질 수 있다.

다음 글의 빈칸에 들어갈 내용으로 가장 적절한 것은?

> 경기적 실업이란 경기 침체의 영향으로 기업 활동이 위축되고 이로 인해 노동에 대한 수요가 감소하여 고용량이 줄어들어 발생하는 실업이다. 다시 말해 경기적 실업은 노동 시장에서 노동의 수요와 공급이 균형을 이루고 있는 상태라고 가정할 때, 경기가 침체되어 물가가 하락하게 되면 ______________________ 경기적 실업은 다른 종류의 실업에 비해 생산량 측면에서 경제적으로 큰 손실을 발생시킬 수 있기에 경제학자들은 이를 해결하기 위한 정부의 역할을 촉구한다.

① 기업은 생산량을 줄이게 되고 이로 인해 노동에 대한 공급이 감소하여 발생한다.
② 기업은 생산량을 늘리게 되고 이로 인해 노동에 대한 수요가 증가하여 발생한다.
③ 기업은 생산량을 늘리게 되고 이로 인해 노동에 대한 공급이 감소하여 발생한다.
④ 기업은 생산량을 줄이게 되고 이로 인해 노동에 대한 수요가 감소하여 발생한다.
⑤ 기업은 생산량을 줄이게 되고 이로 인해 노동에 대한 수요가 증가하여 발생한다.

정답 ④

첫 번째 문장에서 경기적 실업이란 '노동에 대한 수요가 감소하여 고용량이 줄어들어 발생하는 실업'이라고 하였으므로, 빈칸에는 기업이 생산량을 줄임으로써 노동에 대한 수요가 감소한다는 내용이 들어가야 한다.

유형풀이 Tip

- 글을 모두 읽고 풀기에는 시간이 부족하다. 따라서 빈칸의 앞·뒤 문장만을 통해 내용을 파악할 수 있어야 한다.
- 주어진 문장을 각각 빈칸에 넣었을 때 그 흐름이 어색하지 않은지 확인하도록 한다.

대표기출유형 02 기출응용문제

※ 다음 글의 빈칸에 들어갈 내용으로 가장 적절한 것을 고르시오. [1~5]

01

자율주행차란 운전자가 핸들과 가속페달, 브레이크 등을 조작하지 않아도 정밀한 지도, 위성항법시스템(GPS) 등 차량의 각종 센서로 상황을 파악해 스스로 목적지까지 찾아가는 자동차를 말한다. 국토교통부는 자율주행차의 상용화를 위해 '부분자율주행차(레벨 3)' 안전기준을 세계 최초로 도입했다고 밝혔다. 이에 따라 7월부터는 자동으로 차로를 유지하는 기능이 탑재된 레벨 3 자율주행차의 출시와 판매가 가능해진다. 국토부가 마련한 안전기준에 따르면 레벨 3 부분자율주행차는 운전자 탑승이 확인된 후에만 작동할 수 있다. 자동 차로 유지기능은 운전자가 직접 운전하지 않아도 자율주행시스템이 차선을 유지하면서 주행하고 긴급 상황 등에 대응하는 기능이다. 기존 '레벨 2'는 차로 유지기능을 작동했을 때 차량이 차선을 이탈하면 경고 알람이 울리는 정도여서 운전자가 직접 운전을 해야 했지만, 레벨 3 안전기준이 도입되면 지정된 작동영역 안에서는 자율주행차의 책임 아래 ________________________

① 운전자가 탑승하지 않더라도 자율주행이 가능해진다.
② 운전자가 직접 조작하지 않더라도 자동으로 속도 조절이 가능해진다.
③ 운전자가 운전대에서 손을 떼고도 차로를 유지하며 자율주행이 가능해진다.
④ 운전자가 직접 조작하지 않더라도 차량 간 일정한 거리 유지가 가능해진다.
⑤ 운전자가 차선을 이탈할 경우 경고 알람이 울리므로 운전자의 집중이 요구된다.

PART 1

Easy

02

> MZ세대 직장인을 중심으로 '조용한 사직'이 유행하고 있다. '조용한 사직'이라는 신조어는 2022년 7월 한 미국인이 SNS에 소개하면서 큰 호응을 얻은 것으로 실제로 퇴사하진 않지만 최소한의 일만 하는 업무 태도를 말한다. 실제로 MZ세대 직장인은 적당히 하자라는 생각으로 주어진 업무는 하되 더 찾아서 하거나 스트레스 받을 수준으로 많은 일을 맡지 않고, 사내 행사도 꼭 필요할 때만 참여해 일과 삶을 철저히 분리하고 있다.
> 한 채용플랫폼의 설문조사 결과에 따르면 직장인 10명 중 7명이 '월급받는 만큼만 일하면 끝'이라고 답했고, 20대 응답자 중 78.5%, 30대 응답자 중 77.1%가 '받은 만큼만 일한다.'라고 답했다. 설문조사 결과 연령대가 높아질수록 그 비율은 감소해 젊은 층을 중심으로 이 같은 인식이 확산하고 있음을 짐작할 수 있다.
> 이러한 인식이 확산하는 데는 인플레이션으로 인한 임금 감소, '돈을 많이 모아도 집 한 채를 살 수 있을까?' 등 전반적인 경제적 불만이 기저에 있다고 전문가들은 말했다. 또 MZ세대가 '노력에 상응하는 보상을 받고 있는지'에 민감하게 반응하는 특성을 가지고 있는 것도 한몫하고 있다.
> 문제점은 이러한 '조용한 사직' 분위기가 기업의 전반적인 생산성 저하로 이어지고 있는 것이다. 이에 맞서 기업도 '조용한 사직'으로 대응해 게으른 직원에게 업무를 주지 않는 '조용한 해고'를 하는 상황이 발생하고 있다. 이에 전문가들은 MZ세대 직장인을 나태하다고 구분 짓는 사고방식은 잘못되었다고 지적하며, 기업 차원에서는 "____________________"이, 개인 차원에서는 "스스로 일과 삶을 잘 조율하는 현명함을 만드는 것"이 필요하다고 언급했다.

① 직원이 일한 만큼 급여를 올려주는 것
② 직원이 스트레스를 받지 않게 적당량의 업무를 배당하는 것
③ 젊은 세대의 채용을 신중히 하는 것
④ 젊은 세대의 특성을 이해하고 온전히 받아들이는 것
⑤ 젊은 세대가 함께할 수 있도록 분위기를 만드는 것

03

> 과거, 민화를 그린 사람들은 정식으로 화업을 전문으로 하는 사람이 아니었다. 대부분 타고난 그림 재주를 밑천으로 그림을 그려 가게에 팔거나 필요로 하는 사람에게 그려주고 그 대가로 생계를 유지했던 사람들이었던 것이다. 그들은 민중의 수요를 충족시키기 위해 정형화된 내용과 상투적 양식의 그림을 반복적으로 그렸다.
> 민화는 당초부터 세련된 예술미 창조를 목표로 하는 그림이 아니었다. 단지 이 세상을 살아가는 데 필요한 진경(珍景)의 염원과 장식 욕구를 충족할 수만 있으면 그것으로 족한 그림이었던 것이다. 그래서 표현 기법이 비록 유치하고, 상투적이라 해도 화가나 감상자(수요자) 모두에게 큰 문제가 되지 않았던 것이다.
> __________________________ 다시 말해 민화는 필력보다 소재와 그것에 담긴 뜻이 더 중요한 그림이었던 것이다. 문인 사대부들이 독점 향유해 온 소재까지도 서민들은 자기 식으로 해석, 번안하고 그 속에 현실적 욕망을 담아 생활 속에 향유했다. 민화에 담은 주된 내용은 세상에 태어나 죽을 때까지 많은 자손을 거느리고 부귀를 누리면서 편히 오래 사는 것이었다.

① '어떤 기법을 쓰느냐.'에 따라 민화는 색채가 화려하거나 단조로울 수 있다.
② '어떤 기법을 쓰느냐.'보다 '무엇을 어떤 생각으로 그리느냐.'를 중시하는 것이 민화였다.
③ '어떤 기법을 쓰느냐.'보다 '감상자가 작품에 만족을 하는지.'를 중시하는 것이 민화였다.
④ '어떤 기법을 쓰느냐.'에 따라 세련된 그림이 나올 수도 있고, 투박한 그림이 나올 수 있다.
⑤ '어떤 기법을 쓰느냐.'와 '무엇을 어떤 생각으로 그리느냐.'를 모두 중시하는 것이 민화였다.

04

탁월함은 어떻게 습득되는가, 그것을 가르칠 수 있는가? 이 물음에 대하여 아리스토텔레스는 지성의 탁월함은 가르칠 수 있지만, 성품의 탁월함은 비이성적인 것이어서 가르칠 수 없고, 훈련을 통해서 얻을 수 있다고 대답한다.
그는 좋은 성품을 얻는 것을 기술을 습득하는 것에 비유한다. 그에 따르면, 리라(Lyra)를 켬으로써 리라를 켜는 법을 배우며 말을 탐으로써 말을 타는 법을 배운다. 어떤 기술을 얻고자 할 때 처음에는 교사의 지시대로 행동한다. 그리고 반복 연습을 통하여 그 행동이 점점 더 하기 쉽게 되고 마침내 제2의 천성이 된다. 이와 마찬가지로 어린아이는 어떤 상황에서 어떻게 행동해야 진실되고 관대하며 예의를 차리게 되는지 일일이 배워야 한다. 훈련과 반복을 통하여 그런 행위들을 연마하다 보면 그것들을 점점 더 쉽게 하게 되고, 결국에는 스스로 판단할 수 있게 된다.
그는 올바른 훈련이란 강제가 아니고 그 자체가 즐거움이 되어야 한다고 지적한다. 또한 그렇게 훈련받은 사람은 일을 바르게 처리하는 것을 즐기게 되고, 일을 바르게 처리하고 싶어하게 되며, 올바른 일을 하는 것을 어려워하지 않게 된다. 이처럼 성품의 탁월함이란 사람들이 '하는 것'만이 아니라 사람들이 '하고 싶어 하는 것'과도 관련된다. 그리고 한두 번 관대한 행동을 한 것으로 충분하지 않으며, 늘 관대한 행동을 하고 그런 행동에 감정적으로 끌리는 성향을 갖고 있어야 비로소 관대함에 관하여 성품의 탁월함을 갖고 있다고 할 수 있다.
다음과 같은 예를 통해 아리스토텔레스의 견해를 생각해 보자. 갑돌이는 성품이 곧고 자신감이 충만하다. 그가 한 모임에 참석하였는데, 거기서 다수의 사람들이 옳지 않은 행동을 한다고 생각했을 때, 그는 다수의 행동에 대하여 비판의 목소리를 낼 것이며 그렇게 하는 데에 별 어려움을 느끼지 않을 것이다. 한편, 수줍어하고 우유부단한 병식이도 한 모임에 참석하였는데, 그 역시 다수의 행동이 잘못되었다는 판단을 했다고 하자. 이런 경우에 병식이는 일어나서 다수의 행동이 잘못되었다고 말할 수 있겠지만, 그렇게 하려면 엄청난 의지를 발휘해야 할 것이고 자신과 힘든 싸움도 해야 할 것이다. 그런데도 병식이가 그렇게 행동했다면 우리는 병식이가 용기있게 행동하였다고 칭찬할 것이다. 그러나 아리스토텔레스가 보기에 성품의 탁월함을 가진 사람은 갑돌이다. 왜냐하면 ____________________ 우리가 어떠한 사람을 존경할 것인가가 아니라, 우리 아이를 어떤 사람으로 키우고 싶은가라는 질문을 받는다면 우리는 아리스토텔레스의 견해에 가까워질 것이다. 왜냐하면 우리는 우리 아이들을 갑돌이와 같은 사람으로 키우고 싶어 할 것이기 때문이다.

① 그는 내적인 갈등이 없이 옳은 일을 하기 때문이다.
② 그는 옳은 일을 하는 천성을 타고났기 때문이다.
③ 그는 주체적 판단에 따라 옳은 일을 하기 때문이다.
④ 그는 자신이 옳다는 확신을 가지고 옳은 일을 하기 때문이다.
⑤ 그는 다른 사람들의 칭찬을 의식하지 않고 옳은 일을 하기 때문이다.

Hard

05

태양은 지구의 생명체가 살아가는 데 필요한 빛과 열을 공급해 준다. 이런 막대한 에너지를 태양은 어떻게 계속 내놓을 수 있을까?
16세기 이전까지는 태양을 포함한 별들이 지구상의 물질을 이루는 네 가지 원소와 다른, 불변의 '제5원소'로 이루어졌다고 생각했다. 하지만 밝기가 변하는 신성(新星)이 별 가운데 하나라는 사실이 알려지면서 별이 불변이라는 통념은 무너지게 되었다. 또한, 태양의 흑점 활동이 관측되면서 태양 역시 불덩어리일지도 모른다고 생각하기 시작했다. 그 후 섭씨 5,500℃로 가열된 물체에서 노랗게 보이는 빛이 나오는 것을 알게 되면서 유사한 빛을 내는 태양의 온도도 비슷할 것이라고 추측하게 되었다.
19세기에는 에너지 보존 법칙이 확립되면서 새로운 에너지 공급이 없다면 태양의 온도가 점차 낮아져야 한다는 결론을 내렸다. 그렇다면 과거에는 태양의 온도가 훨씬 높았어야 했고, 지구의 바다가 펄펄 끓어야 했을 것이다. 하지만 실제로는 그렇지 않았고, 사람들은 태양의 온도를 일정하게 유지해 주는 에너지원이 무엇인지에 대해 생각하게 되었다.
20세기 초 방사능이 발견되면서 방사능 물질의 붕괴에서 나오는 핵분열 에너지를 태양의 에너지원으로 생각하였다. 그러나 태양빛의 스펙트럼을 분석한 결과 태양에는 우라늄 등의 방사능 물질 대신 수소와 헬륨이 있다는 것을 알게 되었다. 즉, 방사능 물질의 붕괴에서 나오는 핵분열 에너지가 태양의 에너지원이 아니었던 것이다.
현재 태양의 에너지원은 수소 원자핵 네 개가 헬륨 원자핵 하나로 융합하는 과정의 질량 결손으로 인해 생기는 핵융합 에너지로 알려져 있다. 태양은 엄청난 양의 수소 기체가 중력에 의해 뭉쳐진 것으로, 그 중심으로 갈수록 밀도와 압력, 온도가 증가한다. 태양에서의 핵융합은 천만℃ 이상의 온도를 유지하는 중심부에서만 일어난다. 높은 온도에서만 원자핵들은 높은 운동 에너지를 가지게 되며, 그 결과로 원자핵들 사이의 반발력을 극복하고 융합되기에 충분히 가까운 거리로 근접할 수 있기 때문이다. 태양빛이 핵융합을 통해 나온다는 사실은 태양으로부터 온 중성미자가 관측됨으로써 더 확실해졌다.
중심부의 온도가 올라가 핵융합 에너지가 늘어나면 그 에너지로 인한 압력으로 수소를 밖으로 밀어내어 중심부의 밀도와 온도를 낮추게 된다. 이렇게 온도가 낮아지면 방출되는 핵융합 에너지가 줄어들며, 그 결과 압력이 낮아져서 수소가 중심부로 들어오게 되어 중심부의 밀도와 온도를 다시 높인다. 이렇듯 태양 내부에서 중력과 핵융합 반응의 평형 상태가 유지되기 때문에 ________________ 태양은 이미 50억 년간 빛을 냈고, 앞으로도 50억 년 이상 더 빛날 것이다.

① 태양의 핵융합 에너지가 폭발적으로 증가할 수 있게 된다.
② 태양 외부의 밝기가 내부 상태에 따라 변할 수 있게 된다.
③ 태양이 오랫동안 안정적으로 빛을 낼 수 있게 된다.
④ 태양이 일정한 크기를 유지할 수 있었다.
⑤ 과거와 달리 태양이 일정한 온도를 유지할 수 있게 된다.

03 내용일치

| 유형분석 |

- 짧은 시간 안에 글의 내용을 정확하게 이해할 수 있는지 평가한다.
- 은행 금융상품 관련 글을 읽고 이해하기, 고객 문의에 답변하기 등의 유형이 빈번하게 출제된다.

다음 글의 내용으로 적절하지 않은 것은?

사람의 눈이 원래 하나였다면 세계를 입체적으로 지각할 수 있었을까? 입체 지각은 대상까지의 거리를 인식하여 세계를 3차원으로 파악하는 과정을 말한다. 입체 지각은 눈으로 들어오는 시각 정보로부터 다양한 단서를 얻어 이루어지는데 이를 양안 단서와 단안 단서로 구분할 수 있다.

양안 단서는 양쪽 눈이 함께 작용하여 얻어지는 것으로, 양쪽 눈에서 보내오는 시차(視差)가 있는 유사한 상이 대표적이다. 단안 단서는 한쪽 눈으로 얻을 수 있는 것인데, 사람은 단안 단서만으로도 이전의 경험으로부터 추론에 의하여 세계를 3차원으로 인식할 수 있다. 망막에 맺히는 상은 2차원이지만 그 상들 사이의 깊이의 차이를 인식하게 해 주는 다양한 실마리들을 통해 입체 지각이 이루어진다.

동일한 물체의 크기가 다르게 시야에 들어오면 우리는 더 큰 시각(視角)을 가진 쪽이 더 가까이 있다고 인식한다. 이렇게 물체의 '상대적 크기'는 대표적인 단안 단서이다. 또 다른 단안 단서로는 '직선 원근'이 있다. 우리는 앞으로 뻗은 길이나 레일이 만들어 내는 평행선의 폭이 좁은 쪽이 넓은 쪽보다 멀리 있다고 인식한다. 또 하나의 단안 단서인 '결 기울기'는 같은 대상이 집단적으로 어떤 면에 분포할 때, 시야에 동시에 나타나는 대상들의 연속적인 크기 변화로 얻어진다.

① 세계를 입체적으로 지각하기 위해서는 단서가 되는 다양한 시각 정보가 필요하다.
② 단안 단서에는 물체의 상대적 크기, 직선 원근, 결 기울기 등이 있다.
③ 사고로 한쪽 눈의 시력을 잃은 사람은 입체 지각이 불가능하다.
④ 대상까지의 거리를 인식할 수 있어야 세계를 입체적으로 지각할 수 있다.
⑤ 들판에 만발한 꽃을 보면 앞쪽은 꽃이 크고 뒤로 가면서 작아지는 것처럼 보인다.

정답 ③

두 번째 문단에 따르면 사람은 한쪽 눈으로 얻을 수 있는 단안 단서만으로도 이전의 경험으로부터 추론에 의하여 세계를 3차원으로 인식할 수 있다. 따라서 사고로 한쪽 눈의 시력을 잃어도 남은 한쪽 눈에 맺히는 2차원의 상들은 다양한 실마리를 통해 입체 지각이 가능하다.

유형풀이 Tip

- 글을 읽기 전에 문제와 선택지를 먼저 읽어보고 글의 주제를 대략적으로 파악해야 한다.
- 선택지를 통해 글에서 찾아야 할 정보가 무엇인지 먼저 인지한 후 글을 읽어야 문제 풀이 시간을 단축할 수 있다.

대표기출유형 03 기출응용문제

Easy

01 다음 글의 내용으로 적절하지 않은 것은?

> 스마트팩토리는 인공지능(AI), 사물인터넷(IoT) 등 다양한 기술이 융합된 자율화 공장으로, 제품 설계와 제조, 유통, 물류 등의 산업 현장에서 생산성 향상에 초점을 맞췄다. 이곳에서는 기계, 로봇, 부품 등의 상호 간 정보 교환을 통해 제조 활동을 하고, 모든 공정 이력이 기록되며, 빅데이터 분석으로 사고나 불량을 예측할 수 있다.
>
> 스마트팩토리에서는 컨베이어 생산 활동으로 대표되는 산업 현장의 모듈형 생산이 컨베이어를 대체하고 IoT가 신경망 역할을 한다. 센서와 기기 간 다양한 데이터를 수집하고, 이를 서버에 전송하면 서버는 데이터를 분석해 결과를 도출한다. 서버는 AI 기계학습 기술이 적용돼 빅데이터를 분석하고 생산성 향상을 위한 최적의 방법을 제시한다.
>
> 스마트팩토리의 대표 사례로는 고도화된 시뮬레이션 '디지털 트윈'을 들 수 있다. 이는 데이터를 기반으로 가상공간에서 미리 시뮬레이션하는 기술이다. 시뮬레이션을 위해 빅데이터를 수집하고 분석과 예측을 위한 통신・분석 기술에 가상현실(VR), 증강현실(AR)과 같은 기술을 얹는다. 이를 통해 산업 현장에서 작업 프로세스를 미리 시뮬레이션하고, VR・AR로 검증함으로써 실제 시행에 따른 손실을 줄이고, 작업 효율성을 높일 수 있다.
>
> 한편 '에지 컴퓨팅'도 스마트팩토리의 주요 기술 중 하나이다. 에지 컴퓨팅은 산업 현장에서 발생하는 방대한 데이터를 클라우드로 한 번에 전송하지 않고, 에지에서 사전 처리한 후 데이터를 선별해서 전송한다. 서버와 에지가 연동해 데이터 분석 및 실시간 제어를 수행하여 산업 현장에서 생산되는 데이터가 기하급수로 늘어도 서버에 부하를 주지 않는다. 현재 클라우드 컴퓨팅이 중앙 데이터 센터와 직접 소통하는 방식이라면 에지 컴퓨팅은 기기 가까이에 위치한 일명 '에지 데이터 센터'와 소통하며, 저장을 중앙 클라우드에 맡기는 형식이다. 이를 통해 데이터 처리 지연 시간을 줄이고 즉각적인 현장 대처를 가능하게 한다.

① 스마트팩토리에서는 AI 기계학습 기술을 통해 생산성을 향상시킬 수 있다.
② 스마트팩토리에서는 작업을 시행하기 전에 앞서 가상의 작업을 시행해볼 수 있다.
③ 스마트팩토리에서는 제품 생산 과정에서 발생할 수 있는 사고를 미리 예측할 수 있다.
④ 스마트팩토리에서는 IoT를 통해 연결된 기계, 로봇 등이 상호 간 정보를 교환할 수 있다.
⑤ 스마트팩토리에서는 발생 데이터를 중앙 데이터 센터로 직접 전송함으로써 데이터 처리 지연 시간을 줄일 수 있다.

PART 1

Easy

02 다음은 농협중앙회의 채용에 관련한 인사규정 개정사항이다. 이에 대한 내용으로 적절하지 않은 것은?

〈농협중앙회 인사규정 개정사항〉

1. 일반직 신규채용 시 시군(도) 단위 공동선발 채용 원칙 명시

현행	개정
– 지역농협은 '시군(도) 단위 공동선발' 원칙 – 다만, 축협·품목농협(인삼협 포함)의 경우 개별 '조합단위 선발' 채용 가능	– '일반직 신규채용 시 시군(도) 공동선발' 원칙 명시 ※ 지역농협·축협, 품목농협(인삼협 포함) 공통

※ 시군(도) 단위 동시선발·채용은 채용 단계별 과정(공고, 서류심사, 필기고시, 면접)을 중앙회가 위임받아 지역본부(시도) 단위 전국 동시채용 실시

2. 전형채용 대상 축소 및 채용 자격요건 강화

※ 필기시험 여부에 따라 '고시채용'(서류심사 – 필기 – 면접)과 '전형채용'(서류심사 – 면접)으로 구분

• 영농지도직 및 여성복지직 신규채용 금지

현행	개정
일정 경력자 또는 자격증 소지자 영농지도직 및 여성복지직 전형채용 가능	영농지도직 및 여성복지직 신규채용 금지 ※ 일반직이 지도 업무 수행

• 기능직(운전) 직종 채용 자격요건 강화

현행	개정
1종 보통 운전면허 소지자	1종 대형면허 또는 특수면허 소지자

3. 비정규직 중 시간제업무보조원 폐지

• 시간제업무보조원은 폐지하고 단순 파트타이머로 대체·운용

4. 조합원 자녀 가산점 제도 폐지

현행	개정
조합원 자녀에 대한 필기고시 가산점 : 배점의 5%	삭제

5. 면접제도 개선

현행	개정
면접위원 선정·통보는 면접 전일까지 실시	면접위원 선정·통보는 면접 당일 실시

① 시군(도) 단위 동시선발 채용은 채용 단계별 과정을 중앙회가 위임받는다.

② 영농지도직 및 여성복지직 신규채용이 금지되었다.

③ 기능직은 반드시 1종 대형면허 또는 특수면허 소지자여야 한다.

④ 시간제업무보조원을 폐지하고 일반직을 대체·운용한다.

⑤ 조합원 자녀에게 제공하는 필기고시의 가산점을 폐지한다.

03 다음은 국민연금 반환일시금에 대한 조항이다. 이에 대한 설명으로 적절하지 않은 것은?

제77조(반환일시금)

① 가입자 또는 가입자였던 자가 다음 각 호의 어느 하나에 해당하게 되면 본인이나 그 유족의 청구에 의하여 반환일시금을 지급받을 수 있다.

1. 가입기간이 10년 미만인 자가 60세가 된 때
2. 가입자 또는 가입자였던 자가 사망한 때. 다만, 유족연금이 지급되는 경우에는 그러하지 아니하다.
3. 국적을 상실하거나 국외로 이주한 때

② 제1항에 따른 반환일시금의 액수는 가입자 또는 가입자였던 자가 납부한 연금보험료(사업장가입자 또는 사업장가입자였던 자의 경우에는 사용자의 부담금을 포함한다)에 대통령령으로 정하는 이자를 더한 금액으로 한다.

③ 제1항에 따라 반환일시금의 지급을 청구할 경우 유족의 범위와 청구의 우선순위 등에 관하여는 제73조를 준용한다.

제78조(반납금 납부와 가입기간)

① 제77조에 따라 반환일시금을 받은 자로서 다시 가입자의 자격을 취득한 자는 지급받은 반환일시금에 대통령령으로 정하는 이자를 더한 금액(이하 "반납금"이라 한다)을 공단에 낼 수 있다.

② 반납금은 대통령령으로 정하는 바에 따라 분할하여 납부하게 할 수 있다. 이 경우 대통령령으로 정하는 이자를 더하여야 한다.

③ 제1항과 제2항에 따라 반납금을 낸 경우에는 그에 상응하는 기간은 가입기간에 넣어 계산한다.

④ 제1항과 제2항에 따른 반납금의 납부 신청, 납부 방법 및 납부 기한 등 반납금의 납부에 필요한 사항은 대통령령으로 정한다.

제79조(반환일시금 수급권의 소멸)

반환일시금의 수급권은 다음 각 호의 어느 하나에 해당하면 소멸한다.

1. 수급권자가 다시 가입자로 된 때
2. 수급권자가 노령연금의 수급권을 취득한 때
3. 수급권자가 장애연금의 수급권을 취득한 때
4. 수급권자의 유족이 유족연금의 수급권을 취득한 때

① 가입자였던 자가 국적을 상실하면 본인의 청구를 통해 반환일시금을 받을 수 있다.

② 가입자가 사망함에 따라 유족에게 유족연금이 지급되었다면, 그 유족은 반환일시금을 받을 수 없다.

③ 국외로 이주함에 따라 반환일시금 수급권자가 되었던 자가 다시 자격을 취득하여 가입자가 된다면 반환일시금 수급권은 소멸된다.

④ 가입자가 반납금을 분할하여 납부하려면 일정 기간으로 분할한 반환일시금만 납부하면 된다.

⑤ 반환일시금을 받았던 자가 다시 가입자 자격을 취득할 경우 공단에 반납금을 낼 수 있다.

04 다음 글의 내용으로 적절한 것을 〈보기〉에서 모두 고르면?

> 우리는 우리가 생각한 것을 말로 나타낸다. 또 다른 사람의 말을 듣고, 그 사람이 무슨 생각을 가지고 있는가를 짐작한다. 그러므로 생각과 말은 서로 떨어질 수 없는 깊은 관계를 가지고 있다.
> 그러면 말과 생각이 얼마만큼 깊은 관계를 가지고 있을까? 이 문제를 놓고 사람들은 오랫동안 여러 가지 생각을 하였다. 그 가운데 가장 두드러진 것이 두 가지 있다. 그 하나는 말과 생각이 서로 꼭 달라붙은 쌍둥이인데 한 놈은 생각이 되어 속에 감추어져 있고 다른 한 놈은 말이 되어 사람 귀에 들리는 것이라는 생각이다. 다른 하나는 생각이 큰 그릇이고 말은 생각 속에 들어가는 작은 그릇이어서 생각에는 말 이외에도 다른 것이 더 있다는 생각이다.
> 이 두 가지 생각 가운데서 앞의 것은 조금만 깊이 생각해 보면 틀렸다는 것을 즉시 깨달을 수 있다. 우리가 생각한 것은 거의 대부분 말로 나타낼 수 있지만, 누구든지 가슴 속에 응어리진 어떤 생각이 분명히 있기는 한데 그것을 어떻게 말로 표현해야 할지 애태운 경험을 가지고 있을 것이다. 이것만 보더라도 말과 생각이 서로 안팎을 이루는 쌍둥이가 아님은 쉽게 판명된다.
> 인간의 생각이라는 것은 매우 넓고 큰 것이며 말이란 결국 생각의 일부분을 주워 담는작은 그릇에 지나지 않는다. 그러나 아무리 인간의 생각이 말보다 범위가 넓고 큰 것이라고 하여도 그것을 가능한 한 말로 바꾸어 놓지 않으면 그 생각의 위대함이나 오묘함이 다른 사람에게 전달되지 않기 때문에 생각이 형님이요, 말이 동생이라고 할지라도 생각은 동생의 신세를 지지 않을 수가 없게 되어 있다. 그러니 말을 통하지 않고는 생각을 전달할 수가 없는 것이다.

보기

㉠ 생각이 말보다 더 위대한 것이다.
㉡ 생각과 말이 서로 꼭 닮은 쌍둥이라는 것은 사실이 아니다.
㉢ 동생인 말은 형님인 생각에게 전적으로 도움을 받는 입장이다.
㉣ 말은 생각이라는 작은 그릇을 담고 있는 큰 그릇이라 할 수 있다.

① ㉠
② ㉡
③ ㉡, ㉢
④ ㉡, ㉣
⑤ ㉡, ㉢, ㉣

05 다음은 N은행의 앱카드(간편결제) 이용약관의 일부이다. 이를 이해한 내용으로 적절하지 않은 것은?

> 제2조(용어의 정의)
>
> 1. '앱카드(간편결제) 서비스'란 '가입 고객'이 본인의 '모바일 기기'에 설치된 '전용 어플리케이션'을 통해 이용 가능한 오프라인, 온라인 및 모바일 가맹점에서 결제승인절차를 수행하는 서비스를 말합니다.
> 2. '가입 고객'이란 '모바일 기기'에 '전용 어플리케이션'을 설치하고, 휴대폰 인증을 거쳐 '대상카드'의 카드번호, 주민등록번호, 카드비밀번호, 카드고유확인번호, 휴대전화번호를 등록하거나 공인인증서를 등록한 후 '서비스' 이용을 신청하고, '회사'의 인증 및 승낙을 받아 '회사'와 '서비스' 이용 계약을 체결한 고객을 말합니다.
> 3. '대상카드'란 '서비스'를 적용하고자 하는 카드로서, '회사'가 발급한 신용카드, 체크카드, 선불카드를 말합니다.
> 4. '휴대폰 인증'이란 '가입 고객'이 본인 명의로 3G 및 4G 이동통신망에 가입한 '모바일 기기'로 수신받은 인증번호를 입력하도록 하는 방식으로 '가입 고객'의 본인확인을 하는 인증 절차를 말합니다.
> 5. '회원 인증'이란 공인인증서 인증, ARS 인증, 카드 인증 방법 중 하나를 선택하여 가입고객이 회원임을 인증하는 절차를 말합니다.
> 6. '앱카드 번호'란 '카드번호 등'을 대신하여 '가맹점'에 제시하는 것으로 NFC, QR코드, 바코드 등의 형태로 제공되는 일회용 카드번호 및 이미지 일체를 말합니다.
> 7. '결제 비밀번호'란 서비스 부정사용 및 부정 접근을 방지하기 위하여 사용되는 회원 인증 암호로 '서비스' 이용을 위하여 '가입 고객'이 별도로 설정한 서비스 비밀번호(숫자 6자리)를 말합니다.
> 8. '모바일 기기'란 3G 및 4G의 이동통신망을 이용할 수 있는 휴대폰, 스마트폰, 태블릿 PC 등의 기기를 통칭하여 말합니다.
> 9. '전용 어플리케이션'이란 '서비스' 이용을 위해 '모바일 기기'에 설치되는 어플리케이션을 말합니다.
> 10. '서명'이란 '가입 고객'이 '서비스' 이용 신청 시 본인 인증을 거쳐 '결제 앱'에 등록하는 서명 정보를 말합니다. 단, '결제 앱'에 서명 등록 시 '대상카드'에 기재한 서명과 동일하게 등록하는 것을 원칙으로 합니다.

① '결제 앱'에 등록할 서명은 실물 카드와 동일한 서명을 사용해야 한다.
② '앱카드 가입 고객'이 되기 위해서는 어플리케이션 설치는 물론 카드정보나 공인인증서를 등록하여 별도의 서비스 이용 신청을 해야 한다.
③ '앱카드'를 사용하기 위해서는 본인 인증이 필요하다.
④ '결제 비밀번호'는 4～6자리로 설정해야 한다.
⑤ 3G 이상의 이동통신망을 이용할 수 있는 기기에서는 '앱카드' 서비스 이용이 가능하다.

04 나열하기

| 유형분석 |

- 글의 논리적인 전개 구조를 파악할 수 있는지 평가한다.
- 첫 문단(단락)이 제시되지 않은 문제가 출제될 가능성이 있다.

다음 글을 논리적 순서대로 바르게 나열한 것은?

(가) 인간의 타고난 그대로의 자연스러운 본능이 성품이며, 인간이 후천적인 노력을 통하여 만들어 놓은 것이 인위이다.
(나) 따라서 인간의 성품은 악하나, 인위로 인해 선하게 된다.
(다) 즉, 배고프면 먹고 싶고 피곤하면 쉬고 싶은 것이 성품이라면, 배고파도 어른에게 양보하고 피곤해도 어른을 대신해 일하는 것은 인위이다.
(라) 그러므로 자연스러운 본능을 따르게 되면 반드시 다투고 빼앗는 결과를 초래하게 되지만, 스승의 교화를 받아 예의 법도를 따르게 되면 질서가 유지된다.

① (가) – (나) – (라) – (다)
② (가) – (다) – (나) – (라)
③ (가) – (다) – (라) – (나)
④ (가) – (라) – (나) – (다)
⑤ (가) – (라) – (다) – (나)

정답 ③

제시문은 성품과 인위를 정의하고 이것에 대한 구체적인 예를 통해 인간의 원래 성품과 선하게 되는 원리를 설명하는 글이다. 따라서 (가) 성품과 인위의 정의 – (다) 성품과 인위의 예 – (라) 성품과 인위의 결과 – (나) 이를 통해 알 수 있는 인간의 성질 순으로 연결되어야 한다.

유형풀이 Tip

- 각 문단에 위치한 지시어와 접속어를 살펴본다. 문두에 접속어가 오거나 문장 중간에 지시어가 나오는 경우 글의 첫 번째 문단이 될 수 없다.
- 각 문단의 첫 문장과 마지막 문장에 집중하면서 글의 순서를 하나씩 맞춰 나간다.
- 선택지를 참고하여 문단의 순서를 생각해 보는 것도 시간을 단축하는 좋은 방법이 될 수 있다.

※ 다음 글을 논리적 순서대로 바르게 나열한 것을 고르시오. [1~3]

Easy

01

(가) 우리나라의 연안 생태계 중 갯벌의 면적은 산림의 약 4%에 불과하지만 연간 이산화탄소 흡수량은 산림의 약 37%이며 흡수 속도는 수십 배에 달합니다.

(나) 연안 생태계는 대기 중 이산화탄소 흡수에 탁월합니다. 물론 연안 생태계가 이산화탄소를 얼마나 흡수할 수 있겠냐고 말하는 분도 계실 것입니다. 하지만 연안 생태계를 구성하는 갯벌과 염습지의 염생 식물, 식물성 플랑크톤 등은 광합성을 통해 대기 중 이산화탄소를 흡수하는데, 산림보다 이산화탄소 흡수 능력이 뛰어납니다.

(다) 지난해 통계에 따르면 우리나라의 이산화탄소 배출량은 세계 11위에 해당하는 높은 수준입니다. 그동안 우리나라는 이산화탄소 배출을 줄이려 노력하고, 대기 중 이산화탄소 흡수를 위한 산림 조성에 힘써 왔습니다. 그런데 우리가 놓치고 있는 이산화탄소 흡수원이 있습니다. 바로 연안 생태계입니다.

(라) 또한 연안 생태계는 탄소의 저장에도 효과적입니다. 연안의 염생 식물과 식물성 플랑크톤은 이산화탄소를 흡수하여 갯벌과 염습지에 탄소를 저장하는데 이 탄소를 블루카본이라 합니다. 산림은 탄소를 수백 년간 저장할 수 있지만 연안은 블루카본을 수천 년간 저장할 수 있습니다. 연안 생태계가 훼손되면 블루카본이 공기 중에 노출되어 이산화탄소 등이 대기 중으로 방출됩니다. 그러므로 블루카본이 온전히 저장되어 있도록 연안 생태계를 보호해야 합니다.

① (가) – (나) – (다) – (라)
② (나) – (다) – (가) – (라)
③ (다) – (가) – (나) – (라)
④ (다) – (나) – (가) – (라)
⑤ (다) – (라) – (나) – (가)

02

> (가) 공공재원 효율적 활용을 지향하기 위해 사회 생산성 기여를 위한 공간정책이 마련되어야 함과 동시에 주민복지의 거점으로서 기능을 해야 한다. 또한 도시체계에서 다양한 목적의 흐름을 발생, 집중시키는 노드로서 다기능·복합화를 실현하여 범위의 경제를 창출하여 이용자 편의성을 증대시키고, 공공재원의 효율적 활용에도 기여해야 한다.
> (나) 우리나라도 인구 감소 시대에 본격적으로 진입할 가능성이 높아지고 있다. 이미 비수도권의 대다수 시·군에서는 인구가 급속하게 줄어왔으며, 수도권 내 상당수의 시·군에서도 인구정체가 나타나고 있다. 인구 감소 시대에 접어들게 되면, 줄어드는 인구로 인해 고령화 및 과소화가 급속하게 진전된 상태가 될 것이고, 그 결과 취약계층, 교통약자 등 주민의 복지수요가 늘어날 것이다.
> (다) 앞으로 공공재원의 효율적 활용, 주민복지의 최소 보장, 자원배분의 정의, 공유재의 사회적 가치 및 생산에 대해 관심을 기울여야 할 것이다. 또한 인구 감소 시대에 대비하여 창조적 축소, 거점 간 또는 거점과 주변 간 네트워크화 등에 관한 논의, 그와 관련되는 국가와 지자체의 역할 분담, 그리고 이해관계 주체의 연대, 참여, 결속에 관한 논의가 계속적으로 다루어져야 할 것이다.
> (라) 이러한 상황에서는 공공재원을 확보, 확충하기가 어렵게 되므로 재원의 효율적 활용 요구가 높아질 것이다. 실제로 현재 인구 감소에 따른 과소화, 고령화가 빠르게 전개되어 온 지역에서 공공서비스 공급에 제약을 받고 있으며, 비용 효율성을 높여야 한다는 과제에 직면해 있다.

① (가) – (다) – (나) – (라)
② (가) – (라) – (나) – (다)
③ (나) – (가) – (라) – (다)
④ (나) – (라) – (가) – (다)
⑤ (나) – (라) – (다) – (가)

03

(가) '단어 연상법'은 프랜시스 갤턴이 개발한 것으로서, 지능의 종류를 구분하기 위한 것이었다. 이것은 피실험자에게 일련의 단어들을 또박또박 읽어주면서 각각의 단어를 듣는 순간 제일 먼저 떠오르는 단어를 말하게 하고, 실험자는 계시기를 들고 응답 시간, 즉 피실험자가 응답하는 데 걸리는 시간을 측정하여 차트에 기록하는 방법으로 진행한다. 실험은 대개 1백 개가량의 단어들로 진행했다. 갤턴은 응답 시간을 정확히 재기 위해 온갖 수단을 동원했지만, 그렇게 해서 얻은 정보의 양은 거의 없거나 지능의 수준을 평가하는 데 별로 중요하지 않은 경우가 많았다.

(나) 융이 그린 그래프들은 특정한 단어에 따르는 응답자의 심리 상태를 보여주었다. 이 결과를 통해 다음과 같은 두 가지 결론을 얻어낼 수 있었다. 첫째, 대답 과정에서 감정이 생겨난다. 둘째, 응답의 지연은 모종의 인식하지 못한 과정에 의해 자연 발생적으로 생겨난다. 하지만 이 기록을 토대로 결론을 내리거나 중요성을 따지기에는 너무 일렀다. 피실험자의 의식적 의도와는 별개로 작동하는 뭔가 알지 못하는 지연 행위가 있음이 분명했다.

(다) 당시에 성행했던 심리학 연구나 심리학을 정신의학에 응용하는 연구는 주로 의식에 초점이 맞춰져 있었다. 따라서 단어 연상법의 심리학에 대한 실험 연구도 의식을 바탕으로 해서 진행되었다. 하지만 융은 의식 또는 의지의 작용을 넘어서는 무엇인가가 있을 것이라고 생각했다. 여기서 그는 콤플렉스라는 개념을 끌어들인다. 융의 정의에 따르면 그것은 특수한 종류의 감정으로 이루어진 무의식 속의 관념 덩어리인데, 이것이 응답 시간을 지연시켰다는 것이다. 이후 여러 차례 실험을 거듭한 결과 그 결론은 사실임이 밝혀졌으며, 콤플렉스와 개인적 속성은 융의 사상 체계에서 핵심적인 요소가 되었다.

(라) 융의 연구 결과 단어 연상의 응답 시간은 피실험자의 정서에 큰 영향을 받으며, 그 실험법은 감춰진 정서를 찾아내는 데 더 유용하다는 점이 입증되었다. 정신적 연상의 연구를 통해 지능의 종류를 판단하고자 했던 단어 연상 실험이 오히려 그와는 다른 방향, 즉 무의식적인 감정이 빚어내는 효과를 드러내는 데 더 유용하다는 사실이 증명된 것이다. 그동안 갤턴을 비롯하여 그 실험법을 수천 명의 사람들에게 실시했던 연구자들은 지연된 응답의 배후에 있는 피실험자의 정서에 주목하지 않았으며, 단지 응답의 지연을 피실험자가 반응하지 못한 것으로만 기록했던 것이다.

(마) 그런데 융은 이 실험에서 응답 시간이 늦어질 경우 피실험자에게 왜 응답을 망설이는지 물어보는 과정을 추가하였다. 그러자 놀랍게도 피실험자는 자신의 응답 시간이 늦어지는 것도 알지 못했을 뿐만 아니라, 그에 대해 아무런 설명도 하지 못했다. 융은 거기에 틀림없이 어떤 이유가 있으리라고 생각하고 구체적으로 파고들어 갔다. 한번은 말(馬)이라는 단어가 나왔는데 어떤 피실험자의 응답 시간이 무려 1분이 넘었다. 자세히 조사해 보니 그 피실험자는 과거에 사고로 말을 잃었던 아픈 기억을 지니고 있었다. 실험이 있기 전까지는 잊고 있었던 그 기억이 실험 과정에서 되살아난 것이다.

① (가) – (마) – (라) – (다) – (나)
② (가) – (마) – (라) – (나) – (다)
③ (다) – (가) – (마) – (라) – (나)
④ (다) – (나) – (가) – (마) – (라)
⑤ (다) – (마) – (라) – (나) – (가)

※ 제시된 글을 읽고, 이어질 문단을 논리적 순서대로 바르게 나열하시오. [4~5]

04

우리는 자본주의 체제에서 살고 있다. '우리는 자본주의라는 체제의 종말보다 세계의 종말을 상상하는 것이 더 쉬운 시대에 살고 있다.'고 할 만큼 현재 세계는 자본주의의 논리 아래에 굴러가고 있다. 이러한 자본주의는 어떻게 발생하였을까?

(가) 그러나 1920년대에 몰아친 세계 대공황은 자본주의가 완벽하지 않은 체제이며 수정이 필요함을 모든 사람에게 각인시켜줬다. 학문적으로 보자면 대표적으로 존 메이너드 케인스의 『고용·이자 및 화폐에 관한 일반이론』 등의 저작을 통해 수정자본주의가 꾀해졌다.

(나) 애덤 스미스로부터 학문화된 자본주의는 데이비드 리카도의 비교우위론 등의 이론을 포섭해 나가며 자신의 영역을 공고히 했다. 자본의 폐해에 대한 마르크스 등의 경고가 있었지만, 자본주의는 그 위세를 계속 떨칠 것 같이 보였다.

(다) 1950년대에는 중산층의 신화가 이루어지면서 수정자본주의 체제는 영원할 것 같이 보였지만, 오일 쇼크 등으로 인해서 수정자본주의 또한 그 한계를 보이게 되었고, 빈 학파로부터 파생된 신자유주의 이론이 가미되기 시작하였다.

(라) 자본주의의 시작이라 하면 대부분 애덤 스미스의 『국부론』을 떠올리겠지만, 역사학자인 페르낭 브로델에 의하면 자본주의는 16세기 이탈리아에서부터 시작된 것이라고 한다. 이를 학문적으로 정립한 최초의 저작이 『국부론』이다.

① (나) – (라) – (가) – (다)
② (나) – (라) – (다) – (가)
③ (라) – (나) – (가) – (다)
④ (라) – (나) – (다) – (가)
⑤ (라) – (다) – (나) – (가)

Hard

05

둘 이상의 기업이 자본과 조직 등을 합하여 경제적으로 단일한 지배 체제를 형성하는 것을 '기업 결합'이라고 한다. 기업은 이를 통해 효율성 증대나 비용 절감, 국제 경쟁력 강화와 같은 긍정적 효과들을 기대할 수 있다. 하지만 기업이 속한 사회에는 간혹 역기능이 나타나기도 하는데, 시장의 경쟁을 제한하거나 소비자의 이익을 침해하는 경우가 그러하다. 가령, 시장 점유율이 각각 30%와 40%인 경쟁 기업들이 결합하여 70%의 점유율을 갖게 될 경우, 경쟁이 제한되어 지위를 남용하거나 부당하게 가격을 인상할 수 있는 것이다. 이 때문에 정부는 기업 결합의 취지와 순기능을 보호하는 한편, 시장과 소비자에게 끼칠 폐해를 가려내어 이를 차단하기 위한 법적 조치들을 강구하고 있다. 하지만 기업 결합의 위법성을 섣불리 판단해서는 안 되므로 여러 단계의 심사 과정을 거치도록 하고 있다.

(가) 문제는 어떻게 시장을 확정할 것인지인데, 대개는 한 상품의 가격이 오른다고 가정할 때 소비자들이 이에 얼마나 민감하게 반응하며 다른 상품으로 옮겨 가는지를 기준으로 한다.

(나) 반면에 결합이 성립된다면 정부는 그것이 영향을 줄 시장의 범위를 획정함으로써, 그 결합이 동일 시장 내 경쟁자 간에 이루어진 수평 결합인지, 거래 단계를 달리하는 기업 간의 수직 결합인지, 이 두 결합 형태가 아니면서 특별한 관련이 없는 기업 간의 혼합 결합인지를 규명하게 된다.

(다) 이 심사는 기업 결합의 성립 여부를 확인하는 것부터 시작한다. 여기서는 해당 기업 간에 단일 지배 관계가 형성되었는지가 관건이다.

(라) 그 민감도가 높을수록 그 상품들은 서로에 대해 대체재, 즉 소비자에게 같은 효용을 줄 수 있는 상품에 가까워진다. 이 경우 생산자들이 동일 시장 내의 경쟁자일 가능성도 커진다.

(마) 예컨대 주식 취득을 통한 결합의 경우, 취득 기업이 피취득 기업을 경제적으로 지배할 정도의 지분을 확보하지 못하면, 결합의 성립이 인정되지 않고 심사도 종료된다.

이런 분석에 따라 시장의 범위가 정해지면, 그 결합이 시장의 경쟁을 제한하는지를 판단하게 된다. 하지만 설령 그럴 우려가 있는 것으로 판명되더라도 곧바로 위법으로 보지는 않는다. 정부가 당사자들에게 결합의 장점이나 불가피성에 관해 항변할 기회를 부여하여 그 타당성을 검토한 후에, 비로소 시정 조치 부과 여부를 최종 결정하게 된다.

① (가) – (다) – (나) – (마) – (라)
② (가) – (라) – (나) – (다) – (마)
③ (다) – (라) – (나) – (가) – (마)
④ (다) – (라) – (마) – (나) – (가)
⑤ (다) – (마) – (나) – (가) – (라)

05 주제 · 제목찾기

| 유형분석 |

- 글의 목적이나 핵심 주장을 정확하게 구분할 수 있는지 평가한다.
- 문단별 주제 · 화제, 글쓴이의 주장 · 생각, 표제와 부제 등 다양한 유형으로 출제될 수 있다.

다음 글의 제목으로 가장 적절한 것은?

> 많은 경제학자는 제도의 발달이 경제 성장의 중요한 원인이라고 생각해 왔다. 예를 들어 재산권 제도가 발달하면 투자나 혁신에 대한 보상이 잘 이루어져 경제 성장에 도움이 된다는 것이다. 그러나 이를 입증하기는 쉽지 않다. 제도의 발달 수준과 소득 수준 사이에 상관관계가 있다 하더라도, 제도는 경제 성장에 영향을 줄 수 있지만 경제 성장으로부터 영향을 받을 수도 있으므로 그 인과관계를 판단하기 어렵기 때문이다.

① 경제 성장과 소득 수준
② 경제 성장과 제도 발달
③ 경제 성장과 투자 혁신
④ 소득 수준과 제도 발달
⑤ 소득 수준과 투자 수준

정답 ②

제시문은 재산권 제도의 발달에 따른 경제 성장을 예로 들어 제도의 발달과 경제 성장의 상관관계에 대해 설명하고 있다. 더불어 제도가 경제 성장에 영향을 줄 수는 있지만 동시에 경제 성장으로부터 영향을 받을 수도 있다는 점에서 그 인과관계를 판단하기 어렵다는 한계점을 제시하고 있다. 따라서 제목으로 가장 적절한 것은 '경제 성장과 제도 발달'이다.

유형풀이 Tip

- 글의 중심이 되는 내용은 주로 글의 맨 앞이나 맨 뒤에 위치한다. 따라서 글의 첫 문단과 마지막 문단을 먼저 확인한다.
- 첫 문단과 마지막 문단에서 실마리가 잡히지 않은 경우 그 문단을 뒷받침해주는 부분을 읽어가면서 제목이나 주제를 파악해 나간다.

대표기출유형 05 기출응용문제

01 다음 글의 표제와 부제로 가장 적절한 것은?

> 검무는 칼을 들고 춘다고 해서 '칼춤'이라고 부르기도 하며, '황창랑무(黃倡郞舞)'라고도 한다. 검무의 역사적 기록은 『동경잡기(東京雜記)』의 「풍속조(風俗條)」에 나타난다. 신라의 소년 황창랑은 나라를 위하여 백제 왕궁에 들어가 왕 앞에서 칼춤을 추다 왕을 죽이고 자신도 잡혀서 죽는다. 신라 사람들이 이러한 그의 충절을 추모하여, 그의 모습을 본뜬 가면을 만들어 쓰고 그가 추던 춤을 따라 춘 것에서 검무가 시작되었다고 한다. 이처럼 민간에서 시작된 검무는 고려 시대를 거쳐 조선 시대로 이어지며, 궁중으로까지 전해진다. 이때 가면이 사라지는 형식적 변화가 함께 일어난다.
>
> 조선 시대 민간의 검무는 기생을 중심으로 전승되었으며, 재인들과 광대들의 판놀이로까지 이어졌다. 조선 후기에는 각 지방까지 전파되었는데, 진주검무와 통영검무가 그 대표적인 예이다. 한편 궁중의 검무는 주로 궁중의 연회 때에 추는 춤으로 전해졌으며, 후기에 정착된 순조 때의 형식이 중요무형문화재로 지정되어 현재까지 보존되고 있다.
>
> 궁중에서 추어지던 검무의 구성은 다음과 같다. 전립을 쓰고 전복을 입은 4명의 무희가 쌍을 이루어, 바닥에 놓여진 단검(短劍)을 어르는 동작부터 시작한다. 그 후 칼을 주우면서 춤이 이어지고, 화려한 춤사위로 검을 빠르게 돌리는 연풍대(筵風擡)로 마무리한다.
>
> 검무의 절정인 연풍대는 조선 시대 풍속화가 신윤복의 「쌍검대무(雙劍對舞)」에서 잘 드러난다. 그림 속의 두 무용수를 통해 춤의 회전 동작을 예상할 수 있다. 즉, 이 장면에는 오른쪽에 선 무희의 자세에서 시작해 왼쪽 무희의 자세로 회전하는 동작이 나타나 있다. 이렇게 무희들이 쌍을 이루어 좌우로 이동하면서 원을 그리며 팽이처럼 빙빙 도는 동작을 연풍대라 한다. 이 명칭은 대자리를 걷어 내는 바람처럼 날렵하게 움직이는 모습에서 비롯한 것이다.
>
> 오늘날의 검무는 검술의 정밀한 무예 동작보다 부드러운 곡선을 그리는 춤 형태로만 남아 있다. 칼을 쓰는 살벌함은 사라졌지만, 민첩하면서도 유연한 동작으로 그 아름다움을 표출하고 있는 것이다. 검무는 신라 시대부터 면면히 이어지는 고유한 문화이자 예술미가 살아 있는 몇 안 되는 소중한 우리의 전통 유산이다.

① 신라 황창랑의 의기와 춤 – 검무의 유래와 발생을 중심으로
② 역사 속에 흐르는 검빛·춤빛 – 검무의 변천 과정과 구성을 중심으로
③ 무예 동작과 아름다움의 조화 – 연풍대의 의미를 중심으로
④ 무희의 칼끝에서 펼쳐지는 바람 – 검무의 예술적 가치를 중심으로
⑤ 검과 춤의 혼합, 우리의 문화 유산 – 쌍검대무의 감상을 중심으로

※ 다음 글의 주제로 가장 적절한 것을 고르시오. [2~3]

02

우주 개발이 왜 필요한가에 대한 주장은 크게 다음 세 가지로 구분할 수 있다. 먼저 칼 세이건이 우려하는 것처럼 인류가 혜성이나 소행성의 지구 충돌과 같은 재앙에서 살아남으려면 지구 이외의 다른 행성에 식민지를 건설해야 한다는 것이다. 소행성의 지구 충돌로 절멸한 공룡의 전철을 밟지 않기 위해서 말이다. 여기에는 자원 고갈이나 환경오염과 같은 전 지구적 재앙에 대비하자는 주장도 포함된다. 그다음으로 우리의 관심을 지구에 한정하다는 것은 인류의 숭고한 정신을 가두는 것이라는 호킹의 주장을 들 수 있다. 지동설, 진화론, 상대성 이론, 양자역학, 빅뱅 이론과 같은 과학적 성과들은 인류의 문명뿐만 아니라 정신적 패러다임의 변화에 지대한 영향을 끼쳤다. 마지막으로 우주 개발의 노력에 따르는 부수적인 기술의 파급 효과를 근거로 한 주장을 들 수 있다. 실제로 우주 왕복선 프로그램을 통해 산업계에 이전된 새로운 기술이 100여 가지나 된다고 한다. 인공심장, 신분확인 시스템, 비행추적 시스템 등이 그 대표적인 기술들이다. 그러나 우주 개발에서 얻는 이익이 과연 인류 전체의 이익을 대변할 수 있는가에 대해서는 쉽게 답할 수가 없다. 역사적으로 볼 때 탐사의 주된 목적은 새로운 사실의 발견이라기보다 영토와 자원, 힘의 우위를 선점하기 위한 것이었기 때문이다. 이러한 이유로 우주 개발에 의심의 눈초리를 보내는 사람들도 적지 않다. 그들은 우주 개발에 소요되는 자금과 노력을 지구의 가난과 자원 고갈, 환경 문제 등을 해결하는 데 사용하는 것이 더 현실적이라고 주장한다.

과연 그 주장을 따른다고 해서 이러한 문제들을 해결할 수 있는가? 인류가 우주 개발에 나서지 않고 지구 안에서 인류의 미래를 위한 노력을 경주한다고 가정해 보자. 그렇더라도 인류가 사용할 수 있는 자원이 무한한 것은 아니며, 인구의 자연 증가를 막을 수 없다는 문제는 여전히 남는다. 지구에 자금과 노력을 투자해야 한다고 주장하는 사람들은 지금 당장은 아니더라도 언젠가는 이러한 문제들을 해결할 수 있다는 논리를 펼지도 모른다. 그러나 이러한 논리는 우주 개발을 지지하는 쪽에서 마찬가지로 내세울 수 있다. 오히려 인류가 미래에 닥칠 문제를 해결할 수 있는 방법은 지구 밖에서 찾게 될 가능성이 더 크지 않을까?

우주를 개발하려는 시도가 최근에 등장한 것은 아니다. 인류가 의식을 갖게 되면서부터 우주를 꿈꾸어 왔다는 증거는 세계 여러 민족의 창세신화에서 발견된다. 수천 년 동안 우주에 대한 인류의 꿈은 식어갈 줄 몰랐다. 그리고 그 결과가 오늘날의 우주 개발이라는 현실로 다가온 것이다. 이제 인류는 우주의 시초를 밝히게 되었고, 우주의 끄트머리를 바라볼 수 있게 되었으며, 우주 공간에 인류의 거주지를 만들 수 있게 되었다. 우주 개발을 해야 할 것이냐 말아야 할 것이냐는 이제 문제의 핵심이 아니다. 우리가 선택해야 할 문제는 우주 개발을 어떻게 해야 할 것인가이다. "달과 다른 천체들은 모든 나라가 함께 탐사하고 이용할 수 있도록 자유지역으로 남아 있어야 한다. 어느 국가도 영유권을 주장할 수는 없다."라는 린든 B. 존슨의 경구는 우주 개발의 방향을 일러주는 시금석이 되어야 한다.

① 우주 개발의 한계
② 지구의 당면 과제
③ 우주 개발의 정당성
④ 친환경적인 지구 개발
⑤ 우주 개발 기술의 발달

Hard

03

유전학자들의 최종 목표는 결함이 있는 유전자를 정상적인 유전자로 대체하는 것이다. 이렇게 가장 기본적인 세포 내 차원에서 유전병을 치료하는 것을 '유전자 치료'라 일컫는다. 유전자 치료를 하기 위해서는 이상이 있는 유전자를 찾아야 한다. 이를 위해 과학자들은 DNA의 특성을 이용한다.
DNA는 두 가닥이 나선형으로 꼬여 있는 이중 나선 구조로 이루어진 분자이다. 그런데 이 두 가닥에 늘어서 있는 염기들은 임의적으로 배열되어 있는 것이 아니다. 한쪽에 늘어선 염기에 따라 다른 쪽 가닥에 늘어선 염기들의 배열이 결정되는 것이다. 즉, 한쪽에 A염기가 존재하면 거기에 연결되는 반대쪽에는 반드시 T염기가 그리고 C염기에 대응해서는 반드시 G염기가 존재하게 된다. 염기들이 짝을 지을 때 나타나는 이러한 선택적 특성을 이용하여 유전병을 일으키는 유전자를 찾아낼 수 있다.
유전자를 찾기 위해 사용하는 첫 번째 도구는 DNA 한 가닥 중 극히 일부이다. '프로브(Probe)'라 불리는 이 DNA 조각은 염색체상의 위치가 알려져 있는 이십여 개의 염기들로 이루어진다. 한 가닥으로 이루어져 있는 특성으로 인해 프로브는 자신의 염기 배열에 대응하는 다른 쪽 가닥의 DNA 부분에 가서 결합할 것이다. 대응하는 두 가닥의 DNA가 이렇게 결합하는 것을 '교잡'이라고 일컫는다. 조사 대상인 염색체로부터 추출한 많은 한 가닥의 염색체 조각들과 프로브를 섞어 놓았을 때 프로브는 신비스러울 정도로 자신의 짝을 정확하게 찾아 교잡한다. 두 번째 도구는 '겔 전기영동'이라는 방법이다. 생물을 구성하고 있는 단백질·핵산 등 많은 분자들은 전하를 띠고 있어서 전기장 속에서 분자마다 독특하게 이동을 한다. 이러한 성질을 이용해 생물을 구성하고 있는 물질의 분자량, 각 물질의 전하량이나 형태의 차이를 이용하여 물질을 분리하는 것이 전기영동법이다. 이를 활용하여 DNA를 분리하려면 우선 DNA 조각들을 전기장에서 이동시키고, 이것을 젤라틴 판을 통과하게 함으로써 분리하면 된다.
이러한 조사 도구들을 갖추고서, 유전학자들은 유전병을 일으키는 유전자를 추적하는 데 나섰다. 유전학자들은 먼저 겔 전기영동법으로 유전병을 일으키는 유전자로 의심되는 부분과 동일한 부분에 존재하는 프로브를 건강한 사람에게서 떼어내었다. 그리고 건강한 사람에게서 떼어낸 프로브에 방사성이나 형광성을 띠게 하였다. 그 후에 유전병 환자들에게서 채취한 DNA 조각들과 함께 교잡 실험을 반복하였다. 유전병과 관련된 유전 정보가 담긴 부분의 염기 서열이 정상인과 다르므로 이 부분은 프로브와 교잡하지 않는다는 점을 이용하는 것이다. 교잡이 일어난 후 프로브가 위치하는 곳은 X선 필름을 통해 쉽게 찾아낼 수 있고, 이로써 DNA의 특정 조각은 염색체상에서 프로브와 같은 위치에 존재한다는 것을 알 수 있다.
언뜻 보기에는 대단한 진보를 이룬 것 같지 않지만, 유전자 치료는 최근 들어 공상 과학을 방불케 하는 첨단 의료 기술의 대표적인 주자로 부각되고 있다. DNA 연구 결과로 인해 우리는 지금까지 절망적이라고 여겨 온 질병들을 치료할 수 있다는 희망을 갖게 되었다.

① 유전자의 종류와 기능
② 유전자 추적의 도구와 방법
③ 유전자 치료의 의의와 한계
④ 유전자 치료의 상업적 가치
⑤ 유전 질환의 종류와 발병 원인

※ 다음 글의 중심 내용으로 가장 적절한 것을 고르시오. [4~5]

04

통계는 다양한 분야에서 사용되며 막강한 위력을 발휘하고 있다. 그러나 모든 도구나 방법이 그렇듯이, 통계 수치에도 함정이 있다. 함정에 빠지지 않으려면 통계 수치의 의미를 정확히 이해하고, 도구와 방법을 올바르게 사용해야 한다. 친구 5명이 만나서 이야기를 나누다가 연봉이 화제가 되었다. 2천만 원이 4명, 7천만 원이 1명이었는데, 평균을 내면 3천만 원이다. 이 숫자에 대해 4명은 "나는 봉급이 왜 이렇게 적을까?"하며 한숨을 내쉬었다. 그러나 이 평균값 3천만 원이 5명의 집단을 대표하는 데에 아무 문제가 없을까? 물론 계산 과정에는 하자가 없지만, 평균을 집단의 대푯값으로 사용하는 데에 어떤 한계가 있을 수 있는지 깊이 생각해 보지 않는다면, 우리는 잘못된 생각에 빠질 수도 있다. 평균은 극단적으로 아웃라이어(비정상적인 수치)에 민감하다. 집단 내에 아웃라이어가 하나만 있어도 평균이 크게 바뀐다는 것이다. 위의 예에서 1명의 연봉이 7천만 원이 아니라 100억 원이었다고 하자. 그러면 평균은 20억 원이 넘게 된다.
나머지 4명은 자신의 연봉이 평균치의 100분의 1밖에 안 된다며 슬퍼해야 할까? 연봉 100억 원인 사람이 아웃라이어이듯이 처음의 예에서 연봉 7천만 원인 사람도 아웃라이어인 것이다. 두드러진 아웃라이어가 있는 경우에는 평균보다는 최빈값이나 중앙값이 대푯값으로서 더 나을 수 있다.

① 평균은 집단을 대표하는 수치로서는 매우 부적당하다.
② 통계는 숫자 놀음에 불과하므로 통계 수치에 일희일비할 필요가 없다.
③ 평균보다는 최빈값이나 중앙값을 대푯값으로 사용해야 한다.
④ 통계 수치의 의미와 한계를 정확히 인식하고 사용할 필요가 있다.
⑤ 통계는 올바르게 활용하면 다양한 분야에서 사용할 수 있는 도구이다.

05

> 서점에 들러 책을 꾸준히 사거나 도서관에서 계속해서 빌리는 사람들이 있다. 그들이 지금까지 사들이거나 빌린 책의 양만 본다면 겉보기에는 더할 나위 없이 훌륭한 습관처럼 보인다. 그러나 과연 그 모든 사람들이 처음부터 끝까지 책을 다 읽었고, 그 내용을 온전히 이해하고 있는지를 묻는다면 이야기는 달라진다. 한 권의 책을 사거나 빌리기 위해 우리는 돈을 지불하고, 틈틈이 도서관을 들리는 수고로움을 감수하지만, 우리가 단순히 책을 손에 쥐고 있다는 사실만으로는 그 안에 담긴 지혜를 배우는 필요조건을 만족시키지 못하기 때문이다. 그러므로 책을 진정으로 소유하기 위해서는 책의 '소유방식'이 바뀌어야 하고, 더 정확히 말하자면 책을 대하는 방법이 바뀌어야 한다.
> 책을 읽는 데 가장 기본이 되는 것은 천천히, 그리고 집중해서 읽는 것이다. 보통의 사람들은 책의 내용이 쉽게 읽히지 않을수록 빠르게 책장을 넘겨버리려고 하는 경향이 있다. 지겨움을 견디기 힘들기 때문이다. 그러나 속도가 빨라지면 이해하지 못하고 넘어가는 부분은 점점 더 많아지고, 급기야는 중도에 포기하는 경우가 생기고 만다. 그러므로 지루하고 이해가 가지 않을수록 천천히 읽어야 한다. 천천히 읽으면 이해되지 않던 것들이 이해되기 시작하고, 비로소 없던 흥미도 생기는 법이다.
> 또한, 어떤 책을 읽더라도 그것을 자신의 이야기로 읽는 것이다. 책을 남의 이야기처럼 읽어서는 결코 자신의 것으로 만들 수 없다. 다른 사람이 쓴 남의 이야기라고 할지라도, 자신과 글쓴이의 입장을 일치시키며 읽어나가야 한다. 그리하여 책을 다 읽은 후 그 내용을 자신만의 말로 설명할 수 있다면, 그것은 성공한 책 읽기라고 할 수 있을 것이다. 남의 이야기처럼 읽는 글은 어떤 흥미도, 그 글을 통해 얻어가는 지식도 있을 수 없다.
> 그러나 아무 책이나 이러한 방식으로 읽으라는 것은 아니다. 어떤 책을 선택하느냐 역시 책 읽는 이의 몫이기 때문이다. 좋은 책은 쉽게 읽히고, 누구나 이해할 수 있을 만큼 쉽게 설명되어 있는 책이 좋은 책이다. 그런 책을 분별하기 어렵다면 주변으로부터 책을 추천받거나 온라인 검색을 해보는 것도 좋다. 그렇다고 해서 책이 쉽게 읽히지 않는다고 하더라도 쉽게 좌절하거나 포기해서도 안 됨은 물론이다.
> 현대사회에서는 더 이상 독서의 양에 따라 지식의 양을 판단할 수 없다. 지금 이 시대에 중요한 것은 얼마나 많은 지식이 나의 눈과 귀를 거쳐 가느냐가 아니라, 우리에게 필요한 것들을 얼마나 잘 찾아내어 효율적으로 습득하며, 이를 통해 나의 지식을 확장할 수 있느냐인 것이다.

① 책은 쉽게 읽혀야 한다.
② 글쓴이의 입장을 생각하며 책을 읽어야 한다.
③ 독서의 목적은 책의 내용을 온전히 소유하는 것이다.
④ 독서 이외의 다양한 정보 습득 경로를 확보해야 한다.
⑤ 같은 책을 반복적으로 읽어 내용을 완전히 이해해야 한다.

06 비판 · 반박하기

| 유형분석 |

- 글의 주장과 논점을 파악하고, 이에 대립하는 내용을 판단할 수 있는지 평가한다.
- 서로 상반되는 주장 두 개를 제시하고, 하나의 관점에서 다른 하나를 비판 · 반박하는 문제 유형이 출제될 수 있다.

다음 글에서 주장하는 정보화 사회의 문제점에 대한 반대 입장으로 적절하지 않은 것은?

정보화 사회에서 지식과 정보는 부가가치의 원천이다. 지식과 정보에 접근할 수 없는 사람들은 소득을 얻는 데 불리할 수밖에 없다. 고급 정보에 대한 접근이 용이한 사람들은 부를 쉽게 축적하고, 그 부를 바탕으로 고급 정보 획득에 많은 비용을 투입할 수 있다. 이렇게 벌어진 정보 격차는 시간이 갈수록 심화될 가능성이 높아지고 있다. 정보나 지식이 독점되거나 진입 장벽을 통해 이용이 배제되는 경우도 문제이다. 특히 정보가 상품화됨에 따라 정보를 둘러싼 불평등은 더욱 심화될 것이다.

① 인터넷이나 컴퓨터 유지비 측면에서의 격차 발생
② 정보의 확산으로 기존의 자본주의에 의한 격차 완화 가능성
③ 정보 기기의 보편화로 인한 정보 격차 완화
④ 인터넷의 발달에 따라 전 계층의 고급 정보 접근 용이
⑤ 일방적 정보 전달에서 벗어나 상호작용의 의사소통 가능

정답 ①

제시문에서 정보화 사회의 문제점으로 다루고 있는 것은 '정보 격차'로, 지식과 정보에 접근할 수 없는 사람들이 소득을 얻는 데 불리할 수밖에 없다고 주장한다. 또한 정보가 상품화됨에 따라 정보를 둘러싼 불평등은 더욱 심화될 것이라고 전망하고 있다. 따라서 인터넷이나 컴퓨터 유지비 측면에서의 격차 발생은 글의 주장을 강화시키는 것으로, 이 문제에 대한 반대 입장이 될 수 없다.

유형풀이 Tip

- 대립하는 두 의견의 쟁점을 찾은 후, 제시문 또는 보기에서 양측 주장의 근거를 찾아 각 주장에 연결하며 답을 찾는다.
- 문제의 난도를 높이기 위해 글의 후반부에 주장을 뒷받침할 수 있는 근거를 제시하고 선택지에 그 근거에 대한 반박을 실어 놓는 경우도 있다. 하지만 주의할 점은 제시문의 '주장'에 대한 반박을 찾는 것이지, 이를 뒷받침하기 위해 제시된 '근거'에 대한 반박을 찾는 것이 아니라는 것이다.

대표기출유형 06 기출응용문제

※ 다음 글의 주장에 대한 반박으로 가장 적절한 것을 고르시오. [1~2]

01

> 우리 마을 사람들의 대부분은 산에 있는 밭이나 과수원에서 일한다. 그런데 마을 사람들이 밭이나 과수원에 갈 때 주로 이용하는 도로의 통행을 가로막은 울타리가 설치되었다. 그 도로는 산의 밭이나 과수원까지 차량이 통행할 수 있는 유일한 길이었다. 이러한 도로가 사유지 보호라는 명목으로 막혀서 땅 주인과 마을 사람들 간의 갈등이 심해지고 있다.
> 마을 사람들의 항의에 대해서 땅 주인은 자신의 사유 재산이 더 이상 훼손되는 것을 간과할 수 없어 통행을 막았다고 주장한다. 그 도로가 사유 재산이므로 독점적이고 배타적인 사용 권리가 있어서 도로 통행을 막은 것이 정당하다는 것이다.
> 마을 사람들은 그 도로가 10년 가까이 공공으로 사용되어 왔는데 사유 재산이라는 이유로 갑자기 통행을 금지하는 것은 부당하다고 주장하고 있다. 도로가 막히면 밭이나 과수원에서 농사를 짓는 데 불편함이 크고 수확물을 차에 싣고 내려올 수도 없는 등의 피해를 입게 되는데, 개인의 권리 행사 때문에 이러한 피해를 입는 것은 부당하다는 것이다.
> 사유 재산에 대한 개인의 권리가 보장받는 것도 중요하지만, 그로 인해 다수가 피해를 입게 된다면 사익보다 공익을 우선시하여 개인의 권리가 제한되어야 한다고 생각한다. 만일 개인의 권리가 공익을 위해 제한되지 않으면 이번 일처럼 개인과 다수 간의 갈등이 발생할 수밖에 없다.
> 땅 주인은 사유 재산의 독점적이고 배타적인 사용을 주장하기에 앞서 마을 사람들이 생업의 곤란으로 겪는 어려움을 염두에 두어야 한다. 공익을 우선시하는 태도로 조속히 문제 해결을 위해 노력해야 할 것이다.

① 공익으로 인해 침해된 땅 주인의 사익은 적절한 보상을 통해 해결될 수 있다.
② 마을 사람들과 땅 주인의 갈등은 민주주의의 다수결의 원칙에 따라 해결해야 한다.
③ 해당 도로는 10년 가까이 공공으로 사용되었기 때문에 사유 재산으로 인정받을 수 없다.
④ 땅 주인은 개인의 권리 추구에 앞서 마을 사람들과 함께 더불어 살아가는 법을 배워야 한다.
⑤ 땅 주인의 권리 행사로 발생하는 피해가 법적으로 증명되어야만 땅 주인의 권리를 제한할 수 있다.

02

> 현대인은 타인의 고통을 주로 뉴스나 영화 등의 매체를 통해 경험한다. 타인의 고통을 직접 대면하는 경우와 비교할 때 그와 같은 간접 경험으로부터 연민을 갖기는 쉽지 않다. 더구나 현대 사회는 사적 영역을 침범하지 않도록 주문한다. 이런 존중의 문화는 타인의 고통에 대한 지나친 무관심으로 변질될 수 있다. 그래서인지 현대 사회는 소박한 연민조차 느끼지 못하는 불감증 환자들의 안락하지만 황량한 요양소가 되어 가고 있는 듯하다.
> 연민에 대한 정의는 시대와 문화, 지역에 따라 가지각색이지만, 다수의 학자들에 따르면 연민은 두 가지 조건이 충족될 때 생긴다. 먼저 타인의 고통이 그 자신의 잘못에서 비롯된 것이 아니라 우연히 닥친 비극이어야 한다. 다음으로 그 비극이 언제든 나를 엄습할 수도 있다고 생각해야 한다. 이런 조건에 비추어 볼 때 현대 사회에서 연민의 감정은 무뎌질 가능성이 높다. 현대인은 타인의 고통을 대부분 그 사람의 잘못된 행위에서 비롯된 필연적 결과로 보며, 자신은 그러한 불행을 예방할 수 있다고 생각하기 때문이다.

① 현대인들은 자신의 사적 영역을 존중받길 원한다.
② 직접적인 경험이 간접적인 경험보다 연민의 감정이 쉽게 생긴다.
③ 사람들은 비극이 나에게도 일어날 수 있다고 생각할 때 연민을 느낀다.
④ 연민이 충족되기 위해선 타인의 고통이 자신의 잘못에서 비롯된 것이어야 한다.
⑤ 교통과 통신이 발달하면서 현대인들은 이전에 몰랐던 사람들의 불행까지도 의식할 수 있게 되었다.

03 다음 글을 읽고 인조를 비판할 수 있는 내용으로 적절하지 않은 것은?

> 1636년(인조 14년) 4월 국세를 확장한 후금의 홍타이지(태종)는 스스로 황제라 칭하고, 국호를 청으로, 수도는 심양으로 정하였다. 심양으로의 천도는 명나라를 완전히 압박하여 중원 장악의 기틀을 마련하기 위함이었다. 후금은 명 정벌에 앞서 그 배후가 될 수 있는 조선을 확실히 장악하기 위해 조선에 군신 관계를 맺을 것도 요구해 왔다. 이러한 청 태종의 요구는 인조와 조선 조정을 격분시켰다. 결국, 강화 회담의 성립으로 전쟁은 종료되었지만, 정묘호란 이후에도 후금에 대한 강경책의 목소리가 높았다. 1627년 정묘호란을 겪으면서 맺은 형제 관계조차도 무효로 하고자 하는 상황에서, 청 태종을 황제로 섬길 것을 요구하는 무례에 분노했던 것이다. 이제껏 오랑캐라고 무시했던 후금을 명나라와 동등하게 대우하여야 한다는 조처는 인조와 서인 정권의 생리에 절대 맞지가 않았다. 특히 후금이 통상적인 조건의 10배가 넘는 무역을 요구해 오자 인조의 분노는 폭발하였다.
> 전쟁의 여운이 어느 정도 사라진 1634년 인조는 "이기고 짐은 병가의 상사이다. 금나라 사람이 강하긴 하지만 싸울 때마다 반드시 이기지는 못할 것이며, 아군이 약하지만 싸울 때마다 반드시 패하지도 않을 것이다. 옛말에 '의지가 있는 용사는 목이 떨어질 각오를 한다.'고 하였고, 또 '군사가 교만하면 패한다.'고 하였다. 오늘날 무사들이 만약 자신을 잊고 순국한다면 이 교만한 오랑캐를 무찌르기는 어려운 일이 아니다."는 하교를 내리면서 전쟁을 결코 피하지 않을 것임을 선언하였다. 조선은 또다시 전시 체제에 돌입했다.
> 신흥 강국 후금에 대한 현실적인 힘을 무시하고 의리와 명분을 고집한 집권층의 닫힌 의식은 스스로 병란을 자초한 꼴이 되었다. 정묘호란 때 그렇게 당했으면서도 내부의 국방력에 대한 철저한 점검이 없이 맞불 작전으로 후금에 맞서는 최악의 길을 택한 것이다.

① 오랑캐의 나라인 후금을 명나라와 동등하게 대우한다는 것은 있을 수 없습니다.
② 감정 따로 현실 따로인 법, 힘과 국력이 문제입니다. 현실을 직시해야 합니다.
③ 그들의 요구를 물리친다면 승산 없는 전쟁으로 결과는 불 보듯 뻔합니다.
④ 명분만 내세워 준비 없이 수행하는 전쟁은 더 큰 피해를 입게 될 것입니다.
⑤ 후금은 전쟁을 피해야 할 북방의 최고 강자로 성장한 나라입니다.

04 다음 중 〈보기〉의 입장에서 제시문을 비판하는 내용으로 가장 적절한 것은?

로봇의 발달로 일자리가 줄어들 것이라는 사람들의 불안이 커지면서 최근 로봇세(Robot稅) 도입에 대한 논의가 활발하다. 로봇세는 로봇을 사용해 이익을 얻는 기업이나 개인에 부과하는 세금이다. 로봇으로 인해 일자리를 잃은 사람들을 지원하거나 사회 안전망을 구축하기 위해 예산을 마련하자는 것이 로봇세 도입의 목적이다. 이처럼 로봇의 사용으로 일자리가 감소할 것이라는 이유로 로봇세의 필요성이 제기되었지만, 역사적으로 볼 때 새로운 기술로 인해 전체 일자리는 줄지 않았다. 산업혁명을 거치면서 새로운 기술에 대한 걱정은 늘 존재했지만, 산업 전반에서 일자리는 오히려 증가해 왔다는 점이 이를 뒷받침한다. 따라서 로봇의 사용으로 일자리가 줄어들 가능성은 낮다.
우리는 로봇 덕분에 어렵고 위험한 일이나 반복적인 일로부터 벗어나고 있다. 로봇 사용의 증가 추세에서 알 수 있듯이 로봇 기술이 인간의 삶을 편하게 만들어 주는 것은 틀림이 없다. 로봇세의 도입으로 이러한 편안한 삶이 지연되지 않기를 바란다.

보기

로봇 기술의 발전에 따라 로봇의 생산 능력이 비약적으로 향상되고 있다. 이는 로봇 하나당 대체할 수 있는 인간 노동자의 수도 지속적으로 증가함을 의미한다. 로봇 사용이 사회 전반에 빠르게 확산되는 현실을 고려할 때, 로봇 사용으로 인한 일자리 대체 규모가 기하급수적으로 커질 것이다.

① 산업 혁명의 경우와 같이 로봇의 생산성 증가는 인간의 새로운 일자리를 만드는 데 기여할 것이다.
② 로봇세를 도입해 기업이 로봇의 생산성 향상에 기여하도록 해야 인간의 일자리 감소를 막을 수 있다.
③ 로봇 사용으로 밀려날 수 있는 인간 노동자의 생산 능력을 향상시킬 수 있는 제도적 지원 방안을 마련해야 한다.
④ 로봇의 생산 능력에 대한 고려 없이 과거 사례만으로 일자리가 감소하지 않을 것이라고 보는 것은 성급한 판단이다.
⑤ 로봇 기술의 발달을 통해 일자리를 늘리려면 지속적으로 일자리가 늘었던 산업 혁명의 경험에서 대안을 찾아야 한다.

Hard

05 다음 글의 '도덕적 딜레마 논증'에 대한 비판으로 적절한 것을 〈보기〉에서 모두 고르면?

1890년대에 이르러 어린이를 의료 실험 대상에서 배제시켜야 한다는 주장이 대두되었다. 그 주장의 핵심적인 근거는 어린이가 의료 실험과 관련하여 제한적인 동의능력만을 가지고 있다는 것이었다. 여기서 동의능력이란, 충분히 자율적인 존재가 제안된 실험의 특성이나 위험성 등에 대한 적절한 정보를 인식하고 그것에 기초하여 그 실험을 자발적으로 받아들일 수 있는 능력을 일컫는다. 그렇기 때문에 어린이를 실험 대상으로 하는 연구는 항상 도덕적 논란을 불러일으켰고, 1962년 이후 미국에서는 어린이에 대한 실험이 거의 시행되지 않았다. 이러한 상황에서 1968년 미국의 소아 약물학자 셔키는 다음과 같은 '도덕적 딜레마 논증'을 제시하였다. 어린이를 실험 대상에서 배제시키면, 어린이 환자 집단에 대해 충분한 실험을 하지 않은 약품들로 어린이를 치료하게 되어 어린이를 더욱 커다란 위험에 몰아넣게 된다. 따라서 어린이를 실험 대상에서 배제시키는 것은 도덕적으로 올바르지 않다. 반면, 어린이를 실험 대상에서 배제시키지 않으면 제한적인 동의능력만을 가진 존재를 실험 대상에 포함시키게 된다. 제한된 동의능력만을 가진 이를 실험 대상에 포함시키는 것은 도덕적으로 올바르지 않다. 따라서 어린이를 실험 대상에 포함시키는 것은 도덕적으로 올바르지 않다. 우리의 선택지는 어린이를 실험 대상에서 배제시키거나 배제시키지 않는 것뿐이다. 결국 어떠한 선택을 하든 도덕적인 잘못을 저지를 수밖에 없다.

보기

㉠ 어린이를 실험 대상으로 하는 연구는 그 위험성의 여부와는 상관없이 모두 거부되어야 한다. 왜냐하면 적합한 사전 동의 없이 행해지는 어떠한 실험도 도덕적 잘못이기 때문이다.

㉡ 동물실험이나 성인에 대한 임상 실험을 통해서도 어린이 환자를 위한 안전한 약물을 만들어낼 수 있다. 따라서 어린이를 실험 대상에 포함시키지 않더라도 어린이 환자가 안전하게 치료받지 못하는 위험에 빠지지 않을 수 있다.

㉢ 부모나 법정 대리인을 통해 어린이의 동의능력을 적합하게 보완할 수 있다. 어린이의 동의능력이 부모나 법정대리인에 의해 적합하게 보완된다면 어린이를 실험 대상에 포함시켜도 도덕적 잘못이 아닐 수 있다. 따라서 이런 경우의 어린이를 실험 대상에 포함시켜도 도덕적 잘못이 아닐 수 있다.

① ㉠
② ㉡
③ ㉠, ㉢
④ ㉡, ㉢
⑤ ㉠, ㉡, ㉢

07 추론하기

| 유형분석 |

- 문맥을 통해 글에 명시적으로 드러나 있지 않은 내용을 유추할 수 있는지 평가한다.
- 글 뒤에 이어질 내용 찾기, 글을 뒷받침할 수 있는 근거 찾기 등 다양한 유형으로 출제될 수 있다.

다음 글을 읽고 ㉠의 사례가 아닌 것을 고르면?

㉠ 닻내림 효과란 닻을 내린 배가 크게 움직이지 않듯 처음 접한 정보가 기준점이 돼 판단에 영향을 미치는 일종의 편향(왜곡) 현상을 말한다. 즉, 사람들이 어떤 판단을 하게 될 때 초기에 접한 정보에 집착해 합리적 판단을 내리지 못하는 현상을 일컫는 행동경제학 용어이다. 대부분의 사람은 제시된 기준을 그대로 받아들이지 않고, 기준점을 토대로 약간의 조정과정을 거치기는 하나, 그런 조정과정이 불완전하므로 최초 기준점에 영향을 받는 경우가 많다.

① 연봉 협상 시 본인의 적정 기준보다 더 높은 금액을 제시한다.
② 원래 1만 원이던 상품에 2만 원의 가격표를 붙이고 50% 할인한 가격에 판매한다.
③ 명품 매장에서 최고가 상품들의 가격표를 보이게 진열하여 다른 상품들이 그다지 비싸지 않은 것처럼 느끼게 만든다.
④ 홈쇼핑에서 '이번 시즌 마지막 세일', '오늘 방송만을 위한 한정 구성', '매진 임박' 등의 표현을 사용하여 판매한다.
⑤ '온라인 정기구독 연간 $25'와 '온라인 및 오프라인 정기구독 연간 $125' 사이에 '오프라인 정기구독 연간 $125'의 항목을 넣어 판촉한다.

정답 ④

④는 밴드왜건 효과(편승 효과)의 사례이다. 밴드왜건 효과란 유행에 따라 상품을 구입하는 소비현상을 뜻하는 경제용어로, 기업은 이러한 현상을 충동구매 유도 마케팅 전략으로 활용하고, 정치계에서는 특정 유력 후보를 위한 선전용으로 활용한다.

유형풀이 Tip

글에 명시적으로 드러나 있지 않은 부분을 추론하여 답을 도출해야 하는 유형이기 때문에 자신의 주관적인 판단보다는 제시된 글에 대한 이해를 기반으로 문제를 풀어야 한다.

추론하기 문제는 다음 두 가지 유형으로 구분할 수 있다.

1) 세부적인 내용을 추론하는 유형 : 주어진 선택지를 먼저 읽고 지문을 읽으면서 답이 아닌 선택지를 지워나가는 방법이 효율적이다.
2) 글쓴이의 주장 / 의도를 추론하는 유형 : 글에 나타난 주장 · 근거 · 논증 방식을 파악하는 유형으로, 주장의 타당성을 평가하여 글쓴이의 관점을 이해하며 읽는다.

대표기출유형 07 기출응용문제

01 다음 글을 읽고 추론한 내용으로 가장 적절한 것은?

> EU는 1995년부터 철제 다리 덫으로 잡은 동물 모피의 수입을 금지하기로 했다. 모피가 이런 덫으로 잡은 동물의 것인지, 아니면 상대적으로 덜 잔혹한 방법으로 잡은 동물의 것인지 구별하는 것은 불가능하다. 그렇기 때문에 EU는 철제 다리 덫 사용을 금지하는 나라의 모피만 수입하기로 결정했다. 이런 수입 금지 조치에 대해 미국, 캐나다, 러시아는 WTO에 제소하겠다고 위협했다. 결국 EU는 WTO가 내릴 결정을 예상하여, 철제 다리 덫으로 잡은 동물의 모피를 계속 수입하도록 허용했다.
> 또한 1998년부터 EU는 화장품 실험에 동물을 이용하는 것을 금지했을 뿐만 아니라, 동물실험을 거친 화장품의 판매조차 금지하는 법령을 채택했다. 그러나 동물실험을 거친 화장품의 판매 금지는 WTO 규정 위반이 될 것이라는 유엔의 권고를 받았다. 결국 EU의 판매 금지는 실행되지 못했다.
> 한편 그 외에도 EU는 성장 촉진 호르몬이 투여된 쇠고기의 판매 금지 조치를 시행하기도 했다. 동물복지를 옹호하는 단체들이 소의 건강에 미치는 영향을 우려해 호르몬 투여 금지를 요구했지만, EU가 쇠고기 판매를 금지한 것은 주로 사람의 건강에 대한 염려 때문이었다. 미국은 이러한 판매 금지 조치에 반대하며 EU를 WTO에 제소했고, 결국 WTO 분쟁패널로부터 호르몬 사용이 사람의 건강을 위협한다고 믿을 만한 충분한 과학적 근거가 없다는 판정을 이끌어내는 데 성공했다. EU는 항소했다. 그러나 WTO의 상소 기구는 미국의 손을 들어주었다. 그럼에도 불구하고 EU는 금지 조치를 철회하지 않았다. 이에 미국은 1억 1,600만 달러에 해당하는 EU의 농업 생산물에 100% 관세를 물리는 보복 조치를 발동했고 WTO는 이를 승인했다.

① EU는 환경의 문제를 통상 조건에서 최우선적으로 고려한다.
② WTO는 WTO 상소기구의 결정에 불복하는 경우 적극적인 제재조치를 취한다.
③ WTO는 사람의 건강에 대한 위협을 방지하는 것보다 국가 간 통상의 자유를 더 존중한다.
④ WTO는 제품의 생산과정에서 동물의 권리를 침해한다는 이유로 해당 제품 수입을 금지하는 것을 허용하지 않는다.
⑤ WTO 규정에 의하면 각 국가는 타국의 환경, 보건, 사회 정책 등이 자국과 다르다는 이유로 타국의 특정 제품의 수입을 금지할 수 있다.

02 다음 글을 읽고 추론한 내용으로 적절하지 않은 것은?

> 소크라테스와 플라톤은 파르메니데스를 존경스럽고 비상한 능력을 지닌 인물로 높이 평가했다. 그러나 그의 사상은 지극히 난해하다고 했다. 유럽 철학사에서 파르메니데스의 중요성은 그가 최초로 '존재'의 개념을 정립했다는 데 있다. 파르메니데스는 아르케, 즉 근원적인 원리에 대한 근본적인 질문을 이오니아의 자연철학자들과는 다른 방식으로 다룬다. 그는 원천의 개념에서 일체의 시간적·물리적 성질을 제거하고 오로지 존재론적인 문제만을 남겨놓는다. 이 위대한 엘레아 사람은 지성을 기준으로 내세웠고, 예리한 인식에는 감각적 지각이 필요 없다고 주장했다. 경험적 인식과는 무관한 논리학이 사물의 본질을 파악할 수 있는 능력이라고 전제함으로써 그는 감각적으로 지각할 수 있는 세계 전체를 기만적인 것으로 치부하고 유일하게 실재하는 것은 '존재'라고 생각했다.
>
> 그리고 이 존재는 로고스에 의해 인식되며, 로고스와 같은 것이라고 했다. 파악함과 존재는 같은 것이므로 존재하는 것은 파악될 수 있다. 그리고 파악될 수 있는 것만이 존재한다. 파르메니데스는 '존재자'라는 근본적인 존재론적 개념을 유럽 철학에 최초로 도입한 인물일 뿐만 아니라, 경험세계와는 전적으로 무관하게 오로지 논리적 근거만을 사용하여 순수한 이론적 체계를 성립시킨 최초의 인물이기도 했다.

① 파르메니데스 사상의 업적은 존재란 개념을 이성적 파악의 대상으로 본 것이다.

② 플라톤은 파르메니데스를 높게 평가했다.

③ 파르메니데스는 감성보다 지성에 높은 지위를 부여했을 것이다.

④ 파르메니데스에게 예리한 인식이란 로고스로 파악하는 존재일 것이다.

⑤ 경험론자들의 주장과 파르메니데스의 주장은 일맥상통할 것이다.

03 다음 글과 상황을 근거로 판단할 때, 〈보기〉에서 적절한 것을 모두 고르면?

제○○조

① 기획재정부장관은 각 국제금융기구에 출자를 할 때는 국무회의의 심의를 거쳐 대통령의 승인을 받아 미합중국통화 또는 그 밖의 자유교환성 통화나 금(金) 또는 내국 통화로 그 출자금을 한꺼번에 또는 분할하여 납입할 수 있다.

② 기획재정부장관은 제1항에 따라 내국 통화로 출자하는 경우에 그 출자금의 전부 또는 일부를 국무회의의 심의를 거쳐 대통령의 승인을 받아 내국 통화로 표시된 증권으로 출자할 수 있다.

제□□조

① 기획재정부장관은 전조(前條) 제2항에 따라 출자한 증권의 전부 또는 일부에 대하여 각 국제금융기구가 지급을 청구하면 지체 없이 이를 지급하여야 한다.

② 기획재정부장관은 제1항에 따른 지급의 청구를 받은 경우에 지급할 재원(財源)이 부족하여 그 청구 금액의 전부 또는 일부를 지급할 수 없을 때는 국무회의의 심의를 거쳐 대통령의 승인을 받아 한국은행으로부터 차입하여 지급하거나 한국은행으로 하여금 그 금액에 상당하는 증권을 해당 국제금융기구로부터 매입하게 할 수 있다.

〈상황〉

기획재정부장관은 적법한 절차에 따라 N국제금융기구에 일정액을 출자한다.

보기

㉠ 기획재정부장관은 출자금을 자유교환성 통화로 납입할 수 있다.

㉡ 기획재정부장관은 출자금을 내국 통화로 분할하여 납입할 수 없다.

㉢ 출자금 전부를 내국 통화로 출자하는 경우, 그중 일부 금액을 미합중국통화로 표시된 증권으로 출자할 수 있다.

㉣ 만약 출자금을 내국 통화로 표시된 증권으로 출자한다면, N국제금융기구가 그 지급을 청구할 경우에 한국은행장은 지체 없이 이를 지급하여야 한다.

① ㉠
② ㉡
③ ㉠, ㉣
④ ㉢, ㉣
⑤ ㉡, ㉢, ㉣

Hard

04 다음 글을 읽고 〈보기〉의 A은행에서 사용하면 좋을 기술 유형과 그 기술에 대한 설명이 바르게 연결된 것은?

인터넷 뱅킹이나 전자 상거래를 할 때 온라인상에서 사용자 인증은 필수적이다. 정당한 사용자인지를 인증받는 흔한 방법은 아이디(ID)와 비밀번호를 입력하는 것으로, 사용자가 특정한 정보를 알고 있는지 확인하는 방식이다. 그러나 이러한 방식은 고정된 정보를 반복적으로 사용하기 때문에 정보가 노출될 수 있다. 이러한 문제점을 보완하기 위해 개발된 인증 기법이 OTP(One-Time Password, 일회용 비밀번호) 기술이다. OTP 기술은 사용자가 금융 거래 인증을 받고자 할 때마다 해당 기관에서 발급한 OTP 발생기를 통해 새로운 비밀번호를 생성하여 인증받는 방식이다.
OTP 기술은 크게 비동기화 방식과 동기화 방식으로 나눌 수 있다. 비동기화 방식은 OTP 발생기와 인증 서버 사이에 동기화된 값이 없는 방식으로, 인증 서버의 질의에 사용자가 응답하는 방식이다. OTP 기술 도입 초기에 사용된 질의 응답 방식은 인증 서버가 임의의 6자리 수, 즉 질읫값을 제시하면 사용자는 그 수를 OTP 발생기에 입력하고, OTP 발생기는 질읫값과 다른 응답값을 생성한다. 사용자는 그 값을 로그인 서버에 입력하고 인증 서버는 입력된 값을 확인한다. 이 방식은 사용자가 OTP 발생기에 질읫값을 직접 입력해 응답값을 구해야 하는 번거로움이 있기 때문에 사용이 불편하다. 이와 달리 동기화 방식은 OTP 발생기와 인증 서버 사이에 동기화된 값을 설정하고 이에 따라 비밀번호를 생성하는 방식으로, 이벤트 동기화 방식이 있다. 이벤트 동기화 방식은 기촛값과 카운트값을 바탕으로 OTP 발생기는 비밀번호를, 인증 서버는 인증값을 생성하는 방식이다. 기촛값이란 사용자의 신상 정보와 해당 금융 기관의 정보 등이 반영된 고유한 값이며, 카운트값이란 비밀번호를 생성한 횟수이다. 사용자가 인증을 받아야 할 경우 이벤트 동기화 방식의 OTP 발생기는 기촛값과 카운트값을 바탕으로 비밀번호를 생성하게 되며, 생성된 비밀번호를 사용자가 로그인 서버에 입력하면 된다. 이때 OTP 발생기는 비밀번호를 생성할 때마다 카운트값을 증가시킨다. 인증 서버 역시 기촛값과 카운트값으로 인증값을 생성하여 로그인 서버로 입력된 OTP 발생기의 비밀번호와 비교하는 것이다. 이때 인증에 성공하면 인증 서버는 카운트값을 증가시켜서 저장해 두었다가 다음 번 인증에 반영한다. 그러나 이 방식은 OTP 발생기에서 비밀번호를 생성만 하고 인증하지 않으면 OTP 발생기와 인증 서버 간에 카운트 값이 달라지는 문제점이 있다.

보기

안녕하세요. 저희 A은행에서는 OTP기기를 사용해서 고객님들의 본인 인증을 받고 있습니다. 그런데 기존에 사용하던 OTP 기술은 고객님들이 비밀번호를 발급받으시고 인증을 받지 않으시는 경우가 종종 있어 인증 서버에 문제가 자주 발생하여 저희 은행이 피해를 보고 있습니다. 그래서 이번에 다른 유형의 OTP를 사용해 보면 어떨까 하는데, 사용하면 좋을 OTP 기술의 유형을 추천해 주실 수 있을까요?

① 비동기화 방식 OTP – OTP 발생기는 비밀번호를, 인증 서버는 인증값을 각각 생성한다.
② 비동기화 방식 OTP – OTP 발생기와 인증 서버 사이에 동기화된 값이 없다.
③ 이벤트 동기화 방식 – 인증 서버는 인증값을, OTP 발생기는 비밀번호를 각각 생성한다.
④ 이벤트 동기화 방식 – 사용자가 직접 응답값을 구해야 하는 번거로움이 있다.
⑤ 이벤트 동기화 방식 – 기촛값과 카운트값을 바탕으로 비밀번호와 인증값을 생성한다.

05 다음 글에서 ㉠을 설명하기 위해 사용한 방식으로 가장 적절한 것은?

> 134년 전인 1884년 10월 13일, 국제 자오선 회의에서 영국의 그리니치 자오선을 본초 자오선으로 채택하면서 지구상의 모든 지역은 하나의 시간을 공유하게 됐다. 본초 자오선을 정하기 전, 인류 대부분은 태양의 위치로 시간을 파악했다. 그림자가 생기지 않는 정오를 시간의 기준점으로 삼았는데, 관측 지점마다 시간이 다를 수밖에 없었다. 지역 간 이동이 활발하지 않던 그 시절에는 지구상에 수많은 시간이 공존했던 것이다. 그러나 세계가 확장하고 지역과 지역을 넘나들면서 문제가 발생했다. 기차의 발명이 변화의 시초였다. 기차는 공간을 빠르고 편리하게 이동할 수 있어 산업혁명의 바탕이 됐지만, 지역마다 다른 시간의 충돌을 야기했다. 역마다 시계를 다시 맞춰야 했고, 시간이 엉킬 경우 충돌 등 대형 사고가 일어날 가능성도 높았다. 이런 문제점을 공식 제기하고 세계 표준시 도입을 주창한 인물이 '세계 표준시의 아버지' 샌퍼드 플레밍이다. 그는 1876년 아일랜드의 시골 역에서 그 지역의 시각과 자기 손목시계의 시각이 달라 기차를 놓치고 다음 날 런던에서 출발하는 배까지 타지 못했다. 당시의 경험을 바탕으로 기준시의 필요성을 주창하고 경도를 기준으로 시간을 정하는 구체적 방안까지 제안했다. 그의 주장이 받아들여진 결과가 1884년 미국 워싱턴에서 열린 국제 자오선 회의이다.
>
> 시간을 하나로 통일하는 회의 과정에서는 영국이 주장하는 그리니치 표준시와 프랑스가 밀어붙인 파리 표준시가 충돌했다. 자존심을 건 시간 전쟁이었다. 결과는 그리니치 표준시의 일방적인 승리로 끝났다. 이미 30년 이상 영국의 그리니치 표준시를 기준 삼아 기차 시간표를 사용해 왔고, 미국의 철도 회사도 이를 따르고 있다는 게 이유였다. 당시 결정한 그리니치 표준시(GMT)는 1972년 원자시계를 도입하면서 협정세계시(UTC)로 대체했지만, 여전히 GMT 표기를 사용하는 경우도 많다. 둘의 차이는 1초보다 작다.
>
> ㉠ <u>표준시</u>를 도입했다는 건 완전히 새로운 세상이 열렸음을 의미한다. 세계의 모든 인구가 하나의 표준시에 맞춰 일상을 살고, 국가마다 다른 철도와 선박, 항공 시간을 체계적으로 정리할 수 있게 됐다. 지구 곳곳에 파편처럼 흩어져 살아가던 인류가 하나의 세계로 통합된 것이다.
>
> 협정세계시에 따르면 한국의 표준시는 UTC+ 09:00이다. 그리니치보다 9시간 빠르다는 의미이다. 우리나라가 표준시를 처음으로 도입한 것은 고종의 대한제국 시절이며 동경 127.5도를 기준으로 UTC+ 08:30, 그러니까 지금보다 30분 빠른 표준시를 썼다. 현재 한국은 동경 135도를 기준으로 한 표준시를 쓰고 있다.

① ㉠을 일정한 기준에 따라 나누고, 각각의 장점과 단점을 열거하고 있다.
② ㉠에 적용된 과학적 원리를 검토하고, 역사적 변천 과정을 되짚어보고 있다.
③ ㉠의 본격적인 도입에 따라 야기된 문제점을 지적하고, 대안을 모색하고 있다.
④ ㉠이 한국에 적용되게 된 시기를 살펴보고, 다른 나라들의 사례와 비교하고 있다.
⑤ ㉠의 필요성이 대두되게 된 배경과 도입과정을 밝히고, 그에 따른 의의를 설명하고 있다.

CHAPTER 02

문제해결능력

합격 Cheat Key

문제해결능력은 업무를 수행하면서 여러 가지 문제 상황이 발생하였을 때, 창의적이고 논리적인 사고를 통하여 이를 올바르게 인식하고 적절히 해결하는 능력을 말한다. 하위능력으로는 사고력과 문제처리능력이 있다.

문제해결능력은 NCS 기반 채용을 진행하는 대다수의 금융권에서 채택하고 있으며, 문항 수는 평균 24% 정도로 상당히 많이 출제되고 있다. 하지만 많은 수험생들은 더 많이 출제되는 다른 영역에 몰입하고 문제해결능력은 집중하지 않는 실수를 하고 있다. 다른 영역보다 더 많은 노력이 필요할 수는 있지만 그렇기에 차별화를 할 수 있는 득점 영역이므로 포기하지 말고 꾸준하게 노력해야 한다.

1 질문의 의도를 정확하게 파악하라!

문제해결능력은 문제에서 무엇을 묻고 있는지 정확하게 파악하여 먼저 풀이 방향을 설정하는 것이 가장 효율적인 방법이다. 특히, 조건이 주어지고 답을 찾는 창의적 · 분석적인 문제가 주로 출제되고 있기 때문에 처음에 정확한 풀이 방향이 설정되지 않는다면 시간만 허비하고 결국 문제도 풀지 못하게 되므로 첫 번째로 출제의도 파악에 집중해야 한다.

2 중요한 정보는 반드시 표시하라!

위에서 말한 출제의도를 정확히 파악하기 위해서는 문제의 중요한 정보는 반드시 표시나 메모를 하여 하나의 조건, 단서도 잊고 넘어가는 일이 없도록 해야 한다. 실제 시험에서는 시간의 압박과 긴장감으로 정보를 잘못 적용하거나 잊어버리는 실수가 많이 발생하므로 사전에 충분한 연습이 필요하다.

가령 명제 문제의 경우 주어진 명제와 그 명제의 대우를 본인이 한눈에 파악할 수 있도록 기호화, 도식화하여 메모하면 흐름을 이해하기가 더 수월하다. 이를 통해 자신만의 풀이 순서와 방향, 기준 또한 생길 것이다.

3 반복 풀이를 통해 취약 유형을 파악하라!

길지 않은 한정된 시간 동안 모든 문제를 다 푸는 것은 조금은 어려울 수도 있다. 따라서 고득점을 할 수 있는 효율적인 문제 풀이 방법을 찾아야 한다. 이때, 반복적인 문제 풀이를 통해 자신이 취약한 유형을 파악하는 것이 중요하다. 취약 유형 파악은 종료 시간이 임박했을 때 빛을 발할 것이다. 풀 수 있는 문제부터 빠르게 풀고 취약한 유형은 나중에 푸는 효율적인 문제 풀이를 통해 최대한의 고득점을 하는 것이 중요하다. 그러므로 본인의 취약 유형을 파악하기 위해서는 많은 문제를 풀어 봐야 한다.

4 타고나는 것이 아니므로 열심히 노력하라!

대부분의 수험생들이 문제해결능력은 공부해도 실력이 늘지 않는 영역이라고 생각한다. 하지만 그렇지 않다. 문제해결능력이야말로 노력을 통해 충분히 고득점이 가능한 영역이다. 정확한 질문 의도 파악, 취약한 유형의 반복적인 풀이, 빈출유형 파악 등의 방법으로 충분히 실력을 향상시킬 수 있다. 자신감을 갖고 공부하기 바란다.

01 명제

| 유형분석 |

• 연역추론을 활용해 주어진 문장을 치환하여 성립하지 않는 내용을 찾는 문제이다.

다음 명제가 모두 참일 때, 반드시 참인 명제는?

• 재현이가 춤을 추면 서현이나 지훈이가 춤을 춘다.
• 재현이가 춤을 추지 않으면 종열이가 춤을 춘다.
• 종열이가 춤을 추지 않으면 지훈이도 춤을 추지 않는다.
• 종열이는 춤을 추지 않았다.

① 재현이만 춤을 추었다.
② 서현이만 춤을 추었다.
③ 지훈이만 춤을 추었다.
④ 재현이와 서현이 모두 춤을 추었다.
⑤ 아무도 춤을 추지 않았다.

정답 ④

먼저 이름의 첫 글자만 이용하여 명제를 도식화한다. 재 ○ → 서 or 지 ○, 재 × → 종 ○, 종 × → 지 ×, 종 ×
세 번째, 네 번째 명제에 의해 종열이와 지훈이는 춤을 추지 않았다. 종 × → 지 ×
또한, 두 번째 명제의 대우(종 × → 재 ○)에 의해 재현이가 춤을 추었다.
마지막으로 첫 번째 명제에 따라 서현이가 춤을 추었다. 따라서 '재현이와 서현이 모두 춤을 추었다.'는 반드시 참이다.

유형풀이 Tip

• 명제 유형의 문제에서는 항상 '명제의 역은 성립하지 않지만, 대우는 항상 성립한다.'
• 단어의 첫 글자나 알파벳을 이용하여 명제를 도식화한 후 명제의 대우를 활용하여 각 명제들을 연결하여 답을 찾는다.
예 채식주의자라면 고기를 먹지 않을 것이다.
→ (역) 고기를 먹지 않으면 채식주의자이다.
→ (이) 채식주의자가 아니라면 고기를 먹을 것이다.
→ (대우) 고기를 먹는다면 채식주의자가 아닐 것이다.

명제의 역, 이, 대우

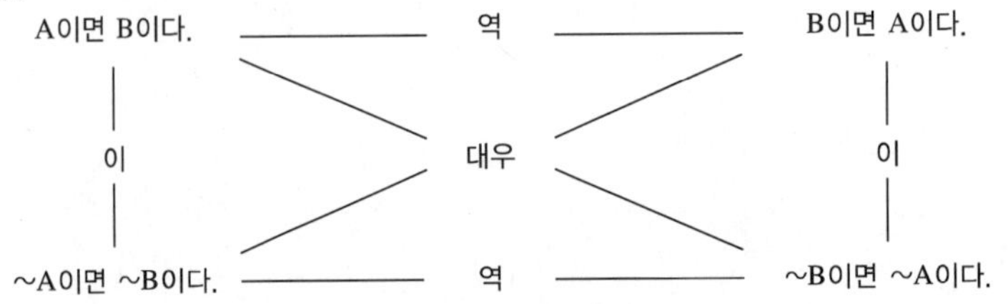

대표기출유형 01 기출응용문제

※ 다음 명제가 모두 참일 때, 빈칸에 들어갈 명제로 옳은 것을 고르시오. [1~2]

01

- 공부를 잘하는 사람은 모두 꼼꼼하다.
- ______________________________
- 따라서 꼼꼼한 사람 중 일부는 시간 관리를 잘한다.

① 공부를 잘하는 사람 중 일부는 꼼꼼하지 않다.
② 시간 관리를 잘하지 못하는 사람은 꼼꼼하다.
③ 꼼꼼한 사람은 시간 관리를 잘하지 못한다.
④ 공부를 잘하는 어떤 사람은 시간 관리를 잘한다.
⑤ 시간 관리를 잘하는 사람 중 일부는 꼼꼼하지 않다.

Easy

02

- 비가 오지 않으면 개구리가 울지 않는다.
- 비가 오지 않으면 제비가 낮게 날지 않는다.
- ______________________________

① 비가 오면 제비가 낮게 난다.
② 제비가 낮게 날지 않는 날에는 비가 오지 않는다.
③ 개구리가 울지 않으면 제비가 낮게 날지 않는다.
④ 제비가 낮게 나는 날에는 개구리가 울지 않는다.
⑤ 제비가 낮게 나는 어떤 날은 비가 온다.

03 다음 명제가 모두 참일 때, 반드시 참인 것은?

- 속도에 관심 없는 사람은 디자인에도 관심이 없다.
- 연비를 중시하는 사람은 내구성도 따진다.
- 내구성을 따지지 않는 사람은 속도에도 관심이 없다.

① 연비를 중시하지 않는 사람도 내구성은 따진다.
② 디자인에 관심 없는 사람도 내구성은 따진다.
③ 연비를 중시하는 사람은 디자인에는 관심이 없다.
④ 내구성을 따지지 않는 사람은 디자인에도 관심이 없다.
⑤ 속도에 관심이 있는 사람은 연비를 중시하지 않는다.

04 다음 명제가 모두 참일 때, 반드시 참이 아닌 것은?

- 커피를 좋아하는 사람은 홍차를 좋아하지 않는다.
- 탄산수를 좋아하지 않는 사람은 우유를 좋아한다.
- 녹차를 좋아하는 사람은 홍차를 좋아한다.
- 녹차를 좋아하지 않는 사람은 탄산수를 좋아한다.

① 커피를 좋아하는 사람은 녹차를 좋아하지 않는다.
② 탄산수를 좋아하지 않는 사람은 녹차를 좋아한다.
③ 커피를 좋아하는 사람은 탄산수를 좋아한다.
④ 탄산수를 좋아하는 사람은 홍차를 좋아한다.
⑤ 홍차를 좋아하는 사람은 커피를 싫어한다.

05 A~G 7명은 주말 여행지를 고르기 위해 투표를 진행하였다. 다음 〈조건〉과 같이 투표를 진행하였을 때, 투표를 하지 않은 사람을 모두 고르면?

조건

- D나 G 중 적어도 1명이 투표하지 않으면, F는 투표한다.
- F가 투표하면, E는 투표하지 않는다.
- B나 E 중 적어도 1명이 투표하지 않으면, A는 투표하지 않는다.
- A를 포함하여 투표한 사람은 모두 5명이다.

① B, E
② B, F
③ C, D
④ C, F
⑤ F, G

Hard

06 N기업은 직원들의 복리 증진을 위해 다음과 같이 복지제도를 검토하여 도입하고자 한다. 제시된 〈조건〉의 명제가 모두 참일 때, 반드시 참인 것은?

N기업은 다음 중 최대 2개의 복지제도를 도입하고자 한다.

- 동호회행사비 지원
- 출퇴근교통비 지원
- 연차 추가제공
- 주택마련자금 지원

조건

- 연차를 추가제공하지 않거나 출퇴근교통비를 지원한다면, 주택마련자금 지원을 도입한다.
- 동호회행사비 지원을 도입할 때에만 연차 추가제공을 도입한다.
- 출퇴근교통비 지원을 도입하지 않는다면, 동호회행사비 지원을 도입한다.
- 출퇴근교통비 지원을 도입하거나 연차 추가제공을 도입하지 않으면, 동호회행사비 지원을 도입하지 않는다.
- 주택마련자금 지원을 도입한다면 다른 복지제도는 도입할 수 없다.

① 동호회행사비 지원은 도입되지 않는다.
② 출퇴근교통비 지원이 도입된다.
③ 연차 추가제공은 도입되지 않는다.
④ N기업은 1개의 복지제도만 새로 도입한다.
⑤ 출퇴근교통비 지원과 연차 추가제공 중 한 가지만 도입된다.

02 참 · 거짓

| 유형분석 |

• 주어진 문장을 토대로 논리적으로 추론하여 참 또는 거짓을 구분하는 문제이다.

이번 학기에 4개의 강좌 A ~ D가 새로 개설되는데, 강사 갑 ~ 무 중 4명이 한 강좌씩 맡으려 한다. 배정 결과를 궁금해 하는 5명은 다음과 같이 예측했다. 배정 결과를 보니 갑 ~ 무의 진술 중 1명의 진술만이 거짓이고 나머지는 참임이 드러났을 때, 다음 중 바르게 추론한 것은?

- 갑 : 을이 A강좌를 담당하고 병은 강좌를 담당하지 않을 것이다.
- 을 : 병이 B강좌를 담당할 것이다.
- 병 : 정은 D강좌가 아닌 다른 강좌를 담당할 것이다.
- 정 : 무가 D강좌를 담당할 것이다.
- 무 : 을의 말은 거짓일 것이다.

① 갑은 A강좌를 담당한다.
② 을은 C강좌를 담당한다.
③ 병은 강좌를 담당하지 않는다.
④ 정은 D강좌를 담당한다.
⑤ 무는 B강좌를 담당한다.

정답 ③

을과 무의 진술이 모순되므로 둘 중 1명은 참, 다른 1명은 거짓이다. 여기서 을의 진술이 참일 경우 갑의 진술도 거짓이 되어 2명이 거짓을 진술한 것이 되므로 문제의 조건에 위배된다. 따라서 을의 진술이 거짓, 무의 진술이 참이다. 그러므로 A강좌는 을이, B와 C강좌는 각각 갑과 정 중 1명이, D강좌는 무가 담당하고, 병은 강좌를 담당하지 않는다.

유형풀이 Tip

참·거짓 유형의 90% 이상은 다음 두 가지 방법으로 풀 수 있다.
주어진 진술을 빠르게 훑으며 다음 두 가지 중 어떤 경우에 해당하는지 확인한 후 문제를 풀어나간다.

1) 2명 이상의 발언 중 한쪽이 진실이면 다른 한쪽이 거짓인 경우
   ① A가 진실이고 B가 거짓인 경우, B가 진실이고 A가 거짓인 경우 두 가지로 나눌 수 있다.
   ② 두 가지 경우에서 각 발언의 진위 여부를 판단한다.
   ③ 주어진 조건과 비교한다(범인의 숫자가 맞는지, 진실 또는 거짓을 말한 인원수가 조건과 맞는지 등).
2) 2명 이상의 발언 중 한쪽이 진실이면 다른 한쪽도 진실인 경우와 한쪽이 거짓이면 다른 한쪽도 거짓인 경우
   ① A와 B가 모두 진실인 경우, A와 B가 모두 거짓인 경우 두 가지로 나눌 수 있다.
   ② 두 가지 경우에서 각 발언의 진위 여부를 판단하여 범인을 찾는다.
   ③ 주어진 조건과 비교한다(범인의 숫자가 맞는지, 진실 또는 거짓을 말한 인원수가 조건과 맞는지 등).

대표기출유형 02 기출응용문제

01 민지, 아름, 진희, 희정, 세영은 함께 15시에 상영하는 영화를 예매하였고, 상영시간에 맞춰 영화관에 도착하는 순서대로 각자 상영관에 입장하였다. 다음 대화에서 1명이 거짓말을 하고 있을 때, 가장 마지막으로 영화관에 도착한 사람은 누구인가?(단, 5명 모두 다른 시간에 도착하였다)

- 민지 : 나는 마지막에 도착하지 않았어. 다음에 분명 누군가가 왔어.
- 아름 : 내가 가장 먼저 영화관에 도착했어. 진희의 말은 진실이야.
- 진희 : 나는 두 번째로 영화관에 도착했어.
- 희정 : 나는 세 번째로 도착했고, 진희는 내가 도착한 다음에서야 왔어.
- 세영 : 나는 영화가 시작한 뒤에야 도착했어. 나는 마지막으로 도착했어.

① 민지 ② 아름
③ 진희 ④ 희정
⑤ 세영

Easy

02 A～E 5명 중 1명만 거짓말을 할 때 항상 옳은 것은?(단, 1층에 1명만 내린다)

- A : B는 1층에서 내렸다.
- B : C는 1층에서 내렸다.
- C : D는 적어도 3층에서 내리지 않았다.
- D : A는 4층에서 내렸다.
- E : A는 4층에서 내리고 나는 5층에 내렸다.

① C는 1층에서 내렸다.
② A는 4층에서 내리지 않았다.
③ D는 3층에서 내렸다.
④ C는 B보다 높은 층에서 내렸다.
⑤ A는 D보다 높은 층에서 내렸다.

03 A ~ D사원은 각각 홍보부, 총무부, 영업부, 기획부 중 하나의 부서 소속으로 3 ~ 6층의 서로 다른 층에서 근무하고 있다. 이 중 1명만 거짓말을 하고 있다고 할 때, 다음 중 바르게 추론한 것은?(단, 각 팀은 서로 다른 층에 위치한다)

- A사원 : 저는 홍보부와 총무부 소속이 아니며, 3층에서 근무하고 있지 않습니다.
- B사원 : 저는 영업부 소속이며, 4층에서 근무하고 있습니다.
- C사원 : 저는 홍보부 소속이며, 5층에서 근무하고 있습니다.
- D사원 : 저는 기획부 소속이며, 3층에서 근무하고 있습니다.

① A사원은 홍보부 소속이다.
② B사원은 영업부 소속이다.
③ 기획부는 3층에 위치한다.
④ 홍보부는 4층에 위치한다.
⑤ D사원은 5층에서 근무하고 있다.

04 N기업 사무실에 도둑이 들었다. 범인은 2명이고, 용의자로 지목된 A ~ E가 다음과 같이 진술했다. 이 중 2명이 거짓말을 하고 있다고 할 때, 동시에 범인이 될 수 있는 사람으로 짝지어진 것은?

- A : B나 C 중에 1명만 범인이에요.
- B : 저는 확실히 범인이 아닙니다.
- C : 제가 봤는데 E가 범인이에요.
- D : A가 범인이 확실해요.
- E : 사실은 제가 범인이에요.

① A, B
② B, C
③ B, D
④ C, E
⑤ D, E

05 A ~ D 4명은 한 판의 가위바위보를 한 후 그 결과에 대해 다음과 같이 각각 두 가지의 진술을 하였다. 두 가지의 진술 중 하나는 반드시 참이고, 하나는 반드시 거짓이라고 할 때, 항상 참인 것은?

- A : C는 B를 이길 수 있는 것을 냈고, B는 가위를 냈다.
- B : A는 C와 같은 것을 냈지만, A가 편 손가락의 수는 나보다 적었다.
- C : B는 바위를 냈고, 그 누구도 같은 것을 내지 않았다.
- D : A, B, C 모두 참 또는 거짓을 말한 순서가 동일하다. 이 판은 승자가 나온 판이었다.

① D는 혼자 가위를 냈다.

② 보를 낸 사람은 1명이다.

③ 바위를 낸 사람은 2명이다.

④ B와 같은 것을 낸 사람이 있다.

⑤ B가 기권했다면 가위를 낸 사람이 지는 판이다.

Hard

06 N기업이 해외공사에 사용될 설비를 구축할 업체 두 곳을 선정하려고 한다. 구축해야 할 설비는 중동, 미국, 서부, 유럽에 2개씩 총 8개이며, 경쟁업체는 A ~ C업체이다. 다음 제시된 정보가 참 또는 거짓이라고 할 때, 〈보기〉 중 참을 말하는 직원은 누구인가?

- A업체는 최소한 3개의 설비를 구축할 예정이다.
- B업체는 중동, 미국, 서부, 유럽에 설비를 하나씩 구축할 예정이다.
- C업체는 중동지역 2개, 유럽지역 2개의 설비를 구축할 예정이다.

보기

- 이사원 : A업체가 참일 경우, B업체는 거짓이 된다.
- 김주임 : B업체가 거짓일 경우, A업체는 참이 된다.
- 장대리 : C업체가 참일 경우, A업체도 참이 된다.

① 이사원 ② 김주임

③ 장대리 ④ 이사원, 김주임

⑤ 김주임, 장대리

03 순서추론

| 유형분석 |

- 조건을 토대로 순서·위치 등을 추론하여 배열·배치하는 문제이다.
- 방·숙소 배정하기, 부서 찾기, 날짜 찾기, 테이블 위치 찾기 등 다양한 유형의 문제가 출제된다.

A ~ E 5명이 다음 〈조건〉과 같이 일렬로 나란히 자리에 앉는다고 할 때, 바르게 추론한 것은?(단, 자리의 순서는 왼쪽을 기준으로 첫 번째 자리로 한다)

조건

- D는 A의 바로 왼쪽에 앉는다.
- B와 D 사이에 C가 있다.
- A는 마지막 자리가 아니다.
- A와 B 사이에 C가 있다.
- B는 E의 바로 오른쪽에 앉는다.

① D는 두 번째 자리에 앉을 수 있다.
② E는 네 번째 자리에 앉을 수 있다.
③ C는 두 번째 자리에 앉을 수 있다.
④ C는 A의 왼쪽에 앉을 수 있다.
⑤ C는 E의 오른쪽에 앉을 수 있다.

정답 ②

첫 번째 조건에서 D는 A의 바로 왼쪽에 앉으며, 마지막 조건에서 B는 E의 바로 오른쪽에 앉으므로 'D-A', 'E-B'를 각각 한 묶음으로 생각할 수 있다. 두 번째 조건에서 C는 세 번째 자리에 앉아야 하며, 세 번째 조건에 의해 'D-A'는 각각 첫 번째, 두 번째 자리에 앉아야 한다. 이를 표로 정리하면 다음과 같다.

첫 번째 자리	두 번째 자리	세 번째 자리	네 번째 자리	다섯 번째 자리
D	A	C	E	B

오답분석

① D는 첫 번째 자리에 앉는다.
③ C는 세 번째 자리에 앉는다.
④ C는 A의 바로 오른쪽에 앉는다.
⑤ C는 E의 바로 왼쪽에 앉는다.

유형풀이 Tip

- 주어진 명제를 자신만의 방법으로 도식화하여 빠르게 문제를 해결한다.
- 경우의 수가 여러 개인 명제보다 1 ~ 2개인 명제를 먼저 도식화하면, 그만큼 경우의 수가 줄어들어 문제를 빠르게 해결할 수 있다.

대표기출유형 03 기출응용문제

Easy

01 **N사의 사내 체육대회에서 A ~ F 6명은 키가 큰 순서에 따라 2명씩 1팀, 2팀, 3팀으로 나뉘어 배치된다. 다음 〈조건〉에 따라 배치된다고 할 때, 키가 가장 큰 사람은?**

조건

- A, B, C, D, E, F의 키는 서로 다르다.
- 2팀의 B는 A보다 키가 작다.
- D보다 키가 작은 사람은 4명이다.
- A는 1팀에 배치되지 않는다.
- E와 F는 한 팀에 배치된다.

① A
② B
③ C
④ D
⑤ E

02 **A ~ E는 아파트 101 ~ 105동 중 서로 다른 동에 각각 살고 있다. 다음 〈조건〉에 따를 때, 반드시 참인 것은?(단, 101 ~ 105동은 일렬로 나란히 배치되어 있다)**

조건

- A와 B는 서로 인접한 동에 산다.
- C는 103동에 산다.
- D는 C 바로 옆 동에 산다.

① A는 101동에 산다.
② B는 102동에 산다.
③ D는 104동에 산다.
④ A가 102동에 산다면 E는 105동에 산다.
⑤ B가 102동에 산다면 E는 101동에 산다.

03 A ~ F 6명은 100m 달리기 시합을 하였다. 다음 〈조건〉을 근거로 할 때, C는 몇 등으로 들어왔는가?

조건

- A보다 늦게 들어온 사람이 빨리 들어온 사람보다 많다.
- D와 E는 A보다 빨리 들어왔다.
- B와 F는 연달아 들어오지 않았다.

① 2등
② 3등
③ 4등
④ 5등
⑤ 6등

04 A ~ E 5명의 직원이 원탁에 앉아 저녁을 먹기로 했다. 다음 〈조건〉에 따라 원탁에 앉을 때, C가 앉는 자리를 첫 번째로 하여 시계 방향으로 세 번째 자리에 앉는 사람은 누구인가?(단, 좌우 방향은 원탁을 바라보고 앉은 상태를 기준으로 한다)

조건

- C 바로 옆 자리에 E가 앉고, B는 앉지 못한다.
- D가 앉은 자리와 B가 앉은 자리 사이에 1명 이상 앉아 있다.
- A가 앉은 자리의 바로 오른쪽은 D가 앉는다.

① A
② B
③ C
④ D
⑤ E

Hard

05 카드게임을 하기 위해 A～F 6명이 원형 테이블에 앉고자 한다. 다음 〈조건〉에 따라 이들의 좌석을 배치하고자 할 때, F와 이웃하여 앉는 사람은?(단, 좌우 방향은 원탁을 바라보고 앉은 상태를 기준으로 한다)

조건
- B는 C와 이웃하여 앉는다.
- A는 E와 마주보고 앉는다.
- C의 오른쪽에는 E가 앉는다.
- F는 A와 이웃하여 앉지 않는다.

① B, C
② B, D
③ C, D
④ C, E
⑤ D, E

06 N회사의 회장실, 응접실, 탕비실과 재무회계팀, 홍보팀, 법무팀, 연구개발팀, 인사팀의 위치가 다음 〈조건〉에 따를 때, 인사팀의 위치는?

	A	B	C	D	회의실 1
출입문	복도				
	E	F	G	H	회의실 2

조건
- A～H에는 빈 곳 없이 회장실, 응접실, 탕비실, 모든 팀 중 하나가 위치해 있다.
- 회장실은 출입문과 가장 가까운 위치에 있다.
- 회장실 맞은편은 응접실이다.
- 재무회계팀은 회장실 옆에 있고, 응접실 옆에는 홍보팀이 있다.
- 법무팀은 항상 홍보팀 옆에 있다.
- 연구개발팀은 회의실 2와 같은 줄에 있다.
- 탕비실은 법무팀 맞은편에 있다.

① B
② C
③ D
④ G
⑤ H

04 문제처리

| 유형분석 |

- 상황과 정보를 토대로 조건에 적절한 것을 찾는 문제이다.
- 자원관리능력 영역과 결합한 계산 문제가 출제될 가능성이 있다.

다음은 N은행에서 진행할 예정인 이벤트 포스터이다. 해당 이벤트를 고객에게 추천하기 위해 사전에 확인한 사항으로 적절하지 않은 것은?

〈N은행 가족사랑 패키지 출시 기념 이벤트〉

▲ 이벤트 기간 : 2025년 3월 3일(월) ~ 31일(월)

▲ 세부내용

구분	응모요건	경품
가족사랑 통장・적금・대출 신규 가입고객	① 가족사랑 통장 신규 ② 가족사랑 적금 신규 ③ 가족사랑 대출 신규	가입고객 모두에게 OTP 또는 보안카드 무료 발급
가족사랑 고객	가족사랑 통장 가입 후 다음 중 1가지 이상 충족 ① 급여이체 신규 ② 가맹점 결제대금 이체 신규 ③ 신용(체크)카드 결제금액 20만 원 이상 ④ 가족사랑 대출 신규(1천만 원 이상)	• 여행상품권(200만 원, 1명) • 최신 핸드폰(3명) • 한우세트(300명) • 연극 티켓 2매(전 고객)
국민행복카드 가입고객	국민행복카드 신규+당행 결제계좌 등록 (동 카드로 임신 출산 바우처 결제 1회 이상 사용)	어쩌다 엄마(도서, 500명)

▲ 당첨자 발표 : 2025년 4월 중순, 홈페이지 공지 및 영업점 통보

- 제세공과금은 N은행이 부담하며, 본 이벤트는 당행의 사정으로 변경 또는 중단될 수 있습니다.
- 당첨고객은 추첨일 현재 대상상품 유지고객에 한하며, 당첨자 명단은 추첨일 기준 금월 중 N은행 홈페이지에서 확인하실 수 있습니다.
- 기타 자세한 내용은 인터넷 홈페이지(www.Nbank.com)를 참고하시거나 가까운 영업점, 고객센터(0000-0000)에 문의하시기 바랍니다.

※ 유의사항 : 상기 이벤트 당첨자 중 핸드폰 등 연락처 불능, 수령 거절 등의 고객 사유로 1개월 이상 경품 미수령 시 당첨이 취소될 수 있습니다.

① 가족사랑 패키지 출시 기념 이벤트는 3월 한 달 동안 진행되는구나.
② 가족사랑 대출을 신규로 가입했을 경우에 OTP나 보안카드를 무료로 발급받을 수 있구나.
③ 가족사랑 통장을 신규로 가입한 후, 급여이체를 설정하면 OTP가 무료로 발급되고 연극 티켓도 받을 수 있구나.
④ 2025년 4월에 이벤트 당첨자를 발표하는데, 별도의 통보가 없으니 영업점을 방문하시라고 설명해야겠구나.
⑤ 경품 미수령 시 당첨이 취소될 수 있으므로 가족사랑 이벤트 관련 안내 시 연락처를 정확하게 기재하라고 안내해야겠구나.

PART 1

정답 ④
당첨자 명단은 N은행 홈페이지에서 확인할 수 있다고 명시되어 있다.

오답분석
① '이벤트 기간'에서 확인할 수 있다.
② '세부내용' 내 '가족사랑 통장·적금·대출 신규 가입고객'의 '경품'란에서 확인할 수 있다.
③ '세부내용' 내 '가족사랑 고객'의 '응모요건'란에서 확인할 수 있다.
⑤ '유의사항'에서 확인할 수 있다.

유형풀이 Tip

- 문제에서 묻는 것을 파악한 후, 필요한 상황과 정보를 활용하여 문제를 풀어간다.
- 전체적으로 적용되는 공통 조건과 추가로 적용되는 조건이 동시에 제시될 수 있다. 따라서 공통 조건이 무엇인지 먼저 판단한 후 경우에 따라 추가 조건을 고려하여 풀이한다.
- 추가 조건은 표 하단에 작은 글자로 제시될 수 있으며, 문제를 해결하는 데 중요한 변수가 될 수 있으므로 유의한다.

대표기출유형 04 기출응용문제

Easy

01 N병원은 현재 영양제 할인행사를 진행하고 있다. N병원에서 근무하는 D씨가 할인행사에 대한 고객들의 문의에 다음과 같이 답변했을 때, 답변 내용으로 가장 적절한 것은?

〈N병원 영양제 할인행사 안내〉

▶ 대상 : N병원 모든 외래·입원환자
▶ 기간 : 4월 1일~4월 30일까지 한 달간

구분	웰빙코스	케어코스	헬스코스	종합코스	폼스티엔에이페리주 치료
대상	• 만성피로 직장인 • 간 질환자	• 노인성 질환자 • 수험생 • 비만인	• 집중력·기억력 감퇴자 • 급성·만성 간염 환자 • 운동선수	• 당뇨병 환자 • 심혈관 환자 • 만성피로 증후군 • 노인, 직장인 • 비만인, 수험생 • 운동선수	• 경구 또는 위장관 영양공급이 불가능·불충분하거나 제한되어 경정맥에 영양공급을 해야 하는 환자
효능	• 간 해독효과 • 피로회복 • 식욕부진 호전 • 피부질환 예방	• 손발 저림 개선 • 어깨통증 • 피로회복 • 집중력 증대 • 다이어트	• 간세포 괴사 억제 • 전신 권태감 개선 • 인식력 저하 개선 • 학습능력 향상	• 피로회복 • 간 기능 개선 • 집중력 증대 • 손발 저림 개선 • 어깨통증 완화 • 다이어트 • 피부질환 예방	• 칼로리, 아미노산 공급 • 필수지방, 오메가-3 지방산 공급
가격	~~85,000원~~ → 59,500원	~~70,000원~~ → 49,000원	~~75,000원~~ → 52,500원	~~100,000원~~ → 70,000원	~~120,000원~~ → 84,000원

① 문의 : N병원에서 영양제 할인행사를 한다고 들었는데 얼마나 할인되는 건가요?
답변 : 폼스티엔에이페리주 치료를 제외한 전체 코스에서 모두 30% 할인됩니다.

② 문의 : 제가 요새 식욕부진으로 고생 중인데 어떤 영양제 코스를 받는게 좋을까요?
답변 : 할인을 통해 52,500원인 헬스코스를 추천드립니다.

③ 문의 : 손발 저림에 효과있는 영양제 코스가 있을까요?
답변 : 케어코스가 있습니다. 혹시 피부질환도 치료를 원하실 경우 종합코스를 추천드립니다.

④ 문의 : 제가 좀 비만이라 그런데 비만에 도움되는 코스도 있을까요?
답변 : 다이어트에 도움을 주는 케어코스 어떠실까요? 5월까지 할인행사 진행 중입니다.

⑤ 문의 : 폼스티엔에이페리주 치료를 받아볼까 하는데 어떤 효능이 있죠?
답변 : 비타민 A와 D, 칼슘과 나트륨을 충분히 공급받으실 수 있습니다.

02 다음은 N은행에서 판매하는 신용카드에 대한 정보이다. 고객 A와 B에 대한 정보가 〈보기〉와 같을 때, A와 B에게 추천할 카드를 바르게 짝지은 것은?

〈신용카드 정보〉

구분	휴가중카드	Thepay카드	Play++카드
연회비	국내전용 : 23,000원 해외겸용 : 25,000원	국내전용 : 10,000원 해외겸용 : 12,000원	국내전용 : 63,000원 해외겸용 : 65,000원
혜택 내용	해외 이용 금액에 따른 N포인트 적립 우대 1. 전월실적 없음 : 기본적립 2% 2. 전월실적 50만 원 이상 150만 원 미만 : 추가적립 1% 3. 전월실적 150만 원 이상 : 추가 적립 3% * 월 적립한도 : 10만 포인트	1. 국내 및 해외 온·오프라인 결제에 대하여 1% 할인 제공 * 월 할인한도 : 제한 없음 2. 온라인 간편결제 등록 후 결제 시 1.2% 할인 제공 * 월 통합할인한도 : 10만 원	1. 앱 결제 10% 청구 할인 – 이용 건당 1만 원 이상 결제 시 제공 – 앱 결제 합산 일 1회 및 월 2회 최대 5천 원 할인 제공 (단, Y앱 관련 결제 제외) 2. 이동통신요금 10% 청구할인 – 월 1회 최대 5천 원 할인 제공 – 이동통신요금 자동납부 건에 한하여 제공(단, 알뜰폰 통신사 제외)

보기

구분	정보
A고객	• Y앱 구독서비스 이용자이므로 국내 결제금액에 대해 할인을 받고자 한다. • 국내 알뜰폰 통신사를 이용하고 있다. • 통신요금에서도 할인받기를 희망한다.
B고객	• 해외여행 및 해외출장이 잦다. • 간편결제 서비스를 이용하지 않는다. • 적립 혜택보다는 할인 혜택을 희망한다.

	A고객	B고객		A고객	B고객
①	휴가중카드	휴가중카드	②	Thepay카드	휴가중카드
③	Thepay카드	Thepay카드	④	Play++카드	Thepay카드
⑤	Play++카드	휴가중카드			

03 고객 A와 B는 N사의 보험에 가입하려고 한다. 제시된 고객 정보와 보험상품 정보를 고려하여 각각의 고객에게 추천할 최적의 보험을 바르게 연결한 것은?

〈고객 정보〉

- A는 만 62세로, 2년 전 당뇨 진단을 받은 이력이 있다. 암 보장형 상품을 가장 선호하며, 납입주기가 월납인 보험을 가입하고자 한다. 세제혜택 가능 여부에 대하여는 관심이 없으나 납입한 보험료를 전액 돌려받을 수 있는 상품 가입을 선호하며, 보험료 인상이 되도록 없는 상품에 가입하고자 한다.
- B는 만 48세로, 현재까지 특별한 병력은 없으나 건강에 대한 염려로 인해 앞으로 건강검진을 자주 받고자 한다. 보험상품이 필요한 기간만 가입하는 것을 선호하고, 정기적인 보험료 납입보다 단발성 납입을 선호한다.

〈보험상품 정보〉

구분	(가)보험	(나)보험	(다)보험
상품특징	• 보험료 인상 없이 주요 질환 110세까지 보장 • 기납입 보험료 최대 80% 환급	• 보장기간 100세까지 보험료 인상 없이 보장 • 유병자 / 고령자도 가입 가능 (간편가입형) • 납입한 보험료 100% 환급	• 건강검진에서 자주 발견되는 종양, 폴립 즉시 보장 • 간경변증, 당뇨 진단과 성인특정질환 수술급여금 보장
납입주기	• 월납, 연납, 일시납	• 월납	• 일시납
가입나이	• 만 15 ~ 최고 65세	• (일반가입) 만 15 ~ 60세 • (간편가입) 만 40 ~ 70세	• 만 20 ~ 60세
보험기간	• 80세, 110세	• 100세	• 1년, 3년
가입한도	–	–	• 100만 원
가입형태	• 암 보장형, 3대 질병 보장형	• 암 보장형, 3대 질병 보장형	• 단일플랜
세제혜택	• 보장성보험 세액공제 적용 가능	–	–

	A고객	B고객
①	(가)보험	(가)보험
②	(가)보험	(다)보험
③	(나)보험	(가)보험
④	(나)보험	(나)보험
⑤	(나)보험	(다)보험

※ 사회초년생 A씨는 월별 가계부를 작성하던 중 신용카드 혜택을 받는 것이 유리하다는 판단을 내렸다. 다음은 A씨의 월 가계부 및 신용카드별 혜택을 나열한 것이다. 이어지는 질문에 답하시오. **[4~5]**

〈생활부문별 월 지출액〉

구분	월 지출액		비고
교통비	• 대중교통 60,000원	• 주유비 80,000원	–
공과금	• 수도세 20,000원 • 도시가스 20,000원	• 전기세 30,000원 • 기타 공과금 30,000원	• YY은행 계좌에서 자동이체
통신요금	• 60,000원		• R통신사 이용 • N은행 계좌에서 자동이체
보험료	• 손해보험 100,000원	• 자동차보험 80,000원	• YY은행 계좌에서 자동이체
식비	• 카페 20,000원	• 음식점 100,000원	–

〈신용카드별 혜택〉

구분	카드혜택	연회비
Q카드	• YY은행 계좌에서 R통신사 통신요금 자동이체 시 통신요금 10% 청구할인 • 대중교통요금 월 5% 청구할인 • YY은행 계좌에서 도시가스비 자동이체 시 10% 청구할인 • YY은행 계좌에서 손해보험료 자동이체 시 15% 청구할인	월 1,000원
L카드	• YY은행 계좌에서 R통신사 통신요금 자동이체 시 통신요금 5% 청구할인 • YY은행 계좌에서 수도세 자동이체 시 20% 청구할인 • 카페 이용요금 3,000원 정액할인 • 음식점 이용요금 20,000원 정액할인	월 6,000원
U카드	• YY은행 계좌에서 자동차보험료 자동이체 시 5% 청구할인 • 주유비 10% 청구할인 • YY은행 계좌에서 손해보험료 자동이체 시 10% 청구할인 • YY은행 계좌에서 기타 공과금 자동이체 시 10% 청구할인	월 8,000원

04 A씨는 순수 할인금액이 많은 것을 기준으로 카드를 선정하려고 한다. 할인금액이 가장 많은 카드 및 그 할인된 금액은?(단, 전월 실적이나 기타 비용은 고려하지 않는다)

① Q카드, 25,000원
② L카드, 25,000원
③ L카드, 27,000원
④ U카드, 25,000원
⑤ U카드, 27,000원

05 A씨는 N은행에서 계좌이체하던 통신비를 YY은행으로 바꾸려고 한다. 이 경우 연회비까지 고려했을 때 카드와 월 혜택금액이 알맞게 짝지어진 것은?(단, 전월 실적이나 기타 비용은 고려하지 않는다)

① Q카드, 21,000원
② Q카드, 25,000원
③ L카드, 20,000원
④ L카드, 21,000원
⑤ U카드, 20,000원

05 환경분석

| 유형분석 |

- 상황에 대한 환경분석을 통해 주요 과제 및 해결방안을 도출하는 문제이다.
- SWOT 분석뿐 아니라 3C 분석을 활용하는 문제가 출제될 수 있으므로, 해당 분석 도구에 대한 사전 학습이 요구된다.

국내 N금융그룹의 SWOT 분석 결과가 다음과 같을 때, 분석 결과에 대응하는 전략과 그 내용이 바르게 짝지어진 것은?

〈SWOT 분석 결과〉

S(강점)	W(약점)
• 탄탄한 국내시장 지배력 • 뛰어난 위기관리 역량 • 우수한 자산건전성 지표 • 수준 높은 금융 서비스	• 은행과 이자수익에 편중된 수익구조 • 취약한 해외 비즈니스와 글로벌 경쟁력 • 낙하산식 경영진 교체와 관치금융 우려 • 외화 자금 조달 리스크
O(기회)	**T(위협)**
• 해외 금융시장 진출 확대 • 기술 발달에 따른 핀테크의 등장 • IT 인프라를 활용한 새로운 수익 창출 • 계열사 간 협업을 통한 금융서비스	• 새로운 금융서비스의 등장 • 은행의 영향력 약화 가속화 • 글로벌 금융사와의 경쟁 심화 • 비용 합리화에 따른 고객 신뢰 저하

① SO전략 : 해외 비즈니스TF팀 신설로 상반기 해외 금융시장 진출 대비
② ST전략 : 금융서비스를 다방면으로 확대해 글로벌 경쟁사와의 경쟁에서 우위 차지
③ WO전략 : 국내의 탄탄한 시장점유율을 기반으로 핀테크 사업 진출
④ WT전략 : 국내 금융사의 우수한 자산건전성 지표를 홍보하여 고객 신뢰 회복
⑤ WT전략 : 해외 금융시장 진출을 확대하여 안정적인 외화 자금 조달을 통한 위기관리

정답 ②

수준 높은 금융서비스를 통해 글로벌 경쟁에서 우위를 차지하는 것은 강점을 이용해 글로벌 금융사와의 경쟁 심화라는 위협을 극복하는 ST전략이다.

오답분석

① 해외 비즈니스TF팀을 신설해 해외 금융시장 진출을 대비하는 것은 글로벌 경쟁력이 낮다는 약점을 극복하고 해외 금융시장 진출 확대라는 기회를 활용하는 WO전략이다.
③ 탄탄한 국내 시장점유율이 국내 금융그룹의 핀테크 사업 진출의 기반이 되는 것은 강점을 통해 기회를 살리는 SO전략이다.
④ 우수한 자산건전성 지표를 홍보하여 고객 신뢰를 회복하는 것은 강점으로 위협을 극복하는 ST전략이다.
⑤ 외화 자금 조달 리스크가 약점이므로 기회를 통해 약점을 보완하는 WO전략이다.

유형풀이 Tip

SWOT 분석

기업의 내부환경과 외부환경을 분석하여 강점(Strength), 약점(Weakness), 기회(Opportunity), 위협(Threat) 요인을 규정하고 이를 토대로 경영전략을 수립하는 기법으로, 미국의 경영컨설턴트인 알버트 험프리(Albert Humphrey)에 의해 고안되었다. SWOT 분석의 가장 큰 장점은 기업의 내·외부환경 변화를 동시에 파악할 수 있다는 것이다. 기업의 내부환경을 분석하여 강점과 약점을 찾아내며, 외부환경 분석을 통해서는 기회와 위협을 찾아낸다. SWOT 분석은 외부로부터의 기회는 최대한 살리고 위협은 회피하는 방향으로 자신의 강점은 최대한 활용하고 약점은 보완한다는 논리에 기초를 두고 있다. SWOT 분석에 의한 경영전략은 다음과 같이 정리할 수 있다.

Strength 강점 기업 내부환경에서의 강점	S	W	Weakness 약점 기업 내부환경에서의 약점
Opportunity 기회 기업 외부환경으로부터의 기회	O	T	Threat 위협 기업 외부환경으로부터의 위협

3C 분석

고객(Customer)	경쟁사(Competitor)	자사(Company)
• 주 고객군은 누구인가? • 그들은 무엇에 열광하는가? • 그들의 정보 습득 / 교환은 어디에서 일어나는가?	• 경쟁사는 어떤 회사가 있는가? • 경쟁사의 핵심역량은 무엇인가? • 잠재적인 경쟁사는 어디인가?	• 자사의 핵심역량은 무엇인가? • 자사의 장단점은 무엇인가? • 자사의 다른 사업과 연계되는가?

대표기출유형 05 기출응용문제

Easy

01 귀하의 회사에서 A제품을 개발하여 중국시장에 진출하고자 한다. 귀하의 상사가 3C 분석 결과를 건네며, 사업 계획에 반영하고 향후 해결해야 할 회사의 전략 과제가 무엇인지 정리하여 보고하라는 지시를 내렸다. 다음 중 회사에서 해결해야 할 전략 과제로 적절하지 않은 것은?

〈3C 분석 결과〉

Customer	Competitor	Company
• 중국시장은 매년 10% 성장 중임 • 중국시장 내 제품의 규모는 급성장 중임 • 20 ~ 30대 젊은 층이 중심 • 온라인 구매가 약 80% 이상 • 인간공학 지향	• 중국기업들의 압도적인 시장점유 • 중국기업들 간의 치열한 가격경쟁 • A/S 및 사후관리 취약 • 생산 및 유통망 노하우 보유	• 국내시장 점유율 1위 • A/S 등 고객서비스 부문 우수 • 해외 판매망 취약 • 온라인 구매시스템 미흡(보안, 편의 등) • 높은 생산원가 구조 • 높은 기술개발력

① 중국시장의 판매유통망 구축
② 온라인 구매시스템 강화
③ 고객서비스 부문 강화
④ 원가 절감을 통한 가격경쟁력 강화
⑤ 인간공학을 기반으로 한 제품 개발 강화

PART 1

02 최근 라면시장이 3년 만에 마이너스 성장한 것으로 나타남에 따라 N라면회사에 근무하는 K대리는 신제품 개발 이전 라면 시장에 대한 환경 분석과 관련된 보고서를 제출하라는 과제를 받았다. 다음 K대리가 작성한 SWOT 분석 결과 중 기회 요인에 작성될 수 있는 내용이 아닌 것은?

〈SWOT 분석 결과〉

강점(Strength)	약점(Weakness)
• 식품그룹으로서의 시너지 효과 • 그룹 내 위상, 역할 강화 • A제품의 성공적인 개발 경험	• 유통업체의 영향력 확대 • 과도한 신제품 개발 • 신상품의 단명 • 유사상품의 영역침범 • 경쟁사의 공격적인 마케팅 대응 부족 • 원재료의 절대적 수입 비중
기회(Opportunity)	**위협(Threat)**
	• 저출산, 고령화로 취식인구 감소 • 소득증가 • 언론, 소비단체의 부정적인 이미지 이슈화 • 정보의 관리, 감독 강화

① 1인 가구의 증대(간편식, 편의식)
② 조미료에 대한 부정적인 인식 개선
③ 1인 미디어 라면 먹방의 유행
④ 난공불락의 S사
⑤ 세계화로 인한 식품 시장의 확대

03 N금융기업에 지원하여 최종 면접을 앞둔 K씨는 성공적인 PT 면접을 위해 회사에 대한 정보를 파악하고 그에 따른 효과적인 전략을 알아보고자 한다. K씨가 분석한 SWOT 결과가 다음과 같을 때, 분석 결과에 대응하기 위한 전략과 그 내용의 연결이 적절하지 않은 것은?

〈SWOT 분석 결과〉

강점(Strength)	약점(Weakness)
• 우수한 역량의 인적자원 보유 • 글로벌 네트워크 보유 • 축적된 풍부한 거래 실적	• 고객 니즈 대응에 필요한 특정 분야별 전문성 미흡 • 신흥시장 진출 증가에 따른 경영 리스크
기회(Opportunity)	**위협(Threat)**
• 융·복합화를 통한 정부의 일자리 창출 사업 • 해외사업을 위한 협업 수요 확대 • 수요자 맞춤식 서비스 요구 증대	• 타사와의 경쟁 심화 • 정부의 예산 지원 감소 • 금융시장에 대한 일부 부정적 인식 존재

① SO전략 : 우수한 인적자원을 활용한 융·복합 사업 추진
② WO전략 : 분야별 전문 인력 충원을 통한 고객 맞춤형 서비스 제공 확대
③ ST전략 : 글로벌 네트워크를 통한 해외시장 진출
④ ST전략 : 풍부한 거래 실적을 바탕으로 시장에서의 경쟁력 확보
⑤ WT전략 : 리스크 관리를 통한 안정적 재무역량 확충

04 다음은 레저용 차량을 생산하는 N기업에 대한 SWOT 분석 결과이다. 이를 참고하여, 각 전략과 그 내용이 바르게 연결된 것을 〈보기〉에서 모두 고르면?

〈SWOT 분석 결과〉

강점(Strength)	약점(Weakness)
• 높은 브랜드 이미지 · 평판 • 훌륭한 서비스와 판매 후 보증수리 • 확실한 거래망, 딜러와의 우호적인 관계 • 막대한 R&D 역량 • 자동화된 공장 • 대부분의 차량 부품 자체 생산	• 한 가지 차종에만 집중 • 고도의 기술력에 대한 과도한 집중 • 생산설비에 막대한 투자 → 차량모델 변경의 어려움 • 한 곳의 생산 공장만 보유 • 전통적인 가족형 기업 운영
기회(Opportunity)	**위협(Threat)**
• 소형 레저용 차량에 대한 수요 증대 • 새로운 해외시장의 출현 • 저가형 레저용 차량에 대한 선호 급증	• 휘발유의 부족 및 가격의 급등 • 레저용 차량 전반에 대한 수요 침체 • 다른 회사들과의 경쟁 심화 • 차량 안전 기준의 강화

보기

㉠ ST전략 : 기술개발을 통하여 연비를 개선한다.
㉡ SO전략 : 대형 레저용 차량을 생산한다.
㉢ WO전략 : 규제강화에 대비하여 보다 안전한 레저용 차량을 생산한다.
㉣ WT전략 : 생산량 감축을 고려한다.
㉤ WO전략 : 국내 다른 지역이나 해외에 공장들을 분산 설립한다.
㉥ ST전략 : 경유용 레저 차량 생산을 고려한다.
㉦ SO전략 : 해외시장 진출보다는 내수 확대에 집중한다.

① ㉠, ㉡, ㉢, ㉤
② ㉠, ㉣, ㉤, ㉥
③ ㉠, ㉣, ㉤, ㉦
④ ㉡, ㉢, ㉣, ㉥
⑤ ㉡, ㉣, ㉥, ㉦

Hard

05 다음은 농민 · 농촌을 사업 근거로 하는 특수은행인 N은행의 SWOT 분석 결과를 정리한 것이다. ㉠~㉤ 중 SWOT 분석에 들어갈 내용으로 적절하지 않은 것은?

〈SWOT 분석 결과〉

강점 (Strength)	• 공적 기능을 수행하는 농민 · 농촌의 은행이라는 위상은 대체 불가능함 • 전국에 걸친 국내 최대의 영업망을 기반으로 안정적인 사업 기반 및 수도권 이외의 지역에서 우수한 사업 지위를 확보함 • 지자체 시금고 예치금 등 공공금고 예수금은 안정적인 수신 기반으로 작용함 • ㉠ <u>은행권 최초로 보이스피싱 차단을 위해 24시간 '대포통장 의심 계좌 모니터링' 도입</u> • BIS자기자본비율, 고정이하여신비율, 고정이하여신 대비 충당금커버리지비율 등 자산 건전성 지표가 우수함 • 디지털 전환(DT)을 위한 중장기 전략을 이행 중이며, 메타버스 · 인공지능(AI)을 활용한 개인 맞춤형 상품 등 혁신 서비스 도입 추진
약점 (Weakness)	• ㉡ <u>수수료 수익 등 비이자 이익의 감소 및 이자 이익에 편중된 수익 구조</u> • N중앙회에 매년 지급하는 농업지원 사업비와 상존하는 대손 부담으로 인해 시중은행보다 수익성이 낮음 • ㉢ <u>인터넷전문은행의 활성화 및 빅테크의 금융업 진출 확대 추세</u> • 금리 상승, 인플레이션, 경기 둔화 등의 영향으로 차주의 상환 부담이 높아짐에 따라 일정 수준의 부실여신비율 상승이 불가피할 것으로 예상
기회 (Opportunity)	• ㉣ <u>마이데이터(Mydata)로 제공할 수 있는 정보 범위의 확대 및 암호화폐 시장의 성장</u> • 2023년 홍콩, 중국, 호주, 인도에서 최종 인가를 획득하는 등 해외 영업망 확충 • 금융 당국의 유동성 지원 정책과 정책자금 대출을 기반으로 유동성 관리가 우수함 • 법률에 의거해 농업금융채권의 원리금 상환을 국가가 전액 보증하는 등 유사시 정부의 지원 가능성이 높음 • 귀농 · 귀촌 인구의 증가 및 농촌에 대한 소비자의 인식 변화로 새로운 사업 발굴 가능
위협 (Threat)	• 자산관리 시장에서의 경쟁 심화 • 사이버 위협에 대응해 개인정보 보안 대책 및 시스템 마련 시급 • ㉤ <u>이자 이익 의존도가 높은 은행의 수익 구조에 대한 비판 여론</u> • 금리 및 물가 상승 영향에 따른 자산 건전성 저하 가능성 존재 • 주택 시장 침체, 고금리 지속 등으로 가계여신 수요 감소 전망 • 경기 침체, 투자 심리 위축으로 기업여신 대출 수요 감소 전망 • 보험사, 증권사, 카드사 등의 은행업(지급 결제, 예금 · 대출) 진입 가능성 • 은행에 있던 예금 · 적금을 인출해 주식 · 채권으로 이동하는 머니무브의 본격화 조짐

① ㉠
② ㉡
③ ㉢
④ ㉣
⑤ ㉤

CHAPTER 03

자원관리능력

합격 Cheat Key

자원관리능력은 현재 NCS 기반 채용을 진행하는 많은 금융권에서 핵심영역으로 자리 잡아, 일부를 제외한 대부분의 시험에서 출제 영역으로 꼽히고 있다. 전체 문항수의 10 ~ 15% 비중으로 출제되고 있고, 난이도가 상당히 높기 때문에 NCS를 치를 수험생이라면 반드시 준비해야 할 필수 과목이다.

실제 시험 기출 키워드를 살펴보면 비용 계산, 해외파견 지원금 계산, 주문 제작 단가 계산, 일정 조율, 일정 선정, 행사 대여 장소 선정, 최단거리 구하기, 시차 계산, 소요시간 구하기, 해외파견 근무 기준에 부합한 또는 부합하지 않는 직원 고르기 등 크게 자원계산, 자원관리 문제유형이 출제된다. 대표유형을 바탕으로 응용되는 방식의 문제가 출제되고 있기 때문에 비슷한 유형을 계속해서 풀어보면서 감을 익히는 것이 중요하다.

1 시차를 먼저 계산하자!

시간자원관리문제의 대표유형 중 시차를 계산하여 일정에 맞는 항공권을 구입하거나 회의시간을 구하는 문제에서는 각각의 나라 시간을 한국 시간으로 전부 바꾸어 계산하는 것이 편리하다. 조건에 맞는 나라들의 시간을 전부 한국 시간으로 바꾸고 한국 시간과의 시차만 더하거나 빼면 시간을 단축하여 풀 수 있다.

2 선택지를 활용하자!

예산자원관리문제의 대표유형에서는 계산을 해서 값을 요구하는 문제들이 있다. 이런 문제유형에서는 문제 선택지를 먼저 본 후 자리 수가 몇 단위로 끝나는지 확인한다. 예를 들어 412,300원, 426,700원, 434,100원, 453,800원인 선택지가 있다고 할 때, 이 선택지는 100원 단위로 끝나기 때문에 제시된 조건에서 100원 단위로 나올 수 있는 항목을 찾아 그 항목만 계산하여 시간을 단축시키는 방법이 있다.

또한, 일일이 계산하는 문제가 많다. 예를 들어 640,000원, 720,000원, 810,000원 등의 수를 이용해 푸는 문제가 있다고 할 때, 만 원 단위를 절사하고 계산하여 64, 72, 81처럼 요약하여 적는 것도 시간을 단축하는 방법이다.

3 최적의 값을 구하는 문제인지 파악하자!

물적자원관리문제의 대표유형에서는 제한된 자원 내에서 최대의 만족 또는 이익을 얻을 수 있는 방법을 강구하는 문제가 출제된다. 이때, 구하고자 하는 값을 x, y로 정하고 연립방정식을 이용해 x, y 값을 구한다. 최소 비용으로 목표생산량을 달성하기 위한 업무 및 인력 할당, 정해진 시간 내에 최대 이윤을 낼 수 있는 업체 선정, 정해진 인력으로 효율적 업무 배치 등을 구하는 문제에서 사용되는 방법이다.

4 각 평가항목을 비교해 보자!

인적자원관리문제의 대표유형에서는 각 평가항목을 비교하여 기준에 적합한 인물을 고르거나, 저렴한 업체를 선정하거나, 총점이 높은 업체를 선정하는 문제가 출제된다. 이런 문제를 해결할 때는 평가항목에서 가격이나 점수 차이에 영향을 많이 미치는 항목을 찾아 지우면 $1\sim2$개의 선택지를 삭제하고 $3\sim4$개의 선택지만 계산하여 시간을 단축할 수 있다.

5 문제의 단서를 이용하자!

자원관리능력은 계산문제가 많기 때문에, 복잡한 계산은 딱 떨어지게끔 조건을 제시하는 경우가 많다. 단서를 보고 부합하지 않는 선택지를 $1\sim2$개 먼저 소거한 뒤 계산을 하는 것도 시간을 단축하는 방법이다.

01 시간계획

| 유형분석 |

- 시간 자원과 관련된 다양한 정보를 활용하여 풀어가는 문제이다.
- 대체로 교통편 정보나 국가별 시차 정보가 제공되며, 이를 근거로 현지 도착시간 또는 약속된 시간 내에 도착하기 위한 방안을 고르는 문제가 출제된다.

한국은 뉴욕보다 16시간 빠르고, 런던은 한국보다 8시간 느리다. 다음 비행기가 현지에 도착할 때의 시간(㉠, ㉡)으로 옳은 것은?

〈비행 시간표〉

구분	출발 일자	출발 시간	비행 시간	도착 시간
뉴욕행 비행기	6월 6일	22:20	13시간 40분	㉠
런던행 비행기	6월 13일	18:15	12시간 15분	㉡

	㉠	㉡
①	6월 6일 09시	6월 13일 09시 30분
②	6월 6일 20시	6월 13일 22시 30분
③	6월 7일 09시	6월 14일 09시 30분
④	6월 7일 13시	6월 14일 15시 30분
⑤	6월 7일 20시	6월 14일 20시 30분

정답 ②

㉠ 뉴욕행 비행기는 한국에서 6월 6일 22시 20분에 출발하고, 13시간 40분 동안 비행하기 때문에 6월 7일 12시에 도착한다. 한국 시간은 뉴욕보다 16시간 빠르므로 현지에 도착하는 시간은 6월 6일 20시가 된다.

㉡ 런던행 비행기는 한국에서 6월 13일 18시 15분에 출발하고, 12시간 15분 동안 비행하기 때문에 현지에 6월 14일 6시 30분에 도착한다. 한국 시간은 런던보다 8시간 빠르므로 현지에 도착하는 시간은 6월 13일 22시 30분이 된다.

유형풀이 Tip

- 문제에서 묻는 것을 정확히 파악한 후 제시된 상황과 정보를 활용하여 문제를 풀어간다.
- 추가 조건이나 제한사항은 문제를 해결하는 데 중요한 변수가 될 수 있으므로 유의한다.

대표기출유형 01 기출응용문제

01 N은행의 경기도 지점 중 한 지점에 다니는 U대리는 중요한 서류를 전달하기 위해 서울에 위치한 N은행 본사에 방문하려고 한다. U대리는 오전 9시에 출발해서 오전 11시에 행사가 시작하기 전까지 본사에 도착해야 한다. 다음 중 시간 안에 가장 빨리 도착할 수 있는 방법은 무엇인가?(단, 환승 시간은 무시한다)

〈이동 시 이용 가능 교통편 현황〉

경기도 – 고속터미널			고속터미널 – N은행 본사		
교통편	운행 시간	소요 시간	교통편	운행 시간	소요 시간
버스	매시 5분 출발 후 10분 간격	1시간	지하철	매시 10분, 50분	15분
지하철	매시 10분 출발 후 20분 간격	45분	택시	제한 없음	30분
자가용	제한 없음	1시간 20분	버스	매시 20분, 40분	25분

① 버스 – 택시
② 지하철 – 버스
③ 자가용 – 지하철
④ 버스 – 버스
⑤ 지하철 – 택시

02 N금융회사는 해외지사와 화상 회의를 1시간 동안 하기로 하였다. 모든 지사의 업무시간은 오전 9시부터 오후 6시까지이며, 점심시간은 오후 12시부터 1시까지이다. 다음 〈조건〉을 고려할 때, 회의가 가능한 시간은?(단, 회의가 가능한 시간은 한국 기준이다)

조건

- 헝가리는 한국보다 7시간 느리고, 현지시간으로 오전 10시부터 2시간 동안 외부출장이 있다.
- 호주는 한국보다 1시간 빠르고, 현지시간으로 오후 2시부터 3시간 동안 회의가 있다.
- 싱가포르는 한국보다 1시간 느리다.
- 헝가리와 호주는 서머타임 +1시간을 적용한다.

① 오전 10 ~ 11시
② 오전 11시 ~ 오후 12시
③ 오후 1 ~ 2시
④ 오후 2 ~ 3시
⑤ 오후 3 ~ 4시

Easy

03 N은행에서는 매월 초 인트라넷을 통해 윤리경영 자기진단을 실시한다. 아침 회의 시 은행장은 오늘 내에 부서 구성원이 모두 참여할 수 있는 별도의 시간을 정하여 가능한 한 빨리 완료할 것을 지시하였다. 이에 부서장은 귀하에게 다음의 업무 스케줄을 고려하여 가장 적절한 시간을 확인해 보고할 것을 당부하였다. 자기진단 시간으로 1시간이 소요될 때, 이를 실시하기에 가장 적절한 시간은?

〈업무 스케줄〉

<table>
<tr><th rowspan="2">시간</th><th colspan="5">직급별 스케줄</th></tr>
<tr><th>부장</th><th>차장</th><th>과장</th><th>대리</th><th>사원</th></tr>
<tr><td>09:00 ~ 10:00</td><td colspan="2">부서장 회의</td><td></td><td></td><td></td></tr>
<tr><td>10:00 ~ 11:00</td><td></td><td></td><td></td><td></td><td></td></tr>
<tr><td>11:00 ~ 12:00</td><td></td><td></td><td>타부서 협조 회의</td><td></td><td></td></tr>
<tr><td>12:00 ~ 13:00</td><td colspan="5">점심식사</td></tr>
<tr><td>13:00 ~ 14:00</td><td colspan="3">부서 업무 회의</td><td></td><td>비품 신청</td></tr>
<tr><td>14:00 ~ 15:00</td><td></td><td></td><td></td><td></td><td></td></tr>
<tr><td>15:00 ~ 16:00</td><td></td><td></td><td colspan="3">일일 업무 결산</td></tr>
<tr><td>16:00 ~ 17:00</td><td></td><td>업무보고</td><td></td><td></td><td></td></tr>
<tr><td>17:00 ~ 18:00</td><td>업무보고</td><td></td><td></td><td></td><td></td></tr>
</table>

① 9:00 ~ 10:00
② 10:00 ~ 11:00
③ 12:00 ~ 13:00
④ 14:00 ~ 15:00
⑤ 15:00 ~ 16:00

04 N기업 홍보팀 팀원들은 함께 출장근무를 마치고 서울로 복귀하고자 한다. 다음 자료에 따를 때, 서울에 가장 일찍 도착할 수 있는 예정 시각은?

〈상황〉

- 홍보팀 팀원은 총 4명이다.
- 대전에서 출장을 마치고 서울로 돌아가려고 한다.
- 고속버스터미널에는 은행, 편의점, 화장실, 패스트푸드점 등이 있다.

※ 시설별 소요시간 : 은행 30분, 편의점 10분, 화장실 20분, 패스트푸드점 25분

〈대화 내용〉

- A과장 : 긴장이 풀려서 그런가? 배가 출출하네. 햄버거라도 사 먹어야겠어.
- B대리 : 저도 출출하긴 한데 그것보다 화장실이 더 급하네요. 금방 다녀오겠습니다.
- C주임 : 그럼 그사이에 버스표를 사야 하니 은행에 들러 현금을 찾아오겠습니다.
- D사원 : 저는 그동안 버스 안에서 먹을 과자를 편의점에서 사 오겠습니다.
- A과장 : 지금이 16시 50분이니까 다들 각자 볼일 보고 빨리 돌아와. 다 같이 타고 가야 하니까.

〈시외버스 배차정보〉

대전 출발	서울 도착	잔여좌석 수
17:00	19:00	6
17:15	19:15	8
17:30	19:30	3
17:45	19:45	4
18:00	20:00	8
18:15	20:15	5
18:30	20:30	6
18:45	20:45	10
19:00	21:00	16

① 19:00
② 19:15
③ 19:45
④ 20:15
⑤ 20:45

PART 1

02 비용계산

| 유형분석 |

- 예산 자원과 관련된 다양한 정보를 활용하여 해결하는 문제이다.
- 주로 한정된 예산 내에서 수행할 수 있는 업무 및 예산 가격을 묻는 문제가 출제된다.

A사원은 이번 출장을 위해 KTX표를 미리 40% 할인된 가격에 구매하였으나, 출장 일정이 바뀌는 바람에 출발 하루 전날 표를 취소하였다. 다음 환불 규정에 따라 16,800원을 돌려받았을 때, 할인되지 않은 KTX표의 가격은 얼마인가?

〈KTX 환불 규정〉

출발 2일 전	출발 1일 전~열차 출발 전	열차 출발 후
100%	70%	50%

① 40,000원
② 48,000원
③ 56,000원
④ 67,200원
⑤ 70,000원

정답 ①

할인되지 않은 KTX표의 가격을 x원이라 하면, 표를 40% 할인된 가격으로 구매하였으므로 구매 가격은 $(1-0.4)x=0.6x$원이다.
환불 규정에 따르면 출발 하루 전에 표를 취소하는 경우 70%의 금액을 돌려받을 수 있으므로 다음과 같다.

$0.6x \times 0.7=16,800$

$\rightarrow 0.42x=16,800$

$\therefore x=40,000$

따라서 할인되지 않은 KTX표의 가격은 40,000원이다.

유형풀이 Tip

- 제한사항인 예산을 고려하여, 문제에 제시된 정보에서 필요한 것을 선별해 문제를 풀어간다.

Easy

01 다음은 어느 기업의 팀별 성과급 지급 기준 및 영업팀의 분기별 평가표이다. 영업팀에게 지급되는 성과급의 1년 총액은?(단, 성과평가 등급이 A등급이면 직전 분기 차감액의 50%를 가산하여 지급한다)

〈성과급 지급 기준〉

성과평가 점수	성과평가 등급	분기별 성과급 지급액
9.0 이상	A	100만 원
8.0 ~ 8.9	B	90만 원(10만 원 차감)
7.0 ~ 7.9	C	80만 원(20만 원 차감)
6.9 이하	D	40만 원(60만 원 차감)

〈영업팀 평가표〉

구분	1/4분기	2/4분기	3/4분기	4/4분기
유용성	8	8	10	8
안정성	8	6	8	8
서비스 만족도	6	8	10	8

※ (성과평가 점수)=[(유용성)×0.4]+[(안정성)×0.4]+[(서비스 만족도)×0.2]

① 350만 원
② 360만 원
③ 370만 원
④ 380만 원
⑤ 400만 원

02 다음은 신용등급에 따른 아파트 보증률에 대한 자료이다. 이를 참고할 때, 입주예정자 K씨와 Q씨의 보증료 차이는 얼마인가?(단, 2명 모두 대지비 부분 보증금액은 5억, 건축비 부분 보증금액은 3억이며 보증서발급일로부터 입주자 모집공고 안에 기재된 입주예정 월의 다음 달 말일까지의 해당일수는 365일이다)

〈신용등급에 따른 아파트 보증률〉

1. (신용등급별 보증료)=(대지비 부분 보증료)+(건축비 부분 보증료)
2. 신용등급별 보증료율

구분	대지비 부분	건축비 부분				
		1등급	2등급	3등급	4등급	5등급
AAA, AA	0.138%	0.178%	0.185%	0.192%	0.203%	0.221%
A+		0.194%	0.208%	0.215%	0.226%	0.236%
A−, BBB+		0.216%	0.225%	0.231%	0.242%	0.261%
BBB−		0.232%	0.247%	0.255%	0.267%	0.301%
BB+ ~ CC		0.254%	0.276%	0.296%	0.314%	0.335%
C, D		0.404%	0.427%	0.461%	0.495%	0.531%

※ (대지비 부분 보증료)= (대지비 부분 보증금액)×(대지비 부분 보증료율)×(보증서발급일로부터 입주자 모집공고 안에 기재된 입주예정 월의 다음 달 말일까지의 해당일수)÷365

※ (건축비 부분 보증료)=(건축비 부분 보증금액)×(건축비 부분 보증료율)×(보증서발급일로부터 입주자 모집공고 안에 기재된 입주예정 월의 다음 달 말일까지의 해당일수)÷365

3. 기여고객 할인율 : 보증료, 거래기간 등을 기준으로 기여도에 따라 6개 군으로 분류하며, 건축비 부분 요율에서 할인 가능

구분	1군	2군	3군	4군	5군	6군
할인율	0.058%	0.050%	0.042%	0.033%	0.025%	0.017%

〈입주예정자 정보〉

- K씨 : 신용등급은 A+이며, 3등급 아파트 보증금을 내야 한다. 기여고객 할인율에서는 2군으로 되어 있다.
- Q씨 : 신용등급은 C이며, 1등급 아파트 보증금을 내야 한다. 기여고객 할인율에서는 3군으로 되어 있다.

① 554,000원　② 566,000원

③ 582,000원　④ 591,000원

⑤ 623,000원

※ 다음은 N은행 직원 5명의 3일간 근무시간 및 급여 정보와 근무규정에 대한 자료이다. 이어지는 질문에 답하시오. **[3~4]**

〈N은행 직원 근무시간 및 급여 정보〉

구분	1일 차	2일 차	3일 차	시간당 급여
A과장	09:00 ~ 18:00	09:00 ~ 22:20	09:00 ~ 20:10	21,220원
B대리	10:00 ~ 20:00	09:20 ~ 19:30	09:00 ~ 21:00	18,870원
C주임	09:00 ~ 18:00	09:10 ~ 20:00	09:00 ~ 21:00	17,150원
D사원	09:10 ~ 19:20	09:30 ~ 22:00	09:00 ~ 18:00	15,730원
E사원	09:00 ~ 18:00	09:00 ~ 18:00	09:00 ~ 18:00	14,300원

〈근무규정〉

- 정규 근무시간은 9시부터 18시까지이며, 점심식사 1시간을 제외하고 하루 8시간 근무한다.
- 초과 근무는 저녁식사 1시간을 제외하고 19시부터 가능하며, 30분마다 초과 근무수당 5천 원을 지급한다(단, 초과 근무시간은 당일계산만 인정한다).
- 9시 이후에 출근했을 경우 초과한 시간만큼 19시 이후에 근무를 해야 하며, 이 경우 초과 근무수당은 지급하지 않는다(단, 정규 근무시간인 8시간 이상 근무 시 30분마다 초과 근무수당 5천 원을 지급한다).

03 제시된 자료를 참고할 때, 3일간 직원 5명에게 지급할 급여는 총 얼마인가?

① 2,147,150원
② 2,204,480원
③ 2,321,140원
④ 2,341,000원
⑤ 2,356,780원

04 제시된 자료에서 3일 동안 가장 많이 일한 직원과 가장 적게 일한 직원의 급여의 합은 얼마인가?

① 892,480원
② 901,210원
③ 912,140원
④ 944,160원
⑤ 981,200원

03 품목확정

| 유형분석 |

- 물적 자원과 관련된 다양한 정보를 활용하여 풀어가는 문제이다.
- 주로 공정도 · 제품 · 시설 등에 대한 가격 · 특징 · 시간 정보가 제시되며, 이를 종합적으로 고려하는 문제가 출제된다.

대학교 입학을 위해 지방에서 올라온 대학생 N씨는 자취방을 구하려고 한다. 대학교 근처 자취방의 월세와 대학교까지 거리는 다음과 같다. 한 달을 기준으로 N씨가 지출하게 될 자취방 월세와 자취방에서 대학교까지 왕복 시 거리비용을 합산할 때, N씨가 선택할 수 있는 가장 저렴한 비용의 자취방은?

〈자취방별 월세 및 거리〉

구분	월세	대학교까지 거리
A자취방	330,000원	1.8km
B자취방	310,000원	2.3km
C자취방	350,000원	1.3km
D자취방	320,000원	1.6km
E자취방	340,000원	1.4km

※ [대학교 통학일(한 달 기준)]=15일
※ (거리비용)=1km당 2,000원

① A자취방
② B자취방
③ C자취방
④ D자취방
⑤ E자취방

정답 ④

한 달을 기준으로 N씨가 지출하게 될 자취방 월세와 자취방에서 대학교까지 왕복 시 거리비용을 합산하면 다음과 같다.

- A자취방 : 330,000+(1.8×2,000×2×15)=438,000원
- B자취방 : 310,000+(2.3×2,000×2×15)=448,000원
- C자취방 : 350,000+(1.3×2,000×2×15)=428,000원
- D자취방 : 320,000+(1.6×2,000×2×15)=416,000원
- E자취방 : 340,000+(1.4×2,000×2×15)=424,000원

따라서 N씨가 선택할 수 있는 가장 저렴한 비용의 자취방은 D자취방이다.

유형풀이 Tip

- 문제에서 제시한 물적 자원의 정보를 문제의 의도에 맞게 선별하면서 풀어간다.

대표기출유형 03 기출응용문제

Easy

01 N공사에서 근무하는 K사원은 새로 도입되는 교통 관련 정책 홍보자료를 만들어서 배포하려고 한다. 다음 중 가장 저렴한 비용으로 인쇄할 수 있는 업체는?

〈인쇄업체별 비용 견적〉

(단위 : 원)

구분	페이지당 비용	표지 가격		권당 제본비용	할인
		유광	무광		
A인쇄소	50	500	400	1,500	–
B인쇄소	70	300	250	1,300	–
C인쇄소	70	500	450	1,000	100부 초과 시 초과 부수만 총비용에서 5% 할인
D인쇄소	60	300	200	1,000	–
E인쇄소	100	200	150	1,000	총 인쇄 페이지 5,000페이지 초과 시 총비용에서 20% 할인

※ 홍보자료는 관내 20개 지점에 배포하고, 지점마다 10부씩 배포함

※ 홍보자료는 30페이지 분량으로 제본하며, 표지는 유광표지로 함

① A인쇄소

② B인쇄소

③ C인쇄소

④ D인쇄소

⑤ E인쇄소

02 N도로공사는 도로관리장비 정비 업체를 새로 선정하려고 한다. 입찰 업체 5곳에 대한 정보는 다음과 같다. 업체별 계약금 및 품질개선효과와 품질개선점수 산출방식에 따라 품질개선점수가 가장 높은 업체 1곳을 선정한다고 할 때, 선정될 업체는?

〈업체별 계약금 및 품질개선효과〉

구분	1년 계약금(만 원)	정비 1회당 품질개선효과	
		에너지효율 개선	수리 및 하자보수
A업체	1,680	22	29
B업체	1,920	26	25
C업체	1,780	21	24
D업체	1,825	28	28
E업체	2,005	31	22

〈품질개선점수 산출방식〉

- (품질개선점수)=(정비 1회당 품질개선효과)×(1년 정비횟수)
- (1회당 품질개선효과)=(에너지효율 개선)+(수리 및 하자보수)
- (1년 정비비)=3,800만 원−(1년 계약금)
- (1년 정비횟수)=$\frac{\text{(1년 정비비)}}{5}$

① A업체
② B업체
③ C업체
④ D업체
⑤ E업체

03 다음은 상가 및 오피스텔에 대한 보증상품에 대한 자료이다. A ~ E회사 중 보증료를 가장 많이 내는 회사와 가장 적게 내는 회사를 바르게 짝지은 것은?

〈상가 보증상품〉

• 개요

건축주가 부도·파산 등의 사유로 분양계약을 이행할 수 없게 되는 경우 당해 오피스텔(동일 건축물로 건축하는 오피스텔 외의 시설 포함)의 분양이행(사용승인 및 소유권보존등기 포함) 또는 납부한 계약금 및 중도금의 환급을 책임지는 보증상품

• 보증료 계산식

– (보증료)=(보증금액)×(보증료율)×(보증 계약기간 일수÷365)

– 신용평가등급별 보증료율 : 최저 연 0.357% ~ 최고 연 0.469%

신용등급	1등급	2등급	3등급	4등급	5등급
보증료율(%)	0.357	0.377	0.408	0.437	0.469

〈회사별 신청 현황〉

구분	보증금액	신용등급	보증기간
A회사	2억 4천만 원	3	3년
B회사	3억 6천만 원	4	2년
C회사	2억 4천만 원	4	2년
D회사	1억 2천만 원	5	4년
E회사	6억 원	1	1년

	가장 많이 내는 회사	가장 적게 내는 회사
①	A	C
②	A	D
③	B	C
④	B	D
⑤	E	D

PART 1

04 인원선발

| 유형분석 |

- 인적 자원과 관련된 다양한 정보를 활용하여 풀어가는 문제이다.
- 주로 근무명단, 휴무일, 업무할당 등의 주제로 다양한 정보를 활용하여 종합적으로 풀어가는 문제가 출제된다.

다음 글의 내용이 참일 때, N은행의 신입사원으로 채용될 수 있는 지원자는 최대 몇 명인가?

금년도 신입사원 채용에서 N은행이 요구하는 자질은 이해능력, 의사소통능력, 대인관계능력, 실행능력이다. N은행은 이 4가지 자질 중 적어도 3가지 자질을 지닌 사람을 채용하고자 한다. 지원자는 갑, 을, 병, 정 4명이며, 이들이 지닌 자질을 평가한 결과 다음과 같은 정보가 주어졌다.

㉠ 갑이 지닌 자질과 정이 지닌 자질 중 적어도 2가지는 일치한다.
㉡ 대인관계능력은 병만 가진 자질이다.
㉢ 만약 지원자가 의사소통능력을 지녔다면 그는 대인관계능력의 자질도 지닌다.
㉣ 의사소통능력을 지닌 지원자는 1명뿐이다.
㉤ 갑, 병, 정은 이해능력을 지니고 있다.

① 1명
② 2명
③ 3명
④ 4명
⑤ 없음

정답 ①

㉡, ㉢, ㉣에 의해 의사소통능력과 대인관계능력을 지닌 사람은 오직 병뿐이라는 사실을 알 수 있다. 또한 ㉤에 의해 병이 이해능력도 가지고 있음을 알 수 있다. 이처럼 병은 4가지 자질 중에 3가지를 갖추고 있으므로 N은행의 신입사원으로 채용될 수 있다. 신입사원으로 채용되기 위해서는 적어도 3가지 자질이 필요한데, 4가지 자질 중 의사소통능력과 대인관계능력은 병만 지닌 자질임이 확인되었으므로 나머지 갑, 을, 정은 채용될 수 없다. 따라서 신입사원으로 채용될 수 있는 최대 인원은 병 1명이다.

유형풀이 Tip

- 주어진 규정 혹은 규칙을 근거로 하여 선택지를 하나씩 검토하며 소거해 나간다.

대표기출유형 04 기출응용문제

01 N은행은 현재 신입사원을 채용하고 있으며, 서류전형과 면접전형을 마치고 다음의 평가지표 결과를 얻었다. N은행 내 평가지표별 가중치를 이용하여 각 지원자의 최종 점수를 계산하고, 점수가 가장 높은 두 지원자를 채용하려고 한다. 다음 중 N은행이 채용할 두 지원자는?

〈지원자별 평가지표 결과〉

(단위 : 점)

구분	면접 점수	영어 실력	팀내 친화력	직무 적합도	발전 가능성	비고
A지원자	3	3	5	4	4	군필자
B지원자	5	5	2	3	4	군필자
C지원자	5	3	3	3	5	–
D지원자	4	3	3	5	4	군필자
E지원자	4	4	2	5	5	군 면제자

※ 군필자(만기제대)에게는 5점의 가산점을 부여함

〈평가지표별 가중치〉

구분	면접 점수	영어 실력	팀내 친화력	직무 적합도	발전 가능성
가중치	3	3	5	4	5

※ 가중치는 해당 평가지표 결과 점수에 곱함

① A, D지원자 ② B, C지원자
③ B, E지원자 ④ C, D지원자
⑤ D, E지원자

※ N은행은 승진후보자 중 2025년 하반기 승진자를 선발하고자 한다. 다음은 승진자 선발 방식 및 승진후보자들에 대한 자료이다. 이어지는 질문에 답하시오. **[2~3]**

〈승진자 선발 방식〉

- 승진점수(100)는 실적평가점수(40), 동료평가점수(30), 혁신사례점수(30)에 교육 이수에 따른 가점을 합산하여 산정한다.
- 교육별 이수 여부에 따른 가점은 다음과 같다.

구분	조직문화	전략적 관리	혁신역량	다자협력
가점	2점	2점	3점	2점

- 승진후보자 중 승진점수가 가장 높은 2인을 선발하여 승진시킨다.

〈승진후보자별 평가정보〉

구분	실적평가점수	동료평가점수	혁신사례점수	이수교육
A	34	26	22	다자협력
B	36	25	18	혁신역량
C	39	26	24	–
D	37	21	23	조직문화, 혁신역량
E	36	29	21	–

Easy

02 승진자 선발 방식에 따라 승진후보자 A ~ E 5명 중 2명을 승진시키고자 한다. 동점자가 있는 경우 실적평가점수가 더 높은 후보자를 선발한다고 할 때, 승진할 2명은?

① A, B
② A, C
③ C, D
④ C, E
⑤ D, E

03 하반기 인사에 혁신의 반영률을 높이라는 내부 인사위원회의 권고에 따라 승진자 선발 방식이 다음과 같이 변경되었다. 변경된 승진자 선발 방식에 따라 승진자를 선발할 때, 승진할 2명은?

〈승진자 선발 방식 변경〉

〈변경 전〉

1. 승진점수(100) 총점 및 배점
   - 실적평가점수(40)
   - 동료평가점수(30)
   - 혁신사례점수(30)
2. 혁신역량 교육 가점

교육	혁신역량
가점	3

〈변경 후〉

1. 승진점수(115) 총점 및 배점
   - 실적평가점수(40)
   - 동료평가점수(30)
   - 혁신사례점수(45)
     - 혁신사례점수에 50%의 가중치를 부여
2. 혁신역량 교육 가점

교육	혁신역량
가점	4

① A, D
② B, C
③ B, E
④ C, D
⑤ C, E

04 다음은 어느 회사의 승진대상과 승진규정이다. 아래 규정에 따를 때, 2025년 현재 직급이 대리인 사람은?

〈승진규정〉

- 2024년까지 근속연수가 3년 이상인 자를 대상으로 한다.
- 출산 휴가 및 병가 기간은 근속 연수에서 제외한다.
- 평가연도 업무평가 점수가 80점 이상인 자를 대상으로 한다.
- 평가연도 업무평가 점수는 직전연도 업무평가 점수에서 벌점을 차감한 점수이다.
- 벌점은 결근 1회당 −10점, 지각 1회당 −5점이다.

〈승진후보자 정보〉

구분	근무기간	작년 업무평가	근태현황		기타
			지각	결근	
A사원	1년 4개월	79	1	−	−
B주임	3년 1개월	86	−	1	출산휴가 35일
C대리	7년 1개월	89	1	1	병가 10일
D과장	10년 3개월	82	−	−	−
E차장	12년 7개월	81	2	−	−

① A사원
② B주임
③ C대리
④ D과장
⑤ E차장

CHAPTER 04

수리능력

합격 Cheat Key

수리능력은 사칙연산 · 통계 · 확률의 의미를 정확하게 이해하고 이를 업무에 적용하는 능력으로, 기초연산과 기초통계, 도표분석 및 작성의 문제 유형으로 출제된다. 수리능력 역시 채택하지 않는 금융권이 거의 없을 만큼 필기시험에서 중요도가 높은 영역이다.

수리능력은 NCS 기반 채용을 진행한 거의 모든 기업에서 다루었다. 난이도가 높은 금융권의 시험에서는 도표분석, 즉 자료해석 유형의 문제가 많이 출제되고 있고, 응용수리 역시 꾸준히 출제하는 기업이 많기 때문에 기초연산과 기초통계에 대한 공식의 암기와 자료해석능력을 기를 수 있는 꾸준한 연습이 필요하다.

1 응용수리능력의 공식은 반드시 암기하라!

응용수리능력은 지문이 짧지만, 풀이 과정은 긴 문제도 자주 볼 수 있다. 그렇기 때문에 응용수리능력의 공식을 반드시 암기하여 문제의 상황에 맞는 공식을 적절하게 적용하여 답을 도출해야 한다. 따라서 문제에서 묻는 것을 정확하게 파악하여 그에 맞는 공식을 적절하게 적용하는 꾸준한 노력과 공식을 암기하는 연습이 필요하다.

2 통계에서의 사건이 동시에 발생하는지 개별적으로 발생하는지 구분하라!

통계에서는 사건이 개별적으로 발생했을 때, 경우의 수는 합의 법칙, 확률은 덧셈정리를 활용하여 계산하며, 사건이 동시에 발생했을 때, 경우의 수는 곱의 법칙, 확률은 곱셈정리를 활용하여 계산한다. 특히, 기초통계능력에서 출제되는 문제 중 순열과 조합의 계산 방법이 필요한 문제도 다수이므로 순열(순서대로 나열)과 조합(순서에 상관없이 나열)의 차이점을 숙지하는 것 또한 중요하다. 통계 문제에서의 사건 발생 여부만 잘 판단하여도 계산과 공식을 적용하기가 수월하므로 문제의 의도를 잘 파악하는 것이 중요하다.

3 자료의 해석은 자료에서 즉시 확인할 수 있는 지문부터 확인하라!

대부분의 수험생들이 어려워 하는 영역이 수리영역 중 도표분석, 즉 자료해석능력이다. 자료는 표 또는 그래프로 제시되고, 쉬운 지문은 증가 혹은 감소 추이, 간단한 사칙연산으로 풀이가 가능한 문제 등이 있고, 자료의 조사기간 동안 전년 대비 증가율 혹은 감소율이 가장 높은 기간을 찾는 문제들도 있다. 따라서 일단 증가·감소 추이와 같이 눈으로 확인이 가능한 지문을 먼저 확인한 후 복잡한 계산이 필요한 지문을 확인하는 방법으로 문제를 풀이한다면, 시간을 조금이라도 아낄 수 있다. 특히, 그래프와 같은 경우에는 그래프에 대한 특징을 알고 있다면, 그래프의 길이 혹은 높낮이 등으로 대강의 수치를 빠르게 확인이 가능하므로 이에 대한 숙지도 필요하다. 또한, 여러 가지 보기가 주어진 문제 역시 지문을 잘 확인하고 문제를 풀이한다면 불필요한 계산을 생략할 수 있으므로 항상 지문부터 확인하는 습관을 들이기를 바란다.

4 도표작성능력에서 지문에 작성된 도표의 제목을 반드시 확인하라!

도표작성은 하나의 자료 혹은 보고서와 같은 수치가 표현된 자료를 도표로 작성하는 형식으로 출제되는데, 대체로 표보다는 그래프를 작성하는 형태로 많이 출제된다. 지문을 살펴보면 각 지문에서 주어진 도표에도 소제목이 있는 경우가 대부분이다. 이때, 자료의 수치와 도표의 제목이 일치하지 않는 경우 함정이 존재하는 문제일 가능성이 높으므로 도표의 제목을 반드시 확인하는 것이 중요하다. 도표작성의 경우 대부분 비율 계산이 많이 출제되는데, 도표의 제목과는 다른 수치로 작성된 도표가 존재하는 경우가 있다. 그렇기 때문에 지문에서 작성된 도표의 소제목을 먼저 확인하는 연습을 하여 간단하지 않은 비율 계산을 두 번 하는 일이 없도록 해야 한다.

01 응용수리

| 유형분석 |

- 응용수리는 거리·속력·시간, 농도, 일의 양, 금액, 날짜·요일, 경우의 수, 확률, 환율 등 다양한 유형의 문제가 출제된다.
- 문제에서 구해야 하는 것이 무엇인지 파악한 뒤, 식을 세워 문제를 풀이해야 하며, 계산 실수를 하지 않도록 특히 유의해야 한다.

A사원은 회사 근처 카페에서 거래처와 미팅을 갖기로 했다. 처음에는 4km/h로 걸어가다가 약속 시간에 늦을 것 같아서 10km/h로 뛰어서 24분 만에 미팅 장소에 도착했다. 회사에서 카페까지의 거리가 2.5km일 때, A사원이 뛴 거리는?

① 0.6km　② 0.9km
③ 1.2km　④ 1.5km
⑤ 1.7km

정답 ④

총거리와 총시간이 주어져 있으므로 걸은 거리와 뛴 거리 또는 걸은 시간과 뛴 시간을 미지수로 잡을 수 있다.
미지수를 잡기 전에 문제에서 묻는 것을 정확하게 파악해야 나중에 답을 구할 때 헷갈리지 않는다.
문제에서 A사원이 뛴 거리를 물어보았으므로 거리를 미지수로 놓는다.
A사원이 회사에서 카페까지 걸어간 거리를 $x$km, 뛴 거리를 $y$km라고 하면,
회사에서 카페까지의 거리는 2.5km이므로 걸어간 거리 $x$km와 뛴 거리 $y$km를 합하면 2.5km이다.
$x+y=2.5$ … ㉠
A사원이 회사에서 카페까지 24분이 걸렸으므로 걸어간 시간$\left(\frac{x}{4}\text{시간}\right)$과 뛰어간 시간$\left(\frac{y}{10}\text{시간}\right)$을 합치면 24분이다.
이때 속력은 시간 단위이므로 '분'으로 바꾸어 계산한다.
$\frac{x}{4}\times60+\frac{y}{10}\times60=24 \rightarrow 5x+2y=8$ … ㉡
㉠과 ㉡을 연립하여 ㉡−(2×㉠)을 하면 $x=1$이고, 구한 x의 값을 ㉠에 대입하면 $y=1.5$이다.
따라서 A사원이 뛴 거리는 $y$km이므로 1.5km이다.

유형풀이 Tip

- 미지수를 정할 때에는 문제에서 묻는 것을 정확하게 파악해야 한다. 또한, 항상 미지수를 구해 그 값을 계산하여 풀이해야 하는 것은 아니며 정확한 미지수를 구하지 않아도 풀이 과정에서 답이 제시되는 경우도 있으므로 문제에서 묻는 것을 명확하게 하는 것이 중요하다.

대표기출유형 01 기출응용문제

01 둘레가 600m인 연못을 A와 B가 서로 반대 방향으로 걷는다. A는 분당 15m의 속력으로 걷고, B는 A보다 더 빠른 속력으로 걷는다. 두 사람이 같은 위치에서 동시에 출발하여, 1시간 후 5번째로 만났다면 B의 속력은?

① 20m/min
② 25m/min
③ 30m/min
④ 35m/min
⑤ 40m/min

Easy

02 농도가 10%인 설탕물 300g에서 일정량의 물을 증발시켰더니 농도가 30%인 설탕물이 되었다. 증발시킨 물의 양은 얼마인가?

① 50g
② 100g
③ 150g
④ 200g
⑤ 250g

03 대리 혼자서 프로젝트를 진행하면 16일이 걸리고 사원 혼자 진행하면 48일이 걸릴 때, 두 사람이 함께 프로젝트를 진행하는 데 소요되는 기간은?

① 12일
② 13일
③ 14일
④ 15일
⑤ 16일

04 아시안 게임에 참가한 어느 종목의 선수들을 A, B, C등급으로 분류하여 전체 4,500만 원의 포상금을 지급하려고 한다. A등급인 선수는 B등급보다 2배, B등급은 C등급보다 $\frac{3}{2}$배의 포상금을 지급하려고 한다. A등급은 5명, B등급은 10명, C등급은 15명이라면, A등급을 받은 선수 1명에게 지급될 금액은?

① 300만 원
② 400만 원
③ 450만 원
④ 500만 원
⑤ 550만 원

05 A회사와 B회사의 휴무 간격은 각각 5일, 7일이다. 일요일인 오늘 두 회사가 함께 휴일을 맞았다면, 오늘을 제외하고 앞으로 4번째로 함께하는 휴일은 무슨 요일인가?

① 수요일
② 목요일
③ 금요일
④ 토요일
⑤ 일요일

Easy

06 남학생 5명과 여학생 3명이 운동장에 있다. 남학생 중 2명을 뽑고, 여학생 중 2명을 뽑아 한 줄로 세우는 경우의 수는?

① 120가지
② 240가지
③ 360가지
④ 720가지
⑤ 960가지

07 비가 온 다음 날 비가 올 확률은 $\frac{1}{3}$, 비가 안 온 다음 날 비가 올 확률은 $\frac{1}{8}$이다. 내일 비가 올 확률이 $\frac{1}{5}$일 때, 모레 비가 안 올 확률은?

① $\frac{1}{4}$
② $\frac{6}{11}$
③ $\frac{7}{11}$
④ $\frac{5}{7}$
⑤ $\frac{5}{6}$

08 K씨는 지난 영국출장 때 사용하고 남은 1,400파운드를 주거래 은행인 A은행에서 환전해 이번 독일출장 때 가지고 가려고 한다. A은행에서 고시한 환율은 1파운드당 1,500원, 1유로당 1,200원일 때, K씨가 환전한 유로화는 얼마인가?(단, 국내 은행에서 파운드화에서 유로화로 환전 시 이중 환전을 해야 하며, 환전 수수료는 고려하지 않는다)

① 1,700유로
② 1,750유로
③ 1,800유로
④ 1,850유로
⑤ 1,900유로

09 길이가 9km인 강이 있다. 강물의 속력은 시속 3km이고, 배를 타고 강물을 거슬러 올라갈 때 1시간이 걸린다고 하면, 같은 배를 타고 강물을 따라 내려올 때 걸리는 시간은?

① 32분
② 36분
③ 40분
④ 44분
⑤ 48분

PART 1

02 금융상품 활용

| 유형분석 |

- 금융상품을 정확하게 이해하고 문제에서 요구하는 답을 도출해낼 수 있는지 평가한다.
- 단리식, 복리식, 이율, 우대금리, 중도해지, 만기해지 등 조건에 유의해야 한다.

N은행은 '더 커지는 적금'을 새롭게 출시하였다. A씨는 이 적금의 모든 우대금리조건을 만족하여 이번 달부터 이 상품에 가입하려고 한다. 만기 시 A씨가 받을 수 있는 이자는 얼마인가?(단, 세금은 고려하지 않으며, $1.025^{\frac{1}{12}}=1.002$로 계산한다)

〈더 커지는 적금〉

- 가입기간 : 12개월
- 가입금액 : 매월 초 200,000원 납입
- 적용금리 : 기본금리(연 2.1%)+우대금리(최대 연 0.4%p)
- 저축방법 : 정기적립식
- 이자지급방식 : 만기일시지급, 연복리식
- 우대금리조건
  - 당행 입출금통장 보유 시 : +0.1%p
  - 연 500만 원 이상의 당행 예금상품 보유 시 : +0.1%p
  - 급여통장 지정 시 : +0.1%p
  - 이체실적이 20만 원 이상 시 : +0.1%p

① 105,000원
② 107,000원
③ 108,000원
④ 111,000원
⑤ 113,000원

정답 ①

모든 우대금리조건을 만족하므로 최대 연 0.4%p가 기본금리에 적용되어 2.1+0.4=2.5%가 된다.

n개월 후 연복리 이자는 (월납입금)$\times\dfrac{(1+r)^{\frac{1}{12}}\left\{(1+r)^{\frac{n}{12}}-1\right\}}{(1+r)^{\frac{1}{12}}-1}$$-$(적립원금)이므로, 이에 따른 식은 다음과 같다.

$$200{,}000\times\frac{1.025^{\frac{1}{12}}(1.025-1)}{1.025^{\frac{1}{12}}-1}-200{,}000\times12=200{,}000\times1.002\times\frac{(1.025-1)}{0.002}-2{,}400{,}000$$

$=2{,}505{,}000-2{,}400{,}000=105{,}000$원

유형풀이 Tip

1) 단리
   ① 개념 : 원금에만 이자가 발생
   ② 계산 : 이율이 r%인 상품에 원금 a를 총 n번 이자가 붙는 동안 예치한 경우 $a(1+nr)$
2) 복리
   ① 개념 : 원금과 이자에 모두 이자가 발생
   ② 계산 : 이율이 r%인 상품에 원금 a를 총 n번 이자가 붙는 동안 예치한 경우 $a(1+r)^n$
3) 이율과 기간
   ① $(\text{월이율})=\dfrac{(\text{연이율})}{12}$
   ② n개월$=\dfrac{n}{12}$년
4) 예치금의 원리합계
   원금 a원, 연이율 r%, 예치기간 n개월일 때,
   • 단리 예금의 원리합계 : $a\left(1+\dfrac{r}{12}n\right)$
   • 월복리 예금의 원리합계 : $a\left(1+\dfrac{r}{12}\right)^n$
   • 연복리 예금의 원리합계 : $a(1+r)^{\frac{n}{12}}$
5) 적금의 원리합계
   월초 a원씩, 연이율 r%일 때, n개월 동안 납입한다면
   • 단리 적금의 n개월 후 원리합계 : $an+a\times\dfrac{n(n+1)}{2}\times\dfrac{r}{12}$
   • 월복리 적금의 n개월 후 원리합계 : $\dfrac{a\left(1+\dfrac{r}{12}\right)\left\{\left(1+\dfrac{r}{12}\right)^n-1\right\}}{\left(1+\dfrac{r}{12}\right)-1}$
   • 연복리 적금의 n개월 후 원리합계 : $\dfrac{a(1+r)^{\frac{1}{12}}\left\{(1+r)^{\frac{n}{12}}-1\right\}}{(1+r)^{\frac{1}{12}}-1}=\dfrac{a\left\{(1+r)^{\frac{n+1}{12}}-(1+r)^{\frac{1}{12}}\right\}}{(1+r)^{\frac{1}{12}}-1}$

대표기출유형 02 기출응용문제

01 A전자에서 근무하는 B주임은 C은행으로부터 만기환급금 안내를 받았다. B주임이 가입한 상품의 정보가 다음과 같을 때, B주임이 안내받을 만기환급금은?

〈상품정보〉

- 상품명 : C은행 함께 적금
- 가입자 : B(본인)
- 가입기간 : 40개월
- 가입금액 : 매월 초 300,000원 납입
- 적용 금리 : 연 3.0%
- 이자지급방식 : 만기일시지급, 단리식

① 1,168만 원
② 1,197.5만 원
③ 1,261.5만 원
④ 1,325만 원
⑤ 1,374.5만 원

02 N은행 콜센터에 근무 중인 귀하에게 B고객으로부터 금융 상품 해지 건이 접수되었다. 상담 결과 B고객은 1년 전에 M예금에 가입하였으나 불가피한 사정으로 해당 예금 상품을 해지할 계획이며, 해지할 경우 만기 시 받을 수 있는 금액과 환급금의 차이가 얼마인지 문의하였다. B고객의 M예금 가입내역이 다음과 같을 때 귀하가 B고객에게 안내할 금액은 얼마인가?(단, 세금은 고려하지 않는다)

〈B고객의 M예금 가입내역〉

- 가입기간 : 5년
- 가입금액 : 100만 원
- 이자지급방식 : 만기일시지급, 단리식
- 기본금리 : 연 3.0%
- 우대금리 : 0.2%p(중도인출 및 해지 시에는 적용하지 않음)
- 중도해지이율(연 %, 세전)
  - 3개월 미만 : 0.2
  - 6개월 미만 : 0.3
  - 12개월 미만 : (기본금리)×10%
  - 18개월 미만 : (기본금리)×30%
  - 24개월 미만 : (기본금리)×40%
- 예금자 보호 여부 : 해당

① 103,000원
② 126,000원
③ 151,000원
④ 184,000원
⑤ 190,000원

03 N은행 행원인 귀하에게 A고객이 찾아와 2025년 말부터 매년 말에 일정한 금액을 적립하여 2044년 말에 1억 원이 되는 목돈을 만들려고 한다고 하였다. 이에 따라 귀하는 연이율 10%인 연복리 상품을 추천하였다. 이때 A고객이 매년 말에 얼마를 적립해야 되는지를 묻는다면, 귀하가 안내할 금액은 얼마인가?(단, 세금은 고려하지 않으며, $1.1^{20}=6.7$로 계산하고, 만 원 단위 미만은 절사한다)

① 160만 원
② 175만 원
③ 180만 원
④ 190만 원
⑤ 210만 원

04 A씨는 N은행의 직장인응원적금에 가입하고자 한다. 이자지급방식은 우대금리 없이 기본금리로 단리식과 월복리식 두 가지를 적용할 때, 만기 시 A씨가 받을 수 있는 이자가 바르게 연결된 것은? [단, 세금은 고려하지 않으며, $\left(1+\frac{0.02}{12}\right)^{13}=1.022$로 계산한다]

〈직장인응원적금 상품정보〉

- 상품명 : 직장인응원적금
- 가입자 : A(본인)
- 가입기간 : 12개월
- 가입금액 : 매월 초 100,000원 납입
- 적용금리 : 기본금리(연 2.0%)+우대금리(최대 연 1.2%p)
- 저축방법 : 정기적립식
- 이자지급방식 : 만기일시지급

	단리식	월복리식
①	13,000원	18,000원
②	13,000원	20,000원
③	14,200원	18,000원
④	14,200원	20,000원
⑤	15,000원	18,000원

PART 1

03 자료계산

| 유형분석 |

- 문제에 주어진 조건과 정보를 활용하여 빈칸에 알맞은 수를 계산해낼 수 있는지 평가한다.

다음은 시·군지역의 성별 비경제활동 인구에 대해 조사한 자료이다. 빈칸 (가), (다)에 들어갈 수가 바르게 연결된 것은?(단, 인구수는 백의 자리에서 반올림하고, 비중은 소수점 첫째 자리에서 반올림한다)

〈성별 비경제활동 인구〉

(단위 : 천 명, %)

구분	총계	남자		여자	
			비중		비중
시지역	7,800	2,574	(가)	5,226	(나)
군지역	1,149	(다)	33.5	(라)	66.5

	(가)	(다)
①	30	385
②	30	392
③	33	378
④	33	385
⑤	33	392

정답 ④

- (가) : $\frac{2,574}{7,800}\times100=33\%$
- (다) : $1,149\times0.335\fallingdotseq385$천 명

유형풀이 Tip

- 빈칸이 여러 개인 경우 계산이 간단한 한두 개의 빈칸의 값을 먼저 찾고, 역으로 대입하여 풀이 시간을 단축한다.
- 금융권 NCS 수리능력의 경우 마지막 자리까지 정확하게 계산하는 것을 요구한다. 따라서 선택지에 주어진 값의 차이가 크지 않다면 어림값을 활용하는 것이 오히려 풀이 속도를 지연시킬 수 있으므로 주의해야 한다.

대표기출유형 03 기출응용문제

Easy

01 다음은 2024년 A지역 고등학교 학년별 도서 선호 분야 비율에 대한 자료이다. 취업 관련 도서를 선호하는 3학년 학생 수 대비 철학·종교 도서를 선호하는 1학년 학생 수의 비율로 옳은 것은?(단, 모든 계산 과정에서 구한 값은 소수점 첫째 자리에서 반올림한다)

〈A지역 고등학교 학년별 도서 선호 분야 비율〉

(단위 : 명, %)

구분	사례 수	장르 소설	문학	자기 계발	취업 관련	예술·문화	역사·지리	과학·기술	정치·사회	철학·종교	경제·경영	기타
소계	1,160	28.9	18.2	7.7	6.8	5.4	6.1	7.9	5.7	4.2	4.5	4.5
1학년	375	29.1	18.1	7.0	6.4	8.7	5.3	7.8	4.1	3.0	6.5	4.0
2학년	417	28.4	18.7	8.9	7.5	3.8	6.3	8.3	8.1	5.0	3.1	1.9
3학년	368	29.3	17.8	7.1	6.6	3.7	6.8	7.6	4.8	4.5	4.1	7.7

① 42%　　② 46%
③ 54%　　④ 58%
⑤ 72%

02 다음은 N기업의 분기별 매출이익, 영업이익, 순이익을 나타낸 그래프이다. 매출이익 대비 순이익의 비가 가장 낮은 분기의 전분기 대비 영업이익 증감률은?

〈분기별 N기업 매출이익, 영업이익, 순이익〉

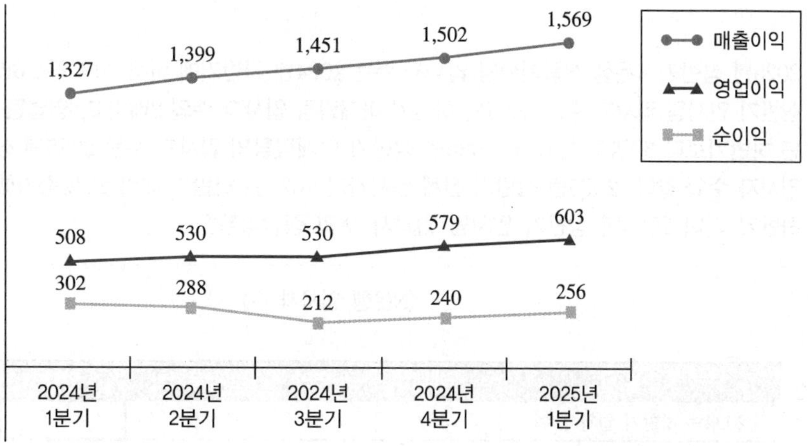

① 0%　　② 약 4.1%
③ 약 4.3%　　④ 약 9.2%
⑤ 약 9.5%

03 다음은 N기업의 신용등급이 변화될 가능성을 정리한 표이다. 2022년에 C등급을 받은 N기업이 2024년에도 C등급을 유지할 가능성은?

〈N기업 신용등급 변화 비율〉

구분		$(n+1)$년		
		A등급	B등급	C등급
n년	A등급	0.6	0.3	0.1
	B등급	0.2	0.47	0.33
	C등급	0.1	0.22	0.68

※ 신용등급은 매년 1월 1일 0시에 산정되며, 'A등급 – B등급 – C등급' 순서로 높은 등급임
※ 신용등급 변화 비율은 매년 동일함

① 0.545
② 0.572
③ 0.584
④ 0.622
⑤ 0.671

Hard

04 2025년 상반기 N은행 상품기획팀 입사자 수는 2024년 하반기에 비해 20% 감소하였으며, 2025년 상반기 인사팀 입사자 수는 2024년 하반기 마케팅팀 입사자 수의 2배이고, 영업팀 입사자는 2024년 하반기보다 30명이 늘었다. 2025년 상반기 마케팅팀의 입사자 수는 2025년 상반기 인사팀의 입사자 수와 같다. 2025년 상반기 전체 입사자가 2024년 하반기 대비 25% 증가했을 때, 2024년 하반기 대비 2025년 상반기 인사팀 입사자 수의 증감률은?

〈N은행 입사자 수〉

(단위 : 명)

구분	마케팅	영업	상품기획	인사	합계
2024년 하반기 입사자 수	50		100		320

① –15%
② 0%
③ 15%
④ 25%
⑤ 30%

05 다음은 주요 대상국별 김치 수출액에 대한 자료이다. 기타를 제외하고 2024년 수출액이 3번째로 많은 국가의 2023년 대비 2024년 김치 수출액의 증감률은?(단, 소수점 셋째 자리에서 반올림한다)

〈주요 대상국별 김치 수출액〉

(단위 : 천 달러, %)

구분	2023년		2024년	
	수출액	점유율	수출액	점유율
일본	44,548	60.6	47,076	59.7
미국	5,340	7.3	6,248	7.9
호주	2,273	3.1	2,059	2.6
대만	3,540	4.8	3,832	4.9
캐나다	1,346	1.8	1,152	1.5
영국	1,919	2.6	2,117	2.7
뉴질랜드	773	1.0	1,208	1.5
싱가포르	1,371	1.9	1,510	1.9
네덜란드	1,801	2.4	2,173	2.7
홍콩	4,543	6.2	4,285	5.4
기타	6,093	8.3	7,240	9.2
합계	73,547	100	78,900	100

① −5.06%

② −5.68%

③ −6.24%

④ −6.82%

⑤ −7.02%

04 | 자료추론

| 유형분석 |

- 문제에 주어진 상황과 정보를 적절하게 활용하여 잘못된 내용을 찾아낼 수 있는지 평가한다.
- 비율 · 증감폭 · 증감률 · 수익(손해)율 등의 계산을 요구하는 문제가 출제된다.

다음은 N은행 행원 250명을 대상으로 조사한 독감 예방접종 여부에 대한 자료이다. 이에 대한 설명으로 옳은 것은?(단, 소수점 첫째 자리에서 버림한다)

〈2023년 독감 예방접종 여부〉

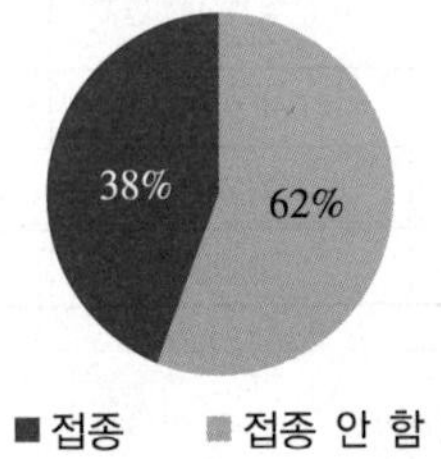

〈2024년 독감 예방접종 여부〉

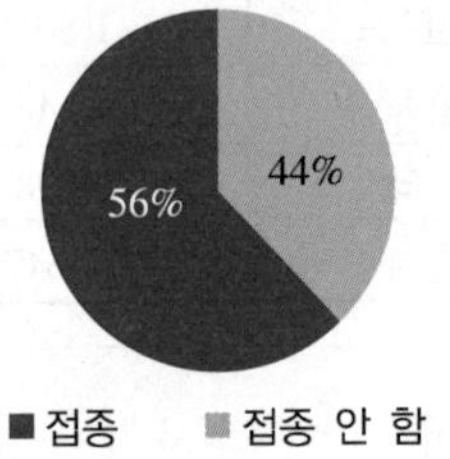

〈부서별 행원 현황〉

(단위 : %)

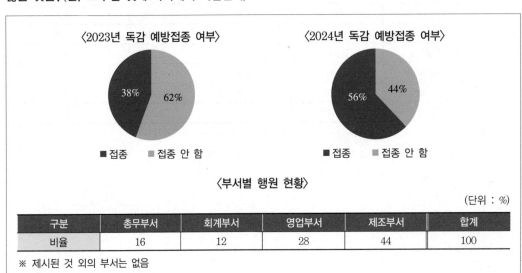

구분	총무부서	회계부서	영업부서	제조부서	합계
비율	16	12	28	44	100

※ 제시된 것 외의 부서는 없음
※ 2023년과 2024년 부서별 행원 현황은 변동이 없음

① 2023년의 독감 예방접종자가 모두 2024년에도 예방접종을 했다면, 2023년에는 예방접종을 하지 않았지만 2024년에 예방접종을 한 행원은 총 54명이다.
② 2023년 대비 2024년에 예방접종을 한 행원의 수는 49% 이상 증가했다.
③ 위의 2024년 독감 예방접종 여부 그래프가 2023년의 예방접종을 하지 않은 행원들을 대상으로 2024년의 독감 예방접종 여부를 조사한 자료라고 한다면, 2023년과 2024년 모두 예방접종을 하지 않은 행원은 총 65명이다.
④ 위의 2023년과 2024년 독감 예방접종 여부 그래프가 총무부서에 대한 자료라고 한다면, 총무부서 행원 중 예방접종을 한 행원은 2023년 대비 2024년에 7명 증가했다.
⑤ 제조부서를 제외한 모든 부서에서는 직원들이 모두 2024년에 예방접종을 했다고 할 때, 제조부서 직원 중 예방접종을 한 직원의 비율은 2%이다.

정답 ④

총무부서 행원은 총 250×0.16=40명이다. 2023년과 2024년의 독감 예방접종 여부 그래프가 총무부서에 대한 자료라고 한다면, 총무부서 행원 중 2023년과 2024년의 예방접종자 수의 비율 차는 56−38=18%p이다. 따라서 2023년 대비 2024년에 40×0.18≒7명 증가했다.

오답분석

① 2023년 독감 예방접종자 수는 250×0.38=95명, 2024년 독감 예방접종자 수는 250×0.56=140명이므로, 2023년에는 예방접종을 하지 않았지만, 2024년에는 예방접종을 한 행원은 총 140−95=45명이다.

② 2023년의 예방접종자 수는 95명이고, 2024년의 예방접종자 수는 140명이다. 따라서 $\frac{140-95}{95}\times100≒47\%$ 증가했다.

③ 2024년의 독감 예방접종 여부 그래프가 2023년의 예방접종을 하지 않은 행원들을 대상으로 2024년의 독감 예방접종 여부를 조사한 자료라고 한다면, 2023년과 2024년 모두 예방접종을 하지 않은 행원은 총 250×0.62×0.44≒68명이다.

⑤ 제조부서를 제외한 직원은 250×(1−0.44)=140명이고, 2024년에 예방접종을 한 직원은 250×0.56=140명이다. 따라서 제조부서 직원 중 예방접종을 한 직원은 없다.

유형풀이 Tip

$[\text{증감률}(\%)]=\frac{(\text{비교값})-(\text{기준값})}{(\text{기준값})}\times100$

예 N은행의 작년 신입사원 수는 500명이고, 올해는 700명이다. N은행의 전년 대비 올해 신입사원 수의 증가율은?

$\frac{700-500}{500}\times100=\frac{200}{500}\times100=40\%$ → 전년 대비 40% 증가하였다.

예 N은행의 올해 신입사원 수는 700명이고, 내년에는 350명을 채용할 예정이다. N은행의 올해 대비 내년 신입사원 수의 감소율은?

$\frac{350-700}{700}\times100=-\frac{350}{700}\times100=-50\%$ → 올해 대비 50% 감소할 것이다.

01 다음은 은행별 신용등급에 따른 금리를 세부항목으로 나타낸 표이다. 이에 대한 설명으로 옳지 않은 것은?

〈은행별 신용등급에 따른 금리 현황〉

(단위 : %)

구분		신용등급별 금리					
		1～2등급	3～4등급	5～6등급	7～8등급	9～10등급	평균금리
M은행	대출금리	3.44	4.18	4.93	6.62	8.13	4.59
	기준금리	1.94	1.98	1.95	1.95	1.97	1.97
	가산금리	1.50	2.20	2.98	4.67	6.16	2.62
P은행	대출금리	3.70	3.78	4.22	6.61	8.34	4.33
	기준금리	1.99	1.98	1.97	1.95	2.05	1.97
	가산금리	1.71	1.80	2.25	4.66	6.29	2.36
Q은행	대출금리	3.91	4.79	6.21	7.69	10.43	4.77
	기준금리	2.02	2.07	2.07	2.11	2.11	2.04
	가산금리	1.89	2.72	4.14	5.58	8.32	2.73
R은행	대출금리	4.09	4.93	6.64	8.65	9.50	4.59
	기준금리	2.01	2.01	2.03	2.02	2.00	2.01
	가산금리	2.08	2.92	4.61	6.63	7.50	2.58
S은행	대출금리	3.58	4.89	6.76	9.87	10.83	4.16
	기준금리	1.92	1.94	1.96	1.97	1.98	1.93
	가산금리	1.66	2.95	4.80	7.90	8.85	2.23
T은행	대출금리	4.38	4.64	6.65	9.99	9.82	6.83
	기준금리	2.10	2.13	2.12	2.10	2.08	2.11
	가산금리	2.28	2.51	4.53	7.89	7.74	4.72
U은행	대출금리	3.69	4.68	7.87	11.17	–	5.04
	기준금리	1.95	1.96	1.97	1.96	–	1.96
	가산금리	1.74	2.72	5.90	9.21	–	3.08

① 주어진 은행 중 1～2등급이 가장 저렴하게 이용할 수 있는 금리조건을 가진 은행은 M은행이다.
② 등급이 하락할수록 모든 종류의 금리는 증가하는 경향성을 띄고 있다.
③ 5～6등급 가운데 가산금리만 비교해 보자면, 가장 적은 금리는 가장 많은 금리의 절반보다 적다.
④ Q은행의 경우 기준금리는 3～4등급과 5～6등급이 동일하다.
⑤ 평균금리 가운데 대출금리가 가장 높은 은행은 T은행이다.

02 다음은 국제우편 접수 매출액 현황 자료이다. 이에 대한 설명으로 옳지 않은 것은?

〈국제우편 접수 매출액 현황〉

(단위 : 백만 원)

구분	2019년	2020년	2021년	2022년	2023년				
					계	1/4분기	2/4분기	3/4분기	4/4분기
국제통상	16,595	17,002	19,717	26,397	34,012	7,677	7,552	8,000	10,783
국제소포	17,397	17,629	19,794	20,239	21,124	5,125	4,551	5,283	6,165
국제특급	163,767	192,377	229,012	243,416	269,674	62,784	60,288	61,668	84,934
합계	197,759	227,008	268,523	290,052	324,810	75,586	72,391	74,951	101,882

① 2023년 4/4분기 매출액은 2023년 다른 분기에 비해 가장 많다.
② 2020년 대비 2023년 국제소포 분야의 매출액 증가율은 10% 미만이다.
③ 2019년 대비 2023년 매출액 증가율이 가장 큰 분야는 국제통상 분야이다.
④ 2022년 총매출액에서 국제통상 분야의 매출액이 차지하고 있는 비율은 10% 미만이다.
⑤ 2023년 총매출액에서 2/4분기 매출액이 차지하고 있는 비율은 20% 이상이다.

03 다음은 2023년 달러 대비 원화 · 엔화 · 위안의 환율을 나타낸 표이다. 이에 대해 바르게 말한 사원을 〈보기〉에서 모두 고르면?

〈2023년 환율 현황〉

구분	6월	7월	8월	9월	10월	11월
원/달러	1,115.50	1,170.00	1,182.50	1,185.30	1,140.10	1,158.10
엔/달러	122.30	124.10	121.10	120.00	121.20	122.70
위안/달러	6.20	6.20	6.21	6.36	6.36	6.32

보기

A사원 : 10월에 엔/달러의 환율은 9월에 비해 상승했네요.
B사원 : 7월부터 11월까지 원/달러의 환율은 지속적으로 상승했네요.
C사원 : 다른 조건이 일정할 때 일본에서 미국으로 떠난 여행객은 8월에 비해 9월에 환율 측면에서 이익을 얻었겠네요.
D사원 : 한국에서 중국으로 유학 간 자녀에게 유학자금을 송금할 때, 6월보다 7월에 더 경제적 부담이 컸겠네요.

① A사원, C사원
② B사원, C사원
③ A사원, B사원, D사원
④ A사원, C사원, D사원
⑤ B사원, C사원, D사원

PART 1

04 다음은 2016 ~ 2022년 우리나라 지진 발생 현황에 대한 자료이다. 이에 대한 설명으로 옳은 것은?

〈우리나라 지진 발생 현황〉

구분	지진 횟수	최고 규모
2016년	42회	3.3
2017년	52회	4.0
2018년	56회	3.9
2019년	93회	4.9
2020년	49회	3.8
2021년	44회	3.9
2022년	492회	5.8

① 2016년 이후 지진 발생 횟수가 꾸준히 증가하고 있다.

② 2019년에는 2018년보다 지진이 44회 더 발생했다.

③ 2019년에 일어난 규모 4.9의 지진은 2016년 이후 우리나라에서 발생한 지진 중 가장 강력한 규모이다.

④ 지진 횟수가 증가할 때 지진의 최고 규모도 커진다.

⑤ 2022년에 발생한 지진은 2016년부터 2021년까지의 평균 지진 발생 횟수에 비해 약 8.8배 급증했다.

Hard

05 다음은 한국의 금융소득 상위 1%에 대한 자료이다. 이에 대해 바르게 말한 사람을 〈보기〉에서 모두 고르면?(단, 모든 계산은 소수점 둘째 자리에서 반올림한다)

〈한국 금융소득 상위 1% 인원 및 전년 대비 증가율 추이〉

(단위 : 천 명, %)

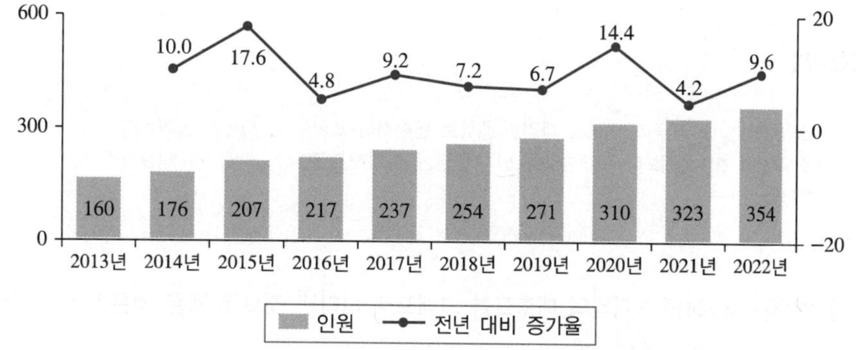

〈한국 금융소득 상위 1%의 금융자산 및 한국 가계 전체 금융자산 대비 비율〉

(단위 : 조 원, %)

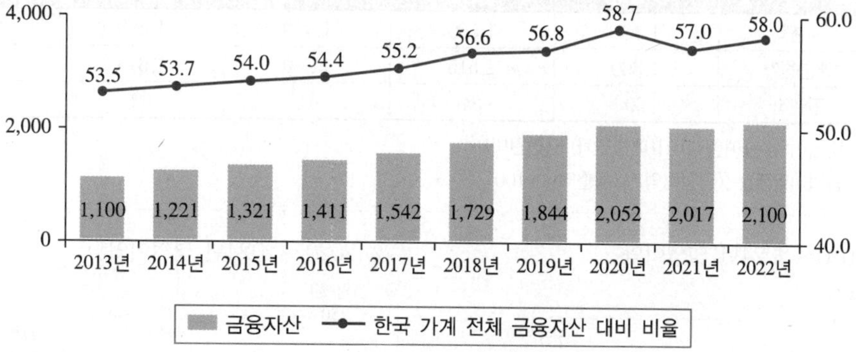

보기

A : 2022년 한국 금융소득 상위 1% 인원은 2013년의 약 2.2배로 증가했어.

B : 2022년 한국 가계 전체 금융자산은 2013년의 약 1.8배로 증가했어.

C : 2022년의 한국 금융소득 상위 1%의 금융자산은 2013년의 1.9배로 증가한 걸 보니, 2013년 대비 2022년에 한국 금융소득 상위 1%의 금융자산이 한국 가계 전체 금융자산에 비해 더 많은 비율로 증가했네.

① A
② B
③ A, C
④ B, C
⑤ A, B, C

05 자료변환

| 유형분석 |

- 그래프의 형태별 특징을 파악하고, 다양한 종류로 변환하여 표현할 수 있는지 평가한다.
- 수치를 일일이 확인하기보다 증감 추이를 먼저 판단한 후 그래프 모양이 크게 차이 나는 곳의 수치를 확인하는 것이 효율적이다.

다음 중 2020 ~ 2024년 N기업의 매출표를 그래프로 나타낸 것으로 옳은 것은?

〈N기업 매출표〉

(단위 : 억 원)

구분	2020년	2021년	2022년	2023년	2024년
매출액	1,485	1,630	1,410	1,860	2,055
매출원가	1,360	1,515	1,280	1,675	1,810
판관비	30	34	41	62	38

※ (영업이익)=(매출액)−[(매출원가)+(판관비)]

※ (영업이익률)=[(영업이익)÷(매출액)]×100

① 2020 ~ 2024년 영업이익

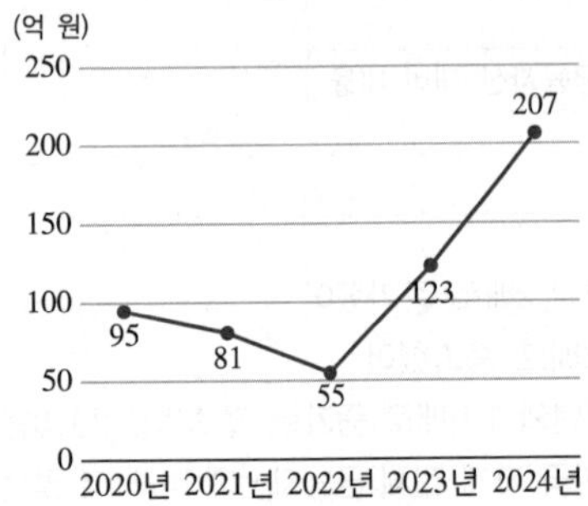

② 2020 ~ 2024년 영업이익

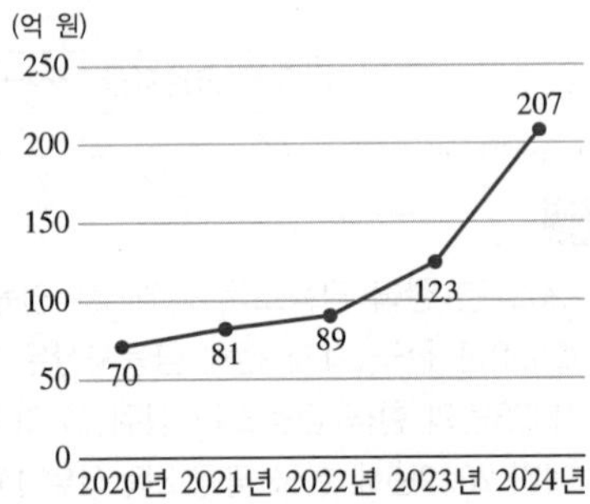

③ 2020 ~ 2024년 영업이익률

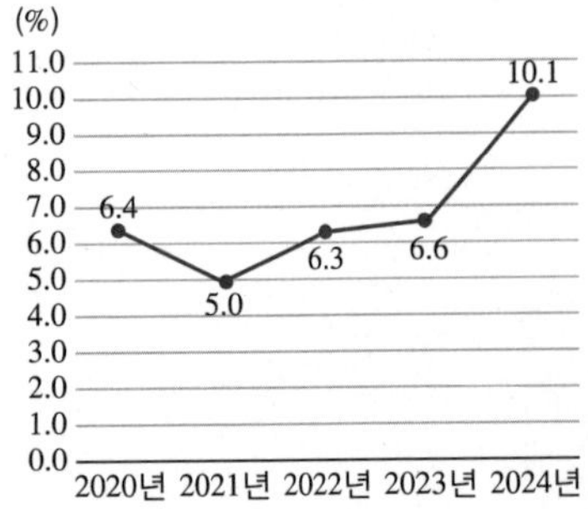

④ 2020 ~ 2024년 영업이익률

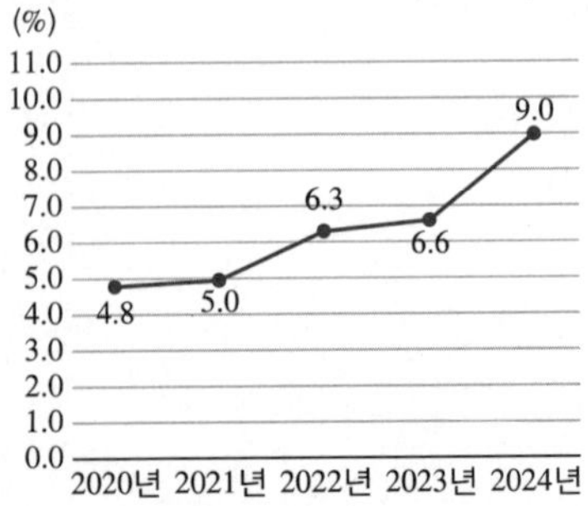

⑤ 2020 ~ 2024년 영업이익률

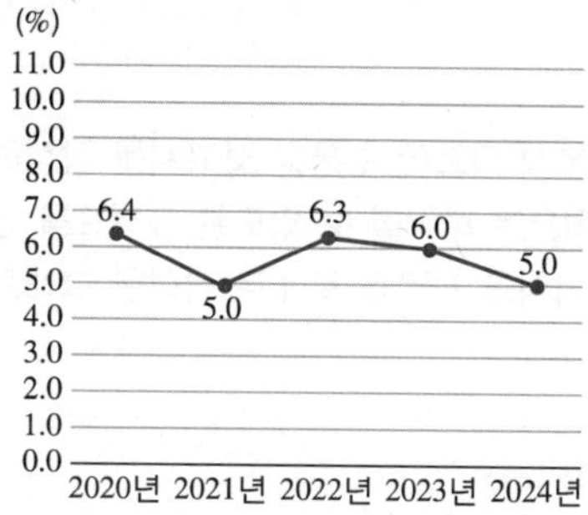

정답 ③

연도별 영업이익과 영업이익률은 다음과 같다.

(단위 : 억 원)

구분	2020년	2021년	2022년	2023년	2024년
매출액	1,485	1,630	1,410	1,860	2,055
매출원가	1,360	1,515	1,280	1,675	1,810
판관비	30	34	41	62	38
영업이익	95	81	89	123	207
영업이익률	6.4%	5.0%	6.3%	6.6%	10.1%

유형풀이 Tip

그래프의 종류

종류	내용
선 그래프	시간적 추이(시계열 변화)를 표시하고자 할 때 적합 예 연도별 매출액 추이 변화
막대 그래프	수량 간의 대소관계를 비교하고자 할 때 적합 예 영업소별 매출액
원 그래프	내용의 구성비를 분할하여 나타내고자 할 때 적합 예 제품별 매출액 구성비
층별 그래프	합계와 각 부분의 크기를 백분율로 나타내고 시간적 변화를 보고자 할 때 적합 예 상품별 매출액 추이
점 그래프	지역분포를 비롯한 기업 등의 평가나 위치, 성격을 표시하고자 할 때 적합 예 광고비율과 이익률의 관계
방사형 그래프	다양한 요소를 비교하고자 할 때 적합 예 매출액의 계절변동

Easy

01 N은행의 경제연구소에 근무하는 귀하는 금융기관 수익성 분석 파트에 수록할 보고서를 작성하고 있다. 보고서 초안을 검토한 귀하의 상사는 데이터를 가시적으로 파악할 수 있도록 그래프를 첨부하라는 지시를 받았다. 다음 중 귀하가 금융기관 총자산순이익률 자료를 토대로 작성한 그래프로 옳지 않은 것은?

〈금융기관 총자산순이익률(ROA)〉

(단위 : %)

구분		보험	상호금융	증권	카드	저축은행
2021년	1/4분기	0.8	0.4	0.4	1.1	−4.3
	2/4분기	0.7	0.3	0.4	1.0	−2.3
	3/4분기	0.7	0.3	0.2	1.1	−1.6
	4/4분기	0.6	0.4	0.1	1.7	−2.1
2022년	1/4분기	0.7	0.4	0.0	1.6	−1.7
	2/4분기	0.7	0.4	0.1	1.6	−1.2
	3/4분기	0.7	0.4	0.4	1.6	−0.9
	4/4분기	0.7	0.4	0.6	1.8	0.3
2023년	1/4분기	0.7	0.4	0.8	1.8	0.8
	2/4분기	0.8	0.4	1.1	1.7	1.3
	3/4분기	0.7	0.4	1.0	1.6	1.7

① 보험회사 총자산순이익률(%)

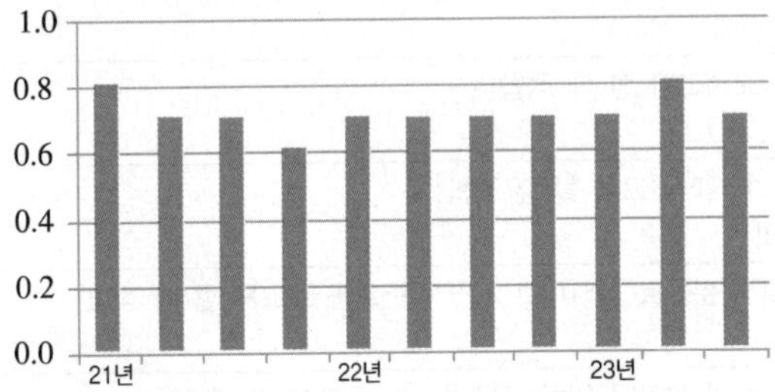

② 상호금융 총자산순이익률(%)

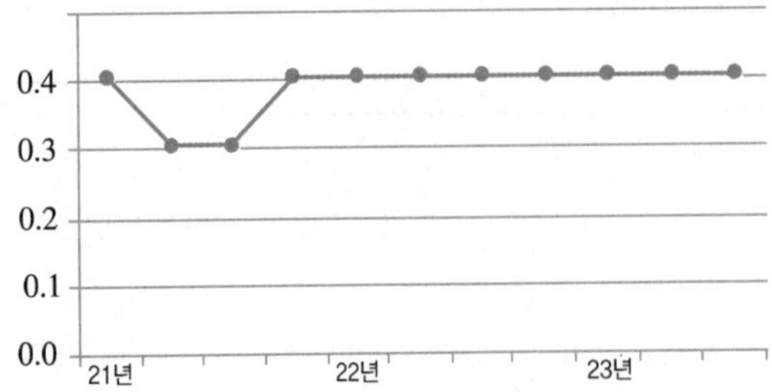

③ 증권회사 총자산순이익률(%)

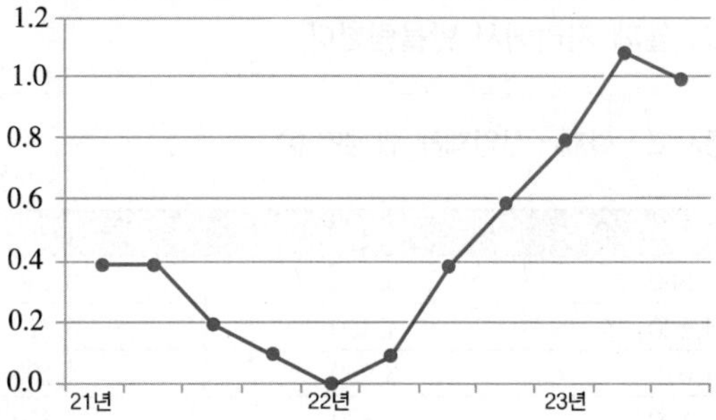

④ 카드회사 총자산순이익률(%)

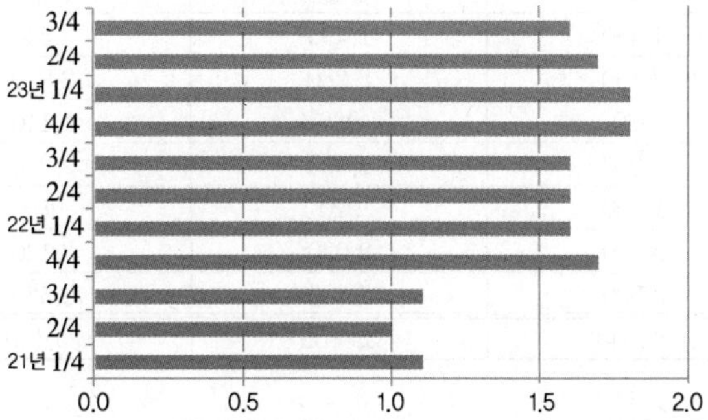

⑤ 저축은행 총자산순이익률(%)

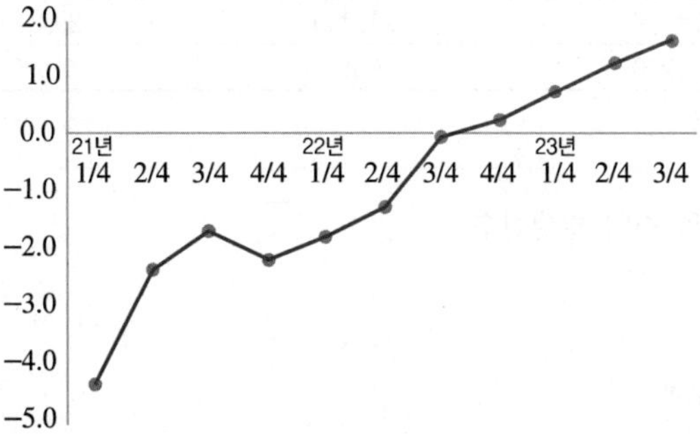

02 다음은 지역별 교통사고 · 화재 · 산업재해 현황에 대한 자료이다. 이를 그래프로 변환한 것으로 옳지 않은 것은?(단, 비중은 소수점 둘째 자리에서 반올림한다)

〈교통사고 · 화재 · 산업재해 발생건수〉

(단위 : 건)

구분	교통사고	화재	산업재해
서울	3,830	5,890	3,550
인천	4,120	4,420	5,210
경기	4,010	3,220	4,100
강원	1,100	3,870	1,870
대전	880	1,980	1,120
충청	1,240	1,290	2,880
경상	1,480	1,490	2,540
전라	2,180	2,280	2,920
광주	920	980	1,110
대구	1,380	1,490	2,210
울산	1,120	920	980
부산	3,190	2,090	3,120
제주	3,390	2,880	3,530
합계	28,840	32,800	35,140

〈교통사고 · 화재 · 산업재해 사망자 수 및 피해금액〉

구분	교통사고	화재	산업재해
사망자 수(명)	12,250	21,220	29,340
피해금액(억 원)	1,290	6,490	1,890

※ 수도권은 서울 · 인천 · 경기 지역임

① 교통사고의 수도권 및 수도권 외 지역 발생건수

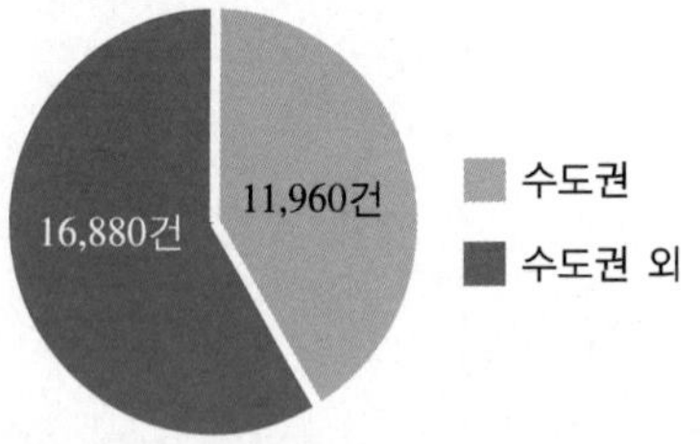

② 화재의 수도권 및 수도권 외 지역 발생건수

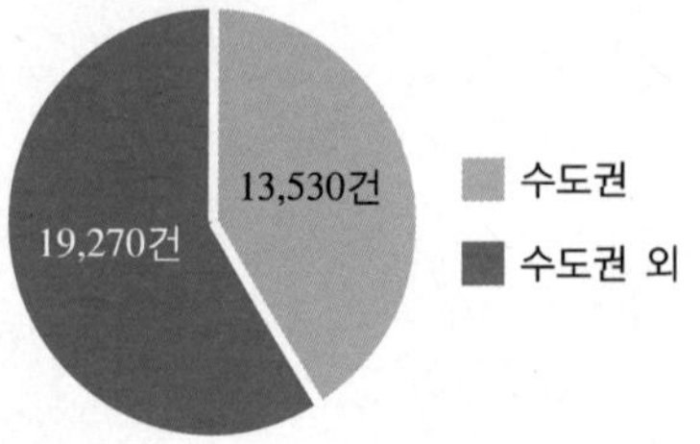

③ 산업재해의 수도권 및 수도권 외 지역 발생건수

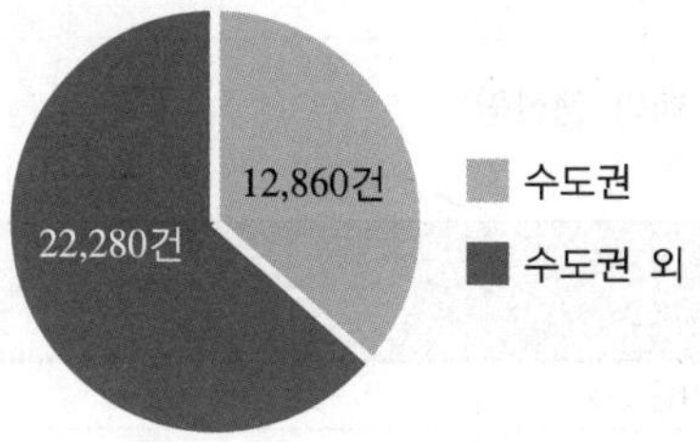

④ 피해금액별 교통사고 · 화재 · 산업재해 비중

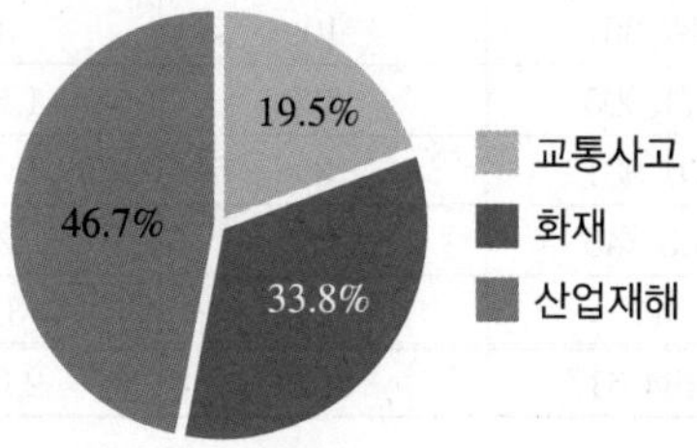

⑤ 전국 교통사고 · 화재 · 산업재해 발생건수 및 피해금액

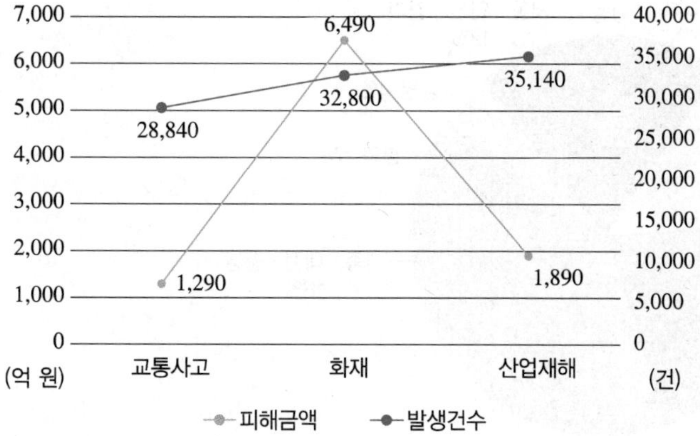

03 다음은 지역별 국내 백미 생산량을 나타낸 자료이다. 이를 변환한 그래프로 옳지 않은 것은?

〈지역별 국내 백미 생산량〉

(단위 : ha, 톤)

구분	논벼		밭벼	
	면적	생산량	면적	생산량
서울·인천·경기	91,557	468,506	2	4
강원	30,714	166,396	0	0
충북	37,111	201,670	3	5
세종·대전·충남	142,722	803,806	11	21
전북	121,016	687,367	10	31
광주·전남	170,930	871,005	705	1,662
대구·경북	105,894	591,981	3	7
부산·울산·경남	77,918	403,845	11	26
제주	10	41	117	317
합계	777,872	4,194,617	862	2,073

① 지역별 논벼 면적의 구성비

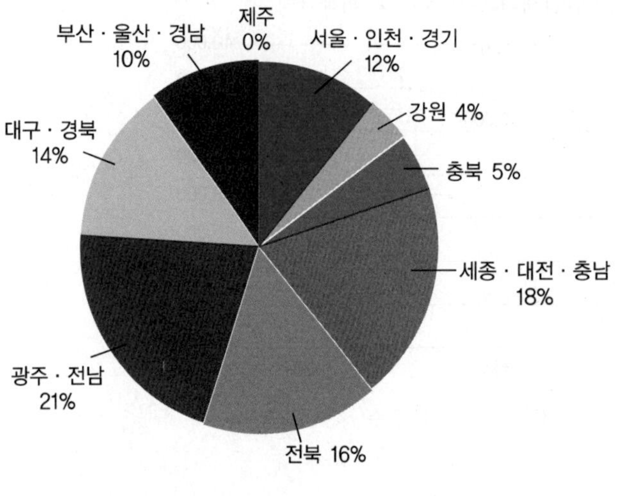

② 제주 지역 백미 생산면적 구성비

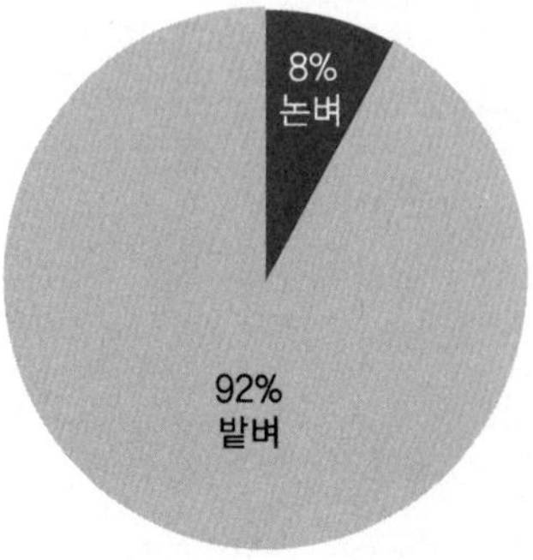

③ 제주를 제외한 지역별 1ha당 백미 생산량

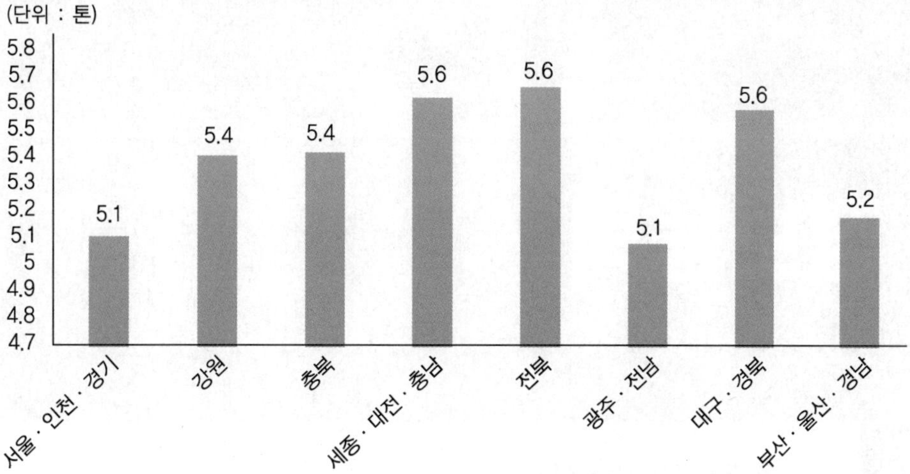

④ 논벼와 밭벼의 생산량 비교

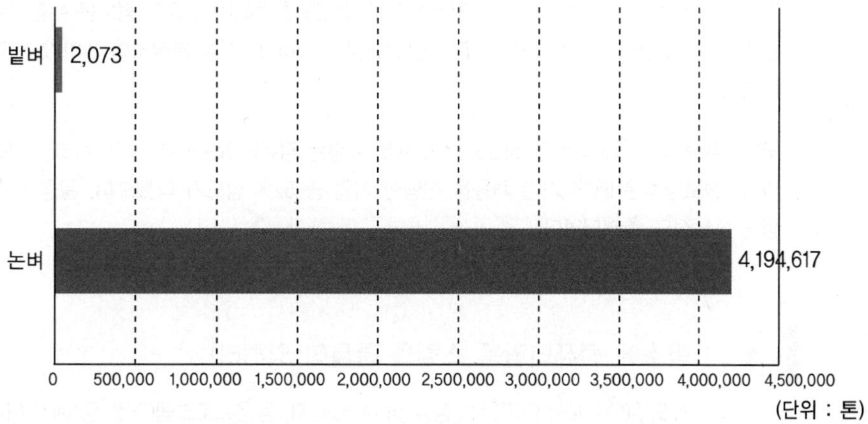

⑤ 지역별 밭벼의 생산비

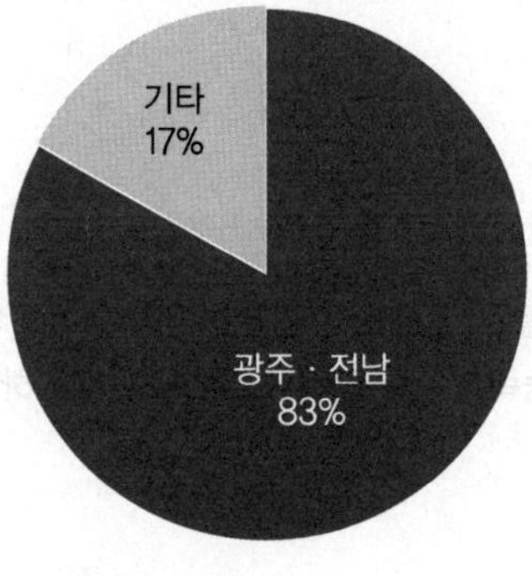

CHAPTER 05

정보능력

합격 Cheat Key

정보능력은 업무를 수행함에 있어 기본적인 컴퓨터를 활용하여 필요한 정보를 수집, 분석, 활용하는 능력을 의미한다. 또한 업무와 관련된 정보를 수집하고, 이를 분석하여 의미 있는 정보를 얻는 능력이다.

국가직무능력표준에 따르면 정보능력의 세부 유형은 컴퓨터활용능력·정보처리능력으로 나눌 수 있다. 정보능력은 NCS 기반 채용을 진행한 기업 중 52% 정도가 다뤘으며, 문항 수는 전체에서 평균 6% 정도 출제되었다.

1 평소에 컴퓨터활용 스킬을 틈틈이 익혀라!

윈도우(OS)에서 어떠한 설정을 할 수 있는지, 응용프로그램(엑셀 등)에서 어떠한 기능을 활용할 수 있는지를 평소에 직접 사용해 본다면 문제를 보다 수월하게 해결할 수 있다. 여건이 된다면 컴퓨터활용능력에 관련된 자격증 공부를 하는 것도 이론과 실무를 익히는 데 도움이 될 것이다.

2 문제의 규칙을 찾는 연습을 하라!

일반적으로 코드체계나 시스템 논리체계를 제공하고 이를 분석하여 문제를 해결하는 유형이 출제된다. 이러한 문제는 문제해결능력과 같은 맥락으로 규칙을 파악하여 접근하는 방식으로 연습이 필요하다.

3 현재 보고 있는 그 문제에 집중하자!

정보능력의 모든 것을 공부하려고 한다면 양이 너무나 방대하다. 그렇기 때문에 수험서에서 본인이 현재 보고 있는 문제들을 집중적으로 공부하고 기억하려고 해야 한다. 또한 엑셀의 함수 수식, 연산자 등 암기를 필요로 하는 부분들은 필수로 암기하여 출제가 되었을 때 오답률을 낮출 수 있도록 해야 한다.

4 사진 · 그림을 기억하자!

컴퓨터활용능력을 파악하는 영역이다 보니 컴퓨터 속 옵션, 기능, 설정 등의 사진 · 그림이 문제에 같이 나오는 경우들이 있다. 그런 부분들은 직접 컴퓨터를 통해서 하나하나 확인을 하면서 공부한다면 더 기억에 잘 남게 된다. 조금 귀찮더라도 한 번씩 클릭하면서 확인을 해보도록 한다.

01 정보이해

| 유형분석 |

- 정보능력 전반에 대한 이해를 확인하는 문제이다.
- 정보능력 이론이나 새로운 정보 기술에 대한 문제가 자주 출제된다.

다음 중 정보처리 절차에 대한 설명으로 옳지 않은 것은?

① 정보의 기획은 정보의 입수대상, 주제, 목적 등을 고려하여 전략적으로 이루어져야 한다.

② 정보처리는 '기획 – 수집 – 활용 – 관리'의 순서로 이루어진다.

③ 다양한 정보원으로부터 목적에 적합한 정보를 수집해야 한다.

④ 정보 관리 시에 고려해야 할 3요소는 목적성, 용이성, 유용성이다.

⑤ 정보 활용 시에는 합목적성 외에도 합법성이 고려되어야 한다.

정답 ②

정보처리는 '기획 – 수집 – 관리 – 활용' 순서로 이루어진다.

오답분석

① 전략적 기획은 정보처리 과정 전반에 필요한 전략적 계획수립 단계이다.
③ 다양한 정보원으로부터 합목적적 정보를 수집하는 것이 바람직하다.
④ 정보 관리 시 고려 요소 3가지는 목적성, 용이성, 유용성이다.
⑤ 정보윤리가 강조되고 있는 만큼 합목적성과 합법성을 모두 고려해야 한다.

유형풀이 Tip

- 자주 출제되는 정보능력 이론을 확인하고, 확실하게 암기해 두어야 한다.
- 4차 산업혁명과 관련된 새로운 ICT 기술 이슈를 틈틈이 체크해 두어야 한다.

대표기출유형 01 기출응용문제

Easy

01 다음 중 정보처리의 기획단계에서 사용하는 방법이 아닌 것은?

① What
② Where
③ When
④ How many
⑤ How much

02 다음은 데이터베이스에 대한 설명이다. 데이터베이스의 특징으로 옳지 않은 것은?

> 데이터베이스란 대량의 자료를 관리하고 내용을 구조화하여 검색이나 자료 관리 작업을 효과적으로 실행하는 프로그램으로, 삽입, 삭제, 수정, 갱신 등을 통하여 항상 최신의 데이터를 유동적으로 유지할 수 있으며, 이와 같은 다량의 데이터는 사용자의 질의에 대한 신속한 응답 처리를 가능하게 한다. 또한 이러한 데이터를 여러 명의 사용자가 동시에 공유할 수 있고, 각 데이터를 참조할 때는 사용자가 요구하는 내용에 따라 참조가 가능함은 물론 응용프로그램과 데이터베이스를 독립시킴으로써 데이터를 변경시키더라도 응용프로그램은 변경되지 않는다.

① 실시간 접근성
② 계속적인 진화
③ 동시 공유
④ 내용에 의한 참조
⑤ 데이터의 논리적 의존성

03 다음 중 대규모로 저장된 데이터 안에서 체계적이고 자동적으로 통계적 규칙이나 패턴을 찾아내는 것을 의미하는 용어는?

① 데이터 마이닝
② 웹 마이닝
③ 오피니언 마이닝
④ 소셜 마이닝
⑤ 현실 마이닝

02 스프레드 시트(엑셀)

| 유형분석 |

- 업무수행에 필요한 스프레드 시트(엑셀)의 사용법을 이해하고 활용할 수 있는지 평가한다.
- 주로 스프레드 시트의 기능, 함수와 관련된 문제가 출제된다.
- 대표적인 엑셀 함수(COUNTIF, ROUND, MAX, SUM, COUNT, AVERAGE, …)에 대한 사전 학습이 요구된다.

다음 중 엑셀에 제시된 함수식의 결괏값으로 옳지 않은 것은?

	A	B	C	D	E	F
1						
2		120	200	20	60	
3		10	60	40	80	
4		50	60	70	100	
5						
6		함수식			결괏값	
7		=MAX(B2:E4)			㉠	
8		=MODE(B2:E4)			㉡	
9		=LARGE(B2:E4,3)			㉢	
10		=COUNTIF(B2:E4,E4)			㉣	
11		=ROUND(B2,−1)			㉤	
12						

① ㉠=200
② ㉡=60
③ ㉢=100
④ ㉣=1
⑤ ㉤=100

정답 ⑤

ROUND 함수는 지정한 자릿수를 반올림하는 함수이다. 함수식에서 '−1'은 일의 자리를 뜻하며, '−2'는 십의 자리를 뜻한다. 여기서 '−' 기호를 빼면 소수점 자리로 인식한다.
따라서 일의 자리를 반올림하기 때문에 결괏값(㉤)은 120이다.

유형풀이 Tip

- 문제 상황에 필요한 엑셀 함수가 무엇인지 파악한 후 선택지에서 적절한 함수식을 골라 식을 만들어야 한다.
- 대표적인 엑셀 함수와 풀이 방법에 대해 사전에 학습해두면 문제를 빠르게 해결할 수 있다.

대표기출유형 02 기출응용문제

Easy

01 다음 시트에서 성별이 '남'인 직원들의 근속연수 합계를 구하는 함수식으로 옳지 않은 것은?

	A	B	C	D	E	F
1	사원번호	이름	생년월일	성별	직급	근속연수
2	E5478	이재홍	1980-02-03	남	부장	8
3	A4625	박언영	1985-04-09	여	대리	4
4	B1235	황준하	1986-08-20	남	대리	3
5	F7894	박혜선	1983-12-13	여	과장	6
6	B4578	이애리	1990-05-06	여	사원	1
7	E4562	김성민	1986-03-08	남	대리	4
8	A1269	정태호	1991-06-12	남	사원	2
9	C4567	김선정	1990-11-12	여	사원	1

① =SUMIFS(F2:F9,D2:D9,남)

② =DSUM(A1:F9,F1,D1:D2)

③ =DSUM(A1:F9,6,D1:D2)

④ =SUMIF(D2:D9,D2,F2:F9)

⑤ =SUMIFS(F2:F9,D2:D9,D2)

02 다음 시트에서 함수식 「=INDEX(A3:E9,MATCH(SMALL(B3:B9,2),B3:B9,0),5)」의 결과값으로 옳은 것은?

	A	B	C	D	E
1					(단위 : 개, 원)
2	상품명	판매수량	단가	판매금액	원산지
3	참외	5	2,000	10,000	대구
4	바나나	12	1,000	12,000	서울
5	감	10	1,500	15,000	부산
6	포도	7	3,000	21,000	대전
7	사과	20	800	16,000	광주
8	오렌지	9	1,200	10,800	전주
9	수박	8	10,000	80,000	춘천

① 21,000

② 대전

③ 15,000

④ 광주

⑤ 사과

03 다음 시트에서 근무점수가 70점대인 직원의 수를 구하려고 한다. [B14] 셀에 들어갈 함수식으로 옳은 것은?

	A	B	C
1	직원 근무 평가		
2	성명	입사일	근무점수
3	박정호	2018-06-06	73
4	신정희	2021-04-01	69
5	김용태	2022-11-01	93
6	김진영	2019-05-06	65
7	유현숙	2022-01-01	69
8	최정철	2022-06-10	80
9	강창희	2021-09-11	86
10	천영주	2020-05-10	70
11	박연수	2022-05-08	63
12			
13		70점대	
14		2	

① =LEFT(C3,2,1)

② =IF(C3:C11>70,"2")

③ =IF(LEN(C3)<80,LEFT(C3,1),LEFT(C4,2))

④ =COUNTIF(C3,">=70")−COUNTIF(C3,">=80")

⑤ =COUNTIF(C3:C11,">=70")−COUNTIF(C3:C11,">=80")

※ 다음은 N은행 인턴 참여자에 대한 업무능력을 평가한 성적표이다. 이어지는 질문에 답하시오. [4~5]

	A	B	C	D	E	F
1	〈N은행 인턴 업무능력 평가〉					
2	이름	업무정확도	업무속도	근무태도	회사적응도	평균
3	고○○	8.5	5	8.5	8.5	
4	김○○	6	10	6.5	9	
5	김○○	6.5	8	10	8.5	
6	나○○	10	8	7.5	6	
7	도○○	8	6	8	9	
8	박○○	7	7.5	7.5	7.5	
9	신○○	8	7	8.5	10	
10	오○○	9.5	10	8	6.5	
11	유○○	7	8.5	10	10	
12	이○○	7	6	9	8.5	
13	이○○	5	9	6	8	
14	전○○	7.5	8.5	7.5	8	
15	차○○	10	6.5	9	10	
16	천○○	8	7.5	7	7.5	

04 인턴 14명의 평균을 구하고자 할 때, [F3]에 들어갈 함수식으로 옳은 것은?(단, 소수점 둘째 자리에서 버림한다)

① =AVERAGE(ROUNDDOWN(B3:E3),1)
② =AVERAGE(ROUNDDOWN(B3:E3,1))
③ =ROUNDDOWN(AVERAGE(B3:E3),1)
④ =ROUNDDOWN(AVERAGE(B3:E3,1))
⑤ =ROUNDDOWN(AVERAGE(B3:E3))

05 평균이 8.5점 이상인 인턴을 정직원으로 채용하고자 할 때, 채용 가능한 인원의 수를 구하는 함수식은?

① =SUMIF(F3:F16,">=8.5")
② =SUMIF(F3:F16,>=8.5)
③ =COUNTIF(F3:F16,">=8.5")
④ =COUNTIF(F3:F16,>=8.5)
⑤ =IF(F3:F16,">=8.5")

대표기출유형

03 프로그램 언어(코딩)

| 유형분석 |

- 업무수행에 필요한 프로그램 언어(코딩)을 정확하게 이해하고 있는지 평가한다.
- 주로 주어진 규칙을 적용하여 새로운 코드번호를 만들거나 만들어진 코드번호를 해석하는 등의 문제가 출제된다.
- 빈번하게 출제되는 프로그램 언어(코딩) 문제 유형에 대한 사전 학습이 요구된다.

다음 프로그램의 실행 결과가 0이 되기 위해 빈칸 A에 들어갈 수는?

```
#include <stdio.h>

int main() {
   int i;
   int n=37;

   i=n%10;
   i-=_____A_____

   printf("%d₩n", i);

return 0;
}
```

① 1
② 3
③ 5
④ 7
⑤ 9

정답 ④

n%10은 n을 10으로 나누었을 때의 나머지이고, i-=A는 i=i-A를 의미한다.
n이 37이고, 10으로 나눈 나머지(i)는 7이므로 i=7-A가 0이 되려면 A는 7이 되어야 한다.

유형풀이 Tip

- 주어진 실행 프로그램을 확인한 후 핵심 키워드를 파악한 다음 문제에서 요구하는 내용을 도출해낸다.
- 대표적인 프로그램 언어와 풀이 방법에 대해 사전에 학습해두면 문제를 빠르게 해결할 수 있다.

대표기출유형 03 기출응용문제

※ 다음 프로그램의 실행 결과로 옳은 것을 고르시오. [1~2]

01

```
#include <stdio.h>
void main() {
   int a=10;
   float b=1.3;
   double c;
   c=a+b;
   printf("%.2lf", c);
}
```

① 11
② 11.3
③ 11.30
④ .30
⑤ .3

02

```
#include <stdio.h>
main()
{
   int a=3;
   a-=5;
   printf("%d₩n", a);
}
```

① 0
② 3
③ 5
④ 2
⑤ −2

Easy

03 다음 중 파이썬 프로그램의 실행 결과가 다른 것은?

①
```
>>> print(1==3)
```

②
```
>>> print(5<3)
```

③
```
>>> a=11
>>> print(1<a<10)
```

④
```
>>> print (1!=3)
```

⑤
```
>>> print ((1==5) and (1!=5))
```

04 다음 C언어 프로그램을 실행할 때 출력되는 값은?

```
#include <stdio.h>
int power(int x,int y);
int main(void)
{    int a,b;
    a=6;
    b=4;
    printf("%d",power(a,b));
    return 0;
}int power(int x,int y)
{    if(y==0)
    return 1;
    else return x*power(x,y-1);
}
```

① 24
② 64
③ 1296
④ 6543
⑤ 6666

Hard

05 다음은 임의의 수 8개에 대한 배열을 오름차순으로 나열하는 C언어 프로그램이다. 이를 내림차순으로 나열하고자 할 때, 수정해야 하는 행과 그 내용으로 옳은 것은?

```
#include <stdio.h>
int main(){
        int arr[8]={7, 59, 30, 1, 26, 40, 5, 39};
        int i, j, temp, index, min;
        for(i=0;i<8;++i){
                 min=arr[i];
                index=i;
                for(j=i+1;j<8;++j){
                         if(min>arr[j]){
                                 min=arr[j];
                                 index=j;
                         }
                }
                temp=arr[i];
                arr[i]=arr[index];
                arr[index]=temp;
   }
   for(i=0; i<8;++i){
            printf("%d ", arr[i]);
   }
    return 0;
}
```

① 3번째 행의 ‘arr[8]’을 ‘arr[−8]’로 수정한다.
② 8번째 행의 ‘for(j=i+1;j<8;++j);’을 ‘for(j=8−i;j<8;++j);’로 수정한다.
③ 9번째 행의 ‘if(min>arr[j])’를 ‘if(min<arr[j])’로 수정한다.
④ 19번째 행의 ‘printf(“%d ”, arr[i]);’를 ‘printf(“%d ”, arr[8−i]);’로 수정한다.
⑤ 21번째 행의 ‘return 0;’을 제거한다.

CHAPTER 06

조직이해능력

합격 Cheat Key

조직이해능력은 업무를 원활하게 수행하기 위해 조직의 체제와 경영을 이해하고 국제적인 추세를 이해하는 능력이다. 현재 많은 금융권에서 출제 비중을 높이고 있는 영역이기 때문에 미리 대비하는 것이 중요하다. 실제 업무 능력에서 조직이해능력을 요구하기 때문에 중요도는 점점 높아질 것이다.

국가직무능력표준 홈페이지 자료에 따르면 조직이해능력의 세부 유형은 조직체제이해능력 · 경영이해능력 · 업무이해능력 · 국제감각으로 나눌 수 있다. 조직도를 제시하는 문제가 출제되거나 조직의 체계를 파악해 경영의 방향성을 예측하고, 업무의 우선순위를 파악하는 문제가 출제된다.

조직이해능력은 NCS 기반 채용을 진행한 금융권 중 30% 정도가 다뤘으며, 문항 수는 전체에서 평균 15% 정도로 상대적으로 적게 출제되었다.

1 문제 속에 정답이 있다!

경력이 없는 경우 조직에 대한 이해가 낮을 수밖에 없다. 그러나 문제 자체가 실무적인 내용을 담고 있어도 문제 안에는 해결의 단서가 주어진다. 부담을 갖지 않고 접근하는 것이 중요하다.

2 경영 · 경제학원론 정도의 수준은 갖추도록 하라!

지원한 직군마다 차이는 있을 수 있으나, 경영 · 경제이론을 접목시킨 문제가 꾸준히 출제되고 있다. 따라서 기본적인 경영 · 경제이론은 익혀 둘 필요가 있다.

3 지원하는 기업의 조직도를 파악하자!

출제되는 문제는 각 기업의 세부내용일 경우가 많기 때문에 지원하는 기업의 조직도를 파악해 두어야 한다. 조직이 운영되는 방법과 전략을 이해하고, 조직을 구성하는 체제를 파악하고 간다면 조직이해능력영역에서 조직도가 나올 때 단시간에 문제를 풀 수 있을 것이다.

4 실제 업무에서도 요구되므로 이론을 익혀두자!

각 기업의 직무 특성상 일부 영역에 필기시험의 중요도가 가중되는 경우가 있어서 많은 수험생들이 해당 영역에만 집중하는 경향이 있다. 그러나 실제 업무 능력에는 NCS 직업기초능력의 10개 영역이 골고루 요구되는 경우가 많으며, 필기시험에서 조직이해능력을 출제하는 기업의 비중이 늘어나고 있기 때문에 미리 이론을 익혀 둔다면 모듈형 문제에서 고득점을 노릴 수 있다.

01 | 경영전략

| 유형분석 |

- 경영전략에서 대표적으로 출제되는 문제는 마이클 포터(Michael Porter)의 본원적 경쟁전략이다.

다음 사례에서 나타난 마이클 포터의 본원적 경쟁전략으로 가장 적절한 것은?

전자제품 시장에서 경쟁회사가 가격을 낮추는 저가 전략을 사용하여 점유율을 높이려 하자, 이에 맞서 오히려 고급 기술을 적용한 고품질 프리미엄 제품을 선보이고 서비스를 강화해 시장의 점유율을 높였다.

① 차별화 전략
② 원가우위 전략
③ 집중화 전략
④ 마케팅 전략
⑤ 비교우위 전략

정답 ①

마이클 포터의 본원적 경쟁전략

- 차별화 전략 : 조직이 생산품이나 서비스를 차별화하여 고객에게 가치 있고 독특하게 인식되도록 하는 전략으로, 이를 활용하기 위해서는 연구개발이나 광고를 통하여 기술, 품질, 서비스, 브랜드 이미지를 개선할 필요가 있다.
- 원가우위 전략 : 원가절감을 통해 해당 산업에서 우위를 점하는 전략으로, 이를 위해서는 대량생산을 통해 단위 원가를 낮추거나 새로운 생산기술을 개발할 필요가 있다.
- 집중화 전략 : 특정 시장이나 고객에게 한정된 전략으로, 특정 산업을 대상으로 한다. 즉, 경쟁 조직들이 소홀히 하고 있는 한정된 시장을 원가우위나 차별화 전략을 써서 집중 공략하는 방법이다.

유형풀이 Tip

- 대부분의 기업들은 마이클 포터의 본원적 경쟁전략을 사용하고 있다. 각 전략에 해당하는 대표적인 기업을 연결하고, 그들의 경영전략을 상기하며 문제를 풀어보도록 한다.
- 본원적 경쟁전략의 기본적인 이해와 구조를 물어보는 문제가 자주 출제되므로, 전략별 특징 및 개념에 대한 이론 학습이 요구된다.

대표기출유형 01 기출응용문제

Easy

01 조직의 유지와 발전에 책임을 지는 조직의 경영자는 다양한 역할을 수행해야 한다. 다음 중 조직 경영자의 역할로 적절하지 않은 것은?

① 대외적으로 조직을 대표한다.
② 대외적 협상을 주도한다.
③ 조직 내에서 발생하는 분쟁을 조정한다.
④ 외부 변화에 대한 정보를 기밀로 한다.
⑤ 제한된 자원을 적재적소에 배분한다.

02 다음 〈보기〉의 맥킨지 7S 모델을 소프트웨어적 요소와 하드웨어적 요소로 바르게 구분한 것은?

보기

㉠ 스타일(Style)	㉡ 구성원(Staff)
㉢ 전략(Strategy)	㉣ 스킬(Skills)
㉤ 구조(Structure)	㉥ 공유가치(Shared Values)
㉦ 시스템(Systems)	

	소프트웨어	하드웨어
①	㉠, ㉡, ㉢, ㉥	㉣, ㉤, ㉦
②	㉠, ㉡, ㉣, ㉥	㉢, ㉤, ㉦
③	㉡, ㉢, ㉥, ㉦	㉠, ㉣, ㉤
④	㉡, ㉣, ㉤, ㉦	㉠, ㉢, ㉥
⑤	㉢, ㉤, ㉥, ㉦	㉠, ㉡, ㉣

※ **다음은 마이클 포터(Michael E. Porter)의 본원적 경쟁전략과 관련된 사례들이다. 이어지는 질문에 답하시오. [3~5]**

〈본원적 경쟁우위 전략〉

마이클 포터가 산업 내에서 효과적으로 경쟁할 수 있는 일반적인 형태의 전략 제시

구분	저원가	차별화
광범위한 시장	원가우위 전략	차별화 전략
좁은 시장	집중화 전략	

〈사례 1〉

N사는 자체 생산 공장이 없어 각국의 협력사에서 OEM방식으로 생산하고 공급하는 대신 과학적인 제품 개발과 디자인, 제품광고에 막대한 돈을 투자하고 있다. 상품디자인, 그래픽, 환경디자인, 영화 및 비디오 사업팀 등으로 세분화하고 특색을 가미한 디자인을 추구하며, 광고도 농구화의 마이클 조던, 골프용품의 타이거 우즈 등 스타 마케팅을 주로 한다.

〈사례 2〉

F사는 광고경쟁이나 계속적인 신제품 공급으로 타격을 받기 쉬운 일반용품을 파는 대신 몇 종류의 한정된 산업용지 생산에만 노력을 기울였으며, P사는 손수 집을 칠하는 아마추어용 페인트 대신 직업적인 페인트공을 대상으로 한 페인트나 서비스를 제공하는 데 주력했다. 서비스 형태로는 적합한 페인트 선택을 위한 전문적 조언이나 아무리 적은 양이라도 작업장까지 배달해 주는 일 또는 직접 판매장에서 접대실을 갖추어 커피를 무료로 대접하는 일 등이 있다.

〈사례 3〉

T사는 재고로 쌓이는 부품량을 최소화하기 위해 1990년대 초 'JIT'라는 혁신적인 생산시스템을 도입했다. 그 결과 부품을 필요한 시기에 필요한 수량만큼 공급받아 재고비용을 대폭 줄일 수 있었다. 하지만 일본 대지진으로 위기를 겪고 이 시스템을 모든 공장에 적용하기에는 무리가 있다고 판단하여 기존 강점이라고 믿던 JIT 시스템을 개혁하여 재고를 필요에 따라 유동적으로 조절하는 방식을 채택했다. 그 결과 부품공급사슬과 관련한 정보습득 능력이 높은 수준으로 개선되어 빈번한 자연재해에도 공장의 가동에 전혀 지장을 주지 않았고, 빠른 대응이 가능하게 되었다.

03 사례 1에서 추구하는 전략에 대한 설명으로 적절하지 않은 것은?

① 제품적 차별화와 광고의 차별화를 통해 브랜드 자산을 구축하고 있다.
② 좁은 시장에서 경쟁우위 요소를 차별화로 두는 전략이다.
③ 구매자 세분시장에 대한 인식을 제대로 하지 못한다면 위험요소가 될 수 있다.
④ 높은 가격에도 불구하고 구입을 유도하는 독특한 요인으로 인해 경쟁우위를 확보한다.
⑤ 저비용 대량생산보다 차별화된 제품의 생산을 중요시한다.

PART 1

04 사례 2에서 알 수 있는 내용으로 가장 거리가 먼 것은?

① 특정 목표에 대해 차별화될 수 있는 결과를 얻거나 낮은 원가를 실현할 수 있다.
② 특정 지역에 집중적으로 자원을 투입하면 그 지역에 적합한 제품이나 서비스를 제공함으로써 차별화할 수 있다.
③ 특정 시장을 공략할 경우, 세분화된 시장을 잘못 선택하면 수익성이 크게 떨어져 의도와는 다른 결과가 나타날 수도 있다.
④ 대체품과의 경쟁가능성이 희박한 부문이나 경쟁기업들의 가장 취약한 부문을 선택해서 집중적인 노력을 기울여 그 산업 내에서 평균 이상의 수익을 달성할 잠재력을 지닐 수 있다.
⑤ 특화된 제품을 사용하기를 원하는 소비자에 초점을 맞춘다면 경쟁력을 갖출 수 있다.

05 다음 〈보기〉에서 사례 3과 동일한 전략을 사용한 것을 모두 고르면?

> **보기**
>
> ㉠ A전자 회사는 자동화 및 전문화를 통해 제품의 생산 원가를 하락시켰다.
> ㉡ B자동차 회사는 승용차 부문은 포기하고 상용차 부문만 집중적으로 공략하고 있다.
> ㉢ C전자 회사는 저가 전략뿐만 아니라 공격적인 투자를 통해 기술적인 차별화 전략을 함께 병행하고 있다.
> ㉣ H사는 부품의 규격화와 여러 가지 형태 변화, 원자재 투입량의 감소 등을 통해 제작과 조작이 용이하게 크레인 설계를 변형했다.

① ㉠, ㉡
② ㉠, ㉣
③ ㉡, ㉣
④ ㉢, ㉣
⑤ ㉠, ㉡, ㉢

02 조직구조

| 유형분석 |

- 조직구조 유형에 대한 특징을 물어보는 문제가 자주 출제된다.
- 기계적 조직과 유기적 조직의 차이점과 사례 등을 숙지하고 있어야 한다.
- 조직구조 형태에 따라 기능적 조직, 사업별 조직으로 구분하여 출제되기도 한다.

다음 〈보기〉 중 조직구조에 대한 설명으로 적절하지 않은 것을 모두 고르면?

보기

㉠ 기계적 조직은 구성원들의 업무분장이 명확하게 이루어져 있는 편이다.
㉡ 기계적 조직은 조직 내 의사소통이 비공식적 경로를 통해 활발히 이루어진다.
㉢ 유기적 조직은 의사결정 권한이 조직 하부 구성원들에게 많이 위임되어 있으며, 업무내용이 명확히 규정되어 있는 것이 특징이다.
㉣ 유기적 조직은 기계적 조직에 비해 조직의 형태가 가변적이다.

① ㉠, ㉡
② ㉠, ㉢
③ ㉡, ㉢
④ ㉡, ㉣
⑤ ㉢, ㉣

정답 ③

㉡ 기계적 조직 내 의사소통은 비공식적 경로가 아닌 공식적 경로를 통해 주로 이루어진다.
㉢ 유기적 조직은 의사결정 권한이 조직 하부 구성원들에게 많이 위임되어 있으나, 업무내용은 기계적 조직에 비해 가변적이다.

오답분석

㉠ 기계적 조직은 위계질서 및 규정, 업무분장이 모두 명확하게 확립되어 있는 조직이다.
㉣ 유기적 조직에서는 비공식적인 상호 의사소통이 원활히 이루어지며, 규제나 통제의 정도가 낮아 변화에 따라 쉽게 변할 수 있는 특징을 가진다.

유형풀이 Tip

조직구조는 유형에 따라 기계적 조직과 유기적 조직으로 나눌 수 있다. 기계적 조직과 유기적 조직은 서로 상반된 특징을 가지고 있으며, 기계적 조직이 관료제의 특징과 비슷하다는 것을 파악하고 있다면, 이와 상반된 유기적 조직의 특징도 수월하게 파악할 수 있다.

1) 기계적 조직 : 구성원들의 업무나 권한이 분명하게 정의된 조직
2) 유기적 조직 : 의사결정권이 하부 구성원들에게 많이 위임되고 업무가 고정적이지 않은 조직

대표기출유형 02 기출응용문제

01 **다음 대화를 읽고 조직목표의 기능과 특징으로 적절하지 않은 것은?**

> 이대리 : 박부장님께서 우리 회사의 목표가 무엇인지 생각해 본 적 있냐고 하셨을 때 당황했어. 평소에 딱히 생각하고 지내지 않았던 것 같아.
> 김대리 : 응, 그러기 쉽지. 개인에게 목표가 있어야 그것을 위해서 무언가를 하는 것처럼 당연히 조직에도 목표가 있어야 하는데 조직에 속해 있으면 당연히 알아두어야 한다고 생각해.

① 조직이 존재하는 정당성을 제공한다.
② 의사결정을 할 때뿐만 아니라 하고 나서의 기준으로도 작용한다.
③ 공식적 목표와 실제적 목표는 다를 수 있다.
④ 동시에 여러 개를 추구하는 것보다 하나씩 순차적으로 처리해야 한다.
⑤ 목표 간에는 위계 관계와 상호 관계가 공존한다.

Easy

02 **사람이 모이면 그 안에는 문화가 생긴다. 조직을 이루는 구성원 사이에서 공유된 생활양식이나 가치를 '조직문화'라고 한다. 다음 중 조직문화가 갖는 특징으로 적절하지 않은 것은?**

① 구성 요소에는 리더십 스타일, 제도 및 절차, 구성원, 구조 등이 있다.
② 조직 구성원들에게 일체감과 정체성을 준다.
③ 조직의 안정성을 유지하는 데 기여한다.
④ 조직 몰입도를 향상시킨다.
⑤ 구성원들 개개인의 다양성을 강화해 준다.

03 **다음은 특정 기준을 통해 조직문화를 4가지 문화로 구분한 자료이다. (가) ~ (라)에 대한 설명으로 적절하지 않은 것은?**

유연성, 자율성 강조
(Flexibility & Discretion)

내부지향성, 통합 강조
(Internal Focus & Integration)

(가)	(나)
(다)	(라)

외부지향성, 차별 강조
(External Focus & Differentiation)

안정, 통제 강조
(Stability & Control)

① (가)는 조직구성원 간 인화단결, 협동, 팀워크, 공유가치, 사기, 의사결정과정에 참여 등을 중요시한다.

② (나)는 규칙과 법을 준수하고 관행과 안정, 문서와 형식, 명확한 책임소재 등을 강조하는 관리적 문화의 특징을 가진다.

③ (다)는 조직내부의 통합과 안정성을 확보하고, 현상유지 차원에서 계층화되는 조직문화이다.

④ (라)는 실적을 중시하고, 직무에 몰입하며, 미래를 위한 계획을 수립하는 것을 강조한다.

⑤ (가)는 개인의 능력개발에 대한 관심이 높고, 조직구성원에 대한 인간적 배려와 가족적인 분위기를 만들어내는 특징을 가진다.

04 **다음 (가)와 (나)의 조직구조의 형태를 이해한 내용으로 적절하지 않은 것은?**

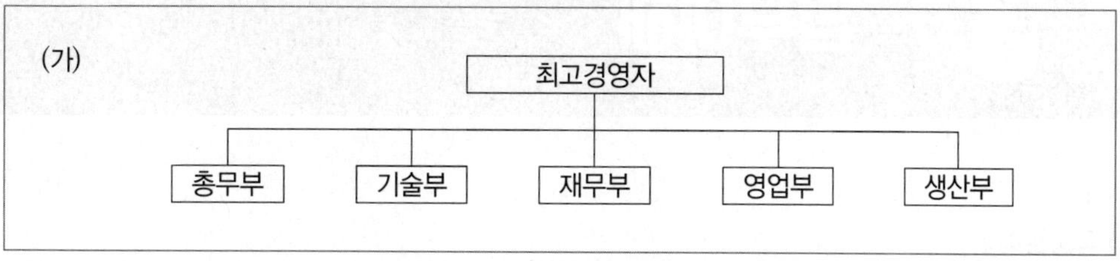

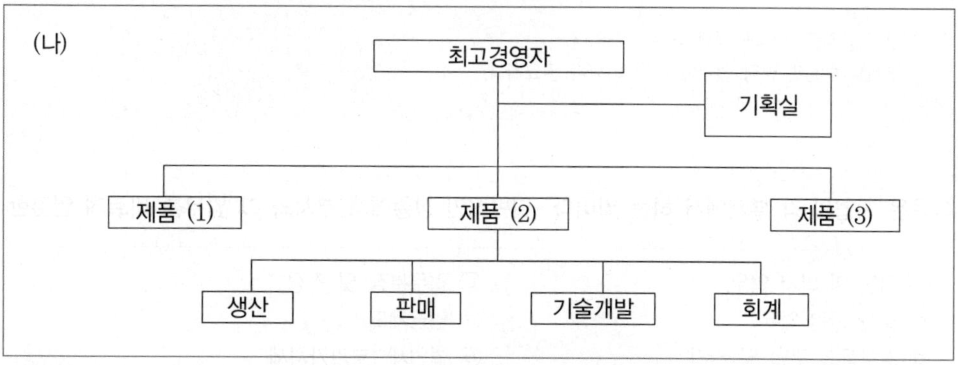

① (가)의 경우는 업무의 내용이 유사하고 관련성이 있는 것들이 결합되어 형태를 이루고 있다.
② (가)는 (나)보다 분권화된 의사결정이 가능한 사업별 조직구조이다.
③ (나)는 (가)보다 제품별 차이에 신속하게 적응하기 위한 조직구조이다.
④ (나)는 (가)보다 급변하는 환경변화에 효과적으로 대응할 수 있는 조직구조이다.
⑤ (가)와 (나) 모두 조직의 CEO가 최상층에 있음을 확인할 수 있다.

03 업무이해

| 유형분석 |

- 부서별 주요 업무에 대해 묻는 문제이다.
- 부서별 특징과 담당 업무에 대한 이해가 필요하다.

다음은 기업의 각 부서에서 하는 일이다. 일반적인 상황에서 부서와 그 업무를 바르게 연결한 것은?

㉠ 의전 및 비서 업무	㉡ 업무분장 및 조정
㉢ 결산 관련 업무	㉣ 임금제도
㉤ 소모품의 구입 및 관리	㉥ 법인세, 부가가치세
㉦ 판매 예산 편성	㉧ 보험 가입 및 보상 업무
㉨ 견적 및 계약	㉩ 국내외 출장 업무 협조
㉪ 외상매출금 청구	㉫ 직원수급 계획 및 관리

① 총무부 : ㉠, ㉤, ㉦
② 영업부 : ㉦, ㉨, ㉪
③ 회계부 : ㉢, ㉧, ㉪
④ 인사부 : ㉠, ㉡, ㉣
⑤ 기획부 : ㉠, ㉡, ㉫

정답 ②

영업부의 업무로는 판매 계획, 판매 예산 편성(㉦), 견적 및 계약(㉨), 외상매출금 청구 및 회수(㉪), 시장조사, 판매 원가 및 판매 가격의 조사 검토 등이 있다.

오답분석

① 총무부 : ㉠, ㉤, ㉩
③ 회계부 : ㉢, ㉥, ㉧
④ 인사부 : ㉡, ㉣, ㉫
⑤ 기획부 : 경영 또는 전략 기획, 신규 투자 및 중장기 계획 수립 등

유형풀이 Tip

- 조직은 목적을 달성하기 위해 업무를 효과적으로 분배하고 처리할 수 있는 구조를 확립하고 있으며, 조직의 목적이나 규모에 따라 업무의 종류는 다양하다.
- 대부분의 조직에서는 총무, 인사, 기획, 회계, 영업으로 부서를 나누어 업무를 담당하고 있다. 따라서 5가지 업무 종류에 대해서는 미리 숙지해야 한다.

대표기출유형 03 기출응용문제

Easy

01 **다음 사례에서 나타난 총무부의 실수로 가장 적절한 것은?**

> 총무부는 회사에 필요한 사무용품을 대량으로 주문하였다. 주문서는 메일로 보냈는데, 배송된 사무용품을 확인하던 중 책꽂이의 수량과 연필꽂이의 수량이 바뀌어서 배송된 것을 알았다. 주문서를 보고 주문한 수량을 한 번 더 확인한 후 바로 문구회사에 전화를 하니 상담원은 처음 발주한 수량대로 제대로 보냈다고 한다. 메일을 확인해 보니, 수정 전의 파일이 발송되었다.

① 책꽂이를 환불받았다.
② 주문서를 메일로 보냈다.
③ 연필꽂이의 수량이 책꽂이보다 많았다.
④ 문구회사가 주문서를 제대로 보지 못하였다.
⑤ 메일에 첨부한 자료를 꼼꼼히 확인하지 않았다.

02 **다음 중 업무수행 절차의 업무지침 확인에 대한 설명으로 적절하지 않은 것은?**

① 개인의 업무지침은 조직의 업무지침을 고려하여 작성한다.
② 개인의 업무지침은 환경의 변화에 따라 신속하게 수정한다.
③ 업무와 관련된 조직의 지침을 개인의 업무지침보다 먼저 확인한다.
④ 개인의 업무지침은 업무수행의 준거가 되고 시간을 절약하는 데 도움을 준다.
⑤ 조직의 목적에 따라 한 번 고정된 조직의 업무지침 내용은 되도록 수정하지 않는다.

03 다음은 N은행 금융상품 기획팀의 업무수행시트이다. 업무수행시트의 종류 중 무엇에 해당하는가?

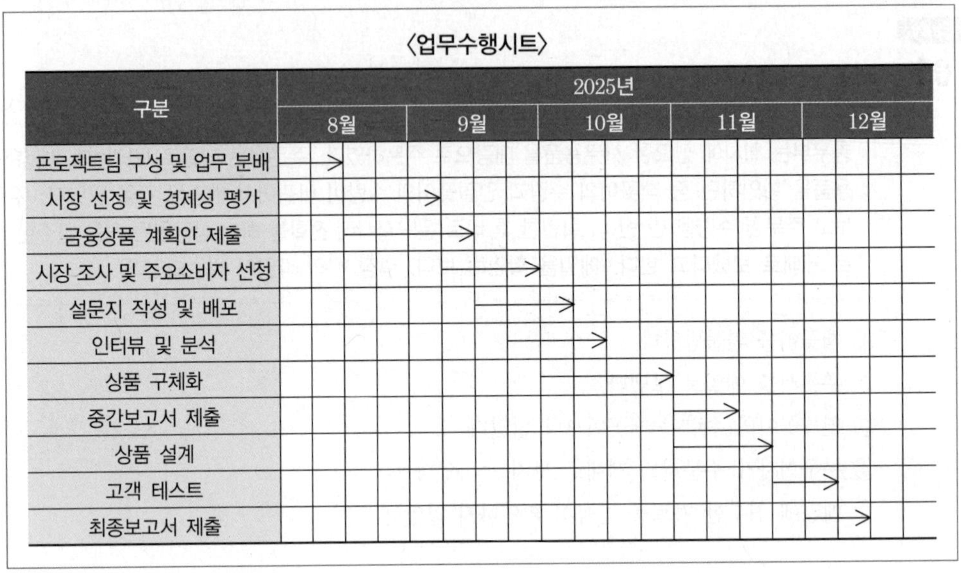
〈업무수행시트〉
구분
2025년
8월
9월
10월
11월
12월
프로젝트팀 구성 및 업무 분배
시장 선정 및 경제성 평가
금융상품 계획안 제출
시장 조사 및 주요소비자 선정
설문지 작성 및 배포
인터뷰 및 분석
상품 구체화
중간보고서 제출
상품 설계
고객 테스트
최종보고서 제출

① 업무계획표(Business Planner)
② 간트차트(Gantt Chart)
③ 체크리스트(Checklist)
④ 워크플로시트(Work Flow Sheet)
⑤ 플로차트(Flow Chart)

04 다음을 읽고 이사원이 처리해야 할 업무를 순서대로 바르게 나열한 것은?

현재 시각은 10시 30분. 이사원은 30분 후 거래처 직원과의 미팅이 예정되어 있다. 거래처 직원에게는 회사의 제1회의실에서 미팅을 진행하기로 미리 안내하였으나, 오늘 오전 현재 제1회의실 예약이 모두 완료되어 금일 사용이 불가능하다는 연락을 받았다. 또한 이사원은 오후 2시에 김팀장과 면담 예정이었으나, 오늘까지 문서 작업을 완료해달라는 부서장의 요청을 받았다. 이사원은 면담 시간을 미뤄보려 했지만 김팀장은 이사원과의 면담 이후 부서 회의에 참여해야 하므로 면담 시간을 미룰 수 없다고 답변했다.

㉠ 거래처 직원과의 미팅
㉡ 11시에 사용 가능한 회의실 사용 예약
㉢ 거래처 직원에게 미팅 장소 변경 안내
㉣ 김팀장과의 면담
㉤ 부서장이 요청한 문서 작업 완료

① ㉠－㉢－㉡－㉣－㉤
② ㉡－㉢－㉠－㉣－㉤
③ ㉡－㉢－㉠－㉤－㉣
④ ㉢－㉡－㉠－㉣－㉤
⑤ ㉢－㉡－㉠－㉤－㉣

CHAPTER 07

기술능력

합격 Cheat Key

기술능력은 업무를 수행함에 있어 도구, 장치 등을 포함하여 필요한 기술에 어떠한 것들이 있는지 이해하고, 실제 업무를 수행함에 있어 적절한 기술을 선택하여 적용하는 능력이다.

세부 유형은 기술이해 · 기술선택 · 기술적용으로 나눌 수 있다. 제품설명서나 상황별 매뉴얼을 제시하는 문제 또는 명령어를 제시하고 규칙을 대입할 수 있는지 묻는 문제가 출제되기 때문에 이런 유형들을 공략할 수 있는 전략을 세워야 한다.

1 긴 지문이 출제될 때는 선택지의 내용을 미리 보라!

기술능력에서 자주 출제되는 제품설명서나 상황별 매뉴얼을 제시하는 문제에서는 기술을 이해하고, 상황에 알맞은 원인 및 해결방안을 고르는 문제가 출제된다. 실제 시험장에서 문제를 풀 때는 시간적 여유가 없기 때문에 선택지를 먼저 읽고, 그다음 긴 지문을 보면서 동시에 선택지와 일치하는 내용이 나오면 확인해 가면서 푸는 것이 좋다.

2 모듈형에도 대비하라!

모듈형 문제의 비중이 늘어나는 추세이므로 모듈형 문제에 대비해야 한다. 기술능력의 모듈형 이론 부분을 학습하고 모듈형 문제를 풀어보고 여러 번 읽으며 이론을 확실히 익혀두면 실제 시험장에서 이론을 묻는 문제가 나왔을 때 단번에 답을 고를 수 있다.

3 전공 이론도 익혀 두어라!

지원하는 직렬의 전공 이론이 기술능력으로 출제되는 경우가 많기 때문에 전공 이론을 익혀두는 것이 좋다. 깊이 있는 지식을 묻는 문제가 아니더라도 출제되는 문제의 소재가 전공과 관련된 내용일 가능성이 크기 때문에 최소한 지원하는 직렬의 전공 용어는 확실히 익혀 두어야 한다.

4 쉽게 포기하지 말라!

직업기초능력에서 주요 영역이 아니면 소홀한 경우가 많다. 시험장에서 기술능력을 읽어 보지도 않고 포기하는 경우가 많은데 차근차근 읽어보면 지문만 잘 읽어도 풀 수 있는 문제들이 출제되는 경우가 있다. 이론을 모르더라도 풀 수 있는 문제인지 파악해 보자.

01 기술이해

| 유형분석 |

- 업무 수행에 필요한 기술의 개념 및 원리, 관련 용어에 대한 문제가 자주 출제된다.
- 기술 시스템의 개념과 발전 단계에 대한 문제가 출제되므로 각 단계의 순서와 그에 따른 특징을 숙지하여야 하며, 단계별로 요구되는 핵심 역할이 다름에 유의한다.

다음 〈보기〉 중 기술선택에 대한 설명으로 적절하지 않은 것을 모두 고르면?

보기

㉠ 상향식 기술선택은 기술경영진과 기술기획자들의 분석을 통해 기업이 필요한 기술 및 기술수준을 결정하는 방식이다.
㉡ 하향식 기술선택은 전적으로 기술자들의 흥미 위주로 기술을 선택하여 고객의 요구사항과는 거리가 먼 제품이 개발될 수 있다.
㉢ 수요자 및 경쟁자의 변화와 기술 변화 등을 분석해야 한다.
㉣ 기술능력과 생산능력, 재무능력 등의 내부 역량을 고려하여 기술을 선택한다.
㉤ 기술선택 시 최신 기술로 진부화될 가능성이 적은 기술을 최우선순위로 결정한다.

① ㉠, ㉡, ㉣　　② ㉠, ㉡, ㉤
③ ㉡, ㉢, ㉣　　④ ㉡, ㉣, ㉤
⑤ ㉢, ㉣, ㉤

정답 ②

㉠ 하향식 기술선택에 대한 설명이다.
㉡ 상향식 기술선택에 대한 설명이다.
㉤ 기술선택을 위한 우선순위는 다음과 같다.
　① 제품의 성능이나 원가에 미치는 영향력이 큰 기술
　② 기술을 활용한 제품의 매출과 이익 창출 잠재력이 큰 기술
　③ 쉽게 구할 수 없는 기술
　④ 기업 간 모방이 어려운 기술
　⑤ 기업이 생산하는 제품 및 서비스에 보다 광범위하게 활용할 수 있는 기술
　⑥ 최신 기술로 진부화될 가능성이 적은 기술

유형풀이 Tip

- 문제에 제시된 내용만으로는 풀이가 어려울 수 있으므로 사전에 관련 기술 이론을 숙지하고 있어야 한다.
- 자주 출제되는 개념을 확실하게 암기하여 빠르게 문제를 풀이하는 것이 효과적이다.

대표기출유형 01 기출응용문제

01 다음 글을 읽고 추론할 수 있는 기술혁신의 특성으로 가장 적절한 것은?

> 인간의 개별적인 지능과 창의성, 상호학습을 통해 발생하는 새로운 지식과 경험은 빠른 속도로 축적되고 학습되지만, 이러한 지식은 문서화되기 어렵기 때문에 다른 사람들에게 쉽게 전파될 수 없다. 따라서 연구개발에 참가한 연구원과 엔지니어들이 그 기업을 떠나는 경우 기술과 지식의 손실이 크게 발생하여 기술개발을 지속할 수 없는 경우가 종종 발생한다.

① 기술혁신은 조직의 경계를 넘나든다.
② 기술혁신은 지식 집약적인 활동이다.
③ 기술혁신은 장기간의 시간을 필요로 한다.
④ 기술혁신은 그 과정 자체가 매우 불확실하다.
⑤ 기술혁신 과정의 불확실성과 모호함은 기업 내에서 많은 갈등을 유발할 수 있다.

PART 1

02 다음 글을 이해한 내용으로 가장 적절한 것은?

> 최근 환경오염의 주범이었던 화학회사들이 환경 보호 정책을 표방하고 나섰다. 기업의 분위기가 변하면서 대학의 엔지니어뿐만 아니라 기업에 고용된 엔지니어들도 점차 대체기술, 환경기술, 녹색디자인 등을 추구하는 방향으로 전환해 가고 있는 것이다.
> 또한 각광받고 있는 3R의 구호[줄이고(Reduce), 재사용하고(Reuse), 재처리하자(Recycle)]는 엔지니어들로 하여금 미래 사회를 위한 자신들의 역할에 대해 방향을 제시해 주고 있다.

① 기술이나 자금을 위한 개발수입의 사례이다.
② 자연과학기술에 대한 연구개발의 사례로 적절하다.
③ 기업의 생산능률을 위한 조직개발의 사례로 볼 수 있다.
④ 균형과 조화를 위한 지속가능한 개발의 사례로 볼 수 있다.
⑤ 개발이라는 이름으로 행해지는 개발독재의 사례로 볼 수 있다.

Easy

03 다음 중 상향식 기술선택과 하향식 기술선택에 대한 설명으로 적절하지 않은 것은?

① 하향식 기술선택은 단기적인 목표를 설정하고 달성하기 위해 노력한다.
② 상향식 기술선택은 연구자나 엔지니어들이 자율적으로 기술을 선택한다.
③ 상향식 기술선택은 기술 개발자들의 창의적인 아이디어를 활용할 수 있다.
④ 상향식 기술선택은 기업 간 경쟁에서 승리할 수 없는 기술이 선택될 수 있다.
⑤ 하향식 기술선택은 기업이 획득해야 하는 대상 기술과 목표 기술 수준을 결정한다.

02 기술적용

| 유형분석 |

- 제시된 자료를 해석하고 기술을 적용하여 풀어가는 문제이다.
- 자료 등을 읽고 제시된 문제 상황에 적절한 해결 방법을 찾는 문제가 자주 출제된다.
- 지문의 길이가 길고 복잡하므로 문제에서 요구하는 정보를 놓치지 않도록 주의해야 한다.

K사원은 다음 제품 설명서를 보고 직원들을 위해 '사용 전 꼭 읽어야 할 사항'을 만들려고 한다. 다음 중 K사원이 작성할 내용으로 적절하지 않은 것은?

[사용 전 알아두어야 할 사항]
1. 물통 또는 제품 내부에 절대 의류 외에 다른 물건을 넣지 마십시오.
2. 제품을 작동시키기 전 문이 제대로 닫혔는지 확인하십시오.
3. 필터는 제품 사용 전후로 반드시 청소해 주십시오.
4. 제품의 성능유지를 위해서 물통을 자주 비워 주십시오.
5. 겨울철이거나 건조기가 설치된 곳의 기온이 낮을 경우 건조시간이 길어질 수 있습니다.
6. 과도한 건조물을 넣고 기계를 작동시키면 완벽하게 건조되지 않거나 의류에 구김이 생길 수 있습니다. 최대용량 5kg 이내로 의류를 넣어 주십시오.
7. 가죽, 슬립, 전기담요, 마이크로 화이바 소재 의류, 이불, 동・식물성 충전재 사용 제품은 사용을 피해 주십시오.

[동결 시 조치방법]
1. 온도가 낮아지게 되면 물통이나 호스가 얼 수 있습니다.
2. 동결 시 작동 화면에 'ER' 표시가 나타납니다. 이 경우 일시정지 버튼을 눌러 작동을 멈춰 주세요.
3. 물통이 얼었다면, 물통을 꺼내 따뜻한 물에 20분 이상 담가 주세요.
4. 호스가 얼었다면, 호스 안의 이물질을 모두 꺼내고, 호스를 따뜻한 물 또는 따뜻한 수건으로 20분 이상 녹여 주세요.

① 사용 전후로 필터는 꼭 청소해 주세요.
② 건조기에 넣은 의류는 5kg 이내로 해 주세요.
③ 사용이 불가한 의류 제품 목록을 꼭 확인해 주세요.
④ 화면에 ER 표시가 떴을 때는 전원을 끄고 작동을 멈춰 주세요.
⑤ 호스가 얼었다면 호스를 따뜻한 물 또는 따뜻한 수건으로 20분 이상 녹여 주세요.

정답 ④

동결 시 조치방법에서는 화면에 'ER' 표시가 나타나면 전원 버튼이 아닌 일시정지 버튼을 눌러 작동을 멈추라고 설명하고 있다.

오답분석

① 필터는 제품 사용 전후로 반드시 청소해 주라고 설명하고 있다.
② 과도한 건조물을 넣고 기계를 작동시키면 완벽하게 건조되지 않거나 의류에 구김이 생길 수 있으니 최대용량 5kg 이내로 의류를 넣어 주라고 설명하고 있다.
③ 건조기 사용이 불가한 제품 목록이 설명되어 있다.
⑤ 호스가 얼었다면 호스 안의 이물질을 모두 꺼내고, 호스를 따뜻한 물 또는 따뜻한 수건으로 20분 이상 녹여 주라고 설명하고 있다.

PART 1

유형풀이 Tip

- 문제에 제시된 자료 중 필요한 정보를 빠르게 파악하는 것이 중요하다.
- 질문을 먼저 읽고 문제 상황을 파악한 뒤 제시된 선택지를 하나씩 소거하며 문제를 푸는 것이 효율적이다.

대표기출유형 02 기출응용문제

※ N기관에서는 화장실의 청결을 위해 비데를 구매하고 화장실과 가까운 곳에 위치한 A씨에게 비데를 설치하도록 지시하였다. 이어지는 질문에 답하시오. **[1~2]**

〈설치방법〉

1) 비데 본체의 변좌와 변기의 앞면이 일치되도록 전후로 고정하십시오.
2) 비데용 급수호스를 정수필터와 비데 본체에 연결한 후 급수밸브를 열어 주십시오.
3) 전원을 연결하십시오(반드시 전용 콘센트를 사용하십시오).
4) 비데가 작동하는 소리가 들린다면 설치가 완료된 것입니다.

〈주의사항〉

- 전원은 반드시 AC220V에 연결하십시오(반드시 전용 콘센트를 사용하십시오).
- 변좌에 걸터앉지 말고 항상 중앙에 앉고, 변좌 위에 어떠한 것도 놓지 마십시오(착좌센서가 동작하지 않을 수도 있습니다).
- 정기적으로 수도필터와 정수필터를 청소 또는 교환해 주십시오.
- 급수밸브를 꼭 열어 주십시오.

〈A/S 신청 전 확인 사항〉

현상	원인	조치방법
물이 나오지 않을 경우	급수밸브가 잠김	매뉴얼을 참고하여 급수밸브를 열어 주세요.
	정수필터가 막힘	매뉴얼을 참고하여 정수필터를 교체해 주세요(A/S상담실로 문의하세요).
	본체 급수호스 등이 동결	더운물에 적신 천으로 급수호스 등의 동결부위를 녹여 주세요.
기능 작동이 되지 않을 경우	수도필터가 막힘	흐르는 물에 수도필터를 닦아 주세요.
	착좌센서 오류	착좌센서에서 의류, 물방울, 이물질 등을 치워 주세요.
수압이 약할 경우	수도필터에 이물질이 낌	흐르는 물에 수도필터를 닦아 주세요.
	본체의 호스가 꺾임	호스의 꺾인 부분을 펴 주세요.
노즐이 나오지 않을 경우	착좌센서 오류	착좌센서에서 의류, 물방울, 이물질을 치워 주세요.
본체가 흔들릴 경우	고정 볼트가 느슨해짐	고정 볼트를 다시 조여 주세요.
비데가 작동하지 않을 경우	급수밸브가 잠김	매뉴얼을 참고하여 급수밸브를 열어 주세요.
	급수호스의 연결문제	급수호스의 연결상태를 확인해 주세요. 계속 작동하지 않는다면 A/S 상담실로 문의하세요.
변기의 물이 샐 경우	급수호스가 느슨해짐	급수호스 연결부분을 조여 주세요. 계속 샐 경우 급수밸브를 잠근 후 A/S상담실로 문의하세요.

01 **A씨는 지시에 따라 비데를 설치하였다. 일주일이 지난 뒤, 동료 B씨로부터 기능 작동이 되지 않는다는 사실을 접수하였다. 다음 중 A씨가 해당 문제점에 대한 원인을 파악하기 위해 확인해야 할 사항으로 가장 적절한 것은?**

① 비데의 고정 여부
② 수도필터의 청결 상태
③ 정수필터의 청결 상태
④ 급수밸브의 연결 상태
⑤ 급수밸브의 잠김 여부

PART 1

02 **01번 문제에서 확인한 사항이 추가로 다른 문제를 일으킬 수 있는지 미리 점검하고자 한다. 다음 중 가장 적절한 행동은?**

① 수압이 약해졌는지 확인한다.
② 본체가 흔들리는지 확인한다.
③ 물이 나오지 않는지 확인한다.
④ 변기의 물이 새는지 확인한다.
⑤ 노즐이 나오지 않는지 확인한다.

※ K씨가 근무하는 기술자격팀에서 작년부터 연구해 온 데이터의 흐름도가 완성되었다. 이어지는 질문에 답하시오. **[3~4]**

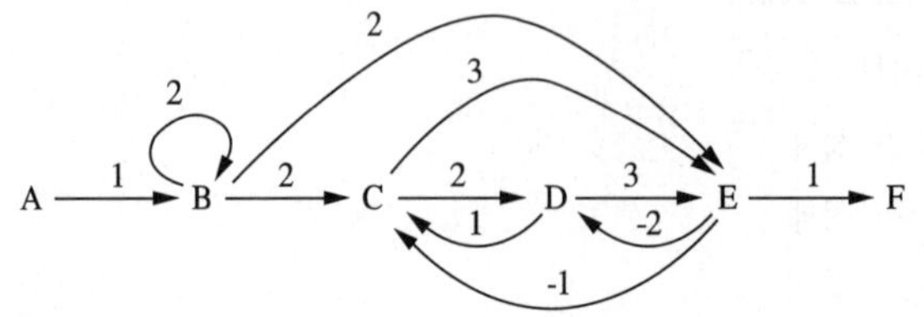

- 데이터는 화살표 방향으로만 이동할 수 있으며, 같은 경로를 여러 번 반복해서 이동할 수 있다.
- 화살표 위의 숫자는 그 경로를 통해 데이터가 1회 이동할 때마다 데이터에 곱해지는 수치를 의미한다.
- 각 경로를 따라 데이터가 이동할 때, 1회 이동 시간은 1시간이며, 데이터의 총 이동 시간은 10시간을 초과할 수 없다.
- 데이터의 대소 관계는 [음수<0<양수]의 원칙에 따른다.

03 다음 중 A에서 1이 입력되었을 때, F에서의 결과가 가장 크게 되는 값은?

① 256
② 384
③ 432
④ 864
⑤ 1,296

04 다음 중 A에 100이 입력되었을 때, F에서의 결과가 가장 작은 경로는?

① A－B－B－C－E－D－E－D－E－F
② A－B－B－E－D－C－E－C－E－F
③ A－B－C－D－E－D－C－D－E－F
④ A－B－C－D－E－D－E－D－E－F
⑤ A－B－E－D－C－E－C－D－E－F

05 **기술개발팀에서 근무하는 K씨는 차세대 로봇에 사용할 주행 알고리즘을 개발하고 있다. 다음 주행 알고리즘과 예시를 참고하였을 때, 로봇의 이동 경로로 옳은 것은?**

〈주행 알고리즘〉

회전과 전진만이 가능한 로봇이 미로에서 목적지까지 길을 찾아가도록 구성하였다. 미로는 (4단위)×(4단위)의 정방형 단위구역(Cell) 16개로 구성되며 미로 중앙부에는 1단위구역 크기의 도착지점이 있다. 도착지점에 이르기 전 로봇은 각 단위구역과 단위구역 사이를 이동할 때 벽의 유무를 탐지하여 벽이 없음이 감지되는 방향으로 주행한다. 로봇은 주명령을 수행하고, 이에 따라 주행할 수 없을 때만 보조명령을 따른다.

- 주명령 : 현재 단위구역(Cell)에서 로봇은 왼쪽, 앞쪽, 오른쪽 순서로 벽의 유무를 탐지하여 벽이 없음이 감지되는 방향의 단위구역을 과거에 주행한 기록이 없다면 해당 방향으로 한 단위구역만큼 주행한다.
- 보조명령 : 현재 단위구역에서 로봇이 왼쪽, 앞쪽, 오른쪽, 뒤쪽 순서로 벽의 유무를 탐지하여 벽이 없음이 감지되는 방향의 단위구역에 벽이 없음이 감지되는 방향과 반대 방향의 주행기록이 있을 때만, 로봇은 그 방향으로 한 단위구역만큼 주행한다.

〈예시〉

로봇이 A → B → C → B → A로 이동한다고 가정할 때, A에서 C로의 이동은 주명령에 의한 것이고 C에서 A로의 이동은 보조명령에 의한 것이다.

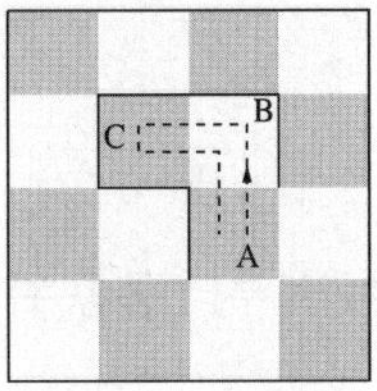

①
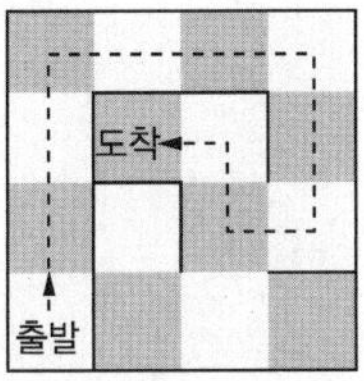

②
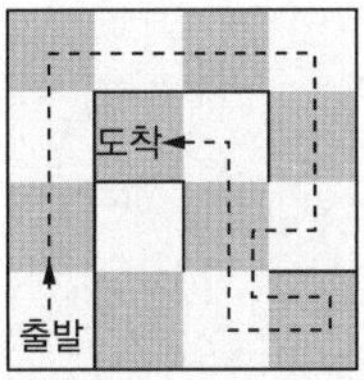

③
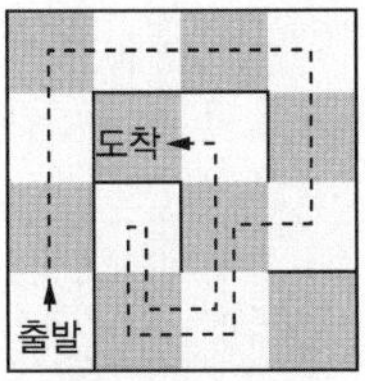

④
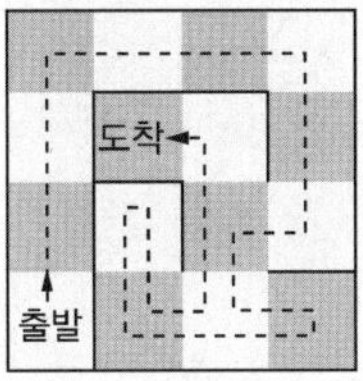

⑤
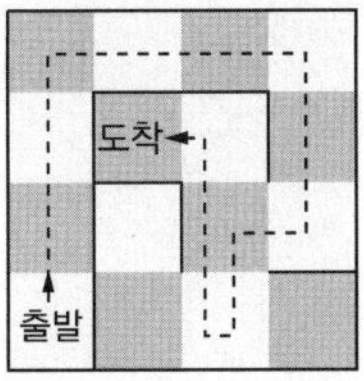

S D E D U 합격의 공식 시대에듀

작은 기회로부터 종종 위대한 업적이 시작된다.

– 데모스테네스 –

PART 2

직무상식평가

CHAPTER

01 농업 · 농촌 및 디지털 상식

빈출키워드 1 농협 상식

01 다음 중 NH농협은행에 대한 설명으로 옳은 것은?

① NH농협은행은 2012년에 설립되었다.
② NH농협은행의 대주주는 농협중앙회이다.
③ 2013년에 NH스마트뱅킹이 출시되었다.
④ 1980년대에 처음으로 외환업무를 개시하였다.
⑤ NH농협은행의 비전은 고객사랑 1등 민족은행이다.

02 다음에서 설명하는 협동조합은 무엇인가?

미국에서 일어난 새로운 형태의 협동조합운동으로 1인 1표 대신 사업 규모에 비례하여 의결권을 부여하거나, 출자증권의 부분적인 거래를 허용하는 등의 변화를 주도하기 위한 협동조합이다. 협동조합의 성패와 무관한 다수의 조합원들이 정치적인 목적으로 협동조합을 장악하는 걸 막는 것을 목표로 하며, 대표적인 성공 모델에는 네덜란드의 '그리너리'가 있다.

① 소비자협동조합
② 노동자협동조합
③ 신세대협동조합
④ 사회적협동조합
⑤ 농업협동조합

01

정답 ①

NH농협은행은 2012년 3월 2일에 설립되었다.

오답분석

② 농협은행의 대주주는 농협금융지주회사이다.
③ NH스마트뱅킹은 농협은행이 출범하기 전인 2010년에 서비스를 시작했다.
④ 외환업무는 1969년 7월에 취급 · 개시하였다.
⑤ NH농협은행의 비전은 '사랑받는 1등 민족은행'이다.

02

정답 ③

제시문은 신세대협동조합(New Generation Cooperatives)에 대한 설명이다.

이론 더하기

농협 상식의 경우 협동조합에 대한 문제가 지속적으로 출제되고 있고, NH농협은행과 지역농협에 대한 문제가 주로 출제되고 있다. 따라서 시험에 응시하기 전 농협 홈페이지에 있는 내용은 전부 숙지하고 시험에 응시하도록 한다.

협동조합의 개념

① 개념 : 국제협동조합연맹은 협동조합을 '공동으로 소유하고 민주적으로 운영되는 사업체를 통해 공동의 경제・사회・문화적 필요와 욕구를 충족시키고자 하는 사람들이 자발적으로 결성한 자율적인 인적 결합체'라고 정의한다.

② 원칙
- 사업의 목적이 영리에 있지 않고 조합원 간의 상호부조에 있다.
- 조합원의 가입과 탈퇴가 자유로워야 한다.
- 조합원은 출자액과 상관없이 1인 1표의 평등한 의결권을 갖는다.
- 잉여금을 조합원에게 분배할 때에는 출자액의 크기와 상관없이 조합사업의 이용 분량에 따라 나눈다.

③ 세계의 협동조합
- 프랑스의 협동조합은 전 세계 협동조합 매출의 28%를 차지한다.
- 미국의 AP통신과 선키스트, 스페인의 축구클럽 FC바르셀로나 등이 대표적인 협동조합이다.

협동조합의 역사

① 로치데일 협동조합 : 세계 최초의 협동조합으로 1844년에 설립되었다. 산업혁명과 함께 영국의 자본주의가 급속하게 발달하면서 자본가들의 횡포에 노동자들이 생활에 어려움을 겪자 이를 해결하기 위해 만들어진 협동조합이다. 공업도시인 로치데일 직물공장의 노동자 27명이 1년에 1파운드씩을 출자하여 생필품인 밀이나 버터 등을 공동으로 구입하기 위한 점포를 만들기 위해 설립되었다. 이들은 운영원칙도 만들었는데, 1인 1표제, 정치 및 종교상의 중립, 조합에 의한 교육, 이자의 제한 및 신용거래 금지, 구매액에 따른 배당, 시가 판매 등이며 현재 세계 최대의 소비자협동조합이다.

② 사회적협동조합 : 1974년 이탈리아 볼로냐에서 처음 생긴 형태의 협동조합이다. 사회경제적 약자인 조합원들이 힘을 모아 공동의 이익을 추구하는 방향에서 사회경제적 약자들의 문제점을 해결해 나가는 공익을 추구하려는 방향으로 확대되었다. 이를 사회적협동조합이라고 하는데, CADIAI는 최초의 사회적협동조합이었다. 가사도우미나 병간호 일을 하던 27명의 여성들이 비정규 노동 문제를 해결하기 위해 만들어진 CADIAI는 이탈리아의 사회적협동조합법이 만들어지고 공적 기관과 계약을 체결하며 사업영역이 확대되었다.

③ 새로운 협동조합 : 1945년 이후로 금융자본주의가 세계시장의 경제질서로 자리 잡으면서 작은 협동조합들은 합병을 통해 규모의 경제를 추구하기도 하고, 필요한 자본금을 확보하기 위해 자회사를 만들기도 했다. 이에 따라 신세대협동조합이나 생활협동조합 등의 새로운 협동조합이 생겨나고 있다.

협동조합의 유형

① 소비자협동조합 : 주로 조합원이 직접 사용하거나 그들에게 재판매하기 위한 재화나 서비스를 구매하기 위하여 조직된 최종소비자 조합으로 영국의 로치데일 협동조합이 대표적이다.

② 신용협동조합 : 19세기 독일에서 농민의 고리채 자본을 해결하기 위해 시작한 라이파이젠 협동조합을 시초로 지역이나 종교 등의 상호유대를 가진 개인이나 단체 간의 협동 조직을 기반으로 하여 자금의 조성과 이용을 도모하는 비영리 금융기관이다.

③ 생산자협동조합(농업협동조합) : 생산자들이 모여서 조직한 조합으로 농민이 자신의 권익을 위하여 조직한 농업협동조합(농협)이 대표적이다. 시장에서의 교섭력을 강화해 상품의 제값을 받고 팔기 위해 노력하고, 각종 부자재의 공동구매를 통해 원재료의 단가와 마케팅 비용을 낮추기 위한 노력을 한다.

④ 노동자협동조합 : 노동자가 주체가 되어 근로조건의 유지, 개선을 목적으로 하는 조직이다.

⑤ 생활협동조합 : 생산자와 소비자의 직거래를 통해 중간마진을 없앤 것이 특징으로, 생활협동조합이 직접 생산자를 찾아 공급량과 가격을 사전에 결정하여 판매가격이 비교적 안정적이다.

⑥ 사회적협동조합 : 정부 지원만으로 사회복지를 수행하는 데 한계를 느낀 비영리 단체들이 시장에서 경제활동을 병행하는 협동조합으로 사회적기업에 해당한다.

⑦ 신세대협동조합 : 1970년 이후 미국에서 일어난 새로운 형태의 협동조합으로 1인 1표의 의결권 대신, 사업 이용 규모에 비례한 의결권을 부여하거나 출자증권의 부분적인 거래를 허용하는 등의 변화를 주도하는 운동이다. 이는 외부자본 조달의 어려움을 해소하고, 의사결정 과정의 왜곡을 해소하고자 하는 시도로, 대표적으로 선키스트가 있다.

국제협동조합연맹(ICA; International Cooperative Alliance)

① 개념 : 전 세계 10억 명의 협동조합인들이 단합과 결속을 다지고 있는 세계 최대의 비정부기구(NGO)로 1895년 협동조합의 국제적 연합체로 발족하였다. ICA의 목적은 자본주의의 폐해를 극복하고 보다 나은 공동체 사회를 지향하는 데 있다.

② 특징

- 자본에 대응하여 상대적 약자인 조합원의 경제적 · 사회적 권익을 보호하고, 동종 · 이종 · 지역의 협동조합 간 협력체계 구축, 협동조합 발전을 위한 국제적인 활동 등이 있다.
- 우리나라는 1963년에 농협중앙회가 가입했으며, 1972년에 정회원으로 승격되었다. 현재 신용협동조합, 새마을금고, 농협, 산림조합, 수산업협동조합, ICOOP생협이 회원으로 가입되어 있다.

농업협동조합법

제19조(조합원의 자격)

① 조합원은 지역농협의 구역에 주소, 거소(居所)나 사업장이 있는 농업인이어야 하며, 둘 이상의 지역농협에 가입할 수 없다.

② 〈농어업경영체 육성 및 지원에 관한 법률〉 제16조 및 제19조에 따른 영농조합법인과 농업회사법인으로서 그 주된 사무소를 지역농협의 구역에 두고 농업을 경영하는 법인은 지역농협의 조합원이 될 수 있다.

③ 특별시 또는 광역시의 자치구를 구역의 전부 또는 일부로 하는 품목조합은 해당 자치구를 구역으로 하는 지역농협의 조합원이 될 수 있다.

④ 제1항에 따른 농업인의 범위는 대통령령으로 정한다.

⑤ 지역농협이 정관으로 구역을 변경하는 경우 기존의 조합원은 변경된 구역에 주소, 거소나 사업장, 주된 사무소가 없더라도 조합원의 자격을 계속하여 유지한다. 다만, 정관으로 구역을 변경하기 이전의 구역 외로 주소, 거소나 사업장, 주된 사무소가 이전된 경우에는 그러하지 아니하다.

제20조(준조합원)

① 지역농협은 정관으로 정하는 바에 따라 지역농협의 구역에 주소나 거소를 둔 자로서 그 지역농협의 사업을 이용함이 적당하다고 인정되는 자를 준조합원으로 할 수 있다.

② 지역농협은 준조합원에 대하여 정관으로 정하는 바에 따라 가입금과 경비를 부담하게 할 수 있다.

③ 준조합원은 정관으로 정하는 바에 따라 지역농협의 사업을 이용할 권리를 가진다.

④ 지역농협이 정관으로 구역을 변경하는 경우 기존의 준조합원은 변경된 구역에 주소나 거소가 없더라도 준조합원의 자격을 계속하여 유지한다. 다만, 정관으로 구역을 변경하기 이전의 구역 외로 주소나 거소가 이전된 경우에는 그러하지 아니하다.

제24조(조합원의 책임)

① 조합원의 책임은 그 출자액을 한도로 한다.

② 조합원은 지역농협의 운영과정에 성실히 참여하여야 하며, 생산한 농산물을 지역농협을 통하여 출하(出荷)하는 등 그 사업을 성실히 이용하여야 한다.

제28조(가입)

① 지역농협은 정당한 사유 없이 조합원 자격을 갖추고 있는 자의 가입을 거절하거나 다른 조합원보다 불리한 가입 조건을 달 수 없다. 다만, 제30조 제1항 각 호의 어느 하나에 해당되어 제명된 후 2년이 지나지 아니한 자에 대하여는 가입을 거절할 수 있다.

② 제19조 제1항에 따른 조합원은 해당 지역농협에 가입한 지 1년 6개월 이내에는 같은 구역에 설립된 다른 지역농협에 가입할 수 없다.

③ 새로 조합원이 되려는 자는 정관으로 정하는 바에 따라 출자하여야 한다.

④ 지역농협은 조합원 수를 제한할 수 없다.

⑤ 사망으로 인하여 탈퇴하게 된 조합원의 상속인(공동상속인 경우에는 공동상속인이 선정한 1명의 상속인을 말한다)이 제19조 제1항에 따른 조합원 자격이 있는 경우에는 피상속인의 출자를 승계하여 조합원이 될 수 있다.

⑥ 제5항에 따라 출자를 승계한 상속인에 관하여는 제1항을 준용한다.

농지법 시행령

제3조(농업인의 범위)

"대통령령으로 정하는 자"란 다음 각 호의 어느 하나에 해당하는 자를 말한다.

1. 1,000m^2 이상의 농지에서 농작물 또는 다년생식물을 경작 또는 재배하거나 1년 중 90일 이상 농업에 종사하는 자
2. 농지에 330m^2 이상의 고정식온실 · 버섯재배사 · 비닐하우스, 그 밖의 농림축산식품부령으로 정하는 농업생산에 필요한 시설을 설치하여 농작물 또는 다년생식물을 경작 또는 재배하는 자

3. 대가축 2두, 중가축 10두, 소가축 100두, 가금(家禽, 집에서 기르는 날짐승) 1,000수 또는 꿀벌 10군 이상을 사육하거나 1년 중 120일 이상 축산업에 종사하는 자
4. 농업경영을 통한 농산물의 연간 판매액이 120만 원 이상인 자

도농상생기금

도농상생기금은 도농 간 균형 발전을 위해 2012년부터 도시 농축협이 신용사업 수익의 일부를 출연하여 조성하는 기금으로, 조성된 기금을 농촌 지역 농축협에 무이자로 지원하게 된다. 도농상생기금은 농축산물 수급 불안, 가격 등락 등에 따른 경제사업의 손실을 보전함으로써 농축산물 판매·유통사업을 활성화하고 경쟁력을 강화하는 것을 목표로 한다. 이와 함께 전국의 도시 농축협은 도농 간 균형 발전을 위해 무이자 출하선급금을 산지농협에 지원해 안정적으로 농산물을 수매할 수 있도록 돕고 있으며, 매년 도농상생한마음 전달식을 통해 영농 자재를 지원하고 있다.

주택도시보증공사 위탁보증 업무

금융기관에서 중도대출, 이주비대출 등 집단대출을 취급할 때 주택도시보증공사(HUG) 보증서 발행을 통해 대출 취급을 용이하게 해주는 것으로, 국내에서 주택도시보증공사 보증서를 담보로 한 집단대출 취급액은 연간 약 94조 원 규모이다. 농협은 2021년 7월 주택도시보증공사와 상호금융업권 보증 취급기관 확대를 위한 업무협약을 체결하였고, 이 일환으로 2022년 11월 보증서취급 위탁업무 협약을 맺었으며, 이에 따라 농협상호금융은 2022년 12월 12일부터 전국의 농축협에서 주택도시보증공사 위탁보증 업무를 개시했다. 이로써 전국 5,000여 개의 본점·지점을 갖춘 네트워크망을 통해 농협은 주택수요가 필요한 고객들에게 신속한 금융 지원을 할 수 있게 되었다.

농축협 RPA 확산모델

RPA(Robotic Process Automation, 로봇프로세스자동화)는 소프트웨어 로봇을 이용하여 반복적인 업무를 자동화하는 것을 의미하는데, 농협은 2019년 중앙회 공통업무 적용을 시작으로 계열사로 적용 범위를 확대하고 있으며, 2022년 2월부터는 전국 1,115개 농축협을 대상으로 업무 자동화 서비스를 제공하고 있다. 특히, 농협중앙회는 2022년 2월 농축협 RPA포털을 오픈한 이후 44개 자동화 과제를 적용하고, 사용자 친화적인 인터페이스를 적용하여 현장의 업무 효율성을 높이고 있으며, RPA 서비스 개발 및 운영 거버넌스에 대하여 2022년 9월에 ISO9001 인증을 획득하는 등 디지털 혁신 관련 많은 성과를 보이고 있다.

NH디지털매니저

'NH디지털매니저'는 급변하는 금융환경 속에서 금융기관의 연이은 점포 폐쇄 등으로 금융서비스 이용의 어려움, 디지털 수준 격차 등이 사회적 문제로 부각되자 이를 해소하기 위해 농협이 출범시킨 교육 전담인력으로, 2022년 6월부터 전국 11명의 매니저들이 고령층·농업인 등 디지털 소외계층을 대상으로 현장 교육을 진행하고 있다. 이와 함께 농협은 주요 기능을 큰 글씨로 한눈에 확인할 수 있게 하고, 보이스피싱 예방을 위한 안내 자료를 동영상으로 제공하는 등 고령의 고객을 위해 모바일 뱅킹을 2022년 11월에 전면 개편했다.

농협 '전기차·수소차 충전 사업' 승인 취득

농협경제지주는 농림축산식품부로부터 2023년 1월에 전기차·수소차 충전소 사업 승인을 취득했으며, 이에 따라 본격적으로 농촌에 친환경차 충전 인프라를 확충할 계획이다. 이전에는 주유소 내 부대시설로만 충전소를 설치할 수 있었으나, 사업 승인을 취득함에 따라 독자적으로 '친환경 자동차 충전 시설과 수소연료 공급 시설 설치' 사업을 수행할 수 있게 된 것이다. 현재 전기차 보급의 증가로 인해 전기 화물차·농기계를 이용하는 농업인들이 증가하고 있으며, 농촌을 찾는 전기차 이용자들을 위한 인프라 확대가 절실한 상황이다. 향후 농협주유소뿐만 아니라 하나로마트, 자재센터 등으로 전기자·수소차 충전소를 확충해 나갈 방침이다.

'한국형 농협체인본부' 구축 추진

농협이 유통 혁신의 핵심 추진 동력으로 제시한 '한국형 농협체인본부'는 경제 사업과 관련한 범농협 조직의 시설·조직·인력 운영을 효율화하여 농협 경제 사업의 경제적·농업적 가치를 극대화하는 밸류 체인 시스템으로, 산지 중심의 생산·유통 인프라를 강화하는 한편 도소매 조직 간 유기적인 연계를 도모해 농업인에게는 농산물의 안정적인 판로를 보장하고, 소비자에게는 믿을 수 있는 먹거리를 공급하려는 계획이다.

이에 앞서 농협은 2020년부터 농축산물 유통 혁신을 100년 농협 구현을 위한 핵심 전략으로 삼고, 올바른 유통구조 확립과 농업인·소비자 실익 증진에 매진한 결과 조직 통합(김치 가공공장 전국 단위 통합, 농산물 도매 조직 통합, 4개의 유통 자회사 통합), 스마트화(스마트 APC·RPC 구축, 보급형 스마트팜 개발·적용), 온라인 도소매 사업 추진(상품 소싱 오픈플랫폼 구축 및 온라인 지역센터 80개소 설치, 온라인 농산물거래소·식자재몰 사업 개시), 농업인·소비자 부담 완화[무기질 비료 가격 상승분의 80%(3,304억 원) 농가 지원, 살맛나는 가격 행사] 등을 이루었고, 더 나아가 '한국형 농협체인본부' 구축을 통해 산지와 소비자가 상생하는 유통 체계 구현이 가능할 것으로 기대하고 있다.

빈출키워드 2 농업 정책

정부에서 매년 정하는 공공비축용 벼 매입 가격은 농가 소득의 증감에 큰 영향을 끼친다. 다음 중 공공비축제와 관련한 설명으로 옳지 않은 것은?

① 공공비축제는 우루과이라운드에서 합의한 쌀시장 개방 유예기간 종료 이후인 2015년에 도입됐다.

② 공공비축제에 따른 쌀 매입가격은 10 ~ 12월, 즉 수확기의 산지가격의 전국 평균값에 따라 결정된다.

③ 산물벼가 포대벼에 비해 등급별로 가격이 조금씩 낮은 것은 포대벼 기준 매입가격에서 포장비(자재비+임금)을 빼기 때문이다.

④ 식량 위기에 대비해 일정 물량의 식량을 비축하는 제도로서, 비축 규모는 연간소비량의 17 ~ 18% 수준(2개월분)으로 결정된다.

⑤ 농가 자금 유동성을 위해 일정 금액을 농가가 수매한 달의 말일에 지급하고(중간 정산), 쌀값이 확정되면 최종 정산한다.

정답 ①

공공비축제는 2005년 양정개혁을 단행하면서 추곡수매제를 폐지한 뒤 쌀 직불제와 함께 도입되었다. 우루과이라운드의 합의에 따라 2014년까지 쌀시장 개방이 유예됐으며, 2015년부터 쌀시장이 전면 개방됨에 따라 관세(513%)만 물면 누구나 외국산 쌀을 수입할 수 있다.

오답분석

② 80kg들이 기준 산지 쌀값에서 가공임을 뺀 후 도정수율 및 벼 40kg당 가격을 뜻하는 0.5를 곱해 최종 매입가격을 정한다.

이론 더하기

공공비축제도

추곡수매제가 WTO 체제에서 감축보조에 해당되어 축소·폐지가 불가피하게 됨에 따라 2005년도에 양정제도를 시장친화적으로 개편하면서 비상시 안정적 식량 확보를 위해 공공비축제도를 도입하였다. 2013년에 공공비축 대상을 쌀에서 쌀, 밀, 콩으로 확대하였다.

연간 소비량의 17 ~ 18% 수준을 비축하며 농민으로부터 수확기(10 ~ 12월) 산지 전국 평균 쌀 가격으로 매입하되 농가의 자금 유동성을 위해 일정 금액을 농가가 수매한 달의 말일에 지급하고(중간 정산), 쌀값이 확정되면 최종 정산한다.

국가중요농업유산 지정제도(NIAHS)

국가중요농업유산은 보전할 가치가 있다고 인정하여 국가가 지정한 농업유산으로, 농업유산이란 농업인이 해당 지역에서 환경과 사회, 풍습 등에 적응하며 오랜 기간 형성시켜 온 유형과 무형의 농업자원을 말한다. 국제연합식량농업기구(FAO)는 2002년부터 세계 각지의 전통적 농업활동 등을 보전하고 계승하고자 하는 취지로 세계중요농업유산 제도를 실시하고 있다. 국가중요농업유산 지정 대상은 농업·농촌의 다원적 자원 중 100년 이상의 전통성을 가진 농업유산으로, 보전하고 전승할 만한 가치가 있는 것 또는 특별한 생물다양성 지역이다. 지정 기준에는 ① 역사성과 지속성, ② 생계유지, ③ 고유한 농업기술, ④ 전통 농업문화, ⑤ 특별한 경관, ⑥ 생물다양성, ⑦ 주민참여 등이 있다.

농산물우수관리제도(GAP)

우수 농산물에 대한 체계적 관리와 안정성 인증을 위해 2006년부터 시행된 제도이다. 농산물의 생산·수확·포장·판매 단계에 이르기까지 농약·중금속·미생물 등 위해요소를 종합적으로 관리하는 국제적 규격제도이다. 농림축산식품부장관은 농산물 우수관리의 기준을 정하여 고시하고, 우수관리인증에 필요한 인력과 시설 등을 갖춘 기관에 대해 심사를 거쳐 우수관리 인증기관으로 지정할 수 있으며, 우수관리인증기관으로부터 농산물우수관리인증을 받은 자는 우수관리기준에 따라 우수관리 인증 표시를 할 수 있다. 표지도형의 기본 색상은 녹색으로 하되, 포장재의 색깔 등을 고려하여 파란색 또는 빨간색으로 할 수 있으며, 표지도형 밑에 인증기관명과 인증번호를 표시한다.

고향사랑기부제

지방재정 보완, 지역경제 활성화, 지방소멸 우려 완화, 국가 균형발전 도모 등을 위해 2021년 10월 제정된 〈고향사랑 기부금에 관한 법률〉(약칭 "고향사랑기부금법")에 의거해 2023년 1월부터 전격 시행된 제도로, 개인이 고향 또는 원하는 지방자치단체에 금전을 기부하면 지자체는 주민 복리 등에 사용하고 기부자에게는 세제 공제 등의 혜택과 기부액의 일정액을 답례품(지역 농특산품, 지역 상품권 등)으로 제공할 수 있다. 고향사랑기부금의 기부자는 자신의 주소지 관할 자치단체 이외의 자치단체에 기부가 가능하다. 이는 해당 지자체와 주민 사이에 업무, 재산상의 권리와 이익 등의 이해관계 등으로 강제 모금이 이루어질 가능성을 막기 위한 조치이다. 기부 주체를 개인으로 한정한 것도 지방자치단체가 개발 등에 따른 인허가권을 빌미로 기업에 모금을 강요하는 것을 방지하기 위함이다. 고향사랑기부금은 정부가 운영하는 종합정보시스템(고향사랑e음)을 비롯해 전국 농협·축협, 농협은행 등의 창구를 통해 납부할 수 있다.

지방소멸대응기금

저출산·고령화로 인한 인구구조 악화, 수도권·대도시로의 인구 집중 등으로 인해 지방소멸에 대한 위기감이 고조됨에 따라 2021년 정부(행정안전부)는 인구감소지역(89곳)을 지정하고 지방소멸대응기금을 투입하기로 결정했다. 이 기금의 목적은 지역 주도의 지방소멸 대응 사업 추진을 위한 재정 지원을 목적으로 한다.

지원 대상은 서울시·세종시를 제외한 광역자치단체(15곳), 인구감소지역(89곳)과 관심지역(18곳) 등의 기초자치단체로 모두 107곳에 이른다. 광역자치단체는 인구감소지수, 재정·인구 여건 등을 고려해 기금을 배분하며, 기초자치단체는 지자체가 제출한 투자계획을 기금관리조합의 투자계획 평가단이 평가한 결과에 따라 차등 배분한다. 또한 기금관리조합(17개 시·도로 구성)이 기금을 관리·운용하되, 전문성 제고를 위해 한국지방재정공제회가 업무를 위탁받아 수행한다.

농업인 법률구조

농업인 무료법률구조사업은 농협과 대한법률구조공단이 공동으로 농업인의 법률적 피해에 대한 구조와 예방활동을 전개함으로써 농업인의 경제적/사회적 지위향상을 도모하는 농업인 무료법률복지사업이다.

농협은 소송에 필요한 비용을 대한법률구조공단에 출연하여 법률구조에 필요한 증거수집 등 중계활동을 진행하고, 공단은 법률 상담 및 소송 등 법률구조 활동을 농협과 공동으로 진행하여 농촌 현지 법률상담 등의 피해예방 활동을 한다. 농업인 무료법률구조 대상자는 기준 중위소득 150% 이하인 농업인 및 별도의 소득이 없는 농업인의 배우자, 미성년 직계비속, 주민등록상 동일 세대를 구성하는 직계존속 및 성년의 직계비속으로 한다.

농업 일자리 활성화를 위한 범정부 협업

농업 인력 수요가 증가하는 추세이지만 농촌 지역 인구 감소와 고령화 등으로 인하여 농촌 일손이 충분하지 않은 상황이다. 이에 2023년 1월 농림축산식품부와 고용노동부는 농업 일자리 활성화를 위한 범정부 사업 업무협약을 체결하였다. 부처별로 시행됐던 농업 일자리 사업을 연계해 '국가기관 간 협업, 도농 상생, 일자리 구조 개선'을 기본 체계로 하여 범정부 협업 사업을 시행하기로 한 것이다. 정부는 농업 일자리가 활성화되어 농촌 인구가 증가하고 농촌이 발전하는 선순환의 구조가 만들어져 지역소멸 위기 극복에 이바지할 것으로 기대하고 있다.

〈농업 일자리 활성화를 위한 범정부 사업 개요〉

구분	내용
주체	농림축산식품부, 고용노동부, 지방자치단체 등 농업 일자리와 관련된 모든 국가기관이 '농업 일자리 지원 협의체'를 구성해 이를 중심으로 공동으로 사업 추진
운영	• 농촌에 더해 도시 지역에까지 광범위하게 취업자를 발굴 • 도시 비경제활동인구를 집중적으로 구인, 이들의 노동시장 유입 또한 촉진 • 내국인의 농업 일자리 취업 및 농촌 정착도 확대될 것으로 기대
지원	• 취업자에게 교통편의 · 숙박비 · 식비 · 작업교육 등 지원 • 취업자에게 안전교육, 상해보험료 및 보호장비를 제공하여 안전관리 강화 • 전자근로계약서 서비스를 도입, 취업자 권익 보호 강화
관리	• 농업 일자리 온라인 시스템을 구축, 농작업, 구인 · 구직 정보 등을 공유 • 취업 알선 및 근로계약 체결 지원
지역	• 2023년 : 경상북도 · 전라북도를 대상으로 추진 • 2024년 이후 : 전국으로 확대 실시

공익직불제

농업 활동을 통해 환경보전, 농촌공동체 유지, 식품안전 등의 공익기능을 증진하도록 농업인에게 보조금을 지원하는 제도이다. 기존에는 6개의 직불제(쌀고정 · 쌀변동 · 밭농업 · 조건불리 · 친환경 · 경관보전)로 분리했으나 이를 개편해 선택형 공익직불(친환경농업직불제, 친환경안전축산물직불제, 경관보전직불제, 전략작물직불제)과 기본형 공익직불(면적직불금, 소농직불금)로 나뉜다.

외국인 근로자 고용허가제도

〈외국인 근로자의 고용 등에 관한 법률〉에 따라 기업체가 외국인 근로자를 고용할 수 있게 하는 제도로 농가는 고용허가 절차를 직접 수행하거나 농협에 대행을 신청할 수 있다. 14일 이상 내국인 구인 노력을 하였음에도 구인 신청한 내국인 근로자의 전부 또는 일부를 채용하지 못한 경우, 내국인 신청일 전 2월부터 고용허가 신청일까지 고용조정으로 내국인 근로자를 이직시키지 않은 경우, 내국인 구인신청을 한 날의 5개월 전부터 고용허가서 발급일까지 임금체불 사실이 없는 경우 고용보험 및 산재보험 가입 사업장에서 고용을 허가받을 수 있다.

구분(구간신설)	내용
젖소 900 ~ 1,400m^2 미만	고용허용인원 2명, 신규 고용한도는 1명 인정
한육우 1,500 ~ 3,000m^2 미만	고용허용인원 2명, 신규 고용한도는 1명 인정
시설원예 · 특작 2,000 ~ 4,000m^2 미만	고용허용인원 및 신규 고용한도 모두 2명 인정

종자산업 기술 혁신으로 고부가 종자 수출산업 육성(제3차 종자산업육성 5개년 계획)

농림축산식품부는 자산업 규모를 1.2조 원으로 키우고, 종자 수출액을 1.2억 달러까지 확대하기 위한 5대 전략을 제시했다. 이에 따라 농림축산식품부는 2023년부터 5년 동안 1조 9,410억 원을 투자할 계획이다.

- 전략 1. 디지털 육종 등 신육종 기술 상용화 : 작물별 디지털 육종 기술 개발 및 상용화, 신육종 기술 및 육종 소재 개발
- 전략 2. 경쟁력 있는 핵심 종자 개발 집중 : 세계 시장 겨냥 10대 종자 개발 강화, 국내 수요 맞춤형 우량 종자 개발
- 전략 3. 3대 핵심 기반 구축 강화 : 육종 – 디지털 융합 전문인력 양성, 공공 육종데이터 민간 활용성 강화, '종자산업혁신단지(K-Seed Vally)' 구축 및 국내 채종 확대
- 전략 4. 기업 성장 · 발전에 맞춘 정책 지원 : 정부 주도 연구개발(R&D) 방식에서 기업 주도로 개편, 기업 수요에 맞춘 장비 · 서비스 제공, 제도 개선 및 민 · 관 협력(거버넌스) 개편
- 전략 5. 식량종자 공급 개선 및 육묘산업 육성 : 식량안보용 종자 생산 · 보급 체계 개선, 식량종자 · 무병묘 민간시장 활성화, 육묘업의 신성장 산업화

농민수당 지급 사업

농업인의 소득안정을 도모함으로써 농업인의 삶의 질을 향상시키고 농업·농촌의 지속 가능한 발전, 공익적 기능 증진, 지역경제 활성화 등을 위해 농업인에게 지원하는 수당이다. 이는 농촌인구 감소 최소화 및 농가소득 보장이라는 취지에서 지자체마다 해당 지역의 농가에게 경영면적 등에 상관없이 일정 금액을 주는 제도로 지자체의 인구 구조와 재정 여건 등을 감안해 지자체마다 자체적으로 추진하고 있다.

농민수당의 지급 대상은 사업 연도 1월 1일 현재 3년 이상 계속 해당 지자체에 주소를 두고 실제 거주하며, 2년 이상 계속 농업경영정보를 등록하고 실제 농업에 종사하는 전업농(경영주와 공동경영주)이다. 다만, 농업 외의 종합소득 금액이 3,700만 원 이상인 자, 신청일 현재 〈국민건강보험법〉상 건강보험 직장가입자 또는 지방세 체납자, 보조금(중앙정부 직불금 등) 부정수급자, 〈농지법〉 등 농어업 관련 법령 위반자, 경영주와 실거주 중이면서 세대만 분리한 자, 농업 분야에 고용된 농업노동자 등은 지급 대상에서 제외된다.

다만, 농민수당 지급 사업은 각 지자체의 조례에 따라 시행되기 때문에 지급액(연간 30 ~ 120만 원), 지급 방법(현금 / 지역화폐), 지급 대상 단위(개인 / 가구) 등이 지자체마다 다르다. 또한 보통 사업 연도 12월 31일까지 농민수당을 사용할 수 있으며, 기한 종료 후 잔액은 자동 소멸된다.

PART 2

축산물이력제

소·돼지·닭·오리·계란 등 축산물의 도축부터 판매에 이르기까지의 정보를 기록·관리하여 위생·안전의 문제를 사전에 방지하고, 문제가 발생할 경우 그 이력을 추적하여 신속하게 대처하기 위해 시행하고 있는 제도이다. 축산물의 사육·도축·가공·판매에 이르기까지의 과정을 이력번호를 통해 조회할 수 있도록 하여, 위생·안전의 문제를 사전에 방지하고, 문제가 발생할 경우에 신속하게 대처할 수 있다.

축산물이력제에 따라 해당하는 축산물을 키우는 농장 경영자는 축산물품질평가원에 농장등록을 해야 하며, 가축을 이동시키는 경우에는 반드시 이동 사실을 신고해야 한다. 또한, 도축업자와 축산물 포장처리·판매업자 등 축산물의 유통에 관련이 있는 사람은 도축 처리 결과나 거래 내역 등을 신고해야 한다. 이런 의무사항을 위반하는 경우 최대 500만 원의 과태료가 부과된다.

농약허용물질 목록관리제도(PLS)

농산물을 재배하는 과정에서 사용이 가능한 농약들을 목록으로 만들어 미리 설정된 잔류 기준 내에서의 사용을 허가하고, 목록에 포함되어 있지 않은 농약은 잔류 허용기준을 0.01mg/kg으로 설정하여 사실상 사용을 금지하는 제도이다. 농약 잔류 허용기준은 농약 안전사용방법에 따라 올바르게 사용하였을 때 농산물 등에 법적으로 허용된 농약의 양을 정하는 기준을 말한다. 만약 국외에서 합법적으로 사용되는 농약을 새로 지정하고 싶은 경우에는 식품의약품안전처에 수입식품 중 잔류 허용기준 설정 신청을 할 수 있다.

농약관리법

농약의 제조·수입·판매 및 사용에 관한 사항을 규정함으로써 농약의 품질향상, 유통질서의 확립 및 안전사용을 도모하고 농업생산과 생활환경보전에 이바지하기 위해 제정한 법률이다. 농약의 제조업·원제업 또는 수입업을 하고자 하는 자는 농촌진흥청장에게 등록하여야 한다. 농약의 판매업을 하고자 하는 사람은 업소의 소재지를 관할하는 시장·군수 및 구청장에게 등록하여야 한다. 수출입식물방제업을 하고자 하는 사람은 국립식물검역기관의 장에게 신고하여야 한다. 농약의 제조업자·원제업자·수입업자는 품목별로 농촌진흥청장에게 등록하여야 한다. 농림부장관은 농약의 수급안정 등을 위해 제조업자·원제업자·수입업자 또는 판매업자에 대하여 농약의 수급조절과 유통질서의 유지를 요청할 수 있으며, 농업협동조합중앙회에 대하여 농약의 비축·공급을 권고할 수 있다.

농식품바우처

소득 불평등 심화, 고령화 등으로 경제적 취약계층이 확대되고, 영양 섭취 수준과 식습관 악화로 건강 위협이 심화됨에 따라 미래에 부담해야 하는 의료비 등 사회적 비용 감소를 위해 경제적 취약계층 대상 영양 보충 지원 정책의 일환으로 정부는 2017년에 농식품바우처 시범사업을 100대 국정과제로 지정했다. 이후 2020년 9월부터 시범사업을 시행하고 있으며, 매년 시범지역을 확대 중이다. 주무기관은 농림축산식품부, 전담기관은 한국농수산식품유통공사(aT)이다.

도시농업 활성화

도시민과 농업인이 함께하는 행복한 삶을 구현하는 것을 목표로 2022년까지 융·복합 서비스 창출을 통한 도농상생 사업기반을 구축하는 것이 목표이다. 도시농업의 개념을 농작물 경작에서 수목, 화초, 곤충, 양봉까지 확장하고 환경, 문화, 복지 등과 접목한 융·복합 서비스를 창출한다.

친환경안전축산직불제

친환경축산 실천 농업인에게 초기 소득 감소분 및 생산비 차이를 보전함으로써 친환경축산의 확산을 도모하고, 환경보전을 통하여 지속가능한 축산기반을 구축하기 위한 제도이다.

저탄소 농축산물 인증제 사업

저탄소 농업기술을 활용하여 생산 전과정에서 온실가스 배출을 줄인 농축산물에 저탄소 인증을 부여하는 제도로, 농업인의 온실가스 감축을 유도하고 소비자에게 윤리적 소비선택권을 제공하는 사업이다. 농업인을 대상으로 인증 교육, 온실가스 산정 보고서 작성을 위한 컨설팅 및 인증취득 지원, 그린카드 연계 및 인증 농산물 유통지원 등의 사업을 진행한다.

토종벌 육성사업

낭충봉아부패병(SD) 저항성 토종벌을 농가에 보급하여 토종벌 산업의 안정화 및 농가소득 증대를 유도하기 위한 제도이다. 토종벌을 10군 이상 보유한 토종벌 분야의 농업경영체 등록 농가와 토종벌 사육경력이 5년 이상인 농가가 신청할 수 있다. 시·도는 사업대상자의 신청 물량·금액 이내에서 각 농가당 지원액을 결정하며, 정부에서 SD 저항성 토종벌 및 벌통 구입비를 지원받을 수 있다.

청년 창업농 선발 및 영농정착 지원사업

기술·경영 교육과 컨설팅, 농지은행의 매입비축 농지 임대 및 농지 매매를 연계 지원하여 건실한 경영체로의 성장을 유도하고, 이를 통해 젊고 유능한 인재의 농업 분야 진출을 촉진하는 선순환 체계 구축, 농가 경영주의 고령화 추세 완화 등 농업 인력구조 개선을 하기 위한 사업이다.

사업 시행년도 기준 만 18세 이상에서 만 40세 미만인 사람, 영농경력이 3년 이하, 사업 신청을 하는 시·군·광역시에 실제 거주하는 사람만 신청할 수 있다. 독립경영 1년 차에는 월 100만 원, 2년 차는 월 90만 원, 3년 차는 월 80만 원을 지원받을 수 있다.

농촌공동체 회사 우수사업 지원제도(농촌자원복합산업화지원)

농촌 지역 주민이 주도하는 농촌공동체 회사 사업을 지원해 농가 소득 증대 및 일자리 창출, 농촌에 필요한 각종 서비스 제공 등 농촌 지역 사회 활성화에 기여하기 위한 제도이다. 농촌공동체 회사 활성화에 필요한 기획, 개발, 마케팅, 홍보 비용을 사업 유형에 따라 3～5년까지 지원받을 수 있으며, 개소당 최대 10억 원(지자체별 상이)을 지원받을 수 있다.

농촌 지역 주민 5인 이상이 자발적으로 결성한 조직으로, 지역 주민 비율이 50% 이상 구성되어 있고, 민법상 법인·조합, 상법상 회사, 농업법인, 협동조합기본법상 협동조합 등이 지원대상이다.

농업경영체 등록제

농업문제의 핵심인 구조 개선과 농가 소득 문제를 해결하기 위해서 마련된 제도로, 평준화된 지원정책에서 탈피하여 맞춤형 농정을 추진하기 위해 도입되었다. 농업경영체 등록제를 통해 경영체 단위의 개별 정보를 통합·관리하고 정책사업과 재정 집행의 효율성을 제고하게 되었다.

농촌현장 창업보육 사업

농산업·농식품·BT(바이오 기술) 분야 예비창업자 및 창업초기기업을 대상으로 기술·경영 컨설팅을 통해 벤처기업으로의 성장을 지원하는 제도이다. 농업·식품 분야에 6개월 이내로 창업 가능한 예비창업자 및 5년 미만의 창업초기기업이 신청할 수 있으며, 지식재산권 출원, 디자인 개발, 시제품 제작, 전시회 참가 등을 지원받을 수 있다.

농업보조금제도

WTO 농업협정상 농업보조금은 국내보조금과 수출보조금 두 가지로 나뉜다. 이 협정에서 보조금 규정은 다른 협정상의 규정보다 우선적으로 적용되며, 그 개념 또한 통상적인 보조금의 의미보다 넓은 개념으로 쓰인다.

- 국내보조금 : 규율하는 대상이 일반적인 재정지출을 통한 지원보다 넓은 범위의 실질적인 지원의 개념이다. 불특정 다수의 농민에게 혜택을 주는 방식과 같이 정부가 직접적으로 행하는 사업 등을 포함한다.
- 수출보조금 : 감축을 해야 할 보조를 여섯 가지 형태로 말하고 있으며, 재정지출을 통한 직접적인 보조뿐만 아니라 공공재고를 싸게 판매하고 운송비를 깎아주는 등 실질적인 지원을 포함하도록 정하고 있다.

빈출키워드 3 농업 상식

다음 〈보기〉에서 도시농업에 대한 설명으로 적절한 것을 모두 고르면?

보기

㉠ 도시농업 사업은 현재 먹거리 재배뿐만 아니라 미래 먹거리 개발도 추진하고 있다.
㉡ 도시농업은 청년층을 대상으로 도시농업 전문인력을 양성하기 위해 전문교육을 실시하고 있다.
㉢ 도시농업의 추진 목적은 귀농·귀촌하는 도시민들의 농촌지역에서의 성공적인 정착을 위한 경제적 지원에 있다.
㉣ 코로나19 이후 도시농업은 도시에서 직접 작물을 재배하여 판매함으로써 수익을 극대화하는 경제 사업으로 인식이 변화되었다.

① ㉠
② ㉢
③ ㉠, ㉡
④ ㉠, ㉣
⑤ ㉢, ㉣

정답 ①

도시농업 사업은 농산물 재배와 더불어 미래 먹거리 개발에도 힘쓰고 있으며, 이밖에도 전문인력 양성, 일자리 창출, 귀농·귀촌 교육, 치유농업 프로그램 등 다양한 프로그램을 함께 추진하고 있다.

오답분석

㉡ 도시농업은 전문인력 양성을 위해 전문교육을 실시하고 있으며, 이는 청년층에 국한된 것이 아니라 다양한 계층의 시민을 대상으로 진행되고 있다.
㉢ 도시농업의 추진 목적은 도시에서도 농업을 육성하여 건강한 먹거리를 직접 생산하기 위함에 있다.
㉣ 코로나19 이후 도시농업은 도시에서 직접 작물을 재배하면서 육체적·정신적 건강을 도모하는 여가문화로 인식이 변화되었다.

이론 더하기

애그테크(Agtech)
'농업'을 뜻하는 'Agriculture'와 'Technology'의 조합어로, 생산성의 획기적인 향상을 위해 첨단 기술을 농업 현장에 적용하는 것을 뜻한다. 이를 위해 적용되고 있는 기술 분야로는 인공지능(AI), 사물인터넷(IoT), 빅데이터, 드론・로봇 등이 있다. 전 세계적으로 기후 변화, 농촌 노동력 부족, 소비자 기호 변화 등과 같은 농업 환경 변화의 효과적 대응 수단으로 애그테크가 급부상하며 관련 애그테크 시장도 급성장함에 따라 농림축산식품부는 2018년부터 스마트팜 확산을 위한 노력을 지속적으로 강화하고 있으며, 2022년 10월 발표한 "스마트농업 확산을 통한 농업혁신 방안"에서 '스마트농업 민간 혁신 주체 육성, 품목별 스마트농업 도입 확산, 스마트농업 성장 기반 강화' 등의 3대 추진 전략과 함께 농업 생산의 30% 스마트농업 전환, 유니콘 기업 5개 육성 등을 목표로 제시했다.
스마트농업 육성 대책에는 AI 예측, AI 온실관리, 온실용 로봇, 축산 IoT, AI 축사관리, 가변관수・관비기술(VRT), 자율주행, 노지수확 로봇 등과 같은 국내 애그테크 산업 경쟁력 강화 방안이 상당수 포함되어 있다.
또한 농업과 첨단 정보통신기술 등의 융합을 통하여 농업의 자동화・정밀화・무인화 등을 촉진함으로써 농업인의 소득증대와 농업・농촌의 성장・발전에 이바지함을 목적으로 하는 〈스마트농업 육성 및 지원에 관한 법률〉(약칭 "스마트농업법")이 2023년 7월 25일 제정(2024년 7월 26일 시행)됨에 따라 체계적인 애그테크 산업 육성을 위한 법적 근거가 마련되었다. 한편 이에 앞서 농협은 2022년 10월에 애그테크 상생혁신펀드 출범식을 개최한 바 있다.

애그리비즈니스(Agribusiness)
농업과 관련된 전후방 산업을 일컫는다. 최근 생겨난 '농기업'이란 새로운 개념은 '농업'을 가축이나 농작물의 생산에 한정하는 것이 아니라 농산물 생산을 포함하여 생산된 농산물의 가공과 유통, 수출입은 물론 비료, 농약, 농기계, 사료, 종자 등 농자재산업까지 포함한 농업 관련 산업(Agribusiness)으로 사업영역을 확장한다는 의미를 포함하고 있다.

GMO(Genetically Modified Organism, 유전자 변형 농산물)
유전자 재조합기술(Biotechnology)로 생산된 농산물로, 미국 몬산토사가 1995년 유전자 변형 콩을 상품화하면서 대중에게 알려지기 시작했다. 유전자 변형은 작물에 없는 유전자를 인위적으로 결합시켜 새로운 특성의 품종을 개발하는 유전공학적 기술을 말한다. 어떤 생물의 유전자 중 추위, 병충해, 살충제, 제초제 등에 강한 성질 등 유용한 유전자만을 취하여 새로운 품종을 만드는 방식이다.
공식적인 용어는 LGMO(Living Genetically Modified Organisms)이다. LMO(Living Modified Organism)는 살아있음(Living)을 강조하여 동물・식물・미생물 등과 같이 생식・번식이 가능한 생명체를 한정하며, GMO는 생식이나 번식을 하지 못하는 것도 포함되어 있어 LMO보다 좀 더 포괄적인 범위를 통칭한다.
농산물 종자나 미생물 농약, 환경정화용 미생물 등 LMO의 활용 영역이 날로 넓어지면서 LMO의 안전성 논란이 높아지자 국제기구, 선진국 정부기관, 민간단체 등에서는 LMO와 관련된 정보들을 수집 분석하여 일반인에게 공개하고 있으며, 나아가 세계 각국들은 2000년 1월 '바이오 안전성에 관한 카르타헤나 의정서(The Cartagena Protocol on Biosafety)'를 채택하고, 이에 따라 LMO의 국가 간 이동에 관련된 법률을 제정하여 LMO를 관리하고 있다.

국제연합식량농업기구(FAO; Food and Agriculture Organization)
국제연합 전문기구의 하나로 식량과 농산물의 생산 및 분배 능률 증진, 농민의 생활수준 향상 등을 목적으로 한다. 1945년 10월 캐나다 퀘벡에서 개최된 제1회 식량농업회의에서 채택된 FAO헌장에 의거해 설립됐다. 농업・임업・수산업 분야의 유엔 기구 중 최대 규모로 본부에 3,500명, 세계 각지에 2,000여 명의 직원이 있다. 세계식량계획(WFP)과 함께 식량원조와 긴급구호 활동을 전개하며 국제연합개발계획(UNDP)과 함께 기술원조를 확대하고 있다.

농가소득
경상소득과 비경상소득을 합한 총액을 말한다. 농가의 경상소득은 농업소득, 농외소득, 이전소득을 합산한 총액을 말하며, 농가의 비경상소득은 정기적이지 않고 우발적인 사건에 의해 발생한 소득을 말한다.

스팁(STEEP)소비
상품이나 서비스를 공유하는 공유형(Sharing) 소비, 건강을 고려하는 웰빙형(Toward the health) 소비, 기능성 상품을 선호하는 실속형(cost-Effective) 소비, 직접 체험할 수 있는 경험형(Experience) 소비, 삶의 질을 높이는 현재형(Present) 소비의 앞 글자를 딴 신조어이다.

수경재배

흙을 사용하지 않고 물과 수용성 영양분으로 만든 배양액 속에서 식물을 키우는 방법을 일컫는 말로, 물재배 또는 물가꾸기라고 한다. 수경재배를 할 수 있는 식물은 대부분 수염뿌리로 되어 있는 외떡잎식물이다. 식물이 정상적으로 위를 향해 자라도록 지지해 주거나 용액에 공기를 공급해 주어야 하는 어려움 때문에 수경재배는 자갈재배로 대체되었는데, 이때 자갈은 물이 가득한 묘판에서 식물이 넘어지지 않도록 지지해준다.

수경재배는 뿌리의 상태와 성장 모습을 직접 관찰할 수 있고, 오염되지 않은 깨끗한 채소나 작물을 생산해낼 수 있으며 집안에서 손쉽게 재배가 가능하다는 장점이 있다.

윤작

돌려짓기라고도 하며, 같은 땅에서 일정한 순서에 따라 종류가 다른 작물을 재배하는 경작방식으로 형태에 따라 곡초식, 삼포식, 개량삼포식, 윤재식 등으로 나뉜다. 식용작물을 재배하는 곳이면 어느 곳에서나 어떤 형태로든지 윤작이 행해지고 있으며, 윤작의 장점은 토지이용도를 높일 수 있고, 반복된 재배에도 균형 잡힌 토질을 유지할 수 있으며, 누적된 재배로 인한 특정 질병재해를 사전에 방지할 수 있다는 것이다.

콜드체인 시스템

콜드체인(Cold Chain) 시스템이란 농산물을 수확한 후 선별포장하여 예냉하고 저온 저장하거나 냉장차로 저온 수송하여 도매시장에서 저온 상태로 경매되어 시장이나 슈퍼에서 냉장고에 보관하면서 판매하는 시스템이다. 전 유통 과정을 제품의 신선도 유지에 적합한 온도로 관리하여 농산물을 생산 또는 수확 직후의 신선한 상태 그대로 소비자에게 공급하는 유통체계로, 신선도 유지, 출하 조절, 안전성 확보 등을 위해서 중요한 시스템이다.

친환경농업

지속 가능한 농업 또는 지속농업(Sustainable Agriculture)으로, 농업과 환경을 조화시켜 농업의 생산을 지속 가능하게 하는 농업형태이며 농업생산의 경제성 확보, 환경보존 및 농산물의 안전성을 동시 추구하는 농업이다. 유기합성농약과 화학비료를 일절 사용하지 않고 재배하거나 유기합성농약은 일절 사용하지 않고, 화학비료는 권장 시비량의 1/3 이내를 사용하거나, 1/2 이내를 사용하고, 농약 살포 횟수는 '농약안전사용기준'의 1/2 이하를 사용해야 한다.

생산 농가가 희망하는 경우에 인증기준적합 여부를 심사하며, 인증 여부를 통보해 주고, 인증받은 농산물에 한해 인증표시 후 출하한다.

석회비료

칼슘을 주성분으로 하는 비료로, 토양의 성질을 개선하여 작물에 대한 양분의 공급력을 높인다. 직접적으로 양분의 역할을 하지는 못하기 때문에 '간접 비료'로 불린다.

아프리카돼지열병(ASF)

동물 감염의 비율이 높고, 고병원성 바이러스에 전염될 경우 치사율이 거의 100%에 이르는 바이러스성 돼지 전염병으로, '돼지 흑사병'이라고도 불린다. 아프리카 지역에서 빈번하게 발생하여 '아프리카돼지열병'이라는 이름으로 주로 불린다. 우리나라에서는 이 질병을 〈가축전염병 예방법〉상 제1종 가축전염병으로 지정하여 관리하고 있다.

주로 감염된 돼지의 분비물 등에 의해 직접 전파되며, 잠복 기간은 약 4 ~ 19일이다. 인체와 다른 동물에게는 영향을 주지 않으며, 오직 돼지과의 동물에만 감염된다. 이 병에 걸린 돼지는 보통 10일 이내에 폐사한다.

조류인플루엔자

닭이나 오리와 같은 가금류 또는 야생조류에서 생기는 바이러스의 하나로, 일종의 동물전염병이다. 일반적으로 인플루엔자 바이러스는 A, B, C형으로 구분되는데, A형과 B형은 인체감염의 우려가 있으며, 그중 A형이 대유행을 일으킨다. 바이러스에 감염된 조류의 콧물, 호흡기 분비물, 대변에 접촉한 조류들이 다시 감염되는 형태로 전파되고, 특히 인플루엔자에 오염된 대변이 구강을 통해 감염을 일으키는 경우가 많다.

이베리코

스페인의 돼지 품종으로, 스페인 이베리아 반도에서 생산된 돼지라는 뜻이다. 긴 머리와 긴 코, 길고 좁은 귀, 검은색 가죽과 검은색 발톱이 특징이다. 이베리코는 사육 기간과 방식, 먹이에 따라 최고 등급인 '베요타(Bellota)'부터 중간 등급인 '세보 데 캄포(Cebo de campo)', 하위 등급인 '세보(Cebo)'로 나뉜다. 이 중 베요타의 경우 '데헤사(Dehesa)'라 불리는 목초지에서 자연 방목으로 사육하는데, 방목 기간 동안 풀과 도토리 등 자연 산물을 먹여 키운다.

귀농인의 집

'귀농인의 집'은 귀농·귀촌 희망자의 안정적 농촌 정착을 위해 이루어지고 있는 주거 공간 지원 사업으로, 〈농업·농촌 및 식품산업 기본법〉을 근거로 한다. 이는 귀농귀촌 희망자가 일정 기간 동안 영농기술을 배우고 농촌체험 후 귀농할 수 있도록 임시 거처인 '귀농인의 집'을 제공하는 것이다. 귀농인의 집 입지는 지역 내 제반 여건을 감안해 귀농인의 집 운영을 희망하는 마을과 시·군이 협의하여 자율 선정한다. 재원은 국고보조(농특회계) 50%와 지방비 50%로 구성되며, 세대당 3,000만 원 이내로 지원이 이루어진다. 그리고 입주자는 월 10 ~ 20만 원 또는 일 1 ~ 2만 원의 임차비용을 지급하게 된다. 기간은 1년 범위 내 이용을 원칙으로 하고, 추가 이용자가 없고 기존 귀농인이 희망하는 경우에는 1년 이용기간 종료 후 3개월 이내의 범위에서 추가 이용이 가능하다.

특산식물(고유식물)

특정한 지역에서만 생육(生育)하는 고유한 식물을 말한다. 생육되는 환경에 스스로 적응하면서 다른 곳에서는 볼 수 없는 독특한 특징으로 진화하는 특산식물은 결과적으로 해당 지역의 고유식물로 존재하게 된다. 그러므로 고유식물이 지니는 정보는 그 지역에 분포하는 해당 식물의 기원과 진화 과정을 밝히는 중요한 요인이 된다. 특산식물은 작은 환경 변화에도 민감하게 반응하며 세계적으로 가치 있고 희귀한 식물이 대부분이므로 적극적으로 보호하지 않으면 멸종되기 쉽다.

녹색혁명

녹색혁명은 20세기 후반 전통적 농법이 아닌 새로운 기술인 품종개량, 수자원 공급시설 개발, 화학비료 및 살충제 사용 등의 새로운 기술을 적용하여 농업생산량이 크게 증대된 일련의 과정 및 그 결과를 의미한다. 녹색혁명의 핵심은 새로운 기술의 적용으로 생산성을 크게 증대시키는 것에 있기 때문에 유전학, 분자생물학, 식물생리학 등의 과학기술 발전을 통해 작물의 생산성을 증대시키는 것을 2차 녹색혁명이라고도 부른다.

식물공장

최첨단 고효율 에너지 기술을 결합해 실내에서 다양한 고부가가치의 농산물을 대량 생산할 수 있는 농업 시스템이다. 식물공장은 빛, 온도·습도, 이산화탄소 농도 및 배양액 등의 환경을 인위적으로 조절해 농작물을 계획 생산한다. 계절, 장소 등과 관계없이 자동화를 통한 공장식 생산이 가능하다. 식물공장은 주로 LED와 분무장치에 의한 실내 식물재배 시스템을 이용하여 전형적인 저탄소 녹색 사업을 가능하게 하는 곳이다.

작목반

강원도 삼척 지역 농촌에서 작목별·지역별 공동 생산, 공동 출하로 소득을 높이기 위하여 조직한 농민단체로, 채소·원예·축산·과일 등 작목에서 많이 운영된다. 작목반별로 다소 차이는 있지만 작목반 또는 조합 단위로 영농에 필요한 비료나 농약 시설 자재 등을 공동으로 저렴하게 구입하여 공급하는 영농 자재의 공동 구매, 작목반 단위의 영농 계획에 의한 공동 작업 실시로 작업 능률을 향상시키기 위한 공동 작업, 농산물의 등급별 선별을 통한 규격화·표준화로 상품성 제고, 공동 출하·공동 이용시설의 설치와 운영, 공동 기금 조성 등의 활동을 한다. 대부분의 작목반은 지역의 단위농업협동조합과 연계되어 있다.

로컬푸드

로컬푸드 운동은 생산자와 소비자 사이의 이동거리를 단축시켜 식품의 신선도를 극대화시키자는 취지로 출발했다. 즉, 먹을거리에 대한 생산자와 소비자 사이의 이동거리를 최대한 줄임으로써 농민과 소비자에게 이익이 돌아가도록 하는 것이다. 북미의 100마일 다이어트 운동, 일본의 지산지소(地産地消) 운동 등이 대표적인 예다. 국내의 경우 전북 완주군이 2008년 국내 최초로 로컬푸드 운동을 정책으로 도입한 바 있다.

로컬푸드지수

지역에서 이루어지고 있는 로컬푸드 소비체계 구축활동에 대한 노력과 성과를 평가하기 위한 지표이다. 2021년부터 본격적으로 시행되는 로컬푸드 평가기준으로, 미국의 '로커보어지수(Locavore Index)'에 필적할 만한 지수이다. 계량적 수치 위주의 로커보어지수와 달리 로컬푸드지수는 지역에 미치는 사회적·경제적 가치까지도 반영하고 있다.

할랄

과일·야채·곡류 등 모든 식물성 음식과 어류·어패류 등 모든 해산물이 이슬람 율법하에 무슬림이 먹고 쓸 수 있도록 허용된 제품을 총칭한다. 육류 중에서는 이슬람의 신 알라의 이름으로 도살된 고기(주로 염소고기, 닭고기, 쇠고기 등), 이를 원료로 한 화장품 등이 할랄 제품에 해당한다. 반면 술과 마약류처럼 정신을 흐리게 하는 것, 돼지고기·개·고양이 등의 동물, 자연사했거나 인간에 의해 도살된 짐승의 고기 등과 같이 무슬림에게 금지된 음식의 경우는 '하람(Haram)' 푸드라고 한다.

빈출키워드 4 디지털 상식

01 28GHz(39GHz)의 초고대역 주파수를 사용하여 무선으로 통신 서비스를 제공하는 이동통신 기술은?

① 2G
② 3G
③ 4G
④ 5G
⑤ LTE-A

02 통신망 제공사업자는 모든 콘텐츠를 동등하고 차별 없이 다루어야 한다는 원칙을 뜻하는 용어는?

① 제로 레이팅
② 망 중립성
③ MARC
④ 멀티 캐리어
⑤ 화이트 박스

01

정답 ④

5G FWA는 유선 대신 무선으로 각 가정에 초고속 통신 서비스를 제공하는 기술이다. 2018년 삼성전자는 미국 최대 이동통신 사업자인 버라이즌과 5G 기술을 활용한 통신 장비 공급 계약을 체결하였다.

02

정답 ②

망 중립성(Network Neutrality)은 통신사 등 인터넷서비스사업자(ISP)가 특정 콘텐츠나 인터넷 기업을 차별·차단하는 것을 금지하는 정책으로, 인터넷 기업인 구글, 페이스북, 아마존, 넷플릭스 등이 거대 기업으로 성장할 수 있었던 주된 배경 중 하나이다.

오답분석

① 제로 레이팅(Zero Rating) : 콘텐츠 사업자가 이용자의 데이터 이용료를 면제 또는 할인해 주는 제도이다.
③ MARC(MAchine Readable Cataloging) : 컴퓨터가 목록 데이터를 식별하여 축적·유통할 수 있도록 코드화한 일련의 메타데이터 표준 형식이다.
④ 멀티 캐리어(Multi Carrier) : 2개 주파수를 모두 사용해 통신 속도를 높이는 서비스이다.
⑤ 화이트 박스(White Box) : 제조자와 판매자 상표를 부착하지 않은 언브랜드 단말기를 일컫는 말이다. 인텔이 자사의 CPU 수요를 확대하기 위한 목적으로 기획했다.

이론 더하기

4차 산업혁명

2010년대부터 물리적 세계, 디지털 및 생물학적 세계가 융합되어 모든 학문·경제·산업 등에 전반적으로 충격을 주게 된 새로운 기술 영역의 등장을 뜻하는 4차 산업혁명은 독일의 경제학 박사이자 세계경제포럼(WEF)의 회장인 클라우스 슈밥이 2016년 다보스 포럼(WEF)에서 제시한 개념이다.

클라우스 슈밥은 인공지능, 로봇공학, 사물인터넷, 3D프린팅, 자율주행 자동차, 양자 컴퓨팅, 클라우드 컴퓨팅, 나노테크, 빅데이터 등의 영역에서 이루어지는 혁명적 기술 혁신을 4차 산업혁명의 특징으로 보았다. 4차 산업혁명은 초연결성·초지능, 더 빠른 속도, 더 많은 데이터 처리 능력, 더 넓은 파급 범위 등의 특성을 지니는 '초연결 지능 혁명'으로 볼 수 있다. 그러나 인공지능 로봇의 작업 대체로 인한 인간의 일자리 감소, 인간과 인공지능(로봇)의 공존, 개인정보·사생활 보호, 유전자 조작에 따른 생명윤리 등 여러 과제가 사회적 문제로 떠오르고 있다.

빅데이터(Big Data)

빅데이터는 다양하고 복잡한 대규모의 데이터 세트 자체는 물론, 이러한 데이터 세트로부터 정보를 추출한 결과를 분석하여 더 큰 가치를 창출하는 기술을 뜻한다. 기존의 정형화된 정보뿐만 아니라 이미지, 오디오, 동영상 등 여러 유형의 비정형 정보를 데이터로 활용한다. 저장 매체의 가격 하락, 데이터 관리 비용의 감소, 클라우드 컴퓨팅의 발전 등으로 인해 데이터 처리·분석 기술 또한 진보함에 따라 빅데이터의 활용 범위와 환경이 꾸준히 개선되고 있다.

빅데이터의 특징으로 제시되는 3V는 데이터의 'Volume(크기), Velocity(속도), Variety(다양성)'이다. 여기에 'Value(가치)' 또는 'Veracity(정확성)' 중 하나를 더해 4V로 보기도 하고, 둘 다 더해 5V로 보기도 한다. 또한 5V에 'Variability(가변성)'을 더해 6V로 정리하기도 한다. 한편 기술의 진보에 따라 빅데이터의 특징을 규명하는 'V'는 더욱 늘어날 수 있다.

합성데이터(Synthetic Data)

합성데이터는 실제 수집·측정으로 데이터를 획득하는 것이 아니라 시뮬레이션·알고리즘 등을 이용해 인공적으로 생성한 인공의 가상 데이터를 뜻한다. 즉, 현실의 데이터가 아니라 인공지능(AI)을 교육하기 위해 통계적 방법이나 기계학습 방법을 이용해 생성한 가상 데이터를 말한다.

고품질의 실제 데이터 수집이 어렵거나 불가능함, AI 시스템 개발에 필수적인 대규모 데이터 확보의 어려움, 인공지능 훈련에 드는 높은 수준의 기술·비용, 실제 데이터의 이용에 수반되는 개인정보·저작권 보호 및 윤리적 문제 등에 대한 해결 대안으로 등장한 것이 합성데이터이다.

임베디드 금융(Embedded Finance)

비금융기업이 금융기업의 금융 상품을 중개·재판매하는 것을 넘어 IT·디지털 기술을 활용해 자체 플랫폼에 결제·대출 등의 비대면 금융 서비스(핀테크) 기능을 내재화(Embed)하는 것을 뜻한다. 은행이 제휴를 통해 금융 서비스의 일부를 비금융 기업에서 제공하는 서비스형 은행(BaaS; Banking as a Service)도 임베디드 금융의 한 형태로 볼 수 있다.

사물인터넷(IoT; Internet of Things)

사물에 센서와 통신 프로세서를 장착해 실시간으로 정보를 수집·교환하고 제어·관리할 수 있도록 인터넷 등 다양한 방식의 네트워크로 연결되어 있는 시스템을 뜻한다. 이때 '사물인터넷'에서 말하는 '사물'은 인간을 포함한 모든 가시적인 물리적 대상은 물론 어떠한 패턴 등의 무형·가상의 대상을 아우르는 광범위한 개념이다.

딥페이크(Deepfake)

인공지능이 축적된 자료를 바탕으로 스스로 학습하는 '딥러닝(Deep Learning)' 기술과 'Fake(가짜, 속임수)'의 조합어로, 인공지능을 통해 만들어낸 가짜 이미지·영상, 오디오성 기술을 뜻한다.

핀테크(Fin-tech)

모바일, 소셜네트워크서비스(SNS), 빅데이터 등의 첨단 정보 기술(Technology)을 기반으로 한 금융(Finance) 서비스 또는 그러한 서비스를 제공하는 회사를 뜻한다. 핀테크를 통해 예금, 대출, 자산 관리, 결제, 송금 등 다양한 금융 서비스가 정보통신 및 모바일 기술과 결합되어 혁신적인 유형의 금융 서비스가 가능하다.

디지털 뉴딜(Digital New Deal)

2020년 7월 14일에 확정한 정부의 한국판 뉴딜 정책 중 하나이다. 핵심내용은 현재 세계 최고 수준인 전자정부 인프라나 서비스 등의 ICT를 기반으로 디지털 초격차를 확대하는 것이다. 디지털 뉴딜의 내용으로는 DNA(Data, Network, AI) 생태계 강화, 교육인프라 디지털 전환, 비대면 사업 육성, SOC 디지털화가 있다.

VR, AR, MR, XR, SR

- VR(Virtual Reality, 가상현실) : 어떤 특정한 상황·환경을 컴퓨터로 만들어 이용자가 실제 주변 상황·환경과 상호작용하고 있는 것처럼 느끼게 하는 인간과 컴퓨터 사이의 인터페이스이다. 즉, VR은 실존하지 않지만 컴퓨터 기술로 이용자의 시각·촉각·청각을 자극해 실제로 있는 것처럼 느끼게 하는 가상의 현실을 말한다.
- AR(Augmented Reality, 증강현실) : 머리에 착용하는 방식의 컴퓨터 디스플레이 장치는 인간이 보는 현실 환경에 컴퓨터 그래픽 등을 겹쳐 실시간으로 시각화함으로써 AR을 구현한다. AR이 실제의 이미지·배경에 3차원의 가상 이미지를 겹쳐서 하나의 영상으로 보여주는 것이라면, VR은 자신(객체)과 환경·배경 모두 허구의 이미지를 사용하는 것이다.
- MR(Mixed Reality, 혼합현실) : VR과 AR이 전적으로 시각에 의존한다면, MR은 시각에 청각·후각·촉각 등 인간의 감각을 접목할 수 있다. VR과 AR의 장점을 융합함으로써 한 단계 더 진보한 기술로 평가받는다.
- XR(eXtended Reality, 확장현실) : VR, AR, MR 등을 아우르는 확장된 개념으로, 가상과 현실이 매우 밀접하게 연결되어 있고, 현실 공간에 배치된 가상의 물체를 손으로 만질 수 있는 등 극도의 몰입감을 느낄 수 있는 환경 혹은 기술을 뜻한다.
- SR(Substitutional Reality, 대체현실) : VR, AR, MR과 달리 하드웨어가 필요 없으며, 스마트 기기에 광범위하고 자유롭게 적용될 수 있다. SR은 가상현실과 인지 뇌과학이 융합된 한 단계 업그레이드된 기술이라는 점에서 VR의 연장선상에 있는 기술로 볼 수 있다.

스니핑(Sniffing)

'Sniffing'은 '코를 킁킁거리기, 냄새 맡기'라는 뜻으로, 네트워크 통신망에서 오가는 패킷(Packet)을 가로채 사용자의 계정과 암호 등을 알아내는 해킹 수법이다. 즉, 스니핑은 네트워크 트래픽을 도청하는 행위로서, 사이버 보안의 기밀성을 침해하는 대표적인 해킹 수법이다. 그리고 이러한 스니핑을 하기 위해 쓰이는 각종 프로그램 등의 도구를 '스니퍼'라 부른다.

원래는 네트워크 상태를 체크하는 데 사용되었으나, 해커들은 원격에서 로그인하는 사용자들이 입력하는 개인정보를 중간에서 가로채는 수법으로 악용한다. 즉, 네트워크에 접속하는 시스템의 상대방 식별 방식의 취약점을 악용하는 것이다. 네트워크에 접속하는 모든 시스템에는 설정된 IP 주소와 고유한 MAC 주소가 있으며, 통신을 할 때 네트워크 카드는 IP 주소와 MAC 주소를 이용해 수신하고 저장할 신호를 선별한다. 스니핑 공격은 이러한 선별 장치를 해체해 타인의 신호까지 수신할 수 있는 환경을 구성하는 방식으로 구현된다. 이러한 원리를 통해 해커는 이메일 트래픽, 웹 트래픽, FTP 비밀번호, 텔넷 비밀번호, 공유기 구성, 채팅 세션, DNS 트래픽 등을 스니핑할 수 있다.

한편, 스니핑이 다른 사람의 대화를 도청·염탐하는 소극적 공격이라면, '스푸핑'은 다른 사람으로 위장해 정보를 탈취하는 적극적 공격이다. 즉, 스니핑은 시스템 자체를 훼손·왜곡할 수 없는 수동적 공격이고, 스푸핑은 시스템을 훼손·왜곡할 수 있는 능동적 공격이다.

스테이블 코인(Stable Coin)

법정화폐와 일대일(1코인=1달러)로 가치가 고정되게 하거나(법정화폐 담보 스테이블 코인) 다른 암호화폐와 연동하는(가상자산 담보 스테이블 코인) 등의 담보 방식 또는 알고리즘을 통한 수요 - 공급 조절(알고리즘 기반 스테이블 코인)로 가격 변동성이 최소화되도록 설계된 암호화폐(가상자산)이다. 다른 가상화폐와 달리 변동성이 낮기 때문에 다른 가상화폐 거래, 탈중앙화 금융(De-Fi) 등에 이용되므로 '기축코인'이라고 볼 수 있다. 우리나라와 달리 대부분 해외 가상자산 거래소에서는 법정화폐가 아닌 스테이블 코인으로 가상화폐를 거래하는데, 이렇게 하면 다른 나라의 화폐로 환전해 다시 가상화폐를 구매하는 불편을 해소하고, 환율의 차이에 따른 가격의 변동으로부터 자유롭다. 아울러 디파이를 통해 이자 보상을 받을 수 있으며, 계좌를 따로 개설할 필요가 없고, 휴일에도 송금이 가능하며 송금의 속도 또한 빠르고, 수수료도 거의 없다. 스테이블 코인은 기본적으로 가격이 안정되어 있기 때문에 안정적인 투자 수익을 얻을 수 있으나 단기적인 매매 차익을 기대하기 어렵다. 아울러 자금세탁이나 사이버 보안 등의 문제점을 보완하기 위한 법적 규제와 기술적 장치가 반드시 필요하다.

디파이(De-Fi)

디파이는 '금융(Finance)의 탈중앙화(Decentralized)'라는 뜻으로, 기존의 정부·은행 같은 중앙기관의 개입·중재·통제를 배제하고 거래 당사자들끼리 송금·예금·대출·결제·투자 등의 금융 거래를 하자는 게 주요 개념이다. 디파이는 거래의 신뢰를 담보하기 위해 높은 보안성, 비용 절감 효과, 넓은 활용 범위를 자랑하는 블록체인 기술을 기반으로 한다.

디파이는 서비스를 안정적으로 제공하기 위해 기존의 법정화폐에 연동되거나 비트코인 같은 가상자산을 담보로 발행된 스테이블 코인(가격 변동성을 최소화하도록 설계된 암호화폐)을 거래 수단으로 주로 사용한다. 디파이는 거래의 속도를 크게 높일 수 있고, 거래 수수료 등 부대비용이 거의 들지 않기 때문에 비용을 절감할 수 있다는 것이 가장 큰 특징이다.

디파이는 블록체인 자체에 거래 정보를 기록하기 때문에 중개자가 필요 없을 뿐만 아니라 위조·변조 우려가 없어 신원 인증 같은 복잡한 절차도 없고, 휴대전화 등으로 인터넷에 연결되기만 하면 언제든지, 어디든지, 누구든지 디파이에 접근할 수 있으며, 응용성·결합성이 우수해 새로운 금융 서비스를 빠르게 개발할 수 있다. 다만, 디파이는 아직 법적 규제와 이용자 보호장치가 미비하여 금융사고 발생 가능성이 있고 상품 안정성 또한 높지 않다는 한계가 있다.

인터넷 전문은행(Direct Bank, Internet-only Bank)
영업점을 통해 대면거래를 하지 않고, 금융자동화기기(ATM)나 인터넷 · 모바일 응용프로그램(앱) 같은 전자매체를 통해 온라인으로 사업을 벌이는 은행이다.

서비스형 블록체인(BaaS; Blockchain as a Service)
서비스형 블록체인은 개발 환경을 클라우드로 서비스하는 개념이다. 블록체인 네트워크에 노드를 추가하고 제거하는 일이 간단해져서 블록체인 개발 및 구축을 쉽고 빠르게 할 수 있다. 현재 마이크로소프트나 IBM, 아마존, 오라클 등에서 도입하여 활용하고 있으며, 우리나라의 경우 KT, 삼성 SDS, LG CNS에서 자체적인 BaaS를 구축하고 있다.

데이터 리터러시(Data Literacy)
정보활용 능력을 일컫는 용어로 빅데이터 속에서 목적에 맞게 필요한 정보를 취합하고 해석하여 적절하게 활용할 수 있는 능력을 말한다.

데이터 레이블링(Data Labeling)
인공지능을 만드는 데 필요한 데이터를 입력하는 작업이다. 높은 작업 수준을 요구하지는 않으며, 각 영상에서 객체를 구분하고, 객체의 위치와 크기 등을 기록해야 한다. 인공지능이 쉽게 사물을 알아볼 수 있도록 영상 속의 사물에 일일이 명칭을 달아주는 작업이다.

이노드비(eNodB; Evolved Node B)
이동통신 사실 표준화 기구인 3GPP에서 사용하는 공식 명칭으로, 기존 3세대(3G) 이동통신 기지국의 이름 'Node B'와 구별하여 LTE의 무선 접속망 E-UTRAN(Evolved UTRAN) 기지국을 'E-UTRAN Node B' 또는 'Evolved Node B'라 한다. 모바일 헤드셋(UE)과 직접 무선으로 통신하는 휴대전화망에 연결되는 하드웨어이며, 주로 줄임말 eNodeB(eNB)로 사용한다.

5세대 이동통신(5G; 5th Generation mobile communications)
국제전기통신연합(ITU)이 정의한 5G는 최대 다운로드 속도가 20Gbps, 최저 다운로드 속도가 100Mbps인 이동통신 기술이다. 4세대 이동통신에 비해 속도가 20배가량 빠르고 처리 용량은 100배가 많아져 4차 산업혁명의 핵심 기술인 가상현실(VR · AR), 자율주행, 사물인터넷(IoT) 기술 등을 구현할 수 있다.

만리방화벽(GFW; Great Firewall of China)
만리방화벽(GFW)은 만리장성(Great Wall)과 컴퓨터 방화벽(Firewall)의 합성어로, 중국 정부의 인터넷 감시 · 검열 시스템을 의미한다. 중국 내에서 일부 외국 사이트에 접속할 수 없도록 하여 사회 안정을 이루는 것이 목적이다.

와이선(Wi-SUN)
사물인터넷(IoT)의 서비스 범위가 확대되면서 블루투스나 와이파이 등 근거리 무선통신을 넘어선 저전력 장거리(LPWA; Low-Power Wide Area) IoT 기술이다.

라이파이(Li-Fi; Light-Fidelity)
무선랜인 와이파이(초속 100Mb)의 100배, 무선통신 중 가장 빠르다는 LTE-A(초속 150Mb)보다 66배나 빠른 속도를 자랑하는 무선통신기술이다.

디지털세(Digital Tax)
구글이나 페이스북, 아마존과 같이 국경을 초월해 사업하는 인터넷 기반 글로벌 기업에 부과하는 세금을 지칭한다. 유럽연합(EU)이 2018월 3월 디지털세를 공동으로 도입하는 방안을 제안했지만 합의가 이루어지지 않자 회원국인 프랑스가 2019년 7월 독자적으로 부과하기로 했다. 프랑스는 글로벌 IT 기업들이 실질적으로 유럽 각국에서 이윤을 창출하면서도 세율이 가장 낮은 아일랜드 등에 법인을 두는 방식으로 조세를 회피한다는 지적이 계속되자 프랑스 내에서 2,500만 유로(약 330억 원) 이상의 수익을 내는 기업에 연간 총매출의 3%를 과세하는 디지털 서비스 세금(DST)법을 발효했다. 이에 미국은 자국 기업이 주요 표적이라며 강하게 반발했다. 영국과 스페인이 DST법과 거의 같은 내용의 법안을 추진하고 나서면서 유럽 대(對) 미국의 대립 구도가 굳어졌다.

프롭테크(Proptech)
부동산(Property)과 기술(Technology)의 합성어로, 기존 부동산 산업과 IT의 결합으로 볼 수 있다. 프롭테크의 산업 분야는 크게 중개 및 임대, 부동산 관리, 프로젝트 개발, 투자 및 자금조달 부분으로 구분할 수 있다. 프롭테크 산업 성장을 통해 부동산 자산의 고도화와 신기술 접목으로 편리성이 확대되고, 이를 통한 삶의 질이 향상될 전망이다. 무엇보다 공급자 중심의 기존 부동산 시장을 넘어 정보 비대칭이 해소되어 고객 중심의 부동산 시장이 형성될 것으로 보인다.

바이오컴퓨터(Biocomputer)

생물의 세포에 들어 있는 단백질이나 효소를 사용한 바이오칩을 컴퓨터 내부 반도체 소자와 교체하여 조립한다. 인간의 뇌와 유사한 기능을 하도록 설계되어 최종적으로 인간의 두뇌 기능을 구현하기 위한 목적을 갖는다.

다크 데이터(Dark Data)

정보를 수집한 후 저장만 하고 분석에 활용하고 있지 않은 다량의 데이터로, 처리되지 않은 채 미래에 사용할 가능성이 있다는 이유로 삭제되지 않고 방치되고 있었다. 하지만 최근 빅데이터와 인공지능이 발달하면서 방대한 양의 자료가 필요해졌고, 이에 유의미한 정보를 추출하고 분석할 수 있게 되면서 다양한 분야에 활용될 전망이다.

무어의 법칙(Moore's Law)

반도체 집적회로의 성능이 18개월마다 2배씩 증가한다는 법칙이다. 인텔 및 페어 차일드 반도체의 창업자인 고든 무어가 1965년에 설명한 것이다. 당시에는 일시적일 것이라 무시당하기도 했으나, 30년 간 비교적 정확하게 그의 예측이 맞아 떨어지면서 오늘날 반도체 산업의 중요한 지침이 되고 있다. 이와 함께 언급되는 규칙으로 '황의 법칙(반도체 메모리의 용량이 1년마다 2배씩 증가한다는 이론)'이 있다.

튜링 테스트(Turing Test)

기계가 인공지능을 갖추었는지를 판별하는 실험으로 1950년에 영국의 수학자인 앨런 튜링이 제안한 인공지능 판별법이다. 기계의 지능이 인간처럼 독자적인 사고를 하거나 의식을 가졌는지 인간과의 대화를 통해 확인할 수 있는데, 아직 튜링 테스트를 통과한 인공지능이 드문 것으로 알려져 있다.

메칼프의 법칙(Metcalfe's Law)

인터넷 통신망이 지니는 가치는 망에 가입한 사용자 수의 제곱에 비례한다는 법칙이다. 1970년대 네트워크 기술인 이더넷을 개발한 로버트 메칼프에 의해 처음 언급되었다. 예를 들어 사용자 수가 2명인 A통신망의 가치는 2의 제곱인 4인 반면, 사용자 수가 4명인 B통신망의 가치는 4의 제곱인 16인 것이다. 이는 통신망을 이용하는 개개인이 정보의 연결을 통해 향상된 능력을 발휘할 수 있게 되면서 네트워크의 효과가 증폭되기 때문이다.

PBV(Purpose Built Vehicle)

우리말로는 '목적 기반 모빌리티'라고 부른다. 2020년 열린 세계 최대 소비자 가전·IT(정보기술) 전시회인 미국 CES(Consumer Electronics Show)에서 발표됐다. 차량이 단순한 이동수단 역할을 넘어서 승객이 필요한 서비스를 누릴 수 있는 공간으로 확장된 것이다. 개인화 설계 기반의 친환경 이동수단으로, 식당, 카페, 호텔 등 여가 공간부터 병원, 약국 등 사회 필수 시설까지 다양한 공간으로 연출돼 고객이 맞춤형 서비스를 누릴 수 있도록 해준다.

클라우드 컴퓨팅(Cloud Computing)

정보처리를 자신의 컴퓨터가 아닌 인터넷으로 연결된 다른 컴퓨터로 처리할 수 있는 기술을 말한다. 클라우드 컴퓨팅의 핵심 기술은 가상화와 분산처리로 어떠한 요소를 기반으로 하느냐에 따라 소프트웨어 서비스, 플랫폼 서비스, 인프라 서비스로 구분한다.

SOAR(Security Orchestration, Automation and Response)

가트너가 2017년에 발표한 용어로 보안 오케스트레이션 및 자동화(SOA; Security Orchestration and Automation), 보안 사고 대응 플랫폼(SIRP; Security Incident Response Platforms), 위협 인텔리전스 플랫폼(TIP; Threat Intelligence Platforms)의 세 기능을 통합한 개념이다. 보안 사고 대응 플랫폼은 보안 이벤트별 업무 프로세스를 정의하고, 보안 오케스트레이션 및 자동화는 다양한 IT 보안 시스템을 통합하고 자동화하여 업무 프로세스 실행의 효율성을 높일 수 있다. 마지막으로 위협 인텔리전스 플랫폼은 보안 위협을 판단해 분석가의 판단을 보조할 수 있다.

PART 2

CHAPTER

01 농업 · 농촌 및 디지털 상식 기출응용문제

정답 및 해설 p.040

01 **다음 중 NH농협의 커뮤니케이션 브랜드인 'NH'가 상징하는 의미에 해당하는 것은?**

① New Horizon(새로운 지평)
② Next Hop(다음 단계로의 도약)
③ Natural Harmonic(자연과의 조화)
④ Never Hesitate(주저하지 않는 행동가)
⑤ Nature & Human(자연과 인간의 조화)

02 **다음 〈보기〉에서 농협이 '비전 2030'에서 제시한 핵심가치가 아닌 것을 모두 고르면?**

보기

㉠ 국민에게 사랑받는 농협
㉡ 지역 농축협과 함께하는 농협
㉢ 경쟁력 있는 농업, 잘사는 농업인
㉣ 경쟁력 있는 글로벌 농협
㉤ 농업인과 소비자가 함께 웃는 유통 대변화

① ㉠, ㉢
② ㉡, ㉢
③ ㉡, ㉤
④ ㉢, ㉤
⑤ ㉣, ㉤

03 최근 과학기술의 발전으로 AI 농업 기술이 발달하고 있다. 이와 관련된 설명으로 옳지 않은 것은?

① Sat Sure : 농장 관리 솔루션을 개발하여 농민들의 보험과 대출 등의 플랫폼을 제공한다.
② Aibono : 농작물의 다중 스펙트럼 영상을 찍을 수 있는 드론을 개발하여 정밀 농업이 가능해졌다.
③ Gobasco : 전국 실시간 데이터 분석을 활용하는 프로그램을 개발하여 농업 공급망 효율성을 개선하려 한다.
④ Cropin : AI 신제품 개발을 통해 농민들의 금융 등의 위험을 최소화를 도와준다.
⑤ Wadhwani : 구글과 협력하여 해충 방제를 위한 인공지능 활용을 모색하고 있다.

PART 2

04 다음 중 국제협동조합연맹(ICA)가 선언한 협동조합 7대 원칙으로 옳지 않은 것은?

① 자발적이고 개방적인 가입
② 조합원에 의한 민주적 통제
③ 조합원의 사회적 참여
④ 협동조합 간의 협력
⑤ 지역사회 기여

Easy

05 다음 중 소·돼지·닭·오리·계란 등 축산물의 정보를 기록·관리하는 시스템인 축산물이력제에 대한 설명으로 옳지 않은 것은?

① 사육부터 판매에 이르기까지의 정보를 기록·관리한다.
② 위생·안전의 문제를 사전에 방지하기 위함이다.
③ 문제가 발생할 경우 그 이력을 추적하여 신속한 대처가 가능하게 한다.
④ 농가에 대한 방역의 효율성을 도모하기 위해 도입되었다.
⑤ 축산물이력제를 통해 원산지 허위표시 등 둔갑 판매를 방지할 수 있다.

Hard

06 **다음 중 각 농업 · 농촌운동에 대한 설명으로 적절하지 않은 것은?**

① 새농민운동 : 한국전쟁 등으로 피폐해진 농촌사회를 재건하고 농촌지역의 복지를 증진하기 위하여 시작된 운동이다.

② 신토불이운동 : 농산물 수입개방 확대 흐름에 대항한 우리농산물 애용운동으로, 쌀시장 개방반대 범국민 서명운동도 전개하여 범국민적 호응을 이끌어 낸 운동이다.

③ 농촌사랑운동 : 농촌과 도시는 하나라는 도농상생운동으로 국제화 · 개방화 속에서 우리의 농업 · 농촌을 살려야 한다는 농촌 살리기 운동이다.

④ 식사랑농사랑운동 : 안전한 먹거리 확보가 모든 국민의 공통 과제라는 점을 제시하여, 국민식생활 개선을 통해 국민건강 증진과 농업 · 농촌의 활력 증진을 도모하고자 한 운동이다.

⑤ 또 하나의 마을 만들기 운동 : 기업 CEO 및 단체장 등을 농촌마을의 명예이장으로 위촉하고 소속 임 · 직원을 명예주민으로 참여시켜 상호교감과 인정을 나누는 도농협동운동이다.

07 **다음은 농협이 윤리경영의 일환으로 도입한 제도에 대한 설명이다. 빈칸에 들어갈 제도의 명칭으로 옳은 것은?**

> 농협은 2002년 9월부터 ＿＿＿＿＿＿를 도입하여 협력업체와의 거래 시 각종 뇌물이나 선물, 향응 접대, 편의제공 등을 요구하거나 받거나 받기로 약속하거나 결탁하여 일방에게 유리한 또는 불리한 판단을 내리지 않도록 서약하는 제도를 시행하고 있습니다. 본 제도는 거래 업무 계약 시 협력업체와 거래 부서 간에 청렴한 거래를 할 것을 다짐하는 절차로서 입찰 전에 ＿＿＿＿＿＿ 안내문을 작성하여 충분히 이해할 수 있도록 공고하고, 계약담당자와 계약업체가 이행각서를 각각 작성하여 계약서에 첨부하도록 하고 있습니다. 농협은 협력업체가 ＿＿＿＿＿＿을 위반한 경우 입찰제한, 계약해지, 거래중단 등의 조치를 취하게 됩니다.

① 클린신고센터제도
② 자체감사제도
③ 투명성감시제도
④ 청렴계약제
⑤ 정도경영제도

08 **다음 중 초기의 협동조합 역사에 대한 설명으로 적절하지 않은 것은?**

① 영국에서 처음 시작한 로치데일 협동조합은 세계 최초의 근대적 협동조합이다.
② 영국의 사회주의자 로버트 오웬은 협동조합 운동의 사상적 근거를 제시했다.
③ 우리나라는 판매협동조합이 근대적 협동조합의 시초이다.
④ 독일은 신용협동조합으로 근대적 협동조합이 시작되었다.
⑤ 덴마크의 그룬트비그 협동조합은 세계 최초의 농업협동조합이다.

PART 2

09 **농지법 제22조에 따르면 농지의 개량, 농지의 교환·분합 등 대통령령으로 정하는 사유로 분할하는 경우 농지를 분할할 수 있다. 다음 중 농지 분할 가능 사유에 해당하지 않는 것은?**

① 농지를 개량하는 경우
② 인접 농지와 분합(分合)하는 경우
③ 농지의 효율적인 이용을 저해하는 인접 토지와의 불합리한 경계를 시정하는 경우
④ 농어촌정비법에 따른 농지의 교환·분합을 시행하는 경우
⑤ 분할 후의 각 필지의 면적이 $2,000m^2$ 미만이 되도록 분할하는 경우

10 **다음 중 인공지능(AI), 사물인터넷(IoT), 빅데이터 등의 첨단기술을 농산물의 파종부터 수확까지 전 과정에 적용하는 기술은?**

① 푸드테크
② 헙테크
③ 애그테크
④ 콜드체인
⑤ 가든테크

11 기업들이 정규직보다 필요에 따라서 계약직이나 임시적으로 사람을 고용하여 일을 맡기는 방식으로, 이를 도입한 대표적인 기업으로 우버(Uber)가 있다. 다음 중 이를 일컫는 용어는?

① 플랫폼 경제
② 긱 경제
③ 공유 경제
④ 구독 경제
⑤ 크라우드 소싱

12 다음 중 로보어드바이저(Robo-advisor)에 대한 설명으로 옳지 않은 것은?

① 로봇(Robot)과 투자전문가(Advisor)의 합성어다.
② 인간 프라이빗 뱅커(PB)를 대신하여 모바일 기기나 PC를 통해 포트폴리오 관리를 수행하는 온라인 자산관리 서비스를 말한다.
③ 인간의 판단을 확인하고 검수하는 역할을 한다.
④ 국내에서는 'DNA'라는 회사에서 최초로 로보어드바이저 기술을 개발했다.
⑤ 로보어드바이저에는 머신러닝 기술이 적용되었다.

Hard

13 다음 중 'VR, AR, MR, XR, SR'의 정의로 옳지 않은 것은?

① VR : 컴퓨터 등을 사용한 인공적인 기술로 만들어낸 실제와 유사하지만 실제가 아닌 어떤 특정한 환경 혹은 그러한 기술
② AR : 현실의 이미지나 배경에 3차원 가상 이미지를 겹쳐서 하나의 영상으로 보이는 환경 혹은 그러한 기술
③ MR : 현실의 인간(이용자)과 화면 안의 가상공간이 상호작용할 수 있는 환경 혹은 그러한 기술
④ XR : 사진처럼 현실과 완전히 동일한 두 가지 이상의 이미지를 합성해 뇌에 직접 주입함으로써 가상의 공간을 실존하는 현실처럼 착각하도록 구현된 환경 혹은 그러한 기술
⑤ SR : 과거와 현재의 영상을 혼합해 실존하지 않는 인물・사건 등을 새롭게 구현할 수 있고 이용자가 가상공간을 실제의 세계로 착각할 수 있는 환경 혹은 그러한 기술

14 **다음 내용이 설명하는 서비스는?**

은행의 송금과 결제망을 표준화시키고 이를 개방하여 하나의 어플리케이션으로 모든 은행의 계좌 조회, 결제, 송금 등의 금융 활동을 제공하는 서비스를 말한다. 2019년 12월 18일에 정식으로 서비스를 시작했으며, 은행권의 오픈 API에 따라 데이터를 전송한다. 개인이 이용하던 은행의 모바일 앱에 타행 계좌를 등록하고 이용 동의를 하면 서비스를 이용할 수 있다. 편리성이 증대되었다는 장점이 있지만, 일일 이체한도가 기존 은행 어플리케이션에 비해 낮다는 단점이 있다.

① 섭테크
② 레그테크
③ 뱅크런
④ 오픈뱅킹
⑤ 테크핀

PART 2

15 **다음 중 랜섬웨어(Ransomware) 공격에 대한 설명으로 옳지 않은 것은?**

① 랜섬웨어 예방을 위해서는 랜섬웨어가 생기기 전의 오래된 윈도우가 효과적이므로 오래된 운영체계로 변경하도록 한다.
② 랜섬웨어 예방을 위해서는 컴퓨터를 켜기 전에 랜선을 뽑아 두거나 와이파이를 꺼두는 방법이 효과적이다.
③ 랜섬웨어에 걸렸을 경우 컴퓨터 포맷은 가능하나 파일을 열거나 복구하기가 힘들다.
④ 랜섬웨어는 이메일, 웹사이트, P2P 서비스 등을 통해 주로 퍼진다.
⑤ 랜섬웨어 감염 시 외장하드나 공유폴더도 함께 암호화된다.

16 4차 산업혁명은 정보통신(ICT)의 융합으로 이뤄지는 차세대 산업혁명을 뜻한다. 다음 중 4차 산업혁명과 가장 관련이 깊은 것은?

① 인터넷
② 컴퓨터 정보화
③ 인공지능(AI)의 발달
④ 자동화 생산시스템
⑤ 제조업의 디지털화

17 딥러닝 기술 중 적대관계생성신경망(GAN)을 이용한 기술로, 어떤 영상에 어떤 인물의 모습을 합성한 편집물은?

① GIS
② 딥페이크
③ 혼합현실
④ 메타버스
⑤ 디지털트윈

18 다음 중 기업 내 정보 교류를 차단하는 장치 및 제도를 일컫는 용어는?

① 열 차단벽
② 해킹 방지 방화벽
③ 차이니즈월
④ 방화벽
⑤ 해킹시그니처

19 다음에서 설명하는 기술은 무엇인가?

빠른 온라인 인증을 위한 기술로 ID나 비밀번호를 입력하지 않고, 생체인식 기술을 통해 개인 인증을 할 수 있는 기술이다.

① RPA
② FIDO
③ 오픈API
④ Mashup
⑤ OCR

20 다음에서 설명하는 기술은 무엇인가?

이 장치는 병렬성(Parallelism)이 뛰어나다는 점에서 인간의 뇌 구조와 유사하여, 인공지능이 인간의 뇌와 같이 사고할 수 있도록 하는 일종의 비(非)지도 기계학습인 딥 러닝(Deep Learning)에 많이 활용되고 있다.

① CPU
② AI
③ HDD
④ GPU
⑤ SSD

CHAPTER

02 | 금융 · 경제 상식

빈출키워드 1　수요와 공급의 법칙, 탄력성

다음 중 수요의 탄력성에 대한 설명으로 옳은 것은?

① 수요곡선의 기울기가 -1인 직선일 경우 수요곡선상의 어느 점에서나 가격탄력성은 동일하다.

② 수요의 가격탄력성이 탄력적이라면 가격인하는 총수입을 증가시키는 좋은 전략이다.

③ 가격이 올랐을 때 시간이 경과될수록 적응이 되기 때문에 수요의 가격탄력성은 작아진다.

④ 수요의 소득탄력성이 비탄력적인 재화는 열등재이다.

⑤ X재의 가격이 5% 인상되자 Y재 수요가 10% 상승했다면 수요의 교차탄력성은 $\frac{1}{2}$이고, 두 재화는 보완재이다.

정답 ②

수요의 가격탄력성이 1보다 크다면 가격이 1% 하락할 때 판매량은 1%보다 크게 증가하므로 판매자의 총수입은 증가한다. 따라서 수요의 가격탄력성이 1보다 크다면 가격이 1% 하락하면 판매량이 1%보다 크게 증가하므로 판매자의 총수입은 증가한다. 그러므로 수요의 가격탄력성이 탄력적이라면 가격인하는 총수입을 증가시키는 좋은 전략이다.

오답분석

① 수요곡선이 우하향하는 직선이면 수요곡선상에서 우하방으로 이동할수록 수요의 가격탄력성이 점점 작아진다.

③ 장기가 될수록 대체재가 생겨날 가능성이 크기 때문에 수요의 가격탄력성이 커진다.

④ 열등재는 수요의 소득탄력성이 1보다 작은 재화가 아니라 수요의 소득탄력성이 음수(−)인 재화이다.

⑤ 두 재화 수요의 교차탄력성은 $\varepsilon_{XY}=\dfrac{\frac{\Delta Q_Y}{Q_Y}}{\frac{\Delta P_X}{P_X}}=\dfrac{10\%}{5\%}=2$이고, 두 재화는 대체재이다.

이론 더하기

수요의 법칙

수요의 법칙이란 가격이 상승하면 수요량이 감소하는 것을 말한다. 수요의 법칙이 성립하는 경우 수요곡선은 우하향한다. 단, 기펜재의 경우와 베블런 효과가 존재하는 경우는 성립하지 않는다.

수요량의 변화와 수요의 변화

① 수요량의 변화 : 당해 재화가격의 변화로 인한 수요곡선상의 이동을 의미한다.

② 수요의 변화 : 당해 재화가격 이외의 다른 요인의 변화로 수요곡선 자체가 이동하는 것을 의미한다. 수요가 증가하면 수요곡선이 우측으로 이동하고, 수요가 감소하면 수요곡선이 좌측으로 이동한다.

공급의 법칙

다른 조건이 일정할 때 가격이 상승하면 공급량이 증가하는 것을 말한다.

공급량의 변화와 공급의 변화

① 공급량의 변화 : 당해 재화가격의 변화로 인한 공급곡선상의 이동을 의미한다.

② 공급의 변화 : 당해 재화가격 이외의 다른 요인의 변화로 공급곡선 자체가 이동하는 것을 의미한다. 공급이 증가하면 공급곡선이 우측으로 이동하고, 공급이 감소하면 공급곡선이 좌측으로 이동한다.

수요의 가격탄력성

① 의의 : 수요량이 가격에 얼마나 민감하게 반응하는지를 나타낸다.

② 가격탄력성의 도출

$$\varepsilon_P = \frac{\text{수요량의 변화율}}{\text{가격의 변화율}} = \frac{\frac{\Delta Q}{Q}}{\frac{\Delta P}{P}} = \left(\frac{\Delta Q}{\Delta P}\right)\left(\frac{P}{Q}\right)$$ (단, △은 변화율, Q는 수요량, P는 가격)

③ 가격탄력성과 판매수입

구분	$\varepsilon_P>1$ (탄력적)	$\varepsilon_P=1$ (단위탄력적)	$0<\varepsilon_P<1$ (비탄력적)	$\varepsilon_P=0$ (완전 비탄력적)
가격 상승	판매수입 감소	판매수입 변동 없음	판매수입 증가	판매수입 증가
가격 하락	판매수입 증가	판매수입 변동 없음	판매수입 감소	판매수입 감소

공급의 가격탄력성

① 의의 : 공급량이 가격에 얼마나 민감하게 반응하는지를 나타낸다.

② 가격탄력성의 도출

$$\varepsilon_P = \frac{\text{공급량의 변화율}}{\text{가격의 변화율}} = \frac{\frac{\Delta Q}{Q}}{\frac{\Delta P}{P}} = \left(\frac{\Delta Q}{\Delta P}\right)\left(\frac{P}{Q}\right)$$ (단, △은 변화율, Q는 공급량, P는 가격)

③ 공급의 가격탄력성 결정요인 : 생산량 증가에 따른 한계비용 상승이 완만할수록, 기술수준 향상이 빠를수록, 유휴설비가 많을수록, 측정시간이 길어질수록 공급의 가격탄력성은 커진다.

빈출키워드 2 기회비용

01 **밀턴 프리드만은 '공짜 점심은 없다(There is no such thing as a free lunch).'라는 말을 즐겨했다고 한다. 이 말을 설명할 수 있는 경제 원리는?**

① 규모의 경제
② 긍정적 외부성
③ 기회비용
④ 수요공급의 원리
⑤ 매몰비용

02 **다음 〈보기〉에서 ㉠~㉢에 대한 설명으로 옳은 것을 모두 고르면?**

> 우리나라에 거주 중인 광성이는 ㉠ 여름휴가를 앞두고 휴가 동안 발리로 서핑을 갈지, 빈 필하모닉 오케스트라의 3년 만의 내한 협주를 들으러 갈지 고민하다가 ㉡ 발리로 서핑을 갔다. 그러나 화산폭발의 위험이 있어 안전의 위협을 느끼고 ㉢ 환불이 불가능한 숙박비를 포기한 채 우리나라로 돌아왔다.

> **보기**
> 가. ㉠의 고민은 광성이의 주관적 희소성 때문이다.
> 나. ㉠의 고민을 할 때는 기회비용을 고려한다.
> 다. ㉡의 기회비용은 빈 필하모닉 오케스트라 내한 협주이다.
> 라. ㉡은 경제재이다.
> 마. ㉢은 비합리적 선택 행위의 일면이다.

① 가, 나, 마
② 가, 다, 라
③ 나, 다, 마
④ 가, 나, 다, 라
⑤ 나, 다, 라, 마

01

정답 ③

'공짜 점심은 없다.'라는 의미는 무엇을 얻고자 하면 보통 그 대가로 무엇인가를 포기해야 한다는 뜻으로 해석할 수 있다. 즉, 어떠한 선택에는 반드시 포기하게 되는 다른 가치가 존재한다는 의미이다. 시간이나 자금의 사용은 다른 활동에의 시간 사용, 다른 서비스나 재화의 구매를 불가능하게 만들어 기회비용을 유발한다. 정부의 예산배정, 여러 투자상품 중 특정 상품의 선택, 경기활성화와 물가안정 사이의 상충관계 등이 기회비용의 사례가 될 수 있다.

02

정답 ④

오답분석

마. 환불 불가한 숙박비는 회수 불가능한 매몰비용이므로 선택 시 고려하지 않은 ㉢의 행위는 합리적 선택 행위의 일면이다.

이론 더하기

경제재와 자유재

경제재(Economic Goods)	자유재(Free Goods)
• 경제재란 희소성을 가지고 있는 자원으로, 합리적인 의사결정으로 선택을 해야 하는 재화를 말한다. • 우리가 일상생활에서 돈을 지불하고 구입하는 일련의 재화 또는 서비스를 모두 포함한다.	• 자유재란 희소성을 가지고 있지 않아 값을 지불하지 않고도 누구나 마음대로 쓸 수 있는 물건을 말한다. • 공기나 햇빛같이 우리의 욕구에 비해 자원의 양이 풍부해서 경제적 판단을 요구하지 않는 재화를 모두 포함한다.

기회비용(Opportunity Cost)

① 개념

- 여러 선택 대안들 중 한 가지를 선택함으로써 포기해야 하는 다른 선택 대안 중에서 가장 가치가 큰 것을 의미한다.
- 경제학에서 사용하는 비용은 전부 기회비용 개념이며, 합리적인 선택을 위해서는 항상 기회비용의 관점에서 의사결정을 내려야 한다.
- 기회비용은 객관적으로 나타난 비용(명시적 비용) 외에 포기한 대안 중 가장 큰 순이익(암묵적 비용)까지 포함한다.
- 편익(매출액)에서 기회비용을 차감한 이윤을 경제적 이윤이라고 하는데, 이는 기업 회계에서 일반적으로 말하는 회계적 이윤과 다르다. 즉, 회계적 이윤은 매출액에서 명시적 비용(회계적 비용)만 차감하고 암묵적 비용(잠재적 비용)은 차감하지 않는다.

경제적 비용 (기회비용)	명시적 비용 (회계적 비용)	기업이 생산을 위해 타인에게 실제적으로 지불한 비용 예 임금, 이자, 지대
	암묵적 비용 (잠재적 비용)	기업 자신의 생산 요소에 대한 기회비용 예 귀속 임금, 귀속 이자, 귀속 지대

② 경제적 이윤과 회계적 이윤

경제적 이윤	회계적 이윤
• 매출액에서 기회비용을 차감한 이윤을 말한다. • 사업주가 자원배분이 합리적인지 판단하기 위한 지표이다. • 경제적 이윤은 경제적 부가가치(EVA)로 나타내기도 한다. • 경제학에서 장기적으로 기업의 퇴출 여부 판단의 기준이 된다.	• 매출액에서 명시적 비용만 차감한 이윤을 말한다. • 사업주가 외부 이해관계자(채권자, 주주, 금융기관 등)에게 사업성과를 보여주기 위한 지표이다. • 회계적 이윤에는 객관적으로 측정 가능한 명시적 비용만을 반영한다.

매몰비용(Sunk Cost)

이미 투입된 비용으로, 사업을 중단하더라도 회수할 수 없는 비용이다. 사업을 중단하더라도 회수할 수 없기 때문에 사업 중단에 따른 기회비용은 0이다. 그러므로 합리적인 선택을 위해서는 이미 지출되었으나 회수가 불가능한 매몰비용은 고려하지 않는다.

빈출키워드 3 최고가격제 · 최저가격제

01 다음 〈보기〉에서 최고가격제에 대한 설명으로 옳은 것을 모두 고르면?

> 보기
> ㉠ 암시장을 출현시킬 가능성이 있다.
> ㉡ 초과수요를 야기한다.
> ㉢ 사회적 후생을 증대시킨다.
> ㉣ 최고가격은 시장의 균형가격보다 높은 수준에서 설정되어야 한다.

① ㉠, ㉡
② ㉠, ㉢
③ ㉡, ㉢
④ ㉡, ㉣
⑤ ㉢, ㉣

02 가격이 10% 상승할 때 수요량이 12% 감소하는 재화에 최저가격제가 적용되어 가격이 10% 상승하였다. 매출의 변화가 바르게 짝지어진 것은?

① 매출량 증가, 매출액 증가
② 매출량 증가, 매출액 감소
③ 매출량 감소, 매출액 증가
④ 매출량 감소, 매출액 감소
⑤ 매출량 불변, 매출액 불변

01

정답 ①

오답분석

㉢·㉣ 최고가격은 시장의 균형가격보다 낮은 수준에서 설정되어야 하며, 최고가격제가 실시되면 사회적 후생손실이 발생한다.

02

정답 ④

수요의 가격탄력성은 가격의 변화율에 대한 수요량의 변화율이므로 1.2이다. 이는 탄력적이라는 것을 암시하며, 최저가격제는 가격의 상승을 가져오므로 매출량과 판매수입이 감소한다.

이론 더하기

최고가격제(가격상한제)

① 개념 : 물가를 안정시키고, 소비자를 보호하기 위해 시장가격보다 낮은 수준에서 최고가격을 설정하는 규제이다.

 예 아파트 분양가격, 금리, 공공요금

② 특징

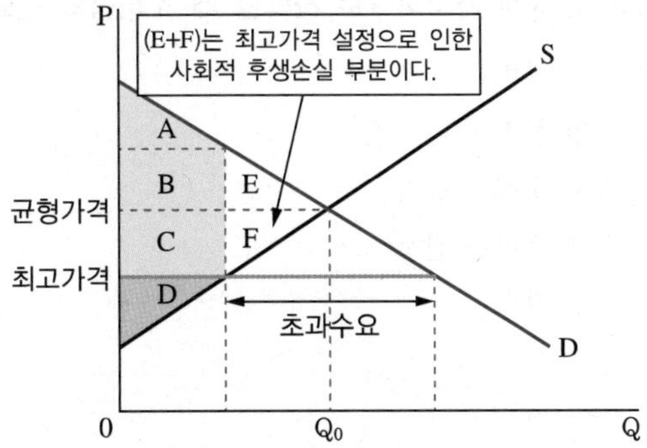

- 소비자들은 시장가격보다 낮은 가격으로 재화를 구입할 수 있다.
- 초과수요가 발생하기 때문에 암시장이 형성되어 균형가격보다 높은 가격으로 거래될 위험이 있다.
- 재화의 품질이 저하될 수 있다.
- 그래프에서 소비자 잉여는 A+B+C, 생산자 잉여는 D, 사회적 후생손실은 E+F만큼 발생한다.
- 공급의 가격탄력성이 탄력적일수록 사회적 후생손실이 커진다.

최저가격제(최저임금제)

① 개념 : 최저가격제란 공급자를 보호하기 위하여 시장가격보다 높은 수준에서 최저가격을 설정하는 규제를 말한다.

 예 최저임금제

② 특징

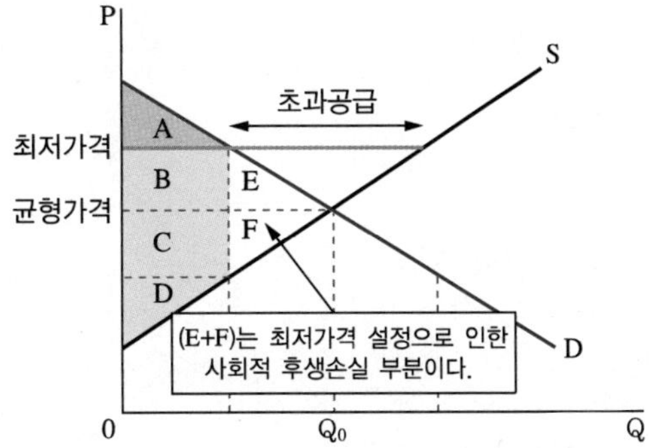

- 최저가격제를 실시하면 생산자는 균형가격보다 높은 가격을 받을 수 있다.
- 소비자의 지불가격이 높아져 소비자의 소비량을 감소시키기 때문에 초과공급이 발생하고, 실업, 재고 누적 등의 부작용이 발생한다.
- 그래프에서 소비자 잉여는 A, 생산자 잉여는 B+C+D, 사회적 후생손실은 E+F만큼 발생한다.
- 수요의 가격탄력성이 탄력적일수록 사회적 후생손실이 커진다.

빈출키워드 4 **무차별곡선**

01 **두 재화 X와 Y를 소비하여 효용을 극대화하는 소비자 A의 효용함수는 U=X+2Y이고, X재 가격이 2, Y재 가격이 1이다. X재 가격이 1로 하락할 때 소비량의 변화는?**

① X재, Y재 소비량 모두 불변
② X재, Y재 소비량 모두 증가
③ X재 소비량 감소, Y재 소비량 증가
④ X재 소비량 증가, Y재 소비량 감소
⑤ X재, Y재 소비량 모두 감소

02 **다음 중 재화의 성질 및 무차별곡선에 대한 설명으로 옳지 않은 것은?**

① 모든 기펜재(Giffen Goods)는 열등재이다.
② 두 재화가 대체재인 경우 두 재화 간 교차탄력성은 양(+)의 값을 가진다.
③ X축에는 홍수를, Y축에는 쌀을 나타내는 경우 무차별곡선은 우하향한다.
④ 두 재화가 완전보완재인 경우 무차별곡선은 L자 모형이다.
⑤ 두 재화가 완전대체재인 경우 두 재화의 한계대체율은 일정하다.

01

정답 ①

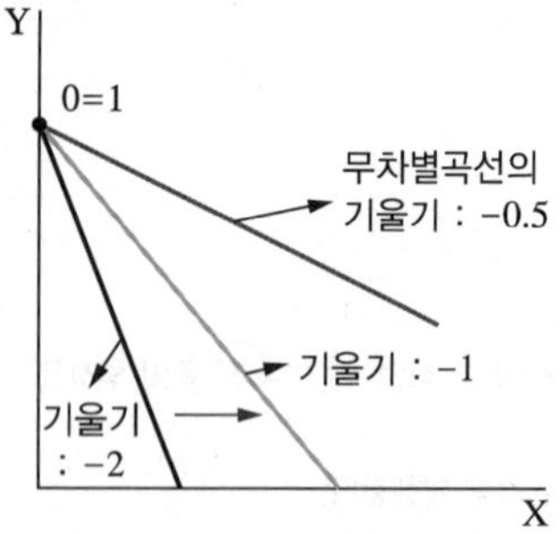

가격이 변하기 전 예산선의 기울기는 −2, 무차별곡선의 기울기는 −0.5이므로 소비자 A는 자신의 소득 전부를 Y재를 구매하는 데에 사용한다. 그런데 X재 가격이 1로 하락하더라도 예산선의 기울기는 −1이므로 여전히 Y재만을 소비하는 것이 효용을 극대화한다. 따라서 가격이 변하더라도 X재와 Y재의 소비량은 변화가 없다.

02

정답 ③

X재가 한계효용이 0보다 작은 비재화이고 Y재가 정상재인 경우 X재의 소비가 증가할 때 효용이 동일한 수준으로 유지되기 위해서는 Y재의 소비가 증가하여야 한다. 따라서 무차별곡선은 우상향의 형태로 도출된다.

이론 더하기

효용함수(Utility Function)

재화소비량과 효용 간의 관계를 함수형태로 나타낸 것을 의미한다.

무차별곡선(Indifference Curve)

① 개념 : 동일한 수준의 효용을 가져다주는 모든 상품의 묶음을 연결한 궤적을 말한다.

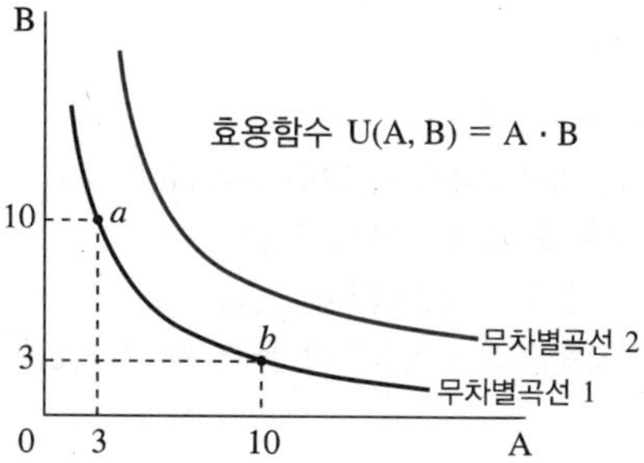

② 무차별곡선의 성질

- A재와 B재 모두 재화라면 무차별곡선은 우하향하는 모양을 갖는다(대체가능성).
- 원점에서 멀어질수록 높은 효용수준을 나타낸다(강단조성).
- 두 무차별곡선은 서로 교차하지 않는다(이행성).
- 모든 점은 그 점을 지나는 하나의 무차별곡선을 갖는다(완비성).
- 원점에 대하여 볼록하다(볼록성).

③ 예외적인 무차별곡선

구분	두 재화가 완전 대체재인 경우	두 재화가 완전 보완재인 경우	두 재화가 모두 비재화인 경우
그래프	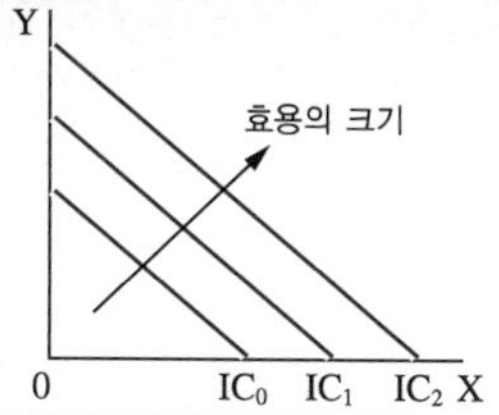	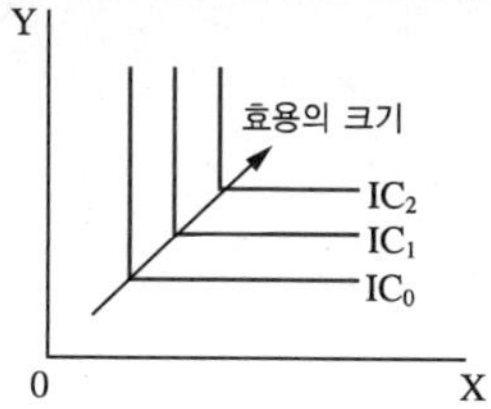	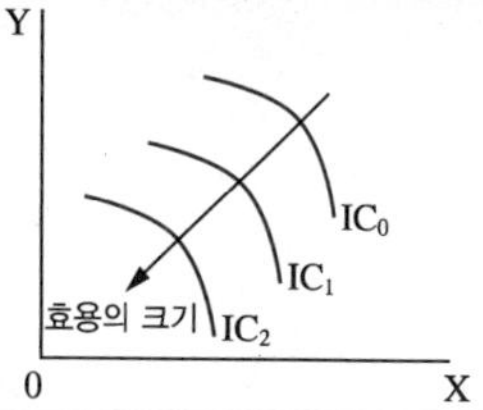
효용함수	$U(X, Y)=aX+bY$	$U(X, Y)=\min\left(\frac{X}{a}, \frac{Y}{b}\right)$	$U(X, Y)=\frac{1}{X^2+Y^2}$
특징	한계대체율(MRS)이 일정하다.	두 재화의 소비비율이 $\frac{b}{a}$로 일정하다.	X재와 Y재 모두 한계효용이 0보다 작다. ($MU_X<0$, $MU_Y<0$)
사례	(X, Y) =(10원짜리 동전, 50원짜리 동전)	(X, Y)=(왼쪽 양말, 오른쪽 양말)	(X, Y)=(매연, 소음)

소비자균형

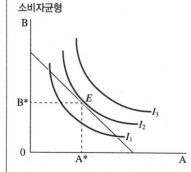

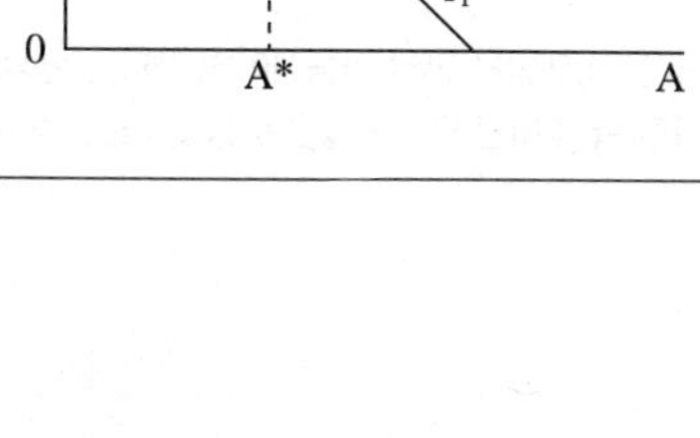

무차별곡선 기울기의 절댓값인 MRS_{AB}, 즉 소비자의 A재와 B재의 주관적인 교환비율과 시장에서 결정된 A재와 B재의 객관적인 교환비율인 상대가격 $\frac{P_A}{P_B}$가 일치하는 점에서 소비자균형이 달성된다(E).

빈출키워드 5 역선택과 도덕적 해이

다음 〈보기〉의 사례를 역선택(Adverse Selection)과 도덕적 해이(Moral Hazard)의 개념에 따라 바르게 구분한 것은?

보기

가. 자동차 보험 가입 후 더 난폭하게 운전한다.
나. 건강이 좋지 않은 사람이 민간 의료보험에 더 많이 가입한다.
다. 실업급여를 받게 되자 구직 활동을 성실히 하지 않는다.
라. 사망 확률이 낮은 건강한 사람이 주로 종신연금에 가입한다.
마. 의료보험제도가 실시된 이후 사람들의 의료수요가 현저하게 증가하였다.

	역선택	도덕적 해이
①	가, 나	다, 라, 마
②	나, 라	가, 다, 마
③	다, 마	가, 나, 라
④	나, 다, 라	가, 마
⑤	나, 다, 마	가, 라

정답 ②

역선택이란 감추어진 특성의 상황에서 정보 수준이 낮은 측이 사전적으로 바람직하지 않은 상대방을 만날 가능성이 높아지는 현상을 의미한다. 반면, 도덕적 해이는 감추어진 행동의 상황에서 어떤 거래 이후에 정보를 가진 측이 바람직하지 않은 행동을 하는 현상을 의미한다.

이론 더하기

역선택(Adverse Selection)

① 개념 : 거래 전에 감추어진 특정한 상황에서 정보가 부족한 구매자가 바람직하지 못한 상대방과 품질이 낮은 상품을 거래하게 되는 가격왜곡현상을 의미한다.

② 사례

- 중고차를 판매하는 사람은 그 차량의 결점에 대해 알지만 구매자는 잘 모르기 때문에 성능이 나쁜 중고차만 거래된다. 즉, 정보의 비대칭성으로 인해 비효율적인 자원 배분 현상이 나타나며, 이로 인해 사회적인 후생손실이 발생한다.
- 보험사에서 평균적인 사고확률을 근거로 보험료를 산정하면 사고 발생 확률이 높은 사람이 보험에 가입할 가능성이 큰 것을 의미한다. 이로 인해 평균적인 위험을 기초로 보험금과 보험료를 산정하는 보험회사는 손실을 보게 된다.

③ 해결 방안

- 선별(Screening) : 정보를 갖지 못한 사람이 상대방의 정보를 알기 위해 노력하는 것이다.
- 신호 발송(Signaling) : 정보를 가진 측에서 정보가 없는 상대방에게 자신을 알림으로써 정보의 비대칭을 해결하는 것이다.
- 정부의 역할 : 모든 당사자가 의무적으로 수행하게 하는 강제집행과 정보흐름을 촉진할 수 있는 정보정책 수립 등이 있다.

도덕적 해이(Moral Hazard)

① 개념 : 어떤 계약 거래 이후에 대리인의 감추어진 행동으로 인해 정보격차가 존재하여 상대방의 향후 행동을 예측할 수 없거나 본인이 최선을 다한다 해도 자신에게 돌아오는 혜택이 별로 없는 경우에 발생한다.

② 사례

- 화재보험에 가입하고 나면 화재예방노력에 따른 편익이 감소하므로 노력을 소홀히 하는 현상이 발생한다.
- 의료보험에 가입하면 병원 이용에 따른 한계비용이 낮아지므로 그 전보다 병원을 더 자주 찾는 현상이 발생한다.
- 금융기관에서 자금을 차입한 이후에 보다 위험이 높은 투자 상품에 투자하는 현상이 발생한다.

③ 해결 방안

- 보험회사가 보험자 손실의 일부만을 보상해 주는 공동보험제도를 채택한다.
- 금융기관이 기업의 행동을 주기적으로 감시한다(예 사회이사제도, 감사제도).
- 금융기관은 대출 시 담보를 설정하여 위험이 높은 투자를 자제하도록 한다.

역선택과 도덕적 해이 비교

구분	역선택	도덕적 해이
정보의 비대칭 발생시점	계약 이전	계약 이후
정보의 비대칭 유형	숨겨진 특성	숨겨진 행동
해결 방안	선별, 신호 발송, 신용할당, 효율성 임금, 평판, 표준화, 정보정책, 강제집행 등	유인설계(공동보험, 기초공제제도, 성과급 지급 등), 효율성 임금, 평판, 담보설정 등

빈출키워드 6 공공재

다음 중 밑줄 친 ㉠, ㉡이 나타내는 용어가 바르게 연결된 것은?

> 국방은 한 국가가 현존하는 적국이나 가상의 적국 또는 내부의 침략에 대응하기 위하여 강구하는 다양한 방위활동을 말하는데, 이러한 국방은 ㉠ 많은 사람들이 누리더라도 다른 사람이 이용할 수 있는 몫이 줄어들지 않는다. 또한 국방비에 대해 ㉡ 가격을 지급하지 않는 사람들이 이용하지 못하게 막기가 어렵다. 따라서 국방은 정부가 담당하게 된다.

	㉠	㉡
①	공공재	외부효과
②	배제성	경합성
③	무임승차	비배제성
④	비경합성	비배제성
⑤	경합성	배제성

정답 ④

㉠ 경합성이란 재화나 용역을 한 사람이 사용하게 되면 다른 사람의 몫은 그만큼 줄어든다는 것으로 희소성의 가치에 의해 발생하는 경제적인 성격의 문제이다. 일반적으로 접하는 모든 재화나 용역이 경합성이 있으며, 반대로 한 사람이 재화나 용역을 소비해도 다른 사람의 소비를 방해하지 않는다면 비경합성에 해당한다.

㉡ 배제성이란 어떤 특정한 사람이 재화나 용역을 사용하는 것을 막을 수 있는 가능성을 말한다. 반대의 경우는 비배제성이 있다고 한다.

비경합성과 비배제성 모두 동시에 가지고 있는 재화나 용역은 제시문의 국방, 치안 등 공공재가 있다.

이론 더하기

재화의 종류

구분	배제성	비배제성
경합성	사유재 예 음식, 옷, 자동차	공유자원 예 산에서 나는 나물, 바닷속의 물고기
비경합성	클럽재(자연 독점 재화) 예 케이블 TV방송, 전력, 수도	공공재 예 국방, 치안

공공재

① 개념 : 모든 사람들이 공동으로 이용할 수 있는 재화 또는 서비스로 비경합성과 비배제성이라는 특징을 갖는다.

② 성격

- 비경합성 : 소비하는 사람의 수에 관계없이 모든 사람이 동일한 양을 소비한다. 비경합성에 기인하여 1인 추가 소비에 따른 한계비용은 0이다. 공공재의 경우 양의 가격을 매기는 것은 바람직하지 않음을 의미한다.
- 비배제성 : 재화 생산에 대한 기여 여부에 관계없이 소비가 가능한 특성을 의미한다.

③ 종류

- 순수 공공재 : 국방, 치안 서비스 등
- 비순수 공공재 : 불완전한 비경합성을 가진 클럽재(혼합재), 지방공공재

무임승차자 문제

① 공공재는 배제성이 없으므로 효율적인 자원 분배가 이루어지지 않는 현상이 발생할 수 있다. 이로 인해 시장실패가 발생하게 되는데 구체적으로 두 가지 문제를 야기시킨다.

- 무임승차자의 소비로 인한 공공재나 공공 서비스의 공급부족 현상
- 공유자원의 남용으로 인한 사회문제 발생으로 공공시설물 파괴, 환경 오염

② 기부금을 통해 공공재를 구입하거나, 공공재를 이용하는 사람에게 일정의 요금을 부담시키는 방법, 국가가 강제로 조세를 거두어 무상으로 공급하는 방법 등으로 해결 가능하다.

공유자원

① 개념 : 소유권이 어느 개인에게 있지 않고, 사회 전체에 속하는 자원이다.

② 종류

- 자연자본 : 공기, 하천, 국가 소유의 땅
- 사회간접자본 : 공공의 목적으로 축조된 항만, 도로

공유지의 비극(Tragedy of Commons)

경합성은 있지만 비배제성은 없는 공유자원의 경우, 공동체 구성원이 자신의 이익에만 따라 행동하여 결국 공동체 전체가 파국을 맞이하게 된다는 이론이다.

빈출키워드 7 GDP, GNP, GNI

01 다음 〈보기〉에서 국내총생산(GDP)에 대한 설명으로 옳은 것을 모두 고르면?

보기

가. 여가가 주는 만족은 삶의 질에 매우 중요한 영향을 미치므로 GDP에 반영된다.
나. 환경오염으로 파괴된 자연을 치유하기 위해 소요된 지출은 GDP에 포함된다.
다. 우리나라의 지하경제 규모는 엄청나기 때문에 한국은행은 이를 포함하여 GDP를 측정한다.
라. 가정주부의 가사노동은 GDP에 불포함되지만, 가사도우미의 가사노동은 GDP에 포함된다.

① 가, 다
② 가, 라
③ 나, 다
④ 나, 라
⑤ 다, 라

02 다음 중 국민총소득(GNI), 국내총생산(GDP), 국민총생산(GNP)에 대한 설명으로 옳지 않은 것은?

① GNI는 한 나라 국민이 국내외 생산활동에 참여한 대가로 받은 소득의 합계이다.
② 명목GNI는 명목GNP와 명목 국외순수취요소소득의 합이다.
③ 원화표시 GNI에 아무런 변동이 없더라도 환율변동에 따라 달러화표시 GNI는 변동될 수 있다.
④ 국외수취 요소소득이 국외지급 요소소득보다 크면 명목GNI가 명목GDP보다 크다.
⑤ 실질GDP는 생산활동의 수준을 측정하는 생산지표인 반면, 실질GNI는 생산활동을 통하여 획득한 소득의 실질 구매력을 나타내는 소득지표이다.

01

정답 ④

오답분석

가. 여가, 자원봉사 등의 활동은 생산활동이 아니므로 GDP에 포함되지 않는다.
다. GDP는 마약밀수 등의 지하경제를 반영하지 못한다는 한계점이 있다.

02

정답 ②

과거에는 국민총생산(GNP)이 소득지표로 사용되었으나 수출품과 수입품의 가격변화에 따른 실질소득의 변화를 제대로 반영하지 못했기 때문에 현재는 국민총소득(GNI)을 소득지표로 사용한다.

반면, 명목GNP는 명목GDP에 국외순수취요소소득을 더하여 계산하는데, 명목GDP는 당해 연도 생산량에 당해 연도의 가격을 곱하여 계산하므로 수출품과 수입품의 가격변화에 따른 실질소득 변화가 모두 반영된다. 즉, 명목으로 GDP를 집계하면 교역조건 변화에 따른 실질무역손익이 0이 된다. 따라서 명목GNP는 명목GNI와 동일하다.

이론 더하기

GDP(국내총생산)

① 정의 : GDP(국내총생산)란 일정 기간 한 나라의 국경 안에서 생산된 모든 최종 재화와 서비스의 시장가치를 시장가격으로 평가하여 합산한 것이다.

② GDP의 계산 : 가계소비(C)+기업투자(I)+정부지출(G)+순수출(NX)

※ 순수출(NX) : 수출−수입

③ 명목GDP와 실질GDP

명목GDP	• 당해의 생산량에 당해 연도 가격을 곱하여 계산한 GDP이다. • 명목GDP는 물가가 상승하면 상승한다. • 당해 연도의 경제활동 규모와 산업구조를 파악하는 데 유용하다.
실질GDP	• 당해의 생산량에 기준연도 가격을 곱하여 계산한 GDP이다. • 실질GDP는 물가의 영향을 받지 않는다. • 경제성장과 경기변동 등을 파악하는 데 유용하다.

④ GDP디플레이터 : $\frac{\text{명목GDP}}{\text{실질GDP}} \times 100$

⑤ 실재GDP와 잠재GDP

실재GDP	한 나라의 국경 안에서 실제로 생산된 모든 최종 생산물의 시장가치를 의미한다.
잠재GDP	• 한 나라에 존재하는 노동과 자본 등 모든 생산요소를 정상적으로 사용할 경우 달성할 수 있는 최대 GDP를 의미한다. • 잠재GDP=자연산출량=완전고용산출량

GNP(국민총생산)

① 개념 : GNP(국민총생산)란 일정기간 동안 한 나라의 국민이 소유하는 노동과 자본으로 생산된 모든 최종 생산물의 시장가치를 의미한다.

② GNP의 계산 : GDP+대외순수취요소소득=GDP+(대외수취요소소득−대외지급요소소득)

※ 대외수취요소소득 : 우리나라 기업이나 근로자가 외국에서 일한 대가

※ 대외지급요소소득 : 외국의 기업이나 근로자가 우리나라에서 일한 대가

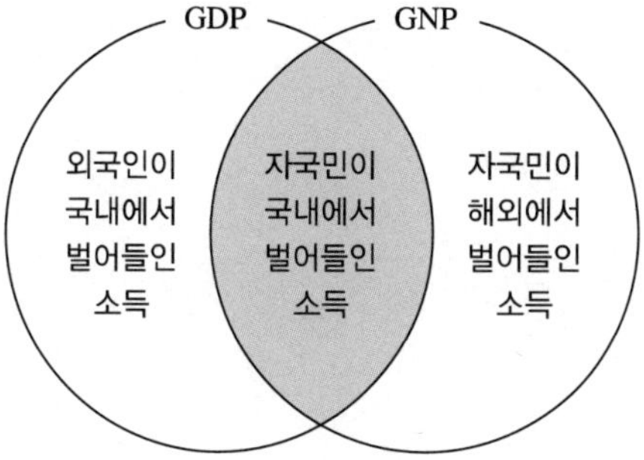

GNI(국민총소득)

① 개념 : 한 나라의 국민이 국내외 생산 활동에 참가하거나 생산에 필요한 자산을 제공한 대가로 받은 소득의 합계이다.

② GNI의 계산 : GDP+교역조건 변화에 따른 실질무역손익+대외순수취요소소득

=GDP+교역조건 변화에 따른 실질무역손익+(대외수취요소소득−대외지급요소소득)

빈출키워드 8 비교우위

다음은 A국과 B국의 2016년과 2024년 자동차와 TV 생산에 대한 생산가능곡선을 나타낸 것이다. 이에 대한 설명으로 옳은 것은?

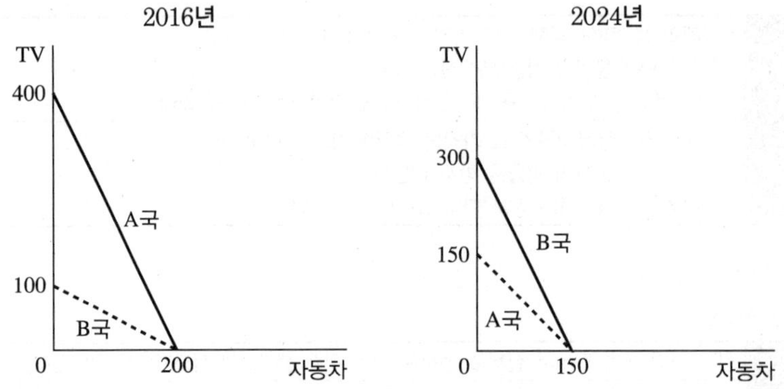

① 2016년도 자동차 수출국은 A국이다.
② B국의 자동차 1대 생산 기회비용은 감소하였다.
③ 두 시점의 생산가능곡선 변화 원인은 생산성 향상 때문이다.
④ 2024년에 자동차 1대가 TV 2대와 교환된다면 무역의 이익은 B국만 갖게 된다.
⑤ 2016년도 A국이 생산 가능한 총생산량은 TV 400대와 자동차 200대이다.

정답 ③

오답분석

① 2016년도에 A국이 자동차 1대를 생산하기 위한 기회비용은 TV 2대이며, B국이 자동차 1대를 생산하기 위한 기회비용은 TV $\frac{1}{2}$대이므로 상대적으로 자동차 생산에 대한 기회비용이 적은 B국에서 자동차를 수출해야 한다.
② 2016년 B국의 자동차 1대 생산에 대한 기회비용은 TV $\frac{1}{2}$대인 반면, 2024년 B국의 자동차 1대 생산에 대한 기회비용은 TV 2대이므로 기회비용은 증가하였다.
④ 2024년도에 A국은 비교우위가 있는 자동차 생산에 특화하고, B국은 비교우위가 있는 TV 생산에 특화하여 교환한다. 이 경우 교환 비율이 자동차 1대당 TV 2대이면, B국은 아무런 무역이익을 가지지 못하고, A국만 무역의 이익을 갖는다.
⑤ 2016년도에 A국의 생산 가능한 총생산량은 TV 400대 또는 자동차 200대이다.

이론 더하기

애덤스미스의 절대우위론

절대우위론이란 각국이 절대적으로 생산비가 낮은 재화생산에 특화하여 그 일부를 교환함으로써 상호이익을 얻을 수 있다는 이론이다.

리카도의 비교우위론

① 개념

- 비교우위란 교역 상대국보다 낮은 기회비용으로 생산할 수 있는 능력으로 정의된다.
- 비교우위론이란 한 나라가 두 재화생산에 있어서 모두 절대우위에 있더라도 양국이 상대적으로 생산비가 낮은 재화생산에 특화하여 무역을 할 경우 양국 모두 무역으로부터 이익을 얻을 수 있다는 이론을 말한다.
- 비교우위론은 절대우위론의 내용을 포함하고 있는 이론이다.

② 비교우위론의 사례

구분	A국	B국
X재	4명	5명
Y재	2명	5명

→ A국이 X재와 Y재 생산에서 모두 절대우위를 갖는다.

구분	A국	B국
X재 1단위 생산의 기회비용	Y재 2단위	Y재 1단위
Y재 1단위의 기회비용	X재 $\frac{1}{2}$ 단위	X재 1단위

→ A국은 Y재에, B국은 X재에 비교우위가 있다.

헥셔 – 오린 정리모형(Heckscher – Ohlin Model, H – O Model)

① 개념

- 각국의 생산함수가 동일하더라도 각 국가에서 상품 생산에 투입된 자본과 노동의 비율이 차이가 있으면 생산비의 차이가 발생하게 되고, 각국은 생산비가 적은 재화에 비교우위를 갖게 된다는 정리이다.
- 노동풍부국은 노동집약재, 자본풍부국은 자본집약재 생산에 비교우위가 있다.

② 내용

- A국은 B국에 비해 노동풍부국이고, X재는 Y재에 비해 노동집약재라고 가정할 때 A국과 B국의 생산가능곡선은 다음과 같이 도출된다.

A국의 생산가능곡선	B국의 생산가능곡선

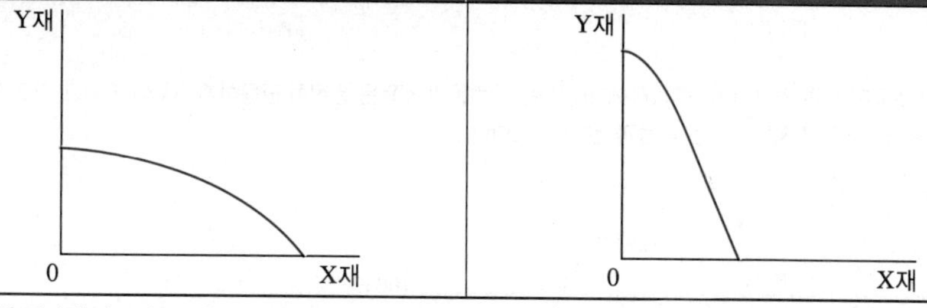

- 헥셔 – 오린 정리에 따르면 A국은 노동이 B국에 비해 상대적으로 풍부하기 때문에 노동집약재인 X재에 비교우위를 가지고 X재를 생산하여 B국에 수출하고 Y재를 수입한다.
- 마찬가지로 B국은 자본이 A국에 비해 상대적으로 풍부하기 때문에 자본집약재인 Y재에 비교우위를 가지고 Y재를 생산하여 A국에 수출하고 X재를 수입한다.

빈출키워드 9 로렌츠 곡선과 지니계수

01 **다음 중 소득격차를 나타내는 지표가 아닌 것은?**

① 십분위분배율
② 로렌츠 곡선
③ 지니계수
④ 엥겔지수
⑤ 앳킨슨지수

02 **어느 나라 국민의 50%는 소득이 전혀 없고, 나머지 50%는 모두 소득 100을 균등하게 가지고 있다면 지니계수의 값은 얼마인가?**

① 0
② 1
③ $\frac{1}{2}$
④ $\frac{1}{4}$
⑤ $\frac{1}{5}$

01

정답 ④

엥겔지수는 전체 소비지출 중에서 식료품비가 차지하는 비중을 표시하는 지표로, 특정 계층의 생활 수준만을 알 수 있다.

02

정답 ③

국민의 50%가 소득이 전혀 없고, 나머지 50%에 해당하는 사람들의 소득은 완전히 균등하게 100씩 가지고 있으므로 로렌츠 곡선은 아래 그림과 같다. 따라서 지니계수는 다음과 같이 계산한다.

지니계수$=\frac{A}{A+B}=\frac{1}{2}$

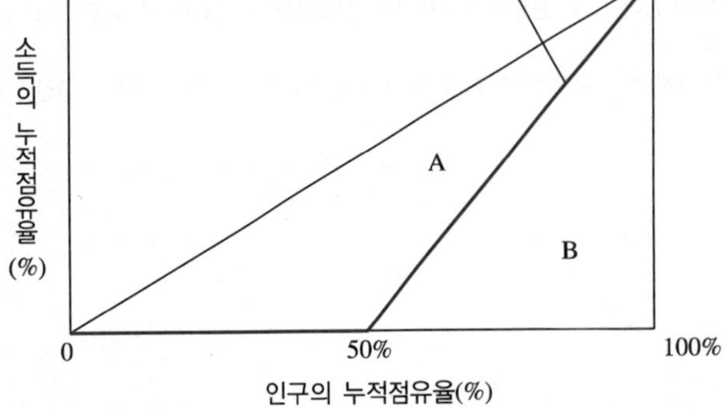

이론 더하기

로렌츠 곡선(Lorenz Curve)

① 개념 및 측정방법

- 인구의 누적점유율과 소득의 누적점유율 간의 관계를 나타내는 곡선이다.
- 로렌츠 곡선은 소득분배가 균등할수록 대각선에 가까워진다. 즉, 로렌츠 곡선이 대각선에 가까울수록 평등한 분배상태이며, 직각에 가까울수록 불평등한 분배상태이다.
- 로렌츠 곡선과 대각선 사이의 면적의 크기가 불평등도를 나타내는 지표가 된다.

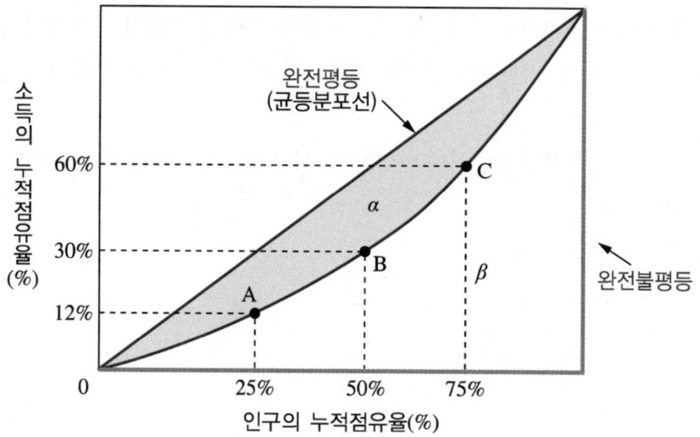

- 로렌츠 곡선 상의 점 A는 소득액 하위 25% 인구가 전체 소득의 12%를, 점 B는 소득액 하위 50% 인구가 전체 소득의 30%를, 점 C는 소득액 하위 75% 인구가 전체 소득의 60%를 점유하고 있음을 의미한다.

② 평가

- 로렌츠 곡선이 서로 교차하는 경우에는 소득분배상태를 비교할 수 없다.
- 소득별 분배상태를 한눈에 볼 수 있으나, 비교하고자 하는 수만큼 그려야 하는 단점이 있다.

지니계수

① 개념 및 측정방법

- 지니계수란 로렌츠 곡선이 나타내는 소득분배상태를 하나의 숫자로 나타낸 것을 말한다.
- 지니계수는 완전균등분포선과 로렌츠 곡선 사이에 해당하는 면적(α)을 완전균등분포선 아래의 삼각형 면적($\alpha+\beta$)으로 나눈 값이다.
- 지니계수는 0 ~ 1 사이의 값을 나타내며, 그 값이 작을수록 소득분배가 균등함을 의미한다.
- 즉, 소득분배가 완전히 균등하면 $\alpha=0$이므로 지니계수는 0이 되고, 소득분배가 완전히 불균등하면 $\beta=0$이므로 지니계수는 1이 된다.

② 평가

- 지니계수는 전 계층의 소득분배를 하나의 숫자로 나타내므로 특정 소득계층의 소득분배상태를 나타내지 못한다는 한계가 있다.
- 또한 특정 두 국가의 지니계수가 동일하더라도 소득구간별 소득격차의 차이가 모두 동일한 것은 아니며, 전반적인 소득분배의 상황만을 짐작하게 하는 한계가 있다.

빈출키워드 10 파레토 효율성

상품시장을 가정할 때, 다음 중 완전경쟁시장의 균형점이 파레토 효율적인 이유로 옳지 않은 것은?

① 완전경쟁시장 균형점에서 가장 사회적 잉여가 크기 때문이다.

② 완전경쟁시장 균형점에서 사회적 형평성이 극대화되기 때문이다.

③ 완전경쟁시장 균형점에서 소비자는 효용 극대화, 생산자는 이윤 극대화를 달성하기 때문이다.

④ 완전경쟁시장 균형점에서 재화 한 단위 생산에 따른 사회적 한계편익과 사회적 한계비용이 같기 때문이다.

⑤ 시장 수요곡선의 높이는 사회적 한계편익을 반영하고, 시장 공급곡선의 높이는 사회적 한계비용을 완전하게 반영하기 때문이다.

정답 ②

파레토 효율성이란 하나의 자원배분상태에서 다른 사람에게 손해가 가지 않고서는 어떤 한 사람에게 이득이 되는 변화를 만들어내는 것이 불가능한 배분상태를 의미한다. 즉, 파레토 효율성은 현재보다 더 효율적인 배분이 불가능한 상태를 의미한다. 완전경쟁시장의 균형점에서는 사회적 효율이 극대화되지만, 파레토 효율적이라고 하여 사회 구성원 간에 경제적 후생을 균등하게 분배하는 것은 아니기 때문에 사회적 형평성이 극대화되지는 않는다.

이론 더하기

파레토 효율성

파레토 효율(=파레토 최적)이란 하나의 자원배분상태에서 다른 어떤 사람에게 손해가 가도록 하지 않고서는 어떤 한 사람에게 이득이 되는 변화를 만들어 내는 것이 불가능한 상태, 즉 더 이상의 파레토 개선이 불가능한 자원배분상태를 말한다.

소비에서의 파레토 효율성

① 생산물시장이 완전경쟁시장이면 개별소비자들은 가격수용자이므로 두 소비자가 직면하는 예산선의 기울기$\left(-\frac{P_X}{P_Y}\right)$는 동일하다.

② 예산선의 기울기가 동일하므로 두 개인의 무차별곡선 기울기도 동일하다.
$MRS^A{}_{XY}=MRS^B{}_{XY}$

③ 그러므로 생산물시장이 완전경쟁이면 소비에서의 파레토 효율성 조건이 충족된다.

④ 계약곡선상의 모든 점에서 파레토 효율이 성립하고, 효용곡선 상의 모든 점에서 파레토 효율이 성립한다.

생산에서의 파레토 효율성

① 생산요소시장이 완전경쟁이면 개별생산자는 가격수용자이므로 두 재화가 직면하는 등비용선의 기울기$\left(-\frac{w}{r}\right)$가 동일하다.

② 등비용선의 기울기가 동일하므로 두 재화의 등량곡선의 기울기도 동일하다.
$MRS^X{}_{LK}=MRS^Y{}_{LK}$

③ 그러므로 생산요소시장이 완전경쟁이면 생산에서의 파레토 효율성 조건이 충족된다.

④ 생산가능곡선이란 계약곡선을 재화공간으로 옮겨 놓은 것으로 생산가능곡선상의 모든 점에서 파레토 효율이 이루어진다.

⑤ 한계변환율은 X재의 생산량을 1단위 증가시키기 위하여 감소시켜야 하는 Y재의 수량으로, 생산가능곡선 접선의 기울기이다.

종합적인 파레토 효율성

시장구조가 완전경쟁이면 소비자의 효용극대화와 생산자의 이윤극대화 원리에 의해 종합적인 파레토 효율성 조건이 성립한다.

$$MRS_{xy}=\frac{M_X}{M_Y}=\frac{P_X}{P_Y}=\frac{MC_X}{MC_Y}=MRT_{xy}$$

파레토 효율성의 한계

① 파레토 효율성 조건을 충족하는 점은 무수히 존재하기 때문에 그중 어떤 점이 사회적으로 가장 바람직한지 판단하기 어렵다.

② 파레토 효율성은 소득분배의 공평성에 대한 기준을 제시하지 못한다.

빈출키워드 11 실업

01 다음 대화에서 밑줄 친 부분에 해당하는 사례로 가장 적절한 것은?

> 선생님 : 실업에는 어떤 종류가 있는지 한 번 말해볼까?
> 학생 : 네, 선생님. 실업은 발생하는 원인에 따라 <u>경기적 실업</u>과 계절적 실업, 그리고 구조적 실업과 마찰적 실업으로 분류할 수 있습니다.

① 총수요의 부족으로 발생하는 실업이 발생했다.
② 더 나은 직업을 탐색하기 위해 기존에 다니던 직장을 그만두었다.
③ 남해바다 해수욕장의 수영 강사들이 겨울에 일자리가 없어서 쉬고 있다.
④ 산업구조가 제조업에서 바이오기술산업으로 재편되면서 대량실업이 발생하였다.
⑤ 디지털 카메라의 대중화로 필름회사 직원들이 일자리를 잃었다.

02 다음 빈칸 ㉠~㉣에 들어갈 용어가 바르게 연결된 것은?

> • ___㉠___ : 구직활동 과정에서 일시적으로 실업 상태에 놓이는 것을 의미한다.
> • ___㉡___ : 한 나라의 산출량과 실업 사이에서 관찰되는 안정적인 음(−)의 상관관계가 존재한다는 것을 의미한다.
> • ___㉢___ : 실업이 높은 수준으로 올라가고 나면 경기확장정책을 실시하더라도 다시 실업률이 감소하지 않는 경향을 의미한다.
> • ___㉣___ : 경기침체로 인한 총수요의 부족으로 발생하는 실업이다.

	㉠	㉡	㉢	㉣
①	마찰적 실업	오쿤의 법칙	이력현상	경기적 실업
②	마찰적 실업	경기적 실업	오쿤의 법칙	구조적 실업
③	구조적 실업	이력현상	경기적 실업	마찰적 실업
④	구조적 실업	이력현상	오쿤의 법칙	경기적 실업
⑤	경기적 실업	오쿤의 법칙	이력현상	구조적 실업

01

정답 ①

경기적 실업이란 경기침체로 인한 총수요의 부족으로 발생하는 실업이다. 따라서 경기적 실업을 감소시키기 위해서는 총수요를 확장시켜 경기를 활성화시키는 경제안정화정책이 필요하다.

오답분석

② 마찰적 실업
③ 계절적 실업
④·⑤ 구조적 실업

02

정답 ①

㉠ 마찰적 실업 : 직장을 옮기는 과정에서 일시적으로 실업 상태에 놓이는 것을 의미하며, 자발적 실업으로서 완전고용상태에서도 발생한다.

㉡ 오쿤의 법칙 : 한 나라의 산출량과 실업 간에 경험적으로 관찰되는 안정적인 음(−)의 상관관계가 존재한다는 것을 의미한다.

㉢ 이력현상 : 경기침체로 인해 높아진 실업률이 일정 기간이 지난 이후에 경기가 회복되더라도 낮아지지 않고 계속 일정한 수준을 유지하는 현상을 의미한다.

㉣ 경기적 실업 : 경기침체로 유효수요가 부족하여 발생하는 실업을 의미한다.

이론 더하기

실업

① 실업이란 일할 의사와 능력을 가진 사람이 일자리를 갖지 못한 상태를 의미한다.
② 실업은 자발적 실업과 비자발적 실업으로 구분된다.
③ 자발적 실업에는 마찰적 실업이 포함되고, 비자발적 실업에는 구조적·경기적 실업이 포함된다.

마찰적 실업(Frictional Unemployment)

① 노동시장의 정보불완전성으로 노동자들이 구직하는 과정에서 발생하는 자발적 실업을 말한다.
② 마찰적 실업의 기간은 대체로 단기이므로 실업에 따르는 고통은 크지 않다.
③ 마찰적 실업을 감소시키기 위해서는 구인 및 구직 정보를 적은 비용으로 찾을 수 있는 제도적 장치를 마련하여 경제적·시간적 비용을 줄여주어야 한다.

구조적 실업(Structural Unemployment)

① 경제가 발전하면서 산업구조가 변화하고 이에 따라 노동수요 구조가 변함에 따라 발생하는 실업을 말한다.
② 기술발전과 지식정보화 사회 등에 의한 산업구조 재편이 수반되면서 넓은 지역에서 동시에 발생하는 실업이다.
③ 구조적 실업을 감소시키기 위해서는 직업훈련, 재취업교육 등 인력정책이 필요하다.

경기적 실업(Cyclical Unemployment)

① 경기침체로 인한 총수요의 부족으로 발생하는 실업이다.
② 경기적 실업을 감소시키기 위해서는 총수요를 확장시켜 경기를 활성화시키는 경제안정화정책이 필요하다.
③ 한편, 실업보험제도나 고용보험제도도 경기적 실업을 해소하기 위한 좋은 대책이다.

실업관련지표

① 경제활동참가율
- 생산가능인구 중에서 경제활동인구가 차지하는 비율을 나타낸다.
- $\text{경제활동참가율} = \frac{\text{경제활동인구}}{\text{생산가능인구}} \times 100 = \frac{\text{경제활동인구}}{\text{경제활동인구} + \text{비경제활동인구}} \times 100$

② 실업률
- 경제활동인구 중에서 실업자가 차지하는 비율을 나타낸다.
- $\text{실업률} = \frac{\text{실업자 수}}{\text{경제활동인구}} \times 100 = \frac{\text{실업자 수}}{\text{취업자 수} + \text{실업자 수}} \times 100$
- 정규직의 구분 없이 모두 취업자로 간주하므로 고용의 질을 반영하지 못한다.

③ 고용률
- 생산가능인구 중에서 취업자가 차지하는 비율로 한 경제의 실질적인 고용창출능력을 나타낸다.
- $\text{고용률} = \frac{\text{취업자 수}}{\text{생산가능인구}} \times 100 = \frac{\text{취업자 수}}{\text{경제활동인구} + \text{비경제활동인구}} \times 100$

빈출키워드 12 인플레이션

01 다음 중 인플레이션에 의해 나타날 수 있는 현상으로 보기 어려운 것은?

① 구두창비용의 발생
② 메뉴비용의 발생
③ 통화가치 하락
④ 단기적인 실업률 하락
⑤ 총요소생산성의 상승

02 다음과 같은 현상에 대한 설명으로 옳지 않은 것은?

> 베네수엘라의 중앙은행은 지난해 물가가 무려 9,586% 치솟았다고 발표했다. 그야말로 살인적인 물가 폭등이다. 베네수엘라는 한때 1위 산유국으로 부유했던 국가 중 하나였다. 이를 바탕으로 베네수엘라의 대통령이었던 니콜라스 마두로 대통령은 국민들에게 무상 혜택을 강화하겠다는 정책을 발표하고, 부족한 부분은 국가의 돈을 찍어 국민 생활의 많은 부분을 무상으로 전환했다. 그러나 2010년 원유의 가격이 바닥을 치면서 무상복지로 제공하던 것들을 유상으로 전환했고, 이에 따라 급격히 물가가 폭등하여 현재 돈의 가치가 없어지는 상황까지 왔다. 베네수엘라에서 1,000원짜리 커피를 한 잔 마시려면 150만 원을 지불해야 하며, 한 달 월급으로 계란 한 판을 사기 어려운 수준에 도달했다. 이를 견디지 못한 베네수엘라 국민들은 자신의 나라를 탈출하고 있으며, 정부는 화폐개혁을 예고했다.

① 상품의 퇴장 현상이 나타나며 경제는 물물교환에 의해 유지된다.
② 화폐 액면 단위를 변경시키는 디노미네이션으로 쉽게 해소된다.
③ 정부가 재정 확대 정책을 장기간 지속했을 때도 이런 현상이 나타난다.
④ 전쟁이나 혁명 등 사회가 크게 혼란한 상황에서 나타난다.
⑤ 물가상승이 통제를 벗어난 상태로 수백%의 인플레이션율을 기록하는 상황을 말한다.

01

정답 ⑤

인플레이션은 구두창비용, 메뉴비용, 자원배분의 왜곡, 조세왜곡 등의 사회적 비용을 발생시켜 경제에 비효율성을 초래한다. 특히 예상하지 못한 인플레이션은 소득의 자의적인 재분배를 가져와 채무자와 실물자산소유자가 채권자와 화폐자산소유자에 비해 유리하게 만든다. 인플레이션으로 인한 사회적 비용 중 구두창비용이란 인플레이션으로 인해 화폐가치가 하락한 상황에서 화폐보유의 기회비용이 상승하는 것을 나타내는 용어이다. 이는 사람들이 화폐보유를 줄이게 되면 금융기관을 자주 방문해야 하므로 거래비용이 증가하게 되는 것을 의미한다. 메뉴비용이란 물가가 상승할 때 물가 상승에 맞추어 기업들이 생산하는 재화나 서비스의 판매가격을 조정하는 데 지출되는 비용을 의미한다. 또한 예상하지 못한 인플레이션이 발생하면 기업들은 노동의 수요를 증가시키고, 노동의 수요가 증가하게 되면 일시적으로 생산량과 고용량이 증가하게 된다. 하지만 인플레이션으로 총요소생산성이 상승하는 것은 어려운 일이다.

02

정답 ②

제시문은 하이퍼인플레이션에 대한 설명으로, 하이퍼인플레이션은 대부분 전쟁이나 혁명 등 사회가 크게 혼란한 상황 또는 정부가 재정을 지나치게 방만하게 운용해 통화량을 대규모로 공급할 때 발생한다. 디노미네이션은 화폐의 가치를 유지하면서 액면 단위만 줄이는 화폐개혁의 방법으로 화폐를 바꾸는 데 많은 비용이 소요되고, 시스템이나 사람들이 적응하는 데 많은 시간이 필요하기 때문에 효과는 서서히 발생한다.

이론 더하기

물가지수

① 개념 : 물가의 움직임을 구체적으로 측정한 지표로서 일정 시점을 기준으로 그 이후의 물가변동을 백분율(%)로 표시한다.

② 물가지수의 계산 : $\frac{\text{비교시의 물가수준}}{\text{기준시의 물가수준}} \times 100$

③ 물가지수의 종류

- 소비자물가지수(CPI) : 가계의 소비생활에 필요한 재화와 서비스의 소매가격을 기준으로 환산한 물가지수로서 라스파이레스 방식으로 통계청에서 작성한다.
- 생산자물가지수(PPI) : 국내시장의 제1차 거래단계에서 기업 상호 간에 거래되는 모든 재화와 서비스의 평균적인 가격변동을 측정한 물가지수로서 라스파이레스 방식으로 한국은행에서 작성한다.
- GDP디플레이터 : 명목GNP를 실질가치로 환산할 때 사용하는 물가지수로서 GNP를 추계하는 과정에서 산출된다. 가장 포괄적인 물가지수로서 사후적으로 계산되며 파셰 방식으로 한국은행에서 작성한다.

인플레이션

① 개념 : 물가수준이 지속적으로 상승하여 화폐가치가 하락하는 현상을 말한다.

② 인플레이션의 발생원인

학파	수요견인 인플레이션	비용인상 인플레이션
고전학파	통화공급(M) 증가	통화주의는 물가수준에 대한 적응적 기대를 하는 과정에서 생긴 현상으로 파악
통화주의학파		
케인스학파	정부지출 증가, 투자 증가 등 유효수요 증가와 통화량 증가	임금인상 등의 부정적 공급충격

③ 인플레이션의 경제적 효과

- 예상치 못한 인플레이션은 채권자에서 채무자에게로 소득을 재분배하며, 고정소득자와 금융자산을 많이 보유한 사람에게 불리하게 작용한다.
- 인플레이션은 물가수준의 상승을 의미하므로 수출재의 가격이 상승하여 경상수지를 악화시킨다.
- 인플레이션은 실물자산에 대한 선호를 증가시켜 저축이 감소하여 자본축적을 저해하고 결국 경제의 장기적인 성장가능성을 저하시킨다.

④ 인플레이션의 종류

- 하이퍼인플레이션 : 인플레이션의 범위를 초과하여 경제학적 통제를 벗어난 인플레이션이다.
- 스태그플레이션 : 경기침체기에서의 인플레이션으로, 저성장 고물가의 상태이다.
- 애그플레이션 : 농산물 상품의 가격 급등으로 일반 물가도 덩달아 상승하는 현상이다.
- 보틀넥인플레이션 : 생산요소의 일부가 부족하여, 생산의 증가속도가 수요의 증가속도를 따르지 못해 발생하는 물가상승 현상이다.
- 디맨드풀인플레이션 : 초과수요로 인하여 일어나는 인플레이션이다.
- 디스인플레이션 : 인플레이션을 극복하기 위해 통화증발을 억제하고 재정·금융긴축을 주축으로 하는 경제조정정책이다.

빈출키워드 13 게임이론

01 **다음 중 게임이론에 대한 설명으로 옳지 않은 것은?**

① 순수전략들로만 구성된 내쉬균형이 존재하지 않는 게임도 있다.
② 우월전략이란 상대 경기자들이 어떤 전략들을 사용하든지 상관없이 자신의 전략들 중에서 항상 가장 낮은 보수를 가져다주는 전략을 말한다.
③ 죄수의 딜레마 게임에서 두 용의자 모두가 자백하는 것은 우월전략균형이면서 동시에 내쉬균형이다.
④ 참여자 모두에게 상대방이 어떤 전략을 선택하는가에 관계없이 자신에게 더 유리한 결과를 주는 전략이 존재할 때 그 전략을 참여자 모두가 선택하면 내쉬균형이 달성된다.
⑤ 커플이 각자 선호하는 취미활동을 따로 하는 것보다 동일한 취미를 함께 할 때 더 큰 만족을 줄 수 있는 상황에서는 복수의 내쉬균형이 존재할 수 있다.

02 **양씨네 가족은 주말에 여가 생활을 하기로 했다. 양씨 부부는 영화 관람을 원하고, 양씨 자녀들은 놀이동산에 가고 싶어 한다. 하지만 부부와 자녀들은 모두 따로 여가 생활을 하는 것보다는 함께 여가 생활을 하는 것을 더 선호한다. 다음 〈보기〉에서 내쉬균형이 달성되는 경우를 모두 고르면? (단, 내쉬전략이란 상대방의 전략이 정해져 있을 때 자신의 이익을 극대화시키는 전략을 말하며, 내쉬균형이란 어느 누구도 이러한 전략을 변경할 유인이 없는 상태를 말한다)**

보기
가. 가족 모두 영화를 관람한다. 나. 가족 모두 놀이동산에 놀러간다. 다. 부부는 영화를 관람하고, 자녀들은 놀이동산에 놀러간다. 라. 부부는 놀이동산에 놀러가고, 자녀들은 영화를 관람한다.

① 가
② 다
③ 가, 나
④ 다, 라
⑤ 가, 나, 라

01

정답 ②

우월전략은 상대방의 전략에 관계없이 항상 자신의 보수가 가장 크게 되는 전략을 말한다.

02

정답 ③

부모가 영화를 관람한다고 가정할 때 자녀들이 놀이동산에 놀러가기로 결정하는 경우 따로 여가 생활을 해야 하므로 자녀들의 이익은 극대화되지 않는다. 마찬가지로 자녀들이 놀이동산에 놀러가기로 결정할 때 부부가 영화를 관람하기로 결정한다면 부부의 이익도 역시 극대화되지 않는다. 따라서 가족 모두가 영화를 관람하거나 놀이동산에 놀러갈 때 내쉬균형이 달성된다.

이론 더하기

게임이론

한 사람이 어떤 행동을 취하기 위해서 상대방이 그 행동에 어떻게 대응할지 미리 생각해야 하는 전략적인 상황(Strategic Situation)하에서 자기의 이익을 효과적으로 달성하는 의사결정과정을 분석하는 이론을 말한다.

우월전략균형

① 개념

- 우월전략이란 상대방의 전략에 상관없이 자신의 전략 중 자신의 보수를 극대화하는 전략이다.
- 우월전략균형은 경기자들의 우월전략의 배합을 말한다.

  예 A의 우월전략(자백), B의 우월전략(자백) → 우월전략균형(자백, 자백)

② 평가

- 각 경기자의 우월전략은 비협조전략이다.
- 각 경기자의 우월전략배합이 열위전략의 배합보다 파레토 열위상태이다.
- 자신만이 비협조전략(이기적인 전략)을 선택하는 경우 보수가 증가한다.
- 효율적 자원배분은 협조전략하에 나타난다.
- 각 경기자가 자신의 이익을 극대화하는 행동이 사회적으로 바람직한 자원배분을 실현하는 것은 아니다(개인적 합리성이 집단적 합리성을 보장하지 못한다).

내쉬균형(Nash Equilibrium)

① 개념 및 특징

- 내쉬균형이란 상대방의 전략을 주어진 것으로 보고 자신의 이익을 극대화하는 전략을 선택할 때 이 최적전략의 짝을 내쉬균형이라 한다. 내쉬균형은 존재하지 않을 수도, 복수로 존재할 수도 있다.
- '유한한 경기자'와 '유한한 전략'의 틀을 가진 게임에서 혼합전략을 허용할 때 최소한 하나 이상의 내쉬균형이 존재한다.
- 우월전략균형은 반드시 내쉬균형이나, 내쉬균형은 우월전략균형이 아닐 수 있다.

② 사례

- 내쉬균형이 존재하지 않는 경우

A \ B	T	H
T	3, 2	1, 3
H	1, 1	3, −1

- 내쉬균형이 1개 존재하는 경우(자백, 자백)

A \ B	자백	부인
자백	−5, −5	−1, −10
부인	−10, −1	−2, −2

- 내쉬균형이 2개 존재하는 경우(야구, 야구) (영화, 영화)

A \ B	야구	영화
야구	3, 2	1, 1
영화	1, 1	2, 3

③ 한계점

- 경기자 모두 소극적 추종자로 행동, 적극적으로 행동할 때의 균형을 설명하지 못한다.
- 순차게임을 설명하지 못한다.
- 협력의 가능성이 없으며 협력의 가능성이 있는 게임을 설명하지 못한다.

빈출키워드 14 통화정책

01 A국의 통화량은 현금통화 150, 예금통화 450이며, 지급준비금이 90이라고 할 때 통화승수는? (단, 현금통화비율과 지급준비율은 일정하다)

① 2.5
② 3
③ 4.5
④ 5
⑤ 5.5

02 다음 정책에 대한 설명으로 옳지 않은 것은?

중앙은행의 정책으로 금리 인하를 통한 경기부양 효과가 한계에 다다랐을 때 중앙은행이 국채매입 등을 통해 유동성을 시중에 직접 푸는 정책을 뜻한다.

① 경기후퇴를 막음으로써 시장의 자신감을 향상시킨다.
② 디플레이션을 초래할 수 있다.
③ 수출 증대의 효과가 있다.
④ 유동성을 무제한으로 공급하는 것이다.
⑤ 중앙은행은 이율을 낮추지 않고 돈의 흐름을 늘릴 수 있다.

01

정답 ①

현금통화비율(c), 지급준비율(γ), 본원통화(B), 통화량(M)

$$M=\frac{1}{c+\gamma(1-c)}B$$

여기서 $c=\frac{150}{600}=0.25$, $\gamma=\frac{90}{450}=0.2$이므로, 통화승수는 $\frac{1}{c+\gamma(1-c)}=\frac{1}{0.25+0.2(1-0.25)}=2.5$이다.

한편, (통화량)=(현금통화)+(예금통화)=150+450=600, (본원통화)=(현금통화)+(지급준비금)=150+90=240이다.

따라서 $(\text{통화승수})=\frac{(\text{통화량})}{(\text{본원통화})}=\frac{600}{240}=2.5$이다.

02

정답 ②

양적완화

- 금리중시 통화정책을 시행하는 중앙은행이 정책금리가 0%에 근접하거나, 혹은 다른 이유로 시장경제의 흐름을 정책금리로 제어할 수 없는 이른바 유동성 저하 상황하에서 유동성을 충분히 공급함으로써 중앙은행의 거래량을 확대하는 정책이다.
- 수출 증대의 효과가 있는 반면, 인플레이션을 초래할 수도 있다.
- 자국의 경제에는 소기의 목적을 달성하더라도 타국의 경제에 영향을 미쳐 자산 가격을 급등시킬 수도 있다.

이론 더하기

중앙은행

① 중앙은행의 역할

- 화폐를 발행하는 발권은행으로서의 기능을 한다.
- 은행의 은행으로서의 기능을 한다.
- 통화가치의 안정과 국민경제의 발전을 위한 통화금융정책을 집행하는 기능을 한다.
- 국제수지 불균형의 조정, 환율의 안정을 위하여 외환관리업무를 한다.
- 국고금 관리 등의 업무를 수행하며 정부의 은행으로서의 기능을 한다.

② 중앙은행의 통화정책 운영체계

한국은행은 통화정책 운영체계로서 물가안정목표제(Inflation Targeting)를 채택하고 있다.

③ 물가안정목표제란 '통화량' 또는 '환율' 등 중간목표를 정하고 이에 영향을 미쳐 최종목표인 물가안정을 달성하는 것이 아니라, 최종목표인 '물가' 자체에 목표치를 정하고 중기적 시기에 이를 달성하려는 방식이다.

금융정책

정책수단	→	운용목표	→	중간목표	→	최종목표
공개시장조작 지급준비율	→	콜금리 본원통화 재할인율	→	통화량 이자율	→	완전고용 물가안정 국제수지균형

① 공개시장조작정책

- 중앙은행이 직접 채권시장에 참여하여 금융기관을 상대로 채권을 매입하거나 매각하여 통화량을 조절하는 통화정책수단을 의미한다.
- 중앙은행이 시중의 금융기관을 상대로 채권을 매입하는 경우 경제 전체의 통화량은 증가하게 되고, 이는 실질이자율을 낮춰 총수요를 증가시킨다.
- 중앙은행이 시중의 금융기관을 상대로 채권을 매각하는 경우 경제 전체의 통화량은 감소하게 되고, 이는 실질이자율을 상승과 투자의 감소로 이어져 총수요가 감소하게 된다.

② 지급준비율정책

- 법정지급준비율이란 중앙은행이 예금은행으로 하여금 예금자 예금인출요구에 대비하여 총예금액의 일정 비율 이상을 대출할 수 없도록 규정한 것을 말한다.
- 지급준비율정책이란 법정지급준비율을 변경시킴으로써 통화량을 조절하는 것을 말한다.
- 지급준비율이 인상되면 통화량이 감소하고 실질이자율을 높여 총수요를 억제한다.

③ 재할인율정책

- 재할인율정책이란 일반은행이 중앙은행으로부터 자금을 차입할 때 차입규모를 조절하여 통화량을 조절하는 통화정책수단을 말한다.
- 재할인율 상승은 실질이자율을 높여 경제 전체의 통화량을 줄이고자 할 때 사용하는 통화정책의 수단이다.
- 재할인율 인하는 실질이자율을 낮춰 경제 전체의 통화량을 늘리고자 할 때 사용하는 통화정책의 수단이다.

빈출키워드 15 금융지표(금리 · 환율 · 주가)

다음 그래프는 경제 지표의 추이를 나타낸 것이다. 이와 같은 추이가 계속된다고 할 때, 나타날 수 있는 현상으로 옳은 것을 〈보기〉에서 모두 고르면?(단, 지표 외 다른 요인은 고려하지 않는다)

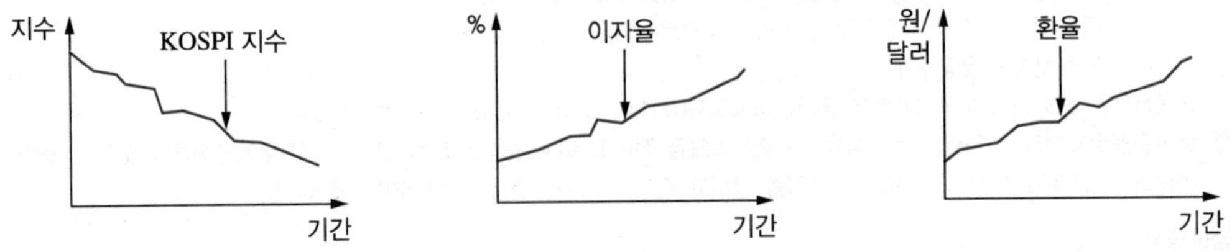

보기

가. KOSPI 지수 추이를 볼 때, 기업은 주식시장을 통한 자본 조달이 어려워질 것이다.
나. 이자율 추이를 볼 때, 은행을 통한 기업의 대출 수요가 증가할 것이다.
다. 환율 추이를 볼 때, 수출제품의 가격 경쟁력이 강화될 것이다.

① 가
② 나
③ 다
④ 가, 다
⑤ 나, 다

정답 ④

가. KOSPI 지수가 지속적으로 하락하고 있기 때문에 주식시장이 매우 침체되어 있다고 볼 수 있다. 이 경우 주식에 대한 수요와 증권시장의 약세 장세 때문에 주식 발행을 통한 자본 조달은 매우 어려워진다.

다. 원/달러 환율이 지속적으로 상승하게 되면 원화의 약세로 수출제품의 외국에서의 가격은 달러화에 비해 훨씬 저렴하게 된다. 따라서 상대적으로 외국제품에 비하여 가격 경쟁력이 강화되는 효과가 발생한다.

오답분석

나. 이자율이 지속적으로 상승하면 대출 금리도 따라 상승하게 되어 기업의 부담이 커지게 되고 이에 따라 기업의 대출 수요는 감소하게 된다.

이론 더하기

금리

① 개념 : 원금에 지급되는 이자를 비율로 나타낸 것으로 '이자율'이라는 표현을 사용하기도 한다.

② 특징

- 자금에 대한 수요와 공급이 변하면 금리가 변동한다. 즉, 자금의 수요가 증가하면 금리가 올라가고, 자금의 공급이 증가하면 금리는 하락한다.
- 중앙은행이 금리를 낮추겠다는 정책목표를 설정하면 금융시장의 국채를 매입하게 되고 금리에 영향을 준다.
- 가계 : 금리가 상승하면 소비보다는 저축이 증가하고, 금리가 하락하면 저축보다는 소비가 증가한다.
- 기업 : 금리가 상승하면 투자비용이 증가하므로 투자가 줄어들고, 금리가 하락하면 투자가 증가한다.
- 국가 간 자본의 이동 : 본국과 외국의 금리 차이를 보고 상대적으로 외국의 금리가 높다고 판단되면 자금은 해외로 이동하고, 그 반대의 경우 국내로 이동한다.

③ 금리의 종류

- 기준금리 : 중앙은행이 경제활동 상황을 판단하여 정책적으로 결정하는 금리로, 경제가 과열되거나 물가상승이 예상되면 기준금리를 올리고, 경제가 침체되고 있다고 판단되면 기준금리를 하락시킨다.
- 시장금리 : 개인의 신용도나 기간에 따라 달라지는 금리이다.

1년 미만 단기 금리	콜금리	영업활동 과정에서 남거나 모자라는 초단기자금(콜)에 대한 금리이다.
	환매조건부채권(RP)	일정 기간이 지난 후에 다시 매입하는 조건으로 채권을 매도함으로써 수요자가 단기자금을 조달하는 금융거래방식의 하나이다.
	양도성예금증서(CD)	은행이 발행하고 금융시장에서 자유로운 매매가 가능한 무기명의 정기예금증서이다.
1년 이상 장기 금리	국채, 회사채, 금융채	

환율

국가 간 화폐의 교환비율로, 우리나라에서 환율을 표시할 때에는 외국화폐 1단위당 원화의 금액으로 나타낸다.

예 1,193.80원/$, 170.76원/¥

주식과 주가

① 주식 : 주식회사의 자본을 이루는 단위로서 금액 및 이를 전제한 주주의 권리와 의무단위이다.

② 주가 : 주식의 시장가격으로, 주식시장의 수요와 공급에 의해 결정된다.

빈출키워드 16 환율

01 **다음 중 변동환율제도에 대한 설명으로 옳지 않은 것은?**

① 원화 환율이 오르면 물가가 상승하기 쉽다.
② 원화 환율이 오르면 수출업자가 유리해진다.
③ 원화 환율이 오르면 외국인의 국내 여행이 많아진다.
④ 국가 간 자본거래가 활발하게 이루어진다면 독자적인 통화정책을 운용할 수 없다.
⑤ 환율의 변동이 심한 경우에는 통화 당국이 시장에 개입하기도 한다.

02 **다음 빈칸에 들어갈 경제 용어가 바르게 연결된 것은?**

> 구매력평가 이론(Purchasing Power Parity Theory)은 모든 나라의 통화 한 단위의 구매력이 같도록 환율이 결정되어야 한다는 것이다. 구매력평가 이론에 따르면 양국통화의 ___㉠___은 양국의 ___㉡___에 의해 결정되며, 구매력평가 이론이 성립하면 ___㉢___은 불변이다.

	㉠	㉡	㉢
①	실질환율	물가수준	명목환율
②	실질환율	자본수지	명목환율
③	실질환율	경상수지	명목환율
④	명목환율	물가수준	실질환율
⑤	명목환율	경상수지	실질환율

01

정답 ④

변동환율제도에서는 중앙은행이 외환시장에 개입하여 환율을 유지할 필요가 없고, 외환시장의 수급 상황이 국내 통화량에 영향을 미치지 않으므로 독자적인 통화정책의 운용이 가능하다.

02

정답 ④

일물일가의 법칙을 가정하는 구매력평가설에 따르면 두 나라에서 생산된 재화의 가격이 동일하므로 명목환율은 두 나라의 물가수준의 비율로 나타낼 수 있다. 한편, 구매력평가설이 성립하면 실질환율은 불변한다.

이론 더하기

환율

① 개념 : 국내화폐와 외국화폐가 교환되는 시장을 외환시장(Foreign Exchange Market)이라고 한다. 그리고 여기서 결정되는 두 나라 화폐의 교환비율을 환율이라고 한다. 즉, 환율이란 자국화폐단위로 표시한 외국화폐 1단위의 가격이다.

② 환율의 변화

환율의 상승을 환율 인상(Depreciation), 환율의 하락을 환율 인하(Appreciation)라고 한다. 환율이 인상되는 경우 자국화폐의 가치가 하락하는 것을 의미하며, 환율이 인하되는 경우는 자국화폐가치가 상승하는 것을 의미한다.

평가절상 (=환율 인하, 자국화폐가치 상승)	평가절하 (=환율 인상, 자국화폐가치 하락)
• 수출 감소 • 수입 증가 • 경상수지 악화 • 외채부담 감소	• 수출 증가 • 수입 감소 • 경상수지 개선 • 외채부담 증가

③ 환율제도

구분	고정환율제도	변동환율제도
국제수지 불균형의 조정	정부개입에 의한 해결(평가절하, 평가절상)과 역외국에 대해서는 독자관세 유지	시장에서 환율의 변화에 따라 자동적으로 조정
환위험	적음	환율의 변동성에 기인하여 환위험에 크게 노출되어 있음
환투기의 위험	적음	높음(이에 대해 프리드먼은 환투기는 환율을 오히려 안정시키는 효과가 존재한다고 주장)
해외교란요인의 파급 여부	국내로 쉽게 전파됨	환율의 변화가 해외교란요인의 전파를 차단(차단효과)
금융정책의 자율성 여부	자율성 상실(불가능성 정리)	자율성 유지
정책의 유효성	금융정책 무력	재정정책 무력

빈출키워드 17 주식과 주가지수

01 **다음 중 서킷 브레이커(Circuit Breakers)에 대한 설명으로 옳지 않은 것은?**

① 1단계 서킷 브레이커는 종합주가지수가 전 거래일보다 8% 이상 하락하여 1분 이상 지속되는 경우에 발동된다.
② 2단계 서킷 브레이커는 1일 1회 주식시장 개장 5분 후부터 장이 끝나기 40분 전까지 발동할 수 있다.
③ 거래를 중단한 지 20분이 지나면 10분간 호가를 접수해서 매매를 재개시킨다.
④ 주식시장에서 주가가 급등 또는 급락하는 경우 주식매매를 일시 정지하는 제도이다.
⑤ 1 ~ 3단계별로 2번씩 발동할 수 있다.

02 **다음 중 주가가 떨어질 것을 예측해 주식을 빌려 파는 공매도를 했으나, 반등이 예상되면서 빌린 주식을 되갚자 주가가 오르는 현상은?**

① 사이드카
② 디노미네이션
③ 서킷브레이커
④ 숏커버링
⑤ 공매도

01

정답 ⑤

서킷 브레이커

• 원래 전기 회로에 과부하가 걸렸을 때 자동으로 회로를 차단하는 장치를 말하는데, 주식시장에서 주가가 급등 또는 급락하는 경우 주식매매를 일시 정지하는 제도이다. 서킷 브레이커가 발동되면 매매가 20분간 정지되고, 20분이 지나면 10분간 동시호가, 단일가매매 전환이 이루어진다.
• 서킷 브레이커 발동조건
  – 1단계 : 종합주가지수가 전 거래일보다 8% 이상 하락하여 1분 이상 지속되는 경우
  – 2단계 : 종합주가지수가 전 거래일보다 15% 이상 하락하여 1분 이상 지속되는 경우
  – 3단계 : 종합주가지수가 전 거래일보다 20% 이상 하락하여 1분 이상 지속되는 경우
• 서킷 브레이커 유의사항
  – 총 3단계로 이루어진 서킷 브레이커의 각 단계는 하루에 한 번만 발동할 수 있다.
  – 1 ~ 2단계는 주식시장 개장 5분 후부터 장 종료 40분 전까지만 발동한다. 단, 3단계 서킷 브레이커는 장 종료 40분 전 이후에도 발동될 수 있고, 3단계 서킷 브레이커가 발동하면 장이 종료된다.

02

정답 ④

없는 주식이나 채권을 판 후 보다 싼 값으로 주식이나 그 채권을 구해 매입자에게 넘기는데, 예상을 깨고 강세장이 되어 해당 주식이 오를 것 같으면 손해를 보기 전에 빌린 주식을 되갚게 된다. 이때 주가가 오르는 현상을 숏커버링이라 한다.

이론 더하기

주가지수

① 개념 : 주식가격의 상승과 하락을 판단하기 위한 지표(Index)가 필요하므로 특정 종목의 주식을 대상으로 평균적으로 가격이 상승했는지 하락했는지를 판단한다. 때문에 주가지수의 변동은 경제상황을 판단하게 해주는 지표가 될 수 있다.

② 주가지수 계산 : $\frac{\text{비교시점의 시가총액}}{\text{기준시점의 시가총액}} \times 100$

③ 주요국의 종합주가지수

국가	지수명	기준시점	기준지수
한국	코스피	1980년	100
	코스닥	1996년	1,000
미국	다우존스 산업평균지수	1896년	100
	나스닥	1971년	100
	S&P 500	1941년	10
일본	니케이 225	1949년	50
중국	상하이종합	1990년	100
홍콩	항셍지수	1964년	100
영국	FTSE 100지수	1984년	1,000
프랑스	CAC 40지수	1987년	1,000

주가와 경기 변동

① 주식의 가격은 장기적으로 기업의 가치에 따라 변동한다.

② 주가는 경제성장률이나 이자율, 통화량과 같은 경제변수에 영향을 받는다.

③ 통화공급의 증가와 이자율이 하락하면 소비와 투자가 늘어나서 기업의 이익이 커지므로 주가는 상승한다.

주식관련 용어

① 서킷브레이커(CB) : 주식시장에서 주가가 급등 또는 급락하는 경우 주식매매를 일시 정지하는 제도이다.

② 사이드카 : 선물가격이 전일 종가 대비 5%(코스피), 6%(코스닥) 이상 급등 또는 급락 상태가 1분간 지속될 경우 주식시장의 프로그램 매매 호가를 5분간 정지시키는 것을 의미한다.

③ 네 마녀의 날 : 주가지수 선물과 옵션, 개별 주식 선물과 옵션 등 네 가지 파생상품 만기일이 겹치는 날이다. '쿼드러플워칭데이'라고도 한다.

④ 레드칩 : 중국 정부와 국영기업이 최대주주로 참여해 홍콩에 설립한 우량 중국 기업들의 주식을 일컫는 말이다.

⑤ 블루칩 : 오랜 시간 동안 안정적인 이익을 창출하고 배당을 지급해 온 수익성과 재무구조가 건전한 기업의 주식으로 대형 우량주를 의미한다.

⑥ 숏커버링 : 외국인 등이 공매도한 주식을 되갚기 위해 시장에서 주식을 다시 사들이는 것으로, 주가 상승 요인으로 작용한다.

⑦ 공매도 : 주식을 가지고 있지 않은 상태에서 매도 주문을 내는 것이다. 3일 안에 해당 주식이나 채권을 구해 매입자에게 돌려주면 되기 때문에, 약세장이 예상되는 경우 시세차익을 노리는 투자자가 주로 활용한다.

빈출키워드 18 채권

다음 중 유로채와 외국채에 대한 설명으로 옳지 않은 것은?

① 유로채는 채권의 표시통화 국가에서 발행되는 채권이다.
② 유로채는 이자소득세를 내지 않는다.
③ 외국채는 감독 당국의 규제를 받는다.
④ 외국채는 신용 평가가 필요하다.
⑤ 아리랑본드는 외국채, 김치본드는 유로채이다.

정답 ①

외국채는 채권의 표시통화 국가에서 발행되는 채권이고, 유로채는 채권의 표시통화 국가 이외의 국가에서 발행되는 채권이다.

오답분석

② 외국채는 이자소득세를 내야 하지만, 유로채는 세금을 매기지 않는다.
③ 외국채는 감독 당국의 규제를 받지만, 유로채는 규제를 받지 않는다.
④ 외국채는 신용 평가가 필요하지만, 유로채는 필요하지 않다.
⑤ 한국에서 한국 원화로 발행된 채권은 아리랑본드이며, 한국에서 외화로 발행된 채권은 김치본드이다.

이론 더하기

채권

정부, 공공기관, 특수법인과 주식회사 형태를 갖춘 사기업이 일반 대중 투자자들로부터 비교적 장기의 자금을 조달하기 위해 발행하는 일종의 차용증서로, 채권을 발행한 기관은 채무자, 채권의 소유자는 채권자가 된다.

발행주체에 따른 채권의 분류

국채	• 국가가 발행하는 채권으로 세금과 함께 국가의 중요한 재원 중 하나이다. • 국고채, 국민주택채권, 국채관리기금채권, 외국환평형기금채권 등이 있다.
지방채	• 지방자치단체가 지방재정의 건전한 운영과 공공의 목적을 위해 재정상의 필요에 따라 발행하는 채권이다. • 지하철공채, 상수도공채, 도로공채 등이 있다.
특수채	• 공사와 같이 특별법에 따라 설립된 법인이 자금조달을 목적으로 발행하는 채권으로 공채와 사채의 성격을 모두 가지고 있다. • 예금보험공사 채권, 한국전력공사 채권, 리스회사의 무보증 리스채, 신용카드회사의 카드채 등이 있다.
금융채	• 금융회사가 발행하는 채권으로 발생은 특정한 금융회사의 중요한 자금조달수단 중 하나이다. • 산업금융채, 장기신용채, 중소기업금융채 등이 있다.
회사채	• 상법상의 주식회사가 발행하는 채권으로 채권자는 주주들의 배당에 우선하여 이자를 지급받게 되며 기업이 도산하는 경우에도 주주들을 우선하여 기업자산에 대한 청구권을 갖는다. • 전환사채(CB), 신주인수권부사채(BW), 교환사채(EB) 등이 있다.

이자지급방법에 따른 채권의 분류

이표채	액면가로 채권을 발행하고, 이자지급일이 되면 발행할 때 약정한 대로 이자를 지급하는 채권이다.
할인채	이자가 붙지는 않지만, 이자 상당액을 미리 액면가격에서 차감하여 발행가격이 상환가격보다 낮은 채권이다.
복리채(단리채)	정기적으로 이자가 지급되는 대신에 복리(단리) 이자로 재투자되어 만기상환 시에 원금과 이자를 지급하는 채권이다.
거치채	이자가 발생한 이후에 일정 기간이 지난 후부터 지급되는 채권이다.

상환기간에 따른 채권의 분류

단기채	통상적으로 상환기간이 1년 미만인 채권으로, 통화안정증권, 양곡기금증권 등이 있다.
중기채	상환기간이 1 ~ 5년인 채권으로 우리나라의 대부분의 회사채 및 금융채가 만기 3년으로 발행된다.
장기채	상환기간이 5년 초과인 채권으로 국채가 이에 해당한다.

특수한 형태의 채권

일반사채와 달리 계약 조건이 다양하게 변형된 특수한 형태의 채권으로 다양한 목적에 따라 발행된 채권이다.

전환사채 (CB; Convertible Bond)	발행을 할 때에는 순수한 회사채로 발행되지만, 일정 기간이 경과한 후에는 보유자의 청구에 의해 발행회사의 주식으로 전환될 수 있는 사채이다.
신주인수권부사채 (BW; Bond with Warrant)	발행 이후에 일정 기간 내에 미리 약정된 가격으로 발행회사에 일정한 금액에 해당하는 주식을 매입할 수 있는 권리가 부여된 사채이다.
교환사채 (EB; Exchangeable Bond)	투자자가 보유한 채권을 일정 기간이 지난 후 발행회사가 보유 중인 다른 회사 유가증권으로 교환할 수 있는 권리가 있는 사채이다.
옵션부사채	• 콜옵션과 풋옵션이 부여되는 사채이다. • 콜옵션은 발행회사가 만기 전 조기상환을 할 수 있는 권리이고, 풋옵션은 사채권자가 만기중도상환을 청구할 수 있는 권리이다.
변동금리부채권 (FRN; Floating Rate Note)	• 채권 지급 이자율이 변동되는 금리에 따라 달라지는 채권이다. • 변동금리부채권의 지급이자율은 기준금리에 가산금리를 합하여 산정한다.
자산유동화증권 (ABS; Asset Backed Security)	유동성이 없는 자산을 증권으로 전환하여 자본시장에서 현금화하는 일련의 행위를 자산유동화라고 하는데, 기업 등이 보유하고 있는 대출채권이나 매출채권, 부동산 자산을 담보로 발행하여 제3자에게 매각하는 증권이다.

빈출키워드 19 ELS / ELF / ELW

01 **다음 중 주가지수 상승률이 미리 정해놓은 수준에 단 한 번이라도 도달하면 만기 수익률이 미리 정한 수준으로 확정되는 ELS 상품은?**

① 녹아웃형(Knock-out)
② 불스프레드형(Bull-spread)
③ 리버스컨버터블형(Reverse Convertible)
④ 디지털형(Digital)
⑤ 데이터형(Data)

02 **주식이나 ELW를 매매할 때 보유시간을 통상적으로 2～3분 단위로 짧게 잡아 하루에 수십 번 또는 수백 번씩 거래를 하며 박리다매식으로 매매차익을 얻는 초단기매매자들이 있다. 이들을 가르키는 용어는?**

① 스캘퍼(Scalper)
② 데이트레이더(Day Trader)
③ 스윙트레이더(Swing Trader)
④ 포지션트레이더(Position Trader)
⑤ 나이트트레이더

01

정답 ①

주가연계증권(ELS)의 유형

- 녹아웃형(Knock-out) : 주가지수 상승률이 미리 정해놓은 수준에 단 한 번이라도 도달하면 만기 수익률이 미리 정한 수준으로 확정되는 상품
- 불스프레드형(Bull-spread) : 만기 때 주가지수 상승률에 따라 수익률이 결정되는 상품
- 리버스컨버터블형(Reverse Convertible) : 미리 정해 놓은 하락폭 밑으로만 빠지지 않는다면 주가지수가 일정 부분 하락해도 약속한 수익률을 지급하는 상품
- 디지털형(Digital) : 만기일의 주가지수가 사전에 약정한 수준 이상 또는 이하에 도달하면 확정 수익을 지급하고 그렇지 못하면 원금만 지급하는 상품

02

정답 ①

스캘퍼(Scalper)는 ELW시장 등에서 거액의 자금을 갖고 몇 분 이내의 초단타 매매인 스캘핑(Scalping)을 구사하는 초단타 매매자를 말한다. 속칭 '슈퍼 메뚜기'로 불린다.

오답분석

② 데이트레이더 : 주가의 움직임만 보고 차익을 노리는 주식투자자
③ 스윙트레이더 : 선물시장에서 통상 2～3일 간격으로 매매 포지션을 바꾸는 투자자
④ 포지션트레이더 : 몇 주간 또는 몇 개월 동안 지속될 가격 변동에 관심을 갖고 거래하는 자로서 비회원거래자

이론 더하기

ELS(주가연계증권) / ELF(주가연계펀드)

① 개념 : 파생상품 펀드의 일종으로 국공채 등과 같은 안전자산에 투자하여 안전성을 추구하면서 확정금리 상품 대비 고수익을 추구하는 상품이다.

② 특징

ELS (주가연계증권)	• 개별 주식의 가격이나 주가지수에 연계되어 투자수익이 결정되는 유가증권이다. • 사전에 정한 2 ~ 3개 기초자산 가격이 만기 때까지 계약 시점보다 40 ~ 50% 가량 떨어지지 않으면 약속된 수익을 지급하는 형식이 일반적이다. • 다른 채권과 마찬가지로 증권사가 부도나거나 파산하면 투자자는 원금을 제대로 건질 수 없다. • 상품마다 상환조건이 다양하지만 만기 3년에 6개월마다 조기상환 기회가 있는 게 일반적이다. 수익이 발생해서 조기상환 또는 만기상환되거나, 손실을 본채로 만기상환된다. • 녹아웃형, 불스프레드형, 리버스컨버터블형, 디지털형 등이 있다.
ELF (주가연계펀드)	• 투자신탁회사들이 ELS 상품을 펀드에 편입하거나 자체적으로 원금보존 추구형 펀드를 구성해 판매하는 형태의 상품이다. • ELF는 펀드의 수익률이 주가나 주가지수 움직임에 의해 결정되는 구조화된 수익구조를 갖는다. • 베리어형, 디지털형, 조기상환형 등이 있다.

ELW(주식워런트증권)

① 개념 : 자산을 미리 정한 만기에 미리 정해진 가격에 사거나(콜) 팔 수 있는 권리(풋)를 나타내는 증권이다.

② 특징

- 주식워런트증권은 상품특성이 주식옵션과 유사하나 법적 구조, 시장구조, 발행주체와 발행조건 등에 차이가 있다.
- 주식처럼 거래가 이루어지며, 만기 시 최종보유자가 권리를 행사하게 된다.
- ELW 시장에서는 투자자의 환금성을 보장할 수 있도록 호가를 의무적으로 제시하는 유동성공급자(LP; Liquidity Provider) 제도가 운영된다.

CHAPTER

02 금융 · 경제 상식 기출응용문제

정답 및 해설 p.044

| 금융 상식 |

01 다음 중 유배당보험과 무배당보험을 비교한 내용으로 옳지 않은 것은?

① 유배당보험은 무배당보험에 비해 보험료가 높은 것이 일반적이다.
② 유배당보험은 금리가 하락하고 주식시장이 하락할 때 상대적으로 유리하다.
③ 만기 시에 무배당보험 계약자는 환급금만 지급받지만, 유배당보험 계약자는 환급금과 함께 배당금을 지급받는다.
④ 유배당보험 계약자는 보험회사로부터 자산 운용의 수익을 지급받을 수 있지만, 실제로 배당 금액이 크지 않을 수 있다.
⑤ 오늘날 우리나라에서는 무배당보험이 지배적이고, 유배당보험은 거의 자취를 감추었다.

02 다음 〈보기〉에서 금융상품 및 금리에 대한 설명으로 옳지 않은 것을 모두 고르면?

보기

㉠ CD는 보통 만기가 1년 이상이다.
㉡ CP의 발행주체는 은행이다.
㉢ 코픽스(KOPIX)는 주택담보대출 기준금리로 사용된다.
㉣ RP는 예금자보호 대상 금융상품에 해당한다.

① ㉠
② ㉡
③ ㉡, ㉢
④ ㉢, ㉣
⑤ ㉠, ㉡, ㉣

Easy

03 다음 중 통화량을 감소시키기 위한 중앙은행의 정책으로 보기 어려운 것은?

① 기준금리 인상
② 통화안정증권 발행
③ 재할인율 인상
④ 국공채 매각
⑤ 대출한도 상승

PART 2

04 다음 중 금융기관에 대한 설명으로 옳은 것은?

① 예금은행은 통화금융정책을 사용할 권한을 가지고 있다.
② 예금은행은 통화금융기관으로 제1금융권이라고 한다.
③ 산업은행과 같은 개발기관은 주로 단기자금을 공급하기 위해 설립된 금융기관이다.
④ 자금중개기능을 담당하는 투자기관의 대표적인 예가 증권회사이다.
⑤ 제2금융권은 제도권 밖의 대금업체이다.

05 다음 〈보기〉에서 보통수요함수와 보상수요함수에 대한 설명으로 옳지 않은 것을 모두 고르면?

보기

㉠ 보통수요함수가 가격효과 중 대체효과만 반영하는 것과 달리 보상수요함수는 대체효과와 소득효과를 모두 포함한 가격효과를 반영한다.
㉡ 보상수요곡선은 가격 하락에 따른 수요량의 변동폭이 보통수요곡선보다 크기 때문에 소비자 잉여를 과장할 수 있다.
㉢ 보상수요함수의 기울기가 보통수요함수보다 가파른 것은 소득효과가 재화의 소비량을 확대하는 방향으로 작용하기 때문이다.
㉣ 소득효과가 음(−)의 방향으로 작용하는 열등재의 경우 보통수요함수의 기울기가 보상수요함수보다 더 가파르게 된다.

① ㉠, ㉡
② ㉠, ㉢
③ ㉠, ㉣
④ ㉡, ㉢
⑤ ㉡, ㉣

06 **다음 중 환매조건부채권(RP)에 대한 설명으로 옳지 않은 것은?**

① 일정 기간 경과 후 일정한 가격으로 동일 채권을 다시 매수하거나 매도할 것을 조건으로 한 채권 매매방식이다.

② 자금의 수요자는 채권매각에 따른 자본손실 없이 단기간 필요한 자금을 보다 쉽게 조달할 수 있다.

③ 국공채나 특수채・신용우량채권 등을 담보로 발행하기 때문에 안정성이 높고, 예금자보호도 받을 수 있다.

④ 환매조건부채권의 매도는 거래 상대방을 제한할 필요는 없으므로 일반법인 및 개인까지도 거래 상대방이 될 수 있다.

⑤ 발행 목적에 따라 여러 가지 형태가 존재하지만, 주로 중앙은행과 시중은행 사이의 유동성을 조절하는 수단으로 활용된다.

07 **다음 중 신종자본증권에 대한 설명으로 옳은 것은?**

① 신용등급과 관계없이 발행이 가능하다.

② 만기 시 재연장이 불가능하다.

③ 안정적인 자금 운용이 가능하다.

④ 자본조달 비용이 일반 회사채보다 낮다.

⑤ 채권보다 이자가 낮다.

08 **다음 중 오버슈팅(Overshooting)에 대한 설명으로 옳은 것은?**

① 상품이나 금융자산의 시장가격이 일시적으로 폭등・폭락하였다가 장기균형 수준으로 수렴해 가는 현상이다.

② 주식가격이나 환율이 시장이론가나 전저점을 하회해 단기간에 급락하는 움직임을 말한다.

③ 주식가격이나 환율이 시장이론가 이상으로 단기간에 200% 이상 급등하는 움직임을 말한다.

④ 주식시장에서 공매도한 주식을 되갚기 위해 다시 사는 환매수를 말한다.

⑤ 가지고 있는 주식의 현재시세가 매입가격보다 낮은 상태이고 앞으로 가격상승의 희망이 보이지 않을 경우 손해를 감수하고 주식을 내다파는 것을 말한다.

09 **자산투자로부터의 수익 증대를 위해 차입자본(부채)을 끌어다가 자산매입에 나서는 투자전략을 총칭하는 말은?**

① ETF
② ETN
③ 레버리지
④ 인덱스펀드
⑤ 주식형펀드

10 **주식시장에서 주가를 기술적으로 분석하여 예측하는 지표의 하나로 강세장으로 전환함을 나타내 주는 신호를 뜻하는 단어이고, 정치에서는 지지율이 약세에서 강세로 전환되는 신호를 뜻하기도 하는 용어는?**

① 골든 크로스
② 데드 크로스
③ 실버 크로스
④ 레드 크로스
⑤ 블랙 크로스

PART 2

11 **다음 중 지급준비율에 대한 설명으로 옳지 않은 것은?**

① 지급준비율이란 시중은행이 중앙은행에 의무적으로 받아들인 예금을 적립해야 하는 비율이다.
② 지급준비율 정책은 중앙은행의 주된 통화정책수단 중 하나이다.
③ 시중은행에 대한 지급준비율 인하는 통화량의 감소를 야기한다.
④ 시중은행에 대한 지급준비율 인상은 시중은행의 대출 감소를 야기한다.
⑤ 지급준비율의 결정은 금융통화위원회에서 이루어진다.

12 **다음 중 기업들이 환율변동 위험을 피하기 위해 하는 거래 중 하나인 선물환거래에 대한 설명으로 옳지 않은 것은?**

① 기업들은 달러화 가치가 하락할 것으로 예상하는 경우 선물환을 매수하게 된다.
② 선물환거래란 미래에 특정 외화의 가격을 현재 시점에서 미리 계약하고 이 계획을 약속한 미래 시점에 이행하는 금융거래이다.
③ 선물환거래에는 외국환은행을 통해 고객 간에 이루어지는 대고객선물환거래와 외환시장에서 외국은행 사이에 이루어지는 시장선물환거래가 있다.
④ 선물환거래는 약정가격의 차액만을 주고받는 방식이어서 NDF(역외선물환)거래라고도 한다.
⑤ 만기가 되면 수출업체는 수출대금으로 받은 달러를 금융회사에 미리 정한 환율로 넘겨주고 금융회사는 이를 해외 달러 차입금 상환에 활용하게 된다.

13 다음에서 설명하는 펀드는?

> • 국제금융을 통해 수익을 창출하기 위해 형성된 국제펀드의 일종이다.
> • 부실한 자산을 저가에 인수해서 상황이 호전된 후에 고가에 전매하는 자금(Fund)을 의미한다.

① 뮤추얼펀드
② 헤지펀드
③ 벌처펀드
④ 사모펀드
⑤ 상장지수펀드

14 다음 〈보기〉에서 명목금리와 실질금리에 대한 설명으로 옳은 것을 모두 고르면?

> 보기
> ㉠ 실물투자에 영향을 미치는 것은 실질금리보다 명목금리이다.
> ㉡ 실질금리와 명목금리는 상호의존적인 관계를 가진다.
> ㉢ 명목금리는 실질금리에서 예상물가상승률과 실질경제성장률을 차감한 값이다.
> ㉣ 총수요 증가로 인한 물가상승이 발생한다면 명목금리가 고정적이라고 가정할 때 실질금리가 일시적으로 하락할 수 있다.
> ㉤ 소비, 투자 등 경제 내 총수요가 감소하면 물가와 명목금리는 하락하나 실질금리는 상승한다.

① ㉠, ㉡
② ㉠, ㉢
③ ㉡, ㉣
④ ㉢, ㉤
⑤ ㉣, ㉤

15 다음 중 핀테크에 대한 설명으로 옳지 않은 것은?

① 금융(Finance)과 기술(Technology)이 결합한 서비스를 가리키는 말이다.
② 새로운 IT기술의 등장을 그 배경으로 하고 있다.
③ 하드웨어, 앱 등을 기반으로 한 간편결제 서비스가 출시되고 있다.
④ 플랫폼과 관계없이 다양한 사업자들의 공정한 경쟁이 보장되고 있다.
⑤ 비금융기업이 이용자에게 직접 금융서비스를 제공하는 현상이 나타나기도 한다.

16 **다음 중 통화가치가 비교적 안정적인 주요 6개국의 통화 대비 미국 달러의 가치를 지수화한 지표를 나타내는 것은?**

① 암스 인덱스
② 월드 인덱스
③ OITP 지수
④ 달러 인덱스
⑤ RMB 인덱스

17 **다음에서 설명하는 '이것'이 영향력을 미치는 것은?**

일시적으로 자금이 부족한 금융기관이, 자금이 남는 다른 곳에 자금을 빌려달라고 요청하는 것이 콜(Call)이며, 이러한 금융기관 간에 발생한 과부족(過不足) 자금을 거래하는 시장이 콜시장이다. 잉여자금이 있는 금융기관이 콜론(Call Loan)을 내놓으면 자금이 부족한 금융기관이 콜머니(Call Money)를 늘리는 것을 '이것'이라 한다.

① 환율
② 펀드
③ 채권
④ 주식
⑤ 금리

18 **다음 자료를 통해 추론할 수 있는 현상으로 옳지 않은 것은?**

올 하반기 이후 외국인 투자자들이 주식과 채권 등을 매도해 자금 이탈이 가속화됨에 따라 우리나라 금융시장 전반에 큰 부담이 되고 있다. 이러한 외국인 자금의 이탈은 자국의 금융 위기로 신용 경색에 맞닥뜨린 외국인들이 현금 유동성을 확보하려고 국내 보유 자산을 빠르게 처분하고 있기 때문이다. 세계 금융 및 경제 위기가 진정될 때까지는 신흥 시장 중에서도 풍부한 유동성으로 자금 회수가 비교적 수월한 우리나라에서 외국인의 자금 이탈은 당분간 지속될 것이다.

① 주가 하락
② 증권투자수지 악화
③ 채권수익률 상승
④ 달러 대비 원화가치 하락
⑤ 수입물가 하락

19 다음 중 환율제도에 대한 설명으로 옳지 않은 것은?

① 고정환율제 : 정부가 외환시세의 변동을 전혀 인정하지 않고 일정 수준으로 고정시켜 놓은 환율제도
② 시장평균환율제 : 외환시장의 수요와 공급에 따라 결정되는 환율제도
③ 복수통화 바스켓 : 자국과 교역비중이 큰 몇 개국의 통화를 선정하고 가중치에 따라 결정하는 환율제도
④ 단일통화 페그제도 : 자국통화의 대외가치를 특정국의 단일통화(미 달러화 등)에 고정시키는 환율제도
⑤ 공동변동환율제 : 역내에서는 변동환율제를 채택하고, 역외에서는 제한환율제를 택하는 환율제도

Hard

20 국제 금융시장에서 엔/달러 환율이 다음 그래프와 같은 추이를 보이고 있다. 이런 추세가 지속될 경우에 대한 설명으로 옳지 않은 것은?

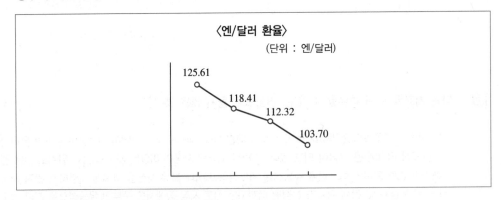

〈엔/달러 환율〉

(단위 : 엔/달러)

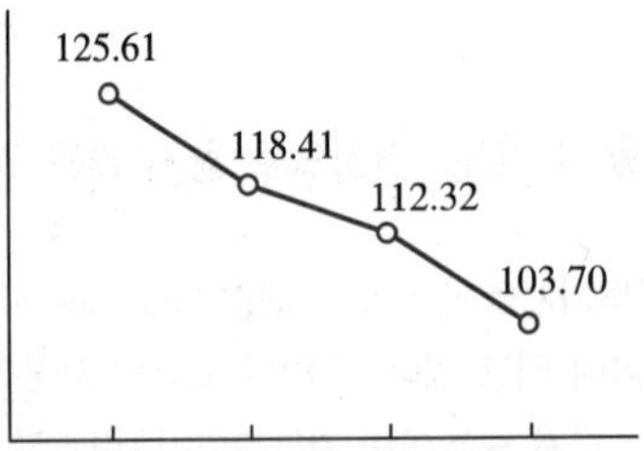

① 한국으로 여행을 오는 일본 관광객들이 증가할 것이다.
② 일본의 수출기업은 실적이 나빠질 것이다.
③ 달러화 부채를 많이 가진 일본 기업은 유리할 것이다.
④ 원화 대비 엔화 가치는 상당 기간 상승할 것으로 예상된다.
⑤ 달러화에서 엔화로의 환전은 늦추는 것이 유리할 것이다.

| 경제 상식 |

01 **다음 중 고소득층의 소득 증대가 소비 및 투자 확대로 이어져 궁극적으로 저소득층의 소득도 증가하게 되는 효과를 의미하는 것은?**

① 낙수효과
② 분수효과
③ 풍선효과
④ 기저효과
⑤ 샤워효과

PART 2

Easy

02 **다음에서 설명하는 '이것'이 의미하는 한계점과 관련이 있는 것은?**

> • 이전에 발생된 손해에 대한 경험을 기반으로 '이것'에 계상한 손해복구자금이 실제적인 소요자금과 눈에 띄게 다른 경우에는 문제발생의 소지가 될 수 있다.
> • 작은 규모의 손해라 하더라도 짧은 기간 동안 동시에 손해의 발생 및 일련의 손해가 지속적으로 이어질 때 '이것'으로 처리하기가 힘들 수도 있다.
> • 영업의 부진 등으로 인해 기업에서의 현금흐름이 좋지 못할 경우 '이것'으로 자금을 충당하는 것이 힘들 수 있다.

① 위험기금 적립
② 경상비 활용
③ 감가상각비 활용
④ 캡티브 활용
⑤ 매출채권의 증가

03 **다음 중 실업에 대한 설명으로 옳지 않은 것은?**

① 직업탐색기간이 길어질수록 직업탐색에 따른 노동자들의 유보임금수준은 낮아진다.
② 직업탐색기간이 길어질수록 직업탐색에 따른 기업이 제공하고자 하는 임금수준이 상승한다.
③ 구직자 수와 이직자 수가 같아져서 고용된 노동자의 수가 변하지 않을 때의 실업률을 균형실업률 혹은 자연실업률이라고 한다.
④ 경기불황으로 한번 실업률이 높아지면 경기가 호황이 되더라도 실업률이 잘 낮아지지 않는 현상을 실업률의 이력현상이라고 한다.
⑤ 실제인플레이션이 상승하면 직업탐색기간은 길어지고 실업률은 높아진다.

04 다음 중 독점기업에 대한 설명으로 옳지 않은 것은?

① 한계수입과 한계비용이 일치할 때 독점적 공급이 발생한다.

② 규모의 경제가 있는 산업에서 진입장벽이 없는 한 독점은 필연적으로 발생한다.

③ 독점기업은 제품가격과 제품공급량을 자기가 원하는 수준으로 동시에 결정할 수 있다.

④ 독점기업의 경우 한계수입이 가격보다 낮다.

⑤ 한계수입곡선 기울기는 수요곡선 기울기의 2배가 된다.

05 다음 경제이론과 관련이 있는 것은?

1980년대 말 버블경제의 붕괴 이후 지난 10여 년간 일본은 장기침체를 벗어나지 못하고 있다. 이에 대한 대책의 하나로 일본 정부는 극단적으로 이자율을 낮추고 사실상 제로금리정책을 시행하고 있으나, 투자 및 소비의 활성화 등 의도했던 수요확대 효과가 전혀 나타나지 않고 있다.

① 화폐 환상

② 유동성 함정

③ 구축 효과

④ J커브 효과

⑤ 피셔 방정식

06 국내외 여건에 유동적으로 대처하기 위해 수입품의 일정한 수량을 기준으로 부과하는 탄력관세는?

① 상계관세

② 조정관세

③ 할당관세

④ 계정관세

⑤ 덤핑방지관세

07 **완전경쟁시장에 대한 다음 설명 중 빈칸에 들어갈 말을 순서대로 나열한 것은?**

> 완전경쟁시장의 대표적인 특징은 첫째, 판매자와 구매자 모두 ________이고, 둘째, 판매자와 구매자 모두 제품에 대해 ________ 정보를 가지고 있으며, 셋째, 이 시장에서는 기업의 ________이 자유롭다는 데 있다.

① 가격 수용적, 불완전한, 가격 설정
② 가격 수용적, 완전한, 진입과 퇴출
③ 가격 수용적, 비대칭적, 제품 차별
④ 가격 설정적, 불완전한, 가격 설정
⑤ 가격 설정적, 완전한, 진입과 퇴출

PART 2

Hard

08 **X재는 다음과 같이 우하향하는 수요곡선과 수직의 공급곡선을 갖는다. X재 한 단위당 5만큼의 세금이 부과될 때, 나타나는 변화로 옳은 것은?**

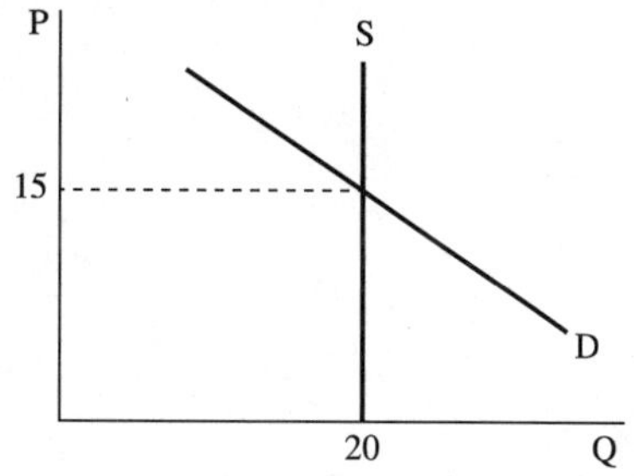

① 소비자가 지불하는 가격이 상승한다.
② 생산자잉여가 감소한다.
③ 소비자와 공급자가 조세를 3 : 4 비율로 나누어 부담한다.
④ 정부의 조세수입은 100보다 작다.
⑤ 초과부담(사중손실)이 발생한다.

09 **다음 중 정부의 지출과 조세정책 효과에 대한 설명으로 옳지 않은 것은?**

① 인플레이션은 정부의 부채 부담을 더욱 크게 한다.
② 정부 부채는 일반적으로 미래의 조세 수입 증가를 통해 해소된다.
③ 조세를 일시적으로 변화시킬 경우 영속적으로 변화시킬 때보다 효과가 적다.
④ 정부가 지출을 증가시키면서도 세금을 늘리지 않는다면 정부 부채가 늘어날 수밖에 없다.
⑤ 정부가 지출을 늘리면 당장 재정적자는 불어나지만 결국 경제 회복으로 조세수입이 증가하게 되어 재정적자가 줄어들 수 있다.

10 **다음 〈보기〉에서 통화정책의 단기적 효과를 높이는 요인으로 옳은 것을 모두 고르면?**

보기
㉠ 화폐수요의 이자율 탄력성이 높은 경우 ㉡ 투자의 이자율 탄력성이 높은 경우 ㉢ 한계소비성향이 높은 경우

① ㉠
② ㉡
③ ㉠, ㉢
④ ㉡, ㉢
⑤ ㉠, ㉡, ㉢

11 **다음 중 소비자잉여에 대한 설명으로 옳은 것은?**

① 공급이 감소하여 가격이 상승한 경우 소비자잉여는 감소한다.
② 수요가 증가하여 가격이 상승한 경우 소비자잉여는 감소한다.
③ 수요의 탄력성이 클수록 소비자잉여도 크다.
④ 공급의 탄력성이 클수록 소비자잉여도 크다.
⑤ 소비자잉여를 늘리는 정책은 자원배분의 효율성을 제고한다.

12 **소득 불평등 정도를 나타내는 그래프로 산업화 과정에 있는 국가의 불평등 정도는 처음에 증가하다가 산업화가 일정 수준을 지나면 다시 감소하는 역 U자형 형태를 보이는 것으로 알려졌으나, 최근 '21세기 자본'의 저자 토마 피케티와 '왜 우리는 불평등해졌는가'를 쓴 브랑코 밀라노비치 뉴욕시립대 교수가 이를 비판하면서 이슈가 됐다. 이 그래프는?**

① 로렌츠 곡선
② 필립스 곡선
③ 굴절수요 곡선
④ 로지스틱 곡선
⑤ 쿠즈네츠 곡선

PART 2

13 **물적자본의 축적을 통한 경제성장을 설명하는 솔로우(R. Solow) 모형에서 수렴현상이 발생하는 원인은?**

① 자본의 한계생산체감
② 경제성장과 환경오염
③ 내생적 기술진보
④ 기업가 정신
⑤ 인적자본

Easy

14 **다음 중 역선택과 관련된 설명으로 옳은 것은?**

① 자동차보험에 가입한 운전자일수록 안전운전을 하려 한다.
② 화재보험에 가입한 건물주가 화재예방을 위한 비용 지출을 줄인다.
③ 소득이 증가할수록 소비 중에서 식료품비가 차지하는 비중이 감소한다.
④ 사고 위험이 높은 사람일수록 상해보험에 가입할 가능성이 높아진다.
⑤ 가로등과 같은 재화의 공급을 시장에 맡긴다면, 효율적인 양보다 적게 공급된다.

15 **다음 중 이윤극대화를 추구하는 독점기업의 가격차별에 대한 설명으로 옳지 않은 것은?**

① 동일한 수요자를 대상으로 구입 수량에 따라 가격을 차별할 수 있다.
② 분리된 시장 간 상품의 재판매가 불가능할 때 가격차별이 효과적이다.
③ 분리된 두 시장에서 각각의 한계수입과 기업의 한계비용이 같아야 한다.
④ 완전가격차별은 사회후생을 감소시킨다.
⑤ 수요의 가격탄력성이 큰 시장의 가격을 탄력성이 작은 시장의 가격보다 낮게 설정한다.

16 다음 중 인플레이션이 발생했을 때 경제에 미치는 영향으로 옳은 것은?

① 완만하고 예측 가능한 인플레이션은 소비감소를 일으킬 수 있다.
② 인플레이션은 수입을 저해하고 수출을 촉진시켜 무역수지와 국제수지를 상승시킨다.
③ 인플레이션을 통해 화폐를 저축하는 것에 대한 기회비용이 증가한다.
④ 인플레이션은 기업가로부터 다수의 근로자에게로 소득을 재분배하는 효과를 가져온다.
⑤ 인플레이션은 채무자에게는 손해를, 채권자에게는 이익을 준다.

17 다음 〈보기〉에서 GDP가 증가하는 경우는 총 몇 개인가?

보기

㉠ 대한민국 공무원 연봉이 전반적으로 인상되었다.
㉡ 중국인 관광객들 사이에서 한국의 명동에서 쇼핑하는 것이 유행하고 있다.
㉢ 대한민국 수도권 신도시에 거주하는 A씨의 주택가격이 전년도 대비 20% 상승하였다.
㉣ 한국에서 생산된 중간재가 미국에 수출되었다.

① 1개
② 2개
③ 3개
④ 4개
⑤ 없음

18 다음에서 설명하는 제도는?

공정거래위원회가 불공정행위에 대한 조사의 효율성을 높이기 위해 담합행위를 한 기업들이 자진신고를 하면 과징금을 면제해 주는 제도를 도입하였다. 담합 사실을 처음 신고한 업체에게는 과징 100%를 면제해 주고, 2순위 신고자에게는 50%를 면제해 주는 제도이다. 이 제도는 상호 간의 불신을 자극하여 담합을 방지하는 효과가 있지만 담합으로 가장 많은 이익을 얻은 회사가 과징금을 면제받을 수 있다는 한계도 있다.

① 카르텔
② 리니언시
③ 죄수의 딜레마
④ 사전심사청구제도
⑤ 공시공개제도

19 **다음 중 도덕적 해이 및 역선택에 대한 설명으로 옳지 않은 것은?**

① 도덕적 해이는 법과 제도적 허점을 이용해 자기 책임을 소홀히 하거나 집단적인 이기주의를 나타내는 상태나 행위를 뜻한다.

② 보험회사에서는 실손보험계약에 공제조항을 적용해 손실의 일부를 계약자에게 부담시킴으로써 도덕적 해이를 예방할 수 있다.

③ 역선택은 시장에서 거래를 할 때 주체 간 정보 비대칭으로 인해 부족한 정보를 가지고 있는 쪽이 불리한 선택을 하게 되어 경제적 비효율이 발생하는 상황을 말한다.

④ 건강한 사람은 생명보험에 가입하지 않고 건강하지 않은 사람들만 생명보험에 가입하는 현상은 역선택의 사례로 이해할 수 있다.

⑤ 도덕적 해이는 선택 또는 거래와 동시에 발생하지만, 역선택은 거래 이후에 발생한다는 점에서 차이가 있다.

PART 2

Hard

20 **다음은 임금 상승에 따른 노동과 여가의 변화에 대한 설명이다. 빈칸 ㉠~㉣에 들어갈 개념을 순서대로 바르게 나열한 것은?**

> 임금률이 상승하여 소득이 증가함에 따라 여가가 감소하고 노동공급이 증가한다고 한다. 이 경우 여가는 ___㉠___이거나 ___㉡___이면서 ___㉢___가 ___㉣___를 능가할 경우 발생한다. 또한 노동시간이 늘어나면 그 자체로는 효용이 감소하므로 노동은 비재화로 볼 수 있다.

	㉠	㉡	㉢	㉣
①	대체재	열등재	대체 효과	소득 효과
②	열등재	정상재	소득 효과	대체 효과
③	정상재	열등재	소득 효과	대체 효과
④	열등재	정상재	대체 효과	소득 효과
⑤	정상재	대체재	대체 효과	소득 효과

CHAPTER

03 | IT 상식

빈출키워드 1 논리게이트

01 다음과 같은 논리식으로 구성되는 회로는?[단, S는 합(Sum), C는 자리 올림 수(Carry)이다]

$$S = \overline{A}B + A\overline{B}$$
$$C = AB$$

① 반가산기(Half Adder)
② 전가산기(Full Adder)
③ 전감산기(Full Subtracter)
④ 부호기(Encoder)
⑤ 병렬가산기(Parallel Adder)

02 다음과 같이 명령어에 오퍼랜드 필드를 사용하지 않고, 명령어만 사용하는 명령어의 형식은?

AND : (덧셈), MUL : (곱셈)

① Zero-Address Instruction Mode
② One-Address Instruction Mode
③ Two-Address Instruction Mode
④ Three-Address Instruction Mode
⑤ Double-Address Instruction Mode

01

정답 ①

반가산기는 2개의 비트를 더해 합(S)과 자리 올림 수(C)를 구하는 회로로, 하나의 AND 회로와 하나의 XOR 회로로 구성된다.

02

정답 ①

제로 어드레스 명령어 형식(Zero-Address Instruction Mode)

명령어 내에서 피연산자의 주소 지정을 하지 않아도 되는 명령어 형식으로, 명령어에 나타난 연산자의 실행 시에 입력 자료의 출처와 연산의 결과를 기억시킬 장소가 고정되어 있을 때 사용된다.

이론 더하기

논리게이트(Logic Gate)

게이트	기호	의미	진리표	논리식
AND	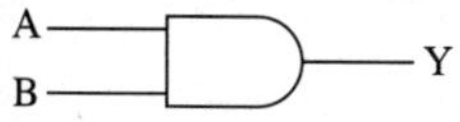	입력 신호가 모두 1일 때만 1 출력	A B Y 0 0 0 0 1 0 1 0 0 1 1 1	$Y=A \cdot B$ $Y=AB$
OR	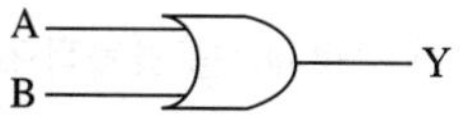	입력 신호 중 1개만 1이어도 1 출력	A B Y 0 0 0 0 1 1 1 0 1 1 1 1	$Y=A+B$
BUFFER	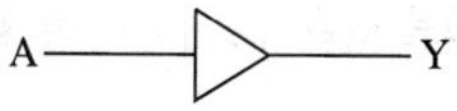	입력 신호를 그대로 출력	A Y 0 0 1 1	$Y=A$
NOT (인버터)	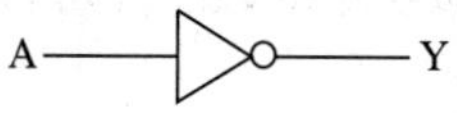	입력 신호를 반대로 변환하여 출력	A Y 0 1 1 0	$Y=A'$ $Y=\overline{A}$
NAND	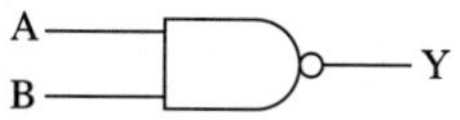	NOT+AND 즉, AND의 부정	A B Y 0 0 1 0 1 1 1 0 1 1 1 0	$Y=\overline{A \cdot B}$ $Y=\overline{AB}$ $Y=\overline{A+B}$
NOR	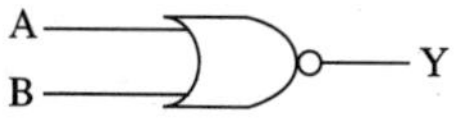	NOT+OR 즉, OR의 부정	A B Y 0 0 1 0 1 0 1 0 0 1 1 0	$Y=\overline{A+B}$ $Y=\overline{A} \cdot \overline{B}$
XOR	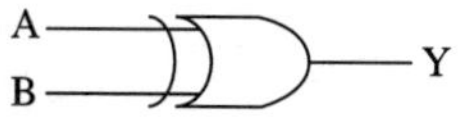	입력 신호가 같으면 0, 다르면 1 출력	A B Y 0 0 0 0 1 1 1 0 1 1 1 0	$Y=A \oplus B$ $Y=A'B+AB'$ $Y=(A+B)(A'+B')$ $Y=(A+B)(AB)'$
XNOR	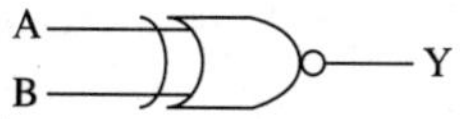	NOT+XOR 입력 신호가 같으면 1, 다르면 0 출력	A B Y 0 0 1 0 1 0 1 0 0 1 1 1	$Y=A \odot B$ $Y=\overline{A \oplus B}$

빈출키워드 2 스케줄링

다음은 스케줄링에 대한 자료이다. 빈칸 ㉠과 ㉡에 해당하는 알고리즘을 〈보기〉에서 찾아 바르게 연결한 것은?

> 〈스케줄링〉
>
> • 스케줄링이란?
> 다중 프로그래밍을 지원하는 운영체제에서 CPU 활용의 극대화를 위해 프로세스를 효율적으로 CPU에게 할당하는 것
>
> • 스케줄링 알고리즘
> – ___㉠___ 스케줄링 : 한 프로세스가 CPU를 점유하고 있을 때 다른 프로세스가 CPU를 빼앗을 수 있는 방식
> – ___㉡___ 스케줄링 : 한 프로세스에 CPU가 할당되면 작업이 완료되기 전까지 CPU를 다른 프로세스에 할당할 수 없는 방식

보기

가. FIFO(First In First Out)
나. 우선순위
다. RR(Round Robin)
라. 마감시간
마. MLQ(Multi-Level Queue)

	㉠	㉡
①	가, 다	나, 라, 마
②	나, 라	가, 다, 마
③	다, 라	가, 나, 마
④	다, 마	가, 나, 라
⑤	라, 마	가, 나, 다

정답 ④

㉠ 선점형(Preemption)
- 다. RR(Round Robin) : 먼저 들어온 프로세스가 먼저 실행되나, 각 프로세스는 정해진 시간 동안만 CPU를 사용하는 방식
- 마. MLQ(Multi-Level Queue) : 서로 다른 작업을 각각의 큐에서 타임 슬라이스에 의해 처리

㉡ 비선점형(Non-Preemption)
- 가. FIFO(First In First Out) : 요구하는 순서에 따라 CPU를 할당하는 방식
- 나. 우선순위 : 우선순위가 높은 프로세스에 CPU를 할당하는 방식
- 라. 마감시간 : 제한된 시간 내에 프로세스가 반드시 완료되도록 하는 방식

이론 더하기

비선점형 스케줄링

① FIFO(First Input First Output, =FCFS)
- 먼저 입력된 작업을 먼저 처리하는 방식으로 가장 간단한 방식이다.
- 디스크 대기 큐에 들어온 순서대로 처리하기 때문에 높은 우선순위의 요청이 입력되어도 순서가 바뀌지 않지만, 평균 반환 시간이 길다.

② SJF(Shortest Job First, 최단 작업 우선)
- 작업이 끝나기까지의 실행 시간 추정치가 가장 작은 작업을 먼저 실행시키는 방식이다.
- 긴 작업들을 어느 정도 희생시키면서 짧은 작업들을 우선적으로 처리하기 때문에 대기 리스트 안에 있는 작업의 수를 최소화하면서 평균 반환 시간을 최소화할 수 있다.

③ HRN(Highest Response-ratio Next)
- 서비스 시간(실행 시간 추정치)과 대기 시간의 비율을 고려한 방식으로 SJF의 무한 연기 현상을 극복하기 위해 개발되었다.
- 대기 리스트에 있는 작업들에게 합리적으로 우선순위를 부여하여 작업 간 불평등을 해소할 수 있다.
- 프로그램의 처리 순서는 서비스 시간의 길이뿐만 아니라 대기 시간에 따라 결정된다.
- (우선순위)={(대기 시간)+(서비스 시간)}÷(서비스 시간)이다.

④ 우선순위(Priority)
- 대기 중인 작업에 우선순위를 부여하여 CPU를 할당하는 방식이다.
- 우선순위가 가장 빠른 작업부터 순서대로 수행한다.

⑤ 기한부(Deadline)
- 제한된 시간 내에 반드시 작업이 종료되도록 스케줄링하는 방식이다.
- 작업이 완료되는 시간을 정확히 측정하여 해당 시간 만큼에 CPU의 사용 시간을 제한한다.
- 동시에 많은 작업이 수행되면 스케줄링이 복잡해지게 된다는 단점이 있다.

선점형 스케줄링

① 라운드 로빈(RR; Round-Robin)
- 여러 개의 프로세스에 시간 할당량이라는 작은 단위 시간이 정의되어 시간 할당량만큼 CPU를 사용하는 방식으로 시분할 시스템을 위해 고안되었다.
- FIFO 스케줄링을 선점형으로 변환한 방식으로 먼저 입력된 작업이더라도 할당된 시간 동안만 CPU를 사용할 수 있다.
- 프로세스가 CPU에 할당된 시간이 경과될 때까지 작업을 완료하지 못하면 CPU는 다음 대기 중인 프로세스에게 사용 권한이 넘어가고, 현재 실행 중이던 프로세스는 대기 리스트의 가장 뒤로 배치된다.
- 적절한 응답 시간을 보장하는 대화식 사용자에게 효과적이다.

② SRT(Shortest Remaining Time)
- 작업이 끝나기까지 남아 있는 실행 시간의 추정치 중 가장 작은 프로세스를 먼저 실행하는 방식으로 새로 입력되는 작업까지도 포함한다.
- SJF는 한 프로세스가 CPU를 사용하면 작업이 모두 끝날 때까지 계속 실행되지만, SRT는 남아 있는 프로세스의 실행 추정치 중 더 작은 프로세스가 있다면 현재 작업 중인 프로세스를 중단하고, 작은 프로세스에게 CPU의 제어권을 넘겨준다.
- 임계치(Threshold Value)를 사용한다.

③ 다단계 큐(MQ; Multi-Level Queue)
- 프로세스를 특정 그룹으로 분류할 경우 그룹에 따라 각기 다른 큐(대기 리스트)를 사용하며, 선점형과 비선점형을 결합한 방식이다.
- 각 큐(대기 리스트)들은 자신보다 낮은 단계의 큐보다 절대적인 우선순위를 갖는다(각 큐는 자신보다 높은 단계의 큐에게 자리를 내주어야 함).

④ 다단계 피드백 큐(MFQ; Multi-Level Feedback Queue)
- 특정 그룹의 준비 상태 큐에 들어간 프로세스가 다른 준비 상태 큐로 이동할 수 없는 다단계 큐 방식을 준비 상태 큐 사이를 이동할 수 있도록 개선한 방식이다.
- 각 큐마다 시간 할당량이 존재하며, 낮은 큐일수록 시간 할당량이 커진다.
- 마지막 단계에서는 라운드 로빈(RR) 방식으로 처리한다.

빈출키워드 3 데이터 정규화

01 **다음 정규화 과정에서 A → B이고, B → C일 때 A → C인 관계를 제거하는 관계는?**

① 1NF → 2NF
② 2NF → 3NF
③ 3NF → BCNF
④ BCNF → 4NF
⑤ 4NF → BCNF

02 **다음 중 데이터베이스 설계 시 정규화(Normalization)에 대한 설명으로 옳지 않은 것은?**

① 데이터의 이상(Anomaly) 현상이 발생하지 않도록 하는 것이다.
② 정규형에는 제1정규형에서부터 제5정규형까지 있다.
③ 릴레이션 속성들 사이의 종속성 개념에 기반을 두고 이들 종속성을 제거하는 과정이다.
④ 정규화는 데이터베이스의 물리적 설계 단계에서 수행된다.
⑤ 데이터베이스를 설계한 후 설계 결과물을 검증하기 위해 사용하기도 한다.

01

정답 ②

3정규화(3NF)은 1정규형, 2정규형을 만족하고, 이행 함수적 종속(A → B, B → C, A → C)을 제거한다.

02

정답 ④

정규화는 데이터베이스의 물리적 설계 단계가 아닌 논리적 설계 단계에서 수행된다.

이론 더하기

정규화

① 개념

- 릴레이션에 데이터의 삽입・삭제・갱신 시 발생하는 이상 현상이 발생하지 않도록 릴레이션을 보다 작은 릴레이션으로 표현하는 과정이다.
- 현실 세계를 표현하는 관계 스키마를 설계하는 작업으로 개체, 속성, 관계성들로 릴레이션을 만든다.
- 속성 간 종속성을 분석해서 하나의 종속성은 하나의 릴레이션으로 표현되도록 분해한다.

② 목적

- 데이터 구조의 안정성을 최대화한다.
- 중복 데이터를 최소화한다.
- 수정 및 삭제 시 이상 현상을 최소화한다.
- 테이블 불일치 위험을 간소화한다.

함수의 종속에 따른 추론 규칙

규칙	추론 이론
반사 규칙	A⊇B이면, A → B
첨가 규칙	A → B이면, AC → BC, AC → B
이행 규칙	A → B, B → C이면, A → C
결합 규칙	A → B, A → C이면, A → BC
분해 규칙	A → BC이면, A → B, A → C

정규형의 종류

종류	특징
제1정규형 (1NF)	• 모든 도메인이 원자의 값만으로 된 릴레이션으로 모든 속성값은 도메인에 해당된다. • 기본 키에서 부분 함수가 종속된 속성이 존재하므로 이상 현상이 발생할 수 있다. • 하나의 항목에는 중복된 값이 입력될 수 없다.
제2정규형 (2NF)	• 제1정규형을 만족하고 모든 속성들이 기본 키에 완전 함수 종속인 경우이다(부분 함수 종속 제거). • 기본 키가 아닌 애트리뷰트 모두가 기본 키에 완전 함수 종속이 되도록 부분 함수적 종속에 해당하는 속성을 별도 테이블로 분리한다.
제3정규형 (3NF)	• 제1, 2정규형을 만족하고, 모든 속성들이 기본 키에 이행적 함수 종속이 아닌 경우이다. • 무손실 조인 또는 종속성 보존을 방해하지 않고도 항상 3NF를 얻을 수 있다. • 이행 함수적 종속(A → B, B → C, A → C)을 제거한다.
보이스 - 코드 정규형 (BCNF)	• 모든 BCNF 스킴은 3NF에 속하게 되므로 BCNF가 3NF보다 한정적 제한이 더 많다. • 제3정규형에 속하지만 BCNF에 속하지 않는 릴레이션이 있다. • 릴레이션 R의 모든 결정자가 후보 키이면 릴레이션 R은 BCNF에 속한다. • 결정자가 후보 키가 아닌 함수 종속을 제거하며, 모든 BCNF가 종속성을 보존하는 것은 아니다. • 비결정자에 의한 함수 종속을 제거하여 모든 결정자가 후보 키가 되도록 한다.
제4정규형 (4NF)	• 릴레이션에서 다치 종속(MVD)의 관계가 성립하는 경우이다(다중치 종속 제거). • 릴레이션 R(A, B, C)에서 다치 종속 A → B가 성립하면, A → C도 성립하므로 릴레이션 R의 다치 종속은 함수 종속 A → B의 일반 형태이다.
제5정규형 (5NF)	• 릴레이션 R에 존재하는 모든 조인 종속성이 오직 후보 키를 통해서만 성립된다. • 조인 종속이 후보 키로 유추되는 경우이다.

PART 2

빈출키워드 4 오류(에러) 수정 방식

01 **통신 경로에서 오류 발생 시 수신 측은 오류의 발생을 송신 측에 통보하고, 송신 측은 오류가 발생한 프레임을 재전송하는 오류 제어 방식은?**

① 순방향 오류 수정(FEC)

② 역방향 오류 수정(BEC)

③ 에코 점검

④ ARQ(Automatic Repeat reQuest)

⑤ 해밍 코드(Hamming Code)

02 **다음 중 전진 에러 수정(FEC; Forward Error Correction) 방식에서 에러를 수정하기 위해 사용하는 방식은?**

① 해밍 코드(Hamming Code)의 사용

② 압축(Compression)방식 사용

③ 패리티 비트(Parity Bit)의 사용

④ Huffman Coding 방식 사용

⑤ Go-Back-N ARQ

01

정답 ④

자동 반복 요청(ARQ)은 가장 널리 사용되는 에러 제어 방식으로, 에러 검출 후 송신 측에 에러가 발생한 데이터 블록을 다시 재전송해 주도록 요청함으로써 에러를 정정한다. 또한, 송신 측에서 긍정 응답 신호가 도착하지 않으면 데이터를 수신 측으로 재전송한다.

02

정답 ①

전진 에러 수정(FEC)은 송신 측에서 정보 비트에 오류 정정을 위한 제어 비트를 추가하여 전송하면 수신 측에서 해당 비트를 사용하여 에러를 검출하고 수정하는 방식으로, 해밍 코드(Hamming Code)와 상승 코드 등의 알고리즘이 해당된다.

이론 더하기

오류(에러) 수정 방식

방식	특징
전진 에러 수정 (FEC)	• 에러 검출과 수정을 동시에 수행하는 에러 제어 기법이다. • 연속된 데이터 흐름이 가능하지만 정보 비트 외에 잉여 비트가 많이 필요하므로 널리 사용되지 않는다. • 역 채널을 사용하지 않으며, 오버헤드가 커서 시스템 효율을 저하시킨다. • 해밍 코드(Hamming Code)와 상승 코드 등의 알고리즘이 해당된다.
후진 에러 수정 (BEC)	• 송신 측에서 전송한 프레임 중 오류가 있는 프레임을 발견하면 오류가 있음을 알리고, 다시 재전송하는 방식으로 역 채널을 사용한다. • 자동 반복 요청(ARQ), 순환 잉여 검사(CRC) 등의 알고리즘이 해당된다.
자동 반복 요청 (ARQ)	• 통신 경로의 오류 발생 시 수신 측은 오류 발생을 송신 측에 통보하고, 송신 측은 오류가 발생한 프레임을 재전송하는 방식이다. • 전송 오류가 발생하지 않으면 쉬지 않고 송신이 가능하다. • 오류가 발생한 부분부터 재송신하므로 중복 전송의 위험이 있다.
정지 대기 (Stop-and-Wait) ARQ	• 송신 측에서 하나의 블록을 전송하면 수신 측에서 에러 발생을 점검한 후 에러 발생 유무 신호를 보내올 때까지 기다리는 가장 단순한 방식이다. • 수신 측의 에러 점검 후 제어 신호를 보내올 때까지 오버헤드(Overhead)의 부담이 크다. • 송신 측은 최대 프레임 크기의 버퍼를 1개만 가져도 되지만 송신 측이 ACK를 수신할 때까지 다음 프레임을 전송할 수 없으므로 전송 효율이 떨어진다.
연속적(Continuous) ARQ	정지 대기 ARQ의 오버헤드를 줄이기 위하여 연속적으로 데이터 블록을 전송하는 방식이다.
Go-Back-N ARQ	• 송신 측에서 데이터 프레임을 연속적으로 전송하다가 NAK(부정응답)를 수신하면 에러가 발생한 프레임을 포함하여 그 이후에 전송된 모든 데이터 프레임을 재전송하는 방식이다. • 송신 측은 데이터 프레임마다 일련번호를 붙여서 전송하고, 수신 측은 오류 검출 시 오류 발생 이후의 모든 블록을 재전송한다. • 중복전송의 위험이 있다.
선택적(Selective) ARQ	• 송신 측에서 블록을 연속적으로 보낸 후 에러가 발생한 블록만 다시 재전송하는 방식이다. • 원래 순서에 따라 배열하므로 그 사이에 도착한 모든 데이터 프레임을 저장할 수 있는 대용량의 버퍼와 복잡한 논리회로가 필요하다.
적응적(Adaptive) ARQ	• 전송 효율을 최대로 하기 위하여 프레임 블록 길이를 채널 상태에 따라 변경하는 방식이다. • 통신 회선의 품질이 좋지 않아 에러 발생율이 높을 경우는 프레임 길이를 짧게 하고, 에러 발생율이 낮을 경우는 프레임 길이를 길게 한다. • 전송 효율이 가장 높으나 제어 회로가 복잡하여 거의 사용되지 않는다.

PART 2

빈출키워드 5 트리

01 **다음 중 이진 트리 검색(Binary Tree Search)의 특징으로 옳지 않은 것은?**

① 데이터의 값에 따라 자리가 정해져, 자료의 탐색 · 삽입 · 삭제가 효율적이다.

② 데이터가 입력되는 순서에 따라 첫 번째 데이터가 근노드가 된다.

③ 데이터는 근노드와 비교하여 값이 작으면 우측으로 연결하고, 값이 크면 좌측으로 연결하여 이진 검색 트리로 구성한다.

④ 정렬이 완료된 데이터를 이진 검색 트리로 구성할 경우 사향 이진 트리가 되어 비교 횟수가 선형 검색과 동일해진다.

⑤ 중위 순회의 방향은 왼쪽 서브 트리 방문 → 노드 방문 → 오른쪽 서브 트리 방문 순이다.

02 **다음의 Infix로 표현된 수식을 Postfix 표기로 옳게 변환한 것은?**

A=(B−C) * D+E

① ABC−D * E+=

② =+ ABC−D * E

③ ABCDE+−= *

④ ABC−D * +E=

⑤ A+B−C=E *

01

정답 ③

이진 트리 검색의 특징

- 데이터의 값에 따라 자리가 정해져, 자료의 탐색 · 삽입 · 삭제가 효율적이다.
- 데이터가 입력되는 순서에 따라 첫 번째 데이터가 근노드가 된다.
- 다음 데이터는 근노드와 비교하여 값이 작으면 좌측으로 연결하고, 값이 크면 우측으로 연결하여 이진 검색 트리로 구성한다.
- 정렬이 완료된 데이터를 이진 검색 트리로 구성할 경우 사향 이진 트리가 되어 비교 횟수가 선형 검색과 동일해진다.

02

정답 ①

중위식을 후위식으로 변환하려면 순번에 따라 (대상, 연산자, 대상)을 (대상, 대상, 연산자)로 바꾸어 표현한다. 즉, 순번을 매기면서 괄호로 묶은 후 연산자를 오른쪽으로 보낸다.

A=[{(B−C) * D}+E] → A=[{(BC−) * D}+E] → A=[{(BC−)D * }+E] → A=[{(BC−)D * }E+] → A[{(BC−)D * }E+]=

괄호를 제거하면 ABC−D * E+=가 된다.

이론 더하기

트리(Tree)

① 1 : N 또는 1 : 1 대응 구조로 노드(Node, 정점)와 선분(Branch)으로 되어 있고, 정점 사이에 사이클이 형성되지 않으며, 자료 사이의 관계성이 계층 형식으로 나타나는 구조이다.

② 노드 사이의 연결 관계가 계급적인 구조로 뻗어나간 정점들이 다른 정점들과 연결되지 않는다(1 : N 또는 1 : 1 대응 구조라 함).

트리 운행법

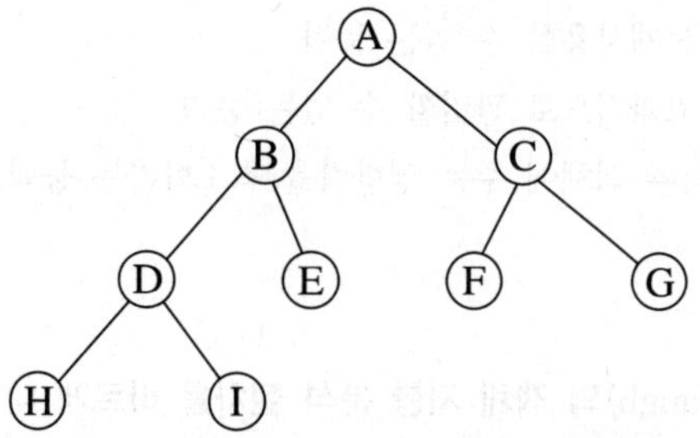

전위 운행, 중위 운행, 후위 운행의 기준은 근노드(Root Node)의 위치이다. 순서에서 근노드가 앞쪽이면 전위, 중간이면 중위, 뒤쪽이면 후위가 된다. 좌측과 우측의 순서는 전위든 중위든 후위든 상관없이 항상 좌측이 먼저이고 우측이 나중이다.

① 전위 운행(Preorder Traversal) : 근 → 좌측 → 우측(Root → Left → Right) 순서로 운행하는 방법으로 먼저 근노드를 운행하고 좌측 서브 트리를 운행한 후 우측 서브 트리를 운행한다. 따라서 순서대로 나열하면 A, B, D, H, I, E, C, F, G가 된다.

② 중위 운행(Inorder Traversal) : 좌측 → 근 → 우측(Left → Root → Right) 순서로 운행하는 방법으로 먼저 좌측 서브 트리를 운행한 후 근노드를 운행하고, 우측 서브 트리를 운행한다. 따라서 순서대로 나열하면 H, D, I, B, E, A, F, C, G가 된다.

③ 후위 운행(Postorder Traversal) : 좌측 → 우측 → 근(Left → Right → Root) 순서로 운행하는 방법으로 먼저 좌측 서브 트리를 운행한 후 우측 서브 트리를 운행하고, 마지막으로 근노드를 운행한다. 따라서 순서대로 나열하면 H, I, D, E, B, F, G, C, A가 된다.

수식의 표기법

① 전위식(Prefix) : 연산자(+, −, *, /)가 맨 앞에 놓인다(연산자 – 피연산자 – 피연산자). 예 +AB

② 중위식(Infix) : 연산자가 피연산자 중간에 놓인다(피연산자 – 연산자 – 피연산자). 예 A+B

③ 후위식(Postfix) : 연산자가 맨 뒤에 놓인다(피연산자 – 피연산자 – 연산자). 예 AB+

빈출키워드 6 객체 지향 소프트웨어

01 다음 객체 지향 기법에서 상속성(Inheritance)의 결과로서 얻을 수 있는 가장 중요한 이점은?

① 모듈 라이브러리의 재이용
② 객체 지향 DB를 사용할 수 있는 능력
③ 클래스와 오브젝트를 재사용할 수 있는 능력
④ 프로젝트들을 보다 효과적으로 관리할 수 있는 능력
⑤ 각 객체의 수정이 다른 객체에 주는 영향력을 최소화하는 능력

02 다음 중 럼바우(Rumbaugh)의 객체 지향 분석 절차를 바르게 나열한 것은?

① 객체 모델링 → 동적 모델링 → 기능 모델링
② 객체 모델링 → 기능 모델링 → 동적 모델링
③ 기능 모델링 → 동적 모델링 → 객체 모델링
④ 기능 모델링 → 객체 모델링 → 동적 모델링
⑤ 동적 모델링 → 객체 모델링 → 기능 모델링

01

정답 ③

상속성(Inheritance)은 상위 클래스의 메소드(연산)와 속성을 하위 클래스가 물려받는 것으로 클래스를 체계화할 수 있어 기존 클래스로부터 확장이 용이하며, 클래스와 오브젝트를 재사용할 수 있는 능력을 얻을 수 있다.

02

정답 ①

럼바우의 객체 지향 분석 절차는 객체 모델링 → 동적 모델링 → 기능 모델링 순이다.

객체 모델링 (Object Modeling)	• 객체, 속성, 연산 등의 식별 및 객체 간의 관계를 정의한다. • 객체도(객체 다이어그램) 작성
동적 모델링 (Dynamic Modeling)	• 객체들의 제어 흐름, 상호 반응, 연산 순서를 나타낸다. • 상태도 작성
기능 모델링 (Functional Modeling)	입·출력 결정 → 자료 흐름도 작성 → 기능의 내용 상세 기술 → 제약사항 결정 및 최소화

이론 더하기

객체 지향 분석의 개발 방법

객체 지향 분석 (OOA: Object Oriented Analysis)	• 모델링의 구성 요소인 클래스, 객체, 속성, 연산 등을 이용하여 문제를 모형화시키는 것이다. • 모형화 표기법 관계에서 객체의 분류, 속성의 상속, 메시지의 통신 등을 결합한다. • 객체를 클래스로부터 인스턴스화하거나 클래스를 식별하는 것이 주요 목적이다.
객체 지향 설계 (OOD: Object Oriented Design)	• 객체의 속성과 자료 구조를 표현하며, 개발 속도의 향상으로 대규모 프로젝트에 적합하다. • 시스템을 구성하는 개체, 속성, 연산을 통해 유지 보수가 용이하고, 재사용이 가능하다. • 시스템 설계는 성능 및 전략을 확정하고, 객체 설계는 자료 구조와 알고리즘을 상세화한다. • 객체는 순차적으로 또는 동시적으로 구현될 수 있다. • 서브 클래스와 메시지 특성을 세분화하여 세부 사항을 정제화한다.
객체 지향 프로그래밍 (OOP: Object Oriented Programming)	• 설계 모형을 특정 프로그램으로 번역하고, 객체 클래스 간에 상호 작용할 수 있다. • 객체 모델의 주요 요소에는 추상화, 캡슐화, 모듈화, 계층 등이 있다. • 객체 지향 프로그래밍 언어에는 Smalltalk, C++ 등이 있다. • 설계 시 자료 사이에 가해지는 프로세스를 묶어 정의하고, 관계를 규명한다.

코드(Coad)와 요든(Yourdon)의 객체 지향 분석
① 객체와 클래스 사이의 관계를 상속과 집단화의 관계로 표현한다.
② E-R 다이어그램으로 객체를 모형화하며, 소규모 시스템 개발에 적합하다.
③ 모델링 표기법과 분석 모형이 간단하며, 하향식 방법으로 설계에 접근한다.
④ 객체에 대한 속성 및 관계 정의와 시스템의 수행 역할을 분석한다.

럼바우(Rumbaugh)의 객체 지향 분석
① OMT(Object Modeling Technical)의 3가지(객체 → 동적 → 기능) 모형을 개발한다.
② 코드에 대한 연결성이 높기 때문에 중규모 프로젝트에 적합하다.
③ 분석 설계, 시스템 설계, 객체-수준 설계 등 객체 모형화 시 그래픽 표기법을 사용한다.
④ 문제 정의, 모형 제작, 실세계의 특성을 나타내며, 분석 단계를 상세하게 표현한다.

모델링	설명
객체(Object) 모델링	객체와 클래스 식별, 클래스 속성, 연산 표현, 객체 간의 관계 정의 등을 처리하며, 객체 다이어그램을 작성한다.
동적(Dynamic) 모델링	객체들의 제어 흐름, 상호 반응 연산 순서를 표시하며 상태도, 시나리오, 메시지 추적 다이어그램 등이 해당된다.
기능(Functional) 모델링	입출력을 결정한 후 자료 흐름도를 작성하고, 기능 내용을 기술하며, 입출력 데이터 정의, 기능 정의 등이 해당된다.

부치(Booch)의 객체 지향 분석
① 모든 설계가 이루어질 때까지 문제 정의, 비공식 전략 개발, 전략 공식화를 적용한다.
② 프로그램의 구성 요소는 명세 부분과 외부로부터 감추어진 사각 부분으로 표시한다.
③ 클래스와 객체를 구현한다.

야콥슨(Jacobson)의 객체 지향 분석
① Usecase 모형을 사용하여 시스템 사용자에 대한 전체 책임을 파악한다.
② Usecase 모형을 검토한 후 객체 분석 모형을 작성한다.

빈출키워드 7 화이트 박스 테스트 / 블랙 박스 테스트

01 **다음 중 화이트 박스(White Box) 검사에 대한 설명으로 옳지 않은 것은?**

① 프로그램의 제어 구조에 따라 선택, 반복 등의 부분들을 수행함으로써 논리적 경로를 제어한다.
② 모듈 안의 작동을 직접 관찰할 수 있다.
③ 소프트웨어 산물의 기능별로 적절한 정보 영역을 정하여 적합한 입력에 대한 출력의 정확성을 점검한다.
④ 원시 코드의 모든 문장을 한 번 이상 수행함으로써 수행된다.
⑤ 응용 프로그램의 내부 구조와 동작을 검사하는 소프트웨어 테스트이다.

02 **다음 중 블랙 박스 테스트를 이용하여 발견할 수 있는 오류가 아닌 것은?**

① 비정상적인 자료를 입력해도 오류 처리를 수행하지 않는 경우
② 정상적인 자료를 입력해도 요구된 기능이 제대로 수행되지 않는 경우
③ 반복 조건을 만족하는데도 루프 내의 문장이 수행되지 않는 경우
④ 경계값을 입력할 경우 요구된 출력 결과가 나오지 않는 경우
⑤ 입력 데이터 간의 관계가 출력에 미치는 영향을 그래프로 나타내지 못하는 경우

01

정답 ③

소프트웨어 산물의 기능별로 적절한 정보 영역을 정하여 적합한 입력에 대한 출력의 정확성을 점검하는 것은 블랙 박스(Black Box) 검사에 대한 설명이다.

02

정답 ③

③은 화이트 박스 테스트에 대한 내용이다. 화이트 박스 테스트는 프로그램 내부 구조의 타당성 여부를 시험하는 방식으로, 내부 구조를 해석해서 프로그램의 모든 처리 루틴에 대해 시험하는 기본 사항이다. 가끔 발생하는 조건도 고려해서 처리 루틴을 검증하기 위한 시험 데이터를 작성하여 시험을 실시할 필요가 있다.

이론 더하기

소프트웨어 검사(Test)

① 요구사항 분석, 설계, 구현 결과를 최종 점검하는 단계이다.
② 문제점을 찾는 데 목적을 두고, 해당 문제점을 어떻게 수정해야 하는지도 제시한다.

화이트 박스(White Box) 검사

① 소프트웨어 테스트에 사용되는 방식으로 모듈의 논리적 구조를 체계적으로 점검하며, 프로그램 구조에 의거하여 검사한다.
② 원시 프로그램을 하나씩 검사하는 방법으로 모듈 안의 작동 상태를 자세히 관찰할 수 있다.
③ 검사 대상의 가능 경로는 어느 정도 통과하는지의 적용 범위성을 측정 기준으로 한다.
④ 검증 기준(Coverage)을 바탕으로 원시 코드의 모든 문장을 한 번 이상 수행한다.
⑤ 프로그램의 제어 구조에 따라 선택, 반복 등을 수행함으로써 논리적 경로를 제어한다.
⑥ Nassi-Shneiderman 도표를 사용하여 검정 기준을 작성할 수 있다.
⑦ 화이트 박스 검사의 오류에는 세부적 오류, 논리 구조상의 오류, 반복문 오류, 수행 경로 오류 등이 있다.

화이트 박스 검사의 종류

검사 방법에는 기초 경로(Basic Path) 검사, 조건 기준(Condition Coverage) 검사, 구조(Structure) 검사, 루프(Roof) 검사, 논리 위주(Logic Driven) 검사, 데이터 흐름(Data Flow) 검사 등이 있다.

기초 경로 검사	원시 코드로 흐름 도표와 복잡도를 구하고, 검사 대상을 결정한 후 검사를 수행한다.
루프(반복문) 검사	• 루프를 벗어나는 값 대입 → 루프를 한 번 수행하는 값 대입 → 루프를 두 번 수행하는 값 대입의 과정을 통해 검사를 수행한다. • 검사 형태에는 단순 루프, 중첩 루프, 접합 루프가 있다.

블랙 박스(Black Box) 검사

① 소프트웨어 인터페이스에서 실시되는 검사로 설계된 모든 기능이 정상적으로 수행되는지 확인한다.
② 기초적 모델 관점과 데이터 또는 입출력 위주의 검사 방법이다.
③ 소프트웨어의 기능이 의도대로 작동하고 있는지, 입력은 적절하게 받아들였는지, 출력은 정확하게 생성되는지를 보여주는 데 사용된다.
④ 블랙 박스 검사의 오류에는 성능 오류, 부정확한 기능 오류, 인터페이스 오류, 자료 구조상의 오류, 초기화 오류, 종료 오류 등이 있다.

블랙 박스 검사의 종류

검사 방법에는 균등(동등) 분할(Equivalence Partitioning) 검사, 경계값(Boundary Value Analysis) 검사, 오류 예측(Error Guessing) 검사, 원인 – 결과 그래프(Cause-Effect Graph) 검사, 비교(Comparison) 검사 등이 있다.

균등(동등) 분할 검사	정상 자료와 오류 자료를 동일하게 입력하여 검사한다.
경계(한계) 값 검사	경계(한계)가 되는 값을 집중적으로 입력하여 검사한다.
오류 예측 검사	오류가 수행될 값을 입력하여 검사한다.
원인 – 결과 그래프 검사	테스트 케이스를 작성하고, 검사 경우를 입력하여 검사한다(원인과 결과를 결정하여 그래프를 작성).

빈출키워드 8 코딩 결괏값 찾기

다음은 숫자를 처리하는 C언어 프로그램이다. 프로그램에서 ㉠과 ㉡에 들어갈 내용과 3 2 1 4를 입력하였을 때의 출력결과를 바르게 짝지은 것은?(단, 다음 프로그램에 문법적 오류는 없다고 가정한다)

```
#include <stdio.h>
#include <stdlib.h>

void a (int n, int *num) {
   for (int i=0; i<n; i++)
     scanf("%d", &(num[i]));
}
void c(int *a, int *b) {
   int t;
   t=*a; *a=*b; *b=t;
}
void b(int n, int *lt) {
   int a, b;
   for (a=0; a<n-1; a++)
      for (b=a+1; b<n; b++)
         if (lt[a]>lt[b]) c ( ㉠ , ㉡ ) ;
}
int main() {
   int n;
   int *num;
   printf("How many numbers?");
   scanf("%d", &n);
   num=(int *)malloc(sizeof(int) *n);
   a(n, num);
   b(n, num);
   for (int i=0; i<n; i++)
      printf("%d ", num[i]);
}
```

	㉠	㉡	출력 결과
①	lt+a	lt+b	1 2 3 4
②	lt+a	lt+b	1 2 4
③	lt[a]	lt[b]	4 3 2 1
④	lt[a]	lt[b]	4 2 1
⑤	lt[a]	lt+b	4 2 1

정답 ②

실행과정은 다음과 같다.

- main() 함수 : scanf("%d", &n); 키보드로 3 입력받음(문제에서 제시) n=3

  num=(int*)malloc(sizeof(int) * n); num

[0]	[1]	[2]

  a(n,num) 함수 호출 a(3,num)

  배열이름이자 시작주소

- void a (int n, int *num) {

  for (int i=0; i<n; i++) 0부터 2까지 1씩 증가

  scanf("%d", &(num[i])); 키보드 2, 1, 4 입력받아 num 배열에 저장

  } num

2	1	4
[0]	[1]	[2]

- main() 함수 : b(n,num) 함수 호출 b(3,num)
- void b(int n, int .lt) {

  int a, b;

  for (a=0; a<n-1; a++) 0부터 2까지 1씩 증가

  for (b=a+1; b<n; b++) 1부터 2까지 1씩 증가

  if (lt[a]>lt[b]) c (lt+a , lt+b) ;

비교 : > 오름차순을 의미, 크면 c 함수 호출

2	1	4
lt[0]	lt[1]	lt[2]
lt+0	lt+1	lt+2

- void c(int *a, int *b) {

  int t;

  t=*a; *a=*b; *b=t; a와 b 교환(실제 정렬이 되는 부분)

  }
- main() 함수 : 배열에 있는 값 출력하고 종료(오름차순이므로 1 2 4 출력)

이론 더하기

코딩 결괏값 찾기의 경우 C언어부터 자바, 파이썬까지 여러 가지 언어가 출제되고 있다. 때문에 손코딩하기, 코딩 결괏값 찾기에 관한 다양한 문제를 풀어보고, 각 언어마다 기본적인 명령어는 정리해 두어야 한다.

빈출키워드 9 SQL

회원(회원번호, 이름, 나이, 주소) 테이블에서 주소가 '인천'인 회원의 이름, 나이 필드만 검색하되 나이가 많은 순으로 검색하는 질의문으로 옳은 것은?

① SELECT 이름, 나이 FROM 회원 ORDER BY 나이 WHERE 주소='인천'

② SELECT 이름, 나이 FROM 회원 WHERE 주소='인천' ORDER BY 나이 ASC

③ SELECT 이름, 나이 FROM 회원 WHERE 주소='인천' ORDER BY 나이 DESC

④ SELECT 이름, 나이 FROM 회원 ORDER BY 나이 DESC WHERE 주소='인천'

⑤ SELECT 이름 FROM 회원 ORDER BY 나이 DESC 주소='인천'

정답 ③

- SELECT 이름, 나이 : 이름과 나이를 검색한다.
- FROM 회원 : 회원 테이블에서 검색한다.
- WHERE 주소='인천' : 주소가 인천인 레코드를 검색한다.
- ORDER BY 나이 DESC : 나이가 많은 순으로 검색한다.

이론 더하기

DDL(데이터 정의어)

스키마, 도메인, 테이블, 뷰, 인덱스를 정의하거나 변경 또는 삭제할 때 사용하는 언어이다.

① CREATE문 : 새로운 테이블을 만들며 스키마, 도메인, 테이블, 뷰, 인덱스를 정의할 때 사용한다.

CREATE TABLE STUDENT ~; (STUDENT명의 테이블 생성)

② ALTER문 : 기존 테이블에 대해 새로운 열의 첨가, 값의 변경, 기존 열의 삭제 등에 사용한다.

ALTER TABLE STUDENT ADD ~; (STUDENT명의 테이블에 속성 추가)

③ DROP문 : 스키마, 도메인, 테이블, 뷰, 인덱스의 전체 제거 시 사용한다.

DROP TABLE STUDENT [CASCADE / RESTRICTED]; (STUDENT명의 테이블 제거)

DML(데이터 조작어)

데이터베이스 사용자가 응용 프로그램이나 질의어를 통하여 저장된 데이터를 처리하는 데 사용하는 언어이다.

① 검색(SELECT)문

SELECT [DISTINCT] 속성 LIST(검색 대상) FROM 테이블명 [WHERE 조건식]
[GROUP BY 열_이름 [HAVING 조건]] [ORDER BY 열_이름 [ASC or DESC]];

SELECT	질문의 결과에 원하는 속성을 열거하거나 테이블을 구성하는 튜플(행) 중에서 전체 또는 조건을 만족하는 튜플(행)을 검색한다(ALL이 있는 경우 모든 속성을 출력하므로 주로 생략하거나 * 로 표시).
FROM	검색 데이터를 포함하는 테이블명을 2개 이상 지정할 수 있다.
WHERE	조건을 설정할 때 사용하며, 다양한 검색 조건을 활용한다(SUM, AVG, COUNT, MAX, MIN 등의 함수와 사용 불가능).
DISTINCT	중복 레코드를 제거한다(DISTINCTROW 함수는 튜플 전체를 대상으로 함).
HAVING	• 추가 검색 조건을 지정하거나 행 그룹을 선택한다. • GROUP BY절을 사용할 때 반드시 기술한다(SUM, AVG, COUNT, MAX, MIN 등의 함수와 사용 가능).
GROUP BY	그룹 단위로 함수를 이용하여 평균, 합계 등을 구하며, 집단 함수 또는 HAVING절과 함께 기술한다(필드명을 입력하지 않으면 오류 발생).
ORDER BY	검색 테이블을 ASC(오름차순, 생략 가능), DESC(내림차순)으로 정렬하며, SELECT문의 마지막에 위치한다.

② 삽입(INSERT)문 : 기존 테이블에 행을 삽입하는 경우로 필드명을 사용하지 않으면 모든 필드가 입력된 것으로 간주한다.

INSERT INTO 테이블[(열_이름...)] → 하나의 튜플을 테이블에 삽입
VALUES(열 값_리스트); → 여러 개의 튜플을 테이블에 한번에 삽입

③ 갱신(UPDATE)문 : 기존 레코드의 열 값을 갱신할 경우 사용하며, 연산자를 이용하여 빠르게 레코드를 수정한다.

UPDATE 테이블 SET 열_이름=식 [WHERE 조건];

④ 삭제(DELETE)문 : 테이블의 행을 하나만 삭제하거나 조건을 만족하는 튜플을 테이블에서 삭제할 때 사용한다.

DELETE FROM 테이블 [WHERE 조건];

DCL(데이터 제어어)

① GRANT문 : 유저, 그룹 혹은 모든 사용자들에게 조작할 수 있는 사용 권한을 부여한다.

GRANT 권한 ON 개체 TO 사용자 (WITH GRANT OPTION);

② REVOKE문 : 유저, 그룹 혹은 모든 유저들로부터 주어진 사용 권한을 해제한다.

REVOKE 권한 ON 개체 FROM 사용자 (CASCADE);

③ CASCADE문 : Main Table의 데이터를 삭제할 때 각 외래 키에 부합되는 모든 데이터를 삭제한다(연쇄 삭제, 모든 권한 해제).

④ RESTRICTED문 : 외래 키에 의해 참조되는 값은 Main Table에서 삭제할 수 없다(FROM절에서 사용자의 권한만을 해제).

03 IT 상식 기출응용문제

정답 및 해설 p.050

01 다음에서 설명하고 있는 것은 무엇인가?

> 결재자의 다양한 정보를 수집해 패턴을 만든 후 패턴과 다른 이상 결제를 잡아내고 결제 경로를 차단하는 보안 방식이다. 보안 솔루션에 의존하고 있던 기존 보안 방식과는 달리 빅데이터를 바탕으로 적극적으로 보안에 대해서 개입하는 것이 특징이다.

① AML
② FDS
③ DID
④ NFC
⑤ OTP

02 다음 중 증강현실에 대한 설명으로 옳지 않은 것은?

① 실제 환경은 볼 수 없다.
② 가상현실에 비해 현실감이 뛰어나다.
③ 현실세계에 3차원 가상물체를 겹쳐 보여준다.
④ 스마트폰의 활성화와 함께 주목받기 시작했다.
⑤ 위치기반 서비스, 모바일 게임 등으로 활용 범위가 확장되고 있다.

03 다음에서 설명하는 처리기는 무엇인가?

> • 주프로세서는 입출력과 연산 작업을 수행한다.
> • 종프로세서는 입출력 발생 시 주프로세서에게 서비스를 요청한다.

① Master / Slave 처리기
② 분리 수행 처리기
③ 대칭적 처리기
④ 다중 처리기
⑤ 신호 처리기

04 **다음 중 교착상태의 해결 방법 중 회피(Avoidance) 기법과 가장 밀접한 관계가 있는 것은?**

① 점유 및 대기 방지
② 비선점 방지
③ 환형 대기 방지
④ 은행원 알고리즘 사용
⑤ 상호배제 방지

05 **다음 인터럽트 체제의 동작 순서를 바르게 나열한 것은?**

> ㉠ 현재 수행 중인 명령을 완료하고, 상태를 기억
> ㉡ 인터럽트 요청 신호 발생
> ㉢ 보존한 프로그램 상태로 복귀
> ㉣ 인터럽트 취급 루틴을 수행
> ㉤ 어느 장치가 인터럽트를 요청했는지 판별

① ㉡ → ㉠ → ㉣ → ㉤ → ㉢
② ㉡ → ㉠ → ㉤ → ㉣ → ㉢
③ ㉡ → ㉣ → ㉠ → ㉢ → ㉤
④ ㉡ → ㉣ → ㉠ → ㉤ → ㉢
⑤ ㉡ → ㉤ → ㉠ → ㉣ → ㉢

06 **다음 중 개체 관계(Entity Relationship) 모델링에 대한 설명으로 옳지 않은 것은?**

① 기본적으로 개체 타입(Entity Type)과 이들 간의 관계 타입(Relationship Type)을 이용해서 현실 세계를 개념적으로 표현하는 방법이다.
② 개체와 개체 간의 관계를 기본 요소로 하여 현실 세계를 개념적인 논리 데이터로 표현하는 방법이다.
③ E－R 다이어그램의 개체 타입은 사각형, 관계 타입은 다이아몬드, 속성은 타원, 그리고 이들을 연결하는 링크로 구성된다.
④ 개체(Entity)는 가상의 객체나 개념을 의미하고, 속성(Attribute)은 개체를 묘사하는 특성을 의미한다.
⑤ 1976년 Peter Chen에 의해 제안되고, 기본적인 구성요소가 정립되었다.

Hard

07 다음 〈보기〉에서 기억 장치 분할 방법 중 하나인 페이징(Paging) 기법에 대한 설명으로 옳은 것을 모두 고르면?

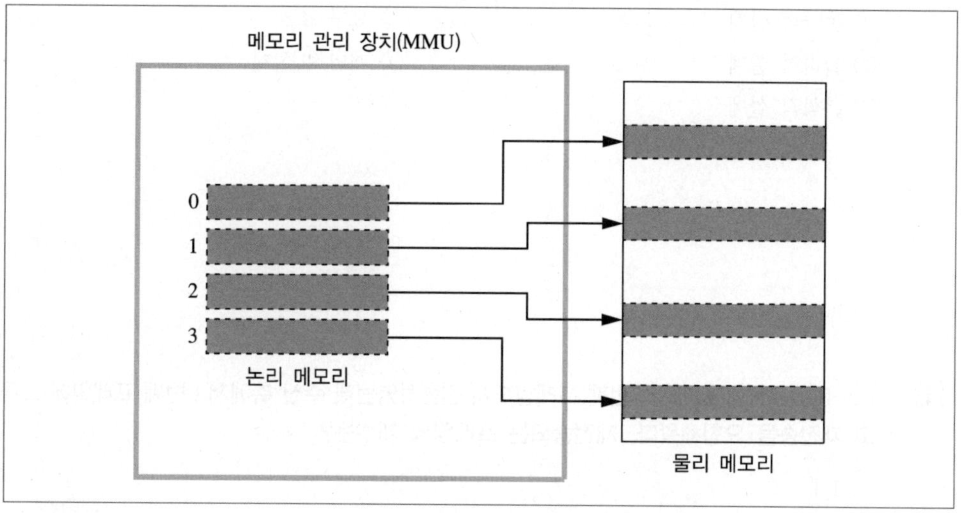

보기

㉠ 페이징 기법에서는 주소 변환을 위한 페이지 맵 테이블이 필요하다.
㉡ 프로그램을 일정한 크기로 나눈 단위를 페이지라고 한다.
㉢ 페이지 크기가 작을수록 페이지 테이블 크기가 커진다.
㉣ 페이징 기법에서 내부 단편화는 발생하지 않으나 외부 단편화는 발생할 수 있다.

① ㉠, ㉡
② ㉡, ㉢
③ ㉠, ㉡, ㉢
④ ㉠, ㉢, ㉣
⑤ ㉡, ㉢, ㉣

08 다음 중 소프트웨어 개발 모형인 폭포수 모형(Waterfall Model)의 특징으로 옳지 않은 것은?

① 보헴(Boehm)이 제안하였다.
② 고전적 생명주기 모형이라고도 한다.
③ 각 단계를 확실히 매듭짓고 넘어간다.
④ 전통적인 소프트웨어 생명주기 모형이다.
⑤ 각 단계가 끝난 후에는 다음 단계를 수행하기 위한 결과물이 명확하게 산출되어야 한다.

Easy

09 데이터베이스 설계 단계 중 저장 레코드 양식 설계, 레코드 집중의 분석 및 설계, 접근 경로 설계와 관계되는 것은?

① 논리적 설계
② 요구 조건 분석
③ 물리적 설계
④ 개념적 설계
⑤ 분석적 설계

10 Go-Back-N ARQ에서 7번째 프레임까지 전송하였는데 수신 측에서 6번째 프레임에 오류가 있다고 재전송을 요청해왔다. 재전송되는 프레임의 개수는?

① 1개
② 2개
③ 3개
④ 4개
⑤ 5개

11 다음 중 보(baud)의 속도가 2,400보이고, 디비트(Dibit)를 사용하면 전송 속도는 얼마인가?

① 2,400bps
② 4,800bps
③ 7,200bps
④ 8,400bps
⑤ 9,600bps

12 다음 중 버스형 토폴로지(Bus Topology)에 대한 설명으로 옳지 않은 것은?

① 가장 간단한 형태로 모든 네트워크 노드가 같은 선으로 연결되어 있다.
② 각 노드는 고유한 노드를 나타내는 할당 주소를 표시한다.
③ 설치가 용이하여 LAN의 대부분이 버스형 구조를 갖는다.
④ 하나의 전송 매체를 모든 참여자가 공유하는 형식이다.
⑤ 양방향 통신이 가능하지만, 신뢰성과 확장성이 어렵다.

13 다음 〈보기〉에서 맵리듀스(Map Reduce)에 대한 설명으로 옳은 것을 모두 고르면?

> **보기**
>
> ㉠ 막대한 양의 데이터의 병행 처리를 위해 고안된 소프트웨어이다.
> ㉡ 막대한 양의 데이터를 합쳐 처리한 후 나누는 방식으로 진행된다.
> ㉢ 복잡하여 사용이 불편하나, 확장이 쉬워 데이터 분석에 용이하다는 장점이 있다.
> ㉣ 독립적으로 저장할 수 있어, 데이터 복사 시 변형가능성이 낮다.

① ㉠, ㉡
② ㉠, ㉢
③ ㉠, ㉣
④ ㉡, ㉢
⑤ ㉡, ㉣

14 Linear Search의 평균 검색 횟수는?

① $(n-1)$회
② $\frac{n+1}{2}$회
③ n회
④ $\frac{n}{2}$회
⑤ $2n$회

15 다음 설명에 해당하는 디스크 스케줄링 기법은?

> 입출력 헤드가 디스크의 양쪽 끝을 왕복하면서 동작시키지만 움직이고 있는 방향 쪽으로 더 이상의 트랙 요청이 있는가를 검사하여 그 방향으로 더 이상의 트랙 요청이 없으면 그 쪽 끝까지 가지 않고, 그 자리에서 방향을 바꾸어 다른 한쪽으로 움직여 나가게 된다.

① SLTF
② Eschenbach
③ LOOK
④ SSTF
⑤ SCAN

16 **다음 중 RISC의 특징으로 옳지 않은 것은?**

① 상대적으로 적은 수의 명령어군을 가졌다.
② 프로세서(하드웨어)의 복잡도를 초점으로 둔다.
③ 하드웨어에 의해 수행되는 명령어들의 복잡도를 줄이는 것을 목표로 한다.
④ 매우 빠른 속도로 한 클럭 안에 실행될 간결하면서도 강한 명령어를 가지고 있는 아키텍쳐이다.
⑤ Reduced Instruction Set Computer의 줄임말로, 보통은 '축소 명령어 집합 컴퓨터'라고 부른다.

17 **다음은 네트워크 토폴로지(topology)에 대한 설명이다. 빈칸 ㉠~㉢에 들어갈 용어가 바르게 연결된 것은?**

- FDDI는 광케이블로 구성되며 ___㉠___ 토폴로지를 사용한다.
- 허브 장비가 필요한 ___㉡___ 토폴로지는 네트워크 관리가 용이하다.
- 터미네이터가 필요한 ___㉢___ 토폴로지는 전송회선이 단절되면 전체 네트워크가 중단된다.

	㉠	㉡	㉢
①	링형	버스형	트리형
②	링형	트리형	버스형
③	버스형	링형	트리형
④	버스형	트리형	링형
⑤	트리형	링형	버스형

18 다음은 1부터 20까지의 정수 중에서 2의 배수를 제외하고 출력하는 예제이다. for문의 print( ) 함수 부분을 건너뛰고 출력되게 하려고 할 때, 빈칸 ㉠에 들어갈 명령어로 옳은 것은?

```
#include <stdio.h>
int main()
{
        int i;
        int num=2;
        for (i=1; i<=20; i++)

        {
                if (i% num==0)
                {
                   ______㉠______
                }
                printf("%d ", i);
        }
}
```

① for

② continue;

③ break;

④ goto;

⑤ skip;

Hard

19 다음 Java 프로그램의 실행결과로 옳은 것은?

```
public class TestException {
        public static void main(String[ ] args) {
                try {
                        method1();
                        System.out.println(6);
                } catch (Exception e) {
                        System.out.println(7);
                }
        }

        static void method1() throws Exception {
                try {
                    method2();
                } catch (NullPointerException e) {
                        System.out.println(2);
                        throw e;
                } catch (RuntimeException e) {
                        System.out.println(3);
                        throw e;
                } catch (Exception e) {
                        System.out.println(4);
                }
                System.out.println(5);
        }

        static void method2() {
                throw new RuntimeException();
        }
}
```

① 2, 6
② 2, 6, 7
③ 3, 7
④ 3, 4, 7
⑤ 2, 3, 7

20 C언어로 작성된 프로그램의 실행 결과로 옳은 것은?

```
#include <stdio.h>

double h(double *f, int d, double x){
       int i;
       double res=0.0;
              for (i=d-1; i>=0; i--){
          res=res * x+f[i];
       }
       return res;
}

int main() {
     double f[]={1, 2, 3, 4};
     printf("%3.1f\n", h(f, 4, 2));
     return 0;
}
```

① 11.0
② 26.0
③ 49.0
④ 112.0
⑤ 124.0

진실은 반드시 따르는 자가 있고, 정의는 반드시 이루는 날이 있다.

– 안창호 –

PART 3

최종점검 모의고사

NH농협은행 5급 필기전형				
영역	문항 수	제한시간	비고	
직무능력평가	60문항	85분	공통(전체)	의사소통능력, 문제해결능력, 자원관리능력, 수리능력, 정보능력 등
			일반, 카드, 글로벌	조직이해능력
			IT	기술능력

※ 문항 수 및 시험시간은 2024년 채용공고문을 참고하여 구성하였습니다.

※ 일반, 카드, 글로벌 분야는 공통 영역에 이어 조직이해능력을, IT 분야는 공통 영역에 이어 기술능력을 풀이해 주시기 바랍니다.

모바일 OMR

제 1 회 최종점검 모의고사

응시시간 : 85분 문항 수 : 60문항

정답 및 해설 p.054

01 공통(전체)

01 다음 글의 주제로 가장 적절한 것은?

> 그리스 철학의 집대성자라고도 불리는 철학자 아리스토텔레스는 자연의 모든 물체는 '자연의 사다리'에 의해 계급화되어 있다고 생각했다. 자연의 사다리는 아래서부터 무생물, 식물, 동물, 인간, 그리고 신인데, 이러한 계급에 맞춰 각각에 일정한 기준을 부여했다. 18세기 유럽 철학계와 과학계에서는 이러한 자연의 사다리 사상이 크게 유행을 했으며 사다리의 상층인 신과 인간에게는 높은 이성과 가치가 있고, 그 아래인 동물과 식물에게는 인간보다 낮은 가치가 있다고 보기 시작했다. 이처럼 서양의 자연관은 인간과 자연을 동일시하던 고대에서 벗어나 인간만이 영혼이 있으며, 이에 따라 인간만이 자연을 지배할 수 있다고 믿는 기독교 중심의 중세시대를 지나, 여러 철학자들을 거쳐 점차 인간이 자연보다 우월한 자연지배관으로 모습이 바뀌기 시작했다. 이러한 자연관을 토대로 서양에서는 자연스럽게 산업혁명 등을 통한 대량소비와 대량생산의 경제성장구조와 가치체계가 발전되어 왔다.
> 동양의 자연관 역시 동양철학과 불교 등의 이념과 함께 고대에서 중세세대를 지나게 되었다. 하지만 서양의 인간중심 철학과 달리 동양철학과 불교에서는 자연과 인간을 동일 선상에 놓거나 둘의 조화를 중요시하여 합일론을 주장했다. 이들의 사상은 노자와 장자의 무위자연의 도, 불교의 윤회사상 등에서 살펴볼 수 있다. 대량소비와 대량생산으로 대표되는 자본주의의 한계와 함께 지구온난화, 자원고갈, 생태계 파괴가 대두되는 요즘, 동양의 자연관이 주목받고 있다.

① 서양철학에서 나타나는 부작용
② 자연의 사다리와 산업혁명
③ 철학과 지구온난화의 상관관계
④ 서양의 자연관과 동양의 자연관의 차이
⑤ 서양철학의 문제점과 동양철학을 통한 해결법

02 다음 글의 내용으로 적절하지 않은 것은?

> 연방준비제도(이하 연준)가 고용 증대에 주안점을 둔 정책을 입안한다 해도, 정책이 분배에 미치는 영향을 고려하지 않는다면 그 정책은 거품과 불평등만 부풀릴 것이다. 기술 산업의 거품 붕괴로 인한 경기 침체에 대응하여 2000년대 초에 연준이 시행한 저금리 정책이 이를 잘 보여준다.
> 특정한 상황에서는 금리 변동이 투자와 소비의 변화를 통해 경기와 고용에 영향을 줄 수 있다. 하지만 다른 수단이 훨씬 더 효과적인 상황도 많다. 가령 부동산 거품에 대한 대응책으로는 금리 인상보다 주택 담보 대출에 대한 규제가 더 합리적이다. 생산적 투자를 위축시키지 않으면서 부동산 거품을 가라앉힐 수 있기 때문이다.
> 경기 침체기라 하더라도, 금리 인하는 은행의 비용을 줄여주는 것 말고는 경기 회복에 별다른 도움이 되지 않을 수 있다. 대부분의 부문에서 설비 가동률이 낮은 상황이라면, 대출 금리가 낮아져도 생산적인 투자가 별로 증대하지 않는다. 2000년대 초가 바로 그런 상황이었기 때문에, 당시의 저금리 정책은 생산적인 투자 증가 대신에 주택 시장의 거품만 초래한 것이다.
> 금리 인하는 국공채에 투자했던 퇴직자들의 소득을 감소시켰다. 노년층에서 정부로, 정부에서 금융업으로 부의 대규모 이동이 이루어져 불평등이 심화되었다. 이에 따라 금리 인하는 다양한 경로로 소비를 위축시켰다. 은퇴 후의 소득을 확보하기 위해, 혹은 자녀의 학자금을 확보하기 위해 사람들은 저축을 늘렸다. 연준은 금리 인하가 주가 상승으로 이어질 것이므로 소비가 늘어날 것이라고 주장했다. 하지만 2000년대 초 연준의 금리 인하 이후 주가 상승에 따라 발생한 이득은 대체로 부유층에 집중되었으므로 대대적인 소비 증가로 이어지지 않았다.
> 2000년대 초 고용 증대를 기대하고 시행한 연준의 저금리 정책은 노동을 자본으로 대체하는 투자를 증대시켰다. 인위적인 저금리로 자본 비용이 낮아지자 이런 기회를 이용하려는 유인이 생겨났다. 노동력이 풍부한 상황인데도 노동을 절약하는 방향의 혁신이 강화되었고, 미숙련 노동자들의 실업률이 높은 상황인데도 가게들은 계산원을 해고하고 자동화 기계를 들여놓았다. 경기가 회복되더라도 실업률이 떨어지지 않는 구조가 만들어진 것이다.

① 2000년대 초 연준의 금리 인하로 국공채에 투자한 퇴직자의 소득이 줄어들어 금융업으로부터 정부로 부가 이동하였다.
② 2000년대 초 연준은 고용 증대를 기대하고 금리를 인하했지만, 결과적으로 고용 증대가 더 어려워지도록 만들었다.
③ 2000년대 초 기술 산업 거품의 붕괴로 인한 경기 침체기에 설비 가동률은 대부분의 부문에서 낮은 상태였다.
④ 2000년대 초 연준이 금리 인하 정책을 시행한 후 주택 가격과 주식 가격은 상승하였다.
⑤ 금리 인상은 부동산 거품 대응 정책 가운데 가장 효과적인 정책이 아닐 수 있다.

03 다음 글의 빈칸에 들어갈 내용으로 가장 적절한 것은?

> 우리는 도시의 세계에 살고 있다. 2010년에 인류 역사상 처음으로 세계 전체에서 도시 인구수가 농촌 인구수를 넘어섰다. 이제 우리는 도시가 없는 세계를 상상하기 힘들며, 세계 최초의 도시들을 탄생시킨 근본적인 변화가 무엇이었는지를 상상하는 것도 쉽지 않다.
> 인류는 약 1만 년 전부터 5천 년 전까지 도시가 아닌 작은 농촌 마을에서 살았다. 이 시기 농촌 마을의 인구는 대부분 약 2천 명 정도였다. 약 5천 년 전부터 이라크 남부, 이집트, 파키스탄, 인도 북서부에서 1만 명 정도의 사람이 모여 사는 도시가 출현하였다. 이런 세계 최초의 도시들을 탄생시킨 원인은 무엇인가? 이 질문에 대해서 몇몇 사람들은 약 1만 년 전부터 5천 년 전 사이에 일어난 농업의 발전에 의해서 농촌의 인구가 점차적으로 증가해 도시가 되었다고 말한다. 과연 농촌의 인구는 점차적으로 증가했는가? 고고학적 연구는 그렇지 않다고 말해주는 듯하다. 농업 기술의 발전에 의해서 마을이 점차적으로 거대해졌다면, 거주 인구가 2천 명과 1만 명 사이인 마을들이 빈번하게 발견되어야 한다. 그러나 2천 명이 넘는 인구를 수용한 마을은 거의 발견되지 않았다. 이 점은 약 5천 년 전 즈음 마을의 거주 인구가 비약적으로 증가했다는 것을 보여준다.
> 무엇 때문에 이런 거주 인구의 비약적인 변화가 가능했는가? 이 질문에 대한 답은 사회적 제도의 발명에서 찾을 수 있다. ______________________ 따라서 거주 인구가 비약적으로 증가하기 위해서는 사람들을 조직하고, 이웃들 간의 분쟁을 해소하는 것과 같은 문제들을 해결하는 사회적 제도의 발명이 필수적이다. 이런 이유에서 도시의 발생은 사회적 제도의 발명에 영향을 받았다고 생각할 수 있다. 그리고 이런 사회적 제도의 출현은 이후 인류 역사의 모습을 형성하는 데 결정적인 역할을 한 사건이었다.

① 거주 인구가 2천 명이 넘지 않는 마을은 도시라고 할 수 없다.

② 농업 기술의 발전에 의해서 마을이 점차적으로 거대화되었다면, 약 1만 년 전 농촌 마을의 거주 인구는 2천 명 정도여야 한다.

③ 행정조직, 정치제도, 계급과 같은 사회적 제도 없이 사람들이 함께 모여 살 수 있는 인구 규모의 최대치는 2천 명 정도밖에 되지 않는다.

④ 2천 명 정도의 인구가 사는 농촌 마을도 행정조직과 같은 사회적 제도를 가지고 있었다.

⑤ 도시인의 삶이 정치제도, 계급과 같은 사회적 제도에 의해 제한되었다는 사실은 수많은 역사적 자료에 의해 검증된다.

04 **다음 글을 읽고 스마트폰과 가속도 센서에 대한 설명으로 적절하지 않은 것은?**

> 스마트폰을 기울여 가며 장애물을 피하는 게임을 해 본 사람은 '스마트폰의 움직임이 어떻게 화면에 반영될 수 있을까?' 하는 의문을 가져 보았을 것이다. 가속도 센서는 이러한 동작 인식에 사용되는 센서 중 하나로 단위시간당 속도 변화를 검출하여 물체의 움직임을 인식하는 장치이다.
> 가속도 센서가 3차원 공간에서의 움직임을 인식하기 위해서는 x, y, z 세 축 방향에서 가속도를 감지할 수 있어야 한다. 이에 착안한 것이 3축 가속도 센서이다. 스마트폰 기기의 가로 방향을 x축, 세로 방향을 y축, 앞면과 뒷면 방향을 z축으로 하는 3축 가속도 센서의 값은 $\langle ax, ay, az \rangle$와 같이 방향성을 가진 세 요소로 구성된다.
> 물체는 항상 중력의 영향을 받기 때문에, 가속도 센서로 물체가 움직인 궤적을 파악하려면 중력으로 인한 가속도와 그 외의 힘으로 인한 가속도를 함께 고려하는 복잡한 과정이 요구된다. 그러나 물체가 정지된 상태에서는 중력가속도만 고려하면 되기 때문에, 물체가 정지된 경우를 살펴보는 것이 3축 가속도 센서 작동의 기본 원리를 이해하는 데 용이하다.
> 예를 들어, 3축 가속도 센서가 장착된 스마트폰을 지면과 수평인 책상 위에 화면이 위로 가도록 평평하게 놓으면 정지된 상태에서도 중력가속도가 감지되므로 z축의 가속도 센서 값 az는 9.8이 된다. x축과 y축은 중력가속도 방향과 이루는 각이 90°가 되어, x축과 y축의 가속도 센서 값은 0이 된다. 이 상태에서 스마트폰의 기울기를 변화시킨 후 정지된 상태로 두면, z축이 아닌 다른 축의 가속도 센서도 중력가속도를 감지하게 된다. 물론 이 경우에도 중력가속도 방향과 이루는 각이 90°인 축이 있다면 그 축의 가속도 센서 값은 0이 된다.

① 스마트폰은 가속도 센서를 통해서 3차원으로 이루어지는 동작을 인식한다.
② 가속도 센서의 기본 원리는 속도 변화를 통해서 움직임을 감지하는 것이다.
③ 3차원 공간에서의 움직임을 인식하기 위해서는 세 개의 축이 필요하다.
④ 물체가 움직일 때는 중력으로 인한 가속도는 받지 않으므로 가속도 센서는 그 외 힘으로 인한 가속도만 계산하면 된다.
⑤ 스마트폰을 화면이 위로 가게 두고, 지면과 평행하다가 기울이게 되면 x축과 y축의 값에 변화가 생긴다.

PART 3

05 다음 기사를 읽고 전선업계를 비판한 내용으로 가장 적절한 것은?

> 국내 전선산업은 구릿값 변동에 밀접하게 맞물려 성장과 침체를 거듭해 왔다. 케이블 원가의 60% 이상을 전기동이 차지하고, 회사의 매출·이익과 연관되다 보니 전선업계는 구리 관련 이슈에 매번 민감한 반응을 보일 수밖에 없는 상황이다. 특히 2017년은 전선업계에 그 어느 때보다도 구리 관련 이슈가 많았던 해로 기억될 전망이다. 계속해서 하향곡선을 그리던 국제 구리 시세가 5년 만에 오름세로 반전, 전선 산업에 직간접적으로 영향을 주기 시작했고, 한국전력공사가 지중배전케이블의 구리 – 알루미늄 도체 성능 비교에 나서는 등 크고 작은 사건들이 일어났기 때문이다.
> 전선업계는 지난해 말, 수년간 약세를 보였던 구릿값이 강세로 돌아서자 기대감 섞인 시선을 보냈다. 수년 전의 경험을 바탕으로, 전선업계가 직면해있던 만성적인 수급 불균형과 경기침체로 인한 위기를 조금이나마 해소할 계기가 될 것이라는 장밋빛 전망이 나왔던 것이다. 2009년부터 2011년까지 구리가 전선업계의 역사적 호황을 이끌었던 사례가 있다. 2008년 톤당 2,700달러대였던 구릿값은 2011년 1만 달러를 돌파하며 끝없이 치솟았고, 전선업체들의 성장을 이끌었다.
> 그 이전만 해도 경제위기와 공급과잉 등으로 어려움을 겪었던 전선업계는 구릿값 상승 기류를 타고 분위기를 반전시켰다. 그러나 막상 지난해 11월 이후 상승세를 이어가고 있는 구리 시세가 시장에 적용되기 시작한 2017년에 들어서자, 이 같은 업계 기대감은 산산조각 났다. 오히려 빠르게 치솟는 구릿값을 시장가격이 따라잡지 못하면서, 기업의 수익성에 부정적 영향을 미치는 등 부작용이 이어지고 있기 때문이다. 지난해 11월 1일 4,862.5달러였던 구리시세가 올해 10월 27일 7,073.50달러까지 45.5%가량 오르면서, 전선업체들의 매출도 대부분 올랐다. 반면 영업이익은 전년과 비슷한 수준이거나 반대로 줄어든 곳이 많았다.
> 무엇보다 불공정계약이 만연한 것도 동값 위기를 키우고 있다. 업계에 따르면 계약 체결 후 제품을 납품하고 수금하는 과정에서 전선업체와 구매자 간 불공정거래 문제가 심각한 상황이다. 전선업계는 구릿값이 상승할 경우 기존 계약금액을 동결한 상태에서 결제를 진행하고, 반대로 구릿값이 떨어지면 그만큼의 차액을 계약금에서 차감해줄 것을 요구하는 등의 불공정거래 행위가 여전히 이어지고 있다고 입을 모으고 있다.

① '개구리 올챙이 적 생각 못 한다.'더니 구릿값이 비쌌을 때 생각 못 하고 있네.
② '소 잃고 외양간 고친다.'더니 구릿값이 올라가니깐 후회하고 있구나.
③ '등잔 밑이 어둡다.'더니 전선업계는 자신들의 문제를 이해하지 못하는군.
④ '달면 삼키고 쓰면 뱉는다.'더니 자기의 이익만을 생각하고 있구나.
⑤ '떡 줄 사람은 꿈도 안 꾸는데 김칫국부터 마신다.'더니 구릿값이 내려가기만을 바라고 있네.

06 다음 글에서 답을 찾을 수 없는 질문은?

생물학에서 반사란 '특정 자극에 대해 기계적으로 일어난 국소적인 반응'을 의미한다. 파블로프는 '벨과 먹이' 실험을 통해 동물의 행동에는 두 종류의 반사 행동, 즉 무조건 반사와 조건 반사가 존재한다는 결론을 내렸다. 뜨거운 것에 닿으면 손을 빼내는 것이나, 고깃덩이를 씹는 순간 침이 흘러나오는 것은 자극에 의한 무조건 반사다. 하지만 모든 자극이 반사 행동을 일으키는 것은 아니다. 생명체의 반사 행동을 유발하지 않는 자극을 중립 자극이라고 한다.

중립 자극도 무조건 자극과 짝지어지게 되면 생명체에게 반사 행동을 일으키는 조건 자극이 될 수 있다. 그것이 바로 조건 반사인 것이다. 예를 들어 벨 소리는 개에게 중립 자극이기 때문에 처음에 개는 벨 소리에 반응하지 않는다. 개는 오직 벨 소리 뒤에 주어지는 먹이를 보며 침을 흘릴 뿐이다. 하지만 벨 소리 뒤에 먹이를 주는 행동을 반복하다 보면 벨 소리는 먹이가 나온다는 신호로 인식되며 이에 대한 반응을 일으키는 조건 자극이 되는 것이다. 이처럼 중립 자극을 무조건 자극과 연결시켜 조건 반사를 일으키는 과정을 '고전적 조건 형성'이라 한다. 그렇다면 이러한 조건 형성 반응은 왜 생겨나는 것일까? 이는 대뇌 피질이 '학습'을 할 수 있기 때문이다.

어떠한 의미 없는 자극이라 할지라도 그것이 의미 있는 자극과 결합되어 제시되면 대뇌 피질은 둘 사이에 연관성이 있다는 것을 파악하고 이를 기억하여 반응을 일으킨다. 하지만 대뇌 피질은 한번 연결되었다고 항상 유지되지는 않는다. 예를 들어 '벨 소리 – 먹이' 조건 반사가 수립된 개에게 벨 소리만 들려주고 먹이를 주지 않는 실험을 계속하다 보면 개는 벨 소리에 더 이상 반응하지 않게 되는 조건 반사의 '소거' 현상이 일어난다.

소거는 조건 자극이 무조건 자극 없이 충분히 자주 제시될 경우 조건 반사가 사라지는 현상을 말한다. 때문에 소거는 바람직하지 않은 조건 반사를 수정하는 방법으로 사용된다. 하지만 조건 반사는 통제할 수 있는 것이 아니기 때문에, 제거 역시 자연스럽게 이루어지지 않는다. 또한 소거가 일어나는 속도가 예측 불가능하고, 소거되었을 때조차도 자발적 회복을 통해 조건 반사가 다시 나타날 수 있다는 점에서 소거는 조건 반사를 제거하기 위한 수단으로 한계가 있다.

이때 바람직하지 않은 조건 반사를 수정하는 또 다른 방법으로 사용되는 것이 '역조건 형성'이다. 이는 기존의 조건 반사와 양립할 수 없는 새로운 반응을 유발하여 이전 조건 형성의 원치 않는 효과를 제거하는 것으로 자발적 회복이 잘 일어나지 않는다. 예를 들어, 토끼를 무서워하는 아이가 사탕을 먹을 때 처음에는 토끼가 아이로부터 멀리 위치하게 한다. 아이는 사탕을 먹는 즐거움 때문에 토끼에 대한 공포를 덜 느끼게 된다. 다음날에도 마찬가지로 아이에게 사탕을 먹게 한 후 토끼가 전날보다 좀 더 가까이 오게 한다. 이러한 절차를 여러 번 반복하면 토끼가 아주 가까이에 있어도 아이는 더 이상 토끼를 무서워하지 않게 된다.

① 소거에는 어떤 것들이 있는가?
② 고전적 조건 형성이란 무엇인가?
③ 동물의 반사 행동에는 어떤 것이 있는가?
④ 조건 형성 반응이 일어나는 이유는 무엇인가?
⑤ 바람직하지 않은 조건 반사를 수정하는 방법에는 무엇이 있는가?

Easy

07 다음 글의 빈칸에 들어갈 문장을 〈보기〉에서 찾아 순서대로 바르게 나열한 것은?

요즘에는 낯선 곳을 찾아갈 때, 지도를 해석하며 어렵게 길을 찾지 않아도 된다. 기술력의 발달에 따라, 제공되는 공간 정보를 바탕으로 최적의 경로를 탐색할 수 있게 되었기 때문이다. ____________
이처럼, 공간 정보가 시간에 따른 변화를 반영할 수 있게 된 것은 정보를 수집하고 분석하는 정보 통신 기술의 발전과 밀접한 관련이 있다.

공간 정보의 활용은 '위치정보시스템(GPS)'과 '지리정보시스템(GIS)' 등의 기술적 발전과 휴대 전화나 태블릿 PC 등 정보 통신 기기의 보급을 기반으로 한다. 위치정보시스템은 공간에 대한 정보를 수집하고 지리정보시스템은 정보를 저장·분류·분석한다. 이렇게 분석된 정보는 사용자의 요구에 따라 휴대 전화나 태블릿 PC 등을 통해 최적화되어 전달된다.

길 찾기를 예로 들어 이 과정을 살펴보자. 휴대 전화 애플리케이션을 이용해 사용자가 가려는 목적지를 입력하고 이동 수단으로 버스를 선택하였다면, 우선 사용자의 현재 위치가 위치정보시스템에 의해 실시간으로 수집된다. 그리고 목적지와 이동 수단 등 사용자의 요구와 실시간으로 수집된 정보에 따라 지리정보시스템은 탑승할 버스 정류장의 위치, 다양한 버스 노선, 최단 시간 등을 분석하여 제공한다. ____________

____________ 예를 들어, 여행지와 관련한 공간 정보는 여행자의 요구와 선호에 따라 선별적으로 분석되어 활용된다. 나아가 유동 인구를 고려한 상권 분석과 교통의 흐름을 고려한 도시 계획 수립에도 공간 정보 활용이 가능하게 되었다. 획기적으로 발전되고 있는 첨단 기술이 적용된 공간 정보가 국가 차원의 자연재해 예측 시스템에도 활발히 활용된다면 한층 정밀한 재해 예방 및 대비가 가능해질 것이다. 이로 인해 우리의 삶도 더 편리하고 안전해질 것으로 기대된다.

보기

㉠ 어떤 곳의 위치 좌표나 지리적 형상에 대한 정보뿐만 아니라 시간에 따른 공간의 변화를 포함한 공간 정보를 이용할 수 있게 되면서 가능해진 것이다.
㉡ 더 나아가 교통 정체와 같은 돌발 상황과 목적지에 이르는 경로의 주변 정보까지 분석하여 제공한다.
㉢ 공간 정보의 활용 범위는 계속 확대되고 있다.

① ㉠, ㉡, ㉢
② ㉠, ㉢, ㉡
③ ㉡, ㉠, ㉢
④ ㉡, ㉢, ㉠
⑤ ㉢, ㉠, ㉡

08 다음 글을 논리적 순서대로 바르게 나열한 것은?

(가) 이러한 수평적 연결은 사물인터넷 서비스로 새로운 성장 동력을 모색할 수 있다. 예를 들어, 스마트 컵인 프라임베실(개인에게 필요한 수분 섭취량을 알려줌), 스마트 접시인 탑뷰(음식의 양을 측정함), 스마트 포크인 해피포크(식사 습관개선을 돕는 스마트 포크. 식사 속도와 시간, 1분간 떠먹는 횟수 등을 계산해 식사 습관을 분석함)를 연결하면 식생활 습관을 관리할 수 있을 것이다. 이를 식당, 병원, 헬스케어 센터에서 이용하면 고객의 식생활을 부가 서비스로 관리할 수 있다.

(나) 마치 100m 달리기를 하듯 각자의 트랙에서 목표를 향해 전력 질주하던 시대가 있었다. 선택과 집중의 논리로 수직 계열화를 통해 효율을 확보하고, 성능을 개선하고자 했었다. 그런데 세상이 변하고 있다. 고객 혹은 사용자를 중심으로 기존의 제품과 서비스가 재정의되고 있는 것이다. 이러한 산업의 패러다임적 전환을 신성장 동력이라 말한다.

(다) 기존의 가스 경보기를 만들려면 미세한 가스도 놓치지 않는 센서의 성능, 오래 지속되는 배터리, 크게 알릴 수 있는 알람 소리, 인테리어에 잘 어울리는 멋진 제품 디자인이 필요하다. 그런데 아무리 좋은 가스 경보기를 만들어도 사람의 안전을 담보하지는 못한다. 만약 집에서 가스 경보기가 울리면 아마 창문을 열어 환기시키고, 가스 밸브를 잠그고, 119에 신고를 해야 할 것이다. 사람의 안전을 담보하는, 즉 연결 지배성이 높은 가스 경보기는 이런 일을 모두 해내야 한다. 이런 가스 경보기를 만들려면 전기, 전자, 통신, 기계, 인테리어, 디자인 등의 도메인들이 사용자 경험을 중심으로 연결돼야 한다. 이를 수평적 연결이라 부른다.

(라) 똑똑한 사물인터넷은 점점 더 다양해진다. S사의 '누구'나 아마존 '에코' 같은 스마트 스피커는 사용자가 언제 어디든, 일상에서 인공 비서로 사용되는 시대가 되었다. 그리고 K사 보일러의 사물인터넷 서비스는 보일러 쪽으로 직접 가지 않아도 스마트폰 전용 앱으로 보일러를 관리한다. 이제 보일러가 언제, 얼마나, 어떻게 쓰이는지, 그리고 보일러의 상태는 어떠한지, 사용하는 방식과 에너지 소모 등의 정보도 얻을 수 있다. 4차 산업혁명의 전진기지 역할을 하는 사물인터넷 서비스는 이제 거스를 수 없는 대세이다.

① (나) – (가) – (다) – (라)
② (나) – (다) – (가) – (라)
③ (다) – (가) – (라) – (나)
④ (다) – (나) – (가) – (라)
⑤ (다) – (라) – (나) – (가)

09 다음 글의 내용으로 적절하지 않은 것은?

경제학에서는 가격이 한계 비용과 일치할 때를 가장 이상적인 상태라고 본다. '한계 비용'이란 재화의 생산량을 한 단위 증가시킬 때 추가되는 비용을 말한다. 한계 비용 곡선과 수요 곡선이 만나는 점에서 가격이 정해지면 재화의 생산 과정에 들어가는 자원이 낭비 없이 효율적으로 배분되며, 이때 사회 전체의 만족도가 가장 커진다. 가격이 한계 비용보다 높아지면 상대적으로 높은 가격으로 인해 수요량이 줄면서 거래량이 따라 줄고, 결과적으로 생산량도 감소한다. 이는 사회 전체의 관점에서 볼 때 자원이 효율적으로 배분되지 못하는 상황이므로 사회 전체의 만족도가 떨어지는 결과를 낳는다.

위에서 설명한 일반 재화와 마찬가지로 수도, 전기, 철도와 같은 공익 서비스도 자원배분의 효율성을 생각하면 한계 비용 수준으로 가격(=공공요금)을 결정하는 것이 바람직하다. 대부분의 공익 서비스는 초기 시설 투자 비용은 막대한 반면, 한계 비용은 매우 적다. 이러한 경우, 한계 비용으로 공공요금을 결정하면 공익 서비스를 제공하는 기업은 손실을 볼 수 있다.

예컨대 초기 시설 투자 비용이 6억 달러이고, 톤당 1달러의 한계 비용으로 수돗물을 생산하는 상수도 서비스를 가정해 보자. 이때 수돗물 생산량을 '1톤, 2톤, 3톤, …'으로 늘리면 총비용은 '6억 1달러, 6억 2달러, 6억 3달러, …'로 늘어나고, 톤당 평균 비용은 '6억 1달러, 3억 1달러, 2억 1달러, …'로 지속적으로 줄어든다. 그렇지만 평균 비용이 계속 줄어들더라도 한계 비용 아래로는 결코 내려가지 않는다. 따라서 한계 비용으로 수도 요금을 결정하면 총비용보다 총수입이 적으므로 수도 사업자는 손실을 보게 된다.

이를 해결하는 방법에는 크게 두 가지가 있다. 하나는 정부가 공익 서비스 제공 기업에 손실분만큼 보조금을 주는 것이고, 다른 하나는 공공요금을 평균 비용 수준으로 정하는 것이다. 전자의 경우 보조금을 세금으로 충당한다면 다른 부문에 들어갈 재원이 줄어드는 문제가 있다. 평균 비용 곡선과 수요 곡선이 교차하는 점에서 요금을 정하는 후자의 경우에는 총수입과 총비용이 같아져 기업이 손실을 보지는 않는다. 그러나 요금이 한계 비용보다 높기 때문에 사회 전체의 관점에서 자원의 효율적 배분에 문제가 생긴다.

① 자원이 효율적으로 배분될 때 사회 전체의 만족도가 극대화된다.

② 가격이 한계 비용보다 높은 경우에는 한계 비용과 같은 경우에 비해 결국 그 재화의 생산량이 줄어든다.

③ 공익 서비스와 일반 재화의 생산 과정에서 자원을 효율적으로 배분하기 위한 조건은 서로 같다.

④ 정부는 공공요금을 한계 비용 수준으로 유지하기 위하여 보조금 정책을 펼 수 있다.

⑤ 평균 비용이 한계 비용보다 큰 경우, 공공요금을 평균 비용 수준에서 결정하면 자원의 낭비를 방지할 수 있다.

10 **다음은 예금보험공사의 금융회사 파산절차에 대한 기사이다. 이를 읽고 이해한 내용으로 가장 적절한 것은?**

> 일반적으로 파산제도는 채무자의 재산상태가 악화되어 총 채권자에 대한 채무를 완제할 수 없게 된 경우에 채무자의 총 재산을 강제적으로 관리, 환가하여 모든 채권자에게 공평하게 변제하는 것을 목적으로 하는 재판상의 절차를 말합니다. 모든 파산절차는 채무자 회생 및 파산에 관한 법률에 의하여 규율되며 법원의 감독을 받게 됩니다.
> 법원의 파산선고와 동시에 채무자가 보유한 국내외 모든 자산으로 파산재단이 구성되고, 파산채권자는 채권의 개별행사가 금지되며 법원은 파산절차를 총괄할 파산관재인을 선임하여 파산재단 자산에 대한 관리 처분 권한을 채무자 본인에게서 파산관재인에게로 이전합니다.
> 파산관재인은 파산재단 자산을 조기에 최대한 환가하여 파산채권자들에 분배하는 임무를 맡고 있기 때문에 파산 선고일을 기준으로 파산재단 자산을 조사하여 누락되는 자산이 없도록 각별한 주의를 기울이게 됩니다. 구체적으로 파산재단의 현금, 예금통장, 권리증, 금고 등을 확보하고 장부를 폐쇄하여 파산재단 자산이 실질적으로 파산관재인의 점유가 될 수 있도록 조치합니다.
> 이후, 파산관재인은 파산채권자로 하여금 채권을 일정 기간 내에 법원에 신고하게 하여 파산채권을 확정하고 확정된 채권의 우선순위에 따라 배당을 실시하여야 합니다. 즉, 파산재단의 자산을 자산별 특성에 따라 빠른 시간 내에 최대한 환가, 매각하여 현금화한 후 파산채권자들에게 파산배당 절차를 통하여 분배하게 됩니다. 파산관재인은 더 이상 현금화할 자산이 사라질 때까지 자산환가업무를 계속하여 환가를 종료한 시점에 최후배당을 실시하고 법원에 파산종결 선고를 요청하게 되며, 법원은 잔여자산 유무 등을 확인한 후 파산종결 선고를 통하여 파산절차를 종결하게 됩니다.

① 파산제도는 재산상태가 악화되어 채무 변제를 못 하게 된 채무자의 자율적 절차이다.
② 채무자의 자산으로 파산재단이 구성된 후에 법원의 파산선고가 이루어진다.
③ 채무자의 파산재단이 구성된 이후 파산채권자는 채권의 개별행사가 가능하다.
④ 채무자의 파산재단 자산을 조사하는 것은 파산관재인의 업무가 아니다.
⑤ 파산관재인은 채권자에 대한 변제를 위해 파산재단의 자산을 점유한다.

11 **다음 글에 대한 비판 내용으로 가장 적절한 것은?**

> "향후 은행 서비스(Banking)는 필요하지만 은행(Bank)은 필요 없을 것이다." 최근 4차 산업혁명으로 대변되는 빅데이터, 사물인터넷, AI, 블록체인 등 신기술이 금융업을 강타하면서 빌 게이츠의 20년 전 예언이 화두로 부상했다. 모든 분야에서 초연결화, 초지능화가 진행되고 있는 4차 산업혁명이 데이터 주도 경제를 열어가면서 데이터에 기반을 둔 금융업에도 변화의 물결이 밀려들고 있다. 이미 전통적인 은행, 증권, 보험, 카드업 등 전 분야에서 금융기술기업인 소위 '핀테크(Fintech)'가 출현하면서 금융서비스의 가치 사슬이 해체되기 시작한 것이다. 이전에는 상상조차 하지 못했던 IT 등 이종 업종의 금융업 진출도 활발하게 이루어지면서 전통 금융회사들을 위협하고 있다.
> 빅데이터, 사물인터넷, 인공지능, 블록체인 등 새로운 기술로 무장한 4차 산업혁명으로 인해 온라인 플랫폼을 통한 크라우드 펀딩 등 P2P 금융의 출현, 로보어드바이저에 의한 저렴한 자산관리서비스의 등장, 블록체인 기술기반의 송금 등 다양한 가치 거래의 탈중계화가 진행되면서 금융 중계, 재산관리, 위험 관리, 지급 결제 등 금융의 본질적인 요소들이 변화하고 있는 것은 아닌지 의구심이 일어나고 있는 것이다. 혹자는 이들 변화의 종점에 금융의 정체성(Identity) 상실이 기다리고 있다며 금융업 종사자의 입장에서 보면 우울한 전망마저 내놓고 있다. 금융도 디지털카메라의 등장으로 사라진 필름회사 코닥과 같은 비운을 피하기 어렵다며 금융의 종말, 은행의 해체, 탈중계화, 플랫폼 혁명 등 다양한 화두가 미디어의 전면에 등장하고 있다.

① 가치 거래의 탈중계화는 금융 거래의 보안성에 심각한 위협 요인으로 작용할 것이다.
② 금융 발전의 미래를 위해 금융업에 있어 인공지능의 도입을 막아야 한다.
③ 기술 발전은 금융업에 있어 효율성 향상이라는 제한적인 틀에서 크게 벗어나지 못했다.
④ 로보어드바이저에 의한 자산관리서비스는 범죄에 악용될 위험이 크다.
⑤ 금융의 종말을 방지하기 위해서라도 핀테크 도입의 법적인 제도 마련이 필요하다.

Hard

12 다음 글에 대한 결론으로 가장 적절한 것은?

경제 활동 주체들은 이윤이 극대화될 수 있는 지점을 찾아 입지하려는 경향을 지닌다. 이를 설명하는 이론이 '산업입지론'인데, 고전적인 산업입지 이론으로는 '최소비용입지론'과 '최대수요입지론'이 있다.

최소비용입지론은 산업의 입지에 관계없이 수요는 고정되어 있고 수입은 일정하다고 가정한다. 다른 비용들이 동일하다면 운송비가 최소화되는 지점이 최적 입지가 되며, 최소 운송비 지점을 바탕으로 다른 비용요소들을 고려한다. 운송비는 원료 등 생산투입요소를 공장까지 운송하는 데 소요되는 '원료 운송비'와 생산한 제품을 시장까지 운송하는 데 소요되는 '제품 운송비'로 구성된다. 최소비용입지론에서는 원료지수(MI)를 도입하여 사용된 원료의 무게와 생산된 제품의 무게를 따진다. 그 결과 원료 산지와 시장 중 어느 쪽으로 가까이 입지할 때 운송비가 유리해지는가를 기준으로 산업의 입지를 판단한다.

[원료지수(MI)]=(사용된 원료의 무게)÷(생산된 제품의 무게)

MI>1일 때는 시장까지 운송해야 하는 제품의 무게에 비해 사용되는 원료의 무게가 더 큰 경우로, 공정 과정에서 원료의 무게가 줄어든다. 이런 상황에서는 가능하면 원료산지에 가깝게 입지할수록 운송비의 부담을 줄일 수 있어 원료 지향적 입지가 이루어진다. 반대로 MI<1인 경우는 산지에서 운송해 온 재료 외에 생산 공정 과정에서 재료가 더해져 제품의 무게가 늘어나는 경우인데, 이때는 제품 운송비의 부담이 더 크므로 시장에 가까이 입지할수록 운송비 부담이 줄게 되어 시장 지향적인 입지 선택을 하게 된다. MI=1인 경우는 원료 산지와 시장 사이 어느 지점에 입지하든 운송비에 차이는 없게 된다.

최대수요입지론은 산업입지와 상관없이 비용은 고정되어 있다고 가정한다. 이 이론에서는 경쟁 업체와 가격 변동을 고려하여 수요가 극대화되는 입지를 선정한다. 최초로 입지를 선정하는 업체는 시장의 어디든 입지할 수 있으나 소비자의 이동 거리를 최소화하기 위하여 시장의 중심에 입지한다. 그다음 입지를 선정해야 하는 경쟁 업체는 가격 변화에 따라 수요가 변하는 정도가 크지 않은 경우, 시장의 중심에서 멀어질수록 시장을 뺏기게 되므로 경쟁 업체가 있더라도 가능한 중심에 가깝게 입지하려고 한다. 하지만 가격 변화에 따라 수요가 크게 변하는 경우, 두 경쟁자는 서로 적절히 떨어져 입지하여 보다 낮은 가격으로 제품을 공급하려고 한다.

① 소비자의 수요는 가격보다 업체의 서비스에 의해 결정된다.
② 업체끼리 서로 경쟁하기보다는 상생하는 것이 더 중요하다.
③ 경제활동 주체가 언제나 합리적인 선택을 할 수 없다.
④ 시장의 경쟁자가 많지 않은 상황에서는 효과적인 입지 선정이 힘들다.
⑤ 여러 요소를 감안하더라도 최적의 입지 선택을 위해서는 거리에 따른 경제적 효과를 고려해야 된다.

PART 3

13 다음 글을 읽고 추론한 내용으로 적절하지 않은 것은?

> 평생 소득 이론에 따르면 가계는 현재의 소득뿐 아니라 평생의 소득을 계산하여 효용이 극대화되도록 각 기간의 소비를 배분한다. 이때 평생 소득이란 평생 소비에 사용할 수 있는 소득으로, 이는 근로 소득과 같은 인적 자산뿐만 아니라 금융 자산이나 실물 자산과 같은 비인적 자산을 모두 포함한다.
>
> 다음은 평생 소득 이론을 이해하기 위한 식이다. ㉠은 어떤 개인이 죽을 때까지 벌어들이는 소득인 평생 소득을 보여준다. ㉡은 평생 소득을 남은 생애 기간으로 나눈 값으로, 연간 평균 소득에 해당한다. 이때 남은 생애 기간은 사망 나이에서 현재 나이를 뺀 기간이다.
>
> ㉠ (평생 소득)=(비인적 자산)+[(은퇴 나이)−(현재 나이)]×(근로 소득)
>
> ㉡ (연간 평균 소득)=α×(비인적 자산)+β×(근로 소득)
>
> ※ $\alpha = \dfrac{1}{(\text{사망 나이})-(\text{현재 나이})}$, $\beta = \dfrac{(\text{은퇴 나이})-(\text{현재 나이})}{(\text{사망 나이})-(\text{현재 나이})}$
>
> ㉡의 양변을 현재의 근로 소득으로 나누면 평균 소비 성향이 되는데, 이를 이용하면 근로 소득이 증가함에 따라 단기 평균 소비 성향이 감소하지만, 장기 평균 소비 성향에는 큰 영향을 미치지 않는 이유를 설명할 수 있다. 즉, 근로 소득은 경기 변동에 민감하게 반응하기 때문에 경기가 좋아지면 단기간에 상승하지만, 비인적 자산은 경기에 민감하게 반응하지 않으므로 근로 소득이 상승하는 만큼 단기간에 상승하지 않는다. 하지만 장기적으로는 근로 소득과 비인적 자산이 거의 비슷한 속도로 성장하므로 소득의 증가에도 불구하고 평균 소비 성향은 일정하게 유지된다.

① 평균 기대 수명의 증가로 정년이 증가한다면 평생 소득도 증가한다.
② 평생 소득은 근로 소득에 은퇴 시점까지의 기간을 곱한 값에 비인적 자산을 합한 값이다.
③ 소비는 근로 소득뿐만 아니라 현재 보유하고 있는 비인적 자산의 규모에 의해서도 결정된다.
④ 개인이 근로를 통해 벌어들인 소득 외에 주식이나 부동산, 자동차 등도 평생 소득에 포함된다.
⑤ 연봉 상승으로 인해 근로 소득이 계속해서 증가한다면 평생 동안 평균 소비 성향은 계속해서 감소하게 된다.

14 다음은 N손해보험 보험금 청구 절차 안내문이다. 이를 토대로 고객들의 질문에 답변할 때, 답변으로 적절하지 않은 것은?

〈보험금 청구 절차 안내문〉

단계	구분	내용
Step 1	사고 접수 및 보험금 청구	피보험자, 가해자, 피해자가 사고발생 통보 및 보험금 청구를 합니다. 접수는 가까운 영업점에 관련 서류를 제출합니다.
Step 2	보상팀 및 보상처리 담당자 지정	보상처리 담당자가 지정되어 고객님께 담당자의 성명, 연락처를 SMS로 전송해 드립니다. 자세한 보상관련 문의사항은 보상처리 담당자에게 문의하시면 됩니다.
Step 3	손해사정법인 (현장확인자)	보험금 지급 여부 결정을 위해 사고현장조사를 합니다. (병원 공인된 손해사정법인에게 조사업무를 위탁할 수 있음)
Step 4	보험금 심사 (심사자)	보험금 지급 여부를 심사합니다.
Step 5	보험금 심사팀	보험금 지급 여부가 결정되면 피보험자 예금통장에 보험금이 입금됩니다.

※ 3만 원 초과 10만 원 이하 소액통원의료비를 청구할 경우, 보험금 청구서와 병원영수증, 질병분류기호(질병명)가 기재된 처방전만으로 접수가 가능합니다.

※ 의료기관에서 환자가 요구할 경우 처방전 발급 시 질병분류기호(질병명)가 기재된 처방전 2부 발급이 가능합니다.

※ 온라인 접수 절차는 N손해보험 홈페이지에서 확인하실 수 있습니다.

① Q : 자전거를 타다가 팔을 다쳐서 병원비가 56,000원이 나왔습니다. 보험금을 청구하려고 하는데 제출할 서류는 어떻게 되나요?
A : 고객님의 의료비는 10만 원이 넘지 않는 관계로 보험금 청구서와 병원영수증, 진단서가 필요합니다.

② Q : 사고를 낸 당사자도 보험금을 청구할 수 있나요?
A : 네, 고객님. 사고의 가해자와 피해자 모두 보험금을 청구하실 수 있습니다.

③ Q : 사고 접수는 인터넷으로 접수가 가능한가요?
A : 네, 가능합니다. 자세한 접수 절차는 N손해보험 홈페이지에서 확인하실 수 있습니다.

④ Q : 질병분류기호가 기재된 처방전은 어떻게 발급하나요?
A : 처방전 발급 시 해당 의료기관에 질병분류기호를 포함해달라고 요청하시면 됩니다.

⑤ Q : 보험금은 언제쯤 지급받을 수 있을까요?
A : 보험금은 사고가 접수된 후에 사고현장을 조사하여 보험금 지급 여부를 심사한 다음 지급됩니다. 고객님마다 개인차가 있을 수 있으니 보다 정확한 사항은 보상 처리 담당자에게 문의 바랍니다.

Easy

15 다음 글의 제목으로 가장 적절한 것은?

일반적으로 소비자들은 합리적인 경제 행위를 추구하기 때문에 최소 비용으로 최대 효과를 얻으려 한다는 것이 소비의 기본 원칙이다. 그들은 '보이지 않는 손'이라고 일컬어지는 시장 원리 아래에서 생산자와 만난다. 그러나 이러한 일차적 의미의 합리적 소비가 언제나 유효한 것은 아니다. 생산보다는 소비가 화두가 된 소비 자본주의 시대에 소비는 단순히 필요한 재화, 그리고 경제학적으로 유리한 재화를 구매하는 행위에 머물지 않는다. 최대 효과 자체에 정서적이고 사회 심리학적인 요인이 개입하면서, 이제 소비는 개인이 세계와 만나는 다분히 심리적인 방법이 되어버린 것이다. 곧 인간의 기본적인 생존 욕구를 충족시켜 주는 합리적 소비 수준에 머물지 않고, 자신을 표현하는 상징적 행위가 된 것이다. 이처럼 오늘날의 소비문화는 물질적 소비 차원이 아닌 심리적 소비 형태를 띠게 된다.
소비 자본주의의 화두는 과소비가 아니라 '과시 소비'로 넘어간 것이다. 과시 소비의 중심에는 신분의 논리가 있다. 신분의 논리는 유용성의 논리, 나아가 시장의 논리로 설명되지 않는 것들을 설명해준다. 혈통으로 이어지던 폐쇄적 계층 사회는 소비 행위에 대해 계급에 근거한 제한을 부여했다. 먼 옛날 부족 사회에서 수장들만이 걸칠 수 있었던 장신구에서부터, 제아무리 권문세가의 정승이라도 아흔아홉 칸을 넘을 수 없던 집이 좋은 예이다. 권력을 가진 자는 힘을 통해 자기의 취향을 주위 사람들과 분리시킴으로써 경외감을 강요하고, 그렇게 자기 취향을 과시함으로써 잠재적 경쟁자들을 통제한 것이다.
가시적 신분 제도가 사라진 현대 사회에서도 이러한 신분의 논리는 여전히 유효하다. 이제 개인은 소비를 통해 자신의 물질적 부를 표현함으로써 신분을 과시하려 한다.

① 계층별 소비 규제의 필요성
② 신분사회에서 의복 소비와 계층의 관계
③ 소비가 곧 신분이 되는 과시 소비의 원리
④ 소득을 고려하지 않은 무분별한 과소비의 폐해
⑤ '보이지 않는 손'에 의한 합리적 소비의 필요성

16 다음 글을 통해 추론할 수 있는 사실을 〈보기〉에서 모두 고르면?

물질의 원자는 원자핵과 전자로 이루어져 있고, 원자핵을 중심으로 전자들이 각각의 에너지 준위를 따라 배열되어 있는데, 에너지의 준위는 에너지의 계단이나 사다리에 비유될 수 있다. 에너지 준위가 높아지면 전자가 보유하는 에너지도 높아지며, 보유 에너지가 낮은 전자부터 원자핵에 가까운 에너지 준위를 채워나간다. 전자가 외부의 에너지를 흡수하면 자신의 자리를 이탈하여 바깥쪽 에너지 준위로 올라가게 되는데, 전자가 자신의 자리에 있을 때를 '바닥 상태', 높은 에너지 준위로 올라갔을 때를 '들뜬 상태'라고 한다. 들뜬 상태의 전자들은 바닥 상태로 되돌아가려는 경향이 있고, 원래의 자리로 되돌아갈 때는 빛 등의 에너지를 방출하게 된다.
최초의 레이저 장치를 만든 메이먼은 루비의 전자를 이용하였다. 루비는 그 특성상 전자가 들뜬 상태가 될 때 그 상태에 머무는 시간이 길기 때문이었다. 메이먼은 빛을 쬐어 루비의 특정 전자들을 들뜨게 함으로써 바닥 상태의 전자 수보다 들뜬 상태의 전자 수를 많게 만들었다. 이런 상태를 조성해 주면 적어도 한 개 이상의 들뜬 전자가 자연스럽게 원래의 준위로 되돌아가면서 빛을 내고, 다른 들뜬 전자에서도 같은 파장을 가진 빛이 차례차례 발생한다. 그러는 동안 들뜬 물질의 양쪽에 설치해 둔 거울 2개 사이에서는 생성된 빛이 그대로 반사되면서 몇 번씩 왕복하며 다른 들뜬 전자들이 빛을 방출하도록 유도하여 빛은 자꾸만 증폭(增幅)된다. 이때 2개의 거울 중 1개의 거울은 일부의 빛을 투과할 수 있게 하여 거울 사이에서 증폭된 빛의 일부가 외부에 레이저광선으로 발진된다.

보기

㉠ 전자가 이동할 때 에너지가 방출되었다면 전자가 바닥 상태로 돌아간 것이다.
㉡ 들뜬 상태의 전자는 원자핵에서 먼 에너지 준위로 이동하려는 경향이 있다.
㉢ 메이먼이 레이저 장치를 만들 때 루비를 이용한 것은 빛의 증폭에 유리한 조건을 만들기 위해서였다.
㉣ 메이먼의 레이저 장치에서는 바닥 상태의 전자가 들뜬 상태의 전자보다 많다.

① ㉠, ㉡
② ㉠, ㉢
③ ㉡, ㉢
④ ㉡, ㉣
⑤ ㉢, ㉣

PART 3

17 다음 글을 읽고 밑줄 친 ㉠~㉤에 대한 설명이 잘못 연결된 것은?

> 사유 재산 제도와 시장 경제가 자본주의의 양대 축을 이루기 때문에 토지 또한 민간의 소유이어야만 한다고 하는 이들이 많다. 토지사유제의 정당성을 그것이 자본주의의 성립 근거라는 점에서 찾고자 하는 학자도 있다. 토지에 대해서는 절대적이고 배타적인 소유권을 인정할 수 없다고 하면 이들은 신성불가침 영역에 대한 도발이라며 이에 반발한다. 토지가 일반 재화나 자본에 비해 지닌 근본적인 차이는 무시하고 말이다. 과연 자본주의 경제는 토지사유제 없이 성립할 수 없는 것일까?
> 싱가포르, 홍콩, 대만, 핀란드 등의 사례는 위의 물음에 직접적인 답변을 제시한다. 이들은 토지공유제를 시행하였거나 토지의 공공성을 인정했음에도 불구하고 자본주의의 경제를 모범적으로 발전시켜 온 사례이다. 물론 토지사유제를 당연하게 여기는 사람들이 이런 사례들을 토지 공공성을 인정해야만 하는 당위의 근거로서 받아들이는 것은 아니다. 그들은 오히려 토지의 공공성 강조가 사회주의적 발상이라고 비판한다. 하지만 이와 같은 비판은 토지와 관련된 권리 제도에 대한 무지에 기인한다. 토지 소유권은 사용권, 처분권, 수익권의 세 가지 권리로 구성된다. 각각의 권리를 누가 갖느냐에 따라 토지 제도는 다음과 같이 분류된다. 세 권리 모두 민간이 갖는 ㉠ <u>토지사유제</u>, 세 권리 모두 공공이 갖는 ㉡ <u>사회주의적 토지공유제</u>, 그리고 사용권은 민간이 갖고 수익권은 공공이 갖는 ㉢ <u>토지가치공유제</u>이다. 한편, 토지가치공유제는 처분권을 누가 갖느냐에 따라 두 가지 제도로 분류된다. 처분권을 완전히 민간이 갖는 ㉣ <u>토지가치세제</u>와 공공이 처분권을 갖지만 사용권을 가진 자에게 한시적으로 처분권을 맡기는 ㉤ <u>토지공공임대제</u>이다. 토지 소유권을 구성하는 세 가지 권리를 민간과 공공이 적당히 나누어 갖는 경우가 많으므로 실제의 토지 제도는 이 분류보다 훨씬 더 다양하다. 이 중 자본주의 경제와 결합될 수 없는 토지 제도는 사회주의적 토지공유제뿐이다. 물론 어느 토지 제도가 더 나은 경제적 성과를 보이는가는 그 이후의 문제이다. 토지사유제 옹호론에 따르면, 토지 자원의 효율적 배분이 가능하기 위해 토지에 대한 절대적·배타적 소유권을 인정해야만 한다. 토지 사유제만이 토지의 오용을 막을 수 있으며, 나아가 토지 사용의 안정성을 보장할 수 있다는 것이다. 하지만 토지 자원의 효율적 배분을 위해 토지의 사용권, 처분권, 수익권 모두를 민간이 가져야 할 필요는 없다. 토지 위 시설물에 대한 소유권을 민간이 갖고, 토지에 대해서 민간은 배타적 사용권만 가지면 충분하다.

① ㉠ : 토지 소유권을 민간이 갖는다.
② ㉡ : 자본주의 경제와 결합될 수 없다.
③ ㉢ : 처분권을 누가 갖느냐에 따라 ㉣과 ㉤으로 구분된다.
④ ㉣ : 사용권과 처분권은 민간이 갖고, 수익권은 공공이 갖는다.
⑤ ㉤ : 처분권은 민간이 갖고, 사용권과 수익권은 공공이 갖는다.

18 귀하는 N은행 영업점에서 수신업무를 담당하고 있다. 당행에 방문한 A고객은 귀하에게 신규 론칭한 주거래 정기적금 상품에 대해 문의하고 있다. 귀하의 답변으로 적절하지 않은 것은?

- 상품명 : 주거래 정기적금
- 가입대상 : 실명의 개인
- 계약기간 : 12개월 이상 36개월 이하(월 단위)
- 정액적립식 : 신규 약정 시 약정한 월 1만 원 이상의 저축금액을 매월 약정일에 동일하게 저축
- 이자지급방식 : 만기일시지급식, 단리식
- 기본금리

가입기간	12개월 이상 20개월 미만	20개월 이상 28개월 미만	28개월 이상 36개월 미만	36개월
기본금리	연 1.5%	연 1.8%	연 2.2%	연 2.4%

※ 만기 전 해지 시 연 1.2%의 금리가 적용됨

- 우대금리

우대사항	우대조건	우대금리
가족회원	2인 이상의 가족(주민등록등본상)이 N은행 계좌를 보유하고 있는 경우 (※ 주민등록등본상 본인 제외 2인 이상)	연 0.8%p
거래 우수	이 적금의 신규 가입 시에 예금주의 N은행 거래기간이 3년 이상인 경우	연 0.4%p
청약 보유	이 적금의 신규일로부터 3개월이 속한 달의 말일을 기준으로 주택청약종합저축을 보유한 경우	연 0.6%p

- 일부해지 : 만기해지 포함 총 3회까지 가능(최소가입금액 1백만 원 이상 유지, 중도해지금리 적용)
- 계약해지 : 영업점에서 해지 가능
- 세금우대 : 비과세종합저축
- 예금자 보호 여부 : 해당 상품은 예금자 보호를 받을 수 있는 상품으로 본 은행에 있는 모든 예금보호대상 금융 상품의 원금과 소정의 이자를 합하여 1인당 '최고 5천만 원'을 보호받을 수 있고, 초과하는 금액은 보호하지 않습니다.

A고객 : 안녕하세요. 최근에 나온 적금 상품이 있던데 안내 부탁드립니다.

귀하 : 네, 이번에 신규 론칭한 주거래 정기적금에 대해서 안내해 드리겠습니다. 이번 상품은 다른 상품들과 달리 N은행과 주로 거래하시는 분께 큰 혜택을 드리고 있습니다. ① 기본적으로 1만 원 이상의 저축금액을 매월 약정일에 동일하게 저축하는 상품입니다. ② 기본금리는 기간에 따라 다르게 적용되는데, 최대 연 2.4%까지 적용됩니다. ③ 현재 고객님께서는 저희 은행과 2년째 거래 중이셔서 기본적으로 연 0.4%p의 우대이율이 적용되고, ④ 3인의 가족과 함께 거주 중이신 것으로 되어 있으셔서 가족분들 중 2인 이상이 당행의 계좌가 있으시면 연 0.8%p의 우대금리을 추가로 적용받을 수 있습니다. 또한, 주거래 정기적금을 가입하고 그다음 달부터 주택청약종합저축을 3개월 안에 가입하신다면 최대 연 4.2%의 이율을 적용받으실 수 있습니다. 마지막으로 해당 상품은 비과세종합저축으로 한도가 남아 있다면 이자에 대해서 과세하지 않습니다. 그리고 ⑤ 예금자 보호 대상 상품으로 당행의 모든 예금자 보호 대상 금융상품의 원금과 이자를 합하여 최고 5천만 원까지 보호받으실 수 있습니다.

※ 다음은 N은행의 1934 월복리 적금 상품에 대한 설명이다. 이어지는 질문에 답하시오. **[19~20]**

〈1934 월복리 적금〉

청년고객의 취·창업을 응원하며 금융거래에 따라 높은 우대금리를 제공하는 월복리 적금

- 가입대상 : 만 19 ~ 34세 개인 및 개인사업자(1인 1계좌)
- 가입기간 : 6 ~ 24개월
- 가입금액 : 매월 1 ~ 50만 원 이내 자유적립
- 기본금리 : 계약기간별 금리를 적용

가입기간	6개월 이상	12개월 이상
기본금리	연 1.45%	연 1.50%

- 우대금리 : 다음 우대조건을 만족하는 경우 가입일 현재 기본금리에 가산하여 만기 해지 시에 적용

우대사항	우대내용	우대금리
급여실적	만기 전전월 말 기준, 가입기간에 따른 급여실적이 있는 경우 – 가입기간 12개월 이하 : 급여실적 3개월 – 가입기간 24개월 이하 : 급여실적 12개월	연 1.0%p
개인사업자 계좌실적	만기 전전월 말 기준, N은행 개인사업자 계좌를 보유하고 3개월 평균 잔액이 50만 원 이상인 경우	
비대면 채널 이체실적	만기 전전월 말 기준, 비대면 채널(인터넷·스마트 뱅킹)에서 월평균 2건 이상 이체 시	연 0.3%p
마케팅 동의	신규 시점에 개인(신용)정보 수집·이용·제공 동의(상품서비스 안내 등) 전체 동의한 경우	연 0.2%p

※ 급여실적과 개인사업자 계좌 실적 우대금리는 중복 적용 불가

※ 농업계고 및 청년농부사관학교 졸업자가 졸업증명서, 수료증 등을 제출한 경우 추가 우대금리 연 2.0%p 제공

19 다음 중 1934 월복리 적금에 대한 설명으로 옳지 않은 것은?

① 연령에 따른 제한이 있는 상품이므로 퇴직을 앞두고 창업을 계획 중인 중장년층에게는 적합하지 않다.

② 월초에 10만 원을 입금하였더라도 한 달 내 40만 원 이하의 금액을 추가로 자유롭게 입금할 수 있다.

③ 이자는 매월 입금하는 금액마다 입금일부터 만기일 전까지의 기간에 대하여 약정금리에 따라 월복리로 계산하여 지급된다.

④ 가입기간이 길수록 더 높은 기본금리가 적용될 수 있으나, 24개월을 초과하여 계약할 경우 가장 낮은 기본금리가 적용된다.

⑤ 가장 낮은 금리가 적용되는 고객과 모든 우대조건을 만족하여 최대 금리가 적용되는 고객과의 금리 차이는 3.55%p이다.

20 다음은 은행고객과 직원의 대화이다. 빈칸에 들어갈 금리로 옳은 것은?

> 고객 : 안녕하세요. 적금 만기일이 다가와서 문의드릴 게 있습니다. 저는 현재 1934 월복리 적금을 23회 차까지 입금한 상태인데요. 가입할 때 기본금리 외에도 우대조건을 만족하면 우대금리가 적용될 수 있다고 설명을 들었던 것 같은데, 정확히 적용되는 금리가 얼마인지 알 수 있을까요?
>
> 직원 : 네, 고객님. 확인해 보도록 하겠습니다. 먼저 고객님께서 24개월의 기간으로 가입하셔서 기간에 따른 기본금리가 적용됩니다. 그리고 고객님께서 현재 저희 은행의 개인사업자 계좌를 보유하고 있는 것으로 확인되어서 평균 잔액을 조회해 봐야 할 것 같습니다.
>
> 고객 : 그 계좌는 작년에 처음 500만 원으로 개설한 뒤로 지금까지 단 한 번도 출금하지 않았어요.
>
> 직원 : 음… 그런데 저희 은행의 인터넷 뱅킹이나 스마트 뱅킹은 사용한 적이 없으신가요? 조회 결과 거래 내역이 조회되지 않아 말씀드립니다.
>
> 고객 : 네, 제가 은행 업무는 꼭 영업점을 방문해서 하는 편이라 그렇습니다.
>
> 직원 : 네. 그러면 다른 정보도 확인해 보겠습니다. 처음 상품 가입하실 때 개인정보 수집 및 이용 동의에 전체 동의해 주신 것도 확인되었습니다. 그러면 적용되는 총금리가….
>
> 고객 : 아! 제가 N농업고등학교 출신이라 졸업증명서를 제출하면 우대금리를 받을 수 있다고 들었는데 혹시 적용 가능할까요?
>
> 직원 : 네, 맞습니다. 만기일 전에 영업점 방문하셔서 신청해 주시면 적용받으실 수 있습니다. 그러면 고객님께서 적용받으실 수 있는 총금리는 ______가 됩니다.

① 연 1.5%　　② 연 2.7%

③ 연 3.8%　　④ 연 4.7%

⑤ 연 4.8%

PART 3

※ 다음은 N은행의 서민형 적금 상품에 대한 설명 중 일부이다. 이어지는 질문에 답하시오. [21~22]

〈서민형 적금 상품 설명서〉

구분	내용
상품특징	서민 재산형성을 돕기 위한 적립식 장기저축상품
가입대상	일반 재형저축 가입 자격을 충족하고 다음 항목 중 하나에 해당하는 경우 1) 직전 과세기간 총급여액 2,500만 원 이하 거주자 2) 직전 과세기간 종합소득금액 1,600만 원 이하 거주자 3) 중소기업에 재직하는 청년으로 1), 2)에 해당하지 않는 거주자
가입기간	7년(연장 시 최대 10년)
금리	기본(고정)금리 연 3.1%
세제혜택안내	가입일로부터 의무가입기간(3년) 경과 후 해지 시 이자소득세(15%)를 비과세 처리(단, 이자소득세 감면에 따라 농어촌특별세(1.5%)가 과세, 만기일 이후 발생하는 이자에 대해서는 일반과세)
가입안내	[가입서류] • 서민형 재형저축(소득형) : 소득확인증명서 • 소득확인증명서는 세무서 또는 인터넷 홈텍스에서 발급 가능하며, 청년형 재형저축 가입요건 확인서는 재직회사에서 발급 ※ 서민형 재형저축(청년형) 가입은 영업점에서 가능(인터넷 뱅킹에서는 가입 불가)
특별중도해지	고객의 사망, 해외이주 또는 해지 전 6개월 이내에 다음 중 하나의 사유에 해당하여 계약기간(연장기간 포함) 만료 전에 해지하는 경우 이자소득세(15%) 면제 혜택 유지(농어촌특별세 1.5% 과세) • 천재 · 지변 • 저축자의 퇴직 • 사업장의 폐업, 저축자의 3개월 이상 입원치료 또는 요양을 요하는 상해 · 질병의 발생 • 저축취급기관의 영업정지, 영업인 · 허가 취소, 해산결의 또는 파산선고

Easy

21 A사원은 고객 안내를 위해 위 상품을 분석하고 다음과 같이 메모하였다. A사원의 메모 내용 중 서민형 적금 상품과 가장 거리가 먼 것은?

① 예상소득이 2,500만 원 초과면 가입 불가

② 고정 확정 금리

③ 의무가입기간 있음

④ 일정 기간 이상 연장 불가

⑤ 청년형은 영업점에서만 가입 가능

22 다음 〈조건〉을 참고하여 N은행 서민형 적금을 해지하는 K고객과 L고객에게 입금될 이자액(세후)이 바르게 연결된 것은?

조건

- K고객
  - 가입유지기간 : 5년
  - 이자(세전) : 400,000원
  - 구분 : 중도해지
  - 해지사유 : 타 적금상품 가입
- L고객
  - 가입유지기간 : 2년
  - 이자(세전) : 200,000원
  - 구분 : 중도해지
  - 해지사유 : 해지 1개월 전 교통사고로 인한 입원(전치 16주)

※ 단, 이자는 만기 또는 중도해지 시 일시 지급하며, 적용되는 세금 역시 만기 또는 중도해지 시 발생하는 이자 총금액에 적용함

	K고객	L고객
①	340,000원	170,000원
②	340,000원	197,000원
③	394,000원	170,000원
④	394,000원	197,000원
⑤	402,000원	170,000원

23 N사 해외영업부에 재직 중인 신입사원인 윤지, 순영, 재철, 영민이는 영국, 프랑스, 미국, 일본으로 출장을 간다. 출장은 나라별로 한 명씩 가야 하며, 출장 기간은 서로 중복되지 않아야 한다. 다음 〈조건〉에 따를 때 참인 것은?

> **조건**
> - 윤지는 가장 먼저 출장을 가지 않는다.
> - 재철은 영국 또는 프랑스로 출장을 가야 한다.
> - 영민은 순영보다는 먼저 출장을 가야 하고, 윤지보다는 늦게 가야 한다.
> - 가장 마지막 출장지는 미국이다.
> - 영국 출장과 프랑스 출장은 일정이 연달아 잡히지 않는다.

① 윤지는 프랑스로 출장을 간다.
② 재철은 영국으로 출장을 간다.
③ 영민은 세 번째로 출장을 간다.
④ 순영은 두 번째로 출장을 간다.
⑤ 윤지와 순영은 연이어 출장을 간다.

24 다음 〈조건〉에 따라 교육부, 행정안전부, 보건복지부, 농림축산식품부, 외교부 및 국방부에 대한 국정감사 순서를 정한다고 할 때, 반드시 참인 것은?

> **조건**
> - 행정안전부에 대한 감사는 농림축산식품부와 외교부에 대한 감사 사이에 한다.
> - 국방부에 대한 감사는 보건복지부와 농림축산식품부에 대한 감사보다 늦게 시작되지만, 외교부에 대한 감사보다 먼저 시작되어야 한다.
> - 교육부에 대한 감사는 아무리 늦어도 보건복지부 또는 농림축산식품부 중 적어도 어느 한 부서에 대한 감사보다는 먼저 시작되어야 한다.
> - 보건복지부는 농림축산식품부보다 먼저 감사를 시작한다.

① 교육부는 첫 번째 또는 두 번째에 감사를 시작한다.
② 보건복지부는 두 번째로 감사를 시작한다.
③ 농림축산식품부보다 늦게 감사를 받는 부서의 수가 일찍 받는 부서의 수보다 적다.
④ 국방부는 행정안전부보다 감사를 일찍 시작한다.
⑤ 외교부보다 늦게 감사를 받는 부서가 있다.

25 N사는 6층 건물의 모든 층을 사용하고 있으며, 건물에는 기획부, 인사 교육부, 서비스개선부, 연구·개발부, 해외사업부, 디자인부가 층별로 위치하고 있다. 다음 〈조건〉을 참고할 때 항상 옳은 것은?(단, 6개의 부서는 서로 다른 층에 위치하며, 3층 이하에 위치한 부서의 직원은 출근 시 반드시 계단을 이용해야 한다)

조건

- 기획부의 문대리는 해외사업부의 이주임보다 높은 층에 근무한다.
- 인사 교육부는 서비스개선부와 해외사업부 사이에 위치한다.
- 디자인부의 김대리는 오늘 아침 엘리베이터에서 서비스개선부의 조대리를 만났다.
- 6개의 부서 중 건물의 옥상과 가장 가까이에 위치한 부서는 연구·개발부이다.
- 연구·개발부의 오사원이 인사 교육부 박차장에게 휴가 신청서를 제출하기 위해서는 4개의 층을 내려와야 한다.
- 건물 1층에는 회사에서 운영하는 커피숍이 함께 있다.

① 출근 시 엘리베이터를 탄 디자인부의 김대리는 5층에서 내린다.
② 디자인부의 김대리가 서비스개선부의 조대리보다 먼저 엘리베이터에서 내린다.
③ 인사 교육부와 커피숍은 같은 층에 위치한다.
④ 기획부의 문대리는 출근 시 반드시 계단을 이용해야 한다.
⑤ 인사 교육부의 박차장은 출근 시 연구·개발부의 오사원을 계단에서 만날 수 없다.

PART 3

※ 다음은 대출에 관련된 금융 용어에 대한 설명이다. 이어지는 질문에 답하시오. [26~27]

〈금융 용어〉

1) 거치기간 : 대출을 받은 후 원금을 제외하고, 이자만 납입하는 기간
2) 거치식상환 : 거치기간 동안 이자만 지불하며, 거치기간이 종료되면 원금과 이자를 원하는 방식으로 상환
3) 만기일시상환 : 약정기간 동안 이자만 부담하고 만기에 대출금을 모두 상환
4) 원금균등상환 : 대출원금을 대출기간으로 균등하게 나누어 매월 일정한 금액을 상환하고 이자는 매월 원금의 상환으로 줄어든 대출 잔액에 대해서만 지급
5) 원리금균등상환 : 대출원금과 이자를 대출기간 동안 매달 같은 금액으로 나누어 상환

26 다음 그래프는 대출상환방식에 따른 납입 원금과 납입 이자금액 그래프이다. 대출상환방식과 그 방식에 맞는 그래프가 바르게 연결된 것을 〈보기〉에서 모두 고르면?(단, 7회 차가 만기일이다)

〈그래프〉

• 원금 그래프

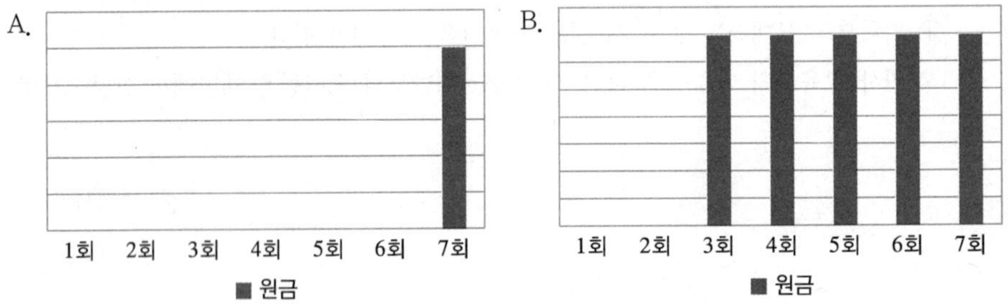

• 이자금액 그래프

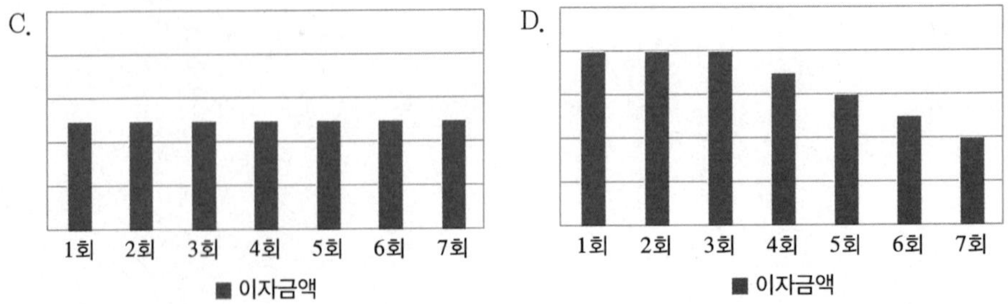

보기

㉠ A－C, 만기일시상환
㉡ A－D, 만기일시상환
㉢ B－C, 거치식 원금균등상환
㉣ B－D, 거치식 원금균등상환
㉤ B－D, 원금균등상환

① ㉠, ㉢
② ㉠, ㉣
③ ㉠, ㉤
④ ㉡, ㉢
⑤ ㉡, ㉤

27 다음은 갑, 을, 병, 정 네 사람의 대출상환방식에 대한 요구사항이다. 요구사항을 고려하여 대출상환방식을 정하려고 할 때, 네 사람이 각각 선택할 대출상환방식이 바르게 연결된 것은?(단, 모두 다른 대출상환방식을 선택했다)

- 갑 : 저는 최대한 이자를 적게 내고 싶습니다.
- 을 : 저는 자금을 계획적으로 운영하고 있습니다. 이에 틀어지지 않도록 매달 상환금액이 동일했으면 좋겠습니다.
- 병 : 저는 전세자금 마련을 위해 큰 금액의 대출을 받아야 하기 때문에 원금과 이자를 매달 상환하는 것은 부담이 됩니다. 하지만 전세기간이 만료되면 원금 전액을 즉시 상환할 수 있습니다.
- 정 : 저는 갑작스러운 병원비로 목돈이 나가 생계가 곤란하여 대출을 받게 되었습니다. 대출은 필요하지만 현 상황에 있어서 상환은 부담이 됩니다. 하지만 매월 소득이 있기에 상황이 안정되면 매달 일정 금액의 원리금을 상환할 수 있습니다.

	거치식상환	만기일시상환	원금균등상환	원리금균등상환
①	병	정	갑	을
②	병	정	을	갑
③	병	을	갑	정
④	정	병	갑	을
⑤	정	병	을	갑

PART 3

※ 다음은 N은행의 새로운 카드 상품에 대한 설명서이다. 이어지는 질문에 답하시오. [28~29]

〈N은행 체크 & 신용카드〉

• 결제 Type(둘 중 하나 선택 가능)
 – 결제 잔고형
  ○ 체크카드 연결계좌에 잔고가 있는 경우에는 모든 거래는 연결계좌에서 결제
  ○ 체크카드 연결계좌에 잔고가 부족한 경우에는 해당 전체 거래금액은 신용카드로 결제
 – 체크한도 지정형
  ○ 고객님께서 체크카드 결제한도를 지정하면, 개별거래금액이 지정한도 이내의 거래이면 연결계좌에서 즉시 결제(최소 5만 원 ~ 최대 300만 원 범위 내에서 1만 원 단위로 선택 가능)
  ○ 고객의 건별 이용금액이 고객이 지정한 체크카드 결제한도를 초과하는 경우에는 전체 거래금액이 신용카드 기능으로 결제
• 체크카드 이용
 – 결제 잔고형의 경우 체크카드 이용한도(아래 이용한도 참조) 내에서만 체크카드로 결제가 가능하며, 이용한도(1회, 1일, 1개월)를 초과하는 경우 이용 불가
• 발급 자격(체크 전용의 경우)
 – 만 14세 이상의 N은행 입출금 계좌를 소유한 국민인 거주자 및 외국인 거주자
 – 만 14세 이상 만 19세 미만 미성년자인 경우 법정대리인의 동의서 필요
  ○ 법정대리인(부모님) 1인이 방문하여 신청(준비서류 : 법정대리인 신분증 및 가족 관계 확인 서류)
 – 신용기능이 부여되지 않은 체크전용카드에 교통기능을 추가하는 경우 : 만 19세 미만은 발급 불가
• 해외 구매 시(신용카드로 사용하는 경우)
 – 해외 VISA 가맹점에서 국내에서 사용하는 것과 같은 방식으로 사용 가능
 – 해외 구매 시에는 국제카드사 브랜드 수수료 1%를 포함하여 매입 일자의 전신환 매도율 적용 후 해외이용수수료(사용금액의 0.25%)가 포함된 금액이 인출되며, 제3국 통화(KRW거래 포함)는 미국 달러로 환산되어 제공됨
 – 해외 구매 건의 경우, 카드 승인 시점에 승인금액의 104%가 계좌에서 인출되며 그 후, 은행에서 전표를 매입하는 시점에 정확한 사용금액이 계좌에서 인출되므로 지급정지 금액과 실제 인출금액은 차이가 있을 수 있으며, 승인 시 인출되는 금액 104%는 브랜드 수수료(1%), 해외이용수수료(0.25%) 및 환율 변동 등을 반영하여 산정됨
 – 카드 검증을 위하여 승인만을 발생시키는 해외 호텔, 렌터카, 항공사, 주유소 등의 해외 가맹점에서는 체크카드 거래가 불가하며, 신용기능이 부여되어 있는 경우 신용카드로 결제가 될 수도 있음
 – 해외 일부 가맹점에서는 국내와 달리 카드의 승인절차를 거치지 않고 결제될 수 있으며, 이 경우 계좌의 잔액 확인 없이 결제가 이루어질 수 있음
• 해외 현금 인출 시
 – 해외 현금 인출 기능 추가 시 해외 N은행 자동화기기 및 전 세계 제휴 자동화기기에서 현금 인출이 가능함

〈ATM 이용 시 현금인출수수료〉

구분	해외 주요 20여 개국 N은행 ATM	전 세계 VISA 제휴 ATM	중국 CUP ATM
인출 수수료	1,000원	2,000원	2,000원
네트워크 수수료	인출금액의 0.1%	인출금액의 0.3%	인출금액의 0.2%
ATM 사용 수수료	–	5,000원	10,000원
미국	– N은행 로고가 부착된 편의점 ATM : 인출 수수료 1,000원+인출금액의 0.2% – NYCE, STAR ATM : 인출 수수료 2,000원+인출금액의 0.2%		

• 이용한도
– 회원의 예금계좌 잔액 범위 내에서 다음의 한도 내에 이용 가능함

구분	1회 한도	1일 한도	1개월 한도
국내외 합산	4백만 원	7백만 원	9백만 원
해외 현금 인출 (미국 달러 기준)	–	4,000달러	25,000달러

28 **다음 중 N은행 카드에 대한 설명으로 옳은 것은?**

① 만 15세 이상인 A씨는 체크카드 기능만 되는 카드를 만들기 위해 본인 신분증 및 가족 관계 확인 서류를 들고 부모님을 동반하여 만들었다.
② B씨는 결제 잔고형으로 만든 카드로 720만 원짜리 명품백을 구매할 수 있었다. 당시 B씨의 연동 계좌에는 천만 원의 금액이 있었다.
③ 독일에서 C씨는 하루에 2,000달러(미국 달러 기준)를 인출하였다. 당시 C씨의 계좌에는 충분한 금액이 들어 있었다.
④ D씨가 체크카드 결제한도를 40만 원으로 정한 상태로 카드를 만들어 60만 원짜리 상품을 샀다면 D씨는 체크한도 지정형 카드를 통해 40만 원은 체크카드, 20만 원은 신용카드로 결제가 된 셈이다.
⑤ E씨는 파리에서 100만 원짜리 가방을 원화로 카드 결제하였다. 이후 수수료 포함 104만 원이 인출된 것을 확인할 수 있었다.

29 **다음은 5명의 사람들이 N은행 카드를 가지고 해외에서 현금을 인출한 내역이다. 현금 인출 수수료가 세 번째로 많은 사람은 누구인가?(단, 미국, 영국, 중국, 일본은 해외 주요 20여국에 포함된다)**

• 갑 : 미국 STAR ATM에서 20만 원을 인출하였다.
• 을 : 영국 N은행 ATM에서 30만 원을 인출하였다.
• 병 : 중국 CUP ATM에서 40만 원을 인출하였다.
• 정 : 일본 VISA 제휴 ATM에서 30만 원을 인출하였다.
• 무 : 미국 N은행 로고가 부착된 편의점 ATM에서 30만 원을 인출하였다.

① 갑　　② 을
③ 병　　④ 정
⑤ 무

PART 3

Hard

30 N기업 인사부의 P사원은 직원들의 근무평정 업무를 수행하고 있다. 가점평정 기준표를 참고했을 때, P사원이 K과장에게 부여해야 할 가점은?

〈가점평정 기준표〉

<table>
<tr><th colspan="2">구분</th><th>내용</th><th>가점</th><th>인정 범위</th><th>비고</th></tr>
<tr><td colspan="2" rowspan="5">근무경력</td><td>본부 근무 1개월
(본부, 연구원, 인재개발원
또는 정부부처
파견근무기간 포함)</td><td>0.03점
(최대 1.8점)</td><td>1.8점</td><td rowspan="5">동일 근무기간에 다른
근무경력 가점과 원거리,
장거리 및 특수지
가점이 중복될 경우
원거리, 장거리 및 특수지
근무가점은 $\frac{1}{2}$만 인정</td></tr>
<tr><td>지역본부 근무 1개월
(지역본부 파견근무기간
포함)</td><td>0.015점
(최대 0.9점)</td><td rowspan="4">1.8점</td></tr>
<tr><td>원거리 근무 1개월</td><td>0.035점
(최대 0.84점)</td></tr>
<tr><td>장거리 근무 1개월</td><td>0.025점
(최대 0.6점)</td></tr>
<tr><td>특수지 근무 1개월</td><td>0.02점
(최대 0.48점)</td></tr>
<tr><td colspan="2" rowspan="2">내부평가</td><td>내부평가결과 최상위 10%</td><td>1회당 0.012점</td><td rowspan="2">0.5점</td><td rowspan="2">현 직급에 누적됨
(승진 후 소멸)</td></tr>
<tr><td>내부평가결과 차상위 10%</td><td>1회당 0.01점</td></tr>
<tr><td rowspan="5">제안</td><td rowspan="3">제안상
결정 시</td><td>금상</td><td>0.25점</td><td rowspan="3">0.5점</td><td rowspan="3">수상 당시 직급에 한정함</td></tr>
<tr><td>은상</td><td>0.15점</td></tr>
<tr><td>동상</td><td>0.1점</td></tr>
<tr><td rowspan="2">시행
결과평가</td><td>탁월</td><td>0.25점</td><td rowspan="2">0.5점</td><td rowspan="2">제안상 수상 당시
직급에 한정함</td></tr>
<tr><td>우수</td><td>0.15점</td></tr>
</table>

〈K과장 가점평정 사항〉

- 입사 후 36개월 동안 본부에서 연구원으로 근무
- 지역본부에서 24개월 근무
  - 지역본부에서 24개월 근무 중 특수지에서 12개월 동안 파견근무
- 본부로 복귀 후 현재까지 총 23개월 근무
- 팀장(직급 : 과장)으로 승진 후 현재까지
  - 내부평가결과 최상위 10% 총 12회
  - 내부평가결과 차상위 10% 총 6회
  - 금상 2회, 은상 1회, 동상 1회 수상
  - 시행결과평가 탁월 2회, 우수 1회

① 3.284점　② 3.454점

③ 3.604점　④ 3.854점

⑤ 3.974점

Easy

31 N기업 경영기획실에서 근무하는 귀하는 매년 부서별 사업계획을 정리하는 업무를 맡고 있다. 부서별 사업계획을 간략하게 정리한 보고서를 보고, 귀하가 할 수 있는 생각으로 가장 적절한 것은?

〈사업별 기간 및 소요예산〉

- A사업 : 총 사업기간은 2년으로, 첫해에는 1조 원, 둘째 해에는 4조 원의 예산이 필요하다.
- B사업 : 총 사업기간은 3년으로, 첫해에는 15조 원, 둘째 해에는 18조 원, 셋째 해에는 21조 원의 예산이 필요하다.
- C사업 : 총 사업기간은 1년으로, 총 소요예산은 15조 원이다.
- D사업 : 총 사업기간은 2년으로, 첫해에는 15조 원, 둘째 해에는 8조 원의 예산이 필요하다.
- E사업 : 총 사업기간은 3년으로, 첫해에는 6조 원, 둘째 해에는 12조 원, 셋째 해에는 24조 원의 예산이 필요하다.

올해를 포함한 향후 5년간 위의 5개 사업에 투자할 수 있는 예산은 다음과 같다.

〈연도별 가용예산〉

(단위 : 조 원)

1차 연도(올해)	2차 연도	3차 연도	4차 연도	5차 연도
20	24	28.8	34.5	41.5

〈규정〉

- 모든 사업은 한번 시작하면 완료될 때까지 중단할 수 없다.
- 예산은 당해 사업연도에 남아도 상관없다.
- 각 사업연도의 예산은 이월될 수 없다.
- 모든 사업을 향후 5년 이내에 반드시 완료한다.

① B사업을 세 번째 해에 시작하고 C사업을 최종연도에 시행한다.
② A사업과 D사업을 첫해에 동시에 시작한다.
③ 첫해에는 E사업만 시작한다.
④ D사업을 첫해에 시작한다.
⑤ 첫해에 E사업과 A사업을 같이 시작한다.

32 N기업은 현재 모든 사원과 연봉 협상을 하는 중이다. 연봉은 전년도 성과지표에 따라서 결정되고 사원들의 성과지표 결과가 다음과 같을 때, 가장 많은 연봉을 받는 사람은?

〈성과지표별 가중치〉

(단위 : 원)

성과지표	수익 실적	업무 태도	영어 실력	동료 평가	발전 가능성
가중치	3,000,000	2,000,000	1,000,000	1,500,000	1,000,000

〈사원별 성과지표 결과〉

구분	수익 실적	업무 태도	영어 실력	동료 평가	발전 가능성
A사원	3	3	4	4	4
B사원	3	3	3	4	4
C사원	5	2	2	3	2
D사원	3	3	2	2	5
E사원	4	2	5	3	3

※ (당해 연도 연봉)=3,000,000원+(성과급)
※ 성과급은 각 성과지표와 그에 해당하는 가중치를 곱한 뒤 모두 더함
※ 성과지표의 평균이 3.5 이상인 경우 당해 연도 연봉에 1,000,000원이 추가됨

① A사원
② B사원
③ C사원
④ D사원
⑤ E사원

33 N기업은 직원들에게 매월 25일 월급을 지급하고 있다. A대리는 이번 달 급여명세서를 보고 자신의 월급이 잘못 나왔음을 알았다. 다음 〈조건〉을 참고하여, 다음 달 A대리가 상여금과 다른 수당들이 없고 기본급과 식대, 소급액만 받는다고 할 때, 소급된 금액과 함께 받을 월급은 총 얼마인가?(단, 4대 보험은 국민연금, 건강보험, 장기요양, 고용보험이다. 각 항목의 금액은 원 단위 이하는 절사한다)

〈급여명세서〉

(단위 : 원)

성명 : A	직급 : 대리	지급일 : 2025-3-25	
지급항목	지급액	공제항목	공제액
기본급	2,000,000	소득세	17,000
야근수당(2일)	80,000	주민세	1,950
휴일수당	-	고용보험	13,000
상여금	50,000	국민연금	90,000
기타	-	장기요양	4,360
식대	100,000	건강보험	67,400
교통비	-	연말정산	-
복지후생	-		
		공제합계	193,710
급여계	2,230,000	차감수령액	2,036,290

조건

- 국민연금은 9만 원이고, 건강보험은 기본급의 6.24%이며 회사와 50%씩 부담한다.
- 장기요양은 건강보험 총금액의 7% 중 50%만 내고, 고용보험은 13,000원이다.
- 잘못 계산된 금액은 다음 달에 소급한다.
- 야근수당은 하루당 기본급의 2%이며, 상여금은 5%이다.
- 다른 항목들의 금액은 급여명세서에 명시된 것과 같으며, 매달 같은 조건이다.

① 1,865,290원
② 1,866,290원
③ 1,924,290원
④ 1,966,290원
⑤ 1,986,290원

PART 3

Hard

34 A대리는 3월 전기자동차 품의비를 제출하려고 한다. 3월 총 품의비로 옳은 것은?(단, 품의비에는 렌트비와 충전요금이 포함된다)

〈일정표〉

구분	시간	세부내용
3월 10일(월)	8:00 ~ 13:00	화성 A공장 부지 답사(5명)
3월 11일(화)	18:00 ~ 21:00	수원 B업체와 현장 미팅(4명)
3월 12일(수)	8:00 ~ 12:00	송도 ○○센터 D홀 국제포럼 참석(7명)
3월 13일(목)	10:00 ~ 15:00	성남 H협력업체 출장(3명)
3월 14일(금)	11:00 ~ 16:00	일산 킨텍스 방문(2명)
3월 15일(토)	20:00 ~ 22:00	안산 C업체 공장 야간조업 현장 방문(6명)

〈전기자동차 렌트요금〉

구분	4인용	7인용
요금	45,000원	50,000원

※ 전기자동차는 탑승인원이 모두 탈 수 있어야 하며, 5인 이상인 경우에만 7인용을 렌트함
※ 전기자동차 이용시간 내에 저압전력으로 20kW씩 1일 1회 충전해야 함
※ 5일 이상 연속으로 이용 시 렌트비 총금액에서 10%를 할인함
※ 충전 가능 시간 : 8 ~ 9시, 14 ~ 15시, 20 ~ 21시

〈전기자동차 충전전력요금〉

구분		기본요금(원)	전력량 요금(원/kWh)			
			시간대	여름철	봄·가을철	겨울철
자가소비	저압	2,390	경부하	57.6	58.7	80.7
			중간부하	145.3	70.5	128.2
			최대부하	232.5	75.4	190.8
	고압	2,580	경부하	52.5	53.5	69.9
			중간부하	110.7	64.3	101.0
			최대부하	163.7	68.2	138.8

※ 전력량 요금 계산 시 원 단위 이하는 절사함

〈계절별·시간대별 구분〉

구분	여름철 / 봄·가을철 (6 ~ 8월) / (3 ~ 5월, 9 ~ 10월)	겨울철 (11 ~ 2월)
경부하 시간대	23:00 ~ 09:00	23:00 ~ 09:00
중간부하 시간대	09:00 ~ 10:00 12:00 ~ 13:00 17:00 ~ 23:00	09:00 ~ 10:00 12:00 ~ 17:00 20:00 ~ 22:00
최대부하 시간대	10:00 ~ 12:00 13:00 ~ 17:00	10:00 ~ 12:00 17:00 ~ 20:00 22:00 ~ 23:00

① 273,000원
② 275,000원
③ 277,000원
④ 279,000원
⑤ 281,000원

PART 3

35 다음은 개발부에서 근무하는 A사원의 4월 근태기록이다. 다음 규정을 참고할 때, A사원이 받을 시간외근무수당은 얼마인가?(단, 정규근로시간은 09:00 ~ 18:00이다)

〈시간외근무 규정〉

- 시간외근무(조기출근 포함)는 1일 4시간, 월 57시간을 초과할 수 없다.
- 시간외근무수당은 1일 1시간 이상 시간외근무를 한 경우에 발생하며, 1시간을 공제한 후 매분 단위까지 합산하여 계산한다(단, 월 단위 계산 시 1시간 미만은 절사함).
- 시간외근무수당 지급단가 : 사원(7,000원), 대리(8,000원), 과장(10,000원)

〈A사원의 4월 근태기록(출근시간 / 퇴근시간)〉

- 4월 1일부터 4월 15일까지의 시간외근무시간은 12시간 50분(1일 1시간 공제 적용)이다.

18일(월)	19일(화)	20일(수)	21일(목)	22일(금)
09:00 / 19:10	09:00 / 18:00	08:00 / 18:20	08:30 / 19:10	09:00 / 18:00
25일(월)	26일(화)	27일(수)	28일(목)	29일(금)
08:00 / 19:30	08:30 / 20:40	08:30 / 19:40	09:00 / 18:00	09:00 / 18:00

※ 주말 특근은 고려하지 않음

① 112,000원
② 119,000원
③ 126,000원
④ 133,000원
⑤ 140,000원

36 K컨벤션에서 회의실 예약업무를 담당하고 있는 A씨는 2주 전 N기업으로부터 오전 10 ~ 12시에 35명, 오후 1 ~ 4시에 10명이 이용할 수 있는 회의실 예약문의를 받았다. A씨는 회의실 예약 설명서를 N기업으로 보냈고 N기업은 자료를 바탕으로 회의실을 선택하여 621,000원을 결제했다. 그러나 이용일 4일 전 N기업이 오후 회의실 사용을 취소했을 때, 〈조건〉에 따라 N기업에 주어야 할 환불금액은?(단, 회의에서는 노트북과 빔 프로젝터를 이용하며, 부대장비 대여료도 환불규칙에 포함된다)

〈회의실 사용료(VAT 포함)〉

회의실	수용 인원(명)	면적(m^2)	기본임대료(원)		추가임대료(원)	
			기본시간	임대료	추가시간	임대료
대회의실	90	184	2시간	240,000	시간당	120,000
별실	36	149		400,000		200,000
세미나 1	21	43		136,000		68,000
세미나 2						
세미나 3	10	19		74,000		37,000
세미나 4	16	36		110,000		55,000
세미나 5	8	15		62,000		31,000

〈부대장비 대여료(VAT 포함)〉

장비명	사용료(원)				
	1시간	2시간	3시간	4시간	5시간
노트북	10,000	10,000	20,000	20,000	30,000
빔 프로젝터	30,000	30,000	50,000	50,000	70,000

조건

- 기본임대 시간은 2시간이며, 1시간 단위로 연장할 수 있습니다.
- 예약 시 최소 인원은 수용 인원의 과반수 이상이어야 합니다.
- 예약 가능한 회의실 중 비용이 저렴한 쪽을 선택해야 합니다.

〈환불규칙〉

- 결제완료 후 계약을 취소하시는 경우 다음과 같이 취소 수수료가 발생합니다.
  - 이용일 기준 7일 이전 : 취소 수수료 없음
  - 이용일 기준 6일 ~ 3일 이전 : 취소 수수료 10%
  - 이용일 기준 2일 ~ 1일 이전 : 취소 수수료 50%
  - 이용일 당일 : 환불 없음
- 회의실에는 음식물을 반입하실 수 없습니다.
- 이용일 7일 전까지(7일 이내 예약 시에는 예약신청일 중) 결제하셔야 합니다.
- 결제변경은 해당 회의실 이용시간 전까지 가능합니다.

① 162,900원
② 183,600원
③ 211,500원
④ 246,600원
⑤ 387,000원

37 N기업은 창립 10주년을 맞이하여 전 직원 단합대회를 준비하고 있다. 이를 위해 사장 K는 여행상품 중 한 가지를 선정하려 하는데, 직원 투표 결과를 통해 결정하려고 한다. 직원 투표 결과와 상품별 1인당 비용은 다음과 같으며, 추가로 행사를 위한 부서별 고려사항을 참고하여 선택할 때, 〈보기〉의 설명 중 옳은 것을 모두 고르면?

〈직원 투표 결과〉

(단위 : 표)

상품	1인당 비용(원)	투표 결과					
		총무팀	영업팀	개발팀	홍보팀	공장 1	공장 2
A	500,000	2	1	2	0	15	6
B	750,000	1	2	1	1	20	5
C	600,000	3	1	0	1	10	4
D	1,000,000	3	4	2	1	30	10
E	850,000	1	2	0	2	5	5

〈상품별 혜택 정리〉

상품	날짜	장소	식사 제공	차량 지원	편의시설	체험시설
A	5/10 ~ 5/11	해변	○	○	×	×
B	5/10 ~ 5/11	해변	○	○	○	×
C	6/7 ~ 6/8	호수	○	○	○	×
D	6/15 ~ 6/17	도심	○	×	○	○
E	7/10 ~ 7/13	해변	○	○	○	×

〈부서별 고려사항〉

- 총무팀 : 행사 시 차량 지원 가능함
- 영업팀 : 6월 초순에 해외 바이어와 가격 협상 회의 일정
- 공장 1 : 3일 연속 공장 비가동 시 품질 저하 예상됨
- 공장 2 : 7월 중순 공장 이전 계획 있음

보기

㉠ 여행 상품 비용은 총 1억 500만 원이 필요하다.
㉡ 투표 결과, 가장 인기 있는 여행 상품은 B이다.
㉢ 공장 1의 A, B 투표 결과가 바뀐다면 여행 상품 선택은 변경된다.

① ㉠
② ㉠, ㉡
③ ㉠, ㉢
④ ㉡, ㉢
⑤ ㉠, ㉡, ㉢

38 김주임은 해외 주택청약 사례와 관련된 세미나를 준비하기 위해 서울 지부에서 부산 본사로 출장을 갈 예정이다. 제시된 자료와 김주임의 세미나 일정을 참고할 때, 부산 본사 출장 이후 서울 지부로 다시 돌아오기까지의 교통비와 물품 구입비의 합은?

〈김주임의 세미나 일정〉

- 세미나는 6월 24일 오후 2시에 시작하여 오후 6시에 끝나며, 김주임은 당일 내려갔다 당일 세미나가 종료된 직후 서울 지부로 복귀한다(교통비는 가능한 최소화한다).
- 김주임은 세미나 시작 2시간 전에 부산 본사에 도착할 예정이다.
- 김주임은 필요한 물품을 구입하여 부산으로 출발한다.
- 서울 지부와 김포공항 간에는 택시를 이용하며, 소요시간은 30분, 비용은 2만 원이다(부산 본사와 김해공항 간에도 동일한 시간과 요금이 소요된다)

〈김포공항 – 김해공항 항공편〉

항공편	출발일	출발시간	도착시간	요금(편도)
AX381	6월 24일	09:30	10:40	38,500원
TA335	6월 24일	10:40	11:40	33,000원
AC491	6월 24일	11:30	12:50	45,000원
BU701	6월 24일	12:20	13:30	29,000원

〈김해공항 – 김포공항 항공편〉

항공편	출발일	출발시간	도착시간	요금(편도)
TC830	6월 24일	18:20	19:40	44,800원
YI830	6월 24일	18:30	20:00	48,000원

〈필요 물품 수량 및 비용〉

구분	필요 수량	개당 가격
유리잔	2개	5,000원
파일	4권	1,000원
유성매직	1자루	2,000원
테이프	2개	1,500원

① 125,500원
② 148,000원
③ 165,000원
④ 185,500원
⑤ 213,000원

39 김사원은 N은행에서 판매하는 적금 또는 펀드 상품에 가입하려고 한다. 다음은 N은행에서 추천하는 5개의 상품별 만족도와 상품의 평점 적용 기준이다. 그런데 김사원이 상품 정보를 알아보던 중 기본금리와 우대금리의 만족도를 바꿔 기록하였다고 할 때, 원래의 순위보다 순위가 올라간 상품은?(단, 평점은 만족도에 가중치를 적용한 값이다)

〈상품별 항목 만족도〉

(단위 : 점)

구분	기본금리	우대금리	계약기간	납입금액
A적금	4	3	2	2
B적금	2	2	3	4
C펀드	5	1	2	3
D펀드	3	4	2	3
E적금	2	1	4	3

〈중요 항목 순위 및 가중치〉

구분	첫 번째	두 번째	세 번째	네 번째
가중치	50	30	15	5
항목 순위	기본금리	납입금액	우대금리	계약기간

※ 중요 항목 순위 및 가중치는 주요 고객 천 명을 대상으로 조사하였음

① A적금, B적금
② C펀드, D펀드
③ B적금, D펀드
④ D펀드, E적금
⑤ C펀드, E적금

40 N은행에서 근무하는 김사원은 P고객에게 적금 만기를 통보하고자 한다. P고객의 적금 상품 가입 정보가 다음과 같을 때, 김사원이 P고객에게 안내할 만기 수령액은 얼마인가?(단, 세금은 고려하지 않는다)

〈P고객의 적금 상품 가입 정보〉

- 상품명 : 튼튼준비적금
- 가입자 : 본인(개인)
- 가입기간 : 24개월
- 가입금액 : 매월 1일 120,000원 납입
- 적용금리 : 연 2.5%
- 저축방법 : 정기적립식
- 이자지급방식 : 만기일시지급, 단리식

① 2,718,000원
② 2,750,400원
③ 2,875,500원
④ 2,955,000원
⑤ 2,975,000원

PART 3

※ 다음은 N은행의 여신관련 수수료 비용이다. 이어지는 질문에 답하시오. [41~42]

〈여신관련 항목별 수수료 비용〉

구분	대상항목	징수시기	징수금액
제증명서 발급 수수료	부채 잔액증명서 (타 저축은행의 경우)	증명서 발급 시	건당 3,000원 (건당 6,000원)
	각종 거래 확인서		건당 4,000원
	회계 감사용		건당 60,000원
대출 기한 전 상환 수수료	대출기한 전 상환	기한 전 상환 시	상환금액의 3%
PF대출 수수료	프로젝트 파이낸싱 심사 및 여신을 신청하는 경우 관련 수수료 수취	대출금 취급 시	약정금액의 1.8%
주선 수수료	타 금융기관과 공동대출 시 주선 업무를 수행한 경우	주선업무 협약 시	전체 약정금액의 5%
대리은행 수수료	자금 입출금 및 집행 등의 자금관리 업무를 수행하는 경우	대출금 취급 시	전체 약정금액의 3%
기업 한도 거래 수수료	한도약정 수수료 또는 약정한도미사용 수수료 (중복 수취불가)	한도액 개시일	약정금액의 2.5%

41 B기업을 운영하는 기업인 A씨는 2024년에 N은행과 다음과 같은 업무를 진행하였다. 다음 중 A씨가 가장 나중에 내야 하는 수수료는?

〈업무 진행 현황〉

- 3월 7일 A씨는 N은행과 B기업에 대한 기업 한도액 3천만 원의 약정을 체결하고, 한도액의 개시일은 3개월 후로 결정하였다.
- 2월 11일 A씨는 회계 감사용 제증명서를 발급받기 위해 N은행에 찾았다.
- 5월 21일 A씨는 P은행과 N은행에 공동 대출을 신청하였으며 N은행에게 주선 업무를 맡겼는데 N은행 측에서는 한 달 후에 협약을 맺자고 하였다.
- 1월 13일에 빌린 대출금 1억을 2024년 3월 23일 일시에 미리 완납하였다.
- 6월 18일 A씨는 부채 잔액을 증명하기 위하여 N은행에 찾았다.

① 제증명서 발급 수수료 중 부채 잔액증명서
② 기업 한도 거래 수수료
③ 주선 수수료
④ 제증명서 발급 수수료 중 회계 감사용
⑤ 대출 기한 전 상환 수수료

42 고객 갑 ~ 무 5명에게 발생한 수수료가 〈보기〉와 같을 때, N은행에 가장 많은 수수료를 낸 사람과 가장 적게 낸 사람의 금액 차이는?

보기

- 갑 : 자금 입출금 5백만 원을 N은행에게 위탁하여 자금관리 업무를 수행하게끔 하였다.
- 을 : 기존에 N은행에 빌렸던 1천만 원을 대출 기한 전에 상환하였다.
- 병 : L은행과 공동대출을 할 때 N은행이 주선 업무를 수행하였으며 5백만 원 대출금으로 하였다.
- 정 : L은행에 제출할 부채 잔액증명서 5백만 원을 N은행에게 의뢰하였다.
- 무 : N은행에게 3백만 원의 한도약정 수수료를 요청하였다.

① 300,000원
② 298,000원
③ 296,000원
④ 294,000원
⑤ 294,000원

Hard

43 A씨는 미국에서 사업을 하고 있는 지인으로부터 투자 제의를 받았다. 투자성이 높다고 판단한 A씨는 5월 4일에 지인에게 1,000만 원을 달러로 환전하여 송금하였다. 이후 5월 22일에 지인으로부터 원금과 투자수익 10%를 달러로 돌려받고 당일 원화로 환전하였다. A씨는 원화기준으로 원금 대비 몇 %의 투자수익을 달성하였는가?(단, 매매기준율로 환전하고, 기타 수수료는 발생하지 않으며, 환전 시 달러 및 원 단위 미만은 절사하고, 투자수익률은 소수점 첫째 자리에서 반올림한다)

〈5월 원/달러 매매기준율 변동 추이(휴일 제외)〉

(단위 : 원/달러)

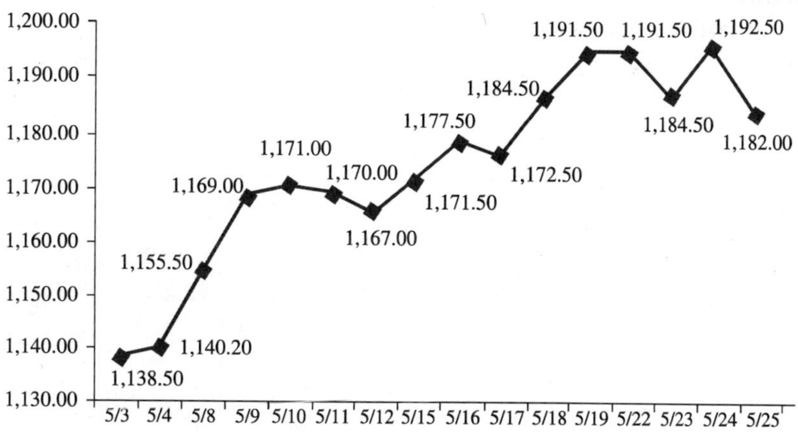

① 10%
② 13%
③ 15%
④ 18%
⑤ 20%

※ 다음은 A대리가 가입하고자 하는 N은행의 신상 단리 적금 상품인 '별빛적금'에 대한 정보이다. 이어지는 질문에 답하시오. **[44~45]**

〈별빛적금〉

• 가입대상

실명의 개인

• 가입기간

24개월, 36개월, 48개월 중 선택

• 적립방법 및 저축금액

– 정액적립 : 매월 1만 원 이상 250만 원 이하

– 추가적립 : 월 정액적립금액을 초과한 금액으로 최대 50만 원 이하

• 기본금리

가입기간	금리
24개월	연 1.2%
36개월	연 1.5%
48개월	연 2.0%

• 우대금리

우대사항	적용이율	내용
월급이체 우대	연 0.2%p	월급통장에서 해당 적금 계좌로 정기 이체할 경우
제휴통신사 우대	연 0.1%p 또는 연 0.15%p	– 해당 적금 가입일 현재 K통신사 고객이며, N은행 계좌에서 통신요금을 자동이체 중인 경우(연 0.1%p) – 해당 적금 가입일 현재 P통신사 고객이며, N은행 계좌에서 통신요금을 자동이체 중인 경우(연 0.15%p)
제휴보험사 보험상품 가입 우대	연 0.2%p	해당 적금 가입일 현재 T보험사의 자동차보험 또는 생명보험에 가입한 경우
우수거래 고객 우대	연 0.2%p	해당 적금 가입일 기준 예금주의 N은행 거래기간이 2년 이상인 경우(N은행 계좌 최초개설일을 거래기간의 기산점으로 함)

※ 우대금리는 최대 연 0.4%p까지 적용

※ 만기 전 해지 시 우대이율 미적용

44 A대리는 2025년 2월 1일에 별빛적금에 가입하고자 한다. A대리에 대한 정보가 다음과 같을 때, A대리의 만기 수령액은 얼마인가?(단, 세금은 고려하지 않는다)

〈정보〉

- 가입기간을 36개월로 하여 본인 명의로 가입하고자 한다.
- 월급통장에서 별빛적금 계좌로 매월 1일 100만 원을 납입할 계획이다.
- K통신사 고객이며, 타 은행 계좌에서 통신요금을 자동이체 중이다.
- 2024년 8월부터 T보험사의 생명보험에 가입 중이다.
- 별빛적금 가입이 N은행과의 최초거래이다.

① 36,150,700원
② 36,940,200원
③ 37,054,500원
④ 37,505,000원
⑤ 37,605,200원

45 A대리의 상황에 대한 정보가 다음과 같이 바뀌었다. A대리가 2025년 3월 1일에 별빛적금에 가입하고자 할 때, A대리에게 적용되는 금리와 만기 시 받을 수 있는 이자액이 바르게 연결된 것은?(단, 세금은 고려하지 않는다)

〈정보〉

- 가입기간을 24개월로 하여 본인 명의로 가입하고자 한다.
- 월급통장이 아닌 통장에서 매월 1일 150만 원을 납입할 계획이다.
- P통신사 고객이며, N은행 계좌에서 통신요금을 자동이체 중이다.
- 2024년 12월부터 Q보험사의 자동차보험에 가입 중이다.
- 2022년 1월에 N은행 계좌를 처음으로 개설하였다.

	적용금리	만기 수령 이자액
①	연 1.40%	525,000원
②	연 1.55%	581,250원
③	연 1.55%	637,500원
④	연 1.70%	581,250원
⑤	연 1.70%	637,500원

PART 3

46 다음은 AIIB(Asian Infrastructure Investment Bank)의 지분율 상위 10개 회원국의 지분율과 투표권 비율에 대한 자료이다. 이에 대한 설명으로 옳은 것을 〈보기〉에서 모두 고르면?

〈지분율 상위 10개 회원국의 지분율과 투표권 비율〉

(단위 : %)

회원국	지역	지분율	투표권 비율
중국	A	30.34	26.06
인도	A	8.52	7.51
러시아	B	6.66	5.93
독일	B	4.57	4.15
한국	A	3.81	3.50
호주	A	3.76	3.46
프랑스	B	3.44	3.19
인도네시아	A	3.42	3.17
브라질	B	3.24	3.02
영국	B	3.11	2.91

※ $(\text{회원국의 지분율})=\frac{(\text{해당 회원국이 AIIB에 출자한 자본금})}{(\text{AIIB의 자본금 총액})}\times 100$

※ 지분율이 높을수록 투표권 비율이 높아짐

보기

㉠ 지분율 상위 4개 회원국의 투표권 비율을 합하면 40% 이상이다.

㉡ 중국을 제외한 지분율 상위 9개 회원국 중 지분율과 투표권 비율의 차이가 가장 큰 회원국은 인도이다.

㉢ 지분율 상위 10개 회원국 중 A지역 회원국의 지분율 합은 B지역 회원국의 지분율 합의 3배 이상이다.

㉣ AIIB의 자본금 총액이 2,000억 달러라면, 독일과 프랑스가 AIIB에 출자한 자본금의 합은 160억 달러 이상이다.

① ㉠, ㉡ ② ㉡, ㉢

③ ㉢, ㉣ ④ ㉠, ㉡, ㉣

⑤ ㉠, ㉢, ㉣

47 다음은 2024년 국내 신규 박사학위 취득자 분포에 대한 자료이다. 이에 대한 <보기>의 설명 중 옳은 것을 모두 고르면?

〈연령별 박사학위 취득자 분포〉

(단위 : 명)

구분	남성	여성
30세 미만	196	141
30세 이상 35세 미만	1,811	825
35세 이상 40세 미만	1,244	652
40세 이상 45세 미만	783	465
45세 이상 50세 미만	577	417
50세 이상	1,119	466
합계	5,730	2,966

〈전공계열별 박사학위 취득자 분포〉

(단위 : 명)

구분	남성	여성
인문계열	357	368
사회계열	1,024	649
공학계열	2,441	332
자연계열	891	513
의약계열	581	537
교육·사범계열	172	304
예술·체육계열	266	260
합계	5,732	2,963

보기

㉠ 남성 박사학위 취득자 중 50세 이상이 차지하는 비율은 여성 박사학위 취득자 중 50세 이상이 차지하는 비율보다 높다.

㉡ 전공계열별 박사학위 취득자 중 여성보다 남성의 비율이 높은 순위는 1위가 공학계열, 2위가 사회계열, 3위가 자연계열 순서이다.

㉢ 남성의 연령별 박사학위 취득자 수가 많은 순서와 여성의 연령별 박사학위 취득자 수가 많은 순서는 같다.

㉣ 연령대가 올라갈수록 남녀 박사학위 취득자 수의 차이는 점점 커지고 있다.

① ㉠, ㉡
② ㉠, ㉢
③ ㉠, ㉣
④ ㉡, ㉢
⑤ ㉡, ㉣

Easy

48 다음은 신용등급에 따른 이자율을 나타낸 자료이다. 이자율을 부여하는 회사는 A, B 두 회사가 있으며 〈조건〉이 다음과 같을 때, 〈보기〉에서 옳은 것을 모두 고르면?

〈회사별 신용등급 이자율〉

(단위 : %)

구분	A회사	B회사
1등급	0.36	
2등급		0.80
3등급		
4등급		
5등급	1.80	2.40

조건

- 신용등급은 1 ~ 5등급까지 나누어지며, 5등급으로 갈수록 A, B회사 모두 이자율이 높아진다.
- B회사는 같은 등급일 경우 항상 A회사보다 이자율이 높거나 같다.
- A, B회사의 3등급 산정기준은 각 회사의 1등급과 5등급의 평균값이다.

보기

㉠ A회사 3등급의 이자율은 1.28%이다.
㉡ B회사 3등급의 이자율은 1.38%보다 크거나 같을 것이다.
㉢ A회사 2등급의 이자율은 0.36%보다는 크고 0.8%보다는 작거나 같을 것이다.
㉣ B회사 4등급의 이자율은 1.52%보다 클 것이다.

① ㉠, ㉡
② ㉠, ㉢
③ ㉡, ㉢
④ ㉡, ㉣
⑤ ㉢, ㉣

49 다음은 금융기관별 연간 보험료 산출식이다. 금융기관 A～E사의 정보가 다음과 같을 때, A～E사 중 연간 보험료가 가장 낮은 곳은 어디인가?

〈금융기관별 연간 보험료 산출식〉

금융기관	연간 보험료 산출식
투자매매・중개업자	(예금 등의 연평균잔액)$\times\frac{15}{10,000}$
보험회사	[(책임준비금+수입보험료)÷2]$\times\frac{15}{10,000}$
종합금융회사	(예금 등의 연평균잔액)$\times\frac{15}{10,000}$
상호저축은행	(예금 등의 연평균잔액)$\times\frac{40}{10,000}$

〈금융기관별 정보〉

(단위 : 원)

구분	금융기관 종류	예금 등의 연평균잔액	책임준비금	수입보험료
A사	보험회사	34억 1천만	25억 2천만	13억 6천만
B사	종합금융회사	21억 5천만	–	–
C사	투자매매업자	12억 9천만	–	–
D사	상호저축은행	5억 2천만	–	–
E사	보험회사	28억 5천만	20억 8천만	17억 4천만

① A사
② B사
③ C사
④ D사
⑤ E사

50 다음 시트와 같이 월~금요일까지는 '업무'로, 토요일과 일요일에는 '휴무'로 표시하고자 할 때 [B2] 셀에 입력해야 할 함수식으로 옳지 않은 것은?

	A	B
1	일자	휴무, 업무
2	2023-01-07	휴무
3	2023-01-08	휴무
4	2023-01-09	업무
5	2023-01-10	업무
6	2023-01-11	업무
7	2023-01-12	업무
8	2023-01-13	업무

① =IF(OR(WEEKDAY(A2,0)=0,WEEKDAY(A2,0)=6),"휴무","업무")

② =IF(OR(WEEKDAY(A2,1)=1,WEEKDAY(A2,1)=7),"휴무","업무")

③ =IF(OR(WEEKDAY(A2,2)=6,WEEKDAY(A2,2)=7),"휴무","업무")

④ =IF(WEEKDAY(A2,2)>=6,"휴무","업무")

⑤ =IF(WEEKDAY(A2,3)>=5,"휴무","업무")

51 다음 시트와 같이 상품이 '하모니카'인 악기의 평균 매출액을 구하려고 할 때, [E11] 셀에 입력해야 할 함수식으로 옳은 것은?

	A	B	C	D	E
1	모델명	상품	판매금액	판매수량	매출액
2	D7S	통기타	189,000	7	1,323,000
3	LC25	우쿨렐레	105,000	11	1,155,000
4	N1120	하모니카	60,000	16	960,000
5	MS083	기타	210,000	3	630,000
6	H904	하모니카	63,000	25	1,575,000
7	C954	통기타	135,000	15	2,025,000
8	P655	기타	193,000	8	1,544,000
9	N1198	하모니카	57,000	10	513,000
10	하모니카의 평균 판매수량				17
11	하모니카 평균 매출액				1,016,000

① =COUNTIF(B2:B9,"하모니카")

② =AVERAGE(E2:E9)

③ =AVERAGEIFS(B2:B9,E2:E9,"하모니카")

④ =AVERAGEA(B2:B9,"하모니카",E2:E9)

⑤ =AVERAGEIF(B2:B9,"하모니카",E2:E9)

※ N기업에 근무 중인 S사원은 체육대회를 준비하고 있으며 S사원은 체육대회에 사용될 물품 구입비를 다음과 같이 엑셀로 정리하였다. 이어지는 질문에 답하시오. **[52~53]**

	A	B	C	D	E
1	구분	물품	개수	단가(원)	비용(원)
2	의류	A팀 체육복	15	20,000	300,000
3	식품류	과자	40	1,000	40,000
4	식품류	이온음료수	50	2,000	100,000
5	의류	B팀 체육복	13	23,000	299,000
6	상품	수건	20	4,000	80,000
7	상품	USB	10	10,000	100,000
8	의류	C팀 체육복	14	18,000	252,000
9	식품류	김밥	30	3,000	90,000

Easy

52 S사원은 표에서 단가가 두 번째로 높은 물품의 금액을 알고자 한다. 다음 중 S사원이 입력해야 할 함수식으로 옳은 것은?

① =MAX(D2:D9,2)
② =MIN(D2:D9,2)
③ =MID(D2:D9,2)
④ =LARGE(D2:D9,2)
⑤ =INDEX(D2:D9,2)

53 S사원은 구입물품 중 의류의 총개수를 파악하고자 한다. 다음 중 S사원이 입력해야 할 함수식으로 옳은 것은?

① =SUMIF(A2:A9,A2,C2:C9)
② =COUNTIF(C2:C9,C2)
③ =VLOOKUP(A2,A2:A9,1,0)
④ =HLOOKUP(A2,A2:A9,1,0)
⑤ =AVERAGEIF(A2:A9,A2,C2:C9)

54 다음 프로그램에서 빈칸 ㉠에 들어갈 코드로 옳은 것은?

```
#include <stdio.h>
void main( ){
      int *deRef;
      int year=2024;
      ______㉠______
      printf("year : %d\n", *deRef);

}

실행결과
year : 2024
```

① deRef=year;
② deRef=&year;
③ *deRef=&year;
④ deRef=*year;
⑤ *deRef=*year;

Hard

55 다음 프로그램의 실행 결과로 옳은 것은?

```
#include <stdio.h>

#define SUB(a, b) a-b
#define PRT(c) printf("%d", c)

int main(void)
{
   int result;
   int a1=1, a2=2;
   result=SUB(a1, a2);
   PRT(result);
   return 0;
}
```

① 0
② 1
③ −1
④ 2
⑤ −2

02 일반, 카드, 글로벌

56 **A팀장은 급하게 해외 출장을 떠나면서 B대리에게 다음과 같은 메모를 남겨두었다. B대리가 가장 먼저 처리해야 할 일로 가장 적절한 것은?**

> B대리, 지금 급하게 해외 출장을 가야 해서 오늘 처리해야 하는 것들 메모 남겨요.
> 오후 2시에 거래처와 미팅 있는 거 알고 있죠? 오전 내로 거래처에 전화해서 다음 주 중으로 다시 미팅날짜 잡아줘요. 그리고 오늘 신입사원들과 점심 식사하기로 한 거 난 참석하지 못하니까 다른 직원들이 참석해서 신입사원들 고충도 좀 들어주고 해요. 식당은 지난번 갔었던 한정식집이 좋겠네요. 점심 시간에 많이 붐비니까 오전 10시까지 예약전화하는 것도 잊지 말아요. 식비는 법인카드로 처리하도록 하고. 오후 5시에 진행할 회의 PPT는 거의 다 준비되었다고 알고 있는데 바로 나한테 메일로 보내줘요. 확인하고 피드백할게요. 아, 그 전에 내가 중요한 자료를 안 가지고 왔어요. 그것부터 메일로 보내줘요. 고마워요.

① 거래처에 미팅일자 변경 전화를 한다.
② 점심 예약전화를 한다.
③ 회의 자료를 준비한다.
④ 메일로 회의 PPT를 보낸다.
⑤ 메일로 A팀장이 요청한 자료를 보낸다.

PART 3

57 **다음 상황에서 A사가 해외 시장 개척을 앞두고 기존의 조직구조를 개편할 경우, A사가 추가해야 할 조직으로 적절하지 않은 것은?**

> A사는 몇 년 전부터 자체 기술로 개발한 제품의 판매 호조로 인해 기대 이상의 수익을 창출하게 되었다. 경쟁 업체들이 모방할 수 없는 독보적인 기술력을 앞세워 국내 시장을 공략한 결과, 이미 더 이상의 국내 시장 경쟁자들은 없다고 할 만큼 탄탄한 시장 점유율을 확보하였다. 이러한 A사의 사장은 올 초부터 해외 시장 진출의 꿈을 갖고 필요한 자료를 수집하기 시작하였다. 충분한 자금력을 확보한 A사는 우선 해외 부품 공장을 인수한 후 현지에 생산 기지를 건설하여 국내에서 생산되는 물량의 절반 정도를 현지로 이전하여 생산하고, 이를 통한 물류비 절감으로 주변국들부터 시장을 넓혀가겠다는 야심찬 계획을 가지고 있다. 한국 본사에서는 내년까지 4～5곳의 해외 거래처를 더 확보하여 지속적인 해외 시장 개척에 매진한다는 중장기 목표를 대내외에 천명해 둔 상태이다.

① 해외관리팀
② 외환업무팀
③ 기업회계팀
④ 국제법무팀
⑤ 통관물류팀

58 **다음 글에 제시된 조직의 특징으로 가장 적절한 것은?**

> N회사의 사내 봉사 동아리에 소속된 70여 명의 임직원이 연탄 나르기 봉사활동을 펼쳤다. 이날 임직원들은 지역 주민들이 보다 따뜻하게 겨울을 날 수 있도록 연탄 총 3,000장과 담요를 직접 전달했다. 사내 봉사 동아리에 소속된 N회사 M대리는 "매년 진행하는 연말 연탄 나눔 봉사활동을 통해 지역사회에 도움의 손길을 전할 수 있어 기쁘다."라며 "오늘의 작은 손길이 큰 불씨가 되어 많은 분들이 따뜻한 겨울을 보내길 바란다."라고 말했다.

① 인간관계에 따라 형성된 자발적인 조직
② 이윤을 목적으로 하는 조직
③ 규모와 기능 그리고 규정이 조직화되어 있는 조직
④ 조직 구성원들의 행동을 통제할 장치가 마련되어 있는 조직
⑤ 공익을 요구하지 않는 조직

59 **다음 중 경영전략 추진과정을 바르게 나열한 것은?**

① 경영전략 도출 → 환경분석 → 전략목표 설정 → 경영전략 실행 → 평가 및 피드백
② 경영전략 도출 → 경영전략 실행 → 전략목표 설정 → 환경분석 → 평가 및 피드백
③ 전략목표 설정 → 환경분석 → 경영전략 도출 → 경영전략 실행 → 평가 및 피드백
④ 전략목표 설정 → 경영전략 도출 → 경영전략 실행 → 환경분석 → 평가 및 피드백
⑤ 환경분석 → 전략목표 설정 → 경영전략 도출 → 경영전략 실행 → 평가 및 피드백

60 다음 〈보기〉 중 경영의 4요소에 대한 설명으로 옳은 것을 모두 고르면?

> **보기**
>
> ㉠ 조직의 목적을 달성하기 위해 경영자가 수립하는 것으로 더욱 구체적인 방법과 과정이 담겨 있다.
>
> ㉡ 조직에서 일하는 구성원으로 경영은 이들의 직무수행에 기초하여 이루어지기 때문에 이것의 배치 및 활용이 중요하다.
>
> ㉢ 생산자가 상품 또는 서비스를 소비자에게 유통하는 데 관련된 모든 체계적 경영 활동이다.
>
> ㉣ 특정의 경제적 실체에 관하여 이해관계를 이루는 사람들에게 합리적인 경제적 의사결정을 하는 데 유용한 재무적 정보를 제공하기 위한 일련의 과정 또는 체계이다.
>
> ㉤ 경영하는 데 사용할 수 있는 돈으로 이것이 충분히 확보되는 정도에 따라 경영의 방향과 범위가 정해지게 된다.
>
> ㉥ 조직이 변화하는 환경에 적응하기 위하여 경영활동을 체계화하는 것으로, 목표달성을 위한 수단이다.

① ㉠, ㉡, ㉢
② ㉡, ㉢, ㉤
③ ㉢, ㉣, ㉥
④ ㉠, ㉡, ㉤, ㉥
⑤ ㉡, ㉢, ㉤, ㉥

56 B사원은 최근 ○○전자제품회사의 빔프로젝터를 구입하였으며, 빔프로젝터 고장 신고 전 확인사항 자료를 확인하였다. 자료를 볼 때, 빔프로젝터의 증상과 그에 따른 확인 및 조치사항으로 옳은 것은?

〈빔프로젝터 고장 신고 전 확인사항〉

구분	증상	확인 및 조치사항
설치 및 연결	전원이 들어오지 않음	• 제품 배터리의 충전 상태를 확인하세요. • 만약 그래도 제품이 전혀 동작하지 않는다면 제품 옆면의 'Reset' 버튼을 1초간 누르시기 바랍니다.
	전원이 자동으로 꺼짐	• 본 제품은 약 20시간 지속 사용 시 제품의 시스템 보호를 위해 전원이 자동 차단될 수 있습니다.
	외부기기가 선택되지 않음	• 외부기기 연결선이 신호 단자에 맞게 연결되었는지 확인하고, 연결 상태를 점검해 주시기 바랍니다.
메뉴 및 리모컨	리모컨이 동작하지 않음	• 리모컨의 건전지 상태 및 건전지가 권장 사이즈에 부합하는지 확인해 주세요. • 리모컨 각도와 거리가(10m 이하) 적당한지, 제품과 리모컨 사이에 장애물이 없는지 확인해 주세요.
	메뉴가 선택되지 않음	• 메뉴의 글자가 회색으로 나와 있지 않은지 확인해 주세요. 회색의 글자 메뉴는 선택되지 않습니다.
화면 및 소리	영상이 희미함	• 리모컨 메뉴창의 초점 조절 기능을 이용하여 초점을 조절해 주세요. • 투사거리가 초점에서 너무 가깝거나 멀리 떨어져 있지 않은지 확인해 주세요(권장거리 1～3m).
	제품에서 이상한 소리가 남	• 이상한 소리가 계속해서 발생할 경우 사용을 중지하고 서비스센터로 문의해 주시기 바랍니다.
	화면이 안 나옴	• 제품 배터리의 충전 상태를 확인해 주세요. • 본체의 발열이 심할 경우 화면이 나오지 않을 수 있습니다.
	화면에 줄, 잔상, 경계선 등이 나타남	• 일정 시간 정지된 영상을 지속적으로 표시하면 부분적으로 잔상이 발생합니다. • 영상의 상・하・좌・우의 경계선이 고정되어 있거나 빛의 투과량이 서로 상이한 영상을 장시간 시청 시 경계선에 자국이 발생할 수 있습니다.

① 영화를 보는 중에 갑자기 전원이 꺼진 것은 본체의 발열이 심해서 그런 것이므로 약 20시간 동안 사용을 중지하였다.

② 메뉴가 선택되지 않아 외부기기와 연결선이 제대로 연결되었는지 확인하였다.

③ 일주일째 이상한 소리가 나 제품 배터리가 충분히 충전된 상태인지 살펴보았다.

④ 언젠가부터 화면에 잔상이 나타나 제품과 리모콘 배터리의 충전 상태를 확인하였다.

⑤ 영상이 너무 희미해 초점과 투사거리를 확인하여 조절하였다.

※ ○○레스토랑에서는 영유아 손님들을 위해 유아용 식탁 의자를 구비하였고, 다음은 유아용 식탁 의자에 대한 설명서이다. 이어지는 질문에 답하시오. [57~58]

우리 회사의 유아용 식탁 의자는 아이가 도움 없이 혼자 앉을 수 있는 6 ~ 7개월부터 사용할 수 있습니다.

■ 안전에 대한 유의사항
- 압사의 위험 방지를 위해 사용 전 모든 플라스틱 커버를 제거하고, 유아 및 아동의 손이 미치지 않는 곳에 두세요.
- 항상 벨트를 채워주세요.
- 아이가 혼자 있지 않도록 해주세요.
- 모든 구성 요소가 제대로 장착되어 있지 않으면 의자 사용을 삼가세요.
- 부품이 망가지거나 부서지면 의자 사용을 삼가세요.
- 강한 열원이나 난로가 있는 곳에서는 의자 사용을 삼가세요.
- 아이가 의자 근처에서 놀거나 의자에 올라가지 못하도록 해주세요.
- 의자가 항상 평평하고 안정된 상태에서 사용될 수 있도록 해주세요.
- 식탁 의자는 계단, 층계, 창문, 벽과는 거리를 두고 비치해주세요.
- 의자에 충격이 가해지면 안정성을 해칠 우려가 있고 의자가 뒤집어질 수 있어요.
- 아이가 앉아 있는 동안에는 의자의 높낮이를 조정하지 마세요.

■ 청소 및 유지
- 젖은 천이나 중성 세제로 유아용 의자나 액세서리를 청소할 수 있습니다.
- 재료를 손상시킬 수 있는 연마 세제나 용제는 사용하지 마세요.
- 알루미늄 식탁 다리는 부식이 되지 않지만, 충격이나 긁힘으로 손상될 수 있습니다.
- 햇빛에 지속적으로 장시간 노출되면 여러 부품의 색이 변할 수 있습니다.
- 손상을 파악하기 위해 정기적으로 검사하십시오.

57 레스토랑 내 유아용 식탁 의자를 비치하기 위한 장소 선정 시 고려해야 할 사항으로 적절하지 않은 것은?

① 난방기구가 있는 곳은 피하도록 한다.
② 바닥이 평평하여 안정된 상태로 의자가 서 있을 수 있는지 확인한다.
③ 아이를 식탁 의자에 혼자 두지 않으며, 항상 벨트를 채워야 한다.
④ 계단이나 창문이 있는 곳은 피하도록 한다.
⑤ 의자에 충격이 가해질 수 있는 장소는 피하도록 한다.

58 다음 중 직원들에게 안내할 유아용 식탁 의자 청소 및 관리법으로 옳지 않은 것은?

① 더러운 부분은 연마 세제를 사용해서 닦는다.
② 정기적인 검사를 통해 손상 여부를 파악한다.
③ 사용 후 젖은 천을 사용해 깨끗하게 닦는다.
④ 식탁 의자 사용 후에는 햇볕이 들지 않는 곳에 보관한다.
⑤ 이동 시 식탁 다리가 부딪히거나 긁히지 않도록 주의한다.

※ **다음은 K사에서 발표한 전력수급 비상단계 발생 시 행동요령이다. 이어지는 질문에 답하시오. [59~60]**

〈전력수급 비상단계 발생 시 행동요령〉

• 가정
1. 전기 냉난방기기의 사용을 중지합니다.
2. 다리미, 청소기, 세탁기 등 긴급하지 않은 모든 가전기기의 사용을 중지합니다.
3. TV, 라디오 등을 통해 신속하게 재난 상황을 파악하여 대처합니다.
4. 안전, 보안 등을 위한 최소한의 조명을 제외한 실내외 조명은 모두 소등합니다.

• 사무실
1. 건물관리자는 중앙조절식 냉난방설비의 가동을 중지하거나 온도를 낮춥니다.
2. 사무실 내 냉난방설비의 가동을 중지합니다.
3. 컴퓨터, 프린터, 복사기, 냉온수기 등 긴급하지 않은 모든 사무기기 및 설비의 전원을 차단합니다.
4. 안전, 보안 등을 위한 최소한의 조명을 제외한 실내외 조명은 모두 소등합니다.

• 공장
1. 사무실 및 공장 내 냉난방기의 사용을 중지합니다.
2. 컴퓨터, 복사기 등 각종 사무기기의 전원을 일시적으로 차단합니다.
3. 꼭 필요한 경우를 제외한 사무실 조명은 모두 소등하고 공장 내부의 조명도 최소화합니다.
4. 비상발전기의 가동을 점검하고 운전 상태를 확인합니다.

• 상가
1. 냉난방설비의 가동을 중지합니다.
2. 안전·보안용을 제외한 모든 실내 조명등과 간판 등을 일시 소등합니다.
3. 식기건조기, 냉온수기 등 식재료의 부패와 관련 없는 가전제품의 가동을 중지하거나 조정합니다.
4. 자동문, 에어커튼의 사용을 중지하고 환기팬 가동을 일시 정지합니다.

59 **다음 중 전력수급 비상단계 발생 시 행동요령에 대한 설명으로 옳지 않은 것은?**

① 집에 있을 경우 대중매체를 통해 재난상황에 대한 정보를 파악할 수 있다.
② 사무실에 있을 경우 즉시 사용이 필요하지 않은 복사기, 컴퓨터 등의 전원을 차단하여야 한다.
③ 집에 있을 경우 모든 실내외 조명을 소등하여야 한다.
④ 공장에 있을 경우 비상발전기 가동을 준비해야 한다.
⑤ 전력 회복을 위해 한동안 사무실의 업무가 중단될 수 있다.

60 **다음 〈보기〉 중 전력수급 비상단계 발생 시 행동요령에 따른 행동으로 적절하지 않은 것을 모두 고르면?**

> **보기**
> ㉠ 집에 있던 김사원은 세탁기 사용을 중지하고 실내조명을 최소화하였다.
> ㉡ 본사 전력관리실에 있던 이주임은 사내 중앙보안시스템의 전원을 즉시 차단하였다.
> ㉢ 공장에 있던 박주임은 즉시 공장 내부 조명 밝기를 최소화하였다.
> ㉣ 상가에서 횟집을 운영하는 최사장은 모든 냉동고의 전원을 차단하였다.

① ㉠, ㉡
② ㉠, ㉢
③ ㉡, ㉢
④ ㉡, ㉣
⑤ ㉢, ㉣

모바일 OMR

제 2 회 최종점검 모의고사

응시시간 : 85분 문항 수 : 60문항

정답 및 해설 p.070

01 공통(전체)

01 다음 글의 빈칸에 들어갈 내용으로 가장 적절한 것은?

> 민주주의의 목적은 다수가 폭군이나 소수의 자의적인 권력행사를 통제하는 데 있다. 민주주의의 이상은 모든 자의적인 권력을 억제하는 것으로 이해되었는데 이것이 오늘날에는 자의적 권력을 정당화하기 위한 장치로 변화되었다. 이렇게 변화된 민주주의는 민주주의 그 자체를 목적으로 만들려는 이념이다. 이것은 법의 원천과 국가권력의 원천이 주권자 다수의 의지에 있기 때문에 국민의 참여와 표결 절차를 통하여 다수가 결정한 법과 정부의 활동이라면 그 자체로 정당성을 갖는다는 것이다. 즉, 유권자 다수가 원하는 것이면 무엇이든 실현할 수 있다는 말이다.
> 이런 민주주의는 '무제한적 민주주의'이다. 어떤 제약도 없는 민주주의라는 의미이다. 이런 민주주의는 자유주의와 부합할 수가 없다. 그것은 다수의 독재이고 이런 점에서 전체주의와 유사하다. 폭군의 권력이든, 다수의 권력이든, 군주의 권력이든, 위험한 것은 권력 행사의 무제한성이다. 중요한 것은 이러한 권력을 제한하는 일이다.
> 민주주의 그 자체를 수단이 아니라 목적으로 여기고 다수의 의지를 중시한다면, 그것은 다수의 독재를 초래하고, 그것은 전체주의만큼이나 위험하다. 민주주의 존재 그 자체가 언제나 개인의 자유에 대한 전망을 밝게 해준다는 보장은 없다. 개인의 자유와 권리를 보장하지 못하는 민주주의는 본래의 민주주의가 아니다. 본래의 민주주의는 ________________

① 다수의 의견을 수렴하여 이를 그대로 정책에 반영해야 한다.
② 서로 다른 목적의 충돌로 인한 사회적 불안을 해소할 수 있어야 한다.
③ 다수 의견보다는 소수 의견을 채택하면서 진정한 자유주의의 실현에 기여해야 한다.
④ 무제한적 민주주의를 과도기적으로 거치며 개인의 자유와 권리 보장에 기여해야 한다.
⑤ 민주적 절차 준수에 그치는 것이 아니라 과도한 권력을 실질적으로 견제할 수 있어야 한다.

02 다음 글을 통해 답을 확인할 수 없는 것은?

> 콩나물의 가격 변화에 따라 콩나물의 수요량이 변하는 것은 일반적인 현상이다. 그러나 콩나물 가격은 변하지 않는데도 콩나물의 수요량이 변할 수 있다. 시금치 가격이 상승하면 소비자들은 시금치를 콩나물로 대체한다. 그러면 콩나물 가격은 변하지 않는데도 시금치 가격의 상승으로 인해 콩나물의 수요량이 증가할 수 있다. 또는 콩나물이 몸에 좋다는 내용의 방송이 나가면 콩나물 가격은 변하지 않았음에도 불구하고 콩나물의 수요량이 급증한다. 이와 같이 특정한 상품의 가격은 변하지 않는데도 다른 요인으로 인하여 그 상품의 수요량이 변하는 현상을 수요의 변화라고 한다.
>
> 수요의 변화는 소비자의 소득 변화에 의해서도 발생한다. 예를 들어, 스마트폰 가격에 변동이 없음에도 불구하고 소득이 증가하면 스마트폰에 대한 수요량이 증가한다. 반대로 소득이 감소하면 수요량이 감소한다. 이처럼 소득의 증가에 따라 수요량이 증가하는 재화를 '정상재'라고 한다. 우리 주위에 있는 대부분의 재화들은 정상재이다. 그러나 소득이 증가하면 오히려 수요량이 감소하는 재화가 있는데 이를 '열등재'라고 한다. 예를 들어, 용돈을 받아 쓰던 학생 때는 버스를 이용하다 취직해서 소득이 증가하여 자가용을 타게 되면 버스에 대한 수요는 감소한다. 이 경우 버스는 열등재라고 할 수 있다.
>
> 정상재와 열등재는 수요의 소득탄력성으로도 설명할 수 있다. 수요의 소득탄력성이란 소득이 1% 변할 때 수요량이 변하는 정도를 말한다. 수요의 소득탄력성이 양수인 재화는 소득이 증가할 때 수요량도 증가하므로 정상재이다. 반대로 수요의 소득탄력성이 음수인 재화는 소득이 증가할 때 수요량이 감소하므로 열등재이다. 정상재이면서 소득탄력성이 1보다 큰, 즉 소득이 증가하는 것보다 수요량이 더 크게 증가하는 경우가 있다. 경제학에서는 이를 '사치재'라고 한다. 반면에 정상재이면서 소득탄력성이 1보다 작은 재화를 '필수재'라고 한다.
>
> 정상재와 열등재는 가격이나 선호도 등 다른 모든 조건이 변하지 않는 상태에서 소득만 변했을 때 재화의 수요가 어떻게 변했는지를 분석한 개념이다. 하지만 특정 재화를 명확하게 정상재나 열등재로 구별하기는 어렵다. 동일한 재화가 소득 수준이나 생활환경에 따라 열등재가 되기도 하고 정상재가 되기도 하기 때문이다. 패스트푸드점의 햄버거는 일반적으로 정상재로 볼 수 있지만 소득이 아주 높아져서 취향이 달라지면 햄버거에 대한 수요가 줄어들어 열등재가 될 수도 있다. 이처럼 재화의 수요 변화는 재화의 가격뿐만 아니라 그 재화를 대체하거나 보완하는 다른 재화의 가격, 소비자의 소득, 취향, 장래에 대한 예상 등의 여러 요인에 의하여 결정된다.

① 사치재는 수요의 소득탄력성으로 설명할 수 있는가?
② 사치재와 필수재의 예로는 어떤 것이 있는가?
③ 수요의 변화가 발생하는 이유는 무엇인가?
④ 정상재와 열등재의 차이점은 무엇인가?
⑤ 수요의 변화란 무엇인가?

03 다음 글의 내용으로 적절하지 않은 것은?

> 기업은 많은 이익을 남기길 원하고, 소비자는 좋은 제품을 저렴하게 구매하길 원한다. 그 과정에서 힘이 약한 저개발국가의 농민, 노동자, 생산자들은 무역상품의 가격 결정 과정에 참여하지 못하고, 자신이 재배한 식량과 상품을 매우 싼값에 팔아 겨우 생계를 유지한다. 그 결과, 세계 인구의 20% 정도가 우리 돈 약 1,000원으로 하루를 살아가고, 세계 노동자의 40%가 하루 2,000원 정도의 소득으로 살아가고 있다.
> 이러한 무역 거래의 한계를 극복하고, 공평하고 윤리적인 무역 거래를 통해 저개발국가 농민, 노동자, 생산자들이 겪고 있는 빈곤 문제를 해결하기 위해 공정무역이 생겨났다. 공정무역은 기존 관행 무역으로부터 소외당하며 불이익을 받고 있는 생산자와 지속가능한 파트너십을 통해 공정하게 거래하는 것으로, 생산자들과 공정무역 단체의 직거래를 통한 거래 관계에서부터 단체나 제품 등에 대한 인증시스템까지 모두 포함하는 무역을 의미한다.
> 이와 같은 공정무역은 국제 사회 시민운동의 일환으로, 1946년 미국의 시민단체 '텐사우전드빌리지(Ten Thousand Villages)'가 푸에르토리코의 자수 제품을 구매하고, 1950년대 후반 영국의 '옥스팜(Oxfam)'이 중국 피난민들의 수공예품과 동유럽국가의 수공예품을 팔면서 시작되었다. 이후 1960년대에는 여러 시민 단체들이 조직되어 아프리카, 남아메리카, 아시아의 빈곤한 나라에서 본격적으로 활동을 전개하였다. 이 단체들은 가난한 농부와 노동자들이 스스로 조합을 만들어 환경친화적으로 농산물을 생산하도록 교육하고, 이에 필요한 자금 등을 지원했다. 2000년대에는 공정무역이 자본주의의 대안활동으로 여겨지며 급속도로 확산되었고, 공정무역 단체나 회사가 생겨남에 따라 저개발국가 농부들이 생산한 농산물이 공정한 값을 받고 거래되었다. 이러한 과정에서 공정무역은 저개발국 생산자들의 삶을 개선하기 위한 중요한 시장 메커니즘으로 주목을 받게 된 것이다.

① 기존 관행 무역에서는 저개발국가의 농민, 노동자, 생산자들이 무역상품의 가격 결정 과정에 참여하지 못했다.

② 세계 노동자의 40%가 하루 2,000원 정도의 소득으로 살아가며, 세계 인구의 20%는 약 1,000원으로 하루를 살아간다.

③ 공정무역에서는 저개발국가의 생산자들과 지속가능한 파트너십을 통해 그들을 무역 거래 과정에서 소외시키지 않는다.

④ 공정무역은 1946년 시작되었고, 1960년대 조직된 여러 시민 단체들이 본격적으로 활동을 전개하였다.

⑤ 시민 단체들은 조합을 만들어 환경친화적인 농산물을 직접 생산하고, 이를 회사에 공정한 값으로 판매하였다.

04 다음 중 (가) ~ (마) 문단의 주제로 적절하지 않은 것은?

(가) 우리는 최근 '사회가 많이 깨끗해졌다.'라는 말을 많이 듣는다. 실제 우리의 일상생활은 정말 많이 깨끗해졌다. 과거에 비하면 일상생활에서 뇌물이 오가는 경우가 거의 없어진 것이다. 그런데 왜 부패인식지수가 나아지기는커녕 도리어 나빠지고 있을까? 일상생활과 부패인식지수가 전혀 다른 모습을 보이는 이유는 어디에 있을까?

(나) 부패인식지수가 산출되는 과정에서 그 물음의 답을 찾을 수 있다. 부패인식지수는 국제투명성기구에서 매년 조사하여 발표하고 있는 세계적으로 가장 권위 있는 부패 지표로, 지수는 국제적인 조사 및 평가를 실시하고 있는 여러 기관의 조사 결과를 바탕으로 산출된다. 각 기관의 조사 항목과 조사 대상은 서로 다르지만, 주요 항목은 공무원의 직권 남용 억제 기능, 공무원의 공적 권력의 사적 이용, 공공서비스와 관련한 뇌물 등으로 공무원의 뇌물과 부패에 초점이 맞추어져 있다.

(다) 부패인식지수를 이해하는 데에 주목하여야 할 또 하나의 중요한 점은 부패인식지수 계산에 사용된 각 지수의 조사 대상이다. 조사에 따라 약간의 차이가 있기는 하지만 조사는 주로 해당 국가나 해당 국가와 거래하고 있는 고위 기업인과 전문가들을 대상으로 이루어진다. 일반 시민이 아닌 기업 활동에서 공직자들과 깊숙한 관계를 맺고 있어 공직자들의 행태를 누구보다 잘 알고 있을 것으로 추정되는 사람들의 의견을 대상으로 하는 것이다. 결국 부패인식지수는 고위 기업경영인과 전문가들의 공직 사회의 뇌물과 부패에 대한 평가라 할 수 있다.

(라) 그렇다면 부패인식지수를 개선하는 방법은 무엇일까? 그간 정부는 공무원행동강령, 청탁금지법, 부패방지기구 설치 등 많은 제도적인 노력을 기울여왔다. 이러한 정부의 노력에도 불구하고 정부 반부패정책은 대부분 효과가 없는 것으로 보인다. 정부 노력에 대한 일반 시민들의 시선도 차갑기만 하다. 결국 법과 제도적 장치는 우리 사회에 만연한 연줄 문화 앞에서 힘을 쓰지 못하고 있는 것으로 해석할 수 있다.

(마) 천문학적인 뇌물을 받아도 마스크를 낀 채 휠체어를 타고 교도소를 나오는 기업경영인과 공직자들의 모습을 우리는 자주 보아왔다. 이처럼 솜방망이 처벌이 반복되는 상황에서 부패는 계속될 수밖에 없다. 예상되는 비용에 비해 기대 수익이 큰 상황에서 부패는 끊어질 수 없는 것이다. 이러한 상황이 인간의 욕망을 도리어 자극하여 사람들은 연줄을 찾아 더 많은 부당이득을 노리려 할지 모른다. 연줄로 맺어지든 다른 방식으로 이루어지든 부패로 인하여 지불해야 할 비용이 크다면 부패에 대한 유인이 크게 줄어들 수 있을 것이다.

① (가) – 일상부패에 대한 인식과 부패인식지수의 상반되는 경향에 대한 의문
② (나) – 공공분야에 맞추어진 부패인식지수의 산출과정
③ (다) – 특정 계층으로 집중된 부패인식지수의 조사 대상
④ (라) – 부패인식지수의 효과적인 개선방안
⑤ (마) – 부패가 계속되는 원인과 부패 해결 방향

PART 3

05 다음 글을 근거로 판단할 때 옳지 않은 것은?

> 개발도상국으로 흘러드는 외국자본은 크게 원조, 부채, 투자가 있다. 원조는 다른 나라로부터 지원받는 돈으로, 흔히 해외 원조 혹은 공적개발원조라고 한다. 부채는 은행 융자와 정부 혹은 기업이 발행한 채권으로, 투자는 포트폴리오 투자와 외국인 직접투자로 이루어진다. 포트폴리오 투자는 경영에 대한 영향력보다는 경제적 수익을 추구하기 위한 투자이고, 외국인 직접투자는 회사 경영에 일상적으로 영향력을 행사하기 위한 투자이다.
>
> 개발도상국에 유입되는 이러한 외국자본은 여러 가지 문제점을 보이고 있다. 해외 원조는 개발도상국에 대한 경제적 효과가 있다고 여겨져 왔으나 최근 경제학자들 사이에서는 그러한 경제적 효과가 없다는 주장이 점차 힘을 얻고 있다.
>
> 부채는 변동성이 크다는 단점이 지적되고 있다. 특히 은행 융자는 변동성이 큰 것으로 유명하다. 예컨대 1998년 개발도상국에 대하여 이루어진 은행 융자 총액은 500억 달러였다. 하지만 1998년 러시아와 브라질, 2002년 아르헨티나에서 일어난 일련의 금융 위기가 개발도상국을 강타하여 1999 ~ 2002년의 4개년 동안에는 은행 융자 총액이 연평균 −65억 달러가 되었다가, 2005년에는 670억 달러가 되었다. 은행 융자만큼 변동성이 큰 것은 아니지만, 채권을 통한 자본 유입 역시 변동성이 크다. 외국인은 1997년에 380억 달러의 개발도상국 채권을 매수했다. 그러나 1998 ~ 2002년에는 연평균 230억 달러로 떨어졌고, 2003 ~ 2005년에는 연평균 440억 달러로 증가했다.
>
> 한편 포트폴리오 투자는 은행 융자만큼 변동성이 크지는 않지만 채권에 비하면 변동성이 크다. 개발도상국에 대한 포트폴리오 투자는 1997년의 310억 달러에서 1998 ~ 2002년에는 연평균 90억 달러로 떨어졌고, 2003 ~ 2005년에는 연평균 410억 달러에 달했다.

① 개발도상국에 대한 투자는 경제적 수익뿐만 아니라 회사 경영에 영향력을 행사하기 위해서도 이루어질 수 있다.

② 해외 원조는 개발도상국에 대한 경제적 효과가 없다고 주장하는 경제학자들이 있다.

③ 개발도상국에 유입되는 외국자본에는 해외 원조, 은행 융자, 채권, 포트폴리오 투자, 외국인 직접투자가 있다.

④ 개발도상국에 대한 2005년의 은행 융자 총액은 1998년의 수준을 회복하지 못하였다.

⑤ 1998 ~ 2002년과 2003 ~ 2005년의 연평균 금액을 비교할 때, 개발도상국에 대한 포트폴리오 투자가 채권보다 증감액이 크다.

06 다음 글을 읽고 추론한 내용으로 적절하지 않은 것은?

> 공유와 경제가 합쳐진 공유경제는 다양한 맥락에서 정의되는 용어이지만, 공유경제라는 개념은 '소유권(Ownership)'보다는 '접근권(Accessibility)'에 기반을 둔 경제모델을 의미한다. 전통경제에서는 생산을 담당하는 기업들이 상품이나 서비스를 생산하기 위해서 원료, 부품, 장비 등을 사거나 인력을 고용했던 것과 달리, 공유경제에서는 기업뿐만 아니라 개인들도 자산이나 제품이 제공하는 서비스에 대한 접근권의 거래를 통해서 자원을 효율적으로 활용하여 가치를 창출할 수 있다. 소유권의 거래에 기반한 기존 자본주의 시장경제와는 다른 새로운 게임의 법칙이 대두한 것이다.
>
> 공유경제에서는 온라인 플랫폼이라는 조직화된 가상공간을 통해서 접근권의 거래가 이루어진다. 온라인 플랫폼은 인터넷의 연결성을 기반으로 유휴자산(遊休資産)을 보유하거나 필요로 하는 수많은 소비자와 공급자가 모여서 소통할 수 있는 기반이 된다. 다양한 선호를 가진 이용자들이 거래 상대를 찾는 작업을 사람이 일일이 처리하는 것은 불가능한 일인데, 공유경제 기업들은 고도의 알고리즘을 이용하여 검색, 매칭, 모니터링 등의 거래 과정을 자동화하여 처리한다.
>
> 공유경제에서 거래되는 유휴자산의 종류는 자동차나 주택에 국한되지 않는다. 개인이나 기업들이 소유한 물적·금전적·지적 자산에 대한 접근권을 온라인 플랫폼을 통해서 거래할 수만 있다면 거의 모든 자산의 거래가 공유경제의 일환이 될 수 있다. 가구, 가전 등의 내구재, 사무실, 공연장, 운동장 등의 물리적 공간, 전문가나 기술자의 지식, 개인들의 여유 시간이나 여유 자금 등이 모두 접근권 거래의 대상이 될 수 있다.

① 기존의 시장경제는 접근권(Accessibility)보다 소유권(Ownership)에 기반을 두었다.

② 공유경제의 등장에는 인터넷의 발달이 중요한 역할을 하였다.

③ 인터넷 등장 이전에는 이용자와 그에 맞는 거래 상대를 찾는 작업을 일일이 처리할 수 없었다.

④ 공유경제에서는 온라인 플랫폼을 통해 거의 모든 자산에 대한 접근권(Accessibility)을 거래할 수 있다.

⑤ 온라인 플랫폼을 통해 자신이 타던 자동차를 판매하여 소유권을 이전하는 것도 공유경제의 일환이 될 수 있다.

PART 3

07 다음 글의 빈칸에 들어갈 내용으로 가장 적절한 것은?

> 최근 미국 국립보건원은 벤젠 노출과 혈액암 사이에 연관이 있다고 보고했다. 직업안전보건국은 작업장에서 공기 중 벤젠 노출 농도가 1ppm을 넘지 말아야 한다는 한시적 긴급 기준을 발표했다. 당시 법규에 따른 기준은 10ppm이었는데, 직업안전보건국은 이 엄격한 새 기준이 영구적으로 정착되길 바랐다. 그런데 벤젠 노출 농도가 10ppm 이상인 작업장에서 인명피해가 보고된 적은 있지만, 그보다 낮은 노출 농도에서 인명피해가 있었다는 검증된 데이터는 없었다. 그럼에도 불구하고 직업안전보건국은 벤젠이 발암물질이라는 이유를 들어, 당시 통용되는 기기로 쉽게 측정할 수 있는 최소치인 1ppm을 기준으로 삼아야 한다고 주장했다. 직업안전보건국은 직업안전보건법의 구체적 실행에 관여하는 핵심 기관인데, 이 법은 '직장생활을 하는 동안 위험물질에 업무상 주기적으로 노출되더라도 그로 인해 어떤 피고용인도 육체적 손상이나 작업 능력의 손상을 입어서는 안 된다.'고 규정하고 있다.
> 이후 대법원은 직업안전보건국이 제시한 1ppm의 기준이 지나치게 엄격하다고 판결하였다. 대법원은 '직업안전보건법이 비용 등 다른 조건은 무시한 채 전혀 위험이 없는 작업장을 만들기 위한 표준을 채택하도록 직업안전보건국에게 무제한의 재량권을 준 것은 아니다.'라고 밝혔다. ______________________________
> 직업안전보건국은 과학적 불확실성에도 불구하고 사람의 생명이 위험에 처할 수 있는 경우에는 더욱 엄격한 기준을 시행하는 것이 옳다면서, 자신들에게 책임을 전가하는 것에 반대했다. 직업안전보건국은 노동자를 생명의 위협이 될 수 있는 화학 물질에 노출시키는 사람들이 그 안전성을 입증해야 한다고 보았다.

① 여러 가지 과학적 불확실성으로 인해, 직업안전보건국의 기준이 합당하다는 것을 대법원이 입증할 수 없으므로 이를 수용할 수 없다는 것이다.

② 대법원은 벤젠의 노출 수준이 1ppm을 초과할 경우 노동자의 건강에 실질적으로 위험하다는 것을 직업안전보건국이 입증해야 한다고 주장했다.

③ 대법원은 재량권의 범위가 클수록 그만큼 더 신중하게 사용해야 한다는 점을 환기시키면서, 10ppm 수준의 벤젠 농도가 노동자의 건강에 정확히 어떤 손상을 가져오는지를 직업안전보건국이 입증해야 한다고 주장했다.

④ 직업안전보건국은 발암물질이 함유된 공기가 있는 작업장들 가운데서 전혀 위험이 없는 환경과 미미한 위험이 있는 환경을 구별해야 한다고 주장했는데, 대법원은 이것이 무익하고 무책임한 일이라고 지적했다.

⑤ 국립보건원의 최근 보고를 바탕으로, 직업안전보건국은 벤젠이 인체에 미치는 위해 범위가 엄밀한 의미에서 과학적으로 불확실하다는 점을 강조하면서, 자신들이 비용에 대한 고려를 간과하고 있다는 대법원의 언급은 근거 없는 비방이라고 맞섰다.

08 다음 글을 논리적 순서대로 바르게 나열한 것은?

(가) 개념사를 역사학의 한 분과로 발전시킨 독일의 역사학자 코젤렉은 '개념은 실재의 지표이자 요소'라고 하였다. 이 말은 실타래처럼 얽혀 있는 개념과 정치・사회적 실재, 개념과 역사적 실재의 관계를 정리하기 위한 중요한 지침으로 작용한다. 그에 의하면 개념은 정치적 사건이나 사회적 변화 등의 실재를 반영하는 거울인 동시에 정치・사회적 사건과 변화의 실제적 요소이다.

(나) 개념은 정치적 사건과 사회적 변화 등에 직접 관련되어 있거나 그것을 기록, 해석하는 다양한 주체들에 의해 사용된다. 이러한 주체들, 즉 '역사 행위자'들이 사용하는 개념은 여러 의미가 포개어진 층을 이룬다. 개념사에서는 사회・역사적 현실과 관련하여 이러한 층들을 파헤치면서 개념이 어떻게 사용되어 왔는가, 이 과정에서 그 의미가 어떻게 변화했는가, 어떤 함의들이 거기에 투영되었는가, 그 개념이 어떠한 방식으로 작동했는가 등에 대해 탐구한다.

(다) 이상에서 보듯이 개념사에서는 개념과 실재를 대조하고 과거와 현재의 개념을 대조함으로써, 그 개념이 대응하는 실재를 정확히 드러내고 있는가, 아니면 실재의 이해를 방해하고 더 나아가 왜곡하는가를 탐구한다. 이를 통해 코젤렉은 과거에 대한 '단 하나의 올바른 묘사'를 주장하는 근대 역사학의 방법을 비판하고, 과거의 역사 행위자가 구성한 역사적 실재와 현재 역사가가 만든 역사적 실재를 의미있게 소통시키고자 했다.

(라) 사람들이 '자유', '민주', '평화' 등과 같은 개념들을 사용할 때, 그 개념이 서로 같은 의미를 갖는 것은 아니다. '자유'의 경우, '구속받지 않는 상태'를 강조하는 개념으로 쓰이는가 하면, '자발성'이나 '적극적인 참여'를 강조하는 개념으로 쓰이기도 한다. 이러한 정의와 해석의 차이로 인해 개념에 대한 논란과 논쟁이 늘 있어 왔다. 바로 이러한 현상에 주목하여 출현한 것이 코젤렉의 '개념사'이다.

(마) 또한 개념사에서는 '무엇을 이야기 하는가.'보다는 '어떤 개념을 사용하면서 그것을 이야기하는가.'에 관심을 갖는다. 개념사에서는 과거의 역사 행위자가 자신이 경험한 '현재'를 서술할 때 사용한 개념과 오늘날의 입장에서 '과거'의 역사 서술을 이해하기 위해 사용한 개념의 차이를 밝힌다. 그리고 과거의 역사를 현재의 역사로 번역하면서 양자가 어떻게 수렴될 수 있는가를 밝히는 절차를 밟는다.

① (마) – (나) – (다) – (라) – (가)
② (라) – (가) – (나) – (마) – (다)
③ (라) – (나) – (가) – (다) – (마)
④ (가) – (나) – (마) – (다) – (라)
⑤ (가) – (라) – (나) – (다) – (마)

Easy

09 다음 글의 내용으로 가장 적절한 것은?

> 복사 냉난방 시스템은 실내 공간과 그 공간에 설치되어 있는 말단 기기 사이에 열교환이 있을 때 그 열교환량 중 50% 이상이 복사 열전달에 의해서 이루어지는 시스템을 말한다. 우리나라 주거 건물의 난방방식으로 100% 가까이 이용되고 있는 온수온돌은 복사 냉난방 시스템 중 하나이며, 창 아래에 주로 설치되어 복사 열교환으로 실내를 냉난방하는 라디에이터 역시 복사 냉난방 시스템이다.
>
> 다양한 복사 냉난방 시스템 중에서도 최근 친환경 냉난방 설비에 대한 관심이 급증하면서 복사 냉난방 패널 시스템이 주목받고 있다. 복사 냉난방 패널 시스템이란 열매체로서 특정 온도의 물을 순환시킬 수 있는 회로를 바닥, 벽, 천장에 매립하거나 부착하여 그 표면온도를 조절함으로써 실내를 냉난방하는 시스템으로 열원, 분배기, 패널, 제어기로 구성된다.
>
> 열원은 실내에 난방 시 열을 공급하고, 냉방 시 열을 제거하는 열매체를 생산해내는 기기로, 보일러와 냉동기가 있다. 열원에서 생산되어 세대에 공급되는 냉온수는 냉난방에 필요한 적정 온도와 유량을 유지할 수 있어야 한다.
>
> 분배기는 열원에서 만들어진 냉온수를 압력 손실 없이 실별로 분배한 뒤 환수하는 장치로, 집중화된 온도와 유량을 조절하고 냉온수 공급 상태를 확인하며, 냉온수가 순환되는 성능을 개선하는 일을 수행할 수 있어야 한다. 우리나라의 경우는 난방용 온수 분배기가 주로 이용되어 왔으나, 냉방기에도 이용이 가능하다.
>
> 패널은 각 실의 바닥, 벽, 천장 표면에 설치되며, 열매체를 순환시킬 수 있는 배관 회로를 포함한다. 분배기를 통해 배관 회로로 냉온수가 공급되면 패널의 표면 온도가 조절되면서 냉난방 부하가 제어되어 실내 공간을 쾌적한 상태로 유지할 수 있게 된다. 이처럼 패널은 거주자가 머무는 실내 공간과 직접적으로 열을 교환하는 냉난방의 핵심 역할을 담당하고 있으므로 열교환이 필요한 시점에 효율적으로 이루어질 수 있도록 설계·시공되는 것이 중요하다.
>
> 제어기는 냉난방 필요 여부를 판단하여 해당 실의 온도 조절 밸브를 구동하고, 열원의 동작을 제어함으로써 냉난방이 이루어지게 된다.
>
> 복사 냉난방 패널 시스템은 다른 냉난방 설비에 비하여 낮은 온도의 열매체로 난방이 가능하여 에너지 절약 성능이 우수할 뿐만 아니라 쾌적한 실내 온열 환경 조성에도 탁월한 기능을 발휘한다.
>
> ※ 복사 : 물체로부터 열이나 전자기파가 사방으로 방출됨
> ※ 열매체 : '열(따뜻한 기운)'과 '냉(차가운 기운)'을 전달하는 물질

① 열원은 냉온수를 압력 손실 없이 실별로 분배한 뒤 환수한다.
② 패널은 난방 시 열을 공급하고 냉방 시 열을 제거하는 열매체를 생산한다.
③ 제어기는 각 실의 바닥, 벽, 천장 표면에 설치되어 열매체를 순환시킨다.
④ 복사 냉난방 패널 시스템은 열매체의 온도가 높아 난방 시 에너지 절약 성능이 뛰어나다.
⑤ 분배기는 냉방기에도 이용이 가능하다.

10 다음 글의 내용으로 적절하지 않은 것은?

> 스마트팜은 사물인터넷이나 빅데이터 등의 정보통신기술을 활용해 농업시설의 생육환경을 원격 또는 자동으로 제어할 수 있는 농장으로, 노동력과 생산비 절감효과가 커 네덜란드와 같은 농업 선진국에서도 적극적으로 활용되고 있다. 관련 핵심 직업으로는 농장의 설계·구축·운영 등을 조언하고 지도하는 '스마트팜 컨설턴트'와 농업인을 대상으로 스마트팜을 설치하고 소프트웨어를 개발하는 '스마트팜 구축가'가 있다.
> 바이오헬스는 바이오기술과 정보를 활용해 질병 예방·진단·치료·건강증진에 필요한 제품과 서비스를 생산하는 의약·의료산업이다. 국내 바이오헬스의 전체 기술력은 최고 기술국인 미국 대비 78% 수준으로 약 3.8년의 기술격차가 있다. 해외에서는 미국뿐만 아니라 영국·중국·일본 등이 글로벌 시장 선점을 위해 경쟁적으로 투자를 늘리고 있다. 관련 핵심 직업으로는 생물학·의약 등의 이론 연구로 다양한 생명현상을 탐구하는 '생명과학연구원', IT 건강관리 서비스를 기획하는 '스마트헬스케어 전문가' 등이 있다. 자연·의약학 계열의 전문 지식이 필요한 생명과학연구원은 향후 10년간 고용이 증가할 것으로 예측되며, 의료·IT·빅데이터의 지식이 필요한 스마트헬스케어 전문가도 연평균 20%씩 증가할 것으로 전망되는 시장규모에 따라 성장 가능성이 높을 것으로 보인다.
> 한편 스마트시티는 건설과 정보통신 신기술을 활용해 다양한 서비스를 제공하는 도시로, 국내에서는 15개 지자체를 대상으로 U-City 사업이 추진되는 등 민간과 지자체의 아이디어를 도입하고 있다. 관련 직업으로는 토지 이용계획을 수립하고 설계하는 '도시계획가', 교통상황 및 영향요인을 분석하는 '교통전문가' 등이 있으며, 도시공학·교통공학 등의 지식이 필요하다.

① 정보통신기술을 활용한 스마트팜을 통해 노동력과 생산비를 절감할 수 있다.
② 미국은 우리나라보다 3년 이상 앞서 바이오헬스 산업에 투자하기 시작했다.
③ 바이오헬스 관련 직업인 생명과학연구원이 되려면 자연·의약학 계열의 전문 지식이 필요하다.
④ 현재 국내 15개 지자체에서 U-City 사업이 추진되고 있다.
⑤ 스마트시티와 관련된 직업을 갖기 위해서는 도시공학·교통공학 등의 지식이 필요하다.

11 다음은 N은행의 공정거래 자율준수 프로그램 운영수칙이다. 이에 대한 설명으로 옳은 것은?

제5조(자율준수담당자의 역할)

① 자율준수담당자의 역할은 각 부점 준법감시담당자가 수행한다.

② 자율준수담당자는 자율준수관리자 및 소속 부점장을 보좌하며, 다음 각 호의 자율준수업무를 담당한다.

1. 부점 업무와 관련한 경쟁법규의 변경에 따른 내규의 정비 상태 및 일상 업무에 관한 사전심사 이행여부 점검(본점부서에 한한다)
2. 준법감시체크리스트에 의거 부점 업무수행 관련 경쟁법규 위반행위 여부 점검
3. 경쟁법규 및 자율준수제도 관련 소속부점 직원 교육 및 상담
4. 경쟁법규 위반사항 발견 시 보고
5. 제1호 내지 제4호 관련 내용의 기록, 유지

③ 자율준수담당자는 제2항 제1호 내지 제4호의 이행결과를 자율준수관리자에게 보고하여야 한다.

제6조(임직원의 의무)

① 임직원은 담당 업무를 수행함에 있어 경쟁법규를 성실히 준수하여야 한다.

② 임직원은 담당 업무를 수행함에 있어 경쟁법규 위반사항을 발견한 경우에는 지체 없이 이를 자율준수관리자에게 통보 또는 보고하여야 하며, 이와 관련된 절차, 보고자 등의 보호는 내부고발제도 운영지침에 따른다.

③ 부점장은 업무수행과 관련하여 경쟁법규 위반가능성이 있다고 판단될 경우에는 자율준수관리자의 자문을 받아 처리하여야 한다.

제7조(자율준수편람)

① 자율준수관리자는 경쟁법규 자율준수를 위한 매뉴얼인 자율준수편람을 제작, 배포하여야 한다.

② 경쟁법규의 변경이 있을 때에는 동 변경내용을 자율준수편람에 반영하여야 한다.

제8조(모니터링 및 결과보고)

① 자율준수관리자는 연간 자율준수 활동계획을 수립하여 은행장에게 보고하여야 한다.

② 자율준수관리자는 다음 각 호에 해당하는 방법에 의하여 자율준수프로그램의 준수 여부를 점검하여야 한다.

1. 임직원 및 부점의 자율준수실태 등에 대한 점검, 조사
2. 자율준수관리자의 지시 또는 자문에 의하여 부점별로 작성한 각종 체크리스트의 검토 및 확인
3. 자율준수관리자의 요구에 의하여 제출된 신고서, 보고서, 각종 자료의 검토 및 확인

③ 자율준수관리자는 자율준수 프로그램의 준수 여부를 점검한 결과, 위반사항이 발견되는 등 필요한 경우 이사회에 보고하여야 한다. 다만, 위반사항이 경미한 경우 은행장에게 보고할 수 있다.

제9조(교육실시)

① 자율준수관리자는 자율준수담당자 및 경쟁법규 위반 가능성이 높은 분야의 임직원을 대상으로 반기당 2시간 이상 경쟁법규 및 자율준수프로그램 등에 대한 교육을 실시하여야 한다.

② 자율준수관리자는 임직원의 자율준수 의지 제고 및 자율준수프로그램의 원활한 이행을 위하여 필요시 집합, 사이버, 기타 교육자료 제공 등 다양한 방법으로 교육을 실시할 수 있다.

제10조(경쟁법규 위반 임직원에 대한 제재)

① 경쟁법규 위반으로 경쟁당국으로부터 과징금 등 제재를 받은 경우, 당해 위반행위 관련 임직원의 제재에 대하여는 상벌세칙 등 관련 내규에서 정하는 바에 따른다.

② 자율준수관리자는 중대한 경쟁법규 위반사항이 발견된 경우 관련 임직원에 대한 징계 등의 조치를 요구할 수 있다.

③ 자율준수관리자는 경쟁법규 위반사항에 대하여 당해 임직원 및 부점에 시정을 요구할 수 있으며, 경쟁법규 및 자율준수 제도에 대한 교육이수의무를 부과할 수 있다.

제11조(문서관리)

① 자율준수관리자는 은행 전체의 자율준수에 관한 기본 문서들을 분류하고 5년간 보관하여야 한다.

② 자율준수 활동에 관한 모든 문서는 정확하게 기록되고 최신의 정보를 유지하여야 한다.

③ 자율준수담당자는 자율준수 운영 상황에 대한 검사 및 평가가 가능하도록 각 부점 자율준수 이행 관련자료(교육 및 모니터링 자료 등 포함)를 작성하여 5년간 보관하여야 한다.

① 임직원은 담당 업무 수행 중 경쟁법규 위반사항 발견 시 지체 없이 자율준수관리자의 자문을 받아 처리하여야 한다.

② 자율준수관리자는 상황에 따라 자율준수편람을 제작하지 않을 수도 있다.

③ 자율준수관리자가 경쟁법규 위반 가능성이 높은 분야에 근무 중인 임직원을 대상으로 반기당 4시간의 교육을 실시하는 것은 세칙에 부합하는 행위이다.

④ 자율준수관리자는 중대한 경쟁법규 위반을 행한 임직원을 징계하고, 관련 규정 교육이수의무를 부과할 수 있다.

⑤ 자율준수관리자는 자율준수이행 관련 자료를 작성하여 5년간 보관하여야 한다.

Easy

12 다음 글을 읽고 '클라우드'를 ㉠으로 볼 수 있는 이유로 적절한 것을 〈보기〉에서 모두 고르면?

> 최근 들어 화두가 되는 IT 관련 용어가 있으니 바로 클라우드(Cloud)이다. 그렇다면 클라우드는 무엇인가? 클라우드란 인터넷상의 서버를 통해 데이터를 저장하고 이를 네트워크로 연결하여 콘텐츠를 사용할 수 있는 컴퓨팅 환경을 말한다.
> 그렇다면 클라우드는 기존의 웹하드와 어떤 차이가 있을까? 웹하드는 일정한 용량의 저장 공간을 확보해 인터넷 환경의 PC로 작업한 문서나 파일을 저장, 열람, 편집하고 다수의 사람과 파일을 공유할 수 있는 인터넷 파일 관리 시스템이다. 한편 클라우드는 이러한 웹하드의 장점을 수용하면서 콘텐츠를 사용하기 위한 소프트웨어까지 함께 제공한다. 그리고 저장된 정보를 개인 PC나 스마트폰 등 각종 IT 기기를 통하여 언제 어디서든 이용할 수 있게 한다. 이것은 클라우드 컴퓨팅 기반의 동기화 서비스를 통해 가능하다. 즉, 클라우드 컴퓨팅 환경을 기반으로 사용자가 보유한 각종 단말기끼리 동기화 절차를 거쳐 동일한 데이터와 콘텐츠를 이용할 수 있게 하는 시스템인 것이다.
> 클라우드는 구름(cloud)과 같이 무형의 형태로 존재하는 하드웨어, 소프트웨어 등의 컴퓨팅 자원을 자신이 필요한 만큼 빌려 쓰고 이에 대한 사용 요금을 지급하는 방식의 컴퓨팅 서비스이다. 여기에는 서로 다른 물리적인 위치에 존재하는 컴퓨팅 자원을 가상화 기술로 통합해 제공하는 기술이 활용된다.
> 클라우드는 평소에 남는 서버를 활용하므로 클라우드 환경을 제공하는 운영자에게도 유용하지만, 사용자 입장에서는 더욱 유용하다. 개인적인 데이터 저장 공간이 따로 필요하지 않기에 저장 공간의 제약도 극복할 수 있다. 가상화 기술과 분산 처리 기술로 서버의 자원을 묶거나 분할하여 필요한 사용자에게 서비스 형태로 제공되기 때문에 개인의 컴퓨터 가용률이 높아지는 것이다. 이러한 높은 가용률은 자원을 유용하게 활용하는 ㉠ 그린 IT 전략과도 일치한다.
> 또한 클라우드 컴퓨팅을 도입하는 기업 또는 개인은 컴퓨터 시스템을 유지·보수·관리하기 위하여 들어가는 비용과 서버의 구매 및 설치 비용, 업데이트 비용, 소프트웨어 구매 비용 등 엄청난 비용과 시간, 인력을 줄일 수 있고 에너지 절감에도 기여할 수 있다. 하지만 서버가 해킹 당할 경우 개인정보가 유출될 수 있고, 서버 장애가 발생하면 자료 이용이 불가능하다는 단점도 있다. 따라서 사용자들이 안전한 환경에서 서비스를 이용할 수 있도록 보안에 대한 대책을 강구하고 위험성을 최소화할 수 있는 방안을 마련하여야 한다.

보기

㉠ 남는 서버를 활용하여 컴퓨팅 환경을 제공함
㉡ 빌려 쓴 만큼 사용 요금을 지급하는 유료 서비스임
㉢ 사용자들이 안전한 환경에서 서비스를 이용하게 함
㉣ 저장 공간을 제공하여 개인 컴퓨터의 가용률을 높임

① ㉠, ㉡
② ㉠, ㉣
③ ㉡, ㉢
④ ㉡, ㉣
⑤ ㉢, ㉣

13 **다음 글을 읽고 추론한 내용으로 적절하지 않은 것은?**

> 판구조론의 관점에서 보면, 아이슬란드의 지질학적인 위치는 매우 특수하다. 지구의 표면은 크고 작은 10여 개의 판으로 이루어져 있다. 아이슬란드는 북아메리카판과 유라시아판의 경계선인 대서양 중앙 해령에 위치해 있다. 대서양의 해저에 있는 대서양 중앙 해령은 북극해에서부터 아프리카의 남쪽 끝까지 긴 산맥의 형태로 뻗어 있다. 대서양 중앙 해령의 일부분이 해수면 위로 노출된 부분인 아이슬란드는 서쪽은 북아메리카판, 동쪽은 유라시아판에 속해 있어 지리적으로는 한 나라이지만, 지질학적으로는 두 개의 서로 다른 판 위에 놓여 있는 것이다.
>
> 지구에서 판의 경계가 되는 곳은 여러 곳이 있다. 그러나 아이슬란드는 육지 위에서 두 판이 확장되는 희귀한 지역이다. 아이슬란드가 위치한 판의 경계에서는 새로운 암석이 생성되면서 두 판이 서로 멀어지고 있다. 그래서 아이슬란드에서는 다른 판의 경계에서 거의 볼 수 없는 지질학적 현상이 나타난다. 과학자들의 관찰에 따르면, 아이슬란드의 중심부를 지나는 대서양 중앙 해령의 갈라진 틈이 매년 약 15cm씩 벌어지고 있다.
>
> 아이슬란드는 판의 절대 속도를 잴 수 있는 기준점을 가지고 있다는 점에서도 관심의 대상이 되고 있다. 과학자들은 북아메리카판에 대한 유라시아판의 시간에 따른 거리 변화를 추정하여 판의 이동 속도를 측정한다. 그러나 이렇게 알아낸 판의 이동 속도는 이동하는 판 위에서 이동하는 다른 판의 속도를 잰 것이다. 이는 한 판이 정지해 있다고 가정했을 때의 판의 속도, 즉 상대 속도이다. 과학자들은 상대 속도를 구한 것에 만족하지 않고, 판의 절대 속도, 즉 지구의 기준점에 대해서 판이 어떤 속도로 움직이는가도 알고자 했다. 판의 절대 속도를 구하기 위해서는 판의 운동과는 독립적으로 외부에 고정되어 있는 기준점이 필요하다. 과학자들은 지구 내부의 맨틀 깊숙이 위치한 마그마의 근원지인 열점이 거의 움직이지 않는다는 것을 알아내고, 그것을 판의 절대 속도를 구하는 기준점으로 사용하였다. 과학자들은 지금까지 지구상에서 100여 개의 열점을 찾아냈는데, 그중의 하나가 바로 아이슬란드에 있다.

① 아이슬란드에는 판의 절대 속도를 구하는 기준점이 있다.
② 북아메리카판과 유라시아판의 절대 속도는 같을 것이다.
③ 아이슬란드의 중심부를 지나는 대서양 중앙 해령의 갈라진 틈이 매년 약 15cm씩 벌어지고 있는 것은 아이슬란드가 판의 경계에 위치해 있기 때문이다.
④ 한 나라의 육지 위에서 두 판이 확장되는 것은 희귀한 일이다.
⑤ 지구에는 북아메리카판과 유리시아판 이외에도 5개 이상의 판이 더 있다.

※ 다음 글을 읽고, 이어지는 질문에 답하시오. [14~15]

자본 구조가 기업의 가치와 무관하다는 명제로 표현되는 ㉠ 모딜리아니 – 밀러 이론은 완전 자본시장 가정, 곧 자본 시장에 불완전성을 가져올 수 있는 모든 마찰 요인이 전혀 없다는 가정에 기초한 자본 구조 이론이다. 이 이론에 따르면, 기업의 영업 이익에 대한 법인세 등의 세금이 없고 거래 비용이 없으며 모든 기업이 완전히 동일한 정도로 위험에 처해 있다면, 기업의 가치는 기업 내부 여유 자금이나 주식 같은 자기 자본을 활용하든지 부채 같은 타인 자본을 활용하든지 간에 어떤 영향도 받지 않는다.

모딜리아니 – 밀러 이론이 제시된 이후, 완전 자본 시장 가정의 비현실성에 주안점을 두어 세금, 기업의 파산에 따른 처리 비용(파산 비용), 경영자와 투자자, 채권자 같은 경제 주체들 사이의 정보량의 차이(정보 비대칭) 등을 감안하는 자본 구조 이론들이 발전해 왔다. 불완전 자본 시장을 가정하는 이러한 이론들 중에는 상충 이론과 자본 조달 순서 이론이 있다.

상충 이론이란 부채의 사용에 따른 편익과 비용을 비교하여 기업의 최적 자본 구조를 결정하는 이론이다. 이러한 편익과 비용을 구성하는 요인들에는 여러 가지가 있지만, 그중 편익으로는 법인세 감세 효과만을, 비용으로는 파산 비용만 있는 경우를 가정하여 이 이론을 설명해 볼 수 있다. 여기서 법인세 감세 효과란 부채에 대한 이자가 비용으로 처리됨으로써 얻게 되는 세금 이득을 가리킨다. 이렇게 가정할 경우 상충 이론은 부채의 사용이 증가함에 따라 법인세 감세 효과에 의해 기업의 가치가 증가하는 반면, 기대 파산 비용도 증가함으로써 기업의 가치가 감소하는 효과도 나타난다고 본다. 이 상반된 효과를 계산하여 기업의 가치를 가장 크게 하는 부채 비율, 곧 최적 부채 비율이 결정되는 것이다.

이와는 달리 자본 조달 순서 이론은 정보 비대칭의 정도가 작은 순서에 따라 자본 조달이 순차적으로 이루어진다고 설명한다. 이 이론에 따르면, 기업들은 투자가 필요할 경우 내부 여유 자금을 우선적으로 쓰며, 그 자금이 투자액에 미달될 경우에 외부 자금을 조달하게 되고, 외부 자금을 조달해야 할 때에도 정보 비대칭의 문제로 주식의 발행보다 부채의 사용을 선호한다는 것이다.

상충 이론과 자본 조달 순서 이론은 기업들의 부채 비율 결정과 관련된 이론적 예측을 제공한다. 기업 규모와 관련하여 상충 이론은 기업 규모가 클 경우 부채 비율이 높을 것이라고 예측한다. 그러나 자본 조달 순서 이론은 기업 규모가 클 경우 부채 비율이 낮을 것이라고 예측한다. 성장성이 높은 기업들에 대하여, 상충 이론은 법인세 감세 효과보다는 기대 파산 비용이 더 크기 때문에 부채 비율이 낮을 것이라고 예측하는 반면, 자본 조달 순서 이론은 성장성이 높을수록 더 많은 투자가 필요할 것이므로 부채 비율이 높을 것이라고 예측한다.

밀러는 모딜리아니 – 밀러 이론을 수정 보완하는 자신의 이론을 제시하였다. 그는 자본 구조의 설명에 있어 파산 비용이 미치는 영향이 미약하여 이를 고려할 필요가 없다고 보았다. 이와 함께 법인세의 감세 효과가 기업의 자본 구조 결정에 크게 반영되지는 않는다는 점에 착안하여 자본 구조 결정에 세금이 미치는 효과에 대한 재정립을 시도하였다. 현실에서는 법인세뿐만 아니라 기업에 투자한 채권자들이 받는 이자 소득에 대해서도 소득세가 부과되는데, 이러한 소득세는 채권자의 자산 투자에 영향을 미침으로써 기업의 자금 조달에도 영향을 미칠 수 있다. 밀러는 이러한 현실을 반영하여 경제 전체의 최적 자본 구조 결정 이론을 제시하였다. ㉡ 밀러의 이론에 의하면, 경제 전체의 자본 구조가 최적일 경우에는 법인세율과 이자 소득세율이 정확히 일치함으로써 개별 기업의 입장에서 보면 타인 자본의 사용으로 인한 기업 가치의 변화는 없다. 결국 기업의 최적 자본 구조는 결정될 수 없고 자본 구조와 기업의 가치는 무관하다는 것이다.

14 **다음 중 ㉠과 ㉡의 관계에 대한 설명으로 가장 적절한 것은?**

① 파산 비용이 없다고 가정한 ㉠의 한계를 극복하기 위해 ㉡은 파산 비용을 반영하였다.
② 개별 기업을 분석 단위로 삼은 ㉠과 같은 입장에서 ㉡은 기업의 최적 자본 구조를 분석하였다.
③ 기업의 가치 산정에 법인세만을 고려한 ㉠의 한계를 극복하기 위해 ㉡은 법인세 외에 소득세도 고려하였다.
④ 현실 설명력이 제한적이었던 ㉠의 한계를 극복하기 위해 ㉡은 기업의 가치 산정에 타인 자본의 영향이 크다고 보았다.
⑤ 자본 시장의 마찰 요인을 고려한 ㉡은 자본 구조와 기업의 가치가 무관하다는 ㉠의 명제를 재확인하였다.

Hard

15 **윗글에 따라 〈보기〉의 상황에 대해 바르게 판단한 것은?**

> 보기
>
> 기업 평가 전문가 A씨는 상충 이론에 따라 N기업의 재무 구조를 평가해 주려고 한다. N기업은 자기 자본 대비 타인 자본 비율이 높으며, 기업 규모는 작으나 성장성이 높은 기업이다. 최근에 N기업은 신기술을 개발하여 생산 시설을 늘려야 하는 상황이다.

① A씨는 N기업의 규모가 작기 때문에 부채 비율이 높은 것이라고 평가할 것이다.
② A씨는 N기업의 이자 비용에 따른 법인세 감세 효과가 클 것이라고 평가할 것이다.
③ A씨는 N기업의 높은 자기 자본 대비 타인 자본 비율이 그 기업의 가치에 영향을 미칠 것이라고 평가할 것이다.
④ A씨는 N기업이 기대 파산 비용은 낮고 투자로부터 기대되는 수익은 매우 높기 때문에 투자 가치가 높다고 평가할 것이다.
⑤ A씨는 N기업의 생산 시설 확충을 위한 투자 자금은 자기 자본보다 타인 자본으로 조달하는 것이 더 낫다고 평가할 것이다.

※ 다음 글을 읽고, 이어지는 질문에 답하시오. [16~17]

대다수 국가에서 소득세는 누진 세율 구조를 적용하고 있는데, 그 이유는 경제적 능력에 따라 조세를 부담하는 것이 공평하다고 생각되기 때문이다. ㉠ 공리주의자 밀은 조세 부담이 개인의 소득 감소를 유발하므로 세금 납부에 따른 경제적 희생, 그러니까 효용의 손실이 균등해야 공평하다고 보았다. 이를 균등 희생 원리라고 하는데, 밀의 이러한 주장은 ㉡ 후대 학자들에 의해 누진 세율 구조를 옹호하는 근거로 활용되었다. 여기서 희생이란 세액 자체가 아니라 납세로 인한 총효용의 감소분이다. 후대 학자들은 균등의 의미를 절대 희생 균등의 원칙, 비례 희생 균등의 원칙, 한계 희생 균등의 원칙으로 구분하여 논의하였다. 이러한 논의는 소득만이 개인의 효용을 결정하고, 효용은 측정 가능하며, 소득 증가에 따라 한계효용이 체감한다는 가정에 입각해 있다. 그뿐만 아니라 모든 사람의 소득의 한계효용곡선이 동일하다고 가정한다.

〈그림〉

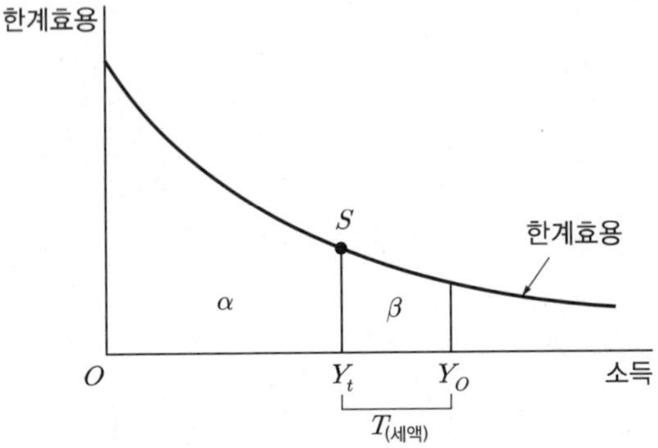

균등한 희생과 관련 있는 세 원칙은 〈그림〉에 나타나 있는 것과 같은 소득의 한계효용곡선을 통해 이해할 수 있다. 소득의 한계효용이란 소득이 1단위 증가했을 때 개인이 얻게 되는 만족의 정도를 의미한다. 〈그림〉에서 원래 소득이 $Y_O O$였던 사람이 세액 T를 내면 세후 소득이 $Y_t O$로 줄어든다. 이때 희생된 효용의 절대량은 면적 β로 나타낼 수 있다. 절대 희생 균등의 원칙에 따르면 각 개인이 조세를 부담함으로써 떠안게 되는 희생의 절대적 크기가 균등해야 한다. 그러므로 이 원칙 아래에서는 고소득자의 세액이 __________
그런데 이것만으로는 누진 세율 구조라고 단정하기 어렵다. 절대 희생 균등 원칙 아래에서는 소득이 1% 증가할 때 한계효용은 1% 이상 감소할 정도로 한계효용곡선이 가파른 기울기를 가져야만 누진 세율 구조가 성립될 수 있기 때문이다. 극단적으로 생각했을 때, 한계효용곡선이 체감하지 않고 기울기가 0이라면 절대 희생 균등의 원칙 아래에서는 모든 개인이 같은 세액을 부담해야 한다. 누진 세율 구조를 충족시킬 수 없는 것이다.
비례 희생 균등의 원칙에 따르면 과세 이전 총소득으로부터 얻는 총효용에서 납세로 인한 효용의 상실, 즉 희생이 차지하는 비율이 모든 개인에게 같아야 한다. 이는 〈그림〉에서 면적 β를 면적 $\alpha+\beta$로 나눈 값인 효용의 희생 비율이 모두 똑같아야 한다는 것을 뜻한다. 이 원칙 아래에서 누진 세율 구조는 소득의 한계효용곡선이 체감하는 모양이기만 하다면 이루어질 수 있다. 즉, 소득의 한계효용곡선이 반드시 가파른 기울기를 가질 필요는 없다. 비례 희생 균등의 원칙 아래에서 만약 한계효용곡선의 기울기가 0이라면 비례 세율 구조가 될 것이다.
한계 희생 균등의 원칙에 따르면 과세 이후에 얻는 한계효용의 크기가 모든 개인에게 같아야만 한다. 〈그림〉에서 조세 부담의 마지막 단위에서 발생하는 한계효용은 선분 $Y_t S$의 길이로 나타낼 수 있는데, 한계 희생 균등의 원칙에 따르면 이 길이가 모든 사람에게 같아지도록 해야 한다. 그 결과 과세 이전의 소득 수준과 관계없이 모든 개인이 같은 효용의 크기를 가지게 된다. 따라서 한계 희생 균등의 원칙을 적용하면 고소득층일수록 매우 무거운 조세 부담이 요구된다.

16 **다음 중 밑줄 친 ㉠과 ㉡에 대한 설명으로 적절하지 않은 것은?**

① ㉠의 주장은 ㉡의 주장을 강화한다.

② ㉠과 ㉡은 세금 납부에 대한 고소득자의 희생을 긍정한다.

③ ㉡은 ㉠의 이론을 세분화하여 발전시켰다.

④ ㉡은 ㉠의 주장을 일부 인정하지만, 고소득자의 자발적 희생을 요구한다.

⑤ ㉠과 ㉡은 누진 세율 구조의 소득세 제도를 긍정한다.

17 **다음 중 제시문의 빈칸에 들어갈 내용으로 가장 적절한 것은?**

① 저소득자의 세액을 대신해야 한다.

② 저소득자의 세액보다 작아야 한다.

③ 저소득자의 세액보다 커야 한다.

④ 저소득자의 세액과 동일해야 한다.

⑤ 저소득자의 세액만큼 감소하게 된다.

18 **갑돌이는 해외에서 1개당 1,000달러인 시계를 2개를 구매하여 세관신고 없이 밀반입하려고 하였으나 결국 걸리고 말았다. 다음은 이와 같이 밀반입하려는 사람들을 방지하기 위해 마련된 정책 변경 기사이다. A ~ E 중에서 이에 대해 옳지 않은 설명을 한 사람은?**

> 올해부터 해외에서 600달러 이상 신용카드로 물건을 사거나 현금을 인출하면, 그 내역이 세관에 실시간으로 통보된다. 여행객 등이 600달러 이상의 구매 한도를 넘기게 되면, 국내 입국을 하면서 세관에 자진 신고를 해야 한다.
> 기존의 관세청은 분기별로 5,000달러 이상 물품을 해외에서 구매한 경우, 여신전문금융업법에 따라 신용카드업자・여신전문금융업협회가 매년 1월 31일, 4월 30일, 7월 31일, 10월 31일 국세청에 그 내역을 제출해 왔다.
> 그러나 올해부터는 관세청이 분기마다 통보를 받지 않고, 실시간으로 구매 내역을 넘겨 받을 수 있다. 신용카드 결제뿐 아니라 해외에 머물며 600달러 이상 현금을 인출하는 것도 마찬가지로 통보 대상에 해당한다. 관세청은 이러한 제도를 오는 4월부터 적용할 계획이다.

① A : 갑돌이가 인출하지 않고 가져간 현금으로만 물건을 결제하였다면, 세관에 신고하지 않아도 되는군.

② B : 해외에서 구매한 총금액이 600달러보다 낮으면 세관 신고할 필요가 없겠군.

③ C : 갑돌이가 5월에 해외에 체류하며 신용카드로 같은 소비를 했다면 관세청에 실시간으로 통보되겠군.

④ D : 3월에 해외에서 5,000달러 이상을 신용카드로 사용한다면 4월에 국세청에 내역이 넘어가겠군.

⑤ E : 가족들끼리 여행하고 있을 때, 여러 사람이 나누어 카드를 사용한다면 관세청에 내역이 들어가지 않을 수도 있겠군.

Easy

19 다음은 직장인 월복리 적금에 대한 자료이다. 이 상품을 고객에게 설명한 내용으로 옳지 않은 것은?

〈가입 현황〉

성별		연령대		신규금액		계약기간	
여성	63%	20대	20%	5만 원 이하	21%	1년 이하	60%
		30대	31%	10 ~ 50만 원	36%	1 ~ 2년	17%
남성	37%	40대	28%	50 ~ 100만 원	22%	2 ~ 3년	21%
		기타	21%	기타	21%	기타	0%

※ 현재 이 상품을 가입 중인 고객의 계좌 수 : 138,736개

〈상품 정보〉

상품특징	급여이체 및 교차거래 실적에 따라 우대금리를 제공하는 직장인재테크 월복리 적금 상품
가입대상	만 18세 이상 개인(단, 개인사업자 제외)
가입기간	1년 이상 3년 이내(월 단위)
가입금액	초입금 및 매회 입금 1만 원 이상 원 단위, 1인당 분기별 3백만 원 이내, 계약기간 3/4 경과 후 적립할 수 있는 금액은 이전 적립누계액의 1/2 이내
적립방법	자유적립식
금리안내	기본금리+우대금리(최대 0.8%p) 기본금리 : 신규가입일 당시의 직장인 월복리 적금 고시금리
우대금리	가입기간 동안 1회 이상 당행에 건별 50만 원 이상 급여를 이체한 고객 중 • 가입기간 중 '3개월 이상' 급여이체 0.3%p • 당행의 주택청약종합저축(청약저축 포함) 또는 적립식펀드 중 '1개 이상' 가입 0.2%p • 당행 신용·체크카드의 결제실적이 100만 원 이상 0.2%p • 인터넷 또는 스마트 뱅킹으로 본 적금에 가입 시 0.1%p
이자지급방식	월복리식(단, 중도해지이율 및 만기 후 이율은 단리계산)
가입 / 해지안내	비과세종합저축으로 가입 가능
예금자보호	있음

① 고객님처럼 여성분이 가장 많이 가입하는 상품으로 주로 1년 단기로 가입합니다.

② 인터넷 뱅킹이나 스마트 뱅킹으로 이 적금에 가입하신 후, 급여를 3개월 이상 이체하시면 0.4%p의 금리를 더 받으실 수 있어요.

③ 아쉽게도 중도해지를 하시면 복리가 아닌 단리로 이율이 계산됩니다.

④ 기간 1년으로 가입한 고객님은 지금이 8개월째이기 때문에 이전 적립누계액의 반이 넘는 금액은 적립할 수 없습니다.

⑤ 기본금리는 가입한 시점에 따라 다를 수 있습니다.

PART 3

20 의복 제조업체 사장인 A씨는 2024년 산재보험료를 3월 말까지 납부하였으며 2025년이 되면서 확정보험료를 신고하기 위해 준비 중이다. 계산방법이 다음과 같을 때, A씨가 실제 납부한 개산보험료와 확정보험료의 차액은?

〈산재보험료 계산방법〉

보험가입자는 매 보험연도마다 1년간의 개산보험료를 계산하여 그 금액을 3월 말까지 공단에 신고·납부하여야 한다. 개산보험료는 '(1년간 지급될 임금총액추정액)×(해당사업보험료율)'로 계산하며 해당사업보험료율은 고용노동부장관이 매년 결정·고시한다.
개산보험료는 분할납부(분기별 최대 4번)할 수 있다. 분할납부할 수 있는 보험료를 납부기한 내에 전액을 납부하면 5%의 금액이 공제된다. 사업주가 개산보험료를 납부한 후 다음 해에 확정보험료를 공단에 신고하면 반환, 추가납부 등 정산을 하게 된다.
확정보험료는 '(1년간 지급된 임금 총액)×(해당사업보험료율)'로 계산한다. 산재보험가입대상사업주가 가입신고를 하지 않거나 보험료의 신고·납부를 지연하면 보험료를 소급징수하고 가산금(확정보험료의 10%)과 체납된 금액의 1,000분의 12에 해당하는 금액을 추가로 징수한다.

〈상황〉

- A씨의 사업장에는 직원 4명이 근무하고 있다.
- 개산보험료 계산 시 A씨는 1인당 250만 원의 월급 지급을 추정하였다.
- A씨는 납부기한 내에 보험료 전액을 일시 납부하였다.
- A씨 직종의 보험료율은 1.36%이다.
- 실제 직원들의 월급은 다음과 같았다.

갑	을	병	정
200만 원	190만 원	260만 원	250만 원

① 81,600원
② 83,420원
③ 85,620원
④ 87,560원
⑤ 89,100원

Hard

21 다음 〈조건〉에 따라 N회사 발전처의 부장, 과장, 대리, 주임, 사원이 농구, 축구, 야구, 테니스, 자전거, 영화 동호회에 참여할 때, 직급과 성별 및 동호회가 바르게 연결되지 않은 것은?(단, 모든 직원은 반드시 동호회 1곳에 참여한다)

조건

- 남직원은 3명, 여직원은 2명이다.
- 모든 동호회의 참여 가능 인원은 팀내 최대 2명이다.
- 모든 여직원은 자전거 동호회에 참여하지 않았다.
- 여직원 중 1명은 농구, 축구, 야구, 테니스 동호회 중 하나에 참여하였다.
- 대리, 주임, 사원은 자전거 동호회 또는 영화 동호회에 참여하지 않았다.
- 참여 직원이 없는 동호회는 2개이다.
- 야구, 자전거, 영화 동호회에 참여한 직원은 각각 1명이다
- 주임은 야구 동호회에 참여하였고 부장은 영화 동호회에 참여하였다.
- 축구 동호회에 참석한 직원은 남성뿐이다.

	직급	성별	참여 동호회
①	부장	여자	영화
②	과장	남자	자전거
③	대리	남자	축구
④	주임	여자	야구
⑤	사원	남자	테니스

PART 3

22 N사 기획팀은 신입사원 입사로 인해 자리 배치를 바꾸려고 한다. 다음 자리 배치표와 〈조건〉을 참고하여 자리를 배치하였을 때, 배치된 자리와 직원이 바르게 연결된 것은?

〈자리 배치표〉

출입문				
1 – 신입사원	2	3	4	5
6	7	8 – A사원	9	10

• 기획팀 팀원 : A사원, B부장, C대리, D과장, E차장, F대리, G과장

보기

• B부장은 출입문과 가장 먼 자리에 앉는다.
• C대리와 D과장은 마주보고 앉는다.
• E차장은 B부장과 마주보거나 B부장의 옆자리에 앉는다.
• C대리는 A사원 옆자리에 앉는다.
• E차장 옆자리에는 아무도 앉지 않는다.
• F대리와 마주보는 자리에는 아무도 앉지 않는다.
• D과장과 G과장은 옆자리 또는 마주보고 앉지 않는다.
• 빈자리는 2자리이며 옆자리 또는 마주보는 자리이다.

① 2 – G과장
② 3 – B부장
③ 5 – E차장
④ 6 – F대리
⑤ 9 – C대리

Easy

23 귀하는 N은행에 근무하며 여러 금융상품을 취급하고 있다. 다음과 같은 〈조건〉의 고객에게 추천할 금융상품은 무엇인가?

〈N은행 금융상품〉

상품	특징
스마트 적금	• 가입기간 : 입금금액이 700만 원 될 때까지 • 가입금액 : 월 1천 원～100만 원까지 • 복잡한 우대금리 조건이 없는 스마트폰 전용 적금
두배드림 적금	• 가입기간 : 36개월 • 가입금액 : 월 4～20만 원 • 우대금리 : 입금실적이 본 은행의 12개월 이상
월복리 정기예금	• 가입기간 : 12～36개월 • 가입금액 : 월 300～3,000만 원 • 우대금리 : 전월 실적이 50만 원 이상
DREAM 적금	• 가입기간 : 6개월 이상 60개월 이하 • 가입금액 : 월 1천 원 이상 • 우대금리 : 은행신규고객을 대상으로 하며, 통장에 3백만 원 이상 보유
미래설계 적금	• 가입기간 : 60개월 • 가입금액 : 월 1천 원～300만 원 • 우대금리 : 연금이체

〈고객 조건〉

이번에 목돈을 모으기 위해 적금을 가입하려 합니다. 매달 20만 원 정도 입금할 예정이며, 우대금리를 받고 싶습니다. 상품에 3년 동안 가입할 예정이며, 현재 이 은행 계좌에 매달 50만 원씩 20개월 동안 입금하고 있습니다. 통장 잔액은 현재 500만 원이 조금 넘습니다.

① 스마트 적금
② 두배드림 적금
③ 월복리 정기예금
④ DREAM 적금
⑤ 미래설계 적금

PART 3

※ 다음은 N은행의 국내 출장여비지급 기준이다. 이어지는 질문에 답하시오. **[24~25]**

〈국내 출장여비지급 기준〉

① 근무지로부터 편도 100km 미만의 출장은 회사 차량 이용을 원칙으로 하며, 다음 각 호에 따라 별표 1* 에 해당하는 여비를 지급한다.

1. 일비
   가. 근무시간 4시간 이상 : 전액
   나. 근무시간 4시간 미만 : 1일분의 2분의 1
2. 식비 : 명령권자가 근무시간이 모두 소요되는 1일 출장으로 인정한 경우에는 1일분의 3분의 1 범위 내에서 지급
3. 숙박비 : 편도 50km 이상의 출장 중 출장일수가 2일 이상으로 숙박이 필요할 경우, 증빙자료 제출 시 숙박비 지급

② 제1항에도 불구하고 회사 차량을 이용할 수 없어 개인소유 차량으로 업무를 수행한 경우에는 일비를 지급하지 아니하고 사장이 따로 정하는 바에 따라 교통비를 지급한다.

③ 근무지로부터 100km 이상의 출장은 별표 1에 따라 교통비 및 일비는 전액을, 식비는 1일분의 3분의 2 해당액을 지급한다. 다만, 업무형편상 숙박이 필요하다고 인정할 경우에는 출장기간에 대하여 숙박비, 일비, 식비 전액을 지급할 수 있다.

* 별표 1

(단위 : 천 원)

구분	교통비				일비 (1일)	숙박비 (1박)	식비 (1일)
	철도임	선임	항공임	자동차임			
임원 및 본부장	1등급	1등급	실비	실비	30	실비	45
1, 2급 부서장	1등급	2등급	실비	실비	25	실비	35
2, 3, 4급 부장	1등급	2등급	실비	실비	20	실비	30
4급 이하 팀원	2등급	2등급	실비	실비	20	실비	30

1. 교통비는 실비를 기준으로 하되, 실비정산은 국토해양부장관 또는 특별시장·광역시장·도지사·특별자치도지사 등이 인허한 요금을 기준으로 한다.
2. 수로 여행 시 "페리호"를 이용하는 경우에는 1등급 해당자는 특등, 2등급 해당자는 1등을 적용한다.
3. 철도임 구분표 중 1등급은 고속철도 특실, 2등급은 고속철도 일반실을 적용한다.
4. 임원 및 본부장의 식비가 위 정액을 초과하였을 경우 실비를 지급할 수 있다.
5. 운임 및 숙박비의 할인이 가능한 경우에는 할인요금으로 지급한다.
6. 자동차임 실비 지급은 연료비와 실제 통행료를 지급한다.
   연료비=여행거리(km)×유가÷연비
7. 임원 및 본부장을 제외한 직원의 숙박비는 7만 원을 한도로 실비를 정산할 수 있다.

Easy

24 다음 중 N은행의 국내 출장여비지급 기준을 이해한 내용으로 적절하지 않은 것은?

① 근무지와 출장지 간의 거리에 따라 지급받을 수 있는 출장여비가 달라지는군.

② 근무지로부터 편도 100km 미만의 출장에 회사 차량을 이용하지 않는다면 별도의 규정에 따라 교통비를 지급받겠군.

③ 근무지로부터 100km 이상인 1일 출장의 경우 숙박비를 제외한 교통비, 일비, 식비 전액을 지급받을 수 있어.

④ 근무지로부터 편도 50km 이상 100km 미만의 출장 중 숙박을 했다면 증빙자료를 제출해야만 숙박비를 지급받을 수 있어.

⑤ 임원 및 본부장의 경우 1일 식비가 45,000원을 초과할 경우 실비를 지급받을 수 있어.

25 다음은 N시로 출장을 다녀온 K사원의 출장복명서이다. K사원에게 지급되는 출장여비는 얼마인가?

〈K사원의 출장복명서〉

부서	영업부	직급	사원
출장일자	2025.04.01. ~ 04.02. (1박 2일간)	지역명	N시 (근무지로부터 약 400km 떨어진 곳에 위치)
내용	N시 영업점 방문		
지출내역	품목	내용	금액(원)
	숙박비	○○비즈니스호텔 1박	70,200
	교통비	KTX 특실 왕복	167,400
	식비	조식 포함	53,000
	합계		294,400

※ ○○비즈니스호텔 4월 이벤트로 10% 할인혜택을 받아 예약한 금액임

※ KTX 일반실 좌석 매진으로 편도 23,900원의 추가 금액 지불 후 특실 좌석 왕복 구매

① 345,400원
② 337,400원
③ 299,800원
④ 289,600원
⑤ 282,600원

PART 3

26 다음은 정보공개 대상별 정보공개수수료에 대한 자료이다. 〈보기〉의 정보열람인 중 정보공개수수료를 가장 많이 지급하는 사람부터 순서대로 나열한 것은?(단, 정보열람인들이 열람한 정보는 모두 공개 대상인 정보이다)

〈정보공개 대상별 정보공개 방법 및 수수료〉

공개 대상	열람·시청	사본(종이 출력물)·인화물·복제물
문서, 도면, 사진 등	• 열람 – 1일 1시간 이내 : 무료 – 1시간 초과 시 30분마다 1,000원	• 사본(종이출력물) 1장 무료 – A3 이상 300원(1장 초과 시 100원/장) – B4 이하 250원(1장 초과 시 50원/장)
필름, 테이프 등	• 녹음테이프(오디오자료)의 청취 – 1건이 1개 이상으로 이루어진 경우 : 1개(60분 기준)마다 1,500원 – 여러 건이 1개로 이루어진 경우 : 1건(30분 기준)마다 700원 • 영화필름의 시청 – 1편이 1캔 이상으로 이루어진 경우 : 1캔(60분 기준)마다 3,500원 – 여러 편이 1캔으로 이루어진 경우 : 1편(30분 기준)마다 2,000원 • 사진필름의 열람 – 1장 : 200원 – 1장 초과 시 50원/장	• 녹음테이프(오디오자료)의 복제 – 1건이 1개 이상으로 이루어진 경우 : 1개마다 5,000원 – 여러 건이 1개로 이루어진 경우 : 1건마다 3,000원 • 사진필름의 복제 – 1컷마다 6,000원 • 사진필름의 인화 – 1컷마다 500원
마이크로필름, 슬라이드 등	• 마이크로필름의 열람 – 1건(10컷 기준) 1회 : 500원 – 10컷 초과 시 1컷마다 100원 • 슬라이드의 시청 – 1컷마다 200원	• 사본(종이 출력물) – A3 이상 300원(1장 초과 시 200원/장) – B4 이하 250원(1장 초과 시 150원/장) • 마이크로필름의 복제 – 1롤마다 1,000원 • 슬라이드의 복제 – 1컷마다 3,000원

보기

A : 공시지가에 관련된 문서를 하루에 3시간 30분 열람하고, A3용지로 총 25장에 걸쳐 출력하였다.

B : 1캔에 포함된 2편의 영화필름 중 20분짜리 독립유공자 업적 관련 1편의 영화를 시청하고, 13컷으로 구성된 관련 슬라이드를 시청하였으며, 해당 슬라이드의 1컷부터 6컷까지를 복제하였다.

C : 공단 사업연혁과 관련된 마이크로필름 2롤과 1건이 1개로 이루어진 녹음테이프 자료를 3개 복제하였고, 최근 해외협력사업과 관련된 사진필름 8장을 열람하였다.

D : 하반기 공사 입찰계약과 관련된 문서의 사본을 B4용지로 35장을 출력하고, 작년 공사 관련 사진필름을 22장 열람하였다.

① A－B－C－D　　② A－B－D－C

③ B－A－C－D　　④ B－C－A－D

⑤ D－C－A－B

27 다음은 A주임이 2024년 1월 초일부터 6월 말일까지 N카드사의 카드인 H1카드와 H2카드를 이용한 내역이다. 카드사의 포인트 적립 기준과 포인트별 수령 가능한 사은품에 대한 정보에 따라 A주임이 2024년 2분기까지의 적립 포인트로 받을 수 있는 사은품은?

〈A주임의 카드 승인금액〉

(단위 : 원)

구분	2024.01	2024.02	2024.03	2024.04	2024.05	2024.06
H1카드	114.4만	91.9만	91.2만	120.1만	117.5만	112.2만
H2카드	89.2만	90.5만	118.1만	83.5만	87.1만	80.9만

〈N카드사 분기별 포인트 적립 기준〉

각 회원의 분기별 포인트는 직전 분기 동안의 N카드사 카드별 승인금액 합계의 구간에 따라 다음의 기준과 같이 적립된다.

(단위 : p)

구분	300만 원 미만	300만 원 이상 500만 원 미만	500만 원 이상 1,000만 원 미만	1,000만 원 이상
승인금액 10만 원당 적립 포인트	650	800	950	1,100

분기별 적립 포인트는 해당 분기 말일 자정에 0p로 초기화된다.

〈N카드사 사은품 지급 정보〉

각 회원이 분기별 적립 포인트에 따라 받을 수 있는 사은품은 다음과 같다.

구분	3만p 이상	5만p 이상	8만p 이상	10만p 이상	15만p 이상
사은품	스피커	청소기	공기청정기	에어컨	냉장고

- 각 회원은 하나의 사은품만 수령할 수 있다.
- 각 회원은 해당되는 가장 높은 포인트 구간의 사은품만 수령할 수 있다.

① 스피커
② 청소기
③ 공기청정기
④ 에어컨
⑤ 냉장고

PART 3

28 N공단에서는 사업주의 직업능력개발훈련 시행을 촉진하기 위해 훈련방법과 기업규모에 따라 지원금을 차등 지급하고 있다. 다음 자료를 토대로 원격훈련으로 직업능력개발훈련을 시행하는 X～Z 세 기업과 각 기업의 원격훈련 지원금을 바르게 짝지은 것은?

〈기업규모별 지원 비율〉

구분	훈련	지원 비율
우선지원대상 기업	향상・양성훈련 등	100%
대규모 기업	향상・양성훈련	60%
	비정규직대상훈련 / 전직훈련	70%
상시근로자 1,000인 이상 대규모 기업	향상・양성훈련	50%
	비정규직대상훈련 / 전직훈련	70%

〈원격훈련 종류별 지원금〉

심사등급 \ 훈련종류	인터넷	스마트	우편
A등급	5,600원	11,000원	3,600원
B등급	3,800원	7,400원	2,800원
C등급	2,700원	5,400원	1,980원

※ 인터넷・스마트 원격훈련 : 정보통신매체를 활용하여 훈련이 시행되고 훈련생 관리 등이 웹상으로 이루어지는 훈련

※ 우편 원격훈련 : 인쇄매체로 된 훈련교재를 이용하여 훈련이 시행되고 훈련생 관리 등이 웹상으로 이루어지는 훈련

※ (원격훈련 지원금)=(원격훈련 종류별 지원금)×(훈련시간)×(훈련수료인원)×(기업규모별 지원 비율)

〈세 기업의 원격훈련 시행 내역〉

구분	기업규모	종류	내용	시간	등급	수료인원
X기업	우선지원대상 기업	스마트	향상・양성훈련	6시간	C등급	7명
Y기업	대규모 기업	인터넷	비정규직대상훈련 / 전직훈련	3시간	B등급	4명
Z기업	상시근로자 1,000인 이상 대규모 기업	스마트	향상・양성훈련	4시간	A등급	6명

① X기업 : 201,220원
② X기업 : 226,800원
③ Y기업 : 34,780원
④ Y기업 : 35,120원
⑤ Z기업 : 98,000원

29 N공사는 2025년 상반기 인사이동을 통해 품질안전본부의 승진대상자 중 승진할 직원 2명을 선정하고자 한다. 승진자 결정방식 및 승진대상자 정보가 아래와 같을 때, 다음 중 승진하게 되는 직원이 바르게 짝지어진 것은?

〈승진자 결정방식〉

- 품질안전본부의 승진대상자인 갑, 을, 병, 정, 무 중 승진점수가 높은 직원 2명이 승진하게 된다.
- 승진점수는 업무실적점수(20점 만점), 사고점수(10점 만점), 근무태도점수(10점 만점), 가점 및 벌점(최대 5점)을 합산하여 산정한다.
- 업무실적점수 산정기준(20점 만점)

등급	A	B	C	D
점수	20점	17점	13점	10점

- 사고점수 산정기준(10점 만점)
  - 만점인 10점에서 사고유형 및 건수에 따라 차감하여 계산한다.

구분	1건당 벌점
경미 / 과실	1점
중대 / 고의	3점

- 근무태도점수 산정기준(10점 만점)

등급	우수	보통	미흡
점수	10점	7점	4점

- 가점 및 벌점 부여기준(최대 5점)
  - 무사고(모든 유형의 사고 건수 0건) : 가점 2점
  - 수상실적 : 1회당 가점 2점
  - 사고유형 중 중대 / 고의 사고 건수 2건 이상 : 벌점 4점

〈승진대상자 정보〉

구분	업무실적등급	사고건수		근무태도등급	수상실적
		경미 / 과실	중대 / 고의		
갑	A	–	1	보통	1회
을	B	1	–	우수	2회
병	C	2	–	보통	–
정	A	1	1	미흡	–
무	D	–	–	우수	1회

① 갑, 을
② 갑, 병
③ 을, 무
④ 병, 정
⑤ 정, 무

PART 3

30 N유통에서 근무하는 강사원은 급여명세서를 받은 후 책상 위에 두었다가 실수로 일부분을 찢게 되었다. 강사원은 소실된 부분을 계산한 후 실수령액과 입금된 수령액이 일치하는지 확인하려고 한다. 공제액은 다음의 자료와 같이 계산한다고 할 때, 강사원이 받을 실수령액은?

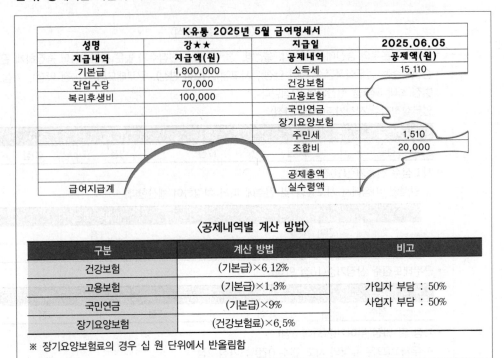

K유통 2025년 5월 급여명세서			
성명	강★★	지급일	2025.06.05
지급내역	지급액(원)	공제내역	공제액(원)
기본급	1,800,000	소득세	15,110
잔업수당	70,000	건강보험	
복리후생비	100,000	고용보험	
		국민연금	
		장기요양보험	
		주민세	1,510
		조합비	20,000
		공제총액	
급여지급계		실수령액	

〈공제내역별 계산 방법〉

구분	계산 방법	비고
건강보험	(기본급)×6.12%	가입자 부담 : 50% 사업자 부담 : 50%
고용보험	(기본급)×1.3%	
국민연금	(기본급)×9%	
장기요양보험	(건강보험료)×6.5%	

※ 장기요양보험료의 경우 십 원 단위에서 반올림함

① 1,756,030원
② 1,776,090원
③ 1,782,000원
④ 1,826,340원
⑤ 1,865,900원

31 다음은 한 달 동안 N사원의 야근 및 휴일근무를 기록한 것이다. 회사의 초과근무수당 규정을 참고하여 N사원이 이번 달에 받을 수 있는 야근 및 특근 수당을 바르게 구한 것은?(단, N사원의 세전 연봉은 3천만 원이고, 시급 산정 시 월평균 근무시간은 200시간으로 계산한다)

일	월	화	수	목	금	토
	1 (18 ~ 21시)	2	3	4 (18 ~ 22시)	5	6
7	8	9 (18 ~ 24시)	10	11	12	13
14 (09 ~ 12시)	15	16	17	18	19	20
21	22	23	24	25	26 (18 ~ 21시)	27 (13 ~ 18시)
28	29 (18 ~ 19시)	30				

〈초과근무수당 규정〉

- 시급 환산 시 세전 연봉으로 계산한다.
- 평일 야근 수당은 시급에 5,000원을 가산하여 지급한다.
- 주말 특근 수당은 시급에 10,000원을 가산하여 지급한다.
- 식대는 10,000원을 지급하며, 식대는 야근·특근 수당에 포함되지 않는다.
- 야근시간은 오후 7시부터 적용되며 10시를 초과할 수 없다(초과시간 수당 미지급).

① 355,000원
② 405,000원
③ 420,000원
④ 442,500원
⑤ 512,000원

PART 3

※ N은행에서 근무하는 L주임은 입사할 신입사원에게 지급할 입사기념품으로 볼펜과 스케줄러를 구매하기 위해 A, B, C 세 도매업체의 판매정보를 다음과 같이 정리하였다. 이어지는 질문에 답하시오. **[32~33]**

〈업체별 상품가격표〉

구분	품목	수량(SET당)	가격(SET당)
A도매업체	볼펜	150개	13만 원
	스케줄러	100권	25만 원
B도매업체	볼펜	200개	17만 원
	스케줄러	600권	135만 원
C도매업체	볼펜	100개	8만 원
	스케줄러	300권	65만 원

〈업체별 특가상품 정보〉

구분	볼펜의 특가상품 구성	특가상품 구매 조건
A도매업체	300개 25.5만 원 or 350개 29만 원	스케줄러 150만 원 이상 구매
B도매업체	600개 48만 원 or 650개 50만 원	스케줄러 100만 원 이상 구매
C도매업체	300개 23.5만 원 or 350개 27만 원	스케줄러 120만 원 이상 구매

※ 각 물품은 묶음 단위로 판매가 가능하며, 낱개 판매는 불가함

※ 업체별 특가상품은 둘 중 한 가지만 선택해 1회 구매 가능함

32 N은행에 입사예정인 신입사원은 총 600명이고, 신입사원 1명당 볼펜과 스케줄러를 각각 1개씩 증정한다고 할 때, 가장 저렴하게 구매할 수 있는 업체와 구매가격이 바르게 연결된 것은?

	업체명	구매가격
①	A도매업체	183만 원
②	B도매업체	177.5만 원
③	B도매업체	183만 원
④	C도매업체	177.5만 원
⑤	C도매업체	183만 원

Hard

33 L주임은 신입사원의 입사기념품을 구매하면서 부서에서 사용할 볼펜 50개도 추가로 구매하려고 한다. 볼펜 구매 가격 비교에는 D소매업체를 포함한다고 할 때, 다음 중 입사기념품과 볼펜을 가장 저렴하게 구매할 수 있는 방법은?

〈D소매업체〉

구분	수량	가격	비고
볼펜	1개	870원	40개 이상 구매 시 10개 무료증정

① A도매업체에서 입사기념품과 볼펜 50개를 구매한다.
② B도매업체에서 입사기념품과 볼펜 50개를 구매한다.
③ B도매업체에서 입사기념품을 구매하고, D소매업체에서 볼펜 50개를 구매한다.
④ C도매업체에서 입사기념품과 볼펜 50개를 구매한다.
⑤ C도매업체에서 입사기념품을 구매하고, D소매업체에서 볼펜 50개를 구매한다.

34 N기업에 근무하는 A씨는 사정이 생겨 다니던 회사를 그만두게 되었다. A씨의 근무기간 및 기본급 등의 기본정보가 다음과 같다면, A씨가 퇴직 시 받게 되는 퇴직금의 세전금액은 얼마인가?(단, A씨의 퇴직일 이전 3개월간 기타수당은 720,000원이며, 퇴직일 이전 3개월간 총일수는 80일이다)

- 입사일자 : 2022년 9월 1일
- 퇴사일자 : 2024년 8월 31일
- 재직일수 : 730일
- 월 기본급 : 2,000,000원
- 월 기타수당 : 월별 상이
- 퇴직일 전 3개월 임금 총액 계산(세전금액)

퇴직일 이전 3개월간 총일수	기본급(3개월분)	기타수당(3개월분)
80일	6,000,000원	720,000원

- (1일 평균임금)
  =[퇴직일 이전 3개월간 지급받은 임금 총액(기본급+기타수당)]÷(퇴직일 이전 3개월간 총일수)
- (퇴직금)=(1일 평균임금)×(30일)×(재직일수÷365)

① 5,020,000원
② 5,030,000원
③ 5,040,000원
④ 5,050,000원
⑤ 5,060,000원

※ 다음은 N기업의 올해 1분기 성과급 지급 기준 및 홍보팀의 성과평가 결과이다. 이어지는 질문에 답하시오. **[35~36]**

〈성과급 지급 기준〉

- 각 직원의 성과급 지급률은 소속팀 내에서 성과점수에 따라 아래 성과급 지급률 표와 같이 결정된다.
- 각 직원은 다음 수식에 따라 산출된 금액을 분기별 성과급으로 지급받는다.
  (성과급 지급액)=(직급별 성과급 기준액)×(성과급 지급률)
- 성과급 지급률의 상위 기준은 성과점수에 따른 등수이며, 소수점 이하는 버림한다.

〈성과점수 구성요소〉

평가대상 \ 항목	공통역량	리더십역량	직무역량	합계
배점	30점	40점	30점	100점

〈직급별 성과급 기준액〉

구분	과장	대리	주임	사원
성과급 기준액	120만 원	110만 원	100만 원	80만 원

〈성과급 지급률〉

구분	상위 20% 이상	상위 20% 미만 50% 이상	상위 50% 미만 90% 이상	상위 90% 미만
성과급 지급률	100%	80%	70%	60%

〈홍보팀 성과평가 결과〉

(단위 : 점)

평가대상 \ 항목	공통역량	리더십역량	직무역량
A과장	20	30	10
B대리	15	25	15
C대리	25	15	25
D주임	20	25	25
E주임	15	20	15
F사원	30	15	30

35 N공단의 성과급 지급 기준에 따라 홍보팀의 성과급 지급액을 산정할 때, 홍보팀 내에서 두 번째로 많은 성과급을 받을 사람은?

① A과장
② B대리
③ C대리
④ D주임
⑤ F사원

Hard

36 N기업은 인사팀의 결정에 따라 성과점수 구성요소에 다음과 같이 변경된 가중치를 적용하기로 하였다. 변경된 성과점수 산출방식에 따라 성과급을 지급할 때, 〈보기〉의 설명 중 옳은 것을 모두 고르면?

〈성과점수 구성요소별 가중치 변경〉

- 변경 전
  공통역량, 리더십역량, 직무역량에 1 : 1 : 1 가중치 적용
- 변경 후
  공통역량, 리더십역량, 직무역량에 1 : 2 : 1 가중치 적용

보기

㉠ 동일한 성과점수를 받는 직원이 2명 이상이다.
㉡ 동일한 성과급을 지급받는 직원이 3명 이상이다.
㉢ 가장 많은 성과급을 지급받는 사람은 D주임이다.
㉣ C대리는 A과장보다 더 많은 성과급을 지급받는다.

① ㉠, ㉡
② ㉠, ㉢
③ ㉡, ㉢
④ ㉡, ㉣
⑤ ㉢, ㉣

37 다음은 외래 진료 시 환자가 부담하는 비용에 대한 자료이다. 〈보기〉에 제시된 금액이 요양급여비용 총액이라고 할 때, 세 사람의 본인부담금은 총 얼마인가?(단, 모든 지역은 의약분업을 실시하고 있다)

〈외래 진료 시 본인부담금〉

구분		본인부담금 비율
의료 급여기관	상급종합병원	(진찰료 총액)+(나머지 진료비의 60%)
	종합병원	요양급여비용 총액의 45%(읍, 면 지역), 50%(동 지역)
	일반병원	요양급여비용 총액의 35%(읍, 면 지역), 40%(동 지역)
	의원	요양급여비용 총액의 30%
	※ 단, 65세 이상인 경우(의약분업 실시 지역) – 요양급여비용 총액이 25,000원 초과인 경우, 요양급여비용 총액의 30%를 부담 – 요양급여비용 총액이 20,000원 초과 25,000원 이하인 경우, 요양급여비용 총액의 20%를 부담 – 요양급여비용 총액이 15,000원 초과 20,000원 이하인 경우, 요양급여비용 총액의 10%를 부담 – 요양급여비용 총액이 15,000원 이하인 경우, 1,500원 부담	
약국	요양급여비용 총액의 30%	
	※ 단, 65세 이상인 경우(처방전에 의한 의약품 조제 시) – 요양급여비용 총액이 12,000원 초과인 경우, 요양급여비용 총액의 30%를 부담 – 요양급여비용 총액이 10,000원 초과 12,000원 이하인 경우, 요양급여비용 총액의 20%를 부담 – 요양급여비용 총액이 10,000원 이하인 경우, 1,000원 부담	

※ 요양급여비용이란 아래 범위에 해당하는 요양 서비스의 비용을 말함

1. 진찰 · 검사
2. 약제(藥劑) · 치료재료의 지급
3. 처치 · 수술 및 그 밖의 치료
4. 예방 · 재활
5. 입원
6. 간호
7. 이송(移送)

보기

㉠ Q동에서 살고 있는 67세 이○○씨는 종합병원에서 재활을 받고, 진료비 21,500원이 나왔다.
㉡ P읍에 사는 34세 김□□씨는 의원에서 진찰비 12,000원이 나오고, 처방전을 받아 약국에서 10,000원이 나왔다.
㉢ 60세 최△△씨는 M면 지역 일반병원에 방문하여 진료비 25,000원과 처방전을 받아 약국에서 60,000원이 나왔다.

① 39,650원
② 38,600원
③ 37,650원
④ 36,600원
⑤ 35,650원

Hard

38 다음은 N은행 ONE대출 상품 약관과 A씨의 대출 정보이다. 제시된 자료를 근거로 할 때, 대출금리가 최고금리일 때와 최저금리일 때의 월평균 상환금액의 차이는 얼마인가?(단, A씨는 대출신청자격을 모두 충족한다)

〈ONE대출 상품 약관〉

<table>
<tr><th>구분</th><th>내용</th></tr>
<tr><td>상품특징</td><td>입증소득 및 재직증빙이 없어도 당행 거래실적에 따라 신용평가시스템(CSS) 평가 후 산출되는 CSS 평가 등급별로 무보증 대출한도가 부여되는 신용대출 상품</td></tr>
<tr><td>대출금액</td><td>• 무보증 최고 2,000만 원 이내(당행 ONE통장 가입고객 중 거래실적 우수고객 자격으로 대출을 받는 경우에는 최고 500만 원)
※ 대출한도는 신용평가 결과에 따라 차등 적용</td></tr>
<tr><td>대출기간 및 상환방법</td><td>• 일시상환(종합통장자동대출 포함) : 1년(최장 10년까지 기한 연장 가능)
• 원리금균등분할상환
– CSS 1 ~ 3등급 : 최저 1년 이상 최장 10년 이내
– CSS 4등급 이하 : 최저 1년 이상 최장 5년 이내
※ 대출기간 30% 이내 최장 12개월까지 거치기간 운용 가능
※ 당행 ONE통장 가입고객 중 거래실적 우수고객 자격으로 대출을 받는 경우 종합통장자동대출만 가능</td></tr>
<tr><td>대출금리</td><td><table><tr><th colspan="2">기준금리</th><th>가산금리</th><th>우대금리</th><th>최저금리</th><th>최고금리</th></tr><tr><td>CD 91일물</td><td>연 3.69%</td><td>연 4.32%p</td><td>연 0.90%p</td><td>연 7.11%</td><td>연 8.01%</td></tr></table>• 기준금리 : 금융투자협회가 고시하는 'CD 91일물 유통수익률' 적용
• 가산금리 : 고객별 가산금리는 신용등급 등에 따라 차등 적용(대출기간 2년 미만, 신용등급 3등급 기준)
• 우대금리 : 최고 연 0.9%p
– N신용카드 이용실적 우대 : 연 0.3%p
– 급여(연금) 이체 관련 실적 우대 : 연 0.3%p
– 적립식 예금(30만 원 이상) 보유 우대 : 연 0.1%p
– 자동이체(3건 이상) 실적 우대 : 연 0.1%p
– N뱅킹 이용 우대 : 연 0.1%p
• 적용금리 : (기준금리)+(가산금리)−(우대금리)</td></tr>
<tr><td>대출상환 관련 안내</td><td>• 이자 계산 방법 : 이자는 원금에 고객별 적용금리를 곱한 후 12개월로 나누어 계산(원 단위 미만 절상)
• 원금 및 이자의 상환 시기
– 일시상환 : 대출기간 중에는 이자지급일에 이자만 납부하고, 대출기간 만료일에 대출원금을 전액 상환
– 원리금균등분할상환 : 매월 이자지급일에 동일한 할부금을 상환(원 단위 미만 절상)</td></tr>
</table>

〈A씨의 대출 정보〉

• 대출금액 : 1,200만 원
• 대출기간 : 1년
• 상환방법 : 원리금균등분할상환
• 신용등급 : 3등급

① 5,873원
② 5,632원
③ 5,380원
④ 4,875원
⑤ 4,710원

※ A주임은 새 차량 구입을 위한 목돈을 마련하기 위해 N은행의 적금 상품에 가입하고자 한다. 이어지는 질문에 답하시오. [39~40]

- 상품명 : 밝은미래적금
- 가입대상 : 실명의 개인
- 계약기간 : 18개월 이상 48개월 이하(월 단위)
- 정액적립식 : 신규 약정 시 약정한 월 1만 원 이상의 저축금액을 매월 약정일에 동일하게 저축
- 이자지급방식 : 만기일시지급, 단리식
- 기본금리

가입기간	18개월 이상 24개월 미만	24개월 이상 36개월 미만	36개월 이상 48개월 미만	48개월
기본금리	연 1.4%	연 1.7%	연 2.1%	연 2.3%

※ 만기 전 해지 시 1.2%의 금리가 적용됨

- 우대금리

우대사항	우대조건	우대금리
우량고객	이 적금의 신규가입 시에 예금주의 N은행 거래기간이 4년 이상인 경우	연 0.5%p
스마트 뱅킹	N은행 모바일앱을 통해 적금에 신규가입한 경우	연 0.2%p
주택청약	이 적금의 신규일로부터 2개월이 속한 달 말일 안에 주택청약종합저축을 가입한 경우	연 0.4%p

※ 본 적금 상품은 비과세 상품임

39 A주임에 대한 정보 및 적금 가입 계획이 다음과 같다고 할 때, A주임이 만기 시 수령할 총금액은 얼마인가?

- A주임은 2024년 11월 1일 자신의 스마트폰의 N은행 모바일앱을 통해 N은행의 밝은미래적금에 가입하고자 한다.
- A주임이 계획한 가입기간은 36개월이다.
- 매월 1일 20만 원을 적금계좌로 이체한다.
- A주임은 2021년 1월 1일부터 N은행 계좌를 개설해 거래하였다.
- A주임은 2018년 8월 1일에 H은행의 주택청약종합저축에 가입하여 현재 보유하고 있다.

① 7,272,000원
② 7,455,300원
③ 7,580,000원
④ 7,624,000원
⑤ 7,684,000원

40 **A주임은 새 차량 구입을 위해 더 큰 목돈을 마련하고자 적금 가입 계획을 다음과 같이 수정하여 N은행의 밝은미래적금에 가입하였다. A주임이 만기 시 받을 수 있는 이자액은 얼마인가?**

- A주임은 2024년 11월 1일 자신의 스마트폰의 N은행 모바일앱을 통해 N은행의 밝은미래적금에 가입하였다.
- A주임이 계획한 가입기간은 40개월이다.
- 매월 1일 25만 원을 적금계좌로 이체한다.
- A주임은 사정상 2024년 10월 9일에 H은행의 주택청약종합저축을 해지하고, 2024년 12월 5일에 N은행 주택청약종합저축에 가입하였다.

① 408,720원
② 425,250원
③ 442,100원
④ 461,250원
⑤ 472,000원

PART 3

Easy

41 **N은행에서 근무하는 A사원은 고객 甲에게 적금 만기를 통보하고자 한다. 甲의 가입 상품 정보가 다음과 같을 때, A사원이 甲에게 안내할 금액은?**

- 상품명 : N은행 희망적금
- 가입자 : 甲(본인)
- 가입기간 : 24개월
- 가입금액 : 매월 초 200,000원 납입
- 적용금리 : 연 2.0%
- 저축방법 : 정기적립식
- 이자지급방식 : 만기일시지급, 단리식

① 4,225,000원
② 4,500,000원
③ 4,725,000원
④ 4,900,000원
⑤ 4,975,000원

※ 다음은 화폐별 환율 우대율과 현재 환율 현황에 대한 자료이다. 이어지는 질문에 답하시오. **[42~43]**

〈화폐별 환율 우대율〉

■ USD

구분		A은행	B은행	C은행	D은행
기본 우대율		50%	40%	40%	50%
환전금액에 따른 추가 우대율	USD 300 이상	4%p	10%p	5%p	10%p
	USD 1,000 이상	8%p	12%p	19%p	15%p
	USD 2,000 이상	20%p	20%p	25%p	15%p

■ JPY 100

구분		A은행	B은행	C은행	D은행
기본 우대율		55%	40%	35%	40%
환전금액에 따른 추가 우대율	JPY 10,000 이상	3%p	4%p	5%p	4%p
	JPY 30,000 이상	10%p	5%p	10%p	5%p
	JPY 50,000 이상	20%p	25%p	12%p	8%p

■ EUR

구분		A은행	B은행	C은행	D은행
기본 우대율		45%	40%	30%	50%
환전금액에 따른 추가 우대율	EUR 200 이상	-	5%p	5%p	-
	EUR 500 이상	5%p	12%p	7%p	8%p
	EUR 1,000 이상	15%p	20%p	20%p	15%p

〈현재 환율 현황〉

구분	매수	매도
원/달러	1,200	1,100
원/100엔	1,090	990
원/유로	1,400	1,350

※ (환전 수수료)=(매수 매도 차액)×[1−(우대율)]×(환전금액)

42 김대리는 해외여행을 위해 JPY 40,000, USD 500을 환전하려고 한다. 총 환전 수수료가 가장 비싼 은행과 가장 저렴한 은행이 바르게 연결된 것은?

	가장 비싼 은행	가장 저렴한 은행
①	B은행	C은행
②	C은행	A은행
③	C은행	B은행
④	D은행	A은행
⑤	D은행	B은행

PART 3

43 각 은행에서는 고객 유치를 위해 특별 추가 우대행사를 진행하고 있으며 그 구체적 내용은 다음과 같다. N씨는 B은행에서 출금하여 환전을 하려고 한다. N씨는 특별 가족할인 쿠폰을 보유하고 있으며, C은행 카드 전월실적이 40만 원이다. N씨가 EUR 1,300, USD 1,200을 환전하려고 할 때, 환전 수수료가 가장 저렴한 은행과 그 비용은 얼마인가?

〈특별 추가 우대행사〉

- 모든 은행은 당행 계좌 출금 시 10%를 추가로 우대해 준다.
- 특별 가족할인 쿠폰을 가지고 있으면 A은행은 10%, B은행은 5% 추가로 우대한다.
- C, D은행은 당사 카드실적이 월 20만 원 이상이면 각각 15%씩 추가로 우대하고 있다.
- 특별 추가 우대행사는 은행당 최대 20%까지 중복 적용 가능하며 USD, JPY, EUR에 각각 적용된다.

	은행	환전 수수료
①	A은행	51,250원
②	B은행	54,850원
③	B은행	57,650원
④	C은행	53,950원
⑤	C은행	56,580원

44 다음은 공공기관 청렴도 평가 현황 자료이다. 내부청렴도가 가장 높은 해와 낮은 해가 바르게 연결된 것은?

〈공공기관 청렴도 평가 현황〉

(단위 : 점)

구분	2020년	2021년	2022년	2023년
종합청렴도	6.23	6.21	6.16	6.8
외부청렴도	8.0	8.0	8.0	8.1
내부청렴도				
정책고객평가	6.9	7.1	7.2	7.3
금품제공률	0.7	0.7	0.7	0.5
향응제공률	0.7	0.8	0.8	0.4
편의제공률	0.2	0.2	0.2	0.2

※ 종합청렴도, 외부청렴도, 내부청렴도, 정책고객평가는 각각 10점 만점으로, 10점에 가까울수록 청렴도가 높다는 의미임

※ (종합청렴도)={(외부청렴도)×0.6+(내부청렴도)×0.3+(정책고객평가)×0.1}−(감점요인)

※ 금품제공률, 향응제공률, 편의제공률은 감점요인임

	가장 높은 해	가장 낮은 해
①	2020년	2022년
②	2021년	2022년
③	2021년	2023년
④	2022년	2023년
⑤	2022년	2021년

Easy

45 다음은 N은행의 단리 예금 상품인 'WIN 예금'에 대한 상품 정보이다. 김대리는 다음 상품에 본인 명의로 가입금액은 1천만 원, 가입기간은 12개월로 가입하였다. 김대리가 만기 시 수령할 총금액은 얼마인가?(단, 세금은 고려하지 않는다)

〈WIN 예금〉

- 가입대상 : 실명의 개인 및 개인사업자
- 가입금액 : 1백만 원 이상
- 가입기간 : 1개월 이상 36개월 이하
- 이자지급방식 : 만기일시지급
- 기본금리 : 신규일 당시 영업점 또는 인터넷 홈페이지에 가입기간별로 고시된 기본이율 적용
- 우대금리 : 만기 해지 시 신규일 당시의 기본금리와 동일한 금리
- 적용이율

구분	기간 및 금액	금리	비고
약정이율	1개월 이상 3개월 미만	연 0.30%	만기 해지 시 신규일 당시 이 예금의 기본금리와 동일한 금리로 우대금리를 추가 제공
	3개월 이상 6개월 미만	연 0.35%	
	6개월 이상 12개월 미만	연 0.40%	
	12개월 이상 24개월 미만	연 0.45%	
	24개월 이상 36개월 미만	연 0.48%	
	36개월 이상	연 0.50%	
중도해지이율	중도해지율	▶	신규일 당시 고시한 중도해지이율 적용

① 9,500,000원
② 9,980,000원
③ 10,090,000원
④ 12,400,000원
⑤ 15,900,000원

PART 3

46 Y씨는 N은행에서 신용카드를 발급받으려고 한다. Y씨의 2025년 3월 지출내역과 N은행에서 출시한 A · B · C신용카드의 혜택에 근거하여 예상청구액을 비교해 봤을 때, 그 청구액이 가장 적은 카드부터 순서대로 나열한 것은?

〈2025년 3월 지출내역〉

(단위 : 만 원)

<table>
<tr><th>구분</th><th colspan="2">세부항목</th><th>금액</th><th>합계</th></tr>
<tr><td rowspan="3">교통비</td><td colspan="2">버스 · 지하철 요금</td><td>8</td><td rowspan="3">20</td></tr>
<tr><td colspan="2">택시 요금</td><td>2</td></tr>
<tr><td colspan="2">KTX 요금</td><td>10</td></tr>
<tr><td rowspan="5">식비</td><td rowspan="2">외식비</td><td>평일</td><td>10</td><td rowspan="5">30</td></tr>
<tr><td>주말</td><td>5</td></tr>
<tr><td colspan="2">카페 지출액</td><td>5</td></tr>
<tr><td rowspan="2">식료품 구입비</td><td>대형마트</td><td>5</td></tr>
<tr><td>재래시장</td><td>5</td></tr>
<tr><td rowspan="2">의류구입비</td><td colspan="2">온라인</td><td>15</td><td rowspan="2">30</td></tr>
<tr><td colspan="2">오프라인</td><td>15</td></tr>
<tr><td rowspan="3">여가 및 자기계발비</td><td colspan="2">영화관람료(1만 원/회×2회)</td><td>2</td><td rowspan="3">30</td></tr>
<tr><td colspan="2">도서구입비(2만 원/권×1권, 1만 5천 원/권×2권, 1만 원/권×3권)</td><td>8</td></tr>
<tr><td colspan="2">학원 수강료</td><td>20</td></tr>
</table>

〈N은행 신용카드별 혜택〉

- A신용카드
  - 버스 · 지하철, 택시, KTX 요금 20% 할인(단, 할인액의 한도는 월 2만 원)
  - 외식비 주말 결제액 5% 할인
  - 학원 수강료 15% 할인
  - 최대 총 할인한도액은 없음
  - 연회비 1만 5천 원이 발급 시 부과되어 합산됨
- B신용카드
  - 버스 · 지하철, 택시, KTX 요금 10% 할인(단, 할인액의 한도는 월 1만 원)
  - 온라인 의류구입비 10% 할인
  - 도서구입비 권당 3천 원 할인(단, 권당 가격이 1만 2천 원 이상인 경우에만 적용)
  - 최대 총 할인한도액은 월 3만 원
  - 연회비 없음
- C신용카드
  - 버스 · 지하철, 택시, KTX 요금 10% 할인(단, 할인액의 한도는 월 1만 원)
  - 카페 지출액 10% 할인
  - 재래시장 식료품 구입비 10% 할인
  - 영화관람료 회당 2천 원 할인(월 최대 2회)
  - 최대 총 할인한도액 없음
  - 연회비 없음

※ 1) 할부나 부분청구는 없음
2) A～C신용카드는 매달 1일부터 말일까지의 사용분에 대하여 익월 청구됨

① A－B－C　② A－C－B
③ B－A－C　④ B－C－A
⑤ C－A－B

47 다음의 고객 정보를 참고하여 귀하가 안내해야 할 중도상환수수료 금액은 얼마인가?

〈고객 정보〉

■ **2023년 3월 초, 담보대출 실행**
- 대출원금 : 24,000,000원
- 대출이자 : 4%
- 대출기간 : 60개월
- 상환방식 : 원금균등(매월 말 상환)

■ **2024년 9월 초, 남은 대출원금 전액 중도상환**
- $(\text{중도상환수수료})=(\text{중도상환원금})\times(\text{중도상환수수료율})\times\frac{3\text{년}-(\text{대출경과월수})}{3\text{년}}$

※ 백 원 단위 미만 절사

- 중도상환수수료율

대출상환기간	3 ~ 12개월	13 ~ 24개월	25 ~ 36개월
수수료율(%)	3.5	2.5	2.0

※ 3년 이후 중도상환 시 면제

① 210,000원　② 220,000원
③ 230,000원　④ 240,000원
⑤ 250,000원

48 다음은 어느 국가의 2011 ~ 2024년 알코올 관련 질환 사망자 수에 대한 자료이다. 이에 대한 설명으로 옳은 것은?

〈알코올 관련 질환 사망자 수〉

(단위 : 명)

구분	남성		여성		전체	
	사망자 수	인구 10만 명당 사망자 수	사망자 수	인구 10만 명당 사망자 수	사망자 수	인구 10만 명당 사망자 수
2011년	2,542	10.7	156	0.7	2,698	5.9
2012년	2,870	11.9	199	0.8	3,069	6.3
2013년	3,807	15.8	299	1.2	4,106	8.4
2014년	4,400	18.2	340	1.4	4,740	9.8
2015년	4,674	19.2	374	1.5	5,048	10.2
2016년	4,289	17.6	387	1.6	4,676	9.6
2017년	4,107	16.8	383	1.6	4,490	9.3
2018년	4,305	17.5	396	1.6	4,701	9.5
2019년	4,243	17.1	400	1.6	4,643	9.3
2020년	4,010	16.1	420	1.7	4,430	8.9
2021년	4,111	16.5	424	1.7		9.1
2022년	3,996	15.9	497	2.0	4,493	9.0
2023년	4,075	16.2	474	1.9		9.1
2024년	3,955	15.6	521	2.1	4,476	8.9

※ 인구 10만 명당 사망자 수는 소수점 둘째 자리에서 반올림한 값임

① 2021년과 2023년의 전체 사망자 수는 같다.

② 여성 사망자 수는 매년 증가한다.

③ 매년 남성 인구 10만 명당 사망자 수는 여성 인구 10만 명당 사망자 수의 8배 이상이다.

④ 남성 인구 10만 명당 사망자 수가 가장 많은 해의 전년 대비 남성 사망자 수 증가율은 5% 이상이다.

⑤ 전체 사망자 수의 전년 대비 증가율은 2012년이 2014년보다 높다.

49 다음은 농가 수 및 농가 인구 추이와 농가 소득 현황을 나타낸 자료이다. 이에 대한 〈보기〉의 설명 중 옳지 않은 것을 모두 고르면?

〈농가 수 및 농가 인구 추이〉

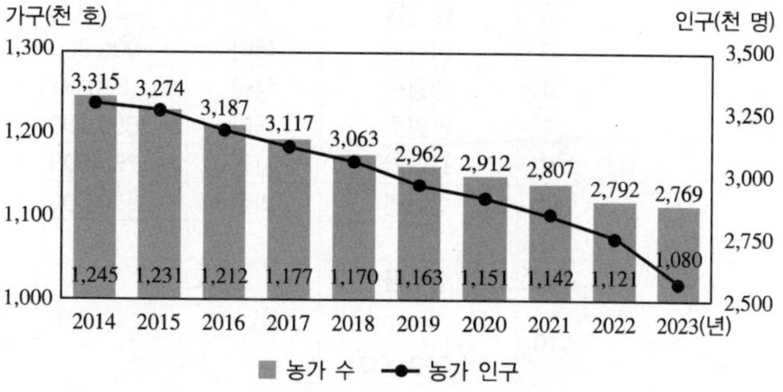

〈농가 소득 현황〉

(단위 : 천 원)

구분	2018년	2019년	2020년	2021년	2022년	2023년
농업 소득	10,098	8,753	9,127	10,035	10,303	11,257
농업 이외 소득	22,023	21,395	21,904	24,489	24,647	25,959
합계	32,121	30,148	31,031	34,524	34,950	37,216

보기

㉠ 농가 수 및 농가 인구는 지속적으로 감소하고 있다.
㉡ 전년 대비 농가 수가 가장 많이 감소한 해는 2023년이다.
㉢ 2018년 대비 2023년 농가 인구의 감소율은 9% 이상이다.
㉣ 농가 소득 중 농업 이외 소득이 차지하는 비율은 매년 증가하고 있다.
㉤ 2023년 농가의 농업 소득의 전년 대비 증가율은 10%를 넘는다.

① ㉠, ㉢
② ㉡, ㉣
③ ㉢, ㉣
④ ㉣, ㉤
⑤ ㉠, ㉢, ㉤

Easy

50 다음 시트의 [B9] 셀에 「=DSUM(A1:C7,C1,A9:A10)」 함수식을 입력했을 때 결괏값으로 옳은 것은?

	A	B	C
1	이름	직급	상여금
2	장기동	과장	1,200,000
3	이승연	대리	900,000
4	김영신	차장	1,300,000
5	공경호	대리	850,000
6	표나리	사원	750,000
7	한미연	과장	950,000
8			
9	상여금		
10	>= 1,000,000		

① 5,950,000
② 3,500,000
③ 3,450,000
④ 2,500,000
⑤ 1,000,000

51 N카페 대표인 A씨는 이번 달에 총 7명의 직원을 새로 뽑았다. A씨는 새로운 직원의 거주지가 영통구이거나 팔달구이면 '매탄2동점', 그 외에는 '금곡동점'에 배치했다. [D2] 셀에 수식을 입력한 후 드래그 기능으로 [D2:D8]을 채우려고 할 때, [D2] 셀에 들어갈 함수식으로 옳은 것은?

	A	B	C	D
1	이름	거주지역	경력유무	지점명
2	최민준	팔달구	유	매탄2동점
3	김진서	권선구	유	금곡동점
4	이예준	권선구	유	금곡동점
5	김수빈	장안구	무	금곡동점
6	서민재	영통구	유	매탄2동점
7	조예은	팔달구	무	매탄2동점
8	박우진	영통구	무	매탄2동점

① =IF(OR(B2="장안구",B2="영통구"),"금곡동점","매탄2동점")
② =IF(OR(B2="팔달구",B2="영통구"),"금곡동점","매탄2동점")
③ =IF(OR(B2="팔달구",B2="영통구"),"매탄2동점","금곡동점")
④ =IF(AND(B2="팔달구",B2="영통구"),"매탄2동점","금곡동점")
⑤ =IF(AND(B2="팔달구",B2="영통구"),"금곡동점","매탄2동점")

52 N중학교에서 근무하는 P교사는 반 학생들의 과목별 수행평가 제출 여부를 확인하기 위해 아래와 같이 자료를 정리하였다. P교사가 [D11] ~ [D13] 셀에 〈보기〉와 같이 함수를 입력하였을 때, [D11] ~ [D13] 셀에 나타날 결괏값으로 옳은 것은?

	A	B	C	D
1			(제출했을 경우 '1'로 표시)	
2	이름	A과목	B과목	C과목
3	김혜진	1	1	1
4	이방숙	1		
5	정영교	재제출 요망	1	
6	정혜운		재제출 요망	1
7	이승준		1	
8	이혜진			1
9	정영남	1		1
10				
11				
12				
13				

보기

- [D11] 셀에 입력한 함수 → 「=COUNTA(B3:D9)」
- [D12] 셀에 입력한 함수 → 「=COUNT(B3:D9)」
- [D13] 셀에 입력한 함수 → 「=COUNTBLANK(B3:D9)」

	[D11]	[D12]	[D13]
①	12	10	11
②	12	10	9
③	10	12	11
④	10	12	9
⑤	10	10	9

53 다음은 N사의 신입공채 지원자들에 대한 평가점수를 정리한 자료이다. [B9] 셀에 다음과 같은 함수식을 실행하였을 때, [B9] 셀의 결괏값으로 옳지 않은 것은?

	A	B	C	D	E
1	이름	협동점수	태도점수	발표점수	필기점수
2	부경필	75	80	92	83
3	김효남	86	93	74	95
4	박현정	64	78	94	80
5	백자영	79	86	72	97
6	이병현	95	82	79	86
7	노경미	91	86	80	79
8					
9	점수				

	[B9] 셀에 입력된 함수식		[B9] 셀의 결괏값
①	=AVERAGE(LARGE(B2:E2,3),SMALL(B5:E5,2))	→	79.5
②	=SUM(MAX(B3:E3),MIN(B7:E7))	→	174
③	=AVERAGE(MAX(B7:E7),COUNTA(B6:E6))	→	50
④	=SUM(MAXA(B4:E4),COUNT(B3:E3))	→	98
⑤	=AVERAGE(SMALL(B3:E3,3),LARGE(B7:E7,3))	→	86.5

54 다음 프로그램의 실행 결과로 옳은 것은?

```
#include <stdio.h>
#define XN(n) x ## n

int main(void)
{
        int XN(1)=10;
        int XN(2)=20;
        printf("%d", x2);

        return 0;
}
```

① 1
② 2
③ 10
④ 20
⑤ 0

Hard

55 다음 프로그램의 실행 결과로 옳은 것은?

```
#include <stdio.h>
void main( ) {
  int arr[5]={16, 12, 17, 48, 85};
  int i, j, temp=0;

  for (i=0; i<5; i++) {
    for (j=i+1; j<5; j++) {
      if (arr[i] > arr[j]) {
        temp=arr[i];
        arr[i]=arr[j];
        arr[j]=temp;
      }
    }
  }
  printf ("%d₩n",arr[2]);
}
```

① 12
② 16
③ 17
④ 48
⑤ 85

56 N회사에 근무하는 A씨가 다음 기사를 읽고 기업의 사회적 책임에 대해 생각해 보았다고 할 때, A씨가 생각한 내용으로 적절하지 않은 것은?

> 세계 자동차 시장 점유율 1위를 기록했던 T사 자동차는 2009년 11월 가속페달의 매트 끼임 문제로 미국을 비롯해 전 세계적으로 1,000만 대가 넘는 사상 초유의 리콜을 감행했다. T사 자동차의 리콜 사태에 대한 원인으로는 기계적 원인과 더불어 무리한 원가 절감, 과도한 해외생산 확대, 안일한 경영 등 경영상의 요인들이 제기되고 있다. 또 T사 자동차는 급속히 성장하면서 제기된 문제들을 소비자의 관점이 아닌 생산자의 관점에서 해결하려고 했고, 리콜에 대한 늦은 대응 등 문제 해결에 미흡했다는 지적을 받고 있다. 이런 대규모 리콜 사태로 인해 T사 자동차가 지난 수십 년간 세계적으로 쌓은 명성은 하루아침에 모래성이 됐다. 이와 반대로 사례로 J사의 타이레놀 리콜 사건이 있다. 1982년 9월 말 미국 시카고에서 J사의 엑스트라 스트렝스 타이레놀 캡슐을 먹고 4명이 사망하는 사건이 발생했다. 이에 J사는 즉각적인 대규모 리콜을 단행하여 빠른 문제해결에 초점을 맞췄다. 그 결과 J사는 소비자들의 신뢰를 다시 회복할 수 있었다.

① 상품에서 결함이 발견됐다면 기업은 그것을 인정하고 책임지는 모습이 필요해.

② 기업은 문제를 인지한 즉시 문제를 해결하기 위해 노력해야 해.

③ 이윤창출은 기업의 유지에 필요하지만, 수익만을 위해 움직이는 것은 여러 문제를 일으킬 수 있어.

④ J사는 사회의 기대와 가치에 부합하는 윤리적 책임을 잘 이행하였어.

⑤ 소비자의 관점이 아닌 생산자의 관점에서 문제를 해결할 때, 소비자들의 신뢰를 회복할 수 있어.

57 다음은 N가구(주)의 시장 조사 결과 보고서이다. 회사가 마련해야 할 마케팅 전략으로 적절한 것을 〈보기〉에서 모두 고르면?

> • 조사 기간 : 2024.06.11. ~ 2024.06.21.
> • 조사 품목 : 돌침대
> • 조사 대상 : 주부 1,000명
> • 조사 결과
>   – 소비자의 건강에 대한 관심 증대
>   – 소비자는 가격보다 제품의 기능을 우선적으로 고려
>   – 취급 점포가 너무 많아서 점포 관리가 체계적이지 못함
>   – 자사 제품의 가격이 낮아서 품질도 떨어지는 것으로 인식됨

보기

㉠ 유통 경로를 늘린다.
㉡ 고급화 전략을 추진한다.
㉢ 박리다매 전략을 이용한다.
㉣ 전속적 또는 선택적 유통 전략을 도입한다.

① ㉠, ㉡
② ㉠, ㉢
③ ㉡, ㉢
④ ㉡, ㉣
⑤ ㉢, ㉣

58 인사팀 채부장은 신입사원들을 대상으로 '조직'의 의미를 다음과 같이 설명하였다. 채부장의 설명에 근거할 때, 조직으로 적절하지 않은 것은?

> 조직은 특정한 목적을 추구하기 위하여 의도적으로 구성된 사람들의 집합체로서 외부 환경과 여러 가지 상호 작용을 하는 사회적 단위라고 말할 수 있지. 한데, 이러한 상호 작용이 유기적인 협력체제 하에서 행해지면서 조직이 추구하는 목적을 달성하기 위해서는 내부적인 구조가 있어야만 해. 업무와 기능의 분배, 권한과 위임을 통하여 어떤 특정한 조직 구성원들의 공통된 목표를 달성하기 위하여 여러 사람의 활동을 합리적으로 조정한 것이야말로 조직의 정의를 가장 잘 나타내주는 말이라고 할 수 있다네.

① 주말을 이용해 춘천까지 다녀오기 위해 모인 자전거 동호회원들
② 야간자율학습을 하고 있는 G고등학교 3학년 2반 학생들
③ 미국까지 가는 비행기 안에 탑승한 기장과 승무원들
④ 영화 촬영을 위해 모인 스태프와 배우들
⑤ 열띤 응원을 펼치고 있는 야구장의 관중들

59 N회사의 항공교육팀은 항공보안실을 대상으로 다음과 같은 항공보안교육계획을 세웠다. 〈보기〉 중 항공보안교육을 반드시 이수해야 하는 팀을 모두 고르면?

〈항공보안교육계획〉

구분	과정명	비고
보안검색감독자	보안검색감독자 초기 / 정기	필수
보안검색요원	보안검색요원 초기 / 정기	필수
	보안검색요원 인증평가	필수
	보안검색요원 재교육	필요시
폭발물처리요원	폭발물 처리요원 직무	필요시
	폭발물 처리요원 정기	필요시
	폭발물위협분석관 초기 / 정기	필요시
장비유지보수요원	항공보안장비유지보수 초기 / 정기	필수

보기

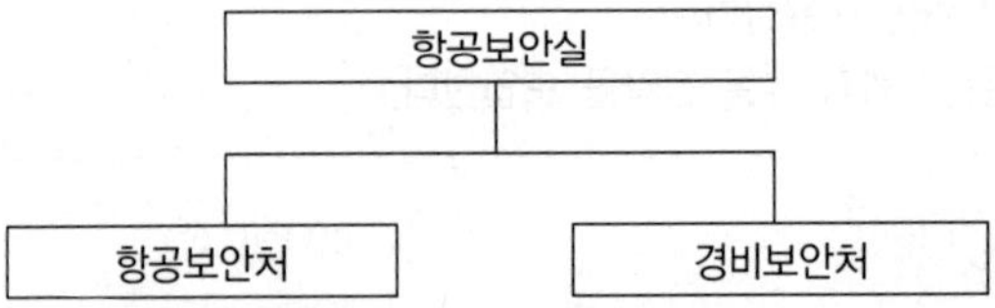

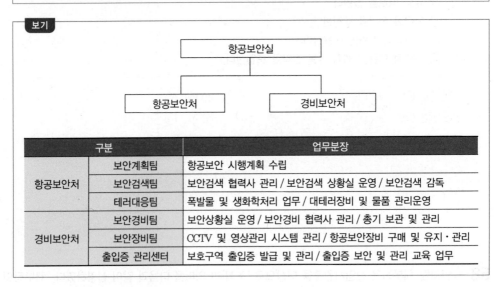

구분		업무분장
항공보안처	보안계획팀	항공보안 시행계획 수립
	보안검색팀	보안검색 협력사 관리 / 보안검색 상황실 운영 / 보안검색 감독
	테러대응팀	폭발물 및 생화학처리 업무 / 대테러장비 및 물품 관리운영
경비보안처	보안경비팀	보안상황실 운영 / 보안경비 협력사 관리 / 총기 보관 및 관리
	보안장비팀	CCTV 및 영상관리 시스템 관리 / 항공보안장비 구매 및 유지 · 관리
	출입증 관리센터	보호구역 출입증 발급 및 관리 / 출입증 보안 및 관리 교육 업무

① 보안계획팀, 보안검색팀
② 보안검색팀, 보안장비팀
③ 보안계획팀, 테러대응팀
④ 보안검색팀, 보안경비팀
⑤ 보안경비팀, 출입증 관리센터

60 다음은 경쟁사의 매출이 나날이 오르는 것에 경각심을 느낀 N식품회사의 신제품 개발 회의의 일부이다. 효과적인 회의의 5가지 원칙에 기반을 두어 가장 효과적으로 회의에 임한 사람은?

〈효과적인 회의의 5가지 원칙〉

1. 긍정적인 어법으로 말하라.
2. 창의적인 사고를 할 수 있게 분위기를 조성하라.
3. 목표를 공유하라.
4. 적극적으로 참여하라.
5. 주제를 벗어나지 마라.

팀장 : 매운맛하면 역시 우리 회사 라면이 가장 잘 팔렸는데 최근 너도나도 매운맛을 만들다 보니 우리 회사 제품의 매출이 상대적으로 줄어든 것 같아서 신제품 개발을 위해 오늘 회의를 진행하게 되었습니다. 아주 중요한 회의이니만큼 각자 좋은 의견을 내주시기 바랍니다.

A : 저는 사실 저희 라면이 그렇게 매출이 좋았던 것도 아닌데 괜한 걱정을 하는 것이라고 생각해요. 그냥 전이랑 비슷한 라면에 이름만 바꿔서 출시하면 안 됩니까?

B : 하지만 그렇게 했다간 입소문이 안 좋아져서 회사가 문을 닫게 될지도 모릅니다.

C : 그나저나 이번에 타사에서 출시된 까불면이 아주 맛있던데요?

D : 까불면도 물론 맛있긴 하지만, 팀장님 말씀대로 매운맛하면 저희 회사 제품이 가장 잘 팔린 것으로 알고 있습니다. 더 다양한 소비자층을 끌기 위해 조금 더 매운맛과 덜 매운맛까지 3가지 맛을 출시하면 매출성장에 도움이 될 것 같습니다.

C : E씨는 어때요? 의견이 없으신가요?

E : 어… 그… 저는… 그, 글쎄요… 매, 매운 음식을 잘… 못 먹어서….

① A　　② B
③ C　　④ D
⑤ E

※ 실내 공기 관리에 대한 필요성을 느낀 N공사는 사무실에 공기청정기를 구비하기로 결정하였다. 이어지는 질문에 답하시오. [56~58]

〈제품설명서〉

■ 설치 확인하기
- 직사광선이 닿지 않는 실내공간에 두십시오(제품 오작동 및 고장의 원인이 될 수 있습니다).
- TV, 라디오, 전자제품 등과 간격을 두고 설치하십시오(전자파 장애로 오작동의 원인이 됩니다).
- 단단하고 평평한 바닥에 두십시오(약하고 기울어진 바닥에 설치하면 이상 소음 및 진동이 생길 수 있습니다).
- 벽면과 10cm 이상 간격을 두고 설치하십시오(공기청정 기능을 위해 벽면과 간격을 두고 설치하는 것이 좋습니다).
- 습기가 적고 통풍이 잘되는 장소에 두십시오(감전되거나 제품에 녹이 발생할 수 있고, 제품 성능이 저하될 수 있습니다).

■ 필터 교체하기

종류	표시등	청소주기	교체주기
프리필터	-	2회 / 월	반영구
탈취필터	필터 교체 표시등 켜짐	-	6개월 ~ 1년
헤파필터			

- 실내의 청정한 공기 관리를 위해 교체주기에 맞게 필터를 교체해 주세요.
- 필터 교체주기는 사용 환경에 따라 차이가 날 수 있습니다.
- 냄새가 심하게 날 경우, 탈취필터를 확인 및 교체해 주세요.

■ 스마트에어 서비스 등록하기
1) 앱스토어에서 ‘스마트에어’를 검색하여 앱을 설치합니다(안드로이드 8.0 오레오 이상 / iOS 9.0 이상의 사양에 최적화되어 있으며, 사용자의 스마트폰에 따라 일부 기능은 지원하지 않을 수 있습니다).
2) 스마트에어 서비스 앱을 실행하여 회원가입 완료 후 로그인합니다.
3) 새 기기 추가 선택 후 제품을 선택합니다.
4) 공기청정기 기기의 페어링 모드를 작동시켜 주세요(기기의 Wi-Fi 버튼과 수면모드 버튼을 동시에 눌러주세요).
5) 기기명이 나타나면 기기를 선택해 주세요.
6) 완료 버튼을 눌러 기기등록을 완료합니다.
   - 지원 가능 Wi-Fi 무선공유기 사양(802.11b/f/n 2.4GHz)을 확인하세요.
   - 자동 Wi-Fi 연결상태 관리 모드를 해제해 주세요.
   - 스마트폰의 Wi-Fi 고급설정 모드에서 ‘신호 약한 Wi-Fi 끊기 항목’과 관련된 기능이 있다면 해제해 주세요.
   - 스마트폰의 Wi-Fi 고급설정 모드에서 ‘신호 세기’와 관련된 기능이 있다면 ‘전체’를 체크해 주세요.
   - Wi-Fi가 듀얼 밴드 공유기인 경우 〈Wi-Fi 5GHz〉가 아닌 일반 〈Wi-Fi〉를 선택해 주세요.

■ 스마트에어 서비스 이용하기
스마트에어 서비스는 스마트기기를 통해 공기청정기를 페어링하여 언제 어디서나 원하는 대로 공기를 정화할 수 있는 똑똑한 서비스입니다.

56 **제품설명서를 참고하여 공기청정기를 적절한 장소에 설치하고자 한다. 다음 중 공기청정기 설치 장소로 적절하지 않은 곳은?**

① 벽면과 10cm 이상 간격을 확보할 수 있는 곳
② 사내방송용 TV와 거리가 먼 곳
③ 습기가 적고 통풍이 잘되는 곳
④ 직사광선이 닿지 않는 실내
⑤ 부드러운 매트 위

PART 3

57 **다음 중 필터 교체와 관련하여 숙지해야 할 사항으로 가장 적절한 것은?**

① 프리필터는 1년 주기로 교체해야 한다.
② 탈취필터는 6개월 주기로 교체해야 한다.
③ 헤파필터는 6개월 주기로 교체해야 한다.
④ 프리필터는 1개월에 2회 이상 청소해야 한다.
⑤ 냄새가 심하게 날 경우 탈취필터를 청소해야 한다.

58 **외근이나 퇴근 후에도 공기청정기를 사용할 수 있도록 스마트폰을 통해 스마트에어 서비스 등록을 시도하였으나, 기기 등록에 계속 실패하였다. 다음 중 기기등록을 위해 확인해야 할 사항으로 적절하지 않은 것은?**

① 스마트폰이 지원 가능한 사양인지 OS 버전을 확인한다.
② 공기청정기에서 페어링 모드가 작동하고 있는지 확인한다.
③ 무선공유기가 지원 가능한 사양인지 확인한다.
④ 스마트폰의 자동 Wi-Fi 연결상태 관리 모드를 확인한다.
⑤ 스마트폰의 Wi-Fi 고급설정 모드에서 '개방형 Wi-Fi' 관련 항목을 확인한다.

59 다음 글을 읽고 이해한 내용으로 가장 적절한 것은?

> 영국의 병리학자인 로널드 로스(Ronald Ross) 박사에 의해서 모기가 말라리아를 옮긴다는 사실이 발견된 후, 말라리아를 없애는 방법으로 모기 박멸이 추진되었다. 이 과정에서 스위스의 과학자 파울 뮬러(Paul Hermann Müller)가 나방을 잡기 위해 제조했던 네오사이드라는 약품을 개량하여 강력한 살충제 DDT를 개발했다. DDT는 뿌린 지 1년이 지난 뒤에도 모기를 죽일 수 있을 만큼 강력했으며, 게다가 인간에게는 별로 해롭지 않은 것으로 간주되었다. DDT를 사용한 뒤에 유럽, 북아메리카, 말레이시아에서 말라리아를 거의 근절하는 데 성공했고, 열대 지방에서도 발병률이 현저하게 저하되었다. 그렇지만 DDT에 저항력을 가진 모기들이 나타나면서 말라리아가 다시 발생하기 시작했으며, 1969년 세계보건기구(WHO)는 모기 박멸 계획이 실패했음을 공식적으로 인정하고, 모기 박멸에서 모기 통제로 전략을 수정했다.
> 게다가 미국의 생물학자 레이첼 카슨(Rachel Carson)은 『침묵의 봄』(1962)을 통해 DDT가 안전하다는 당시의 보편적인 주장에 정면으로 도전했다. 그녀는 DDT가 특정 조류의 감소와 연관되어 있고, 살충제를 취급했던 노동자들의 건강이 악화되었으며, 살충제에 노출되었던 물고기들의 간암 발생률이 높아졌고, 심지어 DDT가 모유에서도 발견되었으며 아기의 몸에 축적될 수 있다는 사실을 지적했다. 이후 DDT를 금지하는 법안들이 통과되기 시작했을 뿐만 아니라, 많은 사람들이 특정 약품에 의한 생태계 파괴 혹은 인간 생명에 대한 위협에 관해서 경각심을 가지게 되었다. DDT의 사례는 인간의 행복과 복지를 위해 만들어진 기술이 예상했던 대로 작동하지 않았을 뿐만 아니라 오히려 위험을 증대시켰음을 잘 보여준다.

① 기술실패를 은폐하거나 반복하는 것이 얼마나 위험한지 잘 보여주고 있어.
② 기술의 잠재적 위험과 불확실성을 잘 설명한 사례라고 생각해.
③ 기술 개발에 필요한 투자를 면밀히 검토해야 함을 잘 설명해주고 있어.
④ 과학기술과 학문 분야가 결합하여 시너지 효과가 얼마나 극대화되는지를 알 수 있어.
⑤ 기술 전문 인력을 효과적으로 운용할 수 있는 능력이 얼마나 중요한지 알 수 있어.

60 N정보통신회사에 입사한 A씨는 시스템 모니터링 및 관리 업무를 담당하게 되었다. 다음 자료를 참고할 때, 〈보기〉의 빈칸에 들어갈 코드로 옳은 것은?

다음 모니터에 나타나는 정보를 이해하고 시스템 상태를 판독하여 적절한 코드를 입력하는 방식을 파악하시오.

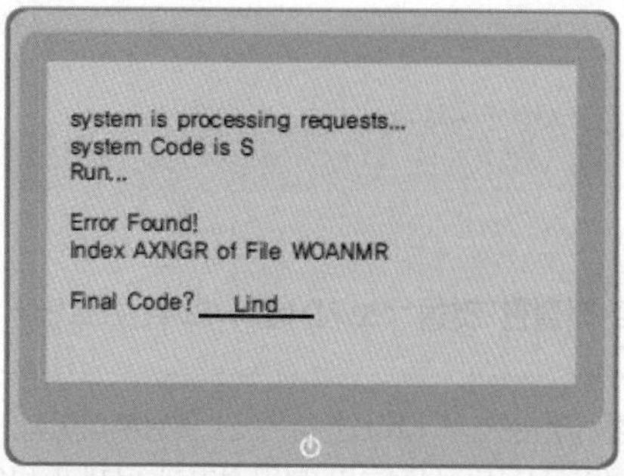
system is processing requests...
system Code is S
Run...
Error Found!
Index AXNGR of File WOANMR
Final Code? Lind

항목	세부사항
Index ◇◇◇ of File ◇◇◇	• 오류 문자 : Index 뒤에 나타나는 문자 • 오류 발생 위치 : File 뒤에 나타나는 문자
Error Value	• 오류 문자와 오류 발생 위치를 의미하는 문자에 사용된 알파벳을 비교하여 일치하는 알파벳의 개수를 확인
Final Code	• Error Value를 통하여 시스템 상태 판단

판단 기준	Final Code
일치하는 알파벳의 개수=0	Svem
0<일치하는 알파벳의 개수≤1	Atur
1<일치하는 알파벳의 개수≤3	Lind
3<일치하는 알파벳의 개수≤5	Nugre
일치하는 알파벳의 개수>5	Qutom

보기

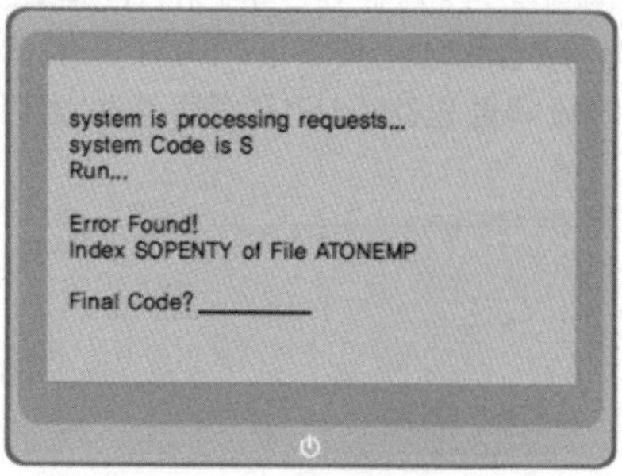
system is processing requests...
system Code is S
Run...
Error Found!
Index SOPENTY of File ATONEMP
Final Code? ________

① Svem
② Atur
③ Lind
④ Nugre
⑤ Qutom

제3회 최종점검 모의고사

모바일 OMR

응시시간 : 85분　　문항 수 : 60문항

정답 및 해설 p.086

01 공통(전체)

01 다음 글의 내용으로 적절한 것을 〈보기〉에서 모두 고르면?

인류 역사상 불공정거래 문제가 나타난 것은 먼 옛날부터이다. 자급자족경제에서 벗어나 물물교환이 이루어지고 상업이 시작된 시점부터 불공정거래 문제가 나타났고, 법을 만들어 이를 규율하기 시작하였다. 불공정거래 문제가 법적으로 다루어진 것으로 알려진 최초의 사건은 기원전 4세기 아테네에서 발생한 곡물 중간상 사건이다. 기원전 388년 겨울, 곡물 수입 항로가 스파르타로부터 위협을 받게 되자 곡물 중간상들의 물량 확보 경쟁이 치열해졌고 입찰가격은 급등하였다. 이에 모든 곡물 중간상들이 담합하여 동일한 가격으로 응찰함으로써 곡물 매입가격을 크게 하락시켰고, 이를 다시 높은 가격에 판매하였다. 이로 인해 그들은 아테네 법원에 형사상 소추되어 유죄 판결을 받았다. 당시 아테네는 곡물 중간상들이 담합하여 일정 비율 이상의 이윤을 붙일 수 없도록 성문법으로 규정하고 있었으며, 해당 규정 위반 시 사형에 처해졌다.
곡물의 공정거래를 규율하는 고대 아테네의 성문법은 로마로 계승되어 더욱 발전되었다. 그리고 로마의 공정거래 관련법은 13세기부터 15세기까지 이탈리아의 우루비노와 피렌체, 독일의 뉘른베르크 등의 도시국가와 프랑스 등 중세 유럽 각국의 공정거래 관련법 제정에까지 영향을 미쳤다. 영국에서도 로마의 공정거래 관련법의 영향을 받아 1353년에 에드워드 3세의 공정거래 관련법이 만들어졌다.

보기

㉠ 인류 역사상 불공정거래 문제는 자급자족경제 시기부터 나타났다.
㉡ 기원전 4세기 아테네의 공정거래 관련법에 규정된 최고형은 벌금형이었다.
㉢ 로마의 공정거래 관련법은 영국 에드워드 3세의 공정거래 관련법 제정에 영향을 미쳤다.
㉣ 기원전 4세기 아테네 곡물 중간상 사건은 곡물 중간상들이 곡물을 1년 이상 유통하지 않음으로 인해 발생하였다.

① ㉠　　② ㉢
③ ㉠, ㉡　　④ ㉡, ㉣
⑤ ㉢, ㉣

02 다음 글의 빈칸에 들어갈 내용으로 바르게 짝지어진 것은?

> 축산업은 지난 50여 년 동안 완전히 바뀌었다. 예를 들어, 1967년 미국에는 약 100만 곳의 돼지 농장이 있었지만, 2005년에 들어서면서 전체 돼지 농장의 수는 10만을 조금 넘게 되었다. 이러는 가운데 전체 돼지 사육 두수는 크게 증가하여 ______㉠______ 밀집된 형태에서 대규모로 돼지를 사육하는 농장이 출현하기 시작하였다. 이러한 농장은 경제적 효율성을 지녔지만, 사육 가축들의 병원균 전염 가능성을 높인다. 이러한 농장에서 가축들이 사육되면, 소규모 가축 사육 농장에 비해 벌레, 쥐, 박쥐 등과의 접촉으로 병원균들의 침입 가능성은 높아진다. 또한 이러한 농장의 가축 밀집 상태는 가축 간 접촉을 늘려 병원균의 전이 가능성을 높임으로써 전염병을 쉽게 확산시킨다.
> 축산업과 관련된 가축의 가공 과정과 소비 형태 역시 변화하였다. 과거에는 적은 수의 가축을 도축하여 고기 그 자체를 그대로 소비할 수밖에 없었다. 그러나 현대에는 소수의 대규모 육류가공기업이 많은 지역으로부터 수집한 수많은 가축의 고기를 재료로 햄이나 소시지 등의 육류가공제품을 대량으로 생산하여 소비자에 공급한다. 이렇게 되면 오늘날의 개별 소비자들은 적은 양의 육류가공제품을 소비하더라도, 엄청나게 많은 수의 가축과 접촉한 결과를 낳는다. 이는 소비자들이 감염된 가축의 병원균에 노출될 가능성을 높인다.
> 정리하자면 ______㉡______ 결과를 야기하기 때문에, 오늘날의 변화된 축산업은 소비자들이 가축을 통해 전염병에 노출될 가능성을 높인다.

① ㉠ : 농장당 돼지 사육 두수는 줄고 사육 면적당 돼지의 수도 줄어든
　㉡ : 가축 사육량과 육류가공제품 소비량이 증가하는

② ㉠ : 농장당 돼지 사육 두수는 줄고 사육 면적당 돼지의 수도 줄어든
　㉡ : 가축 간 접촉이 늘고 소비자도 많은 수의 가축과 접촉한

③ ㉠ : 농장당 돼지 사육 두수는 늘고 사육 면적당 돼지의 수도 늘어난
　㉡ : 가축 사육량과 육류가공제품 소비량이 증가하는

④ ㉠ : 농장당 돼지 사육 두수는 늘고 사육 면적당 돼지의 수도 늘어난
　㉡ : 가축 간 접촉이 늘고 소비자도 많은 수의 가축과 접촉한

⑤ ㉠ : 농장당 돼지 사육 두수는 늘고 사육 면적당 돼지의 수도 늘어난
　㉡ : 가축 간 접촉이 늘고 소비자는 적은 수의 가축과 접촉한

03 다음 중 (가) ~ (마)의 핵심 화제로 적절하지 않은 것은?

(가) 한 아이가 길을 가다가 골목에서 갑자기 튀어나온 큰 개에게 발목을 물렸다. 아이는 이 일을 겪은 뒤 개에 대한 극심한 불안에 시달렸다. 멀리 있는 강아지만 봐도 몸이 경직되고 호흡 곤란을 느꼈으며 심할 경우 응급실을 찾기도 하였다. 이것은 한 번의 부정적인 경험이 공포증으로 이어진 경우라고 할 수 있다.

(나) '공포증'이란 위의 경우에서 보듯이 특정 대상에 대한 과도한 두려움으로 그 대상을 계속해서 피하게 되는 증세를 말한다. 특정한 동물, 높은 곳, 비행기나 엘리베이터 등이 공포증을 유발하는 대상이 될 수 있다. 물론 일반적인 사람들도 이런 대상을 접하여 부정적인 경험을 할 수 있지만 공포증으로까지 이어지는 경우는 드물다.

(다) 심리학자 와이너는 부정적인 경험을 한 상황을 어떻게 해석하느냐에 따라 이러한 공포증이 생길 수도 있고 그렇지 않을 수도 있으며, 공포증이 지속될 수도 있고 극복될 수도 있다고 했다. 그는 상황을 해석하는 방식을 설명하기 위해 상황의 원인을 어디에서 찾느냐, 상황의 변화 가능성에 대해 어떻게 인식하느냐의 두 가지 기준을 제시했다. 상황의 원인을 자신에게서 찾으면 '내부적'으로 해석한 것이고, 자신이 아닌 다른 것에서 찾으면 '외부적'으로 해석한 것이다. 또 상황이 바뀔 가능성이 전혀 없다고 생각하면 '고정적'으로 인식한 것이고, 상황이 충분히 바뀔 수 있다고 생각하면 '가변적'으로 인식한 것이다.

(라) 와이너에 의하면, 큰 개에게 물렸지만 공포증에 시달리지 않는 사람들은 개에게 물린 상황에 대해 '내 대처 방식이 잘못되었어.'라며 내부적이고 가변적으로 해석한다. 이것은 나의 대처 방식에 따라 상황이 충분히 바뀔 수 있다고 생각하는 것이므로 이들은 개와 마주치는 상황을 굳이 피하지 않는다. 그 후 개에게 물리지 않는 상황이 반복되면 '나도 어떤 경우라도 개를 감당할 수 있어.'라며 내부적이고 고정적으로 해석하는 단계로 나아가게 된다.

(마) 반면에 공포증을 겪는 사람들은 개에 물린 상황에 대해 '나는 약해서 개를 감당하지 못해.'라며 내부적이고 고정적으로 해석하거나 '개는 위험한 동물이야.'라며 외부적이고 고정적으로 해석한다. 자신의 힘이 개보다 약하다고 생각하거나 개를 맹수로 여기는 것이므로 이들은 자신이 개에게 물린 것을 당연한 일로 받아들인다. 하지만 공포증에 시달리지 않는 사람들처럼 상황을 해석하고 개를 피하지 않는 노력을 기울이면 공포증에서 벗어날 수 있다.

① (가) : 공포증이 생긴 구체적 상황
② (나) : 공포증의 개념과 공포증을 유발하는 대상
③ (다) : 와이너가 제시한 상황 해석의 기준
④ (라) : 공포증을 겪지 않는 사람들의 상황 해석 방식
⑤ (마) : 공포증을 겪는 사람들의 행동 유형

04 다음 글을 읽고 추론한 내용으로 가장 적절한 것은?

지식의 본성을 다루는 학문인 인식론은 흔히 지식의 유형을 나누는 데에서 이야기를 시작한다. 지식의 유형은 '안다'는 말의 다양한 용례들이 보여주는 의미 차이를 통해서 드러나기도 한다. 예컨대 '그는 자전거를 탈 줄 안다.'와 '그는 이 사과가 둥글다는 것을 안다.'에서 '안다'가 바로 그런 경우이다. 전자의 '안다'는 능력의 소유를 의미하는 것으로 '절차적 지식'이라 부르고, 후자의 '안다'는 정보의 소유를 의미하는 것으로 '표상적 지식'이라고 부른다.

어떤 사람이 자전거에 대해서 많은 정보를 갖고 있다고 해서 자전거를 탈 수 있게 되는 것은 아니며, 자전거를 탈 줄 알기 위해서 반드시 자전거에 대해서 많은 정보를 갖고 있어야 하는 것도 아니다. 아무 정보 없이 그저 넘어지거나 다치거나 하는 과정을 거쳐 자전거를 탈 줄 알게 될 수도 있다. 자전거 타기와 같은 절차적 지식을 갖기 위해서는 훈련을 통하여 몸과 마음을 특정한 방식으로 조직화해야 한다. 그러나 정보를 마음에 떠올릴 필요는 없다.

반면, '이 사과는 둥글다.'는 것을 알기 위해서는 둥근 사과의 이미지가 되었건 '이 사과는 둥글다.'는 명제가 되었건 어떤 정보를 마음속에 떠올려야 한다. '마음속에 떠올린 정보'를 표상이라고 할 수 있으므로, 이러한 지식을 표상적 지식이라고 부른다. 그런데 어떤 표상적 지식을 새로 얻게 됨으로써 이전에 할 수 없었던 어떤 것을 하게 될지는 분명하지 않다. 이런 점에서 표상적 지식은 절차적 지식과 달리 특정한 일을 수행하는 능력과 직접 연결되어 있지 않다.

① 표상적 지식은 특정 능력의 습득에 전혀 도움을 주지 못한다.
② '이 사과는 둥글다.'라는 지식은 이미지 정보에만 해당한다.
③ 절차적 지식은 정보가 없이도 습득할 수 있다.
④ 인식론은 머릿속에서 처리되는 정보의 유형만을 다루는 학문이다.
⑤ 절차적 지식을 통해 표상적 지식을 얻는 것이 가능하다.

PART 3

05 다음 글의 주장에 대한 반박으로 가장 적절한 것은?

인간은 사회 속에서만 자신을 더 나은 존재로 느낄 수 있기 때문에 자신을 사회화하고자 한다. 인간은 사회 속에서만 자신의 자연적 소질을 실현할 수 있는 것이다. 그러나 인간은 자신을 개별화하거나 고립시키려는 성향도 강하다. 이는 자신의 의도에 따라서만 행동하려는 반사회적인 특성을 의미한다. 그리고 저항하려는 성향이 자신뿐만 아니라 다른 사람에게도 있다는 사실을 알기 때문에, 그 자신도 곳곳에서 저항에 부딪히게 되리라 예상한다.

이러한 저항을 통하여 인간은 모든 능력을 일깨우고, 나태해지려는 성향을 극복하며, 명예욕이나 지배욕, 소유욕 등에 따라 행동하게 된다. 그리하여 동시대인들 가운데에서 자신의 위치를 확보하게 된다. 이렇게 하여 인간은 야만의 상태에서 벗어나 문화를 이룩하기 위한 진정한 진보의 첫걸음을 내딛게 된다. 이때부터 모든 능력이 점차 계발되고 아름다움을 판정하는 능력도 형성된다. 나아가 자연적 소질에 의해 도덕성을 어렴풋하게 느끼기만 하던 상태에서 벗어나, 지속적인 계몽을 통하여 구체적인 실천 원리를 명료하게 인식할 수 있는 성숙한 단계로 접어든다. 그 결과 자연적인 감정을 기반으로 결합된 사회를 도덕적인 전체로 바꿀 수 있는 사유 방식이 확립된다.

인간에게 이러한 반사회성이 없다면, 인간의 모든 재능은 꽃피지 못하고 만족감과 사랑으로 가득 찬 목가적인 삶 속에서 영원히 묻혀 버리고 말 것이다. 그리고 양처럼 선량한 기질의 사람들은 가축 이상의 가치를 자신의 삶에 부여하기 힘들 것이다. 자연 상태에 머물지 않고 스스로의 목적을 성취하기 위해 자연적 소질을 계발하여 창조의 공백을 메울 때, 인간의 가치는 상승되기 때문이다.

① 사회성만으로도 충분히 목가적 삶을 영위할 수 있다.
② 반사회성만으로는 자신의 재능을 계발하기 어렵다.
③ 인간은 타인과의 갈등을 통해서도 사회성을 기를 수 있다.
④ 인간은 사회성만 가지고도 자신의 재능을 키워나갈 수 있다.
⑤ 인간의 자연적인 성질은 사회화를 방해한다.

06 다음 글의 내용으로 적절하지 않은 것은?

최근 민간 부문에 이어 공공 부문의 인사관리 분야에 '역량(Competency)'의 개념이 핵심 주제로 등장하고 있다. '역량'이라는 개념은 1973년 사회심리학자인 맥클레랜드에 의하여 '전통적 학업 적성 검사 혹은 성취도 검사의 문제점 지적'이라는 연구에서 본격적으로 논의된 이후 다양하게 정의되어 왔으나, 여기서의 역량의 개념은 직무에서 탁월한 성과를 나타내는 고성과자(High Performer)에게서 일관되게 관찰되는 행동적 특성을 의미한다. 즉, 지식·기술·태도 등 내적 특성들이 상호작용하여 높은 성과로 이어지는 행동적 특성을 말한다. 따라서 역량은 관찰과 측정할 수 있는 구체적인 행위의 관점에서 설명된다. 조직이 필요로 하는 역량 모델이 개발된다면 이는 채용이나 선발, 경력 관리, 평가와 보상, 교육·훈련 등 다양한 인사관리 분야에 적용될 수 있다.

① 역량의 개념 정의는 역사적으로 다양하였다.
② 역량은 개인의 내재적 특성을 포함하는 개념이다.
③ 역량은 직무에서 높은 성과로 이어지는 행동적 특성을 말한다.
④ 역량 모델은 공공 부문보다 민간 부문에서 더욱 효과적으로 작용한다.
⑤ 역량 모델의 개발은 조직의 관리를 용이하게 한다.

Easy

07 다음 글의 빈칸에 들어갈 문장을 〈보기〉에서 찾아 순서대로 나열한 것으로 가장 적절한 것은?

인간은 자신의 필요에 맞게 에너지의 형태를 변환하여 사용한다. ________________ 그런데 이러한 변환 과정에서 일부 에너지는 쓸모없는 것이 되어 사방으로 흩어진다. 즉, 의미 없이 버려지는 에너지들이 나타나게 되는 것이다. 이러한 까닭에 과학자들은 손실되는 에너지를 활용하기 위한 효율적인 방안을 연구하게 되었고, 이 과정에서 에너지 하베스팅 기술이 등장하였다.
에너지 하베스팅을 위해서는 에너지를 모을 수 있는 소자를 제작해야 하는데, 이때 몇 가지 원리가 작용한다. 먼저 압전 효과가 있다. 압전 효과는 생활환경에서 발생하는 진동과 압력, 충격과 같은 역학적 에너지를 전기 에너지로 변환하는 현상이다. ________________ 실제로 한 회사는 무릎을 구부릴 때마다 압전 소자에서 전기를 만들어 내는 제품을 생산하여 실험 중에 있다. 버튼을 누르는 운동 에너지로 전기를 만들어 내는 리모컨을 개발하여 출시하기도 하였다.
또 다른 원리로는 열에너지와 전기 에너지가 상호 작용하는 현상인 열전 효과가 있다. 온도가 다른 두 물질을 접합하면 그 온도 차이에 의해 전류가 흐르게 되는데, 이 방식을 적용하여 열전 소자를 만들 수 있다. 이 소자를 착용형 기기에 부착하면 인간의 신체에서 발생하는 열을 전기로 전환하여 기기를 충전하는 것이 가능하다. 이외에도 빛에너지를 전기 에너지로 변환하는 데 이용되는 광전 효과와 전자기파를 수집하여 전기 에너지로 변환하는 데 이용되는 전자기 공명도 에너지 하베스팅에 활용되는 원리이다.
________________ 작은 에너지를 큰 에너지로 저장하지 않고 직접 소형기기에 전달하여 사용하는 기술 방식 때문이다. 인류는 여전히 화석 연료의 고갈과 기후 변화라는 문제를 안고 있기에 현재의 인류와 미래의 인류가 함께 살아가기 위해서는 에너지 하베스팅과 같은 대체 에너지 기술 개발이 반드시 필요하다. 에너지 하베스팅은 보다 적극적인 에너지 절약의 한 방법이 될 수 있을 뿐만 아니라 그러한 문제 상황을 개선하는 좋은 방법으로 활용될 수 있을 것이다.

보기

㉠ 예를 들면 연료의 화학 에너지를 열에너지로 전환한 후 자동차를 움직이는 운동 에너지로 바꾸어 사용하는 것이다.
㉡ 에너지 하베스팅은 최근 등장한 이동 통신 기기나 착용형 기기 등 소형기기에 적합한 에너지 활용 기술이 될 것으로 평가받고 있다.
㉢ 이러한 원리를 바탕으로 제작된 압전 소자를 제품에 부착하여 전기 에너지를 만들 수 있다.

① ㉠, ㉡, ㉢
② ㉠, ㉢, ㉡
③ ㉡, ㉠, ㉢
④ ㉡, ㉢, ㉠
⑤ ㉢, ㉠, ㉡

PART 3

08 다음 글을 논리적 순서대로 바르게 나열한 것은?

(가) 매년 수백만 톤의 황산이 애팔래치아 산맥에서 오하이오 강으로 흘러들어 간다. 이 황산은 강을 붉게 물들이고 산성으로 변화시킨다. 이렇듯 강이 붉게 물드는 것은 티오바실러스라는 세균으로 인해 생성된 침전물 때문이다. 철2가 이온(Fe^{2+})과 철3가 이온(Fe^{3+})의 용해도가 이러한 침전물의 생성에 중요한 역할을 한다.

(나) 애팔래치아 산맥의 석탄 광산에 있는 황철광에는 이황화철(FeS_2)이 함유되어 있다. 티오바실러스는 이 황철광에 포함된 이황화철(FeS_2)을 산화시켜 철2가 이온(Fe^{2+})과 강한 산인 황산을 만든다. 이 과정에서 티오바실러스는 일차적으로 에너지를 얻는다. 일단 만들어진 철2가 이온(Fe^{2+})은 티오바실러스에 의해 다시 철3가 이온(Fe^{3+})으로 산화되는데, 이 과정에서 또 다시 티오바실러스는 에너지를 이차적으로 얻는다.

(다) 이황화철(FeS_2)의 산화는 다음과 같이 가속된다. 티오바실러스에 의해 생성된 황산은 황철광을 녹이게 된다. 황철광이 녹으면 황철광 안에 들어 있던 이황화철(FeS_2)은 티오바실러스와 공기 중의 산소에 더 노출되어 화학반응이 폭발적으로 증가하게 된다. 티오바실러스의 생장과 번식에는 이와 같이 에너지의 원료가 되는 이황화철(FeS_2)과 산소 그리고 세포 구성에 필요한 무기질이 꼭 필요하다. 이러한 환경조건이 자연적으로 완비된 광산 지역에서는 일반적인 방법으로 티오바실러스의 생장을 억제하기가 힘들다. 이황화철(FeS_2)과 무기질이 다량으로 광산에 있으므로 이 경우 오하이오 강의 오염을 막기 위한 방법은 광산을 밀폐시켜 산소의 공급을 차단하는 것뿐이다.

(라) 철2가 이온(Fe^{2+})은 강한 산(pH 3.0 이하)에서 물에 녹은 상태를 유지한다. 그러한 철2가 이온(Fe^{2+})은 자연 상태에서 pH 4.0 ~ 5.0 사이가 되어야 철3가 이온(Fe^{3+})으로 산화된다. 놀랍게도 티오바실러스는 강한 산에서 잘 자라고 강한 산에 있는 철2가 이온(Fe^{2+})을 적극적으로 산화시켜 철3가 이온(Fe^{3+})을 만든다. 그리고 물에 녹지 않는 철3가 이온(Fe^{3+})은 다른 무기 이온과 결합하여 붉은 침전물을 만든다. 환경에 영향을 미칠 정도로 다량의 붉은 침전물을 만들기 위해서는 엄청난 양의 철2가 이온(Fe^{2+})과 강한 산이 있어야 한다. 이것들은 어떻게 만들어지는 것일까?

① (가) – (나) – (라) – (다)
② (가) – (라) – (나) – (다)
③ (라) – (가) – (다) – (나)
④ (라) – (나) – (가) – (다)
⑤ (라) – (나) – (다) – (가)

09 다음 글에 제시된 '최적통화지역 이론'에서 고려하지 않은 것은?

최적통화지역은 단일 통화가 통용되거나 여러 통화들의 환율이 고정되어 있는 최적의 지리적인 영역을 지칭한다. 여기서 최적이란 대내외 균형이라는 거시 경제의 목적에 의해 규정되는데, 대내 균형은 물가 안정과 완전 고용, 대외 균형은 국제수지 균형을 의미한다.
최적통화지역의 개념은 고정환율 제도와 변동환율 제도의 상대적 장점에 대한 논쟁 속에서 발전하였다. 최적통화지역 이론은 어떤 조건에서 고정환율 제도가 대내외 균형을 효과적으로 이룰 수 있는지를 고려한다.
초기 이론들은 최적통화지역을 규정하는 가장 중요한 경제적 기준을 찾으려 하였다. 먼델은 노동의 이동성을 제시했다. 노동의 이동이 자유롭다면 외부 충격이 발생할 때 대내외 균형 유지를 위한 임금 조정의 필요성이 크지 않을 것이고, 결국 환율 변동의 필요성도 작을 것이다. 잉그램은 금융시장 통합을 제시하였다. 금융시장이 통합되어 있으면 지역 내 국가들 사이에 경상수지 불균형이 발생했을 때 자본 이동이 쉽게 일어날 수 있을 것이며, 이에 따라 조정의 압력이 줄어들게 되므로 지역 내 환율 변동의 필요성이 감소하게 된다는 것이다. 이러한 주장들은 결국 고정환율 제도 아래에서도 대내외 균형을 달성할 수 있는 조건들을 말해주고 있는 것이다.
이후 최적통화지역 이론은 위의 조건들을 종합적으로 판단하여 단일 통화 사용에 따른 비용 – 편익 분석을 한다. 비용보다 편익이 크다면 최적통화지역의 조건이 충족되며 단일 통화를 형성할 수 있다. 단일 통화 사용의 편익은 화폐의 유용성이 증대된다는 데 있다. 단일 화폐의 사용은 시장 통합에 따른 교환의 이익을 증대시킨다는 것이다. 반면에 통화정책 독립성의 상실이 단일 통화 사용에 따른 주요 비용으로 간주된다. 단일 통화의 유지를 위해 대내 균형을 포기해야 하는 경우가 발생하기 때문이다. 이 비용은 가격과 임금이 경직될수록 전체 통화지역 중 일부 지역들 사이에 서로 다른 효과를 일으키는 비대칭적 충격이 클수록 증가한다. 가령 한 국가에는 실업이 발생하고 다른 국가에는 인플레이션이 발생하면, 한 국가는 확대 통화정책을, 다른 국가는 긴축 통화정책을 원하게 되는데, 양 국가가 단일 화폐를 사용한다면 서로 다른 통화정책의 시행이 불가능하기 때문이다. 물론 여기서 노동 이동 등의 조건이 충족되면 비대칭적 충격을 완화하기 위한 독립적 통화정책의 필요성은 감소한다. 반대로 두 국가에 유사한 충격이 발생한다면 서로 다른 통화정책을 택할 필요가 줄어든다. 이 경우에는 독립적 통화정책을 포기하는 비용이 감소한다.

① 시장 통합으로 인한 편익의 계산 방식
② 환율 변동을 배제한 경상수지 조정 방식
③ 화폐의 유용성과 시장 통합 사이의 관계
④ 단일 화폐 사용에 따른 비용을 증가시키는 조건
⑤ 독립적 통화정책 없이 대내 균형을 달성하는 조건

10 다음 글을 통해 알 수 있는 것은?

> 상업 광고는 기업은 물론이고 소비자에게도 요긴하다. 기업은 마케팅 활동의 주요한 수단으로 광고를 적극적으로 이용하여 기업과 상품의 인지도를 높이려 한다. 소비자는 소비 생활에 필요한 상품의 성능, 가격, 판매 조건 등의 정보를 광고에서 얻으려 한다. 광고를 통해 기업과 소비자가 모두 이익을 얻는다면 이를 규제할 필요는 없을 것이다. 그러나 광고에서 기업과 소비자의 이익이 상충하는 경우도 있고 광고가 사회 전체에 폐해를 낳는 경우도 있어, 다양한 규제 방식이 모색되었다.
>
> 이때 문제가 된 것은 과연 광고로 인한 피해를 책임질 당사자로서 누구를 상정할 것인가였다. 초기에는 '소비자 책임 부담 원칙'에 따라 광고 정보를 활용한 소비자의 구매 행위에 대해 소비자가 책임을 져야 한다고 보았다. 여기에는 광고 정보가 정직한 것인지와는 상관없이 소비자는 이성적으로 이를 판단하여 구매할 수 있어야 한다는 전제가 있었다. 그래서 기업은 광고에 의존하여 물건을 구매한 소비자가 입은 피해에 대하여 책임을 지지 않았고, 광고의 기만성에 대한 입증 책임도 소비자에게 있었다.
>
> 책임 주체로 기업을 상정하여 '기업 책임 부담 원칙'이 부상하게 된 배경은 복합적이다. 시장의 독과점 상황이 광범위해지면서 소비자의 자유로운 선택이 어려워졌고, 상품에 응용된 과학 기술이 복잡해지고 첨단화되면서 상품 정보에 대한 소비자의 정확한 이해도 기대하기 어려워졌다. 또한 다른 상품 광고와의 차별화를 위해 통념에 어긋나는 표현이나 장면도 자주 활용되었다. 그리하여 경제적, 사회·문화적 측면에서 광고로부터 소비자를 보호해야 한다는 당위를 바탕으로 기업이 광고에 대해 책임을 져야 한다는 공감대가 확산되었다.
>
> 오늘날 행해지고 있는 여러 광고 규제는 이런 공감대에서 나온 것인데, 이는 크게 보아 법적 규제와 자율 규제로 나눌 수 있다. 구체적인 법 조항을 통해 광고를 규제하는 법적 규제는 광고 또한 사회적 활동의 일환이라는 점에 근거한다. 특히 자본주의 사회에서는 기업이 시장 점유율을 높여 다른 기업과의 경쟁에서 승리하기 위하여 사실에 반하는 광고나 소비자를 현혹하는 광고를 할 가능성이 높다. 법적 규제는 허위 광고나 기만 광고 등을 불공정 경쟁의 수단으로 간주하여 정부 기관이 규제를 가하는 것이다.
>
> 자율 규제는 법적 규제에 대한 기업의 대응책으로 등장했다. 법적 규제가 광고의 역기능에 따른 피해를 막기 위한 강제적 조치라면, 자율 규제는 광고의 순기능을 극대화하기 위한 자율적 조치이다. 광고에 대한 기업의 책임감에서 비롯된 자율 규제는 법적 규제를 보완하는 효과가 있다.

① 광고 주체의 자율 규제가 잘 작동될수록 광고에 대한 법적 규제의 역할도 커진다.

② 기업의 이익과 소비자의 이익이 상충하는 정도가 클수록 법적 규제와 자율 규제의 필요성이 약화된다.

③ 시장 독과점 상황이 심각해지면서 기업 책임 부담 원칙이 약화되고 소비자 책임부담 원칙이 부각되었다.

④ 첨단 기술을 강조한 상품의 광고일수록 소비자가 광고 내용을 정확히 이해하지 못한 채 상품을 구매할 가능성이 커진다.

⑤ 광고의 기만성을 입증할 책임을 소비자에게 돌리는 경우, 그 이유는 소비자에게 이성적 판단 능력이 있다는 전제를 받아들이지 않기 때문이다.

※ 다음 발표 내용을 읽고, 이어지는 질문에 답하시오. [11~12]

펀드(Fund)를 우리말로 바꾸면 '모금한 기금'을 뜻하지만 경제 용어로는 '경제적 이익을 보기 위해 불특정 다수인으로부터 모금하여 운영하는 투자 기금'을 가리키는 말로 사용합니다. 펀드는 주로 주식이나 채권에 많이 투자를 하는데, 개인이 주식이나 채권에 투자하기 위해서는 어떤 회사의 채권을 사야 하는지, 언제 사야 하는지, 언제 팔아야 하는지, 어떻게 계약을 하고 세금을 얼마나 내야 하는지, 알아야 할 게 너무 많아 복잡합니다. 이러한 여러 가지 일을 투자 전문 기관이 대행하고 일정 비율의 수수료를 받게 되는데, 이처럼 펀드에 가입한다는 것은 투자 전문 기관에게 대행 수수료를 주고 투자 활동에 참여하여 이익을 보는 일을 말합니다.
펀드는 크게 보아 주식 투자 펀드와 채권 투자 펀드로 나눌 수 있습니다. 주식 투자 펀드를 살펴보면, 회사가 회사를 잘 꾸려서 영업 이익을 많이 만들면 주식 가격이 오릅니다. 그래서 그 회사의 주식을 가진 사람은 회사의 이익을 나누어 받습니다. 이처럼 주식 투자 펀드는 주식을 사서 번 이익에서 투자 기관의 수수료를 뺀 금액이 '펀드 가입자의 이익'이 되며, 이 이익은 투자한 자금에 비례하여 분배받습니다. 그리고 투자자는 분배받는 금액에 따라 세금을 냅니다. 채권 투자 펀드는 회사, 지방자치단체, 국가가 자금을 조달하기 위해 이자를 지불할 것을 약속하면서 발행하는 채권을 사서 이익을 보는 것입니다. 채권을 사서 번 이익에서 투자 기관의 수수료를 뺀 금액이 수익이 됩니다. 이외에도 투자 대상에 따라 국내 펀드, 해외 펀드, 신흥국가 대상 펀드, 선진국 펀드, 중국 펀드, 원자재 펀드 등 펀드의 종류는 아주 다양합니다.
채권 투자 펀드는 회사나 지방자치단체 그리고 국가가 망하지 않는 이상 정해진 이자를 받을 수 있어 비교적 안정적입니다. 그런데 주식 투자 펀드는 일반 주식 가격의 변동에 따라 수익을 많이 볼 수도 있지만 손해를 보는 경우도 흔합니다. 예를 들어 어떤 펀드는 10년 후 누적 수익률이 원금의 열 배나 되지만 어떤 펀드는 수익률이 나빠져 1년 만에 원금의 절반이 되어버리는 일도 발생합니다. 이렇게 수익률 차이가 심하게 나는 것은 주식이 경기 변동의 영향을 많이 받기 때문입니다.
이로 인해 펀드와 관련하여 은행을 비롯한 투자 전문 기관에 가서 상담을 하면 상품에 대한 안내만 할 뿐, 가입 여부는 고객이 스스로 판단하도록 하고 있습니다. 합리적으로 안내를 한다고 해도 소비자의 투자 목적, 시장 상황, 투자 성향에 따라 맞는 펀드가 다르기 때문입니다. 그러니까 펀드에 가입하기 전에는 펀드의 종류를 잘 알아보고 결정해야 합니다. 또, 펀드에 가입을 해도 살 때와 팔 때를 잘 구분해야 합니다. 이것이 가장 어려운 일입니다. 그래서 주식이나 펀드는 사회 경험을 쌓고 경제 지식을 많이 알고 난 후에 하는 것이 좋다는 얘기를 많이 합니다.

11 위 발표 내용을 통해 확인할 수 있는 질문으로 적절하지 않은 것은?

① 펀드에 가입하면 돈을 벌 수 있는가?
② 펀드란 무엇인가?
③ 펀드 가입 시 유의할 점은 무엇인가?
④ 펀드에는 어떤 종류가 있는가?
⑤ 펀드 가입 절차는 어떻게 되는가?

12 위 발표 내용을 이해한 내용으로 가장 적절한 것은?

① 주식 투자 펀드는 경기 변동의 영향을 많이 받게 된다.
② 주식 투자 펀드는 정해진 이자를 받을 수 있어 안정적이다.
③ 채권 투자 펀드는 투자 기관의 수수료를 더한 금액이 수익이 된다.
④ 채권 투자 펀드는 주식 가격이 오를수록 펀드 이익을 많이 분배받게 된다.
⑤ 주식 투자 펀드는 채권 투자 펀드와 달리 투자 기관의 수수료가 없다.

Easy

13 다음은 N은행의 상품판매지침 중 일부이다. 다음 중 상품판매지침을 어기지 않은 상담 내용은?

〈상품판매지침〉

• 제3조(중요내용 설명의무)

직원은 금융상품 등에 관한 중요한 사항을 금융소비자가 이해할 수 있도록 설명하여야 한다.

… 중략 …

• 제5조(권한남용 금지의 원칙)

직원은 우월적 지위를 남용하거나 금융소비자의 권익을 침해하는 행위를 하지 않아야 하며, 특히 다음 각 호의 사항은 권한의 남용에 해당되는 행위로 발생하지 않도록 주의하여야 한다.

1. 여신지원 등 은행의 서비스 제공과 관련하여 금융소비자의 의사에 반하는 다른 금융상품의 구매를 강요하는 행위
2. 대출상품 등과 관련하여 부당하거나 과도한 담보 및 보증을 요구하는 행위
3. 부당한 금품 제공 및 편의 제공을 금융소비자에게 요구하는 행위
4. 직원의 실적을 위해 금융소비자에게 가장 유리한 계약조건의 금융상품을 추천하지 않고 다른 금융상품을 추천하는 행위

• 제6조(적합성의 원칙)

1. 직원은 금융소비자에 대한 금융상품 구매 권유 시 금융소비자의 성향, 재무 상태, 금융상품에 대한 이해수준, 연령, 금융상품 구매목적, 구매경험 등에 대한 충분한 정보를 파악하여 금융소비자가 적합한 상품을 구매하도록 최선의 노력을 다한다.
2. 직원은 취약한 금융소비자(65세 이상 고령층, 은퇴자, 주부 등)에 대한 금융상품 구매 권유 시 금융상품에 대한 이해수준, 금융상품 구매목적, 구매경험 등을 파악하여 취약한 금융소비자에게 적합하다고 판단되는 상품을 권유하여야 한다.

① Q : 제가 아파트를 구입하려는데 ○○차량을 담보로 약 2천만 원 정도를 대출하고 싶어요.
A : 지금 소유하신 ○○차량으로도 담보대출 진행이 가능하긴 한데, 시일이 좀 걸릴 수 있습니다. 대신에 우선 계약을 진행하시고 아파트를 담보로 하시면 훨씬 수월하게 대출 진행이 가능합니다.
Q : 2천만 원을 대출하는 데 아파트를 담보로 진행하기에는 무리가 있지 않나요?
A : 하지만 담보물의 가격이 높을수록 대출 진행이 원활하기 때문에 훨씬 편하실 겁니다.

② Q : 저는 전업주부인데 급하게 돈이 필요해서 대출상품을 좀 알아보려고 해요.
A : 그러시면 저희 상품 중 '○○ 대출' 상품이 고객님께 가장 알맞습니다. 이걸로 진행해 드릴까요?
Q : 제가 금융상품을 잘 몰라서 여러 상품에 대한 설명을 좀 듣고 싶어요.
A : '○○ 대출' 상품이 그 어떤 상품보다 고객님께 유리하기 때문에 권해드리는 거예요.

③ Q : 제가 여러 상품을 종합적으로 판단했을 때, 'ㅁㅁ 적금'으로 목돈을 모아보려고 하는데 바로 신청이 되나요?
A : 고객님, 그 상품은 이율이 조금 떨어지는데 왜 그 상품을 가입하려고 하세요? '△△ 적금'으로 신청하는 게 유리하니까 그쪽으로 진행해 드릴게요.

④ Q : 직장에서 은퇴해서 가게를 차리려고 하는데, 대출상품에 대해 아는 게 없어서 추천을 좀 해주실 수 있나요?

A : 그럼 고객님께서는 가게를 차리기 위해서 잔금에 대한 대출이 필요하시고, 이전에 대출상품을 이용해 본 적이 없으시다는 말씀이시죠? 그렇다면 고객님의 우편주소나 전자 메일 주소를 알려주시면 대출상품과 관련된 안내서와 추천 상품을 발송해 드릴게요.

⑤ Q : 저는 과거에 연체 이력이 있어서 신용도가 낮은데, 500만 원 정도의 소액 대출도 불가능할까요?

A : 전혀 문제없습니다. 제가 신용도 관계없이 진행할 수 있게 도와드릴게요. 제 개인 번호를 따로 드릴 테니, 연락주시면 식사라도 하면서 이야기하시죠.

PART 3

Easy

14 **다음은 전자정부 서비스 이용에 대한 실태를 조사한 기사이다. 기사의 내용과 일치하지 않는 것은?**

> 우리 국민 10명 중 9명은 전자정부 서비스를 이용했고, 이용자의 96.6%가 서비스에 만족한 것으로 나타났다. 이용자들은 정부 관련 정보 검색 및 민원 신청과 교부 서비스를 주로 사용했다.
> 전자정부 서비스의 인지도는 전년 대비 0.3%p 상승해 90.7%였고, 특히 16 ~ 39세 연령층에서 인지도는 100%에 달했다. 이들 중 51.5%는 인터넷에서 직접 검색해 전자정부 서비스를 알게 됐고, 49.2%는 지인, 42.1%는 언론매체를 통해 인지했다고 응답했다. 전자정부 서비스의 이용률은 전년 대비 0.9%p 상승해 86.7%를 기록했다. 이들 대부분(98.9%)이 향후에도 계속 이용할 의향이 있고 95.7%는 주위 사람들에게 이용을 추천할 의향이 있는 것으로 나타났다. 전자정부 서비스 이용자의 86.7%는 정보 검색 및 조회, 83.6%는 행정·민원의 신청, 열람 및 교부를 목적으로 전자정부 서비스를 이용했다. 생활·여가 분야에서 날씨ON, 레츠코레일, 대한민국 구석구석, 국가교통정보센터, 인터넷우체국 등을 이용한 응답자도 많았다. 전자정부 서비스 만족도는 전년 대비 0.8%p가 상승해 96.6%를 기록했고, 전 연령층에서 90% 이상의 만족도가 나타났다. '신속하게 처리할 수 있어서(55.1%)', '편리한 시간과 장소에서 이용할 수 있어서(54.7%)', '쉽고 간편해서(45.1%)' 등이다.
> 지난해 전자정부 서비스 이용실태 조사결과에 따르면 고령층으로 갈수록 인지도와 이용률은 낮은 반면, 만족도는 전 연령층에서 고르게 높았다. 60 ~ 74세 고령층에서 전자정부 서비스를 인지(62.4%)하고 이용(54.3%)하는 비율은 낮지만, 이용 경험이 있는 이용자의 만족도는 92.1%로 다른 연령층과 같이 높게 나타났다. 고령층의 전자정부 서비스 이용 활성화를 위해서는 전자정부 서비스 이용을 시도할 수 있도록 유도해 이용경험을 만드는 것이 중요한 것으로 분석됐다.

① 전자정부 서비스 실태를 인지도와 이용률, 만족도로 분류하여 조사하였다.

② 전자정부 서비스 이용자의 86.7%가 '정보 검색 및 조회'를 목적으로 서비스를 이용했다.

③ 전자정부 서비스를 향후에도 계속 이용할 의향이 있다고 이용자의 98.9%가 답했다.

④ 전자정부 서비스의 만족 이유는 '쉽고 간편해서'가 45.1%로 가장 높았다.

⑤ 전자정부 서비스는 고령층으로 갈수록 인지도와 이용률은 낮아진다.

15 다음 글에서 알 수 없는 것은?

A효과란 기업이 시장에 최초로 진입하여 무형 및 유형의 이익을 얻는 것을 의미한다. 반면 뒤늦게 뛰어든 기업이 앞서 진출한 기업의 투자를 징검다리로 이용하여 성공적으로 시장에 안착하는 것을 B효과라고 한다. 물론 B효과는 후발진입기업이 최초진입기업과 동등한 수준의 기술 및 제품을 보다 낮은 비용으로 개발할 수 있을 때만 가능하다.
생산량이 증가할수록 평균생산비용이 감소하는 규모의 경제 효과 측면에서, 후발진입기업에 비해 최초진입기업이 유리하다. 즉, 대량 생산, 인프라 구축 등에서 우위를 조기에 확보하여 효율성 증대와 생산성 향상을 꾀할 수 있다. 반면 후발진입기업 역시 연구 개발 투자 측면에서 최초진입기업에 비해 상대적으로 유리한 면이 있다. 후발진입기업의 모방 비용은 최초진입기업이 신제품 개발에 투자한 비용 대비 65% 수준이기 때문이다. 최초진입기업의 경우, 규모의 경제 효과를 얼마나 단기간에 이룰 수 있는가가 성공의 필수 요건이 된다. 후발진입기업의 경우, 절감된 비용을 마케팅 등에 효과적으로 투자하여 최초진입기업의 시장 점유율을 단기간에 빼앗아 오는 것이 성공의 핵심 조건이다.
규모의 경제 달성으로 인한 비용상의 이점 이외에도 최초진입기업이 누릴 수 있는 강점은 강력한 진입 장벽을 구축할 수 있다는 것이다. 시장에 최초로 진입했기에 소비자에게 우선적으로 인식된다. 그로 인해 후발진입기업에 비해 적어도 인지도 측면에서는 월등한 우위를 확보한다. 또한 기술적 우위를 확보하여 라이선스, 특허 전략 등을 통해 후발진입기업의 시장 진입을 방해하기도 한다. 뿐만 아니라 소비자들이 후발진입기업의 브랜드로 전환하려고 할 때 발생하는 노력, 비용, 심리적 위험 등을 마케팅에 활용하여 후발진입기업이 시장에 진입하기 어렵게 할 수도 있다. 결국 A효과를 극대화할 수 있는지는 규모의 경제 달성 이외에도 얼마나 오랫동안 후발주자가 진입하지 못하도록 할 수 있는가에 달려 있다.

① 최초진입기업은 후발진입기업에 비해 매년 더 많은 마케팅 비용을 사용한다.
② 후발진입기업의 모방 비용은 최초진입기업이 신제품 개발에 투자한 비용보다 적다.
③ 최초진입기업이 후발진입기업에 비해 인지도 측면에서 우위에 있다는 것은 A효과에 해당한다.
④ 후발진입기업이 성공하려면 절감된 비용을 효과적으로 투자하여 최초진입기업의 시장 점유율을 단기간에 빼앗아 와야 한다.
⑤ 후발진입기업이 최초진입기업과 동등한 수준의 기술 및 제품을 보다 낮은 비용으로 개발할 수 없다면 B효과를 얻을 수 없다.

Hard

16 다음 글의 글쓴이의 태도를 비판한 내용으로 가장 적절한 것은?

> 생물 다양성(Biodiversity)이란 원래 한 지역에 살고 있는 생물의 종(種)이 얼마나 다양한가를 표현하는 말이었다. 그런데 오늘날에는 종의 다양성은 물론이고, 각 종이 가지고 있는 유전적 다양성과 생물이 살아가는 생태계의 다양성까지를 포함하는 개념으로 확장해서 사용한다. 특히 최근에는 생태계를 유지시키고 인류에게 많은 이익을 가져다준다는 점이 부각되면서 생물 다양성의 가치가 크게 주목받고 있다.
>
> 생물 다양성의 가장 기본적인 가치로 생태적 봉사 기능을 들 수 있다. 생물은 생태계의 엔지니어라 불릴 정도로 환경을 조절하고 유지하는 커다란 힘을 가지고 있다. 숲의 경우를 예로 들어 보자. 나무들은 서늘한 그늘을 만들어 주고 땅속에 있는 물을 끌어 올려 다양한 생물종이 서식할 수 있는 적절한 환경을 제공해 준다. 숲이 사라지면 수분 배분 능력이 떨어져 우기에는 홍수가 나고 건기에는 토양이 완전히 말라 버린다. 이로 인해 생물 서식지의 환경이 급격하게 변화되고 마침내 상당수의 종이 사라지게 된다. 이처럼 숲을 이루고 있는 나무, 물, 흙과 그곳에서 살아가는 다양한 생명체는 서로 유기적인 관계를 형성하면서 생태계의 환경을 조절하고 유지하는 역할을 담당하는 것이다.
>
> 또한 생물 다양성은 경제적으로도 커다란 가치가 있다. 대표적인 사례로 의약품 개발을 꼽을 수 있다. 자연계에 존재하는 수많은 식물 중에서 인류는 약 20,000여 종의 식물을 약재로 사용해 왔다. 그 가운데 특정 약효 성분을 추출하여 상용화한 것이 이제 겨우 100여 종에 불과하다는 사실을 고려하면, 전체 식물이 가지고 있는 잠재적 가치는 상상을 뛰어넘는다. 그리고 부전나비의 날개와 사슴벌레의 다리 등에서 항암 물질을 추출한 경우나 야생의 미생물에서 페니실린, 마이신 등 약 3,000여 가지의 항생제를 추출한 경우에서도 알 수 있듯이, 동물과 미생물 역시 막대한 경제적 이익을 가져다준다. 의약품 개발 외에도 다양한 생물이 화장품과 같은 상품 개발에 이용되고 있으며, 생태 관광을 통한 부가가치 창출에도 기여한다.
>
> 생물 다양성은 학술적으로도 매우 중요하다. 예를 들어 다윈(C. Darwin)은 현존하는 여러 동물들의 상이한 눈을 비교하여, 정교하고 복잡한 인간의 눈이 진화해 온 과정을 추적하였다. 그에 따르면 인간의 눈은 해파리에서 나타나는 원시적 빛 감지 세포로부터, 불가사리처럼 빛의 방향을 감지할 수 있는 오목한 원시 형태의 눈을 거친 다음, 빛에 대한 수용력과 민감도를 높인 초기 수정체 형태의 눈을 지나, 선명한 상을 제공하는 현재의 눈으로 진화되었다는 것이다. 이 사례에서 보듯이 모든 생물종은 고유한 형태적 특성을 가지고 있어서 생물 진화의 과정을 추적하는 데 중요한 정보를 제공해 준다. 형태적 특성 외에도 각각의 생물종이 지닌 독특한 생리적·유전적 특성 등에 대한 비교 연구를 통해 생물을 더 깊이 있게 이해할 수 있다. 그리고 이렇게 축적된 정보는 오늘날 눈부시게 성장하고 있는 생명과학의 기초가 된다.
>
> 이와 같이 인간은 생물 다양성에 기초하여 무한한 생태적·경제적 이익을 얻고 과학 발전의 토대를 구축한다. 그런데 최근 급격한 기후 변화와 산업화 및 도시화에 따른 자연 파괴로 생물 다양성이 크게 감소하고 있다. 따라서 이를 억제하기 위한 생태계 보존 대책을 시급히 마련해야 한다. 동시에 생물 다양성 보존을 위한 연구 기관을 건립하고 전문 인력의 양성 체계를 갖추어야 할 것이다.

① 문제 해결을 위한 실천 의지가 전혀 없다.
② 생물 다양성의 경제적 가치를 지나치게 강조하고 있다.
③ 생물 다양성 문제를 주로 인간 중심적 시각으로 해석하고 있다.
④ 자연을 우선시하여 자연과 인간의 공존 가능성을 모색하고 있다.
⑤ 인간과 자연을 대립 관계로 보면서 문제를 단편적으로 해석하고 있다.

17 다음은 국민행복카드에 대한 자료이다. 이에 대한 설명으로 옳지 않은 것을 〈보기〉에서 모두 고르면?

• 국민행복카드
'보육료', '유아학비', '건강보험 임신 · 출산 진료비 지원', '청소년산모 임신 · 출산 의료비 지원' 및 '사회서비스 전자바우처' 등 정부의 여러 바우처 지원을 공동으로 이용할 수 있는 통합카드입니다. 국민행복카드로 어린이집 · 유치원 어디서나 사용이 가능합니다.

• 발급방법

[온라인]
- 보조금 신청 : 정부 보조금을 신청하면 어린이집 보육료와 유치원 유아학비 인증이 가능합니다.
- 보조금 신청서 작성 및 제출 : 복지로 홈페이지
- 카드 발급 : 5개 카드사 중 원하시는 카드사를 선택해 발급받으시면 됩니다.
  * 연회비는 무료
- 카드 발급처 : 복지로 홈페이지, 임신육아종합포털 아이사랑, 5개 제휴카드사 홈페이지

[오프라인]
- 보조금 신청 : 정부 보조금을 신청하면 어린이집 보육료와 유치원 유아학비 인증이 가능합니다.
- 보조금 신청서 작성 및 제출 : 읍면동 주민센터
- 카드 발급 : 5개 제휴카드사
  * 연회비는 무료
- 카드 발급처 : 읍면동 주민센터, 해당 카드사 지점
  * 어린이집 ↔ 유치원으로 기관 변경 시에는 복지로 또는 읍면동 주민센터에서 반드시 보육료 · 유아학비 자격변경 신청이 필요

보기

㉠ 국민행복카드 신청을 위한 보육료 및 학비 인증을 위해서는 별도 절차 없이 정부 보조금 신청을 하면 된다.
㉡ 온라인이나 오프라인 둘 중 어떤 발급경로를 선택하더라도 연회비는 무료이다.
㉢ 국민행복카드 신청을 위한 보조금 신청서는 읍면동 주민센터, 복지로 혹은 카드사의 홈페이지에서 작성할 수 있으며 작성처에 제출하면 된다.
㉣ 오프라인으로 신청한 경우, 카드를 발급받기 위해서는 읍면동 주민센터 혹은 전국 은행 지점을 방문하여야 한다.

① ㉠, ㉡
② ㉠, ㉢
③ ㉡, ㉢
④ ㉡, ㉣
⑤ ㉢, ㉣

Hard

18 **홍보팀, 총무팀, 연구개발팀, 고객지원팀, 법무팀, 디자인팀으로 구성된 N사가 봄에 사내 체육대회를 실시하였다. 6개 팀이 경기에 참가하고, 다음 〈조건〉에 따를 때, 항상 참인 것은?**

조건

- 체육대회는 모두 4종목이며 모든 팀은 적어도 한 종목에 참가해야 한다.
- 이어달리기 종목에 참가한 팀은 5팀이다.
- 홍보팀은 모든 종목에 참가하였다.
- 연구개발팀은 2종목에 참가하였다.
- 총무팀이 참가한 어떤 종목은 4팀이 참가하였다.
- 연구개발팀과 디자인팀은 같은 종목에 참가하지 않는다.
- 고객지원팀과 법무팀은 모든 종목에 항상 같이 참가하였거나 같이 참가하지 않았다.
- 디자인팀은 족구 종목에 참가하였다.

① 총무팀이 참가한 종목의 수와 법무팀이 참가한 종목의 수는 같다.
② 홍보팀과 고객지원팀이 동시에 참가하지 않는 종목은 없다.
③ 참가하는 종목이 가장 적은 팀은 디자인팀이다.
④ 연구개발팀과 법무팀이 참가한 종목의 수는 같다.
⑤ 연구개발팀과 디자인팀이 동시에 참가하지 않는 종목은 없다.

PART 3

19 고용노동부와 산업인력공단이 주관한 서울관광채용박람회의 해외채용관에는 8개의 부스가 마련되어 있다. A호텔, B호텔, C항공사, D항공사, E여행사, F여행사, G면세점, H면세점이 〈조건〉에 따라 8개의 부스에 각각 위치하고 있을 때, 다음 중 항상 참인 것은?

조건

- 같은 종류의 업체는 같은 라인에 위치할 수 없다.
- A호텔과 B호텔은 복도를 사이에 두고 마주 보고 있다.
- G면세점과 H면세점은 양 끝에 위치하고 있다.
- E여행사 반대편에 위치한 H면세점은 F여행사와 나란히 위치하고 있다.
- C항공사는 제일 앞번호의 부스에 위치하고 있다.

[부스 위치]

1	2	3	4
복도			
5	6	7	8

① A호텔은 면세점 옆에 위치하고 있다.
② B호텔은 여행사 옆에 위치하고 있다.
③ C항공사는 여행사 옆에 위치하고 있다.
④ D항공사는 E여행사와 나란히 위치하고 있다.
⑤ G면세점은 B호텔과 나란히 위치하고 있다.

Easy

20 다음은 재난관리 평가지침에 대한 자료이다. 제시된 상황을 근거로 판단할 때 옳은 것은?

〈재난관리 평가지침〉

■ 순위산정 기준
- 최종순위 결정
  - 정량평가 점수(80점)와 정성평가 점수(20점)의 합으로 계산된 최종점수가 높은 순서대로 순위 결정
- 동점기관 처리
  - 최종점수가 동점일 경우에는 정성평가 점수가 높은 순서대로 순위 결정

■ 정성평가 기준
- 지자체 및 민간분야와의 재난안전분야 협력(10점 만점)

평가	상	중	하
선정비율	20%	60%	20%
배점	10점	6점	3점

- 재난관리에 대한 종합평가(10점 만점)

평가	상	중	하
선정비율	20%	60%	20%
배점	10점	5점	1점

〈상황〉

일부 훼손된 평가표는 다음과 같다(단, 평가대상기관은 5개이다).

(단위 : 점)

평가 / 기관	정량평가 (80점 만점)	정성평가 (20점 만점)
A	71	20
B	80	11
C	69	11
D	74	
E	66	

① A기관이 2위일 수도 있다.

② B기관이 3위일 수도 있다.

③ C기관이 4위일 가능성은 없다.

④ D기관이 3위일 가능성은 없다.

⑤ E기관은 어떠한 경우에도 5위일 것이다.

PART 3

21 N항공사는 현재 신입사원을 모집하고 있으며, 지원자격은 다음과 같다. 다음 〈보기〉의 지원자 중 N항공사 지원자격에 부합하는 사람은 모두 몇 명인가?

〈N항공사 대졸공채 신입사원 지원자격〉

- 4년제 정규대학 모집대상 전공 중 학사학위 이상 소지한 자(졸업예정자 지원 불가)
- TOEIC 750점 이상인 자(국내 응시 시험에 한함)
- 병역필 또는 면제자로 학업성적이 우수하고, 해외여행에 결격사유가 없는 자

※ 공인회계사, 외국어 능통자, 통계 전문가, 전공 관련 자격 보유자 및 장교 출신 지원자 우대

모집분야		대상 전공
일반직	일반관리	• 상경, 법정 계열 • 통계 / 수학, 산업공학, 신문방송, 식품공학(식품 관련 학과) • 중국어, 러시아어, 영어, 일어, 불어, 독어, 서반아어, 포르투갈어, 아랍어
	운항관리	• 항공교통, 천문기상 등 기상 관련 학과 – 운항관리사, 항공교통관제사 등 관련 자격증 소지자 우대
전산직		• 컴퓨터공학, 전산학 등 IT 관련 학과
시설직		• 전기부문 : 전기공학 등 관련 전공 – 전기기사, 전기공사기사, 소방설비기사(전기) 관련 자격증 소지자 우대 • 기계부문 : 기계학과, 건축설비학과 등 관련 전공 – 소방설비기사(기계), 전산응용기계제도기사, 건축설비기사, 공조냉동기사, 건설기계기사, 일반기계기사 등 관련 자격증 소지자 우대 • 건축부문 : 건축공학 관련 전공(현장 경력자 우대)

보기

지원자	지원분야	학력	전공	병역사항	TOEIC 점수	참고사항
A	전산직	대졸	컴퓨터공학	병역필	820점	• 중국어, 일본어 능통자이다. • 해외 비자가 발급되지 않는 상태이다.
B	시설직 (건축부문)	대졸	식품공학	면제	930점	• 건축현장 경력이 있다. • 전기기사 자격증을 소지하고 있다.
C	일반직 (운항관리)	대재	항공교통학	병역필	810점	• 전기공사기사 자격증을 소지하고 있다. • 학업 성적이 우수하다.
D	시설직 (기계부문)	대졸	기계공학	병역필	745점	• 건축설비기사 자격증을 소지하고 있다. • 장교 출신 지원자이다.
E	일반직 (일반관리)	대졸	신문방송학	미필	830점	• 소방설비기사 자격증을 소지하고 있다. • 포르투갈어 능통자이다.

① 1명
② 2명
③ 3명
④ 4명
⑤ 없음

22 다음은 N교통카드의 환불방법에 대한 자료이다. N교통카드에서 근무하고 있는 C사원이 다음 자료를 통해 고객들에게 환불규정을 설명하고자 할 때, 다음 중 적절하지 않은 것은?

〈N교통카드 잔액환불 안내〉

<table>
<tr><th colspan="2">환불처</th><th>환불금액</th><th>환불방법</th><th>환불수수료</th><th>비고</th></tr>
<tr><td rowspan="5">편의점</td><td>A편의점</td><td>2만 원 이하</td><td rowspan="5">환불처에 방문하여 환불수수료를 제외한 카드 잔액 전액을 현금으로 환불받음</td><td rowspan="5">500원</td><td rowspan="14">카드 값 환불 불가</td></tr>
<tr><td>B편의점</td><td rowspan="4">3만 원 이하</td></tr>
<tr><td>C편의점</td></tr>
<tr><td>D편의점</td></tr>
<tr><td>E편의점</td></tr>
<tr><td>지하철</td><td>역사 내 N교통카드 서비스 센터</td><td>5만 원 이하</td><td>환불처에 방문하여 환불수수료를 제외한 카드 잔액 전액 또는 일부 금액을 현금으로 환불받음
※ 한 카드당 한 달에 최대 50만 원까지 환불 가능</td><td>500원
※ 기본운임료(1,250원) 미만 잔액은 수수료 없음</td></tr>
<tr><td rowspan="6">은행 ATM</td><td>A은행</td><td>20만 원 이하</td><td rowspan="6">본인 명의의 해당 은행 계좌로 환불수수료를 제외한 잔액 이체
※ 환불 불가 카드 : 모바일 N교통카드, Y사 플러스카드</td><td rowspan="6">500원</td></tr>
<tr><td>B은행</td><td rowspan="5">50만 원 이하</td></tr>
<tr><td>C은행</td></tr>
<tr><td>D은행</td></tr>
<tr><td>E은행</td></tr>
<tr><td>F은행</td></tr>
<tr><td colspan="2">모바일
(P사, Q사, R사)</td><td rowspan="2">50만 원 이하</td><td>1인 월 3회, 최대 50만 원까지 환불 가능 : 10만 원 초과 환불은 월 1회, 연 5회 가능
※ App에서 환불신청 가능하며 고객명의 계좌로 환불수수료를 제외한 금액이 입금</td><td>500원
※ 기본운임료(1,250원) 미만 잔액은 수수료 없음</td></tr>
<tr><td colspan="2">N교통카드 본사</td><td>• 1인 1일 최대 50만 원까지 환불 가능
• 5만 원 이상 환불 요청 시 신분확인(이름, 생년월일, 연락처)
※ 10만 원 이상 고액 환불의 경우 내방 당일 카드잔액 차감 후 익일 18시 이후 계좌로 입금(주말, 공휴일 제외)
※ 지참서류 : 통장사본, 신분증</td><td>월 누적 50만 원까지 수수료 없음
(50만 원 초과 시 수수료 1%)</td></tr>
</table>

※ 잔액이 5만 원을 초과하는 경우 N교통카드 본사로 내방하거나, N교통카드 잔액환불 기능이 있는 ATM에서 해당 은행 계좌로 환불이 가능함(단, 모바일 N교통카드, Y사 플러스카드는 ATM에서 환불이 불가능함)

※ ATM 환불은 주민번호 기준으로 월 50만 원까지 가능하며, 환불금액은 해당 은행의 본인명의 계좌로 입금됨

– 환불접수처 : N교통카드 본사, 지하철 역사 내 N교통카드 서비스센터, 은행 ATM, 편의점 등
  단, 부분환불 서비스는 N교통카드 본사, 지하철 역사 내 N교통카드 서비스센터에서만 가능함

– 부분환불 금액 제한 : 부분환불 요청금액 1만 원 이상 5만 원 이하만 가능(이용 건당 수수료는 500원임)

① 카드 잔액이 4만 원이고 환불요청금액이 2만 원일 경우 지하철 역사 내 N교통카드 서비스센터에서 환불이 가능합니다.

② 모바일에서 환불 시 카드 잔액이 40만 원일 경우 399,500원을 환불받을 수 있습니다.

③ 카드 잔액 30만 원을 환불할 경우 A은행을 제외한 은행 ATM에서 299,500원을 환불받을 수 있습니다.

④ 환불금액이 13만 원일 경우 N교통카드 본사 방문 시 수수료 없이 전액 환불받을 수 있습니다.

⑤ 카드 잔액 17만 원을 N교통카드 본사에 방문해 환불한다면 당일 카드잔액을 차감하고 즉시 계좌로 이체받을 수 있습니다.

※ N은행 신입사원 K씨는 최신 금융상품의 문의 및 안내를 하는 업무를 맡고 있다. 최근에 청년 우대형 주택청약 상품이 출시되었다는 정부의 발표를 듣고 이와 관련된 문의를 진행하기 위해 상품의 정보를 찾아보았다. 이어지는 질문에 답하시오. **[23~24]**

〈청년 우대형 주택청약〉

■ 상품 설명

개요	주택청약종합저축에 우대금리 혜택을 더하여 청년의 주거안정과 목돈마련 기회를 제공하는 저축상품
특징	「국민주택, 민영주택」 모든 주택 청약이 가능하며, 가입자격 및 무주택 조건 등을 충족하면 우대금리 등의 혜택을 받을 수 있습니다.
대상	만 19세 이상 만 34세 이하 연소득 3천만 원 이하이고 다음 세대주 요건 중 어느 하나에 해당하는 자 ① 무주택인 세대주(3개월 이상 세대주일 것) ② 무주택자이고 가입일로부터 3년 이내 세대주 예정자(3개월 이상 세대주일 것) ③ 주민등록등본에 함께 등재된 본인, 배우자, 부모, 자녀가 모두 무주택인 세대원 ※ 만 34세 초과 시 병역복무기간(최대 6년)만큼 차감 가능 ※ 이 저축을 포함하여 주택청약종합저축, 청약저축, 청약예금, 청약부금 중 1인 1계좌만 가입 가능
적립금액	매월 약정납입일(신규가입일 또는 전환신규일 해당일)에 2만 원 이상 50만 원 이하의 금액을 10원 단위로 자유롭게 납입(단, 입금하려는 금액과 납입누계액의 합이 1,500만 원 이하인 경우 50만 원을 초과하여 입금 가능) ※ 전환신규한 경우 전환원금이 1,500만 원 이상인 경우에는 다음 회차부터는 매월 50만 원을 초과하여 입금 불가
가입기간	가입일로부터 입주자로 선정된 날까지(단, 분양 전환되지 않는 임대주택 입주자로 선정된 경우 제외)

■ 기본금리

가입기간 2년 이상인 경우, 무주택기간에 대해 주택청약종합저축 금리보다 연 1.5%p 우대금리 적용 (최대 10년간 총 원금 5천만 원 한도)

※ 전환신규 시 전환원금은 우대금리 제외되고, 가입기간은 전환 신규일부터 새로 산정

※ 가입기간 중 주택 취득 시, 최초 주택소유의 직전년도 말일까지 우대금리 적용

(2021.1.2. 현재, 세금 납부 전)

가입기간	1개월 이내	1개월 초과 1년 미만	1년 이상 2년 미만	2년 이상 10년 이내	10년 초과
기본금리	무이자	연 1.0%	연 1.5%	연 1.8%	연 1.8%
우대금리 적용 시	무이자	연 2.5%	연 3.0%	연 3.3%	연 1.8%

※ 변동금리로서 정부 고시에 의하여 변경될 수 있으며, 이율이 변경되는 경우 변경일 기준으로 기존 가입고객 포함하여 변경 후 이자율 적용

■ 상품혜택

[전환신규]

- 기존 「주택청약종합저축」을 보유한 고객이 「청년 우대형 주택청약종합저축」 가입조건을 갖춘 경우 전환이 가능(전환신규일에 기존 통장의 이자는 별도지급하고 전환원금은 신규통장에 예치됨)
- 기존 「주택청약종합저축」 통장에 납입 인정된 횟수와 납입금액을 인정함(선납 및 연체로 인한 미인정분은 소멸)
- 전환 신규한 통장의 최초 납입금액(전환원금)은 우대이율 및 납입인정 횟수에서 제외되며 이후 입금분부터 우대이율 및 납입인정 횟수 적용
- 약정납입일은 전환신규일로 변경됨

■ **준비서류**

실명확인증표(원본지참), 소득증빙서류, 병적증명서(병역기간 차감 필요 시), 아래 세대주 요건별 서류

- 가입대상 ① (무주택인 세대주) : 주민등록등본(3개월 이내 발급분)
- 가입대상 ② (무주택인 세대주 예정자) : 가입 시 없음. 단, 계좌 해지 전까지 세대주(3년 이내 3개월 이상) 증빙해야 함(미제출 시 우대금리 제외)
- 가입대상 ③ (무주택세대의 세대원) : 주민등록등본 및 세대원 전원의 지방세 세목별 과세증명서(주민센터에서 전국단위로 3개월 이내 발급분)

[소득증빙서류(택1)]

구분	소득 서류(택1)	비고
근로 소득자	소득확인증명서(ISA가입용) / 근로소득원천징수영수증 / 소득금액증명원	직전년도 소득증빙이 안 되는 1년 미만 근로소득자인 경우 가입연도의 급여명세표(근로소득원천징수부, 임금대장, 갑근세원천징수 확인서 및 그 외 소정 양식의 출력물로서 회사의 직인 날인된 것)
사업, 기타 소득자	소득확인증명서(ISA가입용) / 사업소득원천징수영수증 / 종합소득세 과세표준확정신고 및 납부계산서 / 종합소득세용 소득금액증명원 / 기타소득원천징수영수증	

※ 가입일 기준 직전년도 기준이며 직전년도 소득이 미확정된 기간에는 전전년도 소득자료 제출 가능 / 소득기간이 1년 미만인 근로소득은 연환산하여 산정

23 **K씨는 자신이 청년 우대형 주택청약에 해당되는지 알아봐달라는 고객들의 전화를 받았다. 다음 중 청년 우대형 주택청약에 해당되는 사람은?(단, 나이는 모두 만 나이이다)**

① 연소득이 5천만 원이며, 무주택자이고 나이가 26살인 A씨

② 연소득이 2천만 원이며, 자가를 소유한 부모님 밑에서 같이 살고 있는 나이가 29살인 B씨

③ 연소득이 2천 5백만 원이며, 주택이 1채 있으나 전세에 살고 있는, 나이가 25살인 C씨

④ 연소득이 1천 3백만 원이며, 무주택자이고 군대를 2년간 다녀왔으며 나이가 36살인 D씨

⑤ 연소득이 2천만 원이며, 무주택자이고 나이가 40살인 E씨

Hard

24 **P씨는 2018년 1월 초에 처음으로 주택청약 통장을 만들었다. 이후 2021년 12월에 청년우대 요건에 해당되어 신청을 하였고, 12월 말을 전환신규일로 청년 우대로 전환하였다. P씨는 항상 매월 초 20만 원씩 저금을 하였고 2025년 1월 말까지 넣었으며, 2025년 2월에 입주자로 선정이 되었을 때, P씨가 주택청약 저축금액으로 받게 될 총금액은 얼마인가?(단, 이자는 단리이며, 전환 후 기존 금액은 기본이율을 적용하고, 천 원 단위 이하는 절사한다. 세금은 고려하지 않는다)**

① 1,625만 원 ② 1,780만 원

③ 1,828만 원 ④ 1,870만 원

⑤ 1,912만 원

※ 다음은 N은행의 Ü Card(위 카드)에 대한 자료이다. 이어지는 질문에 답하시오. **[25~26]**

〈Ü Card(위 카드) 주요 혜택〉

1) 전 가맹점 포인트 적립 서비스
전월 실적 50만 원 이상 이용 시 전 가맹점 적립 서비스 제공
(단, 카드 사용 등록일부터 익월 말일까지는 전월 실적 미달 시에도 정상 적립)

건별 이용금액	10만 원 미만	10만 원 이상		
업종	전 가맹점	전 가맹점	온라인	해외
적립률	0.7%	1.0%	1.2%	1.5%

※ 즉시결제 서비스 이용금액은 전 가맹점 2만 원 이상 이용 건에 한해 0.2% 적립

2) 보너스 캐시백
매년 1회 연간 이용금액에 따라 캐시백 서비스 제공

연간 이용금액	3천만 원 이상	5천만 원 이상	1억 원 이상
캐시백	5만 원	10만 원	20만 원

※ 매년 카드발급월 익월 15일(휴일인 경우 익영업일)에 카드 결제계좌로 입금

3) 바우처 서비스
매년 1회씩 제공되며, 하나의 혜택만 선택 가능(단, 해당 기간 내 미신청 시 혜택 소멸)

쇼핑	• 백화점상품권(15만 원) • 농촌사랑상품권(15만 원) • 면세점 선불카드 교환권(16만 원)
주유	• 주유권(15만 원)
외식	• 통합 외식이용권(18만 원) • 플래티넘 외식통합이용권(17만 원)
포인트	• N포인트(15만 점)
여가	• 영화관람권 8매+통합 선불카드(8만 원)

※ 카드발급 초년도 1백만 원 이상, 2차년도 1천만 원 이상 이용 시 신청 가능
(단, 연회비 정상 결제한 경우에 한함)
※ 바우처 신청 가능 기간 : 매년 카드발급월 익월 1일부터 12개월

4) 서비스 이용조건
- 연간 이용금액 산정 기준일 : 매년 카드발급월 포함 12개월
- 이용금액 산정은 승인 일자 기준으로 적용
- 무이자 할부, 상품권, 기프트카드 및 대학등록금, 제세공과금(국세, 지방세, 우체국우편요금), 단기카드대출(현금 서비스), 장기카드대출(카드론) 등의 이용금액은 적립 및 산정 기준에서 제외

Easy

25 **K대리는 N은행의 '위 카드'를 2024년 3월 22일에 발급을 받았다. 발급받은 당일부터 카드 사용 등록을 하고 연회비도 모두 지불했을 때, K대리가 이 카드를 사용하면서 받을 수 있는 혜택으로 옳지 않은 것은?**

① 가맹점에서 K대리가 12만 원을 사용했을 때, 적립된 포인트는 사용금액의 1%이다.
② 카드 발급 후 처음 1년 동안 200만 원을 사용했을 시, K대리는 바우처를 신청할 수 있다.
③ K대리가 자동차를 24개월 무이자 할부로 결제하면 매달 포인트 적립이 된다.
④ 카드 발급 후 1년간 K대리는 4천만 원의 사용실적이 있을 시 보너스 캐시백은 2025년 4월 15일에 5만 원을 받게 된다.
⑤ K대리는 즉시결제 서비스로 10만 원을 온라인 결제했을 시 포인트 적립은 불가하다.

PART 3

26 **다음은 K대리의 11월 신용카드 사용내역서이다. 신용카드 사용내역서를 봤을 때, 11월에 적립되는 포인트는 총 몇 점인가?(단, 카드를 사용한 곳은 모두 가맹점이다)**

〈11월 신용카드 사용내역서〉

일자	가맹점명	사용금액	비고
2024-11-06	○○가구	200,000원	3개월 무이자 할부
2024-11-06	A햄버거 전문점	12,000원	
2024-11-10	지방세	2,400원	
2024-11-13	현금 서비스	70,000원	
2024-11-13	C영화관	40,000원	
2024-11-20	◇◇할인점	85,000원	
2024-11-22	카드론(대출)	500,000원	
2024-11-23	M커피	27,200원	즉시결제
2024-11-25	M커피	19,000원	즉시결제
2024-11-25	△△스시	100,000원	
계		1,055,600원	

※ 비고가 빈칸인 경우 일시불을 뜻함

① 2,013.4점
② 2,025.4점
③ 2,034.4점
④ 2,042.4점
⑤ 2,057.4점

※ 다음은 N은행에서 판매하는 적금 상품을 정리한 자료이다. 이어지는 질문에 답하시오. **[27~28]**

〈적금 상품 정보〉

구분	대상연령	입금가능금액		이자율(%)		만기기간	만족도
		최소	최대	만기	중도해지		
A적금	만 19세 이상	2만 원	20만 원	4	1	3년	★★
B적금	제한 없음	5만 원	50만 원	2.5	1	2년	★★
C적금	20대	5만 원	20만 원	5	2	2년	★★★
D적금	20 ~ 30대	2만 원	30만 원	3.5	0.5	3년	★
E적금	만 20세 이상	2만 원	40만 원	3	1	2년	★★★

〈항목별 환산점수 방법〉

ⓐ 대상연령 폭이 넓은 순대로 5점부터 1점까지 정수로 점수를 부여한다.
ⓑ 입금가능금액의 최소·최대 금액 차이가 큰 순서대로 5점부터 1점까지 정수로 점수를 부여한다.
ⓒ 만기이자율이 높은 순서대로 5점부터 1점까지 정수로 점수를 부여한다.
ⓓ [(만기이자율)−(중도해지이자율)]의 값으로 점수를 부여하며, 1%당 1점으로 계산한다(단, 0.5%는 0.5점이다).
ⓔ 5−(만기기간)의 값으로 점수를 부여하며, 1년마다 1점으로 계산한다.
ⓕ 만족도의 ★의 개수로 1점씩 부여한다.

27 다음 중 환산점수 총점이 가장 높은 적금 상품은?

① A적금 ② B적금
③ C적금 ④ D적금
⑤ E적금

28 다음 고객이 원하는 조건을 고려하여 추천해 줄 수 있는 적금으로 가장 적절한 것은?(단, 만족도는 '★ : 낮음, ★★ : 보통, ★★★ : 높음'이다)

고객 : 안녕하세요. 전 만 35세이고요, 적금을 들고 싶습니다. 처음 가입하려고 보니 걱정되어 만기기간은 짧고, 만족도는 보통 이상인 상품 중에 만기이자율이 높은 상품을 들고 싶어요. 어떤 상품이 괜찮을까요?

① A적금 ② B적금
③ C적금 ④ D적금
⑤ E적금

29 다음은 상표심사 목표조정계수와 상표심사과 직원의 인사 발령에 대한 자료이다. 이에 대한 〈보기〉의 설명 중 옳은 것을 모두 고르면?

〈상표심사과 근무월수별 상표심사 목표조정계수〉

<table>
<tr><th>교육이수 여부</th><th>직급</th><th>자격증 유무 \ 근무월수</th><th>1개월 차</th><th>2개월 차</th><th>3개월 차</th><th>4개월 차</th><th>5개월 차</th><th>6개월 차</th><th>7개월 차 이후</th></tr>
<tr><td rowspan="3">이수</td><td rowspan="2">일반직 5·6급</td><td>유</td><td>0.3</td><td>0.4</td><td>0.6</td><td>0.8</td><td>0.9</td><td>1.0</td><td rowspan="3">1.0</td></tr>
<tr><td>무</td><td>0.3</td><td>0.3</td><td>0.4</td><td>0.6</td><td>0.8</td><td>0.9</td></tr>
<tr><td colspan="2">경채 5·6급</td><td>0.2</td><td>0.3</td><td>0.3</td><td>0.5</td><td>0.5</td><td>0.5</td></tr>
<tr><td colspan="3">미이수</td><td colspan="7">직급과 자격증 유무가 동일한 교육이수자의 근무월수에 해당하는 상표심사 목표조정계수의 70%</td></tr>
</table>

※ 상표심사 목표점수(점)=150×(상표심사 목표조정계수)

〈상표심사과 인사 발령 명단〉

이름 \ 구분	교육이수 여부	직급	자격증 유무
최연중	이수	일반직 6급	무
권순용	이수	경채 6급	무
정민하	미이수	일반직 5급	유
안필성	미이수	경채 5급	무

보기

㉠ 근무 3개월 차 상표심사 목표점수가 높은 사람부터 순서대로 나열하면 정민하, 최연중, 권순용, 안필성이다.
㉡ 상표심사과 인사 발령자 중 5급의 근무 5개월 차 상표심사 목표점수의 합은 6급의 근무 5개월 차 상표심사 목표점수의 합보다 크다.
㉢ 근무 3개월 차 대비 근무 4개월 차 상표심사 목표점수의 증가율은 정민하가 최연중보다 크다.
㉣ 정민하와 안필성이 교육을 이수한 후 발령받았다면, 근무 3개월 차 상표심사 목표점수의 두 사람 간 차이는 40점 이상이다.

① ㉠, ㉡
② ㉠, ㉣
③ ㉡, ㉢
④ ㉠, ㉢, ㉣
⑤ ㉡, ㉢, ㉣

30 다음은 A주임이 3년차 6급 직원으로 근무 중인 N공사의 급여 지급 현황이다. 정보가 다음과 같을 때, 2025년 현재 A주임의 월급 실수령액은 얼마인가?

〈2025년 직원 급여 지급현황(3년차 6급 기준)〉

항목	지급액		
기본급	2,200,000원		
고정수당	450,000원		
실적수당	전년도 경영평가 등급	A	기본급의 38%
		B	기본급의 25%
		C	기본급의 14%
		D 이하	미지급
급여성 복리후생비	220,000원		
성과상여금	전년도 개인 성과평가 등급	A	기본급의 30%
		B	기본급의 20%
		C 이하	기본급의 10%
파견수당	국내 파견	일당 140,000원	
	해외 파견	일당 250,000원	

〈A주임 월급 공제내역〉

항목	공제액
국민연금	99,000원
건강보험	72,600원
장기요양보험	253,000원
고용보험	17,600원
소득세	110,000원
지방소득세	11,000원
공사기여금	기본급의 3%

〈상황〉

- N공사는 경영평가에서 2023년에 B등급, 2024년에 C등급을 받았다.
- A주임은 이번 달에 국내 파견을 2일간 다녀왔다.
- A주임은 개인 성과평가에서 2023년에 B등급, 2024년에 A등급을 받았다.

① 2,250,500원
② 3,488,800원
③ 3,868,800원
④ 4,465,200원
⑤ 5,168,100원

31 N공사는 올해 4분기 성과급을 지급하고자 한다. 성과급 지급 기준과 김대리의 성과평가가 다음과 같을 때, 김대리가 4분기에 지급받을 성과급은 얼마인가?

〈성과급 지급 기준〉

• 성과급은 직원의 성과평가 점수에 따라 지급한다.
• 성과평가는 다음 항목들이 아래의 비율로 구성되어 있다.

구분	성과평가				
	분기실적	직원평가	연수내역	조직기여도	계
일반직	70%	30%	20%	10%	100%
	총점의 70% 반영				
특수직	60%	40%	20%	30%	100%
	총점의 50% 반영				

• 각 평가등급에 따른 가중치

(단위 : 점)

구분	분기실적	직원평가	연수내역	조직기여도
최우수	10	10	10	10
우수	8	6	8	8
보통	6	4	5	6
미흡	4	2	3	4

• 성과평가 점수에 따른 성과급 지급액

점수구간	성과급 지급액	
	일반직	특수직
8.4점 이상	120만 원	150만 원
7.6점 이상 8.4점 미만	105만 원	115만 원
6.8점 이상 7.6점 미만	95만 원	100만 원
6.0점 이상 6.8점 미만	80만 원	85만 원
6.0점 미만	65만 원	75만 원

〈성과평가〉

구분	부서	분기실적	직원평가	연수내역	조직기여도
김대리	시설관리 (특수직)	우수	최우수	보통	보통

① 105만 원
② 115만 원
③ 100만 원
④ 95만 원
⑤ 75만 원

32 다음은 N기업에 근무하는 M사원이 지난달의 초과근무일과 시간을 기록한 다이어리와 N기업의 초과근무수당 지급 규정이다. M사원의 월별 통상임금이 4,493,500원이라고 할 때, 지난달 초과근무수당은 얼마인가?

〈M사원의 다이어리〉

일	월	화	수	목	금	토
	1	2	3	4	5 어린이날 9:00~18:00 (점심시간 1시간 포함)	6
7	8	9	10	11 18:00~20:00	12 18:00~20:00	13
14 10:00~15:00	15	16	17	18	19 18:00~20:00	20
21	22	23 18:00~22:00	24	25	26	27 10:00~19:00 (점심시간 1시간 포함)
28	29	30	31			

〈N기업 초과근무수당 지급 규정〉

(1) 다음의 경우 초과근무를 한 것으로 인정한다.
- 주중(월 ~ 금) 저녁 6시 이후 근무한 경우
- 주말(토, 일) 및 공휴일에 근무한 경우

(2) 초과근무시간의 계산
- 주중은 '(시간당 통상임금)×1.5×(근무시간)'으로 계산한다.
- 주말 및 공휴일은 '(일당 통상임금)×1.5'로 계산한다.
- 주중 초과근무는 최대 3시간까지 1시간 단위로 인정한다.
- 주말은 휴게 시간을 제외하고 8시간을 채워야 인정한다.
- 통상임금의 계산은 다음과 같다.
  - (시간당 통상임금)=(직급별 월별 통상임금)÷209시간
  - (일당 통상임금)=(시간당 통상임금)×8

① 725,750원
② 806,250원
③ 836,750원
④ 852,750원
⑤ 915,250원

33 N공사 기획부에 재직 중인 김대리는 목요일에 2박 3일 동안 일본으로 출장을 간다고 한다. 다음은 일본출장을 가기 위한 교통편에 대한 정보를 나타낸 자료이다. 김대리는 비행기를 탈 경우 기내식을 먹기 원하며, 크루즈를 이용할 경우 회사에서 선착장까지 너무 멀어 회사차를 이용할 수 없다. 김대리가 다음 〈조건〉에 맞는 교통편을 선택한다고 할 때, 왕복 이용 시 비용은 얼마인가?(단, 비용에는 교통비와 식비를 포함한다)

〈교통편별 편도 금액 및 세부사항〉

구분	편도 금액	식사 포함 유무	좌석	비고
H항공사	310,000원	×	비즈니스 석	식사 별도 주문 가능 (10,000원/1식)
	479,000원	○	퍼스트클래스	식사 포함, 왕복권 구입 시 10% 할인
P항공사	450,000원	○	퍼스트클래스	식사 포함
N크루즈	292,000원	×	S석	음식 구매 가능 (9,000원/1식)
M크루즈	180,000원	○	B석	평일 이용 시 15% 할인

※ 크루즈 이용 시 회사에서 선착장까지 좌석버스요금은 25,000원임(반대방향도 동일).
※ 모든 교통편 이용 시 식사는 한 번 제공됨

조건

- 비행기는 비즈니스 석 이상을 이용한다.
- 크루즈는 A석 또는 S석을 이용한다.
- 식사가 포함 안 될 시 별도 주문 및 구매한다.
- 한 가지 교통편만 이용한다.
- 가장 저렴한 교통편을 선택한다.

① 900,000원
② 862,200원
③ 652,000원
④ 640,000원
⑤ 615,000원

PART 3

Hard

34 N사는 자사의 진급 규정에 따라 2025년 5월 1일자로 진급 대상자를 진급시키기로 결정하였다. 다음 중 진급하는 사원은 총 몇 명이고, 가장 높은 점수를 받은 직원은 누구인가?

〈N사 진급 규정〉

• 진급 대상자
 – 사원 : 2년 이상 재직
 – 대리 : 5년 이상 재직
• 내용
 – 각 항목에 따른 점수 합산 결과, 최고점자 순으로 최대 5명의 진급을 결정함
 – 항목당 최소 조건을 미달하는 경우 진급자에서 제외됨
• 진급 점수 항목

구분	내용	비고
총 재직기간	– 3년 이내 : 2점 – 3년 초과 7년 이내 : 5점 – 7년 초과 : 10점	진급일을 기준으로 함
공인영어시험	– 770점 이내 : 3점 – 880점 이내 : 5점 – 880점 초과 : 10점	최소 점수 : 660점
필기시험	– 80점 미만 : 10점 – 80점 이상 90점 미만 : 15점 – 90점 이상 : 20점	최소 점수 : 70점
면접시험	– 70점 미만 : 5점 – 70점 이상 80 미만 : 10점 – 80점 이상 90점 미만 : 20점 – 90점 이상 : 30점	최소 점수 : 60점
인사평가점수	– 85점 미만 : 5점 – 85점 이상 90점 미만 : 10점 – 90점 이상 : 20점	최소 점수 : 80점

〈N사 진급 대상자〉

성명	직급	입사일	점수(점)			
			공인영어	필기	면접	인사평가
최근원	사원	2022.3.1.	680	75	88	81
김재근	대리	2015.5.1.	720	72	78	78
이윤결	대리	2018.8.1.	590	73	81	90
정리사	사원	2020.6.1.	820	81	68	88
류이현	사원	2019.8.1.	910	79	66	86
정연지	사원	2019.3.1.	690	82	82	86
이지은	대리	2018.2.1.	870	66	79	92
이윤미	사원	2020.3.1.	460	91	67	92
최지나	대리	2019.5.1.	690	89	55	77
류미래	사원	2022.9.1.	710	90	59	91

① 3명, 정연지
② 3명, 정리사
③ 4명, 최근원
④ 4명, 정연지
⑤ 5명, 정리사

35 N기업 인사팀의 11월 월간 일정표와 〈조건〉을 고려하여 인사팀의 1박 2일 워크숍 날짜를 결정하려고 한다. 다음 중 인사팀의 워크숍 날짜로 가장 적절한 것은?

〈11월 월간 일정표〉

월	화	수	목	금	토	일
	1	2 오전 10시 연간 채용계획 발표(A팀장)	3	4 오전 10시 주간업무보고 오후 7시 B대리 송별회	5	6
7	8 오후 5시 총무팀과 팀 연합회의	9	10	11 오전 10시 주간업무보고	12	13
14 오전 11시 승진대상자 목록 취합 및 보고(C차장)	15	16	17 A팀장 출장	18 오전 10시 주간업무보고	19	20
21 오후 1시 팀미팅(30분 소요 예정)	22	23 D사원 출장	24 외부인사 방문 일정	25 오전 10시 주간업무보고	26	27
28 E대리 휴가	29	30				

조건

- 워크숍은 평일에 진행한다.
- 워크숍에는 모든 팀원들이 빠짐없이 참석해야 한다.
- 워크숍 일정은 첫날 오후 3시 출발부터 다음날 오후 2시까지이다.
- 다른 팀과 함께 하는 업무가 있는 주에는 워크숍 일정을 잡지 않는다.
- 매월 말일에는 월간 업무 마무리를 위해 워크숍 일정을 잡지 않는다.

① 11월 9～10일
② 11월 18～19일
③ 11월 21～22일
④ 11월 28～29일
⑤ 11월 29～30일

PART 3

36 올해 목표를 금연으로 정한 N씨는 금연치료지원 프로그램에 참여했다. 그러나 N씨는 개인 사정으로 프로그램 참여 시작 후 7주(49일) 만에 그만두게 되었다. 금연치료지원 프로그램 안내문과 N씨의 참여내역이 다음과 같을 때, N씨가 7주(49일)까지 냈던 본인부담금은?(단, 부가세는 고려하지 않는다)

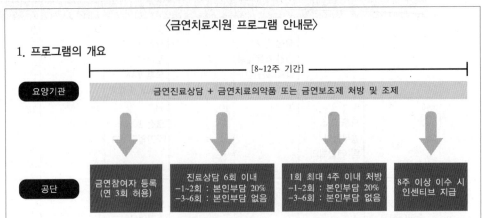

〈금연치료지원 프로그램 안내문〉

1. 프로그램의 개요

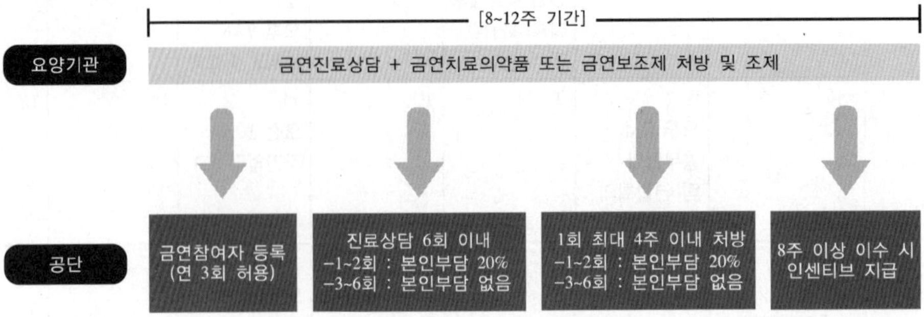

※ 8 ~ 12주 기간 동안 6회 이내의 진료상담과 금연치료의약품 또는 금연보조제(니코틴패치, 껌, 정제) 구입 비용 지원

2. 제공기관 및 지원대상

- 제공기관 : 공단에 금연치료 지원사업 참여 신청한 모든 병·의원, 보건소, 보건지소 등
- 지원대상 : 금연치료 참여 의료기관에 방문하여 등록한 금연치료를 희망하는 모든 흡연자에 대해 지원(단, 1년에 3번까지 지원 가능하며, 예정된 차기 진료일로부터 1주 이상 의료기관을 방문하여 진료받지 않은 경우 프로그램 탈락으로 간주하여 1회 차 지원을 종료함)

3. 지원내용

- 금연진료·상담료 : '최초상담료'와 '금연유지상담료'로 구분하고, 건강보험공단에서 80% 지원(금연참여자 20% 부담)

구분	금연(단독)진료	금연(동시)진료
최초상담	22,500원	금연(단독)진료와 전체 금액은 같으나 최초상담 시 1,500원, 유지상담 시 900원을 공단이 더 부담
유지상담	13,500원	

※ 금연진료를 타 상병과 동시에 진료하는 경우 '금연(동시)진료'와 금연진료만 행하는 '금연(단독)진료'로 구분

※ 의료급여수급자 및 저소득층(건강보험료 하위 20% 이하)은 진료·상담료 전액 지원

- 약국금연관리비용 : 금연치료의약품, 금연보조제 등 사용안내 및 복약지도 관련 비용 지원

금연치료의약품			금연보조제		
합계	공단부담금	본인부담금	합계	공단부담금	본인부담금
8,100원	6,500원	1,600원	2,000원	1,600원	400원

※ 의료급여수급자 및 저소득층(건강보험료 하위 20% 이하)은 진료·상담료 전액 지원

• 금연치료의약품 · 금연보조제 : 1회 처방당 4주 이내의 범위(총 12주)에서 금연치료의약품 및 금연보조제(니코틴패치, 껌, 정제) 구입비용 지원

– 금연치료의약품

구분		부프로피온정	바레니클린정	챔픽스정
약가 상한액		정당 530원	정당 1,800원	정당 2,100원
본인부담금	건강보험	정당 100원	정당 360원	정당 400원
	의료급여 / 소득층	없음		

– 금연보조제

구분		금연보조제 (니코틴패치, 껌, 정제)	비고
지원액	건강보험	1일당 1,500원	지원액을 초과하는 비용은 본인이 부담
	의료급여 / 소득층	1일당 2,940원	

〈N씨의 7주 차까지의 참여내역〉

• 의료급여수급자 · 저소득층 여부 : 해당사항 없음
• 처방받은 금연치료의약품 : 챔픽스정(1일 2정 복용)
• 타 상병과 동시진료 여부 : 고혈압으로 인해 매 진료 시 같이 진료받았음
• 금연진료 · 상담 방문 횟수 : 4회
• 약국방문 횟수 : 2회[1회 차 : 4주치(28일치) 처방, 2회 차 : 3주치(21일치) 처방]

① 41,800원
② 43,500원
③ 47,200원
④ 50,700원
⑤ 53,600원

Hard

37 다음은 N시의 가정용 수도요금 기준과 계산 방법에 대한 자료이다. N시의 주민 A씨는 다음의 자료를 이용하여 A씨 건물의 수도요금을 계산해 보고자 한다. A씨 건물의 2개월 수도 사용량이 $400m^3$, 세대수는 4세대이고, 계량기 구경이 20mm인 경우 요금총액은 얼마인가?

〈사용요금 요율표(1개월 기준)〉

구분	사용 구분(m^3)	m^3당 단가(원)	구분	사용 구분(m^3)	m^3당 단가(원)
상수도	0 이상 30 이하	360	하수도	0 이상 30 이하	360
	30 초과 50 이하	550		30 초과 50 이하	850
	50 초과	790		50 초과	1,290
물이용부담금	$1m^3$당	170		유출지하수 $1m^3$당 360원	

〈계량기 구경별 기본요금(1개월 기준)〉

구경(mm)	요금(원)	구경(mm)	요금(원)	구경(mm)	요금(원)	구경(mm)	요금(원)
15	1,080	40	16,000	100	89,000	250	375,000
20	3,000	50	25,000	125	143,000	300	465,000
25	5,200	65	38,900	150	195,000	350	565,000
32	9,400	75	52,300	200	277,000	400	615,000

〈요금총액 계산방법〉

상수도요금 : ①+②원(원 단위 절사)	① (사용요금)=(1세대 1개월 요금)×(세대수)×(개월수) ② (기본요금)=(계량기 구경별 기본요금)×(개월수)
하수도요금 : 원(원 단위 절사)	(하수도요금)=(1세대 1개월 요금)×(세대수)×(개월수)
물이용부담금 : 원(원 단위 절사)	(물이용부담금)=(1세대 1개월 요금)×(세대수)×(개월수)
요금총액	(상수도요금)+(하수도요금)+(물이용부담금)

※ [세대당 월평균 사용량(m^3)]=[사용량(m^3)]÷(개월수)÷(세대수)

※ (1세대 1개월 요금)=(세대당 월평균 사용량)×(요율)

※ 상수도 및 하수도 요율 적용은 사용 구분별로 해당 구간의 요율을 적용함

예 세대당 월평균 사용량이 $60m^3$인 경우에 가정용 상수도요금

→ ($30m^3$×360원)+($20m^3$×550원)+($10m^3$×790원)

※ 물이용부담금 요율 적용은 사용 구분 없이 $1m^3$당 170원을 적용함

① 470,800원
② 474,600원
③ 484,800원
④ 524,800원
⑤ 534,600원

38 **이탈리아에서 쇼핑을 한 A씨는 한국에 돌아와서 사용한 내역서를 확인해 보았더니 다음과 같았다. 카드 결제 수수료율과 ATM 인출 수수료는 얼마인가?(단, 원화환산금액은 수수료가 포함된 금액이다)**

• 조건 1 : A씨는 총 3번의 인출, 신용카드 1번을 사용하였으며, 그 내역은 다음과 같다.

구분	날짜	금액(유로)	원화환산(원)
인출 1	2025-02-09	650	850,200
인출 2		450	590,200
인출 3		550	720,200
카드 결제 1		400	521,040

• 조건 2 : 동일 날짜에 결제된 인출 및 카드 금액은 모두 동일 환율로 적용된다.
• 조건 3 : ATM 인출 수수료(유로)는 매번 돈을 뽑을 때마다 일정 금액이 부과되며, 신용카드는 결제 시 수수료가 부과된다. 이 밖의 다른 기타 환전 수수료는 고려하지 않는다.

① 0.2%, 2유로
② 0.2%, 3유로
③ 0.2%, 4유로
④ 0.3%, 3유로
⑤ 0.3%, 4유로

PART 3

39 **A사원은 주요통화의 하반기 환율 변동추세를 보고하기 위해 자료를 찾아보았다. 다음은 월별 USD, EUR, JPY 100 환율을 나타낸 표이다. 통화별 환율을 고려한 다음 설명 중 옳은 것은?**

〈하반기 월별 원/달러, 원/유로, 원/100엔 환율〉

환율 \ 월	7월	8월	9월	10월	11월	12월
원/달러	1,110.00	1,112.00	1,112.00	1,115.00	1,122.00	1,125.00
원/유로	1,300.50	1,350.00	1,450.00	1,380.00	1,400.00	1,470.00
원/100엔	1,008.00	1,010.00	1,050.00	1,050.00	1,075.00	1,100.00

① 8월부터 11월까지 원/달러 환율과 원/100엔 환율의 전월 대비 증감 추이는 동일하다.
② 유로/달러 환율은 10월보다 11월에 더 낮다.
③ 한국에 있는 A가 유학을 위해 학비로 준비한 원화를 9월에 환전한다면 미국보다 유럽으로 가는 것이 경제적으로 더 이득이다.
④ 12월의 원/100엔 환율은 7월 대비 10% 이상 상승하였다.
⑤ 일본에 있는 B대리가 한국에 계신 부모님께 송금을 한다면, 11월보다는 7월에 하는 것이 더 경제적이다.

40 N은행의 A행원은 K고객에게 적금 만기 문자를 통보하려고 한다. 다음 정보를 토대로 K고객에게 안내할 만기 수령액은 얼마인가?(단, 세금은 고려하지 않는다)

〈정보〉

- 상품명 : N은행 나라사랑적금
- 가입자 : 본인
- 가입기간 : 24개월(만기)
- 가입금액 : 매월 초 100,000원 납입
- 금리 : 기본금리(연 2.3%)+우대금리(최대 연 1.1%p)
- 저축방법 : 정기적립식
- 이자지급방식 : 만기일시지급, 단리식
- 우대금리
  - ⓐ 월 저축금액이 10만 원 이상 시 연 0.1%p
  - ⓑ 당행 나라사랑카드 소지 시 증빙서류 제출자에 한하여 연 0.6%p
  - ⓒ 급여이체 실적이 있을 시 연 0.4%p(단, 신규 상품 가입 시 상품 가입 전 최초 급여이체 후 최소 3일이 경과해야 우대 적용)
- 기타사항
  - ⓐ K고객은 급여이체가 들어온 당일 계좌를 개설하였음
  - ⓑ K고객은 N은행의 나라사랑카드를 소지하고 있으며, 증빙서류를 제출하여 은행에서 확인받음

① 2,400,000원
② 2,460,000원
③ 2,472,500원
④ 2,475,000원
⑤ 2,490,000원

41 다음은 2024년 6월 기준 지역별 공사 완료 후 미분양된 민간부문 주택 현황이다. 이에 대한 설명으로 옳은 것을 〈보기〉에서 모두 고르면?

〈지역별 공사 완료 후 미분양된 민간부문 주택 현황〉

(단위 : 가구)

구분	면적별 주택유형			계
	$60m^2$ 미만	$60 \sim 85m^2$	$85m^2$ 초과	
전국	3,438	11,297	1,855	16,590
서울	0	16	4	20
부산	70	161	119	350
대구	0	112	1	113
인천	5	164	340	509
광주	16	28	0	44
대전	148	125	0	273
울산	36	54	14	104
세종	0	0	0	0
경기	232	604	1,129	1,965
기타 지역	2,931	10,033	248	13,212

보기

㉠ 면적이 넓은 유형의 주택일수록 공사 완료 후 미분양된 민간부문 주택이 많은 지역은 두 곳뿐이다.
㉡ 부산의 공사 완료 후 미분양된 민간부문 주택 중 면적이 $60 \sim 85m^2$에 해당하는 주택이 차지하는 비중은 면적이 $85m^2$를 초과하는 주택이 차지하는 비중보다 10%p 이상 높다.
㉢ 면적이 $60m^2$ 미만인 공사 완료 후 미분양된 민간부문 주택 수 대비 면적이 $60 \sim 85m^2$에 해당하는 공사 완료 후 미분양된 민간부문 주택 수의 비율은 광주가 울산보다 높다.

① ㉠
② ㉡
③ ㉠, ㉢
④ ㉡, ㉢
⑤ ㉠, ㉡, ㉢

PART 3

※ 다음은 N은행 인터넷 뱅킹 및 스마트 뱅킹을 이용하여 가입 가능한 'e금리우대예금' 상품에 대한 설명서이다. 이어지는 질문에 답하시오. **[42~43]**

〈e금리우대예금 상품설명서〉

- 상품특징 : 영업점 창구에서 가입 시보다 높은 금리가 제공되는 인터넷 및 스마트 뱅킹 전용 예금 상품
- 가입금액 : 50만 원 이상, 2억 원 이내(1인당)
- 가입기간 : 12개월 이상 36개월 이하
- 적립방법 : 일시거치
- 이자지급방식 : 만기일시지급, 단리식
- 이자 과세 : 15.4%
- 우대금리 : 최대 연 0.4%p
  - i) 카드이용실적 : 이 예금의 가입일 해당 월로부터 만기일 전월 말까지 당행 N채움 신용·체크카드 이용실적의 합이 150만 원 이상(이용실적은 매출 승인 기준이며 현금서비스를 제외)인 경우 연 0.1%p
  - ii) 고객추천 : 이 예금의 가입고객이 타인에게 이 상품을 추천하고 그 타인이 이 상품에 신규 가입하여 중도해지를 하지 않은 경우
    - 추천계좌와 피추천계좌에 각각 연 0.1%p, 최대 연 0.3%p까지 우대이율을 제공
    - 추천 및 피추천 횟수는 중도해지를 포함하여 통합 5회까지 가능
- 가입기간별 기본금리

가입기간	12개월 이상 24개월 미만	24개월 이상 36개월 미만	36개월 이상
기본금리	연 1.75%	연 1.85%	연 1.92%

※ 우대요건 충족 시 '기본금리+우대금리(최대 연 0.4%p)' 제공

42

K씨는 N은행 스마트 뱅킹으로 'e금리우대예금' 상품에 가입하여 가입기간을 2년으로 하고 1,500만 원을 예치하였다. K씨의 가입기간 및 N은행 이용실적이 다음과 같을 때, 만기 시 K씨가 받을 수 있는 총수령액은 얼마인가?(단, 총수령액은 세후 금액이다)

〈K씨의 가입기간 및 N은행 이용실적〉

- 가입기간 : 2022. 6. 14. ~ 2024. 6. 14.
- 2021년 12월 8일에 N사랑 체크카드를 발급
  - 2021년 12월부터 2023년 5월까지 월 평균 15만 원씩 사용
- 2022년 6월 2일에 N채움 신용카드를 발급
  - 2023년 7월부터 2024년 2월까지 월 평균 17만 원씩 이용
  - 2023년 8월 현금서비스 15만 원 이용

① 15,315,300원
② 15,423,840원
③ 15,469,530원
④ 15,515,150원
⑤ 15,632,500원

43 K씨의 동료인 S씨가 K씨가 가입한 상품을 듣고는 K씨가 가입한 지 한 달 뒤인 2022년 7월 15일에 동일한 금액인 1,500만 원을 예치하였으며, 이때 K씨를 추천인으로 등록하였다. S씨의 가입기간 및 N은행 이용실적이 다음과 같을 때, K씨의 만기 시 총수령액과의 차이는 얼마인가?(단, 총수령액은 세후 금액이며, K씨의 우대금리를 적용한 총수령액과 비교한다)

〈S씨의 가입기간 및 N은행 이용실적〉

- 가입기간 : 2022. 7. 15. ~ 2024. 7. 15.
- 2022년 10월 24일에 교통카드 가능한 N채움 체크카드를 발급
  - 2022년 11월부터 2023년 12월까지 월 평균 6만 원씩 사용
- 2022년 12월 10일에 N채움 신용카드를 발급
  - 2023년 2월에 24만 원, 9월에 10만 원, 10월에 38만 원 사용

① 24,210원 ② 25,380원
③ 26,510원 ④ 27,540원
⑤ 28,950원

44 다주택자의 양도소득세 기준과 기본세율이 다음과 같다. 3주택자가 8,000만 원짜리의 일반지역 부동산 1채를 팔려고 할 때, 지불해야 하는 세금은 얼마인가?(단, 이 부동산은 취득한 지 3년이 넘었으며, 기본세율을 계산하는 경우 해당 구간 누진 공제액을 적용하고 기본세율의 연수는 취득시점을 기준으로 한다)

〈양도소득세 기준〉

3주택자	조정대상지역	1년 미만	40%	中 세액 큰 것
			기본세율＋10%p	
	일반지역	2년 미만	40%	(경합 없음)
		2년 이상	기본세율	

〈2023년 이후 기본세율〉

과표	1,200만 원 이하	4,600만 원 이하	8,800만 원 이하	1.5억 원 이하	3억 원 이하
세율	7%	12%	24%	35%	38%
누진 공제액	–	108만 원	522만 원	1,490만 원	1,940만 원

① 522만 원 ② 1,121만 원
③ 1,398만 원 ④ 1,920만 원
⑤ 1,982만 원

※ 다음은 N은행의 'Magic 적금' 상품에 대한 자료이다. 이어지는 질문에 답하시오. **[45~46]**

〈Magic 적금〉

- 가입대상 : 실명의 개인(1인 1계좌)
- 가입기간 : 12개월
- 적립금액 : 50만 원 이하 지정하여 적립(정액적립식)
- 이자지급방식 : 만기일시지급, 연복리식
- 적용이율

구분	기간 및 금액	금리	비고
약정이율	12개월	연 1.7%	우대조건 충족 시 최대 연 4.0%p 우대
중도해지이율	중도해지이율	▶	신규일 당시 고시한 중도해지이율 적용

- 우대금리 : 연 3.5%p까지 우대

구분	우대 조건	우대이율
특별우대금리 1	N카드사 기준 기존고객이며, 월 6백만 원 이상 N카드 사용	연 3.5%p
특별우대금리 2	N카드사 기준 신규고객이며, 가입 이후 1개월 이상 N카드로 자동이체 예정	연 0.5%p

- 세제혜택 : 가입자 본인의 한도 내에서 비과세종합저축으로 가입 가능

45 정주임의 상황이 다음과 같을 때, Magic 적금 만기에 수령할 원리금은 얼마인가?(단, $1.022^{\frac{1}{12}}=1.0018$, $1.022^{\frac{13}{12}}=1.0239$로 계산하고, 백 원 단위 이하는 절상한다)

〈정주임의 상황〉

- 정주임은 Magic 적금에 가입하였으며, 2024년 1월부터 매월 1일에 200,000원씩 정액을 적립한다.
- 정주임은 N카드를 사용한 적이 없는 신규고객이다.
- 정주임의 월 지출 총액은 4,500,000원이다.
- 정주임은 N카드를 만들고 통신비를 매월 N카드로 자동이체 할 예정이다.

① 2,345,000원
② 2,456,000원
③ 2,567,000원
④ 2,678,000원
⑤ 2,795,000원

46 정주임이 N카드사 기존고객이고 월 지출 총액이 7,200,000원으로 증가한 후 Magic 적금에 가입하였고, 지출액은 모두 N카드를 이용해 지출하였으며, 약정이율이 1.5%로 감소하였다면, 변화된 상황에 따라 정주임이 적금 만기에 수령할 원리금은 얼마인가?(단, $1.05^{\frac{1}{12}}=1.004$, $1.05^{\frac{13}{12}}=1.054$로 계산한다)

① 2,475,000원
② 2,500,000원
③ 2,525,000원
④ 2,550,000원
⑤ 2,585,000원

※ 다음은 경지면적 및 수리답률에 대한 자료이다. 이어지는 질문에 답하시오. **[47~48]**

〈경지면적 및 수리답률 추이〉

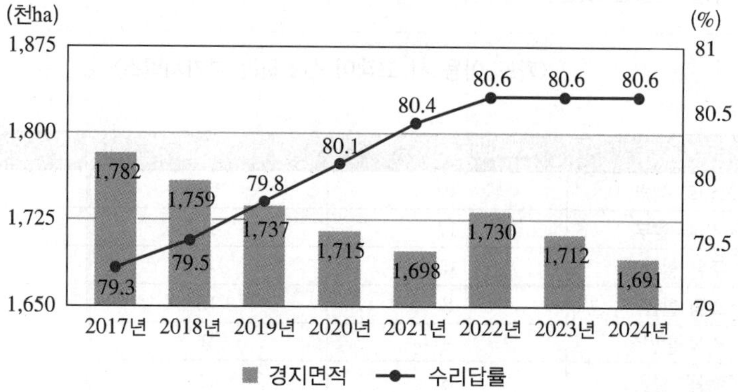

※ 수리답률 : 전체 논 면적 중 수리시설을 통해 농업용수를 공급받는 면적의 비율로, $\frac{\text{(수리답 면적)}}{\text{(논 면적)}}\times 100$이다.

〈항목별 경지 면적의 추이〉

(단위 : 천 ha)

구분	2017년	2018년	2019년	2020년	2021년	2022년	2023년	2024년
논	1,070	1,046	1,010	984	960	966	964	934
밭	712	713	727	731	738	764	748	757

47 다음 중 2024년의 수리답 면적으로 옳은 것은?(단, 백의 자리에서 반올림한다)

① 753천 ha
② 758천 ha
③ 763천 ha
④ 768천 ha
⑤ 772천 ha

Hard

48 다음 〈보기〉 중 자료에 대한 설명으로 옳은 것을 모두 고르면?(단, 비율은 소수점 셋째 자리에서 반올림한다)

보기

㉠ 2017～2022년 전체 경지 면적에서 밭이 차지하는 비율은 계속 증가하고 있다.
㉡ 논 면적이 2017～2024년 전체의 평균 논 면적보다 줄어든 것은 2020년부터이다.
㉢ 전체 논 면적 중 수리시설로 농업용수를 공급받지 않는 면적만 줄어들고 있다.

① ㉠, ㉡
② ㉢
③ ㉠, ㉢
④ ㉡, ㉢
⑤ ㉠, ㉡, ㉢

49 N카드회사에서는 새로운 카드 상품을 개발하기 위해 고객 1,000명을 대상으로 카드 이용 시 선호하는 부가서비스에 대해 조사하였다. 조사 결과를 토대로 N카드회사 상품개발팀 직원들이 나눈 대화 중 가장 적절한 것은?

〈카드 이용 시 고객이 선호하는 부가서비스〉

(단위 : %)

구분	남성	여성	전체
포인트 적립	19	21	19.8
무이자 할부	17	18	17.4
주유 할인	15	6	11.4
쇼핑 할인	8	15	10.8
외식 할인	8	9	8.4
영화관 할인	8	11	9.2
통화료 / 인터넷 할인	7	8	7.4
은행수수료 할인	8	6	7.2
무응답	10	6	8.4

※ 총 8가지 부가서비스 중 선호하는 서비스 택 1, 무응답 가능

① P대리 : 이번 조사 자료는 N카드를 이용하고 계신 고객 중 1,000명을 대상으로 선호하는 부가서비스에 대해 조사한 것으로 성별 비율은 각각 50%입니다.

② K사원 : 조사 과정에서 응답하지 않은 고객은 남성 50명, 여성 34명으로 총 84명입니다.

③ S주임 : 남성과 여성 모두 가장 선호하는 부가서비스는 포인트 적립서비스이며, 두 번째로는 남성은 주유 할인, 여성은 무이자 할부로 차이를 보이고 있습니다.

④ K과장 : 부가서비스별로 선호하는 비중의 표준편차가 남성에 비해 여성이 더 큽니다.

⑤ R부장 : 이번 조사 결과를 참고했을 때, 남성과 여성이 선호하는 부가서비스가 서로 정반대인 것으로 보이니 성별을 구분하여 적합한 부가서비스를 갖추도록 개발해야겠습니다.

Easy

50 다음 시트의 [E2] 셀에 「=DCOUNT(A1:C9,2,A12:B14)」 함수식을 입력했을 때 결괏값으로 옳은 것은?

	A	B	C	D	E
1	부서	이름	나이		
2	영업부	이합격	28		
3	인사부	최시대	29		
4	총무부	한행복	33		
5	영업부	김사랑	42		
6	영업부	오지현	36		
7	인사부	이수미	38		
8	총무부	이지선	37		
9	총무부	한기수	25		
10					
11					
12	부서	나이			
13	영업부				
14		>30			

① 0
② 2
③ 3
④ 6
⑤ 7

51 다음 시트에서 [A2:A4] 영역의 데이터를 이용하여 [C2:C4] 영역처럼 표시하려고 할 때, [C2] 셀에 입력할 수식으로 옳은 것은?

	A	B	C
1	주소	사원 수	출신지
2	서귀포시	10	서귀포
3	여의도동	90	여의도
4	김포시	50	김포

① =MID(A2,LENGTH(A3))
② =MID(A2,1,VALUE(A2))
③ =RIGHT(A2,LENGTH(A2))−1
④ =LEFT(A2,TRIM(A2))−1
⑤ =LEFT(A2,LEN(A2)−1)

※ 다음은 귀하는 건강검진 관리 현황을 엑셀로 정리한 표이다. 이어지는 질문에 답하시오. **[52~53]**

	A	B	C	D	E	F
1	〈건강검진 관리 현황〉					
2	이름	검사구분	주민등록번호	검진일	검사항목 수	성별
3	강민희	종합검진	960809-2******	2021-11-12	18	
4	김범민	종합검진	010323-3******	2021-03-13	17	
5	조현진	기본검진	020519-3******	2021-09-07	10	
6	최진석	추가검진	871205-1******	2021-11-06	6	
7	한기욱	추가검진	980232-1******	2021-04-22	3	
8	정소희	종합검진	001015-4******	2021-02-19	17	
9	김은정	기본검진	891025-2******	2021-10-14	10	
10	박미옥	추가검진	011002-4******	2021-07-21	5	

52 2021년 하반기에 검진받은 사람의 수를 확인하려 할 때 사용해야 할 함수는?

① COUNT
② COUNTA
③ SUMIF
④ MATCH
⑤ COUNTIF

53 주민등록번호를 통해 성별을 구분하려고 할 때, 각 셀에 필요한 함수식으로 옳은 것은?

① [F3] : =IF(AND(MID(C3,8,1)="2",MID(C3,8,1)="4"),"여자","남자")
② [F4] : =IF(AND(MID(C4,8,1)="2",MID(C4,8,1)="4"),"여자","남자")
③ [F6] : =IF(OR(MID(C6,8,1)="2",MID(C6,8,1)="3"),"남자","여자")
④ [F7] : =IF(OR(MID(C7,8,1)="2",MID(C7,8,1)="4"),"여자","남자")
⑤ [F9] : =IF(OR(MID(C9,8,1)="1",MID(C9,8,1)="3"),"여자","남자")

Hard

54 다음 프로그램의 실행 결과에 대한 설명으로 옳은 것은?

```
#include <stdio.h>
main( )
{
        int num=1234567891011121314151617181920;

        printf("%d", num);

}
```

① 실행 결과는 1234567891011121314151617181920으로 출력된다.
② 실행 결과는 1234567891로 출력된다.
③ 실행 결과는 num이 출력된다.
④ 입력 값을 넣을 수 있다.
⑤ 오류 발생으로 실행이 되지 않는다.

PART 3

55 다음 프로그램의 실행 결과로 옳은 것은?

```
#include <stdio.h>
#define XN(n) x ## n

int main(void)
{
        int XN(1)=10;
        int XN(2)=20;
        printf("%d", x2);

        return 0;
}
```

① 1　　② 2
③ 10　　④ 20
⑤ 0

02 일반, 카드, 글로벌

※ 다음은 D공사의 조직도이다. 이어지는 질문에 답하시오. [56~57]

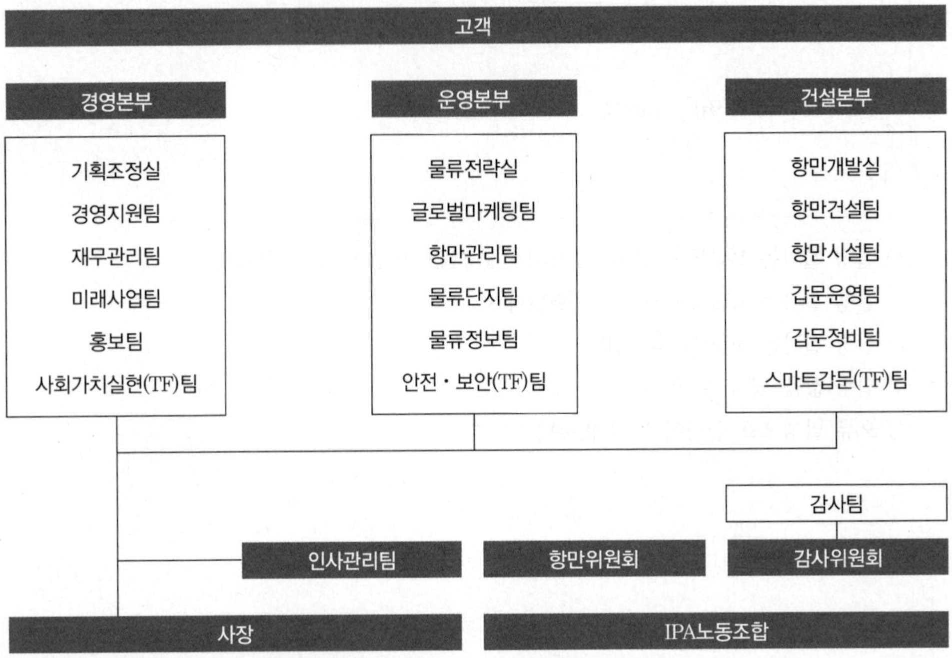

조직 개편 방향 및 기준

□ 기능 중심의 조직 개편

- ○ 건설본부의 갑문운영팀과 갑문정비팀을 갑문운영팀으로 통합
- ○ 인사관리팀을 경영본부로 이동
- ○ 마케팅본부를 신설하여 글로벌마케팅팀을 이동 후 글로벌마케팅 1 · 2팀으로 분리
- ○ 국내마케팅팀을 신설하여 마케팅본부에 추가
- ○ 경영본부의 홍보팀을 마케팅본부로 이동
- ○ 조직위원회를 신설하여 항만위원회, 감사위원회와 함께 독립적인 팀으로 개편

56 조직 개편 방향에 따라 조직을 개편하였다. 다음 중 새롭게 신설되는 본부로 가장 적절한 것은?

① 행정본부
② 갑문운영본부
③ 물류본부
④ 마케팅본부
⑤ 영업본부

57 다음 중 조직 개편 후 경영, 운영, 건설본부에 속한 각 팀의 개수가 바르게 짝지어진 것은?

	경영본부	운영본부	건설본부
①	5팀	5팀	5팀
②	6팀	5팀	5팀
③	6팀	6팀	6팀
④	7팀	5팀	5팀
⑤	7팀	6팀	6팀

58 다음 사례를 통해 P전자가 TV 시장에서 경쟁력을 잃게 된 주요 원인으로 가장 적절한 것은?

> 평판 TV 시장에서 PDP TV가 주력이 되리라 판단한 P전자는 2007년에 세계 최대 규모의 PDP 생산설비를 건설하기 위해 3조 원 수준의 막대한 투자를 결정한다. 당시 L전자와 S전자는 LCD와 PDP 사업을 동시에 수행하면서도 성장성이 높은 LCD TV로 전략을 수정하는 상황이었지만 P전자는 익숙한 PDP 사업에 더욱 몰입한 것이다. 하지만 주요 기업들의 투자가 LCD에 집중되면서, 새로운 PDP 공장이 본격 가동될 시점에 PDP의 경쟁력은 이미 LCD에 뒤처지게 됐다.
> 결국, 활용가치가 현저하게 떨어진 PDP 생산설비는 조기에 상각함을 고민할 정도의 골칫거리로 전락했다. P전자는 2011년에만 11조 원의 적자를 기록했으며, 2012년에도 10조 원 수준의 적자가 발생되었다. 연이은 적자는 P전자의 신용등급을 투기 등급으로 급락시켰고, P전자의 CEO는 '디지털 가전에서 패배자가 되었음'을 인정하며 고개를 숙였다. TV를 포함한 가전제품 사업에서 P전자가 경쟁력을 회복하기 어려워졌음은 말할 것도 없다.

① 사업 환경의 변화 속도가 너무나 빨라졌고, 변화의 속성도 예측이 어려워져 따라가지 못하였다.
② 차별성을 지닌 새로운 제품을 기획하고 개발하는 것에 대한 성공 가능성이 낮아져 주저했다.
③ 실패가 두려워 새로운 도전보다 안정적이며 실패 확률이 낮은 제품을 위주로 미래를 준비하였다.
④ 기존 사업영역에 대한 강한 애착으로 신사업이나 신제품에 대해 낮은 몰입도를 보였다.
⑤ 외부 환경이 어려워짐에 따라 잠재적 실패를 감내할 수 있는 자금을 확보하지 못하였다.

59 다음 중 제시된 경영전략과 〈보기〉의 사례가 바르게 짝지어진 것은?

> • 차별화 전략 : 가격 이상의 가치로 브랜드 충성심을 이끌어 내는 전략
> • 원가우위 전략 : 업계에서 가장 낮은 원가로 우위를 확보하는 전략
> • 집중화 전략 : 특정 세분시장만 집중공략하는 전략

보기

㉠ I기업은 S/W에 집중하기 위해 H/W의 한글전용 PC 분야를 한국계기업과 전략적으로 제휴하고 회사를 설립해 조직체에 위양하였으며 이후 고유 분야였던 S/W에 자원을 집중하였다.
㉡ B마트는 재고 네트워크를 전산화해 원가를 절감하고 양질의 제품을 최저가격에 판매하고 있다.
㉢ A호텔은 5성급 호텔로 하루 숙박비용이 상당히 비싸지만, 환상적인 풍경과 더불어 친절한 서비스를 제공하고 객실 내 제품이 모두 최고급으로 비치되어 있어 이용객들에게 높은 만족도를 준다.

	차별화 전략	원가우위 전략	집중화 전략
①	㉠	㉡	㉢
②	㉠	㉢	㉡
③	㉡	㉠	㉢
④	㉢	㉡	㉠
⑤	㉢	㉠	㉡

60 다음은 N회사 디자인팀의 주간회의록이다. 이에 대한 설명으로 가장 적절한 것은?

<table>
<tr><th colspan="7">주간회의록</th></tr>
<tr><td>회의일시</td><td>2024-10-14(월)</td><td>부서</td><td colspan="2">디자인팀</td><td>작성자</td><td>이사원</td></tr>
<tr><td>참석자</td><td colspan="6">김과장, 박주임, 최사원, 이사원</td></tr>
<tr><td>회의안건</td><td colspan="6">1. 개인 주간 스케줄 및 업무 점검
2. 2025년 회사 홍보 브로슈어 기획</td></tr>
<tr><td rowspan="3">회의내용</td><td colspan="4">내용</td><td colspan="2">비고</td></tr>
<tr><td colspan="4">1. 개인 주간 스케줄 및 업무 점검
• 김과장 : 브로슈어 기획 관련 홍보팀 미팅,
외부 디자이너 미팅
• 박주임 : 신제품 SNS 홍보 이미지 작업,
회사 영문 서브페이지 2차 리뉴얼 작업 진행
• 최사원 : 2025년도 홈페이지 개편 작업 진행
• 이사원 : 10월 사보 편집 작업</td><td colspan="2">• 10월 18일 AM 10:00
디자인팀 전시회 관람</td></tr>
<tr><td colspan="4">2. 2025년도 회사 홍보 브로슈어 기획
• 브로슈어 주제 : ‘신뢰’
– 창립 ○○주년을 맞아 고객의 신뢰로 회사가 성장했음을 강조
– 한결같은 모습으로 고객들의 지지를 받아왔음을 기업 이미지로 표현
• 20페이지 이내로 구성 예정</td><td colspan="2">• 10월 16일까지 홍보팀에서 2025년도 브로슈어 최종원고 전달 예정</td></tr>
<tr><td rowspan="3">결정사항</td><td colspan="3">내용</td><td>작업자</td><td colspan="2">진행일정</td></tr>
<tr><td colspan="3">브로슈어 표지 이미지 샘플 조사</td><td>최사원, 이사원</td><td colspan="2">2024-10-14 ~ 2024-10-15</td></tr>
<tr><td colspan="3">브로슈어 표지 시안 작업 및 제출</td><td>박주임</td><td colspan="2">2024-10-14 ~ 2024-10-18</td></tr>
<tr><td>특이사항</td><td colspan="6">다음 회의 일정 : 10월 21일
• 브로슈어 표지 결정, 내지 1차 시안 논의</td></tr>
</table>

① N회사는 외부 디자이너에게 브로슈어 표지 이미지 샘플을 요청하였다.
② 디자인팀은 이번 주 수요일에 전시회를 관람할 예정이다.
③ 김과장은 이번 주에 내부 미팅, 외부 미팅을 모두 할 예정이다.
④ 이사원은 이번 주에 10월 사보 편집 작업만 하면 된다.
⑤ 최사원은 2025년도 홈페이지 개편 작업을 완료한 후 브로슈어 표지 시안을 제출할 예정이다.

※ 기획전략팀에서는 사무실을 간편히 청소할 수 있는 새로운 청소기를 구매하였고 B대리는 새 청소기를 사용하기 전에 제품설명서를 참고하였다. 이어지는 질문에 답하시오. [56~58]

〈사용 설명서〉

1. 충전
- 충전 시 작동 스위치 2곳을 반드시 꺼주십시오.
- 타 제품의 충전기를 사용할 경우 고장의 원인이 되오니 반드시 전용 충전기를 사용하십시오.
- 충전 시 충전기에 열이 느껴지는 것은 고장이 아닙니다.
- 본 제품에는 배터리 보호를 위하여 과충전 보호회로가 내장되어 있어 적정 충전시간을 초과하여도 배터리는 심한 손상이 없습니다.
- 충전기의 줄을 잡고 뽑을 경우 감전, 쇼트, 발화 및 고장의 원인이 됩니다.
- 충전하지 않을 때는 전원 콘센트에서 충전기를 뽑아 주십시오. 절연 열화에 따른 화재, 감전 및 고장의 원인이 됩니다.

2. 이상 발생 시 점검 방법

구분	확인사항	해결 방법
스위치를 켜도 청소기가 작동하지 않는다면?	• 청소기가 충전잭에 꽂혀 있는지 확인하세요. • 충전이 되어 있는지 확인하세요. • 본체에 핸디 청소기가 정확히 결합되었는지 확인하세요. • 접점부(핸디, 본체)를 부드러운 면으로 깨끗이 닦아주세요.	청소기에서 충전잭을 뽑아주세요.
사용 중 갑자기 흡입력이 떨어진다면?	• 흡입구를 커다란 이물질이 막고 있는지 확인하세요. • 먼지 필터가 막혀 있는지 확인하세요. • 먼지통 내에 오물이 가득 차 있는지 확인하세요.	이물질을 없애고 다시 사용하세요.
청소기가 멈추지 않는다면?	• 스틱 손잡이 / 핸디 손잡이 스위치 2곳 모두 꺼져 있는지 확인하세요. • 청소기 본체에서 핸디 청소기를 분리하세요.	
사용시간이 짧다고 느껴진다면?	10시간 이상 충전하신 후 사용하세요.	
라이트 불이 켜지지 않는다면?	• 청소기 작동 스위치를 ON으로 하셨는지 확인하세요. • 라이트 스위치를 ON으로 하셨는지 확인하세요.	
파워브러시가 작동하지 않는다면?	머리카락이나 실 등 이물질이 감겨있는지 확인하세요.	청소기 전원을 끄고 이물질 제거 후 전원을 켜면 파워브러시가 재작동하며 평상시에도 파워브러시가 멈추었을 때는 전원 스위치를 껐다 켜시면 브러시가 재작동합니다.

56 **사용 중 충전으로 인한 고장이 발생한 경우, 그 원인으로 적절하지 않은 것은?**

① 충전 시 작동 스위치 2곳을 모두 끄지 않은 경우
② 충전기를 뽑을 때 줄을 잡고 뽑은 경우
③ 충전하지 않을 때 충전기를 계속 꽂아 둔 경우
④ 적정 충전시간을 초과하여 충전한 경우
⑤ 타 제품의 충전기를 사용한 경우

PART 3

57 **B대리는 청소기의 전원을 껐다 켬으로써 청소기의 작동 불량을 해결하였다. 어떤 작동 불량이 발생하였는가?**

① 청소기가 멈추지 않았다.
② 파워브러시가 작동하지 않았다.
③ 사용시간이 짧게 느껴졌다.
④ 사용 중 흡입력이 떨어졌다.
⑤ 라이트 불이 켜지지 않았다.

58 **다음 중 청소기에 이물질이 많이 들어있을 때, 나타날 수 있는 증상으로 옳은 것은?**

① 사용시간이 짧아진다.
② 라이트 불이 켜지지 않는다.
③ 충전 시 충전기에서 열이 난다.
④ 사용 중 갑자기 흡입력이 떨어진다.
⑤ 스위치를 켜도 청소기가 작동하지 않는다.

※ N회사는 유무선 공유기 HI-804A를 사내에 설치하고자 한다. 이어지는 질문에 답하시오. [59~60]

■ 공유기 설치 전 확인사항
- 현재 사용 중인 공유기가 있다면 HI-804A의 IP주소와 충돌을 일으킬 수 있으므로 현재 사용 중인 공유기가 있는지 확인해 주세요.
- HI-804A 공유기의 IP주소는 http://190.275.2.3입니다.
- 사용 중인 공유기의 IP주소가 http://190.275.2.3인 경우 사용 중인 공유기의 IP주소를 변경한 후 설치를 시작합니다.
- 사용자 이름은 admin이며, 비밀번호는 0000입니다.
- 기존에 사용 중인 공유기가 없다면 바로 설치를 진행합니다.

■ 공유기 설치 시작
1) HI-804A, 외장형 모뎀, PC의 전원을 모두 끕니다.
2) 현재 인터넷이 되는 PC에 연결된 외장형 모뎀을 분리합니다.
3) 분리한 외장형 모뎀에서 인터넷케이블로 HI-804A의 INTERNET포트에 연결합니다.
4) PC와 LAN포트를 LAN케이블로 연결합니다.
5) 외장형 모뎀을 켜서 1분 정도 기다립니다.
6) HI-804A 전원을 켜서 1분 정도 기다립니다.
7) PC 전원을 켜서 부팅을 합니다.

■ 공유기 설정 및 무선 설정
1) 스마트폰에서 'HI-NETWORK' 앱을 설치합니다.
2) 앱을 실행한 후 '기본 설정 마법사'를 실행합니다.
3) 자동으로 검색된 HI-804A를 터치합니다.
4) 장치의 비밀번호는 기본 세팅이 되어 있는데, 변경을 원하면 비밀번호 터치 후 새로 입력한 뒤 '저장'을 터치하세요.
5) 동작 방식을 [Router 방식], 연결 방식을 [유동 IP방식]으로 설정합니다.
6) 와이파이의 이름과 비밀번호가 자동 세팅이 되는데, 변경을 원하면 새로 입력한 뒤 '저장'을 터치하세요.
7) 설정이 완료되면 '확인' 버튼을 터치하세요.

59 **정보보안팀 K사원은 HI-804A를 설치하기 위해 몇 가지 사항들을 점검하였다. 다음 중 K사원이 점검한 내용으로 적절하지 않은 것은?**

① 현재 사내에서 사용 중인 다른 공유기가 있는지 확인하였다.
② HI-804A의 IP주소를 확인하였다.
③ 현재 사용 중인 공유기의 IP주소를 확인하였다.
④ IP주소가 충돌하여 HI-804A의 IP주소를 변경하였다.
⑤ HI-804A의 사용자 이름과 비밀번호를 확인하였다.

60 정보보안팀 K사원은 설명서를 참고하여 공유기를 설치하였다. HI-804A의 1·2번 포트는 INTERNET포트이고 3·4번 포트는 LAN포트이며, 5번 포트는 셋톱박스포트이다. 다음 중 공유기를 바르게 설치한 것은?

①
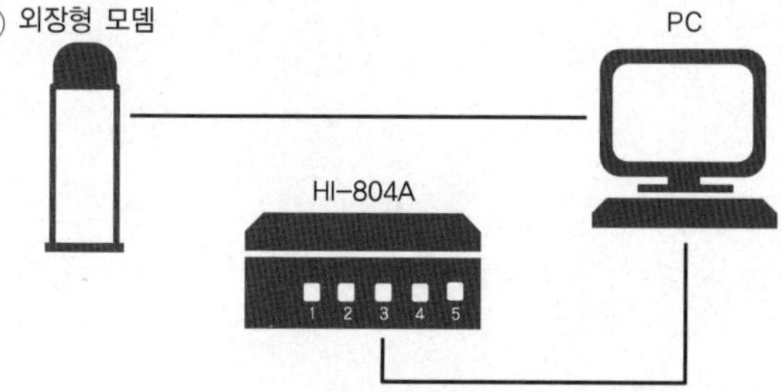

②
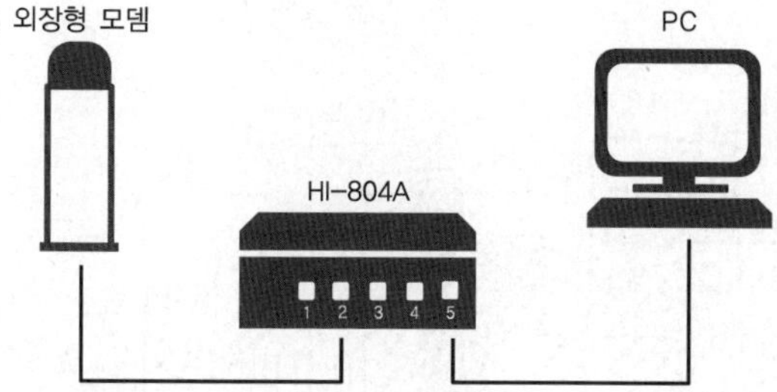

③
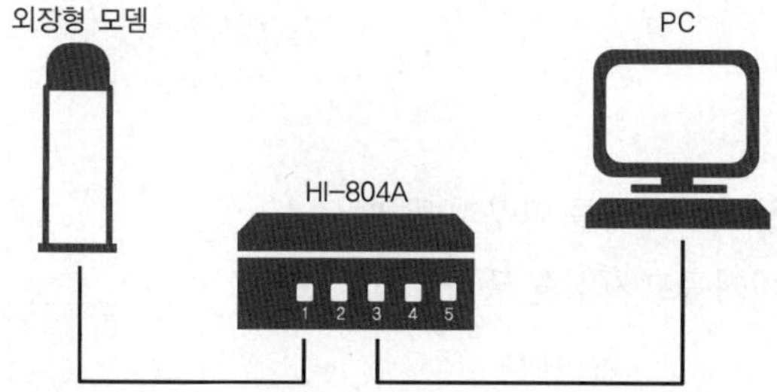

④
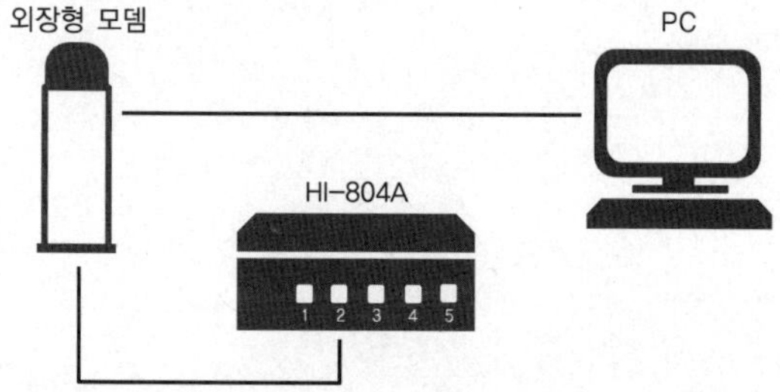

⑤
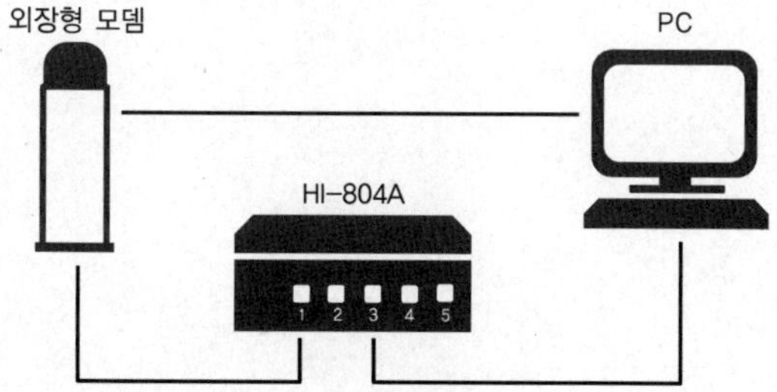

PART 3

절대로 고개를 떨구지 말라.

고개를 치켜들고 세상을 똑바로 바라보라.

– 헬렌 켈러 –

PART 4

인 · 적성평가

PART

4 인 · 적성평가

개인이 업무를 수행하면서 능률적인 성과물을 만들기 위해서는 능력과 경험 그리고 회사에서의 교육 및 훈련 등이 필요하지만, 성격이나 성향 역시 중요하다. 여러 직무분석 연구에서 나온 결과들에 따르면, 직무에서의 성공과 관련된 특성들 중 최고 70% 이상이 능력보다는 성격과 관련이 있다고 한다. 따라서 최근 기업들은 인성검사의 비중을 높이고 있는 추세이다.

현재 기업들은 인성검사를 KIRBS(한국행동과학연구소)나 SHR(에스에이치알) 등의 전문기관에 의뢰해서 시행하고 있다. 전문기관에 따라서 인성검사 방법에 차이가 있고, 보안을 위해서 인성검사를 의뢰한 기업을 공개하지 않아 특정 기업의 인성검사를 정확하게 판단할 수 없지만, 지원자들이 후기에 올린 문제를 통해 인성검사 유형을 예상할 수 있다. 본서는 NH농협은행의 인성검사와 수검요령 및 검사 시 유의사항에 대해 간략하게 정리하였으며, 인성검사 모의연습을 통해 실제 시험 유형을 확인할 수 있도록 하였다.

01 NH농협은행 인 · 적성평가(Lv.2)

NH농협은행의 인재상과 적합한 인재인지 평가하는 테스트로, 각 문항에 대해 자신의 성격에 맞게 '아니다', '대체로 아니다', '대체로 그렇다', '그렇다'를 선택하는 유형이 출제된다.

(1) 문항 수 : 325문항

(2) 시간 : 45분

(3) 출제범위 : 조직적합성, 성취 잠재력

02 인성검사 수검요령

인성검사는 특별한 수검요령이 없다. 다시 말하면 모범답안이 없고, 정답이 없다는 이야기이다. 굳이 수검요령을 말하자면, 진실하고 솔직한 자신의 생각이 최고의 답변이라고 할 수 있을 것이다.

인성검사에서 가장 중요한 것은 첫째, 솔직한 답변이다. 지금까지의 경험을 통해서 축적되어온 자신의 생각과 행동을 거짓 없이 솔직하게 기재하는 것이다. 예를 들어, '나는 타인의 물건을 훔치고 싶은 충동을 느껴본 적이 있다.'란 질문에 지원자들은 많은 생각을 하게 된다. 생각해 보라. 유년기에 또는 성인이 되어서도 타인의 물건을 훔치는 일을 저지른 적은 없더라도, 훔치고 싶은 충동은 누구나 조금이라도 느껴보았을 것이다. 그런데 이 질문에 고민을 하는 사람이 간혹 있다. 이 질문에 '예'라고 대답하면 담당 검사관들이 나를 사회적으로 문제가 있는 사람으로 여기지는 않을까 하는 생각에 '아니요'라는 답을 기재하게 된다. 이런 솔직하지 않은 답변이 신뢰와 솔직함을 나타내는 타당성 척도에 좋지 않은 점수를 주게 된다.
둘째, 일관성 있는 답변이다. 인성검사의 수많은 문항 중에는 비슷한 뜻의 질문이 여러 개 숨어있는 경우가 많이 있다. 그 질문들은 지원자의 솔직한 답변과 심리적인 상태를 알아보기 위해 내포되어 있는 문항들이다. 예컨대 '나는 유년시절 타인의 물건을 훔친 적이 있다.'라는 질문에 '예'라고 대답했는데, '나는 유년시절 타인의 물건을 훔쳐보고 싶은 충동을 느껴본 적이 있다.'라는 질문에는 '아니요'라는 답을 기재한다면 어떻겠는가. 일관성 없이 '대충 기재하자.'라는 식의 심리적 무성의성 답변이 되거나, 정신적으로 문제가 있는 사람으로 보일 수 있다.
인성검사는 많은 문항을 풀어야 하므로 지원자들은 지루함과 따분함, 반복된 뜻의 질문에 의한 인내력 상실 등이 나타날 수 있다. 인내를 가지고 솔직하게 내 생각을 대답하는 것이 무엇보다 중요한 요령이 될 것이다.

03 인성검사 시 유의사항

PART 4

(1) 충분한 휴식으로 불안을 없애고 정서적인 안정을 취한다. 심신이 안정되어야 자신의 마음을 표현할 수 있다.

(2) 생각나는 대로 솔직하게 응답한다. 자신을 너무 과대포장하지도, 너무 비하하지도 마라. 답변을 꾸며내면 앞뒤가 맞지 않게끔 구성돼 있어 불리한 평가를 받게 된다. 무엇보다 제일 중요한 것은 솔직하게 답하는 것이다.

(3) 검사문항에 대해 지나치게 생각해서는 안 된다. 지나치게 몰두하면 엉뚱한 답변이 나올 수 있으므로 불필요한 생각은 삼간다.

(4) 검사시간에 너무 신경 쓸 필요는 없다. 인성검사는 시간제한이 없는 경우가 많으며 시간제한이 있다 해도 충분한 시간이다.

(5) 인성검사는 대개 문항 수가 많기에 자칫 건너뛰는 경우가 있는데, 가능한 모든 문항에 답해야 한다. 응답하지 않은 문항이 많을 경우 평가자가 정확한 평가를 내리지 못해 불리한 평가를 내릴 수 있기 때문이다.

04 인성검사 모의연습

※ 인성검사는 정답이 따로 없는 유형의 검사이므로 결과지를 제공하지 않습니다.

※ 다음 질문을 읽고, '아니다', '대체로 아니다', '대체로 그렇다', '그렇다'에 체크하시오. [1~325]

번호	질문	아니다	대체로 아니다	대체로 그렇다	그렇다
1	문화제 위원과 체육대회 위원 중 체육대회 위원을 하고 싶다.				
2	보고 들은 것을 문장으로 옮기기를 좋아한다.				
3	남에게 뭔가 가르쳐주는 일이 좋다.				
4	많은 사람과 장시간 함께 있으면 피곤하다.				
5	엉뚱한 일을 하기 좋아하고 발상도 개성적이다.				
6	전표 계산 또는 장부 기입 같은 일을 싫증내지 않고 할 수 있다.				
7	책이나 신문을 열심히 읽는 편이다.				
8	신경이 예민한 편이며, 감수성도 예민하다.				
9	연회석에서 망설임 없이 노래를 부르거나 장기를 보이는 편이다.				
10	즐거운 캠프를 위해 계획 세우기를 좋아한다.				
11	데이터를 분류하거나 통계내는 일을 싫어하지는 않는다.				
12	드라마나 소설 속의 등장인물의 생활과 사고방식에 흥미가 있다.				
13	자신의 미적 표현력을 살리면 상당히 좋은 작품이 나올 것 같다.				
14	화려한 것을 좋아하며 주위의 평판에 신경을 쓰는 편이다.				
15	여럿이서 여행할 기회가 있다면 즐겁게 참가한다.				
16	여행 소감을 쓰기를 좋아한다.				
17	상품전시회에서 상품 설명을 한다면 잘 할 수 있을 것 같다.				
18	변화가 적고 손이 많이 가는 일도 꾸준히 하는 편이다.				
19	신제품 홍보에 흥미가 있다.				
20	열차시간표 한 페이지 정도라면 정확하게 옮겨 쓸 자신이 있다.				
21	자신의 장래에 대해 자주 생각해본다.				
22	혼자 있는 것에 익숙하다.				
23	별 근심이 없다.				
24	나의 환경에 아주 만족한다.				
25	상품을 고를 때 디자인과 색에 신경을 많이 쓴다.				
26	극단이나 탤런트 양성소에서 공부해보고 싶다는 생각을 한 적 있다.				
27	외출할 때 날씨가 좋지 않아도 그다지 신경을 쓰지 않는다.				
28	손님을 불러들이는 호객행위도 마음만 먹으면 할 수 있을 것 같다.				
29	신중하고 주의 깊은 편이다.				
30	잘못된 부분을 보면 그냥 지나치지 못한다.				
31	사놓고 쓰지 않는 물건이 많이 있다.				
32	마음에 들지 않는 사람은 만나지 않으려고 노력한다.				
33	스트레스 관리를 잘한다.				
34	악의 없이 한 말에도 화를 낸다.				
35	자신을 비난하는 사람은 피하는 편이다.				
36	깨끗이 정돈된 상태를 좋아한다.				
37	기분에 따라 목적지를 바꾼다.				

번호	질문	아니다	대체로 아니다	대체로 그렇다	그렇다
38	다른 사람들의 주목을 받는 것을 좋아한다.				
39	타인의 충고를 받아들이는 편이다.				
40	이유 없이 기분이 우울해질 때가 있다.				
41	하루 종일 책상 앞에 앉아 있어도 지루해하지 않는 편이다.				
42	알기 쉽게 요점을 정리한 다음 남에게 잘 설명하는 편이다.				
43	생물 시간보다는 미술 시간에 흥미가 있다.				
44	남이 자신에게 상담을 해오는 경우가 많다.				
45	친목회나 송년회 등의 총무 역할을 좋아하는 편이다.				
46	실패하든 성공하든 그 원인은 꼭 분석한다.				
47	실내장식품이나 액세서리 등에 관심이 많다.				
48	남에게 보이기 좋아하고 지기 싫어하는 편이다.				
49	대자연 속에서 마음대로 몸을 움직이는 일이 좋다.				
50	파티나 모임에서 자연스럽게 돌아다니며 인사하는 성격이다.				
51	무슨 일에 쉽게 구애받는 편이며 장인의식도 강하다.				
52	우리나라 분재를 파리에서 파는 방법 따위를 생각하기 좋아한다.				
53	하루 종일 돌아다녀도 그다지 피곤을 느끼지 않는다.				
54	컴퓨터의 키보드 조작도 연습하면 잘 할 수 있을 것 같다.				
55	자동차나 모터보트 등의 운전에 흥미를 갖고 있다.				
56	인기탤런트의 인기비결을 곧잘 생각해본다.				
57	과자나 빵을 판매하는 일보다 만드는 일이 나에게 맞을 것 같다.				
58	대체로 걱정하거나 고민하지 않는다.				
59	비판적인 말을 들어도 쉽게 상처받지 않았다.				
60	초등학교 선생님보다는 등대지기가 더 재미있을 것 같다.				
61	남의 생일이나 명절 때 선물을 사러 다니는 일이 귀찮게 느껴진다.				
62	조심스러운 성격이라고 생각한다.				
63	사물을 신중하게 생각하는 편이다.				
64	동작이 기민한 편이다.				
65	포기하지 않고 노력하는 것이 중요하다.				
66	일주일의 예정을 만드는 것을 좋아한다.				
67	노력의 여하보다 결과가 중요하다.				
68	자기주장이 강하다.				
69	장래의 일을 생각하면 불안해질 때가 있다.				
70	소외감을 느낄 때가 있다.				
71	훌쩍 여행을 떠나고 싶을 때가 자주 있다.				
72	대인관계가 귀찮다고 느낄 때가 있다.				
73	자신의 권리를 주장하는 편이다.				
74	낙천가라고 생각한다.				
75	싸움을 한 적이 없다.				
76	자신의 의견을 상대에게 잘 주장하지 못한다.				
77	좀처럼 결단하지 못하는 경우가 있다.				
78	하나의 취미를 오래 지속하는 편이다.				
79	한번 시작한 일은 반드시 마무리한다.				

번호	질문	아니다	대체로 아니다	대체로 그렇다	그렇다
80	내 방식대로 일하는 편이 좋다.				
81	부끄러움을 잘 탄다.				
82	상상력이 풍부하다.				
83	자신을 자신감 있게 표현할 수 있다.				
84	열등감은 좋지 않다고 생각한다.				
85	후회하는 일이 전혀 없다.				
86	매사를 태평하게 보는 편이다.				
87	한 번 시작한 일은 끝을 맺는다.				
88	행동으로 옮기기까지 시간이 걸린다.				
89	다른 사람들이 하지 못하는 일을 하고 싶다.				
90	해야 할 일은 신속하게 처리한다.				
91	병이 아닌지 걱정이 들 때가 있다.				
92	다른 사람의 충고를 기분 좋게 듣는 편이다.				
93	다른 사람에게 의존할 때가 많다.				
94	타인에게 간섭받는 것은 싫다.				
95	자의식 과잉이라는 생각이 들 때가 있다.				
96	수다를 좋아한다.				
97	잘못된 일을 한 적이 한 번도 없다.				
98	모르는 사람과 이야기하는 것은 용기가 필요하다.				
99	끙끙거리며 생각할 때가 있다.				
100	다른 사람에게 항상 움직이고 있다는 말을 듣는다.				
101	매사에 얽매인다.				
102	잘하지 못하는 게임은 하지 않으려고 한다.				
103	어떠한 일이 있어도 출세하고 싶다.				
104	막무가내라는 말을 들을 때가 많다.				
105	신경이 예민한 편이라고 생각한다.				
106	쉽게 침울해진다.				
107	쉽게 싫증을 내는 편이다.				
108	옆에 사람이 있으면 싫다.				
109	토론에서 이길 자신이 있다.				
110	친구들과 남의 이야기를 하는 것을 좋아한다.				
111	푸념을 한 적이 없다.				
112	남과 친해지려면 용기가 필요하다.				
113	통찰력이 있다고 생각한다.				
114	집에서 가만히 있으면 기분이 우울해진다.				
115	매사에 느긋하고 차분하게 대처한다.				
116	좋은 생각이 떠올라도 실행하기 전에 여러모로 검토한다.				
117	누구나 권력자를 동경하고 있다고 생각한다.				
118	몸으로 부딪혀 도전하는 편이다.				
119	당황하면 갑자기 땀이 나서 신경 쓰일 때가 있다.				
120	친구들은 나를 진지한 사람으로 생각하고 있다.				
121	감정적으로 될 때가 많다.				

번호	질문	아니다	대체로 아니다	대체로 그렇다	그렇다
122	다른 사람의 일에 관심이 없다.				
123	다른 사람으로부터 지적받는 것은 싫다.				
124	지루하면 마구 떠들고 싶어진다.				
125	남들이 침착하다고 한다.				
126	혼자 있는 것을 좋아한다.				
127	한 자리에 가만히 있는 것을 싫어한다.				
128	시간이 나면 주로 자는 편이다.				
129	조용한 것보다는 활동적인 것이 좋다.				
130	맡은 분야에서 항상 최고가 되려고 한다.				
131	모임에서 책임 있는 일을 맡고 싶어 한다.				
132	영화를 보고 운 적이 많다.				
133	남을 도와주다가 내 일을 끝내지 못한 적이 있다.				
134	누가 시키지 않아도 스스로 일을 찾아서 한다.				
135	다른 사람이 바보라고 생각되는 경우가 있다.				
136	부모에게 불평을 한 적이 한 번도 없다.				
137	내성적이라고 생각한다.				
138	돌다리도 두들기고 건너는 타입이라고 생각한다.				
139	굳이 말하자면 시원시원하다.				
140	나는 끈기가 강하다.				
141	전망을 세우고 행동할 때가 많다.				
142	일에는 결과가 중요하다고 생각한다.				
143	활력이 있다.				
144	항상 천재지변을 당하지 않을까 걱정하고 있다.				
145	때로는 후회할 때도 있다.				
146	다른 사람에게 위해를 가할 것 같은 기분이 든 때가 있다.				
147	진정으로 마음을 허락할 수 있는 사람은 없다.				
148	기다리는 것에 짜증내는 편이다.				
149	친구들로부터 줏대 없는 사람이라는 말을 듣는다.				
150	사물을 과장해서 말한 적은 없다.				
151	인간관계가 폐쇄적이라는 말을 듣는다.				
152	매사에 신중한 편이라고 생각한다.				
153	눈을 뜨면 바로 일어난다.				
154	난관에 봉착해도 포기하지 않고 열심히 해본다.				
155	실행하기 전에 재확인할 때가 많다.				
156	리더로서 인정을 받고 싶다.				
157	어떤 일이 있어도 의욕을 가지고 열심히 하는 편이다.				
158	다른 사람의 감정에 민감하다.				
159	다른 사람들이 남을 배려하는 마음씨가 있다는 말을 한다.				
160	사소한 일로 우는 일이 많다.				
161	반대에 부딪혀도 자신의 의견을 바꾸는 일은 없다.				
162	누구와도 편하게 이야기할 수 있다.				
163	가만히 있지 못할 정도로 침착하지 못할 때가 있다.				

번호	질문	아니다	대체로 아니다	대체로 그렇다	그렇다
164	다른 사람을 싫어한 적은 한 번도 없다.				
165	그룹 내에서는 누군가의 주도하에 따라가는 경우가 많다.				
166	차분하다는 말을 듣는다.				
167	스포츠 선수가 되고 싶다고 생각한 적이 있다.				
168	모두가 싫증을 내는 일에도 혼자서 열심히 한다.				
169	휴일은 세부적인 계획을 세우고 보낸다.				
170	완성된 것보다 미완성인 것에 흥미가 있다.				
171	이성적인 사람 밑에서 일하고 싶다.				
172	작은 소리에도 신경이 쓰인다.				
173	끙끙거리며 생각할 때가 많다.				
174	컨디션에 따라 행동한다.				
175	항상 규칙적으로 생활한다.				
176	다소 감정적이라고 생각한다.				
177	다른 사람의 의견을 잘 수긍하는 편이다.				
178	결심을 하더라도 생각을 바꾸는 일이 많다.				
179	다시는 떠올리고 싶지 않은 기억이 있다.				
180	과거를 잘 생각하는 편이다.				
181	평소 감정이 메마른 것 같다는 생각을 한다.				
182	가끔 하늘을 올려다 본다.				
183	생각조차 하기 싫은 사람이 있다.				
184	멍하니 있는 경우가 많다.				
185	잘하지 못하는 것이라도 자진해서 한다.				
186	가만히 있지 못할 정도로 불안해질 때가 많다.				
187	자주 깊은 생각에 잠긴다.				
188	이유도 없이 다른 사람과 부딪힐 때가 있다.				
189	타인의 일에는 별로 관여하고 싶지 않다고 생각한다.				
190	무슨 일이든 자신을 가지고 행동한다.				
191	유명인과 서로 아는 사람이 되고 싶다.				
192	지금까지 후회를 한 적이 없다.				
193	의견이 다른 사람과는 어울리지 않는다.				
194	무슨 일이든 생각해 보지 않으면 만족하지 못한다.				
195	다소 무리를 하더라도 피로해지지 않는다.				
196	굳이 말하자면 장거리주자에 어울린다고 생각한다.				
197	여행을 가기 전에는 세세한 계획을 세운다.				
198	능력을 살릴 수 있는 일을 하고 싶다.				
199	시원시원하다고 생각한다.				
200	굳이 말하자면 자의식과잉이다.				
201	자신을 쓸모없는 인간이라고 생각할 때가 있다.				
202	주위의 영향을 쉽게 받는다.				
203	지인을 발견해도 만나고 싶지 않을 때가 많다.				
204	다수의 반대가 있더라도 자신의 생각대로 행동한다.				
205	번화한 곳에 외출하는 것을 좋아한다.				

번호	질문	아니다	대체로 아니다	대체로 그렇다	그렇다
206	지금까지 다른 사람의 마음에 상처준 일이 없다.				
207	다른 사람에게 자신이 소개되는 것을 좋아한다.				
208	실행하기 전에 재고하는 경우가 많다.				
209	몸을 움직이는 것을 좋아한다.				
210	나는 완고한 편이라고 생각한다.				
211	신중하게 생각하는 편이다.				
212	커다란 일을 해보고 싶다.				
213	계획을 생각하기보다 빨리 실행하고 싶어 한다.				
214	작은 소리도 신경 쓰인다.				
215	나는 자질구레한 걱정이 많다.				
216	이유도 없이 화가 치밀 때가 있다.				
217	융통성이 없는 편이다.				
218	나는 다른 사람보다 기가 세다.				
219	다른 사람보다 쉽게 우쭐해진다.				
220	신중하고 주의가 깊다.				
221	아는 사람에게 과도하게 친절하게 구는 편이다.				
222	사과를 잘하지 못한다.				
223	웃음이 많은 편이다.				
224	감수성이 예민한 편이다.				
225	후회하는 일이 많다.				
226	난관에 봉착해도 포기하지 않고 열심히 한다.				
227	잘못한 일이 있으면 먼저 인정하고 사과한다.				
228	관심 분야가 자주 바뀐다.				
229	좋아하는 연예인이 있다.				
230	어떤 일이 있어도 화를 내지 않는다.				
231	병이 아닌지 걱정이 많다.				
232	집에 가만히 있을 때 더 우울하다.				
233	자신이 쓸모없다고 생각한 적이 있다.				
234	다른 사람을 의심한 적이 한 번도 없다.				
235	어색해지면 입을 다무는 경우가 많다.				
236	하루의 행동을 반성하는 경우가 많다.				
237	격렬한 운동도 그다지 힘들어하지 않는다.				
238	새로운 일에 첫발을 좀처럼 떼지 못한다.				
239	앞으로의 일을 생각하지 않으면 진정이 되지 않는다.				
240	인생에서 중요한 것은 높은 목표를 갖는 것이다.				
241	무슨 일이든 선수를 쳐야 이긴다고 생각한다.				
242	다른 사람이 나를 어떻게 생각하는지 궁금할 때가 많다.				
243	침울해지면서 아무것도 손에 잡히지 않을 때가 있다.				
244	어린 시절로 돌아가고 싶을 때가 있다.				
245	아는 사람을 발견해도 피해버릴 때가 있다.				
246	굳이 말하자면 기가 센 편이다.				
247	성격이 밝다는 말을 듣는다.				

PART 4

번호	질문	아니다	대체로 아니다	대체로 그렇다	그렇다
248	다른 사람이 부럽다고 생각한 적이 한 번도 없다.				
249	결점을 지적받아도 아무렇지 않다.				
250	피곤하더라도 밝게 행동한다.				
251	실패했던 경험을 생각하면서 고민하는 편이다.				
252	언제나 생기가 있다.				
253	선배의 지적을 순수하게 받아들일 수 있다.				
254	매일 목표가 있는 생활을 하고 있다.				
255	열등감으로 자주 고민한다.				
256	남에게 무시당하면 화가 난다.				
257	무엇이든지 하면 된다고 생각하는 편이다.				
258	자신의 존재를 과시하고 싶다.				
259	사람을 많이 만나는 것을 좋아한다.				
260	사람들이 당신에게 말수가 적다고 하는 편이다.				
261	특정한 사람과 교제를 하는 타입이다.				
262	친구에게 먼저 말을 하는 편이다.				
263	친구만 있으면 된다고 생각한다.				
264	많은 사람 앞에서 말하는 것이 서툴다.				
265	반 편성과 교실 이동을 싫어한다.				
266	다과회 등에서 자주 책임을 맡는다.				
267	새 팀 분위기에 쉽게 적응하지 못하는 편이다.				
268	누구하고나 친하게 교제한다.				
269	남에게 뭔가를 가르치는 걸 좋아한다.				
270	사람과 대화하는 것이 피곤하다.				
271	신경이 예민한 편이라는 말을 듣는다.				
272	모임에서 리더가 되는 것이 불편하다.				
273	친구들에게 줏대 없다는 말을 듣는다.				
274	불쌍한 사람을 보면 그냥 지나치지 못한다.				
275	눈물이 많은 편이다.				
276	사람과 오래도록 알고 지내는 편이다.				
277	어디서든지 씩씩하게 행동할 수 있다.				
278	사람에 대한 정이 많은 편이다.				
279	연락하는 친구가 열 명 이상이다.				
280	사랑보다는 우정이라고 생각한다.				
281	다른 사람의 감정에 예민하다.				
282	주변 환경에 영향을 많이 받는다.				
283	충동구매는 절대 하지 않는다.				
284	컨디션에 따라 기분이 잘 변한다.				
285	옷 입는 취향이 오랫동안 바뀌지 않고 그대로이다.				
286	남의 물건이 좋아 보인다.				
287	광고를 보면 그 물건을 사고 싶다.				
288	자신이 낙천주의자라고 생각한다.				
289	에스컬레이터에서도 걷지 않는다.				

번호	질문	아니다	대체로 아니다	대체로 그렇다	그렇다
290	꾸물대는 것을 싫어한다.				
291	고민이 생겨도 심각하게 생각하지 않는다.				
292	반성하는 일이 거의 없다.				
293	남의 말을 호의적으로 받아들인다.				
294	혼자 있을 때가 편안하다.				
295	친구에게 불만이 있다.				
296	남의 말을 좋은 쪽으로 해석한다.				
297	남의 의견을 절대 참고하지 않는다.				
298	일을 시작할 때 계획을 세우는 편이다.				
299	경험으로 판단한다.				
300	부모님과 여행을 자주 간다.				
301	쉽게 짜증을 내는 편이다.				
302	사람을 상대하는 것을 좋아한다.				
303	컴퓨터로 일을 하는 것을 좋아한다.				
304	하루 종일 말하지 않고 지낼 수 있다.				
305	감정조절이 잘 안되는 편이다.				
306	혼자 사는 편이 편한다.				
307	승부욕이 강하여 게임에서 반드시 이겨야 한다.				
308	사람들이 자신의 결정을 따르게 할 수 있다.				
309	평소 꼼꼼한 편이다.				
310	다시 태어나고 싶은 순간이 있다.				
311	운동을 하다가 다친 적이 있다.				
312	다른 사람의 말보다는 자신의 믿음을 믿는다.				
313	귀찮은 일이 있으면 먼저 해치운다.				
314	정리 정돈하는 것을 좋아한다.				
315	다른 사람의 대화에 끼고 싶다.				
316	카리스마가 있다는 말을 들어본 적이 있다.				
317	미래에 대한 고민이 많다.				
318	친구들의 성공 소식에 씁쓸한 적이 있다.				
319	내가 못하는 것이 있으면 참지 못한다.				
320	계획에 없는 일을 시키면 짜증이 난다.				
321	화가 나면 물건을 집어 던지는 버릇이 있다.				
322	매일 아침 일찍 일어난다.				
323	다른 사람보다 잘하는 것이 있다.				
324	눈치를 보는 일이 많다.				
325	사람을 상대하는 것에 부담을 느끼는 경우가 많다.				

우리가 해야 할 일은 끊임없이 호기심을 갖고 새로운 생각을
시험해 보고 새로운 인상을 받는 것이다.

- 월터 페이터 -

PART 5

면접

CHAPTER

01 면접 유형 및 실전 대책

01 면접 주요사항

면접의 사전적 정의는 면접관이 지원자를 직접 만나보고 인품(人品)이나 언행(言行) 따위를 시험하는 일로, 흔히 필기시험 후에 최종적으로 심사하는 방법이다.

최근 주요 기업의 인사담당자들을 대상으로 채용 시 면접이 차지하는 비중을 설문 조사했을 때, 50 ~ 80% 이상이라고 답한 사람이 전체 응답자의 80%를 넘었다. 이와 대조적으로 지원자들을 대상으로 취업 시험에서 면접을 준비하는 기간을 물었을 때, 대부분의 응답자가 2 ~ 3일 정도라고 대답했다.

지원자가 일정 수준의 스펙을 갖추기 위해 자격증 시험과 토익을 치르고 이력서와 자기소개서까지 쓰다 보면 면접까지 챙길 여유가 없는 것이 사실이다. 그리고 서류전형과 인적성검사를 통과해야만 면접을 볼 수 있기 때문에 자연스럽게 면접은 취업 시험 과정에서 그 비중이 작아질 수밖에 없다. 하지만 아이러니하게도 실제 채용 과정에서 면접이 차지하는 비중은 절대적이라고 해도 과언이 아니다.

기업들은 채용 과정에서 토론 면접, 인성 면접, 프레젠테이션 면접, 역량 면접 등의 다양한 면접을 실시한다. 1차 커트라인이라고 할 수 있는 서류전형을 통과한 지원자들의 스펙이나 능력은 서로 엇비슷하다고 판단되기 때문에 서류상 보이는 자격증이나 토익 성적보다는 지원자의 인성을 파악하기 위해 면접을 더욱 강화하는 것이다. 일부 기업은 의도적으로 압박 면접을 실시하기도 한다. 지원자가 당황할 수 있는 질문을 던져서 그것에 대한 지원자의 반응을 살펴보는 것이다.

면접은 다르게 생각한다면 '나는 누구인가'에 대한 물음에 해답을 줄 수 있는 가장 현실적이고 미래적인 경험이 될 수 있다. 취업난 속에서 자격증을 취득하고 토익 성적을 올리기 위해 앞만 보고 달려온 지원자들은 자신에 대해서 고민하고 탐구할 수 있는 시간을 평소 쉽게 가질 수 없었을 것이다. 자신을 잘 알고 있어야 자신에 대해서 자신감 있게 말할 수 있다. 대체로 사람들은 자신에게 관대한 편이기 때문에 자신에 대해서 어떤 기대와 환상을 가지고 있는 경우가 많다. 하지만 면접은 제삼자에 의해 개인의 능력을 객관적으로 평가받는 시험이다. 어떤 지원자들은 다른 사람에게 자신을 표현하는 것을 어려워한다. 평소에 잘 사용하지 않는 용어를 내뱉으면서 거창하게 자신을 포장하는 지원자도 많다. 면접에서 가장 기본은 자기 자신을 면접관에게 알기 쉽게 표현하는 것이다.

이러한 표현을 바탕으로 자신이 앞으로 하고자 하는 것과 그에 대한 이유를 설명해야 한다. 최근에는 자신감을 향상시키거나 말하는 능력을 높이는 학원도 많기 때문에 얼마든지 자신의 단점을 극복할 수 있다.

1. 자기소개의 기술

자기소개를 시키는 이유는 면접자가 지원자의 자기소개서를 압축해서 듣고, 지원자의 첫인상을 평가할 시간을 가질 수 있기 때문이다. 면접을 위한 워밍업이라고 할 수 있으며, 첫인상을 결정하는 과정이므로 매우 중요한 순간이다.

(1) 정해진 시간에 자기소개를 마쳐야 한다.

쉬워 보이지만 의외로 지원자들이 정해진 시간을 넘기거나 혹은 빨리 끝내서 면접관에게 지적을 받는 경우가 많다. 본인이 면접을 받는 마지막 지원자가 아닌 이상, 정해진 시간을 지키지 않는 것은 수많은 지원자를 상대하기에 바쁜 면접관과 대기 시간에 지친 다른 지원자들에게 불쾌감을 줄 수 있다.
또한 회사에서 시간관념은 절대적인 것이므로 반드시 자기소개 시간을 지켜야 한다. 말하기는 1분에 200자 원고지 2장 분량의 글을 읽는 만큼의 속도가 가장 적당하다. 이를 A4 용지에 10point 글자 크기로 작성하면 반 장 분량이 된다.

(2) 간단하지만 신선한 문구로 자기소개를 시작하자.

요즈음 많은 지원자가 이 방법을 사용하고 있기 때문에 웬만한 소재의 문구가 아니면 면접관의 관심을 받을 수 없다. 이러한 문구는 시대적으로 유행하는 광고 카피를 패러디하는 경우와 격언 등을 인용하는 경우, 그리고 지원한 회사의 CI나 경영이념, 인재상 등을 사용하는 경우 등이 있다. 지원자는 이러한 여러 문구 중에 자신의 첫인상을 북돋아 줄 수 있는 것을 선택해서 말해야 한다. 자신의 이름을 문구 속에 적절하게 넣어서 말한다면 좀 더 효과적인 자기소개가 될 것이다.

PART 5

(3) 무엇을 먼저 말할 것인지 고민하자.

면접관이 많이 던지는 질문 중 하나가 지원동기이다. 그래서 성장기를 바로 건너뛰고, 지원한 회사에 들어오기 위해 대학에서 어떻게 준비했는지를 설명하는 자기소개가 대세이다.

(4) 면접관의 호기심을 자극해 관심을 불러일으킬 수 있게 말하라.

면접관에게 질문을 많이 받는 지원자의 합격률이 반드시 높은 것은 아니지만, 질문을 전혀 안 받는 것보다는 좋은 평가를 기대할 수 있다. 질문을 받기 위해 면접관의 호기심을 자극할 수 있는 가장 좋은 방법은 대학생활을 이야기하면서 자신의 장기를 잠깐 넣는 것이다. 물론 장기자랑에 자신감이 있어야 한다(최근에는 장기자랑을 개인별로 시키는 곳이 많아졌다).
지원한 분야와 관련된 수상 경력이나 프로젝트 등을 말하는 것도 좋다. 이는 지원자의 업무 능력과 직접 연결되는 것이므로 효과적인 자기 홍보가 될 수 있다. 일부 지원자들은 자신만의 특별한 경험을 이야기하는데, 이때는 그 경험이 보편적으로 사람들의 공감대를 얻을 수 있는 것인지 다시 생각해봐야 한다.

(5) 마지막 고개를 넘기가 가장 힘들다.

첫 단추도 중요하지만, 마지막 단추도 중요하다. 하지만 왠지 격식을 따지는 인사말은 지나가는 인사말 같고, 다르게 하자니 예의에 어긋나는 것 같은 기분이 든다. 이때는 처음에 했던 자신만의 문구를 다시 한번 말하는 것도 좋은 방법이다. 자연스러운 끝맺음이 될 수 있도록 적절한 연습이 필요하다.

2. 1분 자기소개 시 주의사항

(1) 자기소개서와 자기소개가 똑같다면 감점일까?

아무리 자기소개서를 외워서 말한다 해도 자기소개가 자기소개서와 완전히 똑같을 수는 없다. 자기소개서의 분량이 더 많고 회사마다 요구하는 필수 항목들이 있기 때문에 굳이 고민할 필요는 없다. 오히려 자기소개서의 내용을 잘 정리한 자기소개가 더 좋은 결과를 만들 수 있다. 하지만 자기소개서와 상반된 내용을 말하는 것은 적절하지 않다. 지원자의 신뢰성이 떨어진다는 것은 곧 불합격을 의미하기 때문이다.

(2) 말하는 자세를 바르게 익혀라.

지원자가 자기소개를 하는 동안 면접관은 지원자의 동작 하나하나를 관찰한다. 그렇기 때문에 바른 자세가 중요하다는 것은 우리가 익히 알고 있다. 하지만 문제는 무의식적으로 나오는 습관 때문에 자세가 흐트러져 나쁜 인상을 줄 수 있다는 것이다. 이러한 습관을 고칠 수 있는 가장 좋은 방법은 캠코더 등으로 자신의 모습을 담는 것이다. 거울을 사용할 경우에는 시선이 자꾸 자기 눈과 마주치기 때문에 집중하기 힘들다. 하지만 촬영된 동영상은 제삼자의 입장에서 자신을 볼 수 있기 때문에 많은 도움이 된다.

(3) 정확한 발음과 억양으로 자신 있게 말하라.

지원자의 모양새가 아무리 뛰어나도, 목소리가 작고 발음이 부정확하면 큰 감점을 받는다. 이러한 모습은 지원자의 좋은 점에까지 악영향을 끼칠 수 있다. 직장을 흔히 사회생활의 시작이라고 말하는 시대적 정서에서 사람들과 의사소통을 하는 데 문제가 있다고 판단되는 지원자는 부적절한 인재로 평가될 수밖에 없다.

3. 대화법

전문가들이 말하는 대화법의 핵심은 '상대방을 배려하면서 이야기하라.'는 것이다. 대화는 나와 다른 사람의 소통이다. 내용에 대한 공감이나 이해가 없다면 대화는 더 진전되지 않는다.

『카네기 인간관계론』이라는 베스트셀러의 작가인 철학자 카네기가 말하는 최상의 대화법은 자신의 경험을 토대로 이야기하는 것이다. 즉, 살아오면서 직접 겪은 경험이 상대방의 관심을 끌 수 있는 가장 좋은 이야깃거리인 것이다. 특히, 어떤 일을 이루기 위해 노력하는 과정에서 겪은 실패나 희망에 대해 진솔하게 얘기한다면 상대방은 어느새 당신의 편에 서서 그 이야기에 동조할 것이다.

독일의 사업가이자, 동기부여 트레이너인 위르겐 힐러의 연설법 중 가장 유명한 것은 '시즐(Sizzle)'을 잡는 것이다. 시즐이란, 새우튀김이나 돈가스가 기름에서 지글지글 튀겨질 때 나는 소리이다. 즉, 자신의 말을 듣고 시즐처럼 반응하는 상대방의 감정에 적절하게 대응하라는 것이다.

말을 시작한 지 10 ~ 15초 안에 상대방의 '시즐'을 알아차려야 한다. 자신의 이야기에 대한 상대방의 첫 반응에 따라 말하기 전략도 달라져야 한다. 첫 이야기의 반응이 미지근하다면 가능한 한 그 이야기를 빨리 마무리하고 새로운 이야깃거리를 생각해내야 한다. 길지 않은 면접 시간 내에 몇 번 오지 않는 대답의 기회를 살리기 위해서 보다 전략적이고 냉철해야 하는 것이다.

4. 차림새 이야기

(1) 구두

면접에 어떤 옷을 입어야 할지를 며칠 동안 고민하면서 정작 구두는 면접 보는 날 현관을 나서면서 즉흥적으로 신고 가는 지원자들이 많다. 특히, 남자 지원자들이 이러한 실수를 많이 한다. 구두를 보면 그 사람의 됨됨이를 알 수 있다고 한다. 면접관 역시 이러한 것을 놓치지 않기 때문에 지원자는 자신의 구두에 더욱 신경을 써야 한다. 스타일의 마무리는 발끝에서 이루어지는 것이다. 아무리 멋진 옷을 입고 있어도 구두가 어울리지 않는다면 전체 스타일이 흐트러지기 때문이다.

정장용 구두는 디자인이 깔끔하고, 에나멜 가공 처리를 하여 광택이 도는 페이턴트 가죽 소재 제품이 무난하다. 검정 계열 구두는 회색과 감색 정장에, 브라운 계열의 구두는 베이지나 갈색 정장에 어울린다. 참고로 구두는 오전에 사는 것보다 발이 충분히 부은 상태인 저녁에 사는 것이 좋다. 마지막으로 당연한 일이지만 반드시 면접을 보는 전날 구두 뒤축이 닳지는 않았는지 확인하고 구두에 광을 내 둔다.

(2) 양말

양말은 정장과 구두의 색상을 비교해서 골라야 한다. 특히 검정이나 감색의 진한 색상의 바지에 흰 양말을 신는 것은 시대에 뒤처지는 일이다. 일반적으로 양말의 색깔은 바지의 색깔과 같아야 한다. 또한 양말의 길이도 신경 써야 한다. 남성의 경우에 의자에 바르게 앉거나 다리를 꼬아서 앉을 때 다리털이 보여서는 안 된다. 반드시 긴 정장 양말을 신어야 한다.

(3) 정장

지원자는 평소에 정장을 입을 기회가 많지 않기 때문에 면접을 볼 때 본인 스스로도 옷을 어색하게 느끼는 경우가 많다. 옷을 불편하게 느끼기 때문에 자세마저 불안정한 지원자도 볼 수 있다. 그러므로 면접 전에 정장을 입고 생활해 보는 것도 나쁘지는 않다.

일반적으로 면접을 볼 때는 상대방에게 신뢰감을 줄 수 있는 남색 계열의 옷이나 어떤 계절이든 무난하고 깔끔해 보이는 회색 계열의 정장을 많이 입는다. 정장은 유행에 따라서 재킷의 디자인이나 버튼의 개수가 바뀌기 때문에 특히 남성 지원자의 경우, 너무 오래된 옷을 입어서 아버지 옷을 빌려 입고 나온 듯한 인상을 주어서는 안 된다.

(4) 헤어스타일과 메이크업

헤어스타일에 자신이 없다면 미용실에 다녀오는 것도 좋은 방법이다. 그리고 여성 지원자의 경우에는 자신에게 어울리는 메이크업을 하는 것도 괜찮다. 메이크업은 상대에 대한 예의를 갖추는 것이므로 지나치게 화려한 메이크업이 아니라면 보다 준비된 지원자처럼 보일 수 있다.

5. 첫인상

취업을 위해 성형수술을 받는 남성들에 대한 이야기는 더 이상 뉴스거리가 되지 않는다. 그만큼 많은 사람이 좁은 취업문을 뚫기 위해 이미지 향상에 신경을 쓰고 있다. 이는 면접관에게 좋은 첫인상을 주기 위한 것으로, 지원서에 올리는 증명사진을 이미지 프로그램을 통해 수정하는 이른바 '사이버 성형'이 유행하는 것과 같은 맥락이다. 실제로 외모가 채용 과정에서 영향을 끼치는가에 대한 설문조사에서도 60% 이상의 인사담당자들이 그렇다고 답변했다.

하지만 외모와 첫인상을 절대적인 관계로 이해하는 것은 잘못된 판단이다. 외모가 첫인상에서 많은 부분을 차지하지만, 외모 외에 다른 결점이 발견된다면 그로 인해 장점들이 가려질 수도 있다. 이러한 현상은 아래에서 다시 논하겠다.

첫인상은 말 그대로 한 번밖에 기회가 주어지지 않으며 몇 초 안에 결정된다. 첫인상을 결정짓는 요소 중 시각적인 요소가 80% 이상을 차지한다. 첫눈에 들어오는 생김새나 복장, 표정 등에 의해서 결정되는 것이다. 면접을 시작할 때 자기소개를 시키는 것도 지원자별로 첫인상을 평가하기 위해서이다. 첫인상이 중요한 이유는 만약 첫인상이 부정적으로 인지될 경우, 지원자의 다른 좋은 면까지 거부당하기 때문이다. 이러한 현상을 심리학에서는 초두효과(Primacy Effect)라고 한다.

한 번 형성된 첫인상은 여간해서 바꾸기 힘들다. 이는 첫인상이 나중에 들어오는 정보까지 영향을 주기 때문이다. 첫인상의 정보가 나중에 들어오는 정보 처리의 지침이 되는 것을 심리학에서는 맥락효과(Context Effect)라고 한다. 따라서 평소에 첫인상을 좋게 만들기 위한 노력을 꾸준히 해야만 하는 것이다.

좋은 첫인상이 반드시 외모에만 집중되는 것은 아니다. 오히려 깔끔한 옷차림과 부드러운 표정 그리고 말과 행동 등에 의해 전반적인 이미지가 만들어진다. 누구나 이러한 것 중에 한두 가지 단점을 가지고 있다. 요즈음은 이미지 컨설팅을 통해서 자신의 단점들을 보완하는 지원자도 있다. 특히, 표정이 밝지 않은 지원자는 평소 웃는 연습을 의식적으로 하여 면접을 받는 동안 계속해서 여유 있는 표정을 짓는 것이 중요하다. 성공한 사람들은 인상이 좋다는 것을 명심하자.

02 면접의 유형 및 실전 대책

1. 면접의 유형

과거 천편일률적인 일대일 면접과 달리 면접에는 다양한 유형이 도입되어 현재는 "면접은 이렇게 보는 것이다."라고 말할 수 있는 정해진 유형이 없어졌다. 그러나 아직 상당수의 기업에서 집단 면접과 다대일 면접이 진행되고 있으므로 어느 정도 유형을 파악하여 사전에 대비가 가능하다. 면접의 기본인 단독 면접부터, 다대일 면접, 집단 면접의 유형과 그 대책에 대해 알아보자.

(1) 단독 면접

단독 면접이란 응시자와 면접관이 일대일로 마주하는 형식을 말한다. 면접위원 한 사람과 응시자 한 사람이 마주 앉아 자유로운 화제를 가지고 질의응답을 되풀이하는 방식이다. 이 방식은 면접의 가장 기본적인 방법으로 소요 시간은 10～20분 정도가 일반적이다.

① 장점

필기시험 등으로 판단할 수 없는 성품이나 능력을 알아내는 데 가장 적합하다고 평가받아 온 면접방식으로 응시자 한 사람 한 사람에 대해 여러 면에서 비교적 폭넓게 파악할 수 있다. 응시자의 입장에서는 한 사람의 면접관만을 대하는 것이므로 상대방에게 집중할 수 있으며, 긴장감도 다른 면접방식에 비해서는 적은 편이다.

② 단점

면접관의 주관이 강하게 작용해 객관성을 저해할 소지가 있으며, 면접 평가표를 활용한다 하더라도 일면적인 평가에 그칠 가능성을 배제할 수 없다. 또한 시간이 많이 소요되는 것도 단점이다.

단독 면접 준비 Point

단독 면접에 대비하기 위해서는 평소 일대일로 논리 정연하게 대화를 나눌 수 있는 능력을 기르는 것이 중요하다. 그리고 면접장에서는 면접관을 선배나 선생님 혹은 아버지를 대하는 기분으로 면접에 임하는 것이 부담도 훨씬 적고 실력을 발휘할 수 있는 방법이 될 것이다.

(2) 다대일 면접

다대일 면접은 일반적으로 가장 많이 사용되는 면접방법으로 보통 2～5명의 면접관이 1명의 응시자에게 질문하는 형태의 면접방법이다. 면접관이 여러 명이므로 다각도에서 질문을 하여 응시자에 대한 정보를 많이 알아낼 수 있다는 점 때문에 선호하는 면접방법이다.

하지만 응시자의 입장에서는 질문도 면접관에 따라 각양각색이고 동료 응시자가 없으므로 숨 돌릴 틈도 없게 느껴진다. 또한 관찰하는 눈도 많아서 조그만 실수라도 지나치는 법이 없기 때문에 정신적 압박과 긴장감이 높은 면접방법이다. 따라서 응시자는 긴장을 풀고 한 시험관이 묻더라도 면접관 전원을 향해 대답한다는 기분으로 또박또박 대답하는 자세가 필요하다.

① 장점

면접관이 집중적인 질문과 다양한 관찰을 통해 응시자가 과연 조직에 필요한 인물인가를 완벽히 검증할 수 있다.

② 단점

면접시간이 보통 10～30분 정도로 좀 긴 편이고 응시자에게 지나친 긴장감을 조성하는 면접방법이다.

다대일 면접 준비 Point

질문을 들을 때 시선은 면접위원을 향하고 다른 데로 돌리지 말아야 하며, 대답할 때에도 고개를 숙이거나 입속에서 우물거리는 소극적인 태도는 피하도록 한다. 면접위원과 대등하다는 마음가짐으로 편안한 태도를 유지하면 대답도 자연스러운 상태에서 좀 더 충실히 할 수 있고, 이에 따라 면접위원이 받는 인상도 달라진다.

(3) 집단 면접

집단 면접은 다수의 면접관이 여러 명의 응시자를 한꺼번에 평가하는 방식으로 짧은 시간에 능률적으로 면접을 진행할 수 있다. 각 응시자에 대한 질문 내용, 질문 횟수, 시간 배분이 똑같지는 않으며, 모두에게 같은 질문이 주어지기도 하고, 각각 다른 질문을 받기도 한다.

또한 어떤 응시자가 한 대답에 대한 의견을 묻는 등 그때그때의 분위기나 면접관의 의향에 따라 변수가 많다. 집단 면접은 응시자의 입장에서는 개별 면접에 비해 긴장감은 다소 덜한 반면에 다른 응시자들과의 비교가 확실하게 나타나므로 응시자는 몸가짐이나 표현력・논리성 등이 결여되지 않도록 자신의 생각이나 의견을 솔직하게 발표하여 집단 속에 묻히거나 밀려나지 않도록 주의해야 한다.

① 장점

집단 면접의 장점은 면접관이 응시자 한 사람에 대한 관찰 시간이 상대적으로 길고, 비교 평가가 가능하기 때문에 결과적으로 평가의 객관성과 신뢰성을 높일 수 있다는 점이며, 응시자는 동료들과 함께 면접을 받기 때문에 긴장감이 다소 덜하다는 것을 들 수 있다. 또한 동료가 답변하는 것을 들으며, 자신의 답변 방식이나 자세를 조정할 수 있다는 것도 큰 이점이다.

② 단점

응답하는 순서에 따라 응시자마다 유리하고 불리한 점이 있고, 면접위원의 입장에서는 각각의 개인적인 문제를 깊게 다루기가 곤란하다는 것이 단점이다.

집단 면접 준비 Point

너무 자기 과시를 하지 않는 것이 좋다. 대답은 자신이 말하고 싶은 내용을 간단명료하게 말해야 한다. 내용이 없는 발언을 한다거나 대답을 질질 끄는 태도는 좋지 않다. 또 말하는 중에 내용이 주제에서 벗어나거나 자기중심적으로만 말하는 것도 피해야 한다. 집단 면접에 대비하기 위해서는 평소에 설득력을 지닌 자신의 논리력을 계발하는 데 힘써야 하며, 다른 사람 앞에서 자신의 의견을 조리 있게 개진할 수 있는 발표력을 갖추는 데에도 많은 노력을 기울여야 한다.

- 실력에는 큰 차이가 없다는 것을 기억하라.
- 동료 응시자들과 서로 협조하라.
- 답변하지 않을 때의 자세가 중요하다.
- 개성 표현은 좋지만 튀는 것은 위험하다.

(4) 집단 토론식 면접

집단 토론식 면접은 집단 면접과 형태는 유사하지만 질의응답이 아니라 응시자들끼리의 토론이 중심이 되는 면접방법으로 최근 들어 급증세를 보이고 있다. 이는 공통의 주제에 대해 다양한 견해들이 개진되고 결론을 도출하는 과정, 즉 토론을 통해 응시자의 다양한 면에 대한 평가가 가능하다는 집단 토론식 면접의 장점이 널리 확산된 데 따른 것으로 보인다. 사실 집단 토론식 면접을 활용하면 주제와 관련된 지식 정도와 이해력, 판단력, 설득력, 협동성은 물론 리더십, 조직 적응력, 적극성과 대인관계 능력 등을 쉽게 파악할 수 있다.

토론식 면접에서는 자신의 의견을 명확히 제시하면서도 상대방의 의견을 경청하는 토론의 기본자세가 필수적이며, 지나친 경쟁심이나 자기 과시욕은 접어두는 것이 좋다. 또한 집단 토론의 목적이 결론을 도출해 나가는 과정에 있다는 것을 감안하여 무리하게 자신의 주장을 관철시키기보다 오히려 토론의 질을 높이는 데 기여하는 것이 좋은 인상을 줄 수 있다는 점을 알아야 한다. 취업 희망자들은 토론식 면접이 급속도로 확산되는 추세임을 감안해 특히 철저한 준비를 해야 한다. 평소에 신문의 사설이나 매스컴 등의 토론 프로그램을 주의 깊게 보면서 논리 전개 방식을 비롯한 토론 과정을 익히도록 하고, 친구들과 함께 간단한 주제를 놓고 토론을 진행해 볼 필요가 있다. 또한 사회・시사문제에 대해 자기 나름대로의 관점을 정립해두는 것도 꼭 필요하다.

(5) PT 면접

PT 면접, 즉 프레젠테이션 면접은 최근 들어 집단 토론 면접과 더불어 그 활용도가 점차 커지고 있다. PT 면접은 기업마다 특성이 다르고 인재상이 다른 만큼 인성 면접만으로는 알 수 없는 지원자의 문제해결 능력, 전문성, 창의성, 기본 실무능력, 논리성 등을 관찰하는 데 중점을 두는 면접으로, 지원자 간의 변별력이 높아 대부분의 기업에서 적용하고 있으며, 확산되는 추세이다.

면접 시간은 기업별로 차이가 있지만, 전문지식, 시사성 관련 주제를 제시한 다음, 보통 20 ~ 50분 정도 준비하여 5분가량 발표할 시간을 준다. 면접관과 지원자의 단순한 질의응답식이 아닌, 주제에 대해 일정 시간 동안 지원자의 발언과 발표하는 모습 등을 관찰하게 된다. 정확한 답이나 지식보다는 논리적 사고와 의사표현력이 더 중시되기 때문에 자신의 생각을 어떻게 설명하느냐가 매우 중요하다.

PT 면접에서 같은 주제라도 직무별로 평가 요소가 달리 나타난다. 예를 들어, 영업직은 설득력과 의사소통 능력에 중점을 둘 수 있겠고, 관리직은 신뢰성과 창의성 등을 더 중요하게 평가한다.

PT 면접 준비 Point

- 면접관의 관심과 주의를 집중시키고, 발표 태도에 유의한다.
- 모의 면접이나 거울 면접을 통해 미리 점검한다.
- PT 내용은 세 가지 정도로 정리해서 말한다.
- PT 내용에는 자신의 생각이 담겨 있어야 한다.
- 중간에 자문자답 방식을 활용한다.
- 평소 지원하는 업계의 동향이나 직무에 대한 전문지식을 쌓아둔다.
- 부적절한 용어 사용이나 무리한 주장 등은 하지 않는다.

(6) 합숙 면접

합숙 면접은 대체로 1박 2일이나 2박 3일 동안 해당 기업의 연수원이나 수련원 등에서 이루어지는 면접으로, 평가 항목으로는 PT 면접, 토론 면접, 인성 면접 등을 기본으로 새벽 등산, 레크리에이션, 게임 등 다양한 형태로 진행된다. 경쟁자들과 함께 생활하고 협동해야 하는 만큼 스트레스도 많이 받는 경우가 허다하다.

모든 지원자를 하루 동안 평가하게 되므로 지원자 1명을 평가하는 데 걸리는 시간은 짧게는 5분에서 길게는 1시간 이상 정도인데, 이 시간으로는 지원자를 제대로 평가하기에는 한계가 있다. 합숙 면접은 24시간 이상을 지원자와 면접관이 함께 생활하면서 다양한 프로그램을 통해 지원자의 역량을 폭넓게 평가할 수 있기 때문에 기업에서는 합숙 면접을 선호한다. 대체로 은행, 증권 등 금융권에서 합숙 면접을 통해 지원자의 의도되고 꾸며진 모습 외에 창의력, 의사소통 능력, 협동심, 책임감, 리더십 등 다양한 모습을 평가하였지만, 최근에는 기업에서도 많이 실시되고 있다.

합숙 면접에서 좋은 점수를 얻기 위해서는 무엇보다 팀워크를 중시하는 모습을 보여야 한다. 합숙 면접은 일반 면접과는 달리 개인보다는 그룹별로 과제가 주어지고 해결해야 하므로 조원 또는 동료와 얼마나 잘 어울리느냐가 중요한 평가 기준이 된다. 장시간에 걸쳐 평가하기 때문에 힘든 부분도 있지만, 지원자들이 지쳐 있거나 당황하고 있는 사이에도 면접관들은 지원자들의 조직 적응력, 적극성, 사회성, 친화력 등을 꼼꼼하게 체크하기 때문에 잠시도 긴장을 늦춰서는 안 된다.

2. 면접의 실전 대책

(1) 면접 대비사항

① 지원 회사에 대한 사전지식을 충분히 준비한다.

필기시험에서 합격 또는 서류전형에서의 합격통지가 온 후 면접시험 날짜가 정해지는 것이 보통이다. 이때 수험자는 면접시험을 대비해 사전에 자기가 지원한 계열사 또는 부서에 대해 폭넓은 지식을 준비할 필요가 있다.

지원 회사에 대해 알아두어야 할 사항

- 회사의 연혁
- 회장 또는 사장의 이름, 출신학교, 관심사
- 회장 또는 사장이 요구하는 신입사원의 인재상
- 회사의 사훈, 사시, 경영이념, 창업정신
- 회사의 대표적 상품, 특색
- 업종별 계열회사의 수
- 해외지사의 수와 그 위치
- 신 개발품에 대한 기획 여부
- 자기가 생각하는 회사의 장단점
- 회사의 잠재적 능력개발에 대한 제언

② 충분한 수면을 취한다.

충분한 수면으로 안정감을 유지하고 첫 출발의 상쾌한 마음가짐을 갖는다.

③ 얼굴을 생기 있게 한다.

첫인상은 면접에 있어서 가장 결정적인 당락요인이다. 면접관에게 좋은 인상을 줄 수 있도록 화장하는 것도 필요하다. 면접관들이 가장 좋아하는 인상은 얼굴에 생기가 있고 눈동자가 살아 있는 사람, 즉 기가 살아 있는 사람이다.

④ 아침에 인터넷 뉴스를 읽고 간다.

그날의 뉴스가 질문 대상에 오를 수가 있다. 특히 경제면, 정치면, 문화면 등을 유의해서 볼 필요가 있다.

출발 전 확인할 사항

이력서, 자기소개서, 지갑, 신분증(주민등록증), 휴지, 볼펜, 메모지 등을 준비하자.

(2) 면접 시 옷차림

면접에서 옷차림은 간결하고 단정한 느낌을 주는 것이 가장 중요하다. 색상과 디자인 면에서 지나치게 화려한 색상이나, 노출이 심한 디자인은 자칫 면접관의 눈살을 찌푸리게 할 수 있다. 단정한 차림을 유지하면서 자신만의 독특한 멋을 연출하는 것, 지원하는 회사의 분위기를 파악했다는 센스를 보여주는 것 또한 코디네이션의 포인트이다.

복장 점검

- 구두는 잘 닦여 있는가?
- 옷은 깨끗이 다려져 있으며 스커트 길이는 적당한가?
- 손톱은 길지 않고 깨끗한가?
- 머리는 흐트러짐 없이 단정한가?

(3) 면접요령

① 첫인상을 중요시한다.

상대에게 인상을 좋게 주지 않으면 어떠한 얘기를 해도 이쪽의 기분이 충분히 전달되지 않을 수 있다. 예를 들어, '저 친구는 표정이 없고 무엇을 생각하고 있는지 전혀 알 길이 없다.'처럼 생각되면 최악의 상태이다. 우선 청결한 복장, 바른 자세로 침착하게 들어가야 한다. 건강하고 신선한 이미지를 주어야 하기 때문이다.

② 좋은 표정을 짓는다.

얘기를 할 때의 표정은 중요한 사항의 하나다. 거울 앞에서 웃는 연습을 해본다. 웃는 얼굴은 상대를 편안하게 하고, 특히 면접 등 긴박한 분위기에서는 천금의 값이 있다 할 것이다. 그렇다고 하여 항상 웃고만 있어서는 안 된다. 자기의 할 얘기를 진정으로 전하고 싶을 때는 진지한 얼굴로 상대의 눈을 바라보며 얘기한다. 면접을 볼 때 눈을 감고 있으면 마이너스 이미지를 주게 된다.

③ 결론부터 이야기한다.

자기의 의사나 생각을 상대에게 정확하게 전달하기 위해서 먼저 무엇을 말하고자 하는가를 명확히 결정해 두어야 한다. 대답을 할 경우에는 결론을 먼저 이야기하고 나서 그에 따른 설명과 이유를 덧붙이면 논지(論旨)가 명확해지고 이야기가 깔끔하게 정리된다.

한 가지 사실을 이야기하거나 설명하는 데는 3분이면 충분하다. 복잡한 이야기라도 어느 정도의 길이로 요약해서 이야기하면 상대도 이해하기 쉽고 자기도 정리할 수 있다. 긴 이야기는 오히려 상대를 불쾌하게 할 수가 있다.

④ 질문의 요지를 파악한다.

면접 때의 이야기는 간결성만으로는 부족하다. 상대의 질문이나 이야기에 대해 적절하고 필요한 대답을 하지 않으면 대화는 끊어지고 자기의 생각도 제대로 표현하지 못하여 면접자로 하여금 수험생의 인품이나 사고방식 등을 명확히 파악할 수 없게 한다. 무엇을 묻고 있는지, 무슨 이야기를 하고 있는지 그 요점을 정확히 알아내야 한다.

면접에서 고득점을 받을 수 있는 성공요령

1. 자기 자신을 겸허하게 판단하라.
2. 지원한 회사에 대해 100% 이해하라.
3. 실전과 같은 연습으로 감각을 익히라.
4. 단답형 답변보다는 구체적으로 이야기를 풀어나가라.
5. 거짓말을 하지 말라.
6. 면접하는 동안 대화의 흐름을 유지하라.
7. 친밀감과 신뢰를 구축하라.
8. 상대방의 말을 성실하게 들으라.
9. 근로조건에 대한 이야기를 풀어나갈 준비를 하라.
10. 끝까지 긴장을 풀지 말라.

CHAPTER

02 NH농협은행 5급 실제 면접

NH농협은행 5급 면접전형은 원데이 면접으로 하루 동안 치러지며 PT 면접, 토론 면접, 적합성 면접 등으로 구성되어 있다. 2024년 채용에서 카드, IT 분야는 PT 면접, 토론 면접, 적합성 면접이, 글로벌 분야는 PT 면접, 영어 면접, 적합성 면접이 진행되었다. 면접 순서는 배정받은 조에 따라 임의로 지정되며 면접이 진행되는 동안 휴대전화 등 전자기기를 확인할 수 없다.

면접을 통해 인성과 마케팅 능력을 평가받기 때문에, 지원자는 면접 과정에서 도덕성, 정직성 같은 기본 인성 외에 성실성, 마케팅 능력 등 다양한 가치를 선보여야 한다.

토론 면접	적합성 면접	PT 면접	RP(Role Play) 면접
• 주어진 주제 및 상황에 대해 지원자 간, 팀 간 토론	• 다대다 면접 • 인성 & 당행 조직 적합도	• 다대일 면접 • 주어진 주제에 대한 PT 및 추가 질의 · 응답	• 15 ~ 20분 • 면접관 2명 • 지원자 : 금융점포 창구직원 역할 등 • 마케팅 역량, 고객서비스 역량 평가

PART 5

1. 토론 면접

4 ~ 8명이 2개 조로 나뉘어 하나의 사회 이슈에 대해 바람직한 결론을 도출하는 방식으로 진행되며, 토론 주제에 대한 자료가 주어지고 이에 대해 10분가량 분석할 수 있는 시간을 준 뒤 토론을 진행한다. 지원자의 문제해결력과 기획력을 확인하기 위한 면접으로, 면접관은 지원자의 의사소통 능력 및 배려, 협동심 등을 평가한다. 2014년까지는 찬반 토론 면접을 했으나 2015년부터 찬반 토론 대신 한 가지 주제에 대해 다양한 의견을 나누는 형식으로 바뀌었다. 상대방의 의견을 최대한 존중하고 경청하는 것이 중요하며, 말을 많이 하는 것보다 간결하게 하는 것이 중요하다. 많은 말은 오히려 감점을 받을 수 있다. 인사담당자는 토론 면접의 팁 중 하나로 조장을 맡으면 적극성 어필에 좋은 점수를 받을 수 있다고 언급했다.

- AI기술을 활용한 비대면 진료에 대해 토의해 보시오.
- 유스 마케팅 전략에 대해 토의해 보시오.
- 토지보상금의 유치 · 마케팅 전략에 대해 토의해 보시오.
- 농협은행의 더 나은 홍보와 수익 극대화를 위한 새로운 광고모델을 제시한 뒤 그 이유를 토의해 보시오.
- 농협은행의 카드 신상품을 개발할 때 필요한 서비스 혜택에 대해 토의해 보시오(단, 서비스 혜택은 연 10만 원 한도이다).
- 저금리 상황 속 순이자마진 향상 방안에 대해 토의해 보시오.
- 퍼플칼라/퍼플잡은 자신이 원하는 시간과 장소에서 근무를 할 수 있는 유연근무제의 개념이다. 퍼플칼라/퍼플잡에 대한 사례를 공유하고 근로자, 영업점, 고객 입장을 고려하여 금융기관에의 적용 방안에 대해 토의해 보시오.
- 디지털 소외 계층 및 고령층을 위한 금융 서비스 방안에 대해 토의해 보시오.

2. 적합성 면접

4～5명이 한 조가 되어 약 50분 동안 4～5명의 면접위원과 질의응답을 하는 다대다 면접방식으로 진행된다. 자기소개서 내용을 바탕으로 한 인성 관련 질문이 주를 이룬다. 이때 답변 내용을 은행 직무와 연관시킨다면 높은 평가를 받을 수 있다. 실제로 인사담당자가 '은행 직무와 관련된 경험을 토대로 자신만의 이야기를 진솔하게 대답하면 좋다.'는 의견을 밝혔다. 또한 최근 경제 신문에서 다루고 있는 시사용어 또는 경제용어를 질문하기도 한다. 따라서 농협과 관련한 회사 상식, 경제・시사상식을 미리 정리해 두고 인성과 관련된 질문도 사전에 확인해 보는 것이 좋다.

직무역량 및 인성 질문

- 프로젝트를 진행하면서 가장 어려웠던 점은 무엇인가?
- 꾸준히 노력해서 성취한 경험에 대해 이야기해 보시오.
- 자신의 전공을 제외하고 가장 잘하는 것 한 가지는 무엇인가?
- 농협 본사의 지리적 이점은 무엇인가?
- 길거리에서 주는 전단지를 나는 그냥 버린다. 이것이 잘못되었다고 생각하는가?
- 회사에서 나의 실력을 알아주지 않는다. 어떻게 할 것인가?
- 1분 자기소개를 해 보시오.
- 1분 자기소개를 미리 준비한 것 말고, 자신의 고등학교 시절부터 현재까지의 경험을 바탕으로 30초가량 소개해 보시오.
- 1인 가구의 특징에 대하여 설명하시오.
- 농협은행이 1인 가구를 고객으로 끌어들이기 위한 방안을 말해 보시오.
- 어떤 상사를 만나고 싶은가?
- 최근 특정 지역 밀착 마케팅을 진행하는 기업들이 많아졌는데, 그러한 마케팅을 겪어본 경험을 설명하시오.
- 농협은행이 어떤 지역에서 밀착 마케팅을 진행해야 한다고 생각하는가?
- 1억 원을 몇 년 만에 모을 것인가?
- 1억 원을 모아야 한다면 어떤 방법으로 모을 것인가?
- 첫 월급으로 100만 원을 받았을 때, 전액을 선물한다면 누구에게 무엇을 선물할 것인가?
- 첫 월급을 받으면 어디에 쓸 것인가?
- 본인의 단점이 남들의 시선을 신경 쓰지 않는다는 것인데, 어떻게 극복하겠는가?
- 농협 직원으로서 필요한 3가지는 무엇인가?
- 가장 존경하는 인물은 누구인가?
- 가장 존경하는 이공계 출신 CEO는 누구인가?
- 농협에 입사하기까지 준비한 것에 대해 말해 보시오.
- 자신의 IT 기술 역량에 대해 말해 보시오.
- 본인만의 영업 전략은 무엇인가?
- 노조에 대해 어떻게 생각하는가?
- 고객이 기다리는 시간이 길다고 난동을 피우는 경우 어떻게 대처할 것인가?
- 농협은행의 역할이 일반적인 은행의 역할만 하는 곳인가?
- 갈등이 생기면 어떻게 대처하는 편인가?
- 상사가 내린 업무가 부당하다고 느낀다면 어떻게 대처하겠는가?
- 본인 주변에 가장 직업의식이 특출난 사람과 그 이유를 말해 보시오.
- 농협은행의 사업 중 타행과 가장 차별점이 있는 것을 1개 말해 보시오.
- 식당에 갔는데 지갑 없이, 이미 식사를 마쳤다면 어떻게 행동할 것인가?

- 조직 내 불합리한 상황을 목격했을 때 침묵하지 않고 목소리를 낸 경험이 있는가?
- 본인의 강점이나 아이디어를 활용해 개선했던 점이 있는가?

경제 · 시사 질문

- 핀테크 용어 가운데 아는 것을 말해 보시오.
- 농가소득 5천만 원 달성을 위해 어떻게 해야 하는가?
- 농업가치의 헌법반영에 대한 서명을 했는가? 어떻게 생각하는가?
- PF대출을 설명해 보시오.
- DTI를 설명해 보시오.
- LTV를 설명해 보시오.
- BIS비율을 설명해 보시오.
- 개인회생제도를 설명해 보시오.
- ABS를 설명해 보시오.
- 개인 파산제도에 대해 설명해 보시오.
- 세계에서 유통되고 있는 3가지 원유에 대해 설명해 보시오.
- 기술금융에 대해 설명해 보시오.
- 인터넷 은행에 대해 설명해 보시오.
- 퇴직연금 DC와 IRP의 차이점을 설명해 보시오.
- 핀테크에 대해 먼저 설명한 후, 농협은행의 사례를 제시해 보시오.
- REF에 대해 설명해 보시오.
- 은행의 미래와 농협의 방향성을 설명한 후, 본인의 기여 방안을 말해 보시오.
- 미청구공사에 대해 설명해 보시오.
- 사모펀드에 대해 설명해 보시오.
- 달러 환율의 적정선은 어느 정도로 해야 하는지 설명해 보시오.
- 농협의 장단점에 대한 자기 생각과 이를 극복하려는 방안을 말해 보시오.
- 나홀로 사장님이라는 말을 아는가?
- 나홀로 사장님을 농협에서 지원할 수 있는 방법은 무엇이 있다고 생각하는가?
- 암호화폐에 대한 자신의 의견을 설명하시오.
- 요즘 온라인에서 서비스가 잘 활성화되어서 오프라인에 접목시킨 금융기관 사례를 말해 보시오.
- 농협은행은 다양한 온라인 서비스 활용하고 있는데 이용해 본 경험을 말해 보시오.
- 공유경제 사례에 대해 아는 것을 말해 보시오.

3. PT 면접

면접관 2～3명과 지원자 1명으로 진행되는 PT 면접은 PT 면접 주제와 관련된 자료가 주어지면 이에 대해 10분가량 준비한 뒤 약 20～30분 정도 발표하는 방식으로 진행된다. 2024년의 경우 PT 주제에 대해 별도의 PPT나 발표 자료를 제작하는 방식은 아니었으며, 화이트보드를 활용한 발표도 가능했다는 후기가 있었다. 발표가 끝나면 PT 면접 주제에 대한 공통 질문과 발표에 대한 개별 질문으로 구성된 질의응답 시간이 있다.

- 삼성페이 등 최근 모바일 결제 서비스에 대한 본인의 견해를 말해 보시오.
- 군사용으로 시작된 드론의 상용화에 따른 문제점과 해결방안은 무엇인가?
- 마그네틱 보안전송(MST) 방식과 근거리무선통신(NFC) 방식의 결제서비스 차이점과 장단점은 무엇인가?
- 민간 클라우드의 장점과 유의점을 분석하고 농협환경의 이용방안을 설명하시오.
- 오픈소스의 강점과 약점을 설명하시오.
- 생체인증의 장단점, 보완점에 대해 말해 보시오.

4. RP 면접

한 사람당 15～20분 정도의 시간이 주어지고, 면접관 앞에서 실제 은행원처럼 상품을 판매하는 일종의 롤플레잉 세일즈 면접이다. 지원자가 금융점포의 창구직원 역할을 맡아 현재 농협은행에 있는 금융상품(적금, 펀드, 보험 등)을 판매하는 식이며, 이를 면접관 2명이 평가한다. 주요 내용과 준비 사항이 채용공고 때 사전 공개되기 때문에 준비성 역시 평가 항목에 포함된다. 인사 담당자는 합격자 발표 후 면접 때까지 준비시간이 짧은 만큼, 평소에 영업점에 자주 직접 방문하여 정보를 얻는다면 면접에 유리할 것이라고 말했다. 또한 지원자들은 농협은행 상품 설명서를 안내장에 가지고 들어가 연기하는 것도 허용된다. 지원자들은 단순히 설명서를 읽는 것이 아니라, 그 상품에 대한 이해를 한 뒤 고객의 반응에 따라 적절한 상품을 소개하면 좋은 점수를 받을 수 있다.

RP 면접을 통해 지원자는 농협은행의 일원으로서 마케팅 및 고객서비스 역량을 평가받는다. 따라서 지원자는 농협은행의 금융상품에 대해 공부하고, 실제 은행 직원들의 고객 응대 및 상담 기술을 미리 연습해 두어야 한다. 고객에게 말을 거는 것부터 성사까지의 설득 과정이 평가 항목이기 때문에 고객의 거절에도 두려워하지 않고 필요를 일깨워 주는 역량이 중요하게 평가된다. 이를 위해 지원자 본인이 직무를 확실하게 파악하고 있어야 하며, 어떤 역량이 요구되는지를 이해하고 있어야 한다. 그리고 문제해결력과 주어진 과제를 무리 없이 소화할 수 있는 순발력도 키워야 한다.

- 자유주제(미리 준비 필요)
- 기차표 시간이 임박한 고객을 대상으로 농협의 상품을 판매하시오.
- 30대 자영업 고객에게 상품을 판매하시오.
- 20대 후반 직장인 기혼여성에게 농협의 상품을 판매하시오.
- 옆 사람에게 농협의 상품을 판매하시오.
- 20대 중반 여성 공무원에게 상품을 판매하시오.

부록

논술

CHAPTER

01 논술 작성방법

1. 논술 작성법

실전에서 논술 질문들이 나오면 어떤 식으로 작성해 나갈 것인지에 대해서 다음과 같이 9가지 정도로 정리하여 요령을 익혀 보도록 하자.

(1) 논술을 적기 전에 먼저 '구조(Structure) 작업'을 한다.

보통 금융권 논술시험에는 50 ~ 60분 정도의 시간이 주어지게 된다. 이때 실전에서 질문을 받자마자 바로 적어 내려가는 경우를 가끔 보게 되는데, 그 모습을 보면서 속으로 '저 친구는 평소에 연습을 매우 많이 했나 보다.'라는 생각을 하게 되기도 한다. 그러나 막상 결과를 보면 그렇게 바로 적어 내려가는 사람이 높은 점수를 받는 경우는 오히려 흔치 않다.

사전 구조작업이라는 것은 서론·본론·결론을 어떻게 나누고, 각각을 어떤 내용으로 채워나갈 것인지에 대해 고민해 보는 작업이다. 즉, 서론 부분에서는 이런저런 내용을 통해서 도입 부분의 이야기를 적어 나가야겠다는 구조를 짜고, 본론 부분에서는 크게 이런저런 내용들을 적음으로써 구성하겠다는 구조를 짜고, 마지막으로 결론 부분에서는 이런 방향으로 이야기를 마무리하겠다는 구상을 사전에 해보는 작업이다. 이 시간이 총 논술시간 중 최소한 20 ~ 30%를 차지해야만 나머지 70 ~ 80%의 실제 작성시간 중에 더 좋은 내용을 적을 수 있게 된다.

(2) 본론 부분의 구조작업에서는 꼭 'Breakdown(분석) 작업'을 한다.

서론·본론·결론 부분의 구조작업을 하는 데 있어서, 특히 본론 부분에서는 질문의 핵심 내용에 대한 답변이 모두 기술되어야 한다. 본론 부분에 있어서의 구조작업, 즉 Breakdown 작업이 전체 논술에 있어서 굉장히 중요하다는 점은 아마 실전 경험이 있는 지원자라면 누구나 느낄 수 있을 것이다. 만약 논술 준비를 할 시간이 충분하지 않다면 논술 예상질문에 대해서 이 구조작업과 함께 본론 부분의 Breakdown 작업까지만 여러 번 훈련해 보는 것만으로도 아주 훌륭한 준비가 될 수 있다.

(3) 서론 : 본론 : 결론=2 : 6 : 2

이는 전체적인 분량에 있어서의 구조이다. 위에서 구조작업을 하자고 했는데, 이 부분 역시 구조작업의 일환으로서 분량의 구조를 이 정도로 가져가자는 것이다. 예를 들어 총 1,000자의 논술을 적어야 한다면, 서론 부분이 200자, 본론 부분이 600자, 결론 부분이 200자 정도가 되는 것이 가장 안정적인 구조가 된다.

지금까지 이야기한 세 가지 내용인 구조작업, 본론 부분에서의 Breakdown(분석) 작업, 전체적인 분량의 구성작업까지가 논술시험 시간의 사전 구조작업 시간(최대 30%) 중 이루어져야 하는 내용들이다.

(4) 반대 측의 논리가 있다면 본론에서 함께 언급해 준다.

이 경우에는 서론 : 본론(자기주장 : 반대 측 논박) : 결론=2 : 6(4 : 2) : 2의 분량으로 구성한다. 실제 시험에서 찬성 측과 반대 측의 논리가 분명한 논술질문이 나오는 경우가 있다. 이런 질문에서 본인의 견해를 이야기해야 하는 경우가 발생한다면, 본론 내용 중에 본인의 견해에 대해서 이야기함과 동시에 반대 측의 견해에 대해서도 언급하는 것이 좋다. 찬반이 나누어지는 질문의 경우 나와 반대되는 입장에 대해 언급하고, 이 입장이 왜 옳지 않다고 생각하는지 논리적으로 정리할 수 있다면 좀 더 설득력 있는 글이 될 수 있다.

(5) 본론에서는 첫째, 둘째, 셋째 등의 표현을 적어본다.

작성과 관련된 기술적(Skill)인 내용인데, 본론 부분에서는 항상 '첫째 · 둘째 · 셋째 …'라는 표현을 활용하면서 논술을 적어보도록 하자. 한결 깔끔한 글이 될 것이다.

(6) 문단 나누기를 하면서 논술을 적는다.

논술시험 용지는 일반적인 경우 대학교에서 중간고사, 기말고사를 볼 때 답안지로 활용되는 사이즈와 동일한 크기의 답안지가 사용된다. 작성된 답안지를 보면, 글씨도 깨끗하지 않은데 문단 나누기도 전혀 되어 있지 않은 논술문을 자주 접하게 된다. 이는 평가자의 입장에서 시각적으로 부정적인 관점을 가지게 되는 요소이니만큼 특히 본론 부분에서는 문단 나누기를 100% 활용하도록 하자.

(7) 기출되는 논술 주제는 최근의 시사적인 내용이다.

과거 기출문제 유형들을 보는 것은 좋지만, 최대한 2년 정도까지만 보도록 하며, 그 이전의 기출문제에 대해서는 '유형'은 참고할 수 있지만 '질문 자체'는 참고할 필요가 거의 없다는 것을 알아두자. 그만큼 논술에서 시사적이면서도 정치 · 경제 · 사회적으로 이슈가 되었던 내용 중에 시대적인 시간성을 고려한 '최근의 문제'가 많이 나오고 있다.

(8) 분량은 최대한 맞춰 적는다(최소 90% 이상).

이 역시 맨 처음에 구조작업이 잘 되어 있을 경우에는 결코 어렵지 않은 부분이다. 사전에 구조작업을 하지 않고 바로 논술을 작성하다 보면 항상 이 문제에 부딪히게 된다는 것을 경험자들은 알고 있을 것이다. 42.195km의 마라톤을 하는 데 있어서 어느 구간에서는 어떤 전략을 쓸 것인지 등의 사전 전략이 있어야 하는데, 마라톤이 시작되자마자 아무 생각 없이 달리게 되면 10km도 못 뛰고 기진맥진해지는 경우와 같은 이치이다. 분량을 최대 1,000자까지 적으라고 요구하면 최소한 900자 이상은 적어 보도록 하자. 꾸준히 사전작업을 연습하다 보면 어렵지 않게 이 부분을 만족시킬 수 있을 것이다.

(9) 국어 맞춤법에 맞게 성의 있는 필체로 적는다.

국어 맞춤법과 글씨체에 대한 내용이다. 이 부분은 하루아침에 훈련이나 연습으로 절대 되지 않는 부분이며, 경우에 따라서는 포기해야 하는 요소가 될 수도 있다. 이 내용을 9가지 중에 마지막으로 언급하는 이유도 그 때문이지만, 조금이라도 더 나은 논술문을 작성하기 위해서 간과할 수 없는 부분이기도 하다. 우선, 평상시의 훈련을 통해서 글씨를 좀 더 알아보기 쉽게 적는 연습을 하도록 하자.

보기 좋고 예쁘게 적는 것이 도저히 불가능하다고 생각되면 '성의 있게'라도 적어 보도록 하자. 다시 한 번 이야기하지만 이 부분이 당락에 있어서의 결정적인 요소가 아님에는 틀림없다.

2. 논술문의 구성

(1) 구성의 필요성

모든 글은 자신의 사고를 효과적으로 전달하기에 알맞은 방법으로 구성되어 있다. 더욱이 논술문은 자신의 주장을 내세워서 독자를 이해시키고 설득해야 하므로 글의 구성이 갖는 의미는 더욱 크다고 하겠다. 하나의 글은 여러 단락이 모여 이루어진다. 그러나 글은 단순히 단락의 집합이 아니기 때문에 일정한 체계에 따라 그 단락들을 엮어내는 과정으로서의 구성이 필요하다. 전체적으로 보아 주제를 분명히 드러내면서, 말하고자 하는 내용을 충실히 전달할 수 있도록 단락들을 구조화해야 한다.

(2) 구성의 종류

① 전개적 구성
- ㉠ 시간적 구성
- ㉡ 공간적 구성
- ㉢ 대조적 구성
- ㉣ 인과적 구성
- ㉤ 열거식 구성

② 종합적 구성
- ㉠ 단계식 구성(2단 구성, 3단 구성, 4단 구성, 5단 구성)
- ㉡ 포괄식 구성(두괄식, 미괄식, 양괄식, 무괄식)
- ㉢ 점층식 구성

위와 같이 구성의 종류는 다양하지만, 글의 성격이나 목적에 맞게 구성의 종류가 선택되어야 한다. 그런데 실제로 한 편의 글을 완성하기 위해서는 이들 중 몇 가지가 병행적으로 사용되는 것이 보통이다. 논술에서 일반적으로 사용되는 구성 방식은 단계식 구성이다. 그중에서도 3단 구성이 가장 보편적으로 활용된다.

(3) 개요 작성법

모든 글이 다 그러하지만 특히 논술문의 경우는 글쓴이의 예리하고 분명한 시각이 드러나야 한다. 논술문이란, 있는 상황을 객관적으로 서술하기보다는 상황에 대한 주관적인 해석과 주장이 담겨야만 생명력을 지닐 수 있기 때문이다. 그런데 그러한 글쓴이의 해석과 주장이 효과적으로 전달되기 위해서는 일목요연(一目瞭然)한 과정을 거쳐야 되는데, 이때 반드시 거쳐야 하는 과정이 개요(Outline) 작성법을 익히는 것이다. 개요는 흔히 건물의 설계도에 비유된다. 설계도 없이 건물을 지을 수가 없듯이 개요를 작성하지 않고는 글을 쓸 수 없다. 개요 작성은 문맥의 혼란과 탈선을 방지하고, 먼저 생각했던 내용의 망각을 막아주며, 내용의 중복을 피하게 하고, 문장 전체의 균형을 잡는 데 필수적 과정이다.

① **문제를 발견하는 과정** : 주어진 제시문을 읽고 논점을 파악한다. 다음에는 '논제'에 기초하여 문제를 발견해야 한다. 이 과정은 주어진 정보에서 문제를 발견하고 분석하여 그 해결책을 제시하는 것이므로 실제 개요 작성을 하기에 앞서 매우 중요한 단계이다.

② **발견한 문제를 분석하는 과정** : 논제를 통해 문제가 드러나면 문제의 실태나 문제를 발생시키는 원인과 같은 것들을 구체적인 삶의 현실과 관련하여 여러 측면에서 통합적으로 생각한다.

③ 문제를 해결하는 과정 : 먼저 문제 해결을 위한 관점과 논지를 정한다. 그리고 논지가 정해지면 이 논지를 뒷받침할 여러 가지 창의적인 아이디어를 생성한다. 그런데 대부분은 이 단계에서 어려움을 겪는다. 그 이유는 머릿속에 들어 있는 자료가 없어 아이디어를 생성할 수 없기 때문이다. 그러므로 처음에는 연상 기법에 의거하여, 어떤 사물과 관련하여 많은 단어를 떠올리는 연습을 하거나 관련 있는 단어 '빨리 많이 쓰기'를 훈련하는 것이 좋다. 예를 들어, '환경오염'이 나오면 이와 관련된 단어들을 적고, 나중에 관련이 없다고 생각되는 단어는 빼는 연습을 하는 것 등이 있다.

④ 개요를 작성하는 과정 : 다음으로 생성된 아이디어나 단어들의 성격이 비슷하거나 논점이 가까운 것끼리 묶어 내는 연습을 한다. 논리적 위계에 따라 배열하되 반드시 하나의 문장으로 작성하며, 중심 생각이 담긴 내용과 뒷받침하는 내용을 구분해야 한다. 내용의 흐름이 어느 정도 논리성을 갖추게 되면 그 내용에 적절한 구성 방법을 선택하여 형식적 체계를 갖추도록 한다. 이때에는 항목 간의 논리적 긴밀성이 유지되어야 하며, 논거의 적절성이 검토되어야 한다.

3. 논술문의 요건

(1) 내용이 충실해야 한다.

① 말할 것이 있을 때만 말하라는 것처럼 글도 쓸 것이 있을 때 쓰는 것이다.

② 글을 쓰기 전에 '무엇'을, '왜', 그리고 '어떻게' 쓸 것인가를 분명히 해야 한다.

㉠ 무엇 : 내용

㉡ 왜 : 글을 쓰는 목적이나 이유와 동기

㉢ 어떻게 : 표현 기교와 문장 기교 등

③ 글쓰기는 기교에 앞서 우선 내용에 충실해야 한다.

(2) 독창성이 있어야 한다.

① 남의 글을 모방한다거나 표절하는 등 새로움이 없는 글은 읽을 가치가 없다.

② 독창성은 경험과 지식, 상상력을 통하여 형성된다. 사물과 현상을 치밀하고 날카롭게 살피는 태도와 습관을 길러야 하며, 고정 관념에서 벗어나도록 해야 한다.

③ 독창성이 있는 글은 소재가 참신하며, 평범한 소재에 독특한 의미를 부여하거나 문장 표현, 언어 조직 등이 개성이 있다.

(3) 정직한 글이어야 한다.

① 타인의 글이나 표현을 이용했을 때는 그 출처를 밝혀야 한다.

② 정직성을 가지려면 되도록 독창성을 발휘하여 써야 하며, 출처를 밝혀 독자에게 신뢰감을 주도록 한다.

(4) 성실성을 인정받아야 한다.

① 성실성이란 자기가 생각하고 있는 내용을 있는 그대로 정성껏 쓰는 것으로, 자기다운 글을 쓰는 것을 말한다.

② 자기다운 글을 쓰기 위해서는 생각하는 바를 그대로 드러내야 하며, 꾸미거나 과장하지 말고 자기 수준에 맞는 내용과 언어를 사용해야 한다.

(5) **명료하게 써야 한다.**

① 글의 의미가 분명히 드러나야 좋은 글이 될 수 있다.
② 어법에 맞는 표현과 되도록 간결한 문장을 써야 한다.
③ 대상을 정확하게 관찰하고 파악하여 솔직하게 써야 한다.

(6) **경제성이 있어야 한다.**

① 글이 길어질수록 내용이 모호해져 전달 효과를 낮추게 된다.
② 필요한 자리에, 필요한 만큼만 쓰는 것이 중요하다.
③ 불필요한 말이나 중복되는 말을 빼고 문장 구조를 간결하게 한다.
④ 내용에 적합한 어휘를 선택하고 표현을 압축하는 것이 필요하다.

(7) **글의 내용을 효과적으로 전달하기 위해서는 정확해야 한다.**

① 정서법에 어긋나거나 문장 부호를 잘못 사용해서는 안 된다.
② 단어의 의미를 정확히 알고 사용해야 하며 표준어를 사용한다.
③ 문장은 되도록 간결하게 하며 문단 구분을 정확히 하도록 한다.

(8) **타당성이 있어야 한다.**

① 글쓴이가 결정한 입장이나 태도, 글 쓰는 목적이 보편적인 가치와 맞아야 한다.
② 글쓴이의 주장을 뒷받침할 수 있는 사실적 근거를 들어야 한다.

(9) **일관성을 유지해야 한다.**

① 문체, 어조, 관점 등이 처음부터 끝까지 한결같아야 한다.
② 내용이 서로 어긋나지 않도록 하나로 일관되어야 한다.

(10) **평이하게 쓰는 것이 좋다.**

① 독자의 지적 능력이나 관심을 충분히 고려하여 이해하기 쉽도록 써야 한다.
② 내용이나 어휘가 독자의 수준을 넘어서는 안 된다.
③ 독자의 입장에서 친절하게 서술한다.

4. 논술문 작성 시 주의사항

(1) 문장은 짧게 써라.

아무리 훌륭한 내용이 담긴 문장일지라도 마지막까지 읽을 수 없다면 쓴 의미가 없다.

일률적으로 긴 문장은 좋지 않다고 단정할 수 없지만, 문장은 될 수 있는 한 짧게 쓰는 것이 상대방에게 쉽게 읽힌다. 짧다는 것은 구체적으로 몇 자까지를 가리켜 말하는 것이 아니라 한 문장에 한 가지 내용만을 담는 것을 의미한다.

(2) 수동태 문장은 피해라.

우리말 문장에는 본래 수동태 문장이 없다. 수동태 문장은 영문의 번역에서 흔히 볼 수 있는데, 번역문의 영향으로 우리 문장에서도 수동태 문장을 쓰기 시작했고, 이제는 마치 우리식 문장처럼 쓰고 있다. 우리의 사고를 표현하는 데는 우리식 문장을 써야 한다.

(3) 이중부정(二重否定)은 피하는 것이 좋다.

논술문은 논리적 문장이므로 표현이 간결하고 명확해야 한다. 부정어를 중복하여 쓰는 것은 의미의 정확한 파악에 방해가 되고, 문장의 길이를 길게 만든다. 예를 들어 '그것이 사실이 아님을 모르는 바가 아니다.'는 '그것은 사실이 아니다.'로 표현하는 것이 좋다.

(4) 현학적인 표현은 피하는 것이 좋다.

문장은 될 수 있으면 쉽게 쓰는 것이 좋다. 자신의 유식함과 박식함을 과시하는 현학적 서술은 오히려 글에 유치함만 더해준다. 글은 어려운 것도 쉽게 표현할 때, 비로소 읽는 이에게 자기의 생각을 바르게 전달할 수 있는 것이다. 본인 수준에 맞는 적절한 어휘 선택 훈련이 필요하다.

(5) 형용사는 구체적인 표현으로 바꾸어 써라.

형용사의 남발은 문장의 논리성을 약화시키고 문장을 막연하게 한다. '그녀는 아름다운 여성이었다.'라는 문장에서 '아름다운'은 막연한 말로, 쓰는 사람이 홀로 그 말에 도취하여 쓴 것에 불과하다. '아름다운'이 구체적으로 어떤 것인지를 밝혀 주는 표현이 있어야 한다. 따라서 '그녀는 이목구비가 뚜렷하고 쌍꺼풀이 졌으며, 피부가 곱고 청바지 차림이 어울리는 아름다운 여성이었다.'라고 써야 한다.

(6) 조사 '의'는 가능한 한 쓰지 마라.

우리말 조사 중에서 '의'는 쓰이는 자리와 의미가 아주 다양하다. 그래서 때로는 '의'가 어떤 뜻으로 쓰였는지 애매한 경우가 있다. '어머니의 사진'은 '어머니가 찍은 사진(주체)', '어머니가 가진 사진(소유)', '어머니를 찍은 사진(대상)' 등의 여러 의미로 해석될 수 있다. 이런 경우에는 '의'를 피하고 그 뜻을 풀어 쓰는 것이 의미나 논리의 모호성을 피할 수 있다. '강원도의 설악산'은 '강원도에 있는 설악산'으로, '대구의 사과'는 '대구에서 나는 사과'로 쓰면 의미가 분명해진다.

(7) '~이다, ~입니다'를 혼용하지 마라.

문체의 혼용은 글의 내용과는 관계없이 아주 사소한 일처럼 보이지만, 훌륭한 논술 내용까지도 허술하게 보이게 만들고 내용의 호소력도 반감시킨다. 이런 결점은 다른 어떤 요소보다도 눈에 띄기 쉽고, 글의 설득력을 약화시켜 감점의 대상이 될 수 있다.

(8) '했다' 보다는 '하였다'를 써라.

논술문은 비록 대단한 이론을 담고 있는 무게 있는 글은 아니지만, 논리적 문장임에는 틀림없다. 이러한 글에서 줄어진 말을 쓰는 것은 글의 내용 전체를 가볍게 만든다. 아무리 풍채가 좋고 위엄을 갖춘 사람이라도 그에 어울리지 않는 목소리를 가졌을 때 그의 인상은 반감된다. 글도 마찬가지이다.

(9) 숫자가 필요한 곳에는 반드시 숫자를 넣어라.

정확한 통계 숫자 등이 필요한 경우, 그것에 대한 지식이 없이 '대단히 많다, 다소 적다, 대체로~, 무척 많다'와 같은 식으로 쓰는 것은 글의 정확성을 떨어뜨리는 표현이다.

숫자는 논술문에 사실감을 부여하는 힘이 있다. 그리고 그 방면에 대한 정확하고 깊이 있는 지식을 가진 논술문으로 인정받을 수 있게 한다. 그러나 잘못된 숫자는 오히려 논술문 전체를 부정확하게 하는 역효과를 가져온다. 채점자가 논술문을 평가할 때 단지 부정확한 지식으로 숫자를 인용하였다고만 생각하는 것이 아니라 전체의 내용을 거짓으로 볼 수 있기 때문이다.

(10) 진부한 어구나 표현은 피해라.

판에 박힌 진부한 어구나 참신하지 못한 비유는 글의 내용을 유치하게 만든다. '세월은 날아가는 화살과 같다', '정신일도 하사불성(精神一到何事不成)', 등의 글귀를 인용할 때 채점자는 거부감을 느낀다. 가능한 한 최신의 화제와 기발한 어구, 참신한 비유를 써야 주목을 받을 수 있다.

(11) 문학적으로 쓰려고 하지 마라.

논술문은 문학적 문장이 아니다. 정서나 감동을 목적으로 하는 글이 아니므로 문학적으로 쓰려는 노력은 필요하지 않다. 논술문은 자신의 생각을 논리적으로 진술하는 글이다. 문학적으로 글을 쓰려고 할수록 문장의 논리는 오히려 빈약해진다.

(12) 불확실한 한자나 숙어는 쓰지 마라.

논술문에 한자를 혼용하는 것이 반드시 좋은 것은 아니다. 오히려 한자 혼용을 달갑지 않게 여기는 경우도 있다. 한자 혼용은 한자로 써야만 그 의미가 확실한 경우에 한하는 것이 좋다. 얼핏 보기에 한자를 혼용했다는 인상만을 주기 위해서 한글로 써도 의미 파악이 가능한 말을 굳이 한자로 쓰는 것은 아무런 효과가 없다. 확실히 알지도 못하면서 잘못 섞어 쓴 한자는 도리어 감점의 대상이 될 수 있다.

(13) 객관적 사실과 자신의 의견은 구별하라.

우리말에는 주어가 불명확한 경우가 더러 있다. '당분간 원료 구입은 삼가는 편이 좋다고들 합니다.'라는 식의 표현이 사용된다. 자신이 그러한 제안을 하고 있음에도 누군가의 의견이라는 형태로 표현하는 것이다. 이러한 표현은 객관적 사실과 자신의 의견이 구별되지 않아 논지가 뚜렷하지 못하다. 논술문은 구체적, 객관적 사실을 바탕으로 자신의 의견을 끌어내는 글이다. 따라서 객관적 사실과 자신의 의견을 분리시키는 것이 중요하다. 그렇게 하면 논점이 살아나 논리의 전개도 분명해진다.

CHAPTER

02 논술 기출복원문제

NH농협은행 5급의 논술평가는 지원자의 논리성, 창의성, 전문성 등 종합사고능력을 평가한다.

〈2024년 NH농협은행 5급 논술〉

구분	주제		개수
약술	공통(전체)	농업·농촌 관련 시사	1가지
논술	카드, 글로벌 분야	금융(경제)·디지털	2가지 주제 중 1가지 선택
	IT 분야	디지털·IT	

1. 약술 기출복원문제

- 정부의 청년농업인 지원 정책에도 불구하고 청년농업인들은 계속해서 농촌을 떠나고 있다. 청년농업인의 농촌 정착률을 올리기 위한 경제적인 해결 방안을 서술하시오(2024년).
- '고향사랑기부제'에 대해 5～6줄 내외로 약술하시오(2023년).
- 2022년부터 2031년까지 매년 정부는 대략 1조 원씩 지방소멸대응기금을 지자체에 지원하고 있다. 지방소멸대응기금을 설명하고, 농업 및 농촌에 끼칠 수 있는 영향을 간략하게 서술하시오(2022년).
- 농지 투기가 일어나는 상황에서 경자유전(耕者有田)의 의미를 설명하고 경자유전을 활성화할 수 있는 방안을 약술하시오(2021년).
- 스마트 농업을 활성화시키기 위해 NH농협은행이 할 수 있는 역할을 약술하시오(2020년).
- 농협은 농가소득의 증대와 지역경제 활성화를 위해 2016년부터 '농가소득 5,000만 원' 달성을 전사적인 목표로 추진하고 있다. 농협이 이러한 목표를 실현하기 위해 농업 현장에서 빅데이터 같은 4차 산업혁명 기술을 적극적으로 활용할 수 있는 방안들을 논하시오(2019년).
- 최근 반은 농사를 짓고 반은 다른 직업을 영위하는 귀농인들이 증가하는 추세가 나타나게 된 원인과 장차 초래될 수 있는 문제점을 서술하고, 이에 대해 농협이 실시할 수 있는 해결 방안을 논하시오(2018년).
- 저출산 및 고령화가 우리나라에 끼칠 수 있는 영향과 NH농협은행이 이에 대처할 수 있는 방안을 논하시오(2017년).

2. 논술 기출복원문제

금융 · 경제

- 금리의 형성 과정과 금리 변동이 경제에 미치는 영향에 대해 서술하시오(2024년).
- 한국과 미국의 기준금리가 상승한 배경과 이유를 서술하고, 앞으로 한국 금리가 어떻게 변동할지 전망을 논하시오(2023년).
- 2022년 한국 경제를 강타했던 고환율 · 고금리 · 고물가 등 이른바 '3고' 현상이 2023년에도 지속될지 경제계의 관심이 뜨겁다. 이와 관련해 환율경로 및 환율의 변화가 실물경제에 영향을 끼치는 과정을 설명하고, 한국의 빅스텝에도 불구하고 고환율인 원인에 대해 서술하시오(2022년).
- 인플레이션 발생 원인과 기준금리 인상이 금융기관에 미치는 긍정적 · 부정적 영향에 대해 논하시오(2021년).
- 코로나19 팬데믹으로 인한 소득불균형이 경제에 미치는 악영향과 금융권의 대응 방안을 서술하시오(2020년).
- 'R의 공포'의 의미와 실물경제에 영향을 미치는 과정 및 대응 방안을 작성하시오(2019년).
- 겸업주의는 하나의 금융사가 은행 · 증권 · 보험 등의 여러 금융상품을 취급하는 것이고, 반대로 전업주의는 은행 · 증권사 · 보험사 등이 각각 고유의 해당 서비스만을 제공하는 것이다. 우리나라는 〈금융지주회사법〉을 제정하면서 겸업주의를 도입했다. 오늘날 디지털 금융 시대의 도래로 여러 금융 서비스가 융합되는 한편, 정보통신 기업들이 금융권으로 진출하고 있어 경쟁이 치열해지는 가운데 은행권에만 적용되는 각종 규제와 전업주의를 완화해야 한다는 요구가 높아지고 있다. 이와 관련해 금융지주회사의 장점(기대효과)과 한계 및 디지털 금융 시대에 발맞춘 발전 방향에 대해 논하시오(2018년).
- 최근 우리 사회는 '공유경제'가 확산되고 있는 추세이다. 공유경제의 정의(의미), 산업에 끼치는 영향과 공유경제를 NH농협은행이 어떻게 활용할 수 있을지 논하시오(2017년).
- 미국의 금리 변동이 우리 경제에 끼칠 수 있는 영향을 설명하고, 이에 대해 NH농협은행이 취할 수 있는 대처 방안을 논하시오(2017년).

디지털 · IT

- 생성형 AI의 장단점에 대해 서술하시오(2024년).
- 이커머스 시장이 활발해지는 한편 악성코드 공격 또한 증가하고 있다. 이와 관련해 이커머스 시장의 디지털 보안을 위협하는 악성코드의 유형을 설명하고, 이를 예방하기 위한 보안 요건들을 서술하시오(2023년).
- 메타버스와 VR, AR, MR의 정의를 서술하고 이 기술들을 은행에서 어떻게 활용할 수 있을지 서술하시오(2021년).
- 국내 블록체인 시장의 현황과 활용 방안을 서술하시오(2020년).
- 머신러닝과 딥러닝 등의 특징과 차이점을 서술하시오(2020년).
- 블록체인의 개념, 해결 과제 및 개선 방안과 함께 블록체인을 어떻게 활용할 수 있을지 서술하시오(2019년).
- 디지털 트윈의 장단점과 활용 사례를 설명하고, NH농협은행이 디지털 트윈을 활용할 수 있는 방안을 서술하시오(2018년).
- 클라우드의 개념을 설명하고, NH농협은행이 클라우드를 활용할 수 있는 방안을 논하시오(2017년).

PART 1

직무능력평가

CHAPTER

01 의사소통능력

대표기출유형 01 기출응용문제

01

정답 ③

보기의 문장은 미첼이 찾아낸 '탈출 속도'의 계산법과 공식에 대한 내용이다. 그러므로 탈출 속도에 대한 언급이 제시문의 어디서 시작되는지 살펴봐야 한다. 제시문은 (가) 영국의 자연 철학자 존 미첼이 제시한 이론에 대한 소개, (나) 해당 이론에 대한 가정과 '탈출 속도'의 소개, (다) '임계 둘레'에 대한 소개와 사고 실험, (라) 앞선 임계 둘레 사고 실험의 결과, (마) 사고 실험을 통한 미첼의 추측의 순서로 쓰여 있으므로 보기의 문장은 '탈출 속도'가 언급된 (나)의 다음이자 '탈출 속도'를 바탕으로 임계 둘레를 추론해낸 (다)에 들어가는 것이 가장 적절하다.

02

정답 ③

보기의 문장의 '이'는 앞 문장의 내용을 가리키므로, 기업의 이익 추구가 사회 전체의 이익과 관련된 결과를 가져왔다는 내용이 앞에 와야 한다. (다) 앞의 '가장 저렴한 가격으로 상품 공급'이 '사회 전체의 이익'과 연관되므로 보기는 (다)에 들어가는 것이 가장 적절하다.

03

정답 ④

보기의 내용은 감각이 아닌 산술 혹은 기하학 등 단순한 것의 앎에 대한 의심으로서, 특히 '하느님과 같은 어떤 전능자가 명백하다고 여겨지는 것들에 관해서도 속을 수 있는 본성을 나에게 줄 수 있다.'라는 마지막 문장을 주시해야 한다. (라) 뒤의 '누구든지 나를 속일 수 있거든 속여 보라.'라는 문장을 보면, 보기의 마지막과 (라) 뒤의 부분이 연결됨을 알 수 있다. 따라서 보기의 내용은 (라)에 들어가는 것이 가장 적절하다.

04

정답 ②

㉠ : (라) 바로 앞의 문장에서 거리 지수를 이용해 별까지의 거리를 판단한다고 설명하고, ㉠에서 '이 값'이 클수록 지구에서 별까지의 거리가 멀다고 했으므로 '이 값'은 거리 지수를 가리킴을 알 수 있다. 따라서 ㉠의 적절한 위치는 (라)이다.

㉡ : '리겔'의 겉보기 등급과 절대 등급의 사례는 (나) 바로 앞의 문장에서 언급한, 별의 겉보기 밝기는 지구로부터의 거리에 따라 다르기 때문에 별의 실제 밝기는 절대 등급으로 나타낸다는 내용을 이해하기 쉽게 예시를 든 것이다. 따라서 ㉡의 적절한 위치는 (나)이다.

05

정답 ③

㉠ : (나) 앞의 내용에 따르면 세포가 독성 물질에 노출되면 세포를 보호하기 위해 단백질이 만들어지고, 이때 단백질 합성과 관련된 mRNA의 양은 증가한다. 따라서 mRNA가 갑자기 많이 나타난다면 세포에게 유해한 상황임을 짐작할 수 있다는 내용의 ㉠이 (나)에 들어가야 한다.

㉡ : 특정 단백질 합성과 관련된 것들만 구분하려면 시간이 오래 걸리고 번거롭다는 내용인 ㉡은 (다) 뒤 문장의 '이러한 번거로움'과 연결되므로 (다)에 들어가야 한다.

㉢ : (가) 뒤 문장에서 독성 물질로부터 세포를 보호하는 역할을 하는 단백질의 예를 들고 있으므로, 단백질이 상황에 따라 세포를 보호하는 역할을 하기도 한다는 내용인 ㉢이 (가)에 들어가야 한다.

대표기출유형 02 기출응용문제

01

정답 ③

차로 유지기능을 작동했을 때 운전자가 직접 운전을 해야 했던 '레벨 2'와 달리 '레벨 3'은 운전자가 직접 운전하지 않아도 긴급 상황에 대응할 수 있는 자동 차로 유지기능이 탑재되어 있다. 이러한 레벨 3 안전기준이 도입된다면, 지정된 영역 내에서 운전자가 직접 운전하지 않고도 주행이 가능해질 것이다. 따라서 빈칸에 들어갈 내용으로 운전자가 운전대에서 손을 떼고도 자율주행이 가능해진다는 ③이 가장 적절하다.

오답분석

① 레벨 3 부분자율주행차는 운전자 탑승이 확인된 후에만 작동할 수 있다.
②·④ 제시문에서는 레벨 3 부분자율주행차의 자동 차로 유지기능에 대해 이야기하고 있으며, 자동 속도 조절이나 차량 간 거리 유지기능에 대해서는 제시문을 통해 알 수 없다.
⑤ 레벨 3이 아닌 레벨 2에 대한 설명이다.

02

정답 ⑤

단순히 젊은 세대의 문화만을 존중하거나, 기존 세대의 문화만을 따르는 것이 아닌 두 문화가 어우러질 수 있도록 기업 차원에서 분위기를 만드는 것이 제시문에 나타난 문제의 본질적인 해결이다. 따라서 빈칸에 들어갈 내용으로 가장 적절한 것은 ⑤이다.

오답분석

① 급여받은 만큼만 일하게 되는 악순환이 반복될 것이므로 글에서 언급된 문제를 해결하는 기업 차원의 방법으로는 적절하지 않다.
② 기업의 전반적인 생산성 향상을 이룰 수 없으므로 기업 차원의 방법으로 적절하지 않다.
③ 젊은 세대의 채용을 기피하는 분위기가 생길 수 있으므로 적절하지 않다.
④ 젊은 세대의 특성을 받아들이기만 하면, 전반적인 생산성 향상과 같은 기업의 이득은 배제하게 되는 문제점이 발생한다.

03

정답 ②

빈칸 뒤에서 민화는 필력보다 소재와 그것에 담긴 뜻이 더 중요한 그림이었다고 설명하고 있으므로, 민화는 작품의 기법보다 작품의 의미를 중시했음을 알 수 있다. 따라서 빈칸에 들어갈 내용으로 가장 적절한 것은 ②이다.

04

정답 ①

'갑돌'의 성품이 탁월하다고 볼 수 있는 이유는 그의 성품이 곧고 자신감이 충만하며, 다수의 옳지 않은 행동에 대하여 비판의 목소리를 낼 것이며 그렇게 하는 데에 별 어려움을 느끼지 않을 것이기 때문이다. 또한, 세 번째 문단에 따르면 탁월한 성품은 올바른 훈련을 통해 올바른 일을 바르고 즐겁게 그리고 어려워하지 않으며 처리할 수 있는 능력을 뜻한다. 그러므로 아리스토텔레스의 입장에서는 '엄청난 의지를 발휘'하고 자신과의 '힘든 싸움'을 해야 했던 '병식'보다는 잘못된 일에 '별 어려움' 없이 '비판의 목소리'를 내는 '갑돌'의 성품을 탁월하다고 여길 것이다. 따라서 빈칸에 들어갈 내용으로 가장 적절한 것은 ①이다.

05

정답 ③

제시문은 태양의 온도를 일정하게 유지해 주는 에너지원에 대해 설명하고 있다. 태양의 온도가 일정하게 유지되는 이유는 태양 중심부의 온도가 올라가 핵융합 에너지가 늘어나면 에너지의 압력으로 수소를 밖으로 밀어내어 중심부의 밀도와 온도를 낮춰주기 때문이다. 즉, 태양 내부에서 중력과 핵융합 반응의 평형 상태가 유지되기 때문에 태양은 50억 년간 빛을 낼 수 있었고, 앞으로도 50억 년 이상 더 빛날 수 있는 것이다. 따라서 빈칸에 들어갈 내용으로 가장 적절한 것은 ③이다.

대표기출유형 03 기출응용문제

01

정답 ⑤

스마트팩토리의 주요 기술 중 하나인 에지 컴퓨팅은 중앙 데이터 센터와 직접 소통하는 클라우드 컴퓨팅과 달리 산업 현장에서 발생하는 데이터를 에지 데이터 센터에서 사전 처리한 후 선별하여 전송하기 때문에 데이터 처리 지연 시간을 줄일 수 있다.

02

정답 ④

개정사항 3에 따르면 비정규직 중 시간제업무보조원은 폐지하고 일반직이 아닌 단순 파트타이머로 대체·운용한다.

03

정답 ④

제78조 제1항과 제2항에 따르면 가입자는 지급받은 반환일시금에 이자를 더한 금액을 공단에 낼 수 있으며, 이때 분할하여 납부하려면 반환일시금에 대통령령으로 정하는 이자를 더하여야 한다.

오답분석

① 제77조 제1항 제3호를 통해 알 수 있다.
② 제77조 제1항 제2호를 통해 알 수 있다.
③ 제79조 제1호를 통해 알 수 있다.
⑤ 제78조 제1항를 통해 알 수 있다.

04

정답 ②

오답분석

㉠ 생각이 말보다 범위가 더 넓고 큰 것은 사실이나, 그렇다고 해서 더 위대한 것은 아니다.
㉢ 마지막 문단에 '생각이 형님이요, 말이 동생이라고 할지라도 생각은 동생의 신세를 지지 않을 수가 없게 되어 있다.'라고 언급되어 있다.
㉣ '생각'이 '큰 그릇'이고, '말'이 '작은 그릇'이다.

05

정답 ④

제2조 제7호를 통해 결제 비밀번호는 숫자 6자리로 구성된다는 것을 알 수 있다.

대표기출유형 04 기출응용문제

01

정답 ④

먼저 이산화탄소 흡수원의 하나인 연안 생태계를 소개하는 (다) 문단이 첫 번째에 오는 것이 적절하며, 다음으로 이러한 연안 생태계의 장점을 소개하는 (나) 문단이 오는 것이 적절하다. 이어서 (나)에서 언급한 연안 생태계의 장점 중 갯벌의 역할을 부연 설명하는 (가) 문단이 오는 것이 적절하며, (가) 문단 뒤로는 '또한'으로 시작하며 연안 생태계의 또 다른 장점을 소개하는 (라) 문단이 오는 것이 적절하다. 따라서 (다) – (나) – (가) – (라) 순으로 연결되어야 한다.

02

정답 ④

제시문은 우리나라가 인구 감소 시대에 진입할 가능성이 높아지고 있다고 하며, 인구 감소 시대의 공공재원의 효율적 활용 방안에 대해 설명하는 글이다. 따라서 (나) 우리나라가 인구 감소 시대에 돌입 – (라) 공공재원 확보 및 확충의 어려움 – (가) 공공재원의 효율적 활용 방안 – (다) 공공재원의 효율적 활용 등에 대한 논의 필요 순으로 연결되어야 한다.

03

정답 ②

제시문은 단어 연상법과 융의 실험으로 새롭게 드러난 심리적 개념에 대한 글이다. 따라서 (가) 대상이 되는 연구 방법의 진행 과정과 그 한계 – (마) 융이 기존의 연구 방법에 추가한 과정을 소개 – (라) 기존 연구자들이 간과했던 새로운 사실을 찾아낸 융의 실험의 의의 – (나) 융의 실험을 통해 새롭게 드러난 결과 분석 – (다) 새롭게 드러난 심리적 개념을 정의한 융의 사상 체계에서의 핵심적 요소에 대한 설명 순으로 연결되어야 한다.

04

정답 ③

제시문은 자본주의의 발생과 한계, 그로 인한 수정자본주의의 탄생과 수정자본주의의 한계로 인한 신자유주의의 탄생에 대한 글이다. 제시된 문단의 마지막 문장인 '이러한 자본주의는 어떻게 발생하였을까?'를 통해 이어질 내용이 자본주의의 역사임을 유추할 수 있다. 따라서 (라) 자본주의의 태동 – (나) 자본주의의 학문화를 통한 영역의 공고화 – (가) 고전적 자본주의의 문제점을 통한 수정자본주의의 탄생 – (다) 수정자본주의의 문제점을 통한 신자유주의의 탄생 순으로 연결되어야 한다.

05

정답 ⑤

제시된 문단의 마지막 문장에서 기업 결합의 위법성을 판단하기 위한 여러 단계의 심사 과정을 언급하고 있으므로 기업 결합 심사의 '시작' 부분을 설명한 (다)가 제시된 문단 뒤에 가장 먼저 와야 한다. 그리고 (다)에서 언급한 '단일 지배 관계의 형성'을 확인하는 예가 되는 (마)가 그다음에 이어진다. 다음으로, '반면에'라는 접속어를 사용하여 (마)와 상반되는 결합 성립의 경우에 대하여 설명한 (나), (나)에서 언급한 정부의 '시장 범위 확정'의 기준에 대한 설명인 (가), (가)의 '민감도'에 대한 보충 설명인 (라)가 순서대로 와야 한다. 따라서 (다) – (마) – (나) – (가) – (라) 순으로 연결되어야 한다.

대표기출유형 05 기출응용문제

01

정답 ②

제시문은 검무의 정의와 기원, 검무의 변천 과정과 구성, 검무의 문화적 가치를 설명하는 글이다. 따라서 표제와 부제로 '역사 속에 흐르는 검빛·춤빛 – 검무의 변천 과정과 구성을 중심으로'가 가장 적절하다.

02

정답 ③

제시문은 인류의 발전과 미래에 인류에게 닥칠 문제를 해결하기 위해 우주 개발이 필요하다는, 우주 개발의 정당성에 대해 논의하고 있다. 따라서 주제로 가장 적절한 것은 '우주 개발의 정당성'이다.

03

정답 ②

제시문은 유전자 치료를 위해 프로브와 겔 전기영동법을 통해 비정상적인 유전자를 찾아내는 방법을 설명하고 있다. 따라서 주제로 가장 적절한 것은 '유전자 추적의 도구와 방법'이다.

04

정답 ④

제시문은 통계 수치의 의미를 정확하게 이해하고 도구와 방법을 올바르게 사용해야 하며, 특히 아웃라이어의 경우를 생각해야 한다고 주장하고 있다. 따라서 중심 내용으로 가장 적절한 것은 '통계 수치의 의미와 한계를 정확히 인식하고 사용할 필요가 있다.'이다.

오답분석

①·② 집단을 대표하는 수치로서의 '평균' 자체가 숫자 놀음과 같이 부적당하다고는 언급하지 않았다.
③ 아웃라이어가 있는 경우에는 평균보다는 최빈값이나 중앙값이 대푯값으로 더 적당하다.
⑤ 통계의 유용성은 글의 도입부에 잠깐 인용되었을 뿐, 제시문 전체의 중심 내용으로 볼 수는 없다.

05

정답 ③

제시문은 책을 사거나 빌리는 것만으로는 책을 진정으로 소유할 수 없다고 하며, 책을 진정으로 소유하기 위한 독서의 방법과 책을 고르는 기준을 제시하고 있다. 따라서 중심 내용으로 가장 적절한 것은 '독서의 목적은 책의 내용을 온전히 소유하는 것이다.'이다.

오답분석

①·② 글 전체 내용을 포괄하지 못하므로, 중심 내용이 될 수 없다.
④·⑤ 글의 논점에서 벗어난 내용이므로, 중심 내용이 될 수 없다.

대표기출유형 06 기출응용문제

01

정답 ⑤

제시문에서는 사유 재산에 대한 개인의 권리 추구로 다수가 피해를 입게 된다면 사익보다 공익을 우선시하여 개인의 권리가 제한되어야 한다고 주장한다. 따라서 이러한 주장에 대한 반박으로는 개인인 땅 주인이 권리를 행사함에 따라 다수인 마을 사람들에게 발생하는 피해가 법적으로 증명되어야만 권리를 제한할 수 있다는 ⑤가 가장 적절하다.

02

정답 ⑤

간접 경험에서 연민을 갖기 어렵다고 하더라도 교통과 통신이 발달하면서 고통을 대면하는 경우가 많아진 만큼 연민의 필요성이 커지고 있다. 따라서 이러한 주장을 현대인들이 연민을 느끼지 못한다는 제시문의 내용에 대한 반박으로 적절하다.

오답분석

①·②·③ 제시문의 내용과 일치하므로 반론으로 보기 어렵다.

④ 제시문이 주장하는 것은 '현대인은 주로 타인의 고통을 간접적으로 접해 연민을 느끼기 어렵다.'이다. 그러나 ④의 경우 단순히 연민에 대한 학자의 정의에 대해 반대하는 것이므로 이에 대한 반론으로 보기 어렵다.

03

정답 ①

제시문의 내용은 청나라에 맞서 싸우자는 척화론이다. ①은 척화론과 동일한 주장을 하고 있으므로 비판으로 적절하지 않다.

04

정답 ④

제시문은 산업 혁명을 거치면서 일자리가 오히려 증가했으므로 로봇 사용으로 일자리가 줄어들 가능성은 낮다고 한다. 그러나 보기에서는 로봇 사용으로 인한 일자리 대체 규모가 기하급수적으로 커져 인간의 일자리는 줄어들 것이라고 한다. 제시문과 보기는 로봇 사용으로 인한 일자리의 증감에 대해 정반대로 예측하고 있다. 따라서 보기의 내용을 근거로 제시문을 비판하려면 제시문의 예측에 문제가 있음을 지적해야 하므로, 가장 적절한 것은 ④이다.

05

정답 ④

도덕적 딜레마 논증은 1) 어린이를 대상으로 한 임상실험이 없게 된다는 점, 2) 제한된 동의능력만을 가진 경우 실험 대상에 포함시키는 것은 도덕적으로 올바르지 않다는 것을 근거로 하고 있다. 따라서 이를 비판하기 위해서는 ⅰ) 어린이를 대상에서 배제시키는 것이 어린이를 꼭 위험에 몰아넣는 것은 아니라는 점을 보이거나, ⅱ) 제한된 동의능력만을 가졌다고 하여도 반드시 도덕적으로 실험 대상에 포함시키는 것이 잘못된 것은 아니라는 점을 들면 된다.

따라서 이러한 의미에서 ㉡은 ⅰ)에 해당하며 ㉢은 ⅱ)에 해당하므로 적절한 비판이라고 할 수 있다.

오답분석

㉠ 제시문의 두 번째 논증과 같은 의미이기 때문에 논증을 비판하는 것이 아니라 오히려 강화하는 것이다.

대표기출유형 07 기출응용문제

01

정답 ④

첫 번째 문단과 두 번째 문단에는 EU가 철제 다리 덫 사용을 금지하는 나라의 모피만 수입하기로 결정한 내용과 동물실험을 거친 화장품의 판매 조치 금지 법령이 WTO의 영향을 받아 실행되지 못한 예가 제시되고 있다. 따라서 ④의 추론은 적절하다.

02

정답 ⑤

경험론자들은 인식의 근원을 오직 경험에서만 찾을 수 있다고 주장한다. 따라서 파르메니데스의 주장과 대비된다.

오답분석

① 파르메니데스의 존재론의 의의는 존재라는 개념을 시간적, 물리적인 감각적 대상으로 보는 것이 아니라, 예리한 인식으로 파악하는 로고스와 같은 것이라고 주장했으므로 옳다.
② 파르메니데스에 대한 플라톤의 평가에서 파르메니데스를 높게 평가한 것을 알 수 있다.
③ '감각적으로 지각할 수 있는 세계 전체를 기만적인 것으로 치부하고 유일하게 실재하는 것은 존재라고 생각했다.'는 구절에서 파르메니데스는 지각 및 감성보다 이성 및 지성을 우위에 두었을 것이라 추론할 수 있다.
④ 파르메니데스는 '예리한 인식에는 감각적 지각이 필요 없다고 주장'하면서 '존재는 로고스에 의해 인식되며, 로고스와 같은 것'이라는 부분에서 추론할 수 있다.

03

정답 ①

첫 번째 조의 제1항에 따라 기획재정부장관은 각 국제금융기구에 출자를 할 때 자유교환성 통화로 출자금을 납입할 수 있으므로 ㉠은 적절한 내용이다.

오답분석

㉡ 첫 번째 조의 제1항에 따라 기획재정부장관은 출자금을 내국 통화로 분할하여 납입할 수 있으므로 적절하지 않다.
㉢ 첫 번째 조의 제2항에 따라 내국 통화로 출자하는 경우 그 출자금의 전부 또는 일부를 내국 통화로 표시된 증권으로 출자할 수 있으나 미합중국통화로 표시된 증권에 관하여는 언급하지 않았으므로 적절하지 않다.
㉣ 두 번째 조의 제1항에 따라 기획재정부장관은 출자한 증권의 전부 또는 일부에 대하여 각 국제금융기구가 지급을 청구하면 지체 없이 이를 지급하여야 한다. 즉, 한국은행장이 아닌 기획재정부장관이 지급해야 하므로 적절하지 않다.

04

정답 ②

현재 보기의 A은행이 사용하고 있는 방식은 이벤트 동기화 방식이다. 따라서 비동기화 방식 OTP를 추천해야 하며, 비동기화 방식은 OTP 발생기와 인증 서버 사이에 동기화된 값이 없다.

오답분석

① 이벤트 동기화 방식에 대한 설명이다.
③·④·⑤ 현재 보기의 A은행이 사용하고 있는 방식이 이벤트 동기화 방식이기 때문에 이벤트 동기화 방식을 추천하는 것은 적절하지 않다.

05

정답 ⑤

제시문은 표준시가 도입된 원인인 필요성(지역에 따른 시간 차이에 따른 문제)의 배경과 도입과정을 통해 표준시를 설명하고, 그에 따른 의의를 설명하고 있다.

오답분석

① 장점과 단점은 제시문에서 찾을 수 없다.
② 과학적 원리는 제시문에서 찾을 수 없다.
③ 도입 이후의 문제점과 대안은 제시문에서 찾을 수 없다.
④ 표준시가 한국에 적용된 시기는 나와 있지만, 다른 나라들의 사례와 비교하고 있는 부분은 제시문에서 찾을 수 없다.

CHAPTER

02 문제해결능력

대표기출유형 01 기출응용문제

01

정답 ④

'공부를 잘하는 사람은 모두 꼼꼼하다.'라는 첫 번째 명제를 통해 '꼼꼼한 사람 중 일부는 시간 관리를 잘한다.'는 마지막 명제가 참이 되기 위해서는 '공부를 잘한다.'와 '시간 관리를 잘한다.' 사이에 어떤 관계가 성립되어야 한다. 그런데 마지막 명제에서 그 범위를 '모두'가 아닌 '일부'로 한정하였으므로 '공부를 잘하는 사람 중 일부가 시간 관리를 잘한다.'는 명제가 필요하다. 따라서 빈칸에 들어가 명제로 옳은 것은 ④이다.

02

정답 ⑤

'비가 온다.'를 A, '개구리가 운다.'를 B, '제비가 낮게 난다.'를 C라고 한다면 첫 번째 명제는 '~A → ~B', 두 번째 명제는 '~A → ~C'이다. 두 번째 명제의 대우 명제는 'C → A', 즉 '제비가 낮게 날면 비가 온다.'로 ⑤와 동치가 되는 명제이다.

03

정답 ④

제시된 명제를 정리하면 다음과 같다.

- 내구성을 따지지 않는 사람 → 속도에 관심 없는 사람 → 디자인에 관심 없는 사람
- 연비를 중시하는 사람 → 내구성을 따지는 사람

따라서 '내구성을 따지지 않는 사람은 디자인에도 관심이 없다.'는 반드시 참이다.

04

정답 ④

'커피를 좋아한다.'를 A, '홍차를 좋아한다.'를 B, '탄산수를 좋아한다.'를 C, '우유를 좋아한다.'를 D, '녹차를 좋아한다.'를 E라고 하여 제시된 명제를 정리하면 'A → ~B → ~E → C'와 '~C → D'이다. 이때, '~C → B'가 성립한다. 따라서 C → B인 '탄산수를 좋아하는 사람은 홍차를 좋아한다.'는 반드시 참이 아니다.

05 정답 ④

네 번째를 제외한 모든 조건과 그 대우를 논리 기호화하면 다음과 같다.

- $\sim(D \lor G) \rightarrow F$ / $\sim F \rightarrow (D \land G)$
- $F \rightarrow \sim E$ / $E \rightarrow \sim F$
- $\sim(B \lor E) \rightarrow \sim A$ / $A \rightarrow (B \land E)$

네 번째 조건에 따라 A가 투표를 하였으므로, 세 번째 조건의 대우에 의해 B와 E 모두 투표를 하였다. 또한 E가 투표를 하였으므로, 두 번째 조건의 대우에 따라 F는 투표하지 않았으며, F가 투표하지 않았으므로 첫 번째 조건의 대우에 따라 D와 G는 모두 투표하였다. A, B, D, E, G 5명이 모두 투표하였으므로 네 번째 조건에 따라 C는 투표하지 않았다. 따라서 투표를 하지 않은 사람은 C와 F이다.

06 정답 ⑤

제시된 조건들을 논리 기호화하면 다음과 같다.

- 첫 번째 명제 : (~연차 ∨ 출퇴근) → 주택
- 두 번째 명제 : 동호회 → 연차
- 세 번째 명제 : ~출퇴근 → 동호회
- 네 번째 명제 : (출퇴근 ∨ ~연차) → ~동호회

먼저 두 번째 명제의 경우, '동호회행사비 지원을 도입할 때에만'이라는 한정 조건이 있으므로 역(연차 → 동호회) 또한 참이다. 만약 동호회행사비를 지원하지 않는다고 가정하면, 두 번째 명제의 역의 대우(~동호회 → ~연차)와 세 번째 명제의 대우(~동호회 → 출퇴근)에 따라 첫 번째 명제가 참이 되므로, 출퇴근교통비 지원과 주택마련자금 지원을 도입하게 된다. 그러나 다섯 번째 명제에 따라 주택마련자금 지원을 도입했을 때, 다른 복지제도를 도입할 수 없으므로 모순이 된다. 따라서 동호회행사비를 지원하는 것이 참인 것을 알 수 있다.

동호회행사비를 지원한다면, 네 번째 명제의 대우[동호회 → (~출퇴근 ∧ 연차)]에 따라 출퇴근교통비 지원은 도입되지 않고, 연차 추가제공은 도입된다. 그리고 다섯 번째 명제의 대우에 따라 주택마련자금 지원은 도입되지 않는다.

따라서 N기업이 도입할 복지제도는 동호회행사비 지원과 연차 추가제공 2가지이다.

대표기출유형 02 기출응용문제

01 정답 ⑤

먼저 거짓말은 1명만 하는데 진희와 희정의 말이 서로 다르므로, 2명 중 1명이 거짓말을 하고 있음을 알 수 있다. 이때 반드시 진실인 아름의 말에 따라 진희의 말은 진실이 되므로 결국 희정이가 거짓말을 하고 있음을 알 수 있다. 따라서 영화관에 아름 – 진희 – 민지 – 희정 – 세영 순서로 도착하였으므로, 가장 마지막으로 영화관에 도착한 사람은 세영이다.

02 정답 ⑤

A와 B의 발언은 모순되므로, A와 B 중 1명이 거짓말을 하였다.

i) A가 거짓말을 했을 경우

1층	2층	3층	4층	5층
C	D	B	A	E

ii) B가 거짓말을 했을 경우

1층	2층	3층	4층	5층
B	D	C	A	E

따라서 두 경우를 고려했을 때, A는 항상 D보다 높은 층에서 내린다.

03

정답 ③

먼저 A사원의 진술이 거짓이라면 A사원과 D사원 2명이 3층에서 근무하게 되고, 반대로 D사원의 진술이 거짓이라면 3층에는 아무도 근무하지 않게 되므로 조건에 어긋난다. 따라서 A사원과 D사원은 진실을 말하고 있음을 알 수 있다. 또한 C사원의 진술이 거짓이라면 아무도 홍보부에 속하지 않으므로 C사원도 진실을 말하고 있음을 알 수 있다. 결국 거짓말을 하고 있는 사람은 B사원이며, A～D사원의 소속 부서와 부서 위치를 정리하면 다음과 같다.

구분	소속 부서	부서 위치	구분	소속 부서	부서 위치
A사원	영업부	4층	C사원	홍보부	5층
B사원	총무부	6층	D사원	기획부	3층

따라서 기획부는 3층에 위치한다.

04

정답 ⑤

A가 참을 말하는 경우와 A가 거짓을 말하는 경우로 나눌 수 있는데, 만약 A의 진술이 거짓이라면 B와 C가 모두 범인인 경우와 모두 범인이 아닌 경우로 나눌 수 있고, A의 진술이 참이라면 B가 범인인 경우와 C가 범인인 경우로 나눌 수 있다.

• A의 진술이 거짓이고 B와 C가 모두 범인인 경우
B, C, D, E의 진술이 모두 거짓이 되어 5명이 모두 거짓말을 한 것이 되므로 조건에 모순된다.

• A의 진술이 거짓이고 B와 C가 모두 범인이 아닌 경우
B의 진술이 참이 되므로 C, D, E 중 1명만 거짓, 나머지는 참을 말한 것이 되어야 한다. C의 진술이 참이면 E도 반드시 참, C의 진술이 거짓이면 E도 반드시 거짓이므로 D가 거짓, C, E가 참을 말하는 것이 되어야 한다. 따라서 이 경우 D와 E가 범인이 된다.

• A의 진술이 참이고 B가 범인인 경우
B의 진술이 거짓이 되기 때문에 C, D, E 중 1명만 거짓, 나머지는 참이 되어야 하므로 C, E가 참, D가 거짓이 된다. 따라서 이 경우 B와 E가 범인이 된다.

• A의 진술이 참이고 C가 범인인 경우
B의 진술이 참이 되기 때문에 C, D, E 중 1명만 참, 나머지는 거짓이 되어야 하므로 C, E가 거짓, D가 참이 된다. 따라서 범인은 A와 C가 된다.

따라서 선택지 중 ⑤가 정답이다.

05

정답 ①

A～D 4명의 진술을 정리하면 다음과 같다.

구분	진술 1	진술 2
A	C는 B를 이길 수 있는 것을 냈다.	B는 가위를 냈다.
B	A는 C와 같은 것을 냈다.	A가 편 손가락의 수는 B보다 적다.
C	B는 바위를 냈다.	A～D는 같은 것을 내지 않았다.
D	A, B, C 모두 참 또는 거짓을 말한 순서가 동일하다.	이 판은 승자가 나온 판이었다.

먼저 A～D는 반드시 가위, 바위, 보 세 가지 중 하나를 내야 하므로 그 누구도 같은 것을 내지 않았다는 C의 진술 2는 거짓이 된다. 따라서 C의 진술 중 진술 1은 참이 되므로 B가 바위를 냈다는 것을 알 수 있다. 이때, B가 가위를 냈다는 A의 진술 2는 참인 C의 진술 1과 모순되므로 A의 진술 중 진술 2가 거짓이 되는 것을 알 수 있다. 결국 A의 진술 중 진술 1이 참이 되므로 C는 바위를 낸 B를 이길 수 있는 보를 냈다는 것을 알 수 있다.

한편, 바위를 낸 B는 손가락을 펴지 않으므로 A가 편 손가락의 수가 자신보다 적었다는 B의 진술 2는 거짓이 된다. 따라서 B의 진술 중 진술 1이 참이 되므로 A는 C와 같은 보를 냈다는 것을 알 수 있다. 이를 바탕으로 A～C의 진술에 대한 참, 거짓 여부와 가위바위보를 정리하면 다음과 같다.

구분	진술 1	진술 2	가위바위보
A	참	거짓	보
B	참	거짓	바위
C	참	거짓	보

따라서 참 또는 거짓에 대한 A～C의 진술 순서가 동일하므로 D의 진술 1은 참이 되고, 진술 2는 거짓이 되어야 한다. D의 진술 2가 거짓이므로 승자가 나오지 않으려면 D는 반드시 A～C와 다른 것을 내야 한다. 따라서 D는 가위를 낸 것을 알 수 있다.

오답분석

② 보를 낸 사람은 2명이다.
③ 바위를 낸 사람은 1명이다.
④ B와 같은 것을 낸 사람은 없다.
⑤ B가 기권했다면 가위를 낸 D가 이기게 된다.

06

정답 ③

C업체가 참일 경우 나머지 미국과 서부지역 설비를 다른 업체가 맡아야 한다. 이때, 두 번째 정보에서 B업체의 설비 구축지역은 거짓이 되고, 첫 번째 정보와 같이 A업체가 맡게 되면 4개의 설비를 구축해야 하므로 A업체의 설비 구축계획은 참이 된다. 따라서 '장대리'의 말은 참이 됨을 알 수 있다.

오답분석

- 이사원 : A업체가 참일 경우에 A업체가 설비 3개만 맡는다고 하면, B업체 또는 C업체가 5개의 설비를 맡아야 하므로 나머지 정보는 거짓이 된다. 하지만 A업체가 B업체와 같은 곳의 설비 4개를 맡는다고 할 때, B업체는 참이 될 수 있으므로 옳지 않다.
- 김주임 : B업체가 거짓일 경우에 만약 6개의 설비를 맡는다고 하면, A업체는 나머지 2개를 맡게 되므로 거짓이 된다. 또한 B업체가 참일 경우 똑같은 곳의 설비 하나씩 4개를 A업체가 구축해야 하므로 참이 된다.

대표기출유형 03 기출응용문제

01

정답 ③

세 번째 조건에 따라 D는 6명 중 두 번째로 키가 크므로 1팀에 배치되는 것을 알 수 있다. 또한 두 번째 조건에 따라 B는 2팀에 배치되므로 한 팀에 배치되어야 하는 E와 F는 아무도 배치되지 않은 3팀에 배치되는 것을 알 수 있다. 마지막으로 네 번째 조건에 따라 B보다 키가 큰 A는 2팀에 배치되므로 결국 A～F는 다음과 같이 배치된다.

1팀	2팀	3팀
C > D	A > B	E, F

따라서 키가 가장 큰 사람은 C이다.

02

정답 ④

D는 102동 또는 104동에 살며, A와 B가 서로 인접한 동에 살고 있으므로 E는 101동 또는 105동에 산다. 이를 통해 101동부터 (A, B, C, D, E), (B, A, C, D, E), (E, D, C, A, B), (E, D, C, B, A)의 네 가지 경우를 추론할 수 있다. 따라서 'A가 102동에 산다면 E는 105동에 산다.'는 반드시 참이 된다.

03

정답 ④

첫 번째 조건에서 A는 3등 이상임을 알 수 있고, 두 번째 조건을 통해 1등과 2등은 D나 E이므로 A는 3등임을 알 수 있다. 남은 4등, 5등, 6등 중 세 번째 조건에 의해 B와 F는 연달아 들어오지 않았으므로 4등과 6등은 B나 F이며, 남은 5등은 C임을 알 수 있다.

04

정답 ①

원탁 자리에 다음과 같이 임의로 번호를 지정하고, 기준이 되는 C를 앉히고 나머지를 배치한다.

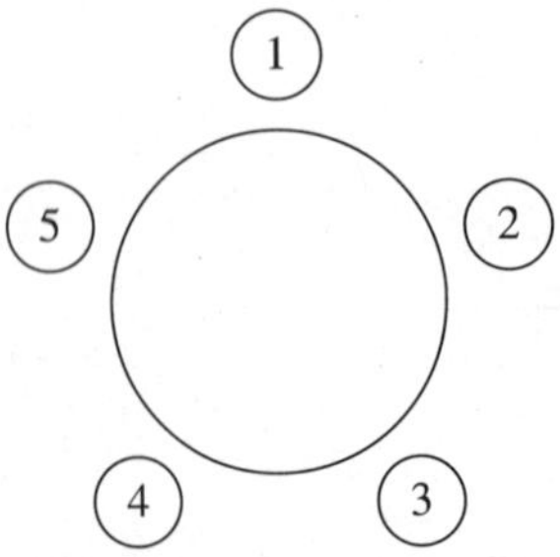

C를 1번에 앉히면, 첫 번째 조건에서 C 바로 옆에 E가 앉아야 하므로 E는 5번 또는 2번에 앉는다. 만약 E를 2번에 앉히고, 세 번째 조건에 따라 A, D가 4번과 3번에 앉으면 B가 5번에 앉게 되어 첫 번째 조건에 부합하지 않는다. 또한 A가 5번, D가 4번에 앉는 경우 B는 3번에 앉게 되지만 두 번째 조건에서 D와 B는 나란히 앉을 수 없어 불가능하다. E를 5번에 앉히고 A는 3번, D는 2번에 앉게 되면 B는 4번에 앉아야 하므로 모든 조건을 만족하게 된다.
따라서 C를 첫 번째로 하여 시계 방향으로 세 번째에 앉는 사람은 A이다.

05

정답 ⑤

원형 테이블은 회전시켜도 좌석 배치가 동일하다. 따라서 좌석에 인원수만큼의 번호 1 ~ 6번을 임의로 붙인 다음, A가 1번 좌석에 앉았다고 가정해 배치하면 다음과 같다.

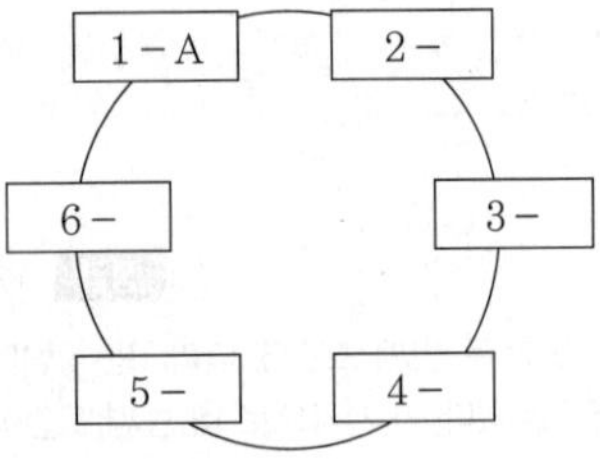

- 두 번째 조건에 따라 E는 A와 마주보는 4번 자리에 앉는다.
- 세 번째 조건에 따라 C는 E 기준으로 왼쪽인 5번 자리에 앉는다.
- 첫 번째 조건에 따라 B는 C와 이웃한 자리 중 비어 있는 6번 자리에 앉는다.
- 네 번째 조건에 따라 F는 A와 이웃한 2번이 아닌, 나머지 자리인 3번 자리에 앉는다.
- D는 남은 좌석인 2번 자리에 앉게 된다.

위 내용을 정리하면 다음과 같다.

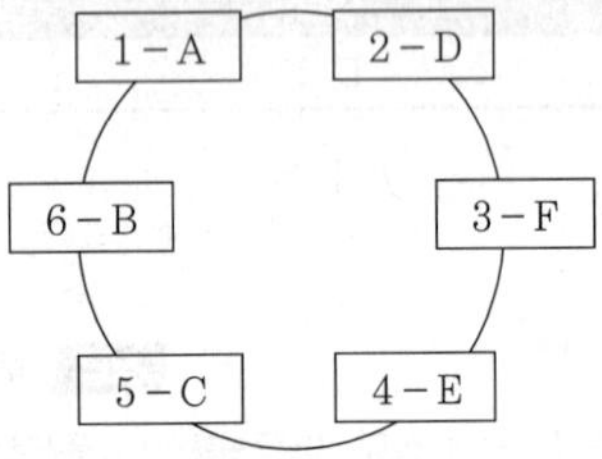

따라서 F와 이웃하여 앉는 사람은 D, E이다.

06

정답 ③

두 번째 조건에 따라 회장실의 위치를 기준으로 각 팀의 위치를 정리하면 다음과 같다.

- A에 회장실이 있을 때
  세 번째 조건에 의해 회장실 맞은편인 E는 응접실이다. 네 번째 조건에 의해 B는 재무회계팀이고, F는 홍보팀이다. 다섯 번째 조건에 의해 G는 법무팀이고 일곱 번째 조건에 의해 C는 탕비실이다. 여섯 번째 조건에 의해 H는 연구개발팀이므로 남은 D가 인사팀이다.
- E에 회장실이 있을 때
  세 번째 조건에 의해 회장실 맞은편인 A는 응접실이다. 네 번째 조건에 의해 F는 재무회계팀이고, B는 홍보팀이다. 다섯 번째 조건에 의해 C는 법무팀이고 일곱 번째 조건에 의해 G는 탕비실이다. 여섯 번째 조건에 의해 H는 연구개발팀이므로 남은 D가 인사팀이다.

따라서 인사팀의 위치는 D이다.

대표기출유형 04 기출응용문제

01

정답 ③

손발 저림 개선에 효능이 있는 코스는 케어코스와 종합코스가 있으며, 종합코스는 피부질환에도 효능이 있다.

오답분석

① 폼스티엔에이페리주 치료도 30% 할인이 적용된다.
② 식욕부진의 경우 웰빙코스가 적절하다.
④ 할인행사는 4월 한 달간 진행된다.
⑤ 폼스티엔에이페리주 치료는 칼로리, 아미노산, 필수지방, 오메가-3 지방산을 공급한다.

02

정답 ③

- A고객 : Y앱 관련 결제에 대한 할인과 알뜰폰 통신사에 대한 할인을 제공하지 않는 Play++카드는 A씨에게 부적절하다. 남은 카드 중에서 국내 결제에 대하여 할인을 제공하는 카드는 Thepay카드이므로 A고객이 사용하기에 적절한 카드는 Thepay 카드이다.
- B고객 : 해외여행 및 해외출장이 잦으므로 휴가중카드 또는 Thepay카드를 사용하는 것이 적절하지만, 할인 혜택을 제공하는 카드는 Thepay카드뿐이므로 B고객이 사용하기에 적절한 카드는 Thepay카드이다.

03

정답 ⑤

- A고객 : 만 62세이므로 (가)보험이나 (나)보험에 가입이 가능하다. 두 상품 모두 A가 선호하는 월납 방식 선택이 가능하며, 암 보장형 상품에 해당한다. 하지만 (가)보험은 이미 납입한 보험료에 대해 80%까지만 환급이 가능하므로 A의 요구조건을 충족하지 못한다. 따라서 (나)보험을 추천하는 것이 적절하다.
- B고객 : 단발성 납입을 선호하므로 월납 등 정기적인 납부방식이 적용된 (가)·(나)보험보다 (다)보험이 적합하다. 또한 필요기간만 가입하는 것을 선호하므로, 보험기간이 1년, 3년으로 타 상품에 비해 상대적으로 단기인 (다)보험을 추천하는 것이 적절하다.

04

정답 ③

연회비는 생략하고 할인되는 금액만 계산하면 다음과 같다.

구분	해당되는 카드혜택	할인금액
Q카드	• YY은행 계좌에서 R통신사 통신요금 자동이체 시 통신요금 10% 청구할인 : N은행에서 자동이체 되므로 혜택 × • 대중교통요금 월 5% 청구할인(3,000원) • YY은행 계좌에서 도시가스비 자동이체 시 10% 청구할인(2,000원) • YY은행 계좌에서 손해보험료 자동이체 시 15% 청구할인(15,000원)	3,000+2,000+15,000=20,000원
L카드	• YY은행 계좌에서 R통신사 통신요금 자동이체 시 통신요금 5% 청구할인 : N은행에서 자동이체 되므로 혜택 × • YY은행 계좌에서 수도세 자동이체 시 20% 청구할인(4,000원) • 카페 이용요금 3,000원 정액할인(다른 부가 조건이 없기에 할인받음) • 음식점 이용요금 20,000원 정액할인	4,000+3,000+20,000=27,000원
U카드	• YY은행 계좌에서 자동차보험료 자동이체 시 5% 청구할인(4,000원) • 주유비 10% 청구할인(8,000원) • YY은행 계좌에서 손해보험료 자동이체 시 10% 청구할인(10,000원) • YY은행 계좌에서 기타 공과금 자동이체 시 10% 청구할인(3,000원)	4,000+8,000+10,000+3,000 =25,000원

따라서 할인금액이 가장 많은 카드는 L카드이며, 할인금액은 27,000원이다.

05

정답 ②

N은행에서 계좌이체하던 것을 YY은행으로 바꾸었다는 것은 통신사 할인혜택이 추가로 적용됨을 뜻한다. 할인으로 혜택받은 금액에서 연회비를 빼면, 최종 혜택금액을 알 수 있다.

구분	카드혜택	할인금액
Q카드	• YY은행 계좌에서 R통신사 통신요금 자동이체 시 통신요금 10% 청구할인(6,000원) • 대중교통요금 월 5% 청구할인(3,000원) • YY은행 계좌에서 도시가스비 자동이체 시 10% 청구할인(2,000원) • YY은행 계좌에서 손해보험료 자동이체 시 15% 청구할인(15,000원)	6,000+3,000+2,000+15,000−1,000 =25,000원
L카드	• YY은행 계좌에서 R통신사 통신요금 자동이체 시 통신요금 5% 청구할인(3,000원) • YY은행 계좌에서 수도세 자동이체 시 20% 청구할인(4,000원) • 카페 이용요금 3,000원 정액할인 • 음식점 이용요금 20,000원 정액할인	3,000+4,000+3,000+20,000−6,000 =24,000원
U카드	• YY은행 계좌에서 자동차보험료 자동이체 시 5% 청구할인(4,000원) • 주유비 10% 청구할인(8,000원) • YY은행 계좌에서 손해보험료 자동이체 시 10% 청구할인(10,000원) • YY은행 계좌에서 기타 공과금 자동이체 시 10% 청구할인(3,000원)	4,000+8,000+10,000+3,000−8,000 =17,000원

따라서 카드와 월 혜택금액이 바르게 짝지어진 것은 ②이다.

대표기출유형 05 기출응용문제

01

정답 ③

해결해야 할 전략 과제란 취약한 부분에 대해 보완해야 할 과제를 말한다. 따라서 이미 우수한 고객서비스 부문을 강화한다는 것은 전략 과제로 삼기에 적절하지 않다.

오답분석

① 해외 판매망이 취약하다고 분석되었으므로 중국시장의 판매유통망을 구축하는 전략 과제를 세우는 것은 적절하다.
② 중국시장에서 A제품의 구매 방식이 대부분 온라인으로 이루어지는 데 반해, 자사의 온라인 구매시스템은 미흡하기 때문에 온라인 구매시스템을 강화한다는 전략 과제는 적절하다.
④ A제품에 대해 중국기업들 간의 가격 경쟁이 치열하다는 것은 제품의 가격이 내려가고 있다는 의미인데, 자사는 생산원가가 높다는 약점이 있다. 그러므로 원가 절감을 통한 가격경쟁력 강화 전략은 적절하다.
⑤ 중국시장에서 인간공학이 적용된 제품을 지향하고 있으므로 인간공학을 기반으로 한 제품 개발을 강화하는 것은 적절한 전략 과제이다.

02

정답 ④

기회는 외부환경 요인 분석에 속하므로 회사 내부를 제외한 외부의 긍정적인 면으로 작용하는 것을 말한다. 반면 ④는 외부의 부정적인 면으로 위협 요인에 해당된다.

오답분석

①·②·③·⑤ 외부환경의 긍정적인 요인으로 볼 수 있으므로 기회 요인에 속한다.

03

정답 ③

보유한 글로벌 네트워크를 통해 해외시장에 진출하는 것은 강점을 활용하여 외부환경의 기회를 포착하는 SO전략이다.

오답분석

① SO전략 : 강점을 활용하여 외부환경의 기회를 포착하는 전략이므로 적절하다.
② WO전략 : 약점을 보완하여 외부환경의 기회를 포착하는 전략이므로 적절하다.
④ ST전략 : 강점을 활용하여 외부환경의 위협을 회피하는 전략이므로 적절하다.
⑤ WT전략 : 약점을 보완하여 외부환경의 위협을 회피하는 전략이므로 적절하다.

04

정답 ②

㉠ 기술개발을 통해 연비를 개선하는 것은 막대한 R&D 역량이라는 강점으로 휘발유의 부족 및 가격의 급등이라는 위협을 회피하거나 최소화하는 전략에 해당하므로 적절하다.
㉣ 생산설비에 막대한 투자를 했기 때문에 차량모델 변경의 어려움이라는 약점이 있는데, 레저용 차량 전반에 대한 수요 침체 및 다른 회사들과의 경쟁이 심화되고 있으므로 생산량 감축을 고려할 수 있다.
㉤ 생산 공장을 한 곳만 가지고 있다는 약점이 있지만, 새로운 해외시장이 출현하고 있는 기회를 살려서 국내 다른 지역이나 해외에 공장들을 분산 설립할 수 있을 것이다.
㉥ 막대한 R&D 역량이라는 강점을 이용하여 휘발유의 부족 및 가격의 급등이라는 위협을 회피하거나 최소화하기 위해 경유용 레저 차량 생산을 고려할 수 있다.

오답분석

㉡ 소형 레저용 차량에 대한 수요 증대라는 기회 상황에서 대형 레저용 차량을 생산하는 것은 적절하지 않은 전략이다.
㉢ 차량모델 변경의 어려움이라는 약점을 보완하는 전략도 아니고, 소형 또는 저가형 레저용 차량에 대한 선호가 증가하는 기회에 대응하는 전략도 아니다. 또한, 차량 안전 기준의 강화 같은 규제 강화는 기회 요인이 아니라 위협 요인이다.
㉦ 기회는 새로운 해외시장의 출현인데 내수 확대에 집중하는 것은 기회를 살리는 전략이 아니다.

05

정답 ③

㉢의 '인터넷전문은행의 활성화 및 빅테크의 금융업 진출 확대 추세'는 강력한 경쟁 상대의 등장을 의미하므로 조직 내부의 약점(W)이 아니라 조직 외부로부터의 위협(T)에 해당한다.

오답분석

㉠ 조직의 목표 달성을 촉진할 수 있으며 조직 내부의 통제 가능한 강점(S)에 해당한다.
㉡ 조직의 목표 달성을 방해할 수 있으며 조직 내부의 통제 가능한 약점(W)에 해당한다.
㉣ 조직 외부로부터 비롯되어 조직의 목표 달성에 도움이 될 수 있는 통제 불가능한 기회(O)에 해당한다.
㉤ 조직 외부로부터 비롯되어 조직의 목표 달성을 방해할 수 있는 통제 불가능한 위협(T)에 해당한다.

PART 1

CHAPTER

03 자원관리능력

대표기출유형 01 기출응용문제

01

정답 ⑤

선택지에 따른 교통편을 이용할 때, N은행 본사에 도착하는 시간은 다음과 같다.

① 버스 – 택시 : 9시 5분 ~ 10시 5분(버스) → 10시 5분 ~ 10시 35분(택시)
② 지하철 – 버스 : 9시 10분 ~ 9시 55분(지하철) → 10시 20분 ~ 10시 45분(버스)
③ 자가용 – 지하철 : 9시 ~ 10시 20분(자가용) → 10시 50분 ~ 11시 5분(지하철)
④ 버스 – 버스 : 9시 5분 ~ 10시 5분(버스) → 10시 20분 ~ 10시 45분(버스)
⑤ 지하철 – 택시 : 9시 10분 ~ 9시 55분(지하철) → 9시 55분 ~ 10시 25분(택시)

따라서 ⑤에 따라 지하철을 타고 고속터미널로 간 다음 택시를 타는 것이 N은행 본사에 가장 빨리 도착하는 방법이다.

02

정답 ⑤

시차 문제 유형은 시간 차이를 나라별로 따져가며 계산을 해도 되지만, 각 선택지를 기준으로 하나씩 소거해 나가는 것도 방법이다. 이때 모든 나라를 검토하는 것이 아니라 한 나라라도 안 되는 나라가 있으면 답이 될 수 없으므로, 다음 선택지로 넘어간다.

- 헝가리 : 서머타임을 적용해 한국보다 6시간 느리다.
- 호주 : 서머타임을 적용해 한국보다 2시간 빠르다.
- 싱가포르 : 한국보다 1시간 느리다.

따라서 한국 기준으로 오후 3 ~ 4시에는 모든 나라가 회의에 참석할 수 있다.

오답분석

① 헝가리가 오전 4시로 업무 시작 전이므로 회의가 불가능하다.
② 헝가리가 오전 5시로 업무 시작 전이므로 회의가 불가능하다.
③ 헝가리가 오전 7시로 업무 시작 전이므로 회의가 불가능하다.
④ 헝가리가 오전 8시로 업무 시작 전이므로 회의가 불가능하다.

03

정답 ②

전 직원이 이미 확정된 스케줄의 변동 없이 1시간을 사용할 수 있는 시간은 10:00 ~ 11:00와 14:00 ~ 15:00의 두 시간대이다. 은행장은 가능한 한 빨리 완료할 것을 지시하였으므로 10:00 ~ 11:00가 자가진단을 실시할 시간으로 가장 적절하다.

04

정답 ③

대화 내용을 살펴보면 A과장은 패스트푸드점, B대리는 화장실, C주임은 은행, D사원은 편의점을 이용한다. 이는 동시에 이루어지는 일이므로 가장 오래 걸리는 일의 시간만을 고려하면 된다. 은행이 30분으로 가장 오래 걸리므로 17:20에 모두 모이게 된다. 그러므로 17:00, 17:15에 출발하는 버스는 이용하지 못하며, 17:30에 출발하는 버스는 잔여석이 부족하여 이용하지 못한다. 따라서 17:45에 출발하는 버스를 탈 수 있고, 서울 도착 예정 시각은 19:45이다.

대표기출유형 02 기출응용문제

01

정답 ②

성과급 지급 기준에 따라 영업팀의 성과를 평가하면 다음과 같다.

구분	성과평가 점수	성과평가 등급	성과급 지급액
1/4분기	(8×0.4)+(8×0.4)+(6×0.2)=7.6	C	80만 원
2/4분기	(8×0.4)+(6×0.4)+(8×0.2)=7.2	C	80만 원
3/4분기	(10×0.4)+(8×0.4)+(10×0.2)=9.2	A	100+10=110만 원
4/4분기	(8×0.4)+(8×0.4)+(8×0.2)=8.0	B	90만 원

따라서 영업팀에게 1년간 지급된 성과급의 총액은 80+80+110+90=360만 원이다.

02

정답 ④

보증료는 대지비와 건축비 부분으로 구성되며, 대지비 부분은 금액 및 보증료율이 동일하기 때문에 계산할 필요가 없으므로 건축비 부분 보증료만 계산하여 비교하면 된다.

건축비 부분에서 보증금액은 2명 모두 3억이며, 보증료율은 K씨는 0.215(A+, 3등급)−0.050(2군 할인요율)=0.165%이고, Q씨는 0.404(C, 1등급)−0.042(3군 할인요율)=0.362%이다.

따라서 K씨와 Q씨의 보증료율 차이는 0.362−0.165=0.197%이고, 보증료 차이는 3억×0.197%×365÷365=591,000원이다.

03

정답 ②

3일간 5명에게 지급할 총급여를 정리하면 다음과 같다.

구분	정규 근무시간 급여	초과 근무시간				합계
		1일차	2일차	3일차	추가 급여	
A과장	3×8×21,220=509,280원	−	3시간 20분	1시간 10분	40,000원	549,280원
B대리	3×8×18,870=452,880원	−	10분	2시간	20,000원	472,880원
C주임	3×8×17,150=411,600원	−	50분	2시간	25,000원	436,600원
D사원	3×8×15,730=377,520원	10분	2시간 30분	−	25,000원	402,520원
E사원	3×8×14,300=343,200원	−	−	−	0원	343,200원

따라서 3일간 직원 5명에게 지급할 총급여는 549,280+472,880+436,600+402,520+343,200=2,204,480원이다.

04

정답 ①

03번 해설을 참고할 때, 5명의 직원 중 가장 많이 일한 사람은 총 4시간 30분 동안 초과근무를 한 A과장이고, 가장 적게 일한 사람은 초과근무를 하지 않은 E사원이다.

따라서 A과장과 E사원의 3일간 급여의 합은 549,280+343,200=892,480원이다.

대표기출유형 03 기출응용문제

01

정답 ④

인쇄해야 하는 홍보자료의 부수는 총 20×10=200부이며, 페이지는 총 200×30=6,000페이지이다.
이를 활용하여 업체당 인쇄비용을 구하면 다음과 같다.

구분	페이지 인쇄 비용	유광표지 비용	제본 비용	할인 적용한 총비용
A	6,000×50=30만 원	200×500=10만 원	200×1,500=30만 원	30+10+30=70만 원
B	6,000×70=42만 원	200×300=6만 원	200×1,300=26만 원	42+6+26=74만 원
C	6,000×70=42만 원	200×500=10만 원	200×1,000=20만 원	42+10+20=72만 원 → 200부 중 100부 5% 할인 → (할인 안 한 100부 비용)+(할인한 100부 비용) ∴ 36+(36×0.95)=70만 2천 원
D	6,000×60=36만 원	200×300=6만 원	200×1,000=20만 원	36+6+20=62만 원
E	6,000×100=60만 원	200×200=4만 원	200×1,000=20만 원	60+4+20=84만 원 → 총비용 20% 할인 ∴ 84×0.8=67만 2천 원

따라서 가장 저렴한 비용으로 인쇄할 수 있는 업체는 D인쇄소이다.

02

정답 ④

업체별 정비 1회당 품질개선효과와 1년 정비비, 1년 정비횟수를 정리하면 다음과 같다.

구분	1년 계약금(만 원)	1년 정비비(만 원)	1년 정비횟수(회)	정비 1회당 품질개선효과
A업체	1,680	2,120	424	51
B업체	1,920	1,880	376	51
C업체	1,780	2,020	404	45
D업체	1,825	1,975	395	56
E업체	2,005	1,795	359	53

이를 바탕으로 품질개선점수를 계산하면 다음과 같다.

구분	1년 정비횟수(회)	정비 1회당 품질개선효과	품질개선점수
A업체	424	51	21,624
B업체	376	51	19,176
C업체	404	45	18,180
D업체	395	56	22,120
E업체	359	53	19,027

따라서 품질개선점수가 가장 높은 D업체가 선정된다.

B는 A와 정비 1회당 품질개선효과는 동일하면서 1년 정비횟수가 더 낮으므로 굳이 B의 품질개선점수를 계산할 필요는 없으며, C는 A보다 두 가지 모두 작으므로 계산할 필요가 없다.
또한 E는 D보다 두 가지 항목 모두 작으므로 계산할 필요가 없으므로, 실질적으로 A와 D만을 비교하여 답을 도출하면 시간을 절약할 수 있다.

03

정답 ③

보증료 공식에서 보증료율을 보면 크게 차이가 나지 않는 반면, 보증금액과 보증기간은 일정 배수대로 움직인다는 사실을 파악하면 문제를 해결하기 쉽다.

우선 보증금액의 경우 1억 2천만 원을 x, 보증기간 1년을 y라고 가정하면 다음과 같이 정리할 수 있다.

구분	보증금액	신용등급(보증료율)	보증기간	(보증금액)×(보증기간)
A회사	$2x$	3(0.408%)	$3y$	$6xy$
B회사	$3x$	4(0.437%)	$2y$	$6xy$
C회사	$2x$	4(0.437%)	$2y$	$4xy$
D회사	x	5(0.469%)	$4y$	$4xy$
E회사	$5x$	1(0.357%)	y	$5xy$

복잡한 계산 없이 비교하는 방법으로 가장 보증료가 높은 회사는 A와 B 중 하나이며, 낮은 회사는 C와 D 중 하나이다. 마지막으로 신용등급을 보면 A회사와 B회사 중에서는 신용등급이 더 낮은 B회사가 가장 많이 보증료를 내고, C회사와 D회사 중에서는 신용등급이 더 높은 C회사가 보증금을 가장 적게 냄을 알 수 있다.

보증료를 공식에 대입하여 직접 계산하면 다음과 같다.

구분	보증료(만 원)
A회사	24,000×0.408%×3×365÷365=293.76
B회사	36,000×0.437%×2×365÷365=314.64
C회사	24,000×0.437%×2×365÷365=209.76
D회사	12,000×0.469%×4×365÷365=225.12
E회사	60,000×0.357%×1×365÷365=214.20

따라서 보증료를 가장 많이 내는 회사는 B이고, 가장 적게 내는 회사는 C이다.

대표기출유형 04 기출응용문제

01

정답 ①

평가지표 결과와 지표별 가중치를 이용하여 지원자들의 최종 점수를 계산하면 다음과 같다.

- A지원자 : (3×3)+(3×3)+(5×5)+(4×4)+(4×5)+5=84점
- B지원자 : (5×3)+(5×3)+(2×5)+(3×4)+(4×5)+5=77점
- C지원자 : (5×3)+(3×3)+(3×5)+(3×4)+(5×5)=76점
- D지원자 : (4×3)+(3×3)+(3×5)+(5×4)+(4×5)+5=81점
- E지원자 : (4×3)+(4×3)+(2×5)+(5×4)+(5×5)=79점

따라서 N은행에서 채용할 지원자는 A, D지원자이다.

02

정답 ③

승진후보자 A, B, C, D, E의 승진점수를 계산하면 다음과 같다.

(단위 : 점)

구분	실적평가점수	동료평가점수	혁신사례점수	이수교육	총점
A	34	26	22	다자협력	82+2=84
B	36	25	18	혁신역량	79+3=82
C	39	26	24	–	89
D	37	21	23	조직문화, 혁신역량	81+2+3=86
E	36	29	21	–	86

2순위로 동점인 D와 E 중에 실적평가점수가 더 높은 D가 선발된다.
따라서 승진자는 C와 D이다.

03

정답 ④

변경된 승진자 선발 방식에 따라 승진후보자 A, B, C, D, E의 승진점수를 계산하면 다음과 같다.

(단위 : 점)

구분	실적평가점수	동료평가점수	혁신사례점수	이수교육	총점
A	34	26	33	다자협력	93+2=95
B	36	25	27	혁신역량	88+4=92
C	39	26	36	–	101
D	37	21	34.5	조직문화, 혁신역량	92.5+2+4=98.5
E	36	29	31.5	–	96.5

따라서 승진점수가 가장 높은 2명 C와 D가 승진한다.

04

정답 ③

C대리의 2024년 업무평가 점수는 직전연도 업무평가 점수인 89점에서 자격 1회에 따른 5점, 결근 1회에 따른 10점을 제한 74점이다. 따라서 승진대상에 포함되지 못하므로 그대로 대리일 것이다.

오답분석

① A사원은 근속연수가 3년 미만이므로 승진대상이 아니다.
② B주임은 출산휴가 35일을 제외하면 근속연수가 3년 미만이므로 승진대상이 아니다.
④·⑤ 승진대상에 대한 자료이므로 대리가 될 수 없다.

CHAPTER

04 수리능력

PART 1

대표기출유형 01 기출응용문제

01

정답 ④

B의 속력을 xm/min라 하자. 서로 반대 방향으로 걸으므로, 한 번 만날 때 두 사람은 연못을 1바퀴 걸은 것이다. 1시간 동안 5번을 만났다면, 두 사람의 이동거리는 $600\times5=3{,}000$m이므로 다음 식이 성립한다.

$3{,}000=60\times(15+x)$

$\rightarrow 60x=2{,}100$

$\therefore x=35$

따라서 B의 속력은 35m/min이다.

02

정답 ④

증발시킨 물의 양을 xg이라고 하면 다음 식이 성립한다.

$\frac{10}{100}\times300=\frac{30}{100}\times(300-x)$

$\rightarrow 300=900-3x$

$\rightarrow 3x=600$

$\therefore x=200$

따라서 증발시킨 물의 양은 200g이다.

03

정답 ①

두 사람이 함께 일을 하는 데 걸리는 기간을 x일, 전체 일의 양을 1이라고 하자.

대리가 하루에 진행하는 일의 양은 $\frac{1}{16}$, 사원이 하루에 진행하는 일의 양은 $\frac{1}{48}$이므로 다음 식이 성립한다.

$\left(\frac{1}{16}+\frac{1}{48}\right)x=1$

$\therefore x=12$

따라서 두 사람이 함께 프로젝트를 하는 데 걸리는 기간은 12일이다.

04

정답 ①

A등급 선수 1명에게 지급될 금액을 x원이라고 하면, B등급 선수 1명에게 지급될 금액은 $\frac{1}{2}x$원, C등급 선수 1명에게 지급될 금액은 $\frac{1}{2}x\times\frac{2}{3}=\frac{1}{3}x$원이다.

$5x+10\times\frac{1}{2}x+15\times\frac{1}{3}x=45{,}000{,}000$

$\rightarrow 15x=45{,}000{,}000$

$\therefore\ x=3,000,000$

따라서 A등급을 받은 선수 1명에게 지급되는 금액은 300만 원이다.

05

정답 ③

휴일이 5일, 7일 간격이기 때문에 각각 6번째 날과 8번째 날이 휴일이 된다.

6과 8의 최소공배수는 24이므로 두 회사는 24일마다 함께 휴일을 맞는다.

4번째로 함께 하는 휴일은 $24\times4=96$일 뒤이므로 $96\div7=13\cdots5$이다.

따라서 일요일로부터 5일 뒤인 금요일이 4번째로 함께 하는 휴일이다.

06

정답 ④

- 남학생 5명 중 2명을 선택하는 경우의 수 : ${}_5C_2=\frac{5\times4}{2\times1}=10$가지
- 여학생 3명 중 2명을 선택하는 경우의 수 : ${}_3C_2=\frac{3\times2}{2\times1}=3$가지
- 선택한 4명을 한 줄로 세우는 경우의 수 : $4!=4\times3\times2\times1=24$가지

$\therefore\ {}_5C_2\times{}_3C_2\times4!=10\times3\times24=720$가지

따라서 구하고자 하는 경우의 수는 720가지이다.

07

정답 ⑤

- 내일 비가 오고 모레 비가 안 올 확률 : $\frac{1}{5}\times\frac{2}{3}=\frac{2}{15}$
- 내일 비가 안 오고 모레 비가 안 올 확률 : $\frac{4}{5}\times\frac{7}{8}=\frac{7}{10}$

$\therefore\ \frac{2}{15}+\frac{7}{10}=\frac{5}{6}$

따라서 모레 비가 안 올 확률은 $\frac{5}{6}$이다.

08

정답 ②

파운드화를 유로화로 환전할 때 이중환전을 해야 하므로 파운드화에서 원화, 원화에서 유로화로 두 번 환전해야 한다.

- 파운드화를 원화로 환전 : 1,400파운드×1,500원/파운드=2,100,000원
- 원화를 유로화로 환전 : 2,100,000원÷1,200원/유로=1,750유로

따라서 K씨가 환전한 유로화는 1,750유로이다.

09

정답 ②

배의 속력을 시속 $x$km라고 하면, 강물을 거슬러 올라갈 때의 속력은 시속 $(x-3)$km이다.

강의 길이가 $(x-3)\times1=9$km이므로 배의 속력 x는 $9+3=12$km이다.

강물을 따라 내려올 때의 속력은 $12+3=15$km이므로 강물을 따라 내려올 때 걸린 시간은 $\frac{9}{15}=36$분이다.

대표기출유형 02 기출응용문제

01

정답 ③

문제의 조건에 따라 만기환급금을 계산하면 다음과 같다.

$30\times40+30\times\frac{40\times41}{2}\times\frac{0.03}{12}=1,261.5$만 원

따라서 B주임이 안내받을 만기환급금은 1,261.5만 원이다.

02

정답 ③

B고객이 예금을 만기해서 찾게 되면 받을 수 있는 이율은 기본금리 3%와 우대금리 0.2%p로 총 3+0.2=3.2%이다.

5년간 예금을 만기했을 때 B고객이 받을 수 있는 금액은 $1,000,000\times\left(1+0.032\times\frac{60}{12}\right)=1,160,000$원이다.

예금을 중도해지할 경우, 최초 가입 시 설정된 (기본금리)+(우대금리)가 아닌 중도해지이율이 적용된다.

B고객은 해당 예금 상품을 1년 동안 보유했으므로 중도해지이율 중 18개월 미만인 (기본금리)×30%가 적용된다.

중도해지 시 B고객이 받을 수 있는 금액은 $1,000,000\times\left(1+0.03\times0.3\times\frac{12}{12}\right)=1,009,000$원이다.

따라서 B고객에게 안내할 금액은 1,160,000−1,009,000=151,000원이다.

03

정답 ②

매년 말에 일정 금액(x억 원)을 n번 일정한 이자율(r)로 은행에 적립하였을 때 금액의 합(S)은 다음과 같다.

$$S=\frac{x\{(1+r)^n-1\}}{r}$$

2025년 말부터 2044년 말까지 20번 적립하였고, 연이율 r은 10%이며, 복리 합인 S는 1억 원이므로 다음 식이 성립한다.

$$1=\frac{x(1.1^{20}-1)}{0.1}\rightarrow x=\frac{1\times0.1}{5.7}=\frac{1}{57}\fallingdotseq0.01754\text{억 원}$$

만 원 단위 미만은 절사하므로 A고객이 매년 말에 적립해야 하는 금액은 175만 원이다.

04

정답 ②

단리식인 경우 만기 시 수령할 이자를 계산하면 다음과 같다.

$100,000\times\frac{12\times13}{2}\times\frac{0.02}{12}=13,000$원

월복리식인 경우 만기 시 수령할 이자를 계산하면 다음과 같다.

$$100,000\times\left\{\frac{\left(1+\frac{0.02}{12}\right)^{13}-\left(1+\frac{0.02}{12}\right)}{\left(1+\frac{0.02}{12}\right)-1}\right\}-12\times100,000=100,000\times\left\{\frac{1.022-\left(1+\frac{0.02}{12}\right)}{\frac{0.02}{12}}\right\}-12\times100,000$$

$$=100,000\times\left(\frac{\frac{22}{1,000}-\frac{2}{1,200}}{\frac{2}{1,200}}\right)-12\times100,000$$

$$=100,000\times\frac{61}{5}-12\times100,000$$

$$=1,220,000-1,200,000=20,000\text{원}$$

대표기출유형 03 기출응용문제

01

정답 ②

취업 관련 도서를 선호하는 3학년 학생 수는 $368\times0.066\fallingdotseq24$명이고, 철학·종교 도서를 선호하는 1학년 학생 수는 $375\times0.03\fallingdotseq11$명이다.

따라서 취업 관련 도서를 선호하는 3학년 학생 수 대비 철학·종교 도서를 선호하는 1학년 학생 수의 비율은 $\frac{11}{24}\times100\fallingdotseq46\%$이다.

02

정답 ①

분기별 매출이익 대비 순이익의 비는 다음과 같다.

- 2024년 1분기 : $\frac{302}{1,327}\fallingdotseq0.228$
- 2024년 2분기 : $\frac{288}{1,399}\fallingdotseq0.206$
- 2024년 3분기 : $\frac{212}{1,451}\fallingdotseq0.146$
- 2024년 4분기 : $\frac{240}{1,502}\fallingdotseq0.160$
- 2025년 1분기 : $\frac{256}{1,569}\fallingdotseq0.163$

따라서 매출이익 대비 순이익의 비가 가장 낮은 때는 2024년 3분기이며, 영업이익은 전분기 대비 동일하므로 증감률은 0%이다.

03

정답 ①

N기업의 신용등급이 변화하는 경우를 표로 정리하면 다음과 같다.

2022년	2023년	2024년	확률
C등급	A등급	C등급	$0.1\times0.1=0.01$
	B등급		$0.22\times0.33=0.0726$
	C등급		$0.68\times0.68=0.4624$

따라서 2022년에 C등급을 받은 N기업이 2024년에도 C등급을 유지할 가능성은 $0.01+0.0726+0.4624=0.545$이다.

04

정답 ④

제시된 내용을 표로 정리하면 다음과 같다.

(단위 : 명)

구분	2024년 하반기 입사자 수	2025년 상반기 입사자 수
마케팅	50	100
영업	a	$a+30$
상품기획	100	$100\times(1-0.2)=80$
인사	b	$50\times2=100$
합계	320	$320\times(1+0.25)=400$

- 2025년 상반기 입사자 수의 합 : $400=100+(a+30)+80+100 \rightarrow a=90$
- 2024년 하반기 입사자 수의 합 : $320=50+90+100+b \rightarrow b=80$

따라서 2024년 하반기 대비 2025년 상반기 인사팀 입사자 수의 증감률은 $\frac{100-80}{80}\times100=25\%$이다.

05

정답 ②

2024년 김치 수출액이 3번째로 많은 국가는 홍콩이다. 홍콩의 2023년 대비 2024년 수출액의 증감률은 $\frac{4,285-4,543}{4,543}\times 100$ ≒ −5.68%이다.

대표기출유형 04 기출응용문제

01

정답 ②

M은행, P은행, T은행의 기준금리는 5 ~ 6등급이 3 ~ 4등급보다 낮고, R은행, U은행의 기준금리 또한 7 ~ 8등급이 5 ~ 6등급보다 낮으므로 옳지 않다.

오답분석

① M은행이 대출금리 기준 3.44%로 가장 저렴하다.
③ U은행이 5.9%로 가장 높은 가산금리인데 이의 절반은 약 3%이다. P은행이 2.25%로 이보다 작다.
④ Q은행 3 ~ 4등급과 5 ~ 6등급의 기준금리는 2.07%로 동일하다.
⑤ T은행이 대출 평균금리가 6.83%로 가장 높다.

02

정답 ②

2020년 대비 2023년 국제소포 분야의 매출액 증가율은 $\frac{21,124-17,629}{17,629}\times 100 ≒ 19.8\%$이므로 옳지 않다.

오답분석

① 제시된 자료를 통해 확인할 수 있다.
③ 2019년 대비 2023년 분야별 매출액 증가율은 다음과 같다.

- 국제통상 : $\frac{34,012-16,595}{16,595}\times 100 ≒ 105.0\%$
- 국제소포 : $\frac{21,124-17,397}{17,397}\times 100 ≒ 21.4\%$
- 국제특급 : $\frac{269,674-163,767}{163,767}\times 100 ≒ 64.7\%$

따라서 2019년 대비 2023년에 매출액 증가율이 가장 큰 분야는 국제통상 분야이다.

④ 2022년 총매출액에서 국제통상 분야 매출액이 차지하고 있는 비율은 $\frac{26,397}{290,052}\times 100 ≒ 9.1\%$이므로 10% 미만이다.
⑤ 2023년 총매출액에서 2/4분기 매출액이 차지하고 있는 비율은 $\frac{72,391}{324,810}\times 100 ≒ 22.3\%$이므로 20% 이상이다.

03

정답 ④

- A사원 : 9월에 비해 10월에 엔/달러 환율이 1.2만큼 상승했다.
- C사원 : 8월에 비해 9월에 엔/달러 환율이 하락했기 때문에 미국 여행을 떠난 일본 여행객들에게 유리하게 작용한다.
- D사원 : 원/달러와 위안/달러를 비교하여 원화와 위안화의 가치를 비교할 수 있다. 6월과 7월의 위안/달러는 6.20으로 동일하고, 원/달러는 6월에 비해 7월에 상승했으므로 원화가 위안화에 비해 그 가치가 떨어졌다고 할 수 있다. 따라서 한국에서 중국으로 송금할 경우 6월에 비해 7월에 손해를 입게 된다.

오답분석

- B사원 : 10월에 원/달러의 환율은 전월 대비 하락했다.

04

정답 ⑤

2016 ~ 2021년 평균 지진 발생 횟수는 $(42+52+56+93+49+44)\div 6=56$회이다. 2022년에 발생한 지진은 2016 ~ 2021년 평균 지진 발생 횟수에 비해 $492\div 56 \fallingdotseq 8.8$배 증가했으므로 옳다.

오답분석

① 2020년과 2021년에는 지진 횟수가 감소했다.
② 2019년의 지진 발생 횟수는 93회이고 2018년의 지진 발생 횟수는 56회이다. 2019년에는 2018년보다 지진이 $93-56=37$회 더 발생했다.
③ 2022년에 일어난 규모 5.8의 지진이 2016년 이후 우리나라에서 발생한 지진 중 가장 강력한 규모이다.
④ 2017년보다 2018년에 지진 횟수는 증가했지만 최고 규모는 감소했다.

05

정답 ⑤

• A
  - 2022년 한국 금융소득 상위 1% 인원 : 354천 명
  - 2013년 한국 금융소득 상위 1% 인원 : 160천 명

  따라서 2022년에는 2013년의 $\frac{354}{160} \fallingdotseq 2.2$, 약 2.2배로 증가하였다.

• B
  - 2022년 한국 가계 전체 금융자산 : $\frac{2,100}{0.58} \fallingdotseq 3,620.7$조 원
  - 2013년 한국 가계 전체 금융자산 : $\frac{1,100}{0.535} \fallingdotseq 2,056.1$조 원

  따라서 2022년에는 2013년의 $\frac{3,620.7}{2,056.1} \fallingdotseq 1.8$, 약 1.8배로 증가하였다.

• C
  - 2022년 한국 금융소득 상위 1% 금융자산 : 2,100조 원
  - 2013년 한국 금융소득 상위 1% 금융자산 : 1,100조 원

  따라서 한국 금융소득 상위 1%의 금융자산은 2022년에 2013년에 비해 $\frac{2,100}{1,100} \fallingdotseq 1.9$, 약 1.9배로 증가하였고, 1.9배는 1.8배(B의 수치)보다 크므로 더 많은 비율로 증가하였음을 알 수 있다.

대표기출유형 05 기출응용문제

01

정답 ⑤

자료에 따르면 2022년도 3/4분기의 저축은행 총자산순이익률이 −0.9%인 반면, 그래프에서는 0%로 나타나 있다.

02

정답 ④

제시된 그래프는 교통사고・화재・산업재해 피해금액의 비중이 아닌 사망자 수의 비중을 나타낸 그래프이며, 피해금액별 교통사고・화재・산업재해 비중은 다음과 같다.

- 교통사고 : $\frac{1,290}{1,290+6,490+1,890}\times100=\frac{1,290}{9,670}\times100≒13.3\%$
- 화재 : $\frac{6,490}{9,670}\times100≒67.1\%$
- 산업재해 : $\frac{1,890}{9,670}\times100≒19.5\%$

03

정답 ⑤

전체 밭벼 생산량은 2,073톤이고, 광주・전남 지역의 밭벼 생산량은 1,662톤이므로 비율을 구하면 $\frac{1,662}{2,073}\times100≒80.17\%$이다.

PART 1

CHAPTER

05 정보능력

대표기출유형 01 기출응용문제

01

정답 ④

정보의 기획은 정보처리의 첫 번째 단계로, 5W2H에 입각하여 이루어진다. 이때 5W는 What(무엇을), Where(어디에서), When(언제까지), Why(왜), Who(누가)이고, 2H는 How(어떻게), How much(얼마나)이다.

02

정답 ⑤

제시문에서는 '응용프로그램과 데이터베이스를 독립시킴으로써 데이터를 변경시키더라도 응용프로그램은 변경되지 않는다.'고 하였다. 따라서 데이터의 논리적 의존성이 아니라, 데이터의 논리적 독립성이 옳다.

오답분석

① '다량의 데이터는 사용자의 질의에 대한 신속한 응답 처리를 가능하게 한다.'라는 내용은 실시간 접근성에 해당한다.
② '삽입, 삭제, 수정, 갱신 등을 통하여 항상 최신의 데이터를 유동적으로 유지할 수 있으며'라는 내용을 통해 데이터베이스는 그 내용을 변화시키면서 계속적인 진화를 하고 있음을 알 수 있다.
③ '여러 명의 사용자가 동시에 공유가 가능하고'라는 부분에서 동시 공유가 가능함을 알 수 있다.
④ '각 데이터를 참조할 때는 사용자가 요구하는 내용에 따라 참조가 가능함'을 통해 내용에 의한 참조인 것을 알 수 있다.

03

정답 ①

오답분석

② 웹 마이닝 : 웹 자원으로부터 의미 있는 패턴, 프로파일 등의 정보를 추출하는 데이터 마이닝의 일부
③ 오피니언 마이닝 : 웹 사이트와 소셜 미디어 등에서 특정 주제에 대한 이용자의 여론 등을 수집하고 분석하여 정보를 도출하는 빅데이터 처리 기술
④ 소셜 마이닝 : 소셜 미디어에 게시되는 글과 사용자를 분석하여 소비자의 흐름 및 패턴을 파악하여 트렌드 및 여론 추이를 읽어내는 기술
⑤ 현실 마이닝 : 휴대폰 등 모바일 기기를 통해 현실에서 발생하는 정보를 바탕으로 인간행동의 패턴 등을 파악하는 기술

대표기출유형 02 기출응용문제

01

정답 ①

SUMIFS 함수는 주어진 조건에 의해 지정된 셀들의 합을 구하는 함수로, 「=SUMIFS(합계범위,조건범위,조건 값)」으로 구성된다. 여기서 '조건 값'으로 숫자가 아닌 텍스트를 직접 입력할 경우에는 반드시 큰따옴표를 이용해야 한다. 즉, 「=SUMIFS(F2:F9, D2:D9,"남")」으로 입력해야 한다.

02

정답 ②

「=SMALL(B3:B9,2)」은 [B3:B9] 범위에서 2번째로 작은 값을 구하는 함수이므로 7이 출력된다. 「=MATCH(7,B3:B9,0)」는 [B3:B9] 범위에서 7의 위치 값을 나타내므로 값은 4가 나온다. 따라서 「=INDEX(A3:E9,4,5)」의 결괏값은 [A3:E9]의 범위에서 4행, 5열에 위치한 대전이다.

03

정답 ⑤

COUNTIF(C3:C11,">=70")은 70점 이상인 셀의 개수를 구하는 함수식이다. 여기서 80점 이상인 셀의 개수를 구하는 함수식인 COUNTIF(C3:C11,">=80")을 빼면 70점대의 직원 수만 남는다.

04

정답 ③

ROUNDDOWN 함수는 주어진 수의 소수점 이하를 버림하는 함수이다. 평균을 먼저 구한 후 소수점 이하를 버림하면 된다.
고○○의 평균은 「=AVERAGE(B3:E3)」이고, 이 평균의 소수점 둘째 자리 이하를 버림한다.
따라서 [F3]에 들어갈 함수는 「=ROUNDDOWN(AVERAGE(B3:E3),1)」이다.

05

정답 ③

주어진 조건에 부합하는 셀의 개수를 세는 함수는 COUNTIF 함수이다.
따라서 「=COUNTIF(F3:F16,">=8.5")」를 사용하면 된다.

대표기출유형 03 기출응용문제

01

정답 ③

서식지정자 lf는 double형 실수형 값을 표시할 때 쓰이며, %.2lf의 .2는 소수점 2자리까지 표시한다는 의미이다.
따라서 a는 10이고 b는 1.3이므로 11.30이 출력된다.

02

정답 ⑤

대입연산자는 변수에 값을 대입할 때 사용하는 이항 연산자이며, 피연산자들의 결합 방향은 오른쪽에서 왼쪽이다.
대입연산자 −=는 왼쪽의 피연산자에서 오른쪽의 피연산자를 뺀 후 그 결괏값을 왼쪽의 피연산자에 대입한다.
a는 3이고, a−=5는 기존 a값에 3−5의 값을 대입하므로 −2가 출력된다.

03

정답 ④

!=는 '같지 않다'는 연산자로, 1은 3이 아니기 때문에 실행 결과 True가 출력된다.

오답분석

① ==는 '같다'는 연산자로, 1은 3이 아니기 때문에 실행 결과 False가 출력된다.
② < 연산자는 앞에 있는 수가 뒤에 있는 수보다 작아야 참이 된다. 5가 3보다 크므로, < 연산자를 사용하면 False가 출력된다.
③ a는 11이 입력되어 있고, a는 1과 10보다 크므로 False가 출력된다.
⑤ and는 나열된 모든 결과가 같아야 True가 출력되는데, 1과 5가 같지 않으므로 False가 출력된다.

04

정답 ③

제시된 프로그램은 정수 x, y에 대하여 power(x,y)=x×power(x,y−1)을 y=0이 될 때까지 반복하여 반환하며, power(x,0)의 값을 1로 정의한 재귀함수에 대한 프로그램이다.
따라서 power(6,4)=6×power(6,3)=6×6×power(6,2)=6×6×6×power(6,1)=6×6×6×6×power(6,0)=6×6×6×6×1 =1296이 출력된다.

05

정답 ③

주어진 프로그램은 임의의 배열을 선택 정렬 알고리즘을 통해 오름차순으로 정렬하는 프로그램이다.
이 프로그램에서 오름차순 정렬을 내림차순 정렬로 변경하려면 9번째 행의 'if(min>arr[j])'를 'if(min<arr[j])'로 수정해야 한다.

CHAPTER

06 조직이해능력

PART 1

대표기출유형 01 기출응용문제

01

정답 ④

조직의 경영자는 조직을 둘러싼 외부 환경에 대해 항상 관심을 가져야 하며, 외부 환경에 변화가 생겼을 경우 이를 조직에 전달하여야 한다.

경영자의 역할
- 대인적 역할 : 조직의 대표자, 조직의 리더, 상징자·지도자
- 정보적 역할 : 외부환경 모니터, 변화 전달, 정보전달자
- 의사결정적 역할 : 문제 조정, 대외적 협상 주도, 분쟁조정자·자원배분자·협상가

02

정답 ②

- 소프트웨어적 요소
  - 스타일(Style) : 조직구성원을 이끌어 나가는 관리자의 경영방식
  - 구성원(Staff) : 조직 내 인적 자원의 능력, 전문성, 동기 등
  - 스킬(Skills) : 조직구성원이 가지고 있는 핵심 역량
  - 공유가치(Shared Values) : 조직 이념, 비전 등 조직구성원이 함께 공유하는 가치관
- 하드웨어적 요소
  - 전략(Strategy) : 시장에서의 경쟁우위를 위해 회사가 개발한 계획
  - 구조(Structure) : 조직별 역할, 권한, 책임을 명시한 조직도
  - 시스템(Systems) : 조직의 관리체계, 운영절차, 제도 등 전략을 실행하기 위한 프로세스

03

정답 ②

사례 1은 차별화 전략의 대표적인 사례로, 넓은 시장에서 경쟁우위 요소를 차별화로 두는 전략이다.

04

정답 ③

사례 2는 집중화 전략의 대표적인 사례이다. 집중화 전략의 결과로 특정 목표에 대해 차별화되거나 낮은 원가를 실현할 수 있는데, 예를 들면 특정 지역의 공급자가 고객과의 제휴를 통해 낮은 원가 구조를 확보할 수 있다. 또한 특정 세분화된 시장이 목표가 되므로 다른 전략에 비해 상대적으로 비용이 적게 들고, 성공했을 경우 효과는 작지만 특정 세분시장에서의 이익을 확실하게 확보할 수 있다.

05

정답 ④

사례 3은 원가우위 전략과 차별화 전략을 동시에 적용한 사례이다. T사는 JIT 시스템을 통해 비용을 낮추는 원가우위 전략을 취함과 동시에 기존 JIT 시스템을 현재 상황에 맞게 변형한 차별화 전략을 추구하고 있다.

오답분석

㉠ 원가우위 전략을 사용하였다.
㉡ 집중화 전략을 사용하였다.

대표기출유형 02 기출응용문제

01

정답 ④

목표의 층위·내용 등에 따라 우선순위가 있을 수는 있지만, 하나씩 순차적으로 처리해야 하는 것은 아니다. 즉, 조직의 목표는 동시에 여러 개가 추구될 수 있다.

02

정답 ⑤

조직문화는 구성원 개개인의 개성을 인정하고 그 다양성을 강화하기보다는 구성원들의 행동을 통제하는 기능을 한다. 즉, 구성원을 획일화·사회화시킨다.

03

정답 ②

제시된 자료에서 (가)는 집단문화, (나)는 개발문화, (다)는 계층문화, (라)는 합리문화에 해당한다.
규칙과 법을 준수하고, 관행과 안정, 문서와 형식, 명확한 책임소재 등을 강조하는 관리적 문화의 특징을 가진 문화는 (다)이다.

Cameron & Quinn(카메론 & 퀸)의 조직문화 유형별 특징

- 집단문화 : 관계지향적인 문화이며, 조직구성원 간 인간애 또는 인간미를 중시하는 문화로서 조직내부의 통합과 유연한 인간관계를 강조한다. 따라서 조직구성원 간 인화단결, 협동, 팀워크, 공유가치, 사기, 의사결정과정에 참여 등을 중요시하며, 개인의 능력개발에 대한 관심이 높고, 조직구성원에 대한 인간적 배려와 가족적인 분위기를 만들어내는 특징을 가진다.
- 개발문화 : 높은 유연성과 개성을 강조하며, 외부환경에 대한 변화지향성과 신축적 대응성을 기반으로 조직구성원의 도전의식, 모험성, 창의성, 혁신성, 자원획득 등을 중시하며, 조직의 성장과 발전에 관심이 높은 조직문화를 의미한다. 따라서 조직구성원의 업무수행에 대한 자율성과 자유재량권 부여 여부가 핵심요인이다.
- 계층문화 : 조직내부의 통합과 안정성을 확보하고, 현상유지 차원에서 계층화되고 서열화된 조직구조를 중요시하는 조직문화이다. 즉, 위계질서에 의한 명령과 통제, 업무처리 시 규칙과 법 준수, 관행과 안정, 문서와 형식, 보고와 정보관리, 명확한 책임소재 등을 강조하는 관리적 문화의 특징을 나타내고 있다.
- 합리문화 : 과업지향적인 문화로, 결과지향적인 조직으로써의 업무의 완수를 강조한다. 조직의 목표를 명확하게 설정하여 합리적으로 달성하고, 주어진 과업을 효과적이고 효율적으로 수행하기 위하여 실적을 중시하고, 직무에 몰입하며, 미래를 위한 계획을 수립하는 것을 강조한다. 합리문화는 조직구성원 간의 경쟁을 유도하는 문화이기 때문에 때로는 지나친 성과를 강조하게 되어 조직에 대한 조직구성원들의 방어적인 태도와 개인주의적인 성향을 드러내는 경향을 보인다.

04

정답 ②

(가)의 조직구조는 업무의 내용이 유사하고 관련성이 있는 것들을 결합해서 기능적 조직구조 형태를 이룬 것으로, 환경이 안정적이거나 일상적인 기술, 조직의 내부 효율성을 중요시할 때 나타난다.
(나)의 조직구조는 급변하는 환경변화에 효과적으로 대응하고 제품, 지역, 고객별 차이에 신속하게 적응하기 위하여 분권화된 의사결정이 가능한 사업별 조직구조의 형태를 이룬 것이다. (나)의 조직구조는 개별 제품, 서비스, 제품그룹, 주요 프로젝트나 프로그램 등에 따라 조직화된다.
따라서 분권화된 의사결정이 가능한 사업별 조직구조는 (가)보다 (나)의 조직구조로 볼 수 있다.

대표기출유형 03 기출응용문제

01

정답 ⑤

제시된 사례는 총무부가 주문서 메일을 보낼 때, 첨부한 자료를 꼼꼼히 확인하지 않아 수정 전의 파일이 첨부되어 발송되었기 때문에 발생한 일이다.

02

정답 ⑤

조직이나 개인의 업무지침 모두 환경의 변화에 따라 신속하게 수정되지 않으면 오히려 잘못된 결과를 낳을 수 있으므로 3개월에 한 번 정도 지속적인 개정이 필요하다.

03

정답 ②

간트차트(Gantt Chart)는 1919년 간트(Gantt)가 고안한 작업진도 도표이다. 단계별로 업무의 시작부터 끝나는 데까지 걸리는 시간을 바(Bar) 형식으로 표시한다. 전체 일정 및 단계별 소요 시간, 각 업무 활동 사이의 관계 등을 한눈에 볼 수 있는 장점이 있다.

오답분석

① 업무계획표(Business Planner) : 업무 진행 계획을 기재한 표 형식의 문서이다.
③ 체크리스트(Checklist) : 업무 단계 각각의 수행수준을 스스로 점검할 수 있는 도구이다.
④ 워크플로시트(Work Flow Sheet) : 각 과정을 도형으로 나타내어 일의 흐름을 동적으로 보여주는 도구이다.
⑤ 플로차트(Flow Chart) : 문제의 범위를 정하여 분석하고, 그 해법을 명확하게 하기 위해서 필요한 작업이나 사무처리 순서를 통일된 기호와 도형을 사용해서 도식적으로 표시한 것을 말한다.

04

정답 ②

이사원에게 현재 가장 긴급한 업무는 미팅 장소를 변경하는 것이다. 미리 안내했던 장소를 사용할 수 없으므로 11시에 사용 가능한 다른 회의실을 예약해야 한다. 그 후 바로 거래처 직원에게 미팅 장소가 변경된 점을 안내해야 하므로 ⓛ이 ⓒ보다 먼저 이루어져야 한다. 거래처 직원과의 11시 미팅 이후에는 오후 2시에 예정된 김팀장과의 면담이 이루어져야 한다. 김팀장과의 면담 시간은 미룰 수 없으므로 이미 예정되었던 시간에 맞춰 면담을 진행한 후 부서장이 요청한 문서 작업 업무를 처리하는 것이 적절하다. 따라서 이사원은 ⓛ－ⓒ－ⓖ－ⓔ－ⓜ 순서로 업무를 처리해야 한다.

CHAPTER

07 기술능력

대표기출유형 01 기출응용문제

01

정답 ②

연구개발에 참가한 연구원과 엔지니어들이 그 기업을 떠나는 경우 기술과 지식의 손실이 크게 발생하는 점을 볼 때, 기술혁신은 새로운 지식과 경험의 축적으로 나타나는 지식 집약적인 활동으로 볼 수 있다.

기술혁신의 특성

- 기술혁신은 그 과정 자체가 매우 불확실하고 장기간의 시간을 필요로 한다.
- 기술혁신은 지식 집약적인 활동이다.
- 기술혁신 과정의 불확실성과 모호함은 기업 내에서 많은 논쟁과 갈등을 유발할 수 있다.
- 기술혁신은 조직의 경계를 넘나든다.

02

정답 ④

기술 발전에 있어 환경 보호를 추구하는 점을 볼 때, 제시문은 지속가능한 개발의 사례로 볼 수 있다. 지속가능한 개발은 경제 발전과 환경 보전의 양립을 위하여 새롭게 등장한 개념으로 볼 수 있으며, 미래세대가 그들의 필요를 충족시킬 수 있는 가능성을 손상시키지 않는 범위에서 현재 세대의 필요를 충족시키는 개발인 것이다.

오답분석

① 개발수입 : 기술이나 자금을 제3국에 제공하여 미개발자원 등을 개발하거나 제품화하여 수입하는 것을 말한다.
② 연구개발 : 자연과학기술에 대한 새로운 지식이나 원리를 탐색하고 해명하여 그 성과를 실용화하는 일을 말한다.
③ 조직개발 : 기업이 생산능률을 높이기 위하여 기업조직을 개혁하는 일을 말한다.
⑤ 개발독재 : 개발도상국에서 개발이라는 이름으로 행해지는 정치적 독재를 말한다.

03

정답 ①

하향식 기술선택은 중장기적인 목표를 설정하고, 이를 달성하기 위해 핵심 고객층 등에 제공하는 제품 및 서비스를 결정한다.

대표기출유형 02 기출응용문제

01

정답 ②

A/S 신청 전 확인 사항을 보면 기능이 작동하지 않을 경우 수도필터가 막혔거나 착좌센서 오류가 원인이라고 제시되어 있다. 따라서 B씨로부터 접수받은 현상(문제점)의 원인을 파악하려면 수도필터의 청결 상태를 확인하거나 비데의 착좌센서의 오류 여부를 확인해야 한다. 따라서 ②가 가장 적절하다.

02

정답 ①

01번의 문제에서 확인한 사항(원인)은 '수도필터의 청결 상태'이다. 이때 수도필터의 청결 상태가 원인이 되는 또 다른 현상(문제점)으로는 수압이 약해지는 것이 있다. 따라서 ①이 가장 적절하다.

03

정답 ④

결과가 가장 큰 값을 구해야 하므로 최대한 큰 수가 있는 구간으로 이동해야 하며, 세 번째 조건에 따라 총 10번의 이동이 가능하다. 반복 이동으로 가장 커질 수 있는 구간은 D－E구간이지만 음수가 있으므로 왕복 2번을 이동하여 값을 양수로 만들어야 한다. D－E구간에서 4번 이동하고 마지막에 E－F구간 1번 이동하는 것을 제외하면 출발점인 A에서 D－E구간을 왕복하기 전까지 총 5번을 이동할 수 있다. D－E구간으로 가기 전 가장 큰 값은 C에서 E로 가는 것이므로 C－E－D－E－D－E－F로 이동한다. 또한 출발점인 A에서 C까지 4번 이동하려면 A－B－B－B－C밖에 없다.

따라서 A－B－B－B－C－E－D－E－D－E－F 순서로 이동해야 하며, 그 값을 구하면 다음과 같다.

$\therefore 1\times2\times2\times2\times3\times(-2)\times3\times(-2)\times3\times1=864$

04

정답 ③

A－B－C－D－E－D－C－D－E－F : $100\times1\times2\times2\times3\times(-2)\times1\times2\times3\times1=-14,400$

오답분석

① A－B－B－C－E－D－E－D－E－F : $100\times1\times2\times2\times3\times(-2)\times3\times(-2)\times3\times1=43,200$
② A－B－B－E－D－C－E－C－E－F : $100\times1\times2\times2\times(-2)\times1\times3\times(-1)\times3\times1=7,200$
④ A－B－C－D－E－D－E－D－E－F : $100\times1\times2\times2\times3\times(-2)\times3\times(-2)\times3\times1=43,200$
⑤ A－B－E－D－C－E－C－D－E－F : $100\times1\times2\times(-2)\times1\times3\times(-1)\times2\times3\times1=7,200$

05

정답 ④

주행 알고리즘에 따른 로봇의 이동 경로를 그림으로 나타내면 다음과 같다.

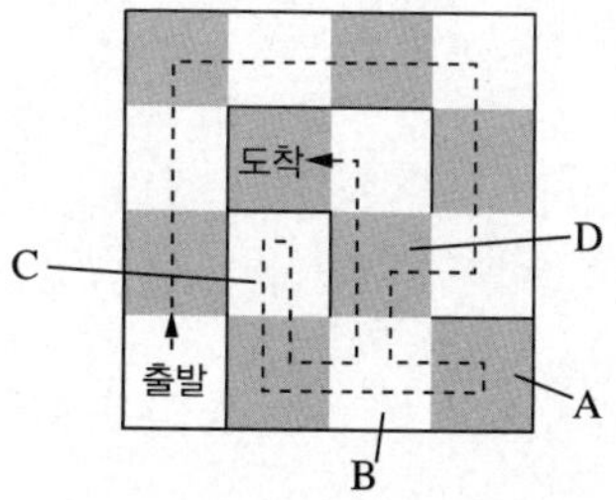

따라서 A에서 B, C에서 D로 이동할 때는 보조명령을 통해 이동했으며, 그 외의 구간은 주명령을 통해 이동했음을 알 수 있다.

PART 1

S D E D U

합격의 공식
시대에듀

우리가 해야 할 일은 끊임없이 호기심을 갖고
새로운 생각을 시험해 보고 새로운 인상을 받는 것이다.

– 월터 페이터 –

PART 2

직무상식평가

CHAPTER

01 농업·농촌 및 디지털 상식

01	02	03	04	05	06	07	08	09	10
⑤	④	①	③	①	③	④	③	⑤	③
11	12	13	14	15	16	17	18	19	20
②	③	④	④	①	③	②	③	②	④

01

정답 ⑤

'NH'는 고객과의 커뮤니케이션을 위해 농협의 이름과는 별도로 사용되는 영문 브랜드로, 미래지향적이고 글로벌한 농협의 이미지를 표현한다. 농협 영문자(Nong Hyup)의 머리글자이면서 Nature & Human, New Hope, New Happiness 등 자연과 인간의 조화, 새로운 희망과 행복을 상징적으로 나타낸다.

02

정답 ④

ⓒ·ⓓ 농협 '비전 2025'에서 제시한 핵심가치이다.

비전 2030 핵심가치

1. 국민에게 사랑받는 농협
   지역사회와 국가경제 발전에 공헌하여 온 국민에게 신뢰받고 사랑받는 농협을 구현
2. 농업인을 위한 농협
   농업인의 행복과 발전을 위해 노력하고, 농업인의 경제적·사회적·문화적 지위 향상을 추구
3. 지역 농축협과 함께하는 농협
   협동조합의 원칙과 정신에 의거 협동과 상생으로 지역 농축협이 중심에 서는 농협을 구현
4. 경쟁력 있는 글로벌 농협
   미래 지속가능한 성장을 위하여 국내를 벗어나 세계 속에서도 경쟁력을 갖춘 농협으로 도약

03

정답 ①

농장 관리 솔루션을 개발하여 농민들의 보험과 대출 등의 플랫폼을 제공하는 것은 Cropin과 관련된 내용이다. Sat Sure는 위성 이미지 처리, 빅데이터 기능 및 IT의 모범 사례 등을 농업에 도입한다.

04

정답 ③

협동조합 7대 원칙

- 자발적이고 개방적인 가입
- 조합원에 의한 민주적 통제
- 조합원의 경제적 참여
- 협동조합 간의 협력
- 지역사회 기여
- 자율과 독립
- 교육, 훈련 및 홍보

05

정답 ①

축산물이력제는 축산물의 사육이 아닌 도축부터 판매에 이르기까지의 정보만을 기록·관리하여 위생·안전상의 문제를 방지하고, 문제 발생 시 신속하게 대처하기 위한 제도이다. 해당 제도를 통해 생산·이동·출하에 대한 거래내역을 기록·관리할 수 있어 농가에 대한 방역의 효율성 도모는 물론 축산물 유통에 대한 투명성 또한 높여 원산지 허위 표시를 방지하는 효과가 있다.

06

정답 ③

농촌사랑운동은 농산물 수입 확대로 인해 우리 농업이 위험해지자 농업·농촌문제를 범국민적으로 해결하고자 전개한 농업인과 도시민의 삶의 질 향상을 위한 도농상생운동이다. 그러나 농촌과 도시는 하나라는 의미는 농촌사랑운동이 아닌 농도불이운동에 해당하는 내용이다.

07

정답 ④

청렴계약제는 국제투명성기구(Transparency International)가 계약분야에 부패를 척결하기 위하여 1993년 제창한 것으로 계약당사자 상호 간에 계약과 관련하여 부패행위에 가담하지 않을 것을 서약하는 제도이다.

오답분석

⑤ 정도경영은 LG그룹의 경영철학이다.

08

정답 ③

기록상으로 확인할 수 있는 한국 최초의 근대적 협동조합은 1920년에 자발적으로 설립된 경성소비조합과 목포소비조합이며, 1921년에 조선노동공제회의 부속기관으로 소비조합이 조직되었다. 또한 1927년 천도교가 주축이 되어 설립된 농민공생조합은 고무신 공장을 만들어 조합원에게 판매했다.

오답분석

① 영국에서 18세기 말 시작된 산업혁명의 부작용으로 노동자들의 삶은 오히려 피폐해졌고, 이에 대응하기 위해 노동자들은 1844년 랭커셔주에서 로치데일 협동조합을 설립했다. 로치데일 협동조합의 운영 원칙은 현대의 농협 등 다양한 협동조합의 운영 원칙에 큰 영향을 끼쳤다.

② 방직공장의 경영주이자 협동조합 운동의 창시자였던 로버트 오웬의 협동주의적인 경영 이념은 농공 일체의 협동사회의 건설 운동 등장의 계기가 되었다.

④ 독일의 농민이 고리채 자본에 허덕이는 문제를 해소하기 위해 빌헬름 라이파이젠이 1862년 설립한 농촌 신용협동조합은 신용협동조합의 효시로 평가받는다.

⑤ 1882년 덴마크 예딩(Hjedding) 지역의 낙농가들이 유가공 공장 설립을 목적으로 만든 그룬트비그(Grundtvig) 협동조합은 낙농협동조합으로서, 세계 최초의 농업협동조합이다.

09

정답 ⑤

농지를 분할할 때에는 분할 후 각 필지의 면적이 2,000m^2 이상이어야 가능하다.

농지 소유의 세분화 방지(농지법 제22조 제2항)

농어촌정비법에 따른 농업생산기반정비사업이 시행된 농지는 다음 각 호의 어느 하나에 해당하는 경우 외에는 분할할 수 없다.

1. 국토의 계획 및 이용에 관한 법률에 따른 도시지역의 주거지역・상업지역・공업지역 또는 도시・군계획시설부지에 포함되어 있는 농지를 분할하는 경우
2. 제34조 제1항에 따라 농지전용허가(다른 법률에 따라 농지전용허가가 의제되는 인가・허가・승인 등을 포함한다)를 받거나 제35조나 제43조에 따른 농지전용신고를 하고 전용한 농지를 분할하는 경우
3. 분할 후의 각 필지의 면적이 2,000m^2를 넘도록 분할하는 경우
4. 농지의 개량, 농지의 교환・분합 등 대통령령으로 정하는 사유로 분할하는 경우

농지를 분할할 수 있는 사유(농지법 시행령 제23조)

법 제22조 제2항 제4호에서 '대통령령으로 정하는 사유'란 다음 각 호의 어느 하나에 해당하는 경우를 말한다.

1. 농지를 개량하는 경우
2. 인접 농지와 분합(分合)하는 경우
3. 농지의 효율적인 이용을 저해하는 인접 토지와의 불합리한 경계를 시정하는 경우
4. 농어촌정비법에 따른 농업생산기반 정비사업을 시행하는 경우
5. 농어촌정비법 제43조에 따른 농지의 교환・분합을 시행하는 경우
6. 법 제15조에 따른 농지이용증진사업을 시행하는 경우

10

정답 ③

애그테크는 농업을 의미하는 'Agriculture'와 기술을 의미하는 'Technology'의 합성어로, 식량 부족 시대의 도래에 대비하기 위해 첨단기술을 활용해 최소 면적에서 최대 생산량을 얻는 것이 목적이다. 애그테크를 적용하면 작물에 최적화되도록 온도, 습도, 일조량, 풍향 등의 환경이 자동으로 조절되고, 작물에 어떤 비료를 언제 줬는지 등의 상세한 정보를 확인해 수확시기를 예측하거나 당도도 끌어올릴 수 있다.

11

정답 ②

긱 경제는 산업 현장에서 필요에 따라 단기로 사람을 채용해 일을 맡기는 경제 형태로 음악인이나 연극인, 코미디언들이 단기간 공연을 위해 계약하는 것에서 시작했다. 노동자의 입장에서는 어딘가에 고용되지 않고, 필요할 때만 일하는 유연한 경제 방식이다.

12

정답 ③

로보어드바이저는 인간의 개입을 최소화하고, 개인투자성향에 따라 포트폴리오를 만들어 투자자에게 제공하므로 저렴한 수수료로 수익을 낼 수 있다.

13

정답 ④

XR(eXtended Reality, 확장현실)은 VR, AR, MR 등을 아우르는 확장된 개념으로, 가상과 현실이 매우 밀접하게 연결되어 있고, 현실 공간에 배치된 가상의 물체를 손으로 만질 수 있는 등 극도의 몰입감을 느낄 수 있는 환경 혹은 그러한 기술을 뜻한다.

오답분석

① VR(Virtual Reality, 가상현실) : 어떤 특정한 상황·환경을 컴퓨터로 만들어 이용자가 실제 주변 상황·환경과 상호작용하고 있는 것처럼 느끼게 하는 인간과 컴퓨터 사이의 인터페이스이다. 즉, VR은 실존하지 않지만 컴퓨터 기술로 이용자의 시각·촉각·청각을 자극해 실제로 있는 것처럼 느끼게 하는 가상의 현실을 말한다.

② AR(Augmented Reality, 증강현실) : 머리에 착용하는 방식의 컴퓨터 디스플레이 장치는 인간이 보는 현실 환경에 컴퓨터 그래픽 등을 겹쳐 실시간으로 시각화함으로써 AR을 구현한다. AR이 실제의 이미지·배경에 3차원의 가상 이미지를 겹쳐서 하나의 영상으로 보여주는 것이라면 VR은 자신(객체)과 환경·배경 모두 허구의 이미지를 사용하는 것이다.

③ MR(Mixed Reality, 혼합현실) : VR과 AR이 전적으로 시각에 의존한다면, MR은 시각, 청각, 후각, 촉각 등 인간의 감각을 접목할 수 있다. VR과 AR의 장점을 융합함으로써 한 단계 더 진보한 기술로 평가받는다.

⑤ SR(Substitutional Reality, 대체현실) : SR은 VR, AR, MR과 달리 하드웨어가 필요 없으며, 스마트 기기에 광범위하고 자유롭게 적용될 수 있다. SR은 가상현실과 인지 뇌과학이 융합된 한 단계 업그레이드된 기술이라는 점에서 VR의 연장선상에 있는 기술로 볼 수 있다.

14

정답 ④

오픈뱅킹은 하나의 어플리케이션만으로 여러 은행의 계좌를 관리할 수 있도록 제공하는 서비스이다.

오답분석

① 섭테크 : 금융감독(Supervision)과 기술(Technology)의 합성어로, 최신기술을 활용하여 금융감독 업무를 효율적으로 수행하기 위한 기법이다.

② 레그테크 : 레귤레이션(Regulation)과 기술(Technology)의 합성어로, 최신기술을 활용하여 기업들이 금융규제를 쉽고 효율적으로 수행하기 위한 기법이다.

③ 뱅크런 : 경제상황 악화로 금융시장에 위기감이 조성되면서 은행의 예금 지급 불능 상태를 우려한 고객들이 대규모로 예금을 인출하는 사태를 말한다.

⑤ 테크핀 : 중국 알리바바의 마윈 회장이 고안한 개념으로 IT 기술을 기반으로 새로운 금융 서비스를 제공하는 것을 일컫는다. 금융사가 IT 서비스를 제공하는 핀테크와는 차이가 있다.

15

정답 ①

랜섬웨어는 가장 대표적인 정보 침해 사례 중 하나이다. 몸값을 뜻하는 랜섬(Ransom)과 소프트웨어(Software)가 합쳐진 말로 시스템을 잠그거나 데이터를 암호화하여 사용할 수 없도록 만든 후, 이를 인질로 금전을 요구하는 악성 프로그램을 말한다. 따라서 주기적인 백신 업데이트 및 최신 버전의 윈도우와 보안패치를 설치하는 것이 예방에 도움이 된다.

16

정답 ③

인터넷이 이끈 컴퓨터 정보화 및 자동화 생산시스템이 주도한 것은 3차 산업혁명으로 제조업의 디지털화가 촉진되었다. 4차 산업혁명은 로봇이나 인공지능(AI)을 통한 사물인터넷 등의 가상 물리 시스템의 구축이다.

17

정답 ②

딥러닝은 컴퓨터가 마치 사람처럼 학습하는 기술로, 이를 활용한 기술 중 딥페이크는 영상에 특정 인물을 합성한 편집물이다. 최근 딥페이크를 악용한 범죄로 인해 피해자들이 생기면서 사회적 문제가 되고 있다.

오답분석

① GIS : 지리정보를 디지털화시켜 분석과 가공을 할 수 있는 기술이다.

③ 혼합현실 : 증강현실(AR)과 가상현실(VR)의 장점을 이용한 기술로, 현실세계와 가상의 정보를 결합한 것이다.

④ 메타버스 : 3차원에서 실제 생활과 법적으로 인정되는 활동인 직업, 금융, 학습 등이 연결된 가상세계를 의미한다.

⑤ 디지털트윈 : 현실세계의 사물 등을 가상세계에 구현한 기술이다.

18

정답 ③

차이니즈월(Chinese Wall)은 중국의 만리장성을 뜻하며, 만리장성이 구획을 구분하는 견고한 벽인 것처럼 기업 내 정보교환을 철저히 금지하는 장치나 제도를 의미한다.

오답분석

① 열 차단벽 : 열을 차단하기 위한 내열 소재의 차폐막이나 문을 말한다.

② 해킹 방지 방화벽 : 허가받지 않은 컴퓨터통신 사용자가 기업 내 통신망(LAN)에 뚫고 들어오는 것을 막기 위해 설치해둔 소프트웨어나 장비를 의미한다.

④ 방화벽 : 기업이나 조직의 모든 정보가 컴퓨터에 저장되면서, 컴퓨터의 정보 보안을 위해 외부에서 내부, 내부에서 외부의 정보통신망에 불법으로 접근하는 것을 차단하는 시스템이다.

⑤ 해킹시그니처 : 침입탐지 및 침입방지시스템 등의 정보보호 솔루션에서 해킹이나 취약점, 웜바이러스, 유해트래픽 등을 탐지·차단하기 위해 적용하는 정규화된 패턴을 의미한다.

19

정답 ②

FIDO(Fast IDentity Online)는 빠른 온라인 인증을 뜻하며, 지문 등의 생체인식을 통해 기존의 ID와 비밀번호를 입력하지 않아도 인증을 할 수 있는 기술이다.

오답분석

① RPA(Robotic Process Automation) : 로봇 프로세스 자동화로 업무에서 반복적으로 하는 것을 로봇 소프트웨어를 활용하여 자동화하는 기술이다.
③ 오픈API(OPEN Application Programming Interface) : 인터넷을 사용하는 자가 직접 응용 프로그램, 서비스 등을 개발할 수 있도록 공개되어 있는 API이다.
④ Mashup : 웹서비스 업체가 다양한 콘텐츠를 조합하여 새로운 서비스를 만드는 것이다.
⑤ OCR(Optical Character Reader) : 광학식 문자 판독장치로 빛을 이용해 종이 등에 인쇄되거나 사람이 손으로 쓴 문자, 기호 등을 읽을 수 있는 기술이다.

20

정답 ④

GPU는 딥 러닝(Deep Learning)에서 다량의 학습 데이터를 신속하게 반복 학습시키기 위해 많이 활용되고 있다. 실제로 GPU를 활용하면서 딥 러닝의 성능 또한 크게 향상되었다.

오답분석

① CPU(Central Processing Unit) : 컴퓨터의 두뇌이자 심장부의 역할을 하는 중앙처리장치로, 다른 모든 장치의 동작을 제어하고 또한 프로그램 명령을 해독·실행하는 장치, 제어장치, 연산장치 및 내부 기억장치(레지스터)를 합친 것이다.
② AI(Artificial Intelligence) : 컴퓨터에서 인간과 같이 사고하고 생각하고 학습하고 판단하는 논리적인 방식을 사용하는 인간의 지능을 본 딴 고급 컴퓨터 프로그램이다.
③ HDD(Hard Disk Drive) : 자성체로 코팅된 원판형 알루미늄 기판에 자료를 저장할 수 있도록 만든 보조기억장치의 한 종류이다.
⑤ SSD(Social State Drive) : 반도체를 이용하여 정보를 저장하는 장치로, 하드디스크드라이브에 비하여 속도가 빠르고 기계적 지연이나 실패율, 발열·소음도 적으며 소형화·경량화할 수 있는 장점이 있다.

CHAPTER

02 금융 · 경제 상식

| 금융 상식 |

01	02	03	04	05	06	07	08	09	10
②	⑤	⑤	②	①	③	③	①	③	①
11	12	13	14	15	16	17	18	19	20
③	①	③	③	④	④	③	⑤	⑤	⑤

01
정답 ②

유배당보험은 금리가 상승하고 주식시장이 활황일 때 유리하고, 이와 반대로 무배당보험은 금리가 하락하고 주식시장이 하락할 때 유리하다.

오답분석

① 보험회사는 보험계약자가 납부한 보험료를 채권, 펀드 등에 투자 운용해 얻은 초과수익을 보험계약자에게 지급해야 한다. 이때 보험은 배당 여부에 따라 배당금을 지급하는 대신 보험료가 상대적으로 높은 유배당보험, 배당금을 지급하지 않는 대신 보험료가 상대적으로 낮은 무배당보험으로 구분된다. 유배당보험은 이익이 발생한 후에 그 이익을 보험계약자에게 지급하는 것이라면, 무배당보험은 보험료를 인하함으로써 이익이 발생하기 전에 이익을 지급하는 셈이다.

③ 무배당보험은 보험회사에 이익이 발생해도 배당을 받지 못하고 약관에서 정한 환급금만을 보장받는다. 그러나 유배당보험은 이익을 배당금 형식으로 지급받을 수 있다.

④ 배당금은 보험회사가 얻은 수익에 따라 책정되기 때문에 보험계약자에게 돌아가는 배당금이 적은 경우가 많다. 또한 이익이 아예 없거나 경영의 부진 등으로 인해 실제로는 배당이 반드시 발생한다고 보장할 수 없다.

⑤ 1990년대 초반까지만 해도 우리나라에서 판매되는 거의 모든 보험은 유배당보험이었으나, 1992년 외국의 무배당보험이 국내에 도입되었으며, 1997년 IMF 구제금융 사태가 발발한 이후 저금리 시대가 도래하고 소비자들이 보험료가 저렴한 상품을 선호함에 따라 무배당보험이 급증했다. 또한 보험회사의 이익 구조 면에서도 이익을 고객에게 지급하지 않고 기업 내부에 보유하는 것이 유리하기 때문에 무배당보험은 성행하는 반면, 유배당보험은 자취를 감추게 되었다.

02
정답 ⑤

㉠ CD(Certificate of Deposit, 양도성예금증서)는 은행이 자금조달 목적으로 투자자들에게 발행한다. 이때의 금리를 CD금리라고 한다. CD의 만기는 보통 91일 이내인 단기이며, 투자자들 간 중도매매도 가능하다.

㉡ CP(Commercial Paper, 기업어음)의 발행주체는 은행이 아닌 기업이다. CD와 마찬가지로, 기업이 단기적 자금조달을 위해 투자자들에게 발행한다.

㉣ RP(Repurchase Agreement, 환매조건부채권)는 판매 후 정해진 기간이 경과하면 일정 가격에 해당 채권을 재매입할 것을 조건으로 하는 채권 매매형태이다. 대상이 되는 채권은 국채, 지방채 등 우량채권이고, 예금자보호법을 적용받지 않는다. 또한 CD, CP 역시 예금자보호 대상은 아니다.

오답분석

㉢ 코픽스(KOPIX)는 시중 8개 은행이 제공한 자금조달 정보를 기초로 하여 매월 산정된다. 해당 월에 새로 조달된 자금을 대상으로 하므로 시장금리의 변동을 잘 반영한다는 특징이 있다. 코픽스는 변동금리형 주택담보대출의 기준금리로 사용된다.

03
정답 ⑤

중앙은행이 시중은행에 대한 대출한도를 늘리면 은행들의 금융비용 부담이 줄어 대출금리가 하락하고, 대출규모도 증가하여 통화량이 증가한다.

오답분석

①·②·③·④ 통화량을 감소시키기 위한 긴축적 통화정책에 해당한다.

04
정답 ②

제1금융권은 우리나라의 금융기관 중 예금은행을 지칭한다.

오답분석

① 통화금융정책의 사용권은 한국은행만이 가지고 있다.

③ 산업은행은 장기자금의 공급을 위해 설립된 기관이다.

④ 자금중개기능은 간접금융시장의 은행이 하는 것이며, 증권회사는 유가증권의 매매, 인수, 매출 등을 취급하며 자금을 전환시키는 직접금융시장에 속한다.

⑤ 제도권 밖의 대금업체는 제3금융권이다. 제2금융권은 은행을 제외한 금융기관으로 은행법의 적용을 받지 않으면서도 일반 상업은행과 유사한 기능을 한다.

05

정답 ①

㉠ 보통수요함수는 가격 변화 시 발생하는 대체효과와 소득효과를 포함한 가격효과를 반영하는 반면, 보상수요함수는 가격효과 중 대체효과만 반영한다. 즉, 보통수요함수는 가격의 변화로 인한 수요 변화와 실질소득의 변화로 인한 수요 변화를 모두 반영하는 반면, 보상수요함수는 가격 변화에 따른 수요 변화만 반영하며 소득으로 인한 수요 변화는 제외된다.

㉡ 보통수요곡선은 가격 하락에 따른 수요량의 변동폭이 보상수요곡선보다 더 크므로 소비자 잉여를 과장할 수 있다. 보상수요곡선이 보통수요곡선보다 더 비탄력적이 되어 소비자 잉여가 더 줄어드는 것은 보상수요곡선은 소득효과를 제거한 것이므로 소비자가 가격 변화에 대한 반응의 크기가 더 줄어드는 것으로 나타나기 때문이다.

오답분석

㉢ 보상수요함수의 기울기가 보통수요함수보다 가파른 것은 소득효과가 재화의 소비량을 확대하는 방향으로 작용하기 때문이며, 이는 해당 재화가 정상재임을 의미한다.

㉣ 소득효과가 없다면 보상수요함수와 보통수요함수는 같아지게 될 것이며, 소득효과가 음(−)의 방향으로 작용하는 열등재의 경우 보통수요함수의 기울기가 보상수요함수보다 더 가파르게 된다.

06

정답 ③

환매조건부채권은 예금자보호 대상에 해당되지 않지만, 판매기관 및 보증기관의 지급보증과 우량채권의 담보력 등으로 안정성이 높은 편이다.

07

정답 ③

신종자본증권은 주식과 채권의 성격을 동시에 가진 증권으로, 만기가 없거나 만기에 재연장이 가능하여 안정적인 자금운용이 가능하다. 그러나 자본조달 비용이 일반 회사채보다 높고, 상대적으로 신용등급이 높은 기업만 발행이 가능하며, 채권보다 이자가 높은 단점이 있다.

08

정답 ①

오버슈팅(Overshooting)은 경제에 어떤 충격이 가해졌을 때 변수가 장기적인 수준에서 크게 벗어난 후 시간이 지남에 따라 장기균형 수준으로 수렴해 가는 현상으로 상품이나 외환의 수급상 급격한 변동에 의해 공급이 비탄력적이거나 시장의 효율성이 저하되는 경우에 나타난다.

오답분석

② 언더슈팅(Undershooting)에 대한 설명이다.
④ 숏커버링(Short Covering)에 대한 설명이다.
⑤ 로스컷(Loss Cut)에 대한 설명이다.

09

정답 ③

오답분석

① ETF : 인덱스펀드를 거래소에 상장시켜 투자자들이 주식처럼 편리하게 거래할 수 있도록 만든 상품
② ETN : 상장지수펀드(ETF)와 마찬가지로 거래소에 상장돼 손쉽게 사고팔 수 있는 채권
④ 인덱스펀드 : 정해진 목표지수와 같은 수익률을 올릴 수 있도록 하는 펀드
⑤ 주식형펀드 : 자산의 최소 60% 이상을 주식에 투자하는 펀드

10

정답 ①

골든 크로스(Golden Cross)는 주가나 거래량의 단기 이동평균선이 중장기 이동평균선을 아래에서 위로 돌파해 올라가는 현상을 의미한다.

오답분석

② 데드 크로스(Dead Cross) : 골든 크로스와 반대되는 현상으로 주식이 하향세로 전환되는 상황을 나타낼 때 쓰인다.

11

정답 ③

지급준비율(Cash Reserve Ratio)은 은행이 고객 예금의 일정 비율을 한국은행에 예치하는 지급준비금의 적립비율이다. 본래 고객에게 지급할 돈을 준비한다는 고객 보호 차원에서 도입됐으나, 지금은 금융정책의 주요 수단으로 활용되고 있다. 지급준비율이 낮아지면 은행 대출에 여유가 생겨 기업에 좀 더 많은 자금이 공급될 수 있고, 지급준비율이 높아지면 의무적으로 쌓아둬야 하는 현금이 늘어나 대출에 쓸 수 있는 자금이 줄어들게 된다. 지급준비율을 인하하면 시중은행의 대출 가능 규모가 커져 통화량의 증가로 이어진다.

12

정답 ①

달러를 현재 정한 환율로 미래 일정 시점에 팔기로 계약하면 선물환 매도, 금융회사가 달러를 현재 정한 환율로 미래 일정 시점에 사기로 계약하면 선물환 매수라고 한다. 따라서 달러화 가치가 앞으로 상승할 것으로 예상되면 선물환을 매수하게 된다.

13 정답 ③

벌쳐펀드(Vulture Fund)란 저평가된 부동산을 싼 가격으로 매입하기 위해 운용되는 투자기금으로 상대적으로 위험이 높지만 잠재적으로 큰 이익을 제공한다. 이것의 성과는 수익성 있는 투자안으로 바뀔 수 있는 저평가된 부동산을 가려내는 기금관리자의 능력에 달려 있다.

14 정답 ③

피셔 방정식에 따르면 명목금리(명목이자율)는 실질금리(실질이자율)와 예상물가상승률의 합으로 표현된다. 따라서 물가상승률을 매개로 명목금리와 실질금리는 상호의존적인 관계를 가지며, 명목금리가 고정적이라고 가정할 때 물가가 상승하면 실질금리는 일시적으로 하락할 수 있다.

오답분석

㉠ 실물투자에 영향을 미치는 것은 명목금리보다 실질금리이다.
㉢ 실질금리=명목금리－예상물가상승률
㉤ 총수요가 감소하여 물가와 명목금리가 하락하면 실질금리도 하락한다.

15 정답 ④

플랫폼이 갖고 있는 네트워크 효과는 핀테크 관련 사업에서 큰 영향을 미친다. 따라서 특정 영역의 선도사업자만이 이를 보유할 수 있는 소수 과점 형태로 운영되고 있다.

16 정답 ④

달러 인덱스(U.S Dollar Index)란 미국 달러의 가치를 세계 주요 6개국의 통화인 유로(EUR), 일본의 엔(JPY), 영국의 파운드(GBP), 캐나다의 달러(CAD), 스웨덴의 크로네(SEK), 스위스의 프랑(CHF)과 비교한 지표를 말한다. 달러 인덱스가 오르면 미국 달러의 가치가 오르는 것이고, 하락하면 미국 달러의 가치가 떨어지는 것을 의미한다.

17 정답 ③

제시문은 콜금리에 대한 설명이고, 콜금리가 상승하면 채권 가격이 상승한다.

18 정답 ⑤

자금이 이탈하면 주가 하락, 채권수익률 상승, 증권투자수지 악화 등의 효과가 직접적으로 나타난다. 이는 외환시장에서 달러화의 수요를 늘려 달러 대비 원화가치 하락의 원인이 된다. 그 결과 수입품 가격이 올라 수입물가가 상승한다.

19 정답 ⑤

공동변동환율제란 역내에서는 제한환율제를 채택하고, 역외에서는 공동으로 변동환율제를 채택하는 환율제도이다.

20 정답 ⑤

그래프는 엔화 가치 강세 추이를 나타낸 것이다. 엔화 강세가 지속될 것으로 예상될 경우에는 달러화를 가진 일본인은 환전을 앞당길수록 이익이며, 일본 수출기업은 해외시장에서 경쟁력이 약해지므로 실적이 나빠질 것이다. 또한 달러 대비 엔화 가치가 상승하면 원화 대비 엔화 가치도 상승하고, 이에 따라 한국에 여행을 오는 일본인은 유리할 것이다.

경제 상식

01	02	03	04	05	06	07	08	09	10
①	②	⑤	③	②	③	②	②	①	④
11	12	13	14	15	16	17	18	19	20
①	⑤	①	④	④	③	③	②	⑤	④

01 정답 ①

오답분석

② 분수효과 : 낙수효과와 반대되는 현상을 나타내는 말로, 저소득층의 소비 증대가 전체 경기를 부양시키는 현상을 말한다.
③ 풍선효과 : 어떤 부분에서 문제를 해결하면 또 다른 부분에서 새로운 문제가 발생하는 현상이다.
④ 기저효과 : 경제지표를 평가하는 과정에서 기준시점과 비교시점의 상대적인 수치에 따라 그 결과에 큰 차이가 나타나는 현상이다.
⑤ 샤워효과 : 백화점 등의 맨 위층에 소비자들이 몰리면 아래층 매장에도 영향을 미쳐 매출이 상승하는 현상이다.

02 정답 ②

자동차 타이어의 파손, 유리창의 파손 및 각종 일상적인 소규모 손해 등을 복구하기 위해 충당되는 자금에는 경상비가 가장 적합하다.

03 정답 ⑤

실제인플레이션이 상승하면 직업탐색기간은 짧아지고 실업률은 낮아진다.

04

정답 ③

독점기업은 가격설정능력은 있지만 가격과 생산량을 동시에 자신이 원하는 수준으로 결정할 수는 없다.

05

정답 ②

유동성 함정은 금리가 한계금리 수준까지 낮아져 통화량을 늘려도 소비·투자 심리가 살아나지 않는 현상을 말한다.

오답분석

① 화폐 환상 : 화폐의 실질적 가치에 변화가 없는데도 명목 단위가 오르면 임금이나 소득도 올랐다고 받아들이는 현상
③ 구축 효과 : 정부의 재정적자 또는 확대 재정정책으로 이자율이 상승하여 민간의 소비와 투자활동이 위축되는 효과
④ J커브 효과 : 환율의 변동과 무역수지와의 관계를 나타낸 것으로, 무역수지 개선을 위해 환율상승을 유도하면 초기에는 무역수지가 오히려 악화되다가 상당기간이 지난 후에야 개선되는 현상
⑤ 피셔 방정식 : 명목이자율을 실질이자율과 물가상승률의 합으로 나타낸 공식

06

정답 ③

할당관세는 물자수급을 원활하게 하기 위해 특정 물품을 적극적으로 수입하거나, 반대로 수입을 억제하고자 할 때 사용된다.

07

정답 ②

완전경쟁시장에서는 모든 판매자와 구매자가 가격 수용자이고, 모든 재화는 완전히 동질적이다. 또한 기업의 진입과 퇴출이 자유로우며, 재화에 대한 정보가 완전하기 때문에 일물일가의 법칙이 성립한다.

08

정답 ②

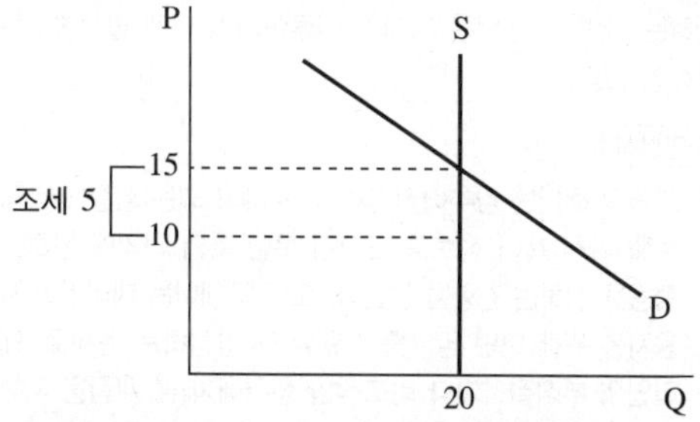

정부의 물품세 부과 시, 조세부담의 귀착은 수요와 공급의 탄력성의 크기에 의해 결정된다. 즉, 탄력성과 조세부담의 크기는 반비례하는 성질이 있다. 특히 수요와 공급 중 어느 한쪽이 완전비탄력적일 경우, 완전비탄력적인 쪽이 조세를 100% 부담하게 된다.

제시된 상황에서는 공급곡선의 기울기가 수직이므로, 공급탄력성이 0(완전비탄력)인 상황이다. 따라서 단위당 5만큼의 조세를 생산자가 전부 부담하게 되고, 소비자에게는 조세가 전가되지 않는다. 생산자잉여는 현재 $15\times20=300$인 사각형 면적이지만, 5만큼의 조세부과로 인하여 $10\times20=200$으로 감소하게 된다.

오답분석

①·③ 조세가 100% 생산자에게 귀착되므로, 소비자가 느끼는 조세부담은 없다. 즉, 소비자 가격의 변화는 없다.
④ 정부의 조세수입 면적은 $5\times20=100$의 사각형에 해당한다.
⑤ 수요와 공급 중 어느 한쪽이 완전비탄력적이면 초과부담이 발생하지 않는다.

09

정답 ①

인플레이션은 실질화폐가치를 하락하게 만드는데, 정부의 부채는 화폐의 명목가치를 기준으로 산정되므로 인플레이션은 정부의 부채 부담을 더욱 작게 한다.

10

정답 ④

㉡ 투자의 이자율 탄력성이 높으면 통화량 증가로 이자율이 하락할 때 민간투자가 큰 폭으로 증가한다. 따라서 투자의 이자율 탄력성이 높을수록 통화정책의 효과가 커진다.
㉢ 한계소비성향이 높을수록 투자 승수 값이 커져 소득이 더 크게 증가하여 통화정책의 효과가 커진다.

오답분석

㉠ 화폐수요의 이자율 탄력성이 높으면 통화량이 증가할 때 이자율이 적게 하락하고, 그에 따라 민간투자가 별로 증가하지 않는다. 따라서 화폐수요의 이자율 탄력성이 높을수록 통화정책의 효과가 작아진다.

11

정답 ①

공급이 감소하면 가격이 상승할 뿐만 아니라 거래량도 감소하므로 소비자잉여가 감소한다. 그러나 수요가 증가하여 가격이 상승한 경우에는 거래량도 늘어나므로 소비자잉여가 증가할 가능성이 크다. 소비자잉여는 공급의 가격탄력성과는 직접적인 관계가 없으나 수요가 탄력적이면 소비자가 지불할 용의가 있는 금액이 낮으므로 소비자잉여는 작아진다. 최고가격제를 실시하거나 단위당 일정액의 보조금을 지급하면 소비자잉여가 증가할 수 있으나 자원배분은 보다 더 비효율적이 된다. 따라서 소비자잉여를 늘리는 정책을 실시한다고 해서 반드시 자원배분의 효율성이 높아지는 것은 아니다.

12 정답 ⑤

쿠즈네츠(Kuznets) 곡선는 사이먼 쿠즈네츠가 1950년대 내놓은 역(逆) 유(U)자형 곡선으로, 소득 불평등 정도를 설명하는 그래프를 뜻한다. 쿠즈네츠는 산업화 과정에 있는 국가의 불평등 정도는 처음에 증가하다가 산업화가 일정 수준을 지나면 다시 감소한다고 주장했다. 쿠즈네츠는 이 연구로 1971년 노벨 경제학상을 받았다. 하지만 최근 '21세기 자본'의 저자 토마 피케티는 불평등이 감소한 이유로 산업화 진전이 아니라 대공황과 2차 세계대전에 따른 결과라고 주장했으며, '왜 우리는 불평등해졌는가'를 쓴 브랑코 밀라노비치 뉴욕 시립대 교수는 최근 선진국에서는 세계화의 결과로 불평등이 다시 악화했다며 쿠즈네츠 곡선이 한 번 순환으로 끝나는 것이 아니라 불평등이 다시 상승하는 '파동' 형태를 가진다고 분석했다.

13 정답 ①

솔로우 모형은 규모에 대한 보수불변 생산함수를 가정하며, 시간이 흐름에 따라 노동량이 증가하며 기술이 진보하는 것을 고려한 성장모형이다. 솔로우 모형은 장기균형상태에서 더 이상 성장이 발생하지 않으며, 자본의 한계생산체감에 의해 일정한 값을 갖게 되는 수렴현상이 발생한다고 설명한다.

14 정답 ④

역선택은 정보가 없는 쪽에서 볼 때 관찰할 수 없는 속성이 바람직하지 않게 작용하는 경향이다. 이 현상이 나타나는 전형적 시장이 중고차 시장이다. 중고차 판매자는 차량 결점을 잘 알지만 구매자는 잘 모르는 경우가 많기 때문이다. 구매자가 양질의 중고차 판매자와 거래하고 싶으나 정보 부족으로 불량한 판매자를 거래 상대방으로 선택(역선택)하는 경우가 생기는 것이다. 보험 가입도 가입자가 보험회사보다 더 많은 정보를 갖고 있기 때문에 보험회사로선 건강한 사람보다 그렇지 않은 사람과 거래하는 역선택이 발생하기 쉽다.

15 정답 ④

완전가격차별이란 각 단위의 재화에 대하여 소비자들이 지불할 용의가 있는 최대금액을 설정하는 것을 말한다. 따라서 1단위의 재화를 추가로 판매할 때 독점기업이 수취하는 가격이 소비자가 지불할 용의가 있는 가격과 일치하므로 소비자잉여가 전부 독점기업의 이윤으로 귀속되어 소비자잉여는 0이 된다. 하지만 이 경우 독점으로 인한 후생손실은 발생하지 않기 때문에 사회 전체의 총잉여는 완전경쟁일 때와 동일하다. 따라서 완전가격차별은 사회후생을 증가시킨다.

16 정답 ③

인플레이션이 발생하면 저축된 화폐의 실질적인 가치가 점차 감소하기 때문에 기회비용이 발생하게 된다.

오답분석

① 완만하고 예측이 가능한 인플레이션은 사람들이 생필품 등 물건의 가격이 상승하기 전에 사들이게 하므로 소비증대 효과가 일어날 수 있다.
② 인플레이션은 수입을 촉진시키고 수출을 저해하여 무역수지와 국제수지를 악화시킨다.
④ 다수의 근로자로부터 기업가에게로 소득을 재분배하는 효과를 가져와 부의 양극화를 심화시킨다.
⑤ 인플레이션을 통해 채무자가 빌린 금액의 액수는 고정된데 비해 화폐의 가치는 점차 감소하므로 인플레이션은 채무자에게는 이익을, 채권자에게는 손해를 준다.

17 정답 ③

GDP는 한 나라에서 일정 기간에 생산된 모든 최종 재화와 서비스의 시장가치이다. GDP는 총생산, 총소득, 총지출의 세 측면에서 파악할 수 있는데 총지출의 경우 소비(C), 투자(I), 정부지출(G), 순수출(NX, 수출－수입)로 구성된다.
㉠은 정부지출의 증가, ㉡은 해외유입 관광객의 소비 증가, ㉣은 한국에서 생산된 중간재의 수출로 인한 순수출 증가로 인해 GDP는 증가한다. 그러나 ㉢의 주택가격 상승은 GDP가 증가하는 데에 직접적인 영향을 미치지 않는다.
따라서 GDP가 증가하는 경우는 총 3개이다.

18 정답 ②

우리나라는 1997년 담합 행위 방지 대책으로 가장 먼저 자진 신고하는 기업에 과징금을 면제하거나 감면해 주는 리니언시(Leniency) 제도를 도입하였다. 게임이론에 나오는 '죄수의 딜레마'를 현실 경제에 적용한 대표적인 사례이다.

19 정답 ⑤

도덕적 해이와 역선택은 모두 소비자와 공급자 간의 정보 차이에 의해 일어나는 현상으로, 도덕적 해이는 거래 이후에 발생하는 반면, 역선택은 거래가 이루어지기 전에 발생한다는 특징이 있다.

오답분석

① 도덕적 해이는 감추어진 행동이 문제가 되는 상황에서 정보를 가진 측이 정보를 가지지 못한 측의 이익에 반하는 행동을 취하는 경향을 말한다. 도덕적 해이는 대리인이 사용자를 위해 어떤 임무를 수행할 때 발생하는 문제로, 대리인의 부적절하거나 비도적인 행위에 따른 위험을 지칭한다.
② 도덕적 해이를 예방하기 위해 보험회사에서는 실손보험계약에 공제조항을 적용해 손실 일부를 계약자에게 부담시키거나, 위험관리가 잘 이루어지고 있는 위험집단에 할인을 적용하는 등의 방법을 실시한다.

③ 역선택은 자기에게 유리하게 하려고 상대편에게 불리한 것을 고르게 하는 행위를 뜻하며, 공급자와 수요자가 갖고 있는 정보가 각각 다르다는 비대칭성 때문에 발생한다.

④ 보험 부문에서 역선택은 자신의 직업이 위험직업군에 속하는 사람, 건강에 자신이 없는 사람 등의 리스크가 높은 계약자가 보험금을 노리고 고의적으로 보험상품에 가입하는 것을 뜻한다. 위험도가 낮은 보험가입자는 보험시장에서 사라지고 사고율이 높은 보험가입자만 보험시장에 남게 되며, 결과적으로 보험회사는 보험금을 지급할 확률이 높은 사람들과 계약하는 경우가 많아져 손실을 입게 된다.

정보의 비대칭성

거래의 당사자 가운데 한쪽이 다른 쪽보다 제품이나 서비스의 특성 등에 대한 정보를 더 많이 가진 상태를 이르는 말이다. 정보의 비대칭성은 효율적인 자원 배분을 불가능하게 하며, 도덕적 해이와 역선택 등의 문제를 초래한다. 역선택이 거래 이전에 발생하는 문제라면, 도덕적 해이는 거래가 발생한 후 정보를 더 많이 보유한 사람이 바람직하지 않은 행위를 하는 것이다.

20

정답 ④

임금 상승 시 여가소비가 감소하는 것은 여가가 정상재이면서 대체 효과가 소득 효과보다 크거나 여가가 열등재일 경우이다.

CHAPTER

03 IT 상식

01	02	03	04	05	06	07	08	09	10
②	①	①	④	②	④	③	①	③	②
11	12	13	14	15	16	17	18	19	20
②	⑤	③	②	③	②	②	②	③	③

01

정답 ②

FDS(이상금융거래탐지시스템)는 금융 거래에서 부정 결제나 사기 등 이상 거래 징후를 사전에 탐지하여 차단하는 보안 시스템이다.

오답분석

① AML : 자금 세탁 방지
③ DID : 분산 신원 증명
④ NFC : 가까운 거리에서 사용할 수 있는 근거리 무선 통신 기술
⑤ OTP : 고정된 패스워드 대신 무작위로 생성되는 일회용 패스워드를 이용하는 사용자 인증 방식

02

정답 ①

가상현실기술은 가상환경에 사용자를 몰입하게 하여 실제 환경을 볼 수 없지만, 증강현실기술은 실제 환경을 볼 수 있게 하여 현실감을 제공한다.

03

정답 ①

오답분석

② 분리 수행 처리기 : Master / Slave 처리기의 비대칭성 구조를 보완한 방식으로 한 프로세서의 장애는 전체 시스템에 영향을 주지 못한다.
③ 대칭적 처리기 : 분리 수행 처리기의 구조 문제를 보완한 방식으로 여러 프로세서들이 하나의 운영체제를 공유한다.
④ 다중 처리기 : 여러 프로세서가 한 운영체제에서 하나의 공유 메모리를 사용하는 방식으로 여러 개의 처리기를 사용하므로 처리 속도가 빠르다.
⑤ 신호 처리기 : 데이터 통신에서 각종 정보 신호를 디지털화하여 실시간으로 고속 처리한다.

04

정답 ④

교착상태의 회피 기법은 예방보다 덜 엄격한 조건을 요구하여, 자원을 좀 더 효율적으로 이용하는 것을 목적으로 한다. 회피 기법에는 프로세스의 시작 거부와 자원 할당의 거부(은행원 알고리즘) 두 가지가 있다.

05

정답 ②

인터럽트의 동작 순서

㉡ 인터럽트의 요청 신호 발생 → ㉠ 현재 수행 중인 명령 완료 및 상태를 기억시킴 → ㉤ 어느 장치가 인터럽트를 요청했는지 판별 → ㉣ 인터럽트 취급 루틴 수행 → ㉢ 보존한 프로그램 상태로 복귀

06

정답 ④

- 개체(Entity) : 데이터베이스에 표현하려는 것으로 사람이 생각하는 개념이나 정보 단위 같은 현실 세계의 대상체를 가리킨다.
- 속성(Attribute) : 개체(Entity)를 구성하는 항목으로 데이터베이스를 구성하는 최초의 논리적 단위이다.

07

정답 ③

오답분석

㉣ 페이징 기법은 제시된 그림과 같이 논리 메모리를 일정한 페이지 크기로 나누어 관리하여, 해당 메모리를 물리 메모리에 연속적이지 않게 배치하기 때문에 효율적으로 사용할 수 있어 외부 단편화가 발생하지 않는다. 즉, 외부 단편화를 해결하기 위해 나온 기법이다. 외부 단편화가 발생할 수 있는 기법은 세그멘테이션(Segmentation) 기법이다.

페이징(Paging) 기법
컴퓨터가 메인 메모리에서 사용하기 위해 2차 기억 장치로부터 데이터를 저장하고 검색하는 메모리 관리 기법이다.

08 정답 ①

보헴은 폭포수 모형과 프로토타입 모형의 장점에 더해 위험 분석 기능을 추가한 나선형 모형(Spiral Model)을 제안하였다.

09 정답 ③

물리적 설계(데이터 구조화)는 데이터베이스 파일의 저장 구조, 레코드 형식, 접근 경로와 같은 정보를 사용하여 데이터가 컴퓨터에 저장되는 방법을 묘사하며, 반드시 포함되어야 할 것은 저장 레코드의 양식 설계, 레코드 집중의 분석 및 설계, 접근 경로 설계 등이다.

10 정답 ②

1～5번째 프레임은 정상적으로 잘 전송된 것으로 판단되어 6, 7번째 프레임만 재전송된다. 따라서 재전송되는 프레임의 수는 2개이다.

11 정답 ②

디비트(Dibit)인 경우 (bps)=(baud)×(비트 수)이고, 디비트(Dibit)=2bit이다.
따라서 (bps)=2,400baud×2bit=4,800bps이다.

12 정답 ⑤

버스형은 단방향 통신이 가능하고, 단순한 구조 형태이지만, 신뢰성이 높고 확장성이 편리하다. 또한 오류의 발생 위치를 찾기 힘들며, 버스 회선이 고장 나면 전체 통신이 두절된다.

13 정답 ③

맵리듀스란 막대한 양의 데이터를 병행 처리함은 물론, 데이터가 독립적으로 저장되어 있어 데이터 복사 시 변형가능성이 낮다는 장점이 있다.

오답분석

㉡ 막대한 양의 데이터를 나누어 처리하는 맵(Map) 과정을 거친 후, 다시 합치는 리듀스(Reduce) 과정을 거쳐 진행된다.
㉢ 맵리듀스는 간단한 방식으로 인해 사용이 쉬울 뿐만 아니라 확장 또한 쉬워 데이터 분석에 용이한 측면이 있다.

14 정답 ②

선형 검색(Linear Search)의 평균 검색 횟수는 $\frac{n+1}{2}$회(n은 레코드 수)이다.

15 정답 ③

LOOK은 SCAN 기법을 사용하되 진행 방향의 마지막 요청을 서비스한 후 그 방향의 끝으로 이동하는 것이 아니라 방향을 바꾸어 역방향으로 진행하는 기법이다.

오답분석

① SLTF(Shortest Latency Time First) : 섹터 큐잉(Sector Queuing)이라고 하며, 회전 시간의 최적화를 위해 구현된 기법으로 디스크 대기 큐에 있는 여러 요청을 섹터 위치에 따라 재정렬하고, 가장 가까운 섹터를 먼저 서비스한다.
② Eschenbach : 탐색 시간과 회전 지연 시간을 최적화하기 위한 최초의 기법으로 부하가 매우 큰 항공 예약 시스템을 위해 개발되었다.
④ SSTF(Shortest Seek Time First) : 탐색 거리가 가장 짧은 요청이 있을 시 큐의 제일 앞에 있지 않더라도 먼저 서비스를 받으며, 특정 요청들을 차별하는 경향이 있다.
⑤ SCAN : 디스크의 한쪽 끝에서 반대쪽 끝으로 이동하면서 처리하며, 마지막 실린더에 도착하면 반대 방향으로 스캔을 진행한다.

16 정답 ②

RISC는 컴파일러(소프트웨어)의 복잡도를 초점으로 둔다. 하드웨어의 복잡도를 초점으로 두는 것은 CISC의 특징에 해당한다. CISC(Complex Instruction Set Computer)는 복잡하고 기능이 많은 명령어로 구성된 프로세서이다.

17
정답 ②

FDDI(Fiber Distributed Data Interface, 광섬유 분배 데이터 인터페이스)는 광섬유를 사용한 LAN에서의 인터페이스 규격의 일종으로, 100Mb/s의 토큰 링(이중) 방식이 쓰인다.

종류	내용
성형	• 포인트 투 포인트 방식으로 회선을 연결하고 단말장치 추가 및 제거가 용이 • 각 단말장치는 중앙 컴퓨터를 통하여 데이터를 교환 • 하나의 단말장치가 고장나더라도 다른 단말장치에는 영향을 주지 않지만, 중앙 컴퓨터가 고장나면 전체 통신망의 기능이 정지
링형	• 컴퓨터와 단말장치들을 서로 이웃하는 것끼리 포인트 투 포인트 방식으로 연결 • 데이터는 단방향 또는 양방향으로 전송할 수 있으며, 단방향의 경우 컴퓨터, 단말 장치, 통신회선 중 어느 하나라도 고장나면 전체 통신망에 영향을 미침 • 양방향 링(이중 링형)은 노드에 이상이 생겼을 경우 다른 방향으로 우회할 수 있으므로 정상적인 노드들끼리는 통신이 가능함
버스형	• 한 개의 통신회선에 여러 대의 단말장치가 연결되어 있는 형태 • 단말장치가 고장나더라도 통신망 전체에 영향을 주지 않기 때문에 신뢰성을 보장하지만, 전송회선이 단절되면 전체 네트워크가 중단됨 • 기밀 보장이 어렵고 통신 회선의 길이에 제한이 있음
트리형 (계층형)	• 중앙 컴퓨터와 일정 지역의 단말장치까지는 하나의 통신회선으로 연결시키고, 이웃하는 단말장치는 일정 지역 내에 설치된 중간 단말장치(허브)로부터 다시 연결시키는 형태 • 분산 처리 시스템을 구성하는 방식
망형	• 모든 지점의 컴퓨터와 단말장치를 서로 연결한 형태로, 노드의 연결성이 높음 • 보통 공중 데이터 통신망에서 사용되며, 통신회선의 총 경로가 가장 김 • 통신 회선 장애 시 다른 경로를 통하여 데이터를 전송할 수 있음 • 노드의 수가 N개일 때 $\frac{N(N-1)}{2}$개의 회선이 필요

18
정답 ②

continue문은 roop 내에서 사용하여 해당 roop가 나머지 부분을 건너뛰고, 다음 조건식의 판단으로 넘어가게 한다. 변수 i의 값이 2의 배수인 경우 continue문을 이용하여 for문의 printf( ) 함수 부분을 건너뛴다.

19
정답 ③

try … catch문은 실행할 코드블럭({})을 표시하고 예외(Exception)가 발생(throw)할 경우 응답을 지정할 수 있다. method2( )에서 Runtime Exception( )을 강제로 발생시켰기 때문에 method1( )의 try … catch문에 의해 Runtime Exception catch 구문이 수행되어 3을 출력하게 되며, throw 구문으로 인해 main( )의 try … catch문의 Exception catch 구문을 수행하게 되므로 7을 출력하게 된다.

20
정답 ③

• main( )에서 f라는 배열 생성

1	2	3	4
f[0]	f[1]	f[2]	f[3]

C언어 첨자는 0부터 시작

• h(f, 4, 2) 함수 호출
double *f, int d, double x)
f 4 2를 의미

• i는 d가 4이므로 3부터 0까지 1씩 감소(3, 2, 1, 0 반복문 4번 수행)

res=res * x+f[i]
i=3, 4=0 * 2+f[3]
4
i=2, 11=4 * 2+f[2]
3
i=1, 24=11 * 2+f[1]
2
i=0, 49=24 * 2+f[0]
1

• 출력형식이 3.1f이므로 49.0 출력

PART 3

최종점검 모의고사

제 1 회 최종점검 모의고사

01	02	03	04	05	06	07	08	09	10	11	12	13	14	15	16	17	18	19	20
④	①	③	④	④	①	①	②	⑤	⑤	③	⑤	⑤	①	③	②	⑤	③	④	④
21	22	23	24	25	26	27	28	29	30	31	32	33	34	35	36	37	38	39	40
①	④	③	①	④	②	④	③	①	②	④	①	④	④	③	①	③	④	③	④
41	42	43	44	45	46	47	48	49	50	51	52	53	54	55	56	57	58	59	60
③	④	③	③	②	④	②	③	③	①	⑤	④	①	②	③	⑤	③	①	③	④

01 공통(전체)

01

정답 ④

제시문은 서양의 자연관은 인간이 자연보다 우월한 자연지배관이며, 동양의 자연관은 인간과 자연을 동일 선상에 놓거나 조화를 중요시한다고 설명하고 있다. 따라서 주제로 '서양의 자연관과 동양의 자연관의 차이'가 가장 적절하다.

02

정답 ①

네 번째 문단에 따르면 2000년대 초 연준의 금리 인하는 국공채에 투자했던 퇴직자들의 소득을 감소시켰고, 노년층에서 정부로, 정부에서 금융업으로 부의 대규모 이동이 이루어져 불평등을 심화시켰다. 따라서 금융업으로부터 정부로 부가 이동하였다는 ①은 적절하지 않다.

오답분석

② 마지막 문단에 따르면 2000년대 초 연준이 고용 증대를 기대하고 시행한 저금리 정책은 노동을 자본으로 대체하는 투자를 증대시킴으로써 오히려 실업률이 떨어지지 않는 구조를 만들었다.
③ 세 번째 문단에 따르면 2000년대 초는 대부분의 부문에서 설비 가동률이 낮은 상황이었기 때문에 당시의 저금리 정책이 오히려 주택 시장의 거품을 초래하였다.
④ 2000년대 초 연준의 저금리 정책으로 주택 가격이 상승하여 주택 시장의 거품을 초래하였고, 주식 가격 역시 상승하였지만 이에 대한 이득은 대체로 부유층에 집중되었다.
⑤ 두 번째 문단에 따르면 부동산 거품 대응 정책에서는 주택 담보 대출에 대한 규제가 금리 인상보다 더 효과적인 정책이다.

03

정답 ③

빈칸 뒤 문장이 '따라서'로 연결되어 있으므로 빈칸에는 '사회적 제도의 발명이 필수적이다.'를 결론으로 낼 수 있는 논거가 와야 한다. 따라서 빈칸에는 ③이 가장 적절하다.

04

정답 ④

중력으로 인한 가속도는 물체의 움직임과 관계없이 항상 적용되고 있다.

오답분석

① 스마트폰은 내제된 가속도 센서로 움직임을 인지한다.
② 속도 변화량을 계산하여 움직임을 인지하는 장치가 가속도 센서이다.
③ 3차원 공간이기 때문에 x, y, z 세 개의 축이 필요하다고 언급하였다.
⑤ 마지막 문단에서 스마트폰이 지면과 평평하게 놓여있을 때의 x, y축의 값은 0이지만, 기울이게 되면 이 두 개의 축의 값에 변화가 생긴다고 언급하였다.

05

정답 ④

전선업계는 구릿값이 상승할 경우 기존 계약금액을 동결한 상태에서 결제를 진행하고, 반대로 구릿값이 떨어지면 그만큼의 차액을 계약금에서 차감해줄 것을 요구하는 불공정거래 행태를 보여주고 있다. 이는 자신의 이익만을 꾀하는 행위이며, 이를 비판한 내용으로 ④가 가장 적절하다.

오답분석

① 지난 일은 생각지 못하고 처음부터 그랬던 것처럼 잘난 체한다는 뜻이다.
② 일이 이미 잘못된 뒤에는 손을 써도 소용이 없다는 뜻이다.
③ 가까이에 있는 것을 도리어 알아보지 못한다는 뜻이다.
⑤ 상대방은 생각지도 않는데 미리부터 다 된 줄로 알고 행동한다는 뜻이다.

06

정답 ①

제시문은 고전적 조건 형성, 동물 반사 행동의 유형, 조건 형성 반응이 일어나는 이유, 바람직하지 않은 조건 반사를 수정하는 방법 등을 밝히고 있지만, 소거의 종류에 대해서는 다루고 있지 않다.

07

정답 ①

- 첫 번째 빈칸 : 공간 정보가 정보 통신 기술의 발전으로 시간에 따른 변화를 반영할 수 있게 되었다는 빈칸 뒤의 내용을 통해 빈칸에는 시간에 따른 공간의 변화를 포함한 공간 정보를 이용할 수 있게 되면서 '최적의 경로 탐색'이 가능해졌다는 내용의 ㉠이 적절하다.
- 두 번째 빈칸 : ㉡은 빈칸 앞 문장의 '탑승할 버스 정류장의 위치, 다양한 버스 노선, 최단 시간 등을 분석하여 제공하는' 지리정보 시스템이 '더 나아가' 제공하는 정보에 관해 이야기한다. 따라서 빈칸에는 ㉡이 적절하다.
- 세 번째 빈칸 : 빈칸 뒤의 내용에서는 공간 정보가 활용되고 있는 다양한 분야와 앞으로 활용될 수 있는 분야를 이야기하고 있으므로 빈칸에는 공간 정보의 활용 범위가 계속 확대되고 있다는 ㉢이 적절하다.

08

정답 ②

수직 계열화에서 사용자 중심으로 산업 패러다임이 변화되고 있음을 제시하는 (나) 문단이 가장 먼저 오는 것이 적절하며, 그다음으로 가스 경보기를 예로 들어 수평적 연결에 대해 설명하는 (다) 문단이 와야 한다. 그 뒤를 이어 이러한 수평적 연결이 사물인터넷 서비스로 새롭게 성장한다는 (가) 문단이, 마지막으로는 다양해지는 사물인터넷 서비스에 대해 설명하는 (라) 문단이 와야 한다.

09

정답 ⑤

평균 비용이 한계 비용보다 큰 경우, 공공요금을 평균 비용 수준에서 결정하면 수요량이 줄면서 거래량이 따라 줄고, 결과적으로 생산량도 감소한다. 이는 사회 전체의 관점에서 볼 때 자원이 효율적으로 배분되지 못하는 상황이다.

오답분석

①·② 첫 번째 문단에서 확인할 수 있다.
③ 두 번째 문단에서 확인할 수 있다.
④ 마지막 문단에서 확인할 수 있다.

10

정답 ⑤

파산재단의 자산을 이용해 채권자에게 변제하는 것은 파산관재인의 업무이며, 파산관재인은 파산재단 자산이 실질적으로 파산관재인의 점유가 되도록 파산재단의 현금, 예금통장 등을 확보하고 장부를 폐쇄한다.

오답분석

① 첫 번째 문단에 따르면 파산제도는 자율적 절차가 아닌 재판상 절차임을 알 수 있고 제시문의 내용을 볼 때 파산제도가 파산관재인과 법원에 의해 강제적 성격을 띠고 집행됨을 알 수 있다.
② 파산재단은 법원의 파산선고와 동시에 구성된다.
③ 파산채권자는 채권의 개별행사가 금지된다.
④ 세 번째 문단에 따르면 파산관재인은 누락되는 자산이 없도록 파산재단 자산을 조사한다.

11

정답 ③

제시문의 핵심 논지는 4차 산업혁명의 신기술로 인해 금융의 종말이 올 것임을 예상하는 것이다. 따라서 앞으로도 기술 발전은 금융업의 본질을 바꾸지 못할 것이라는 ③이 비판 내용으로 가장 적절하다.

12

정답 ⑤

최소비용입지론에서는 운송비가 최소가 되는 지점이 최적 입지가 되는데, 운송비는 일반적으로 이동 거리가 짧을수록 적게 든다. 또한 최대수요입지론에서는 소비자의 이동 거리를 최소화할 수 있는 지점에 입지를 선정한다. 결국 두 입지론 모두 최적의 입지 선택을 위해서는 거리에 따른 경제적 효과를 중시하고 있음을 알 수 있다. 따라서 결론으로 ⑤가 가장 적절하다.

13

정답 ⑤

근로 소득이 증가하면 단기 평균 소비 성향은 감소하지만, 장기적으로는 근로 소득과 비인적 자산이 비슷한 속도로 성장하므로 소득의 증가에도 불구하고 평균 소비 성향은 일정하게 유지된다.

오답분석

① 평균 기대 수명의 증가로 정년이 증가한다면 은퇴 나이가 증가하므로 평생 소득 역시 증가하게 된다.
② ㉠의 식을 통해 알 수 있다.
③ ㉠과 ㉡의 식을 통해 근로 소득뿐만 아니라 비인적 자산에 의해 평생 소득과 평균 소득, 소비가 결정됨을 알 수 있다.
④ 평생 소득은 근로 소득뿐만 아니라 금융 자산이나 실물 자산과 같은 비인적 자산을 모두 포함한다.

14

정답 ①

3만 원 초과 10만 원 이하 소액통원의료비를 청구할 경우, 진단서 없이 보험금 청구서와 병원영수증, 질병분류기호(질병명)가 기재된 처방전만으로 접수가 가능하다.

15

정답 ③

제시문은 현대 사회의 소비 패턴이 '보이지 않는 손' 아래의 합리적 소비에서 벗어나 과시 소비가 중심이 되었으며, 그 이면에는 소비를 통해 자신의 물질적 부를 표현함으로써 신분을 과시하려는 욕구가 있다고 설명하고 있다. 따라서 제목으로 ③이 가장 적절하다.

16

정답 ②

㉠ 첫 번째 문단에 따르면 들뜬 상태의 전자들이 원래의 자리, 즉 바닥 상태로 되돌아갈 때 빛 등의 에너지가 방출된다.

㉢ 두 번째 문단에 따르면 메이먼은 들뜬 전자가 빛을 방출하는 동안 거울을 통해 다른 들뜬 전자들이 빛을 방출하도록 유도하는 방식으로 빛을 증폭시켰다. 따라서 전자가 들뜬 상태에 머무는 시간이 긴 루비를 이용하여 빛의 증폭에 유리한 조건을 만들었음을 추론할 수 있다.

오답분석

㉡ 첫 번째 문단에 따르면 보유하는 에너지가 낮은 전자부터 원자핵에 가까운 에너지 준위를 채워나가므로 원자핵에 가까울수록 에너지 준위가 낮은 것을 알 수 있다. 들뜬 상태의 전자들은 바닥 상태, 즉 에너지 준위가 낮은 상태로 되돌아가려는 경향이 있으므로 결국 원자핵에 가까운 에너지 준위로 이동할 것이다.

㉣ 두 번째 문단에 따르면 메이먼은 루비의 특정 전자들을 들뜨게 함으로써 바닥 상태의 전자 수보다 들뜬 상태의 전자 수를 많게 만들었다.

17

정답 ⑤

토지공공임대제(㉤)는 토지가치공유제(㉢)의 하위 제도로, 사용권은 민간이 갖고 수익권은 공공이 갖는다. 처분권의 경우 사용권을 가진 민간에게 한시적으로 맡기는 것일 뿐이며, 처분권도 공공이 갖는다. 따라서 ⑤는 토지공공임대제(㉤)에 대한 설명으로 적절하지 않다.

PART 3

18

정답 ③

거래 우수 고객으로 우대금리를 받으려면, 이 적금 신규 가입 시에 예금주의 N은행 거래기간이 3년 이상이어야 하므로 A고객은 거래 우수 우대금리를 받을 수 없다.

19

정답 ④

가입기간이 12개월 이상일 경우 적용되는 기본금리는 연 1.50%로 6개월 이상의 연 1.45%보다 높지만, 상품의 가입기간은 6개월부터 24개월까지이므로 24개월을 초과하여 계약할 수 없다.

오답분석

① 만 19 ~ 34세의 청년고객을 대상으로 한 상품이므로 창업을 계획 중이더라도 연령이 높은 중장년층에게는 적합하지 않다.
② 매월 1 ~ 50만 원 이내의 자유적립 상품이므로 월초에 10만 원을 입금하였더라도 한 달 내 40만 원 이하의 금액을 추가로 입금할 수 있다.
③ 월복리 상품은 매월 입금하는 금액마다 입금일부터 만기일 전까지의 기간에 대하여 월별로 이자를 원금에 가산하여 이자를 정산한다.
⑤ 모든 우대조건을 만족할 경우 최대 연 5.0%의 금리가 적용되지만, 우대금리 없이 가장 낮은 기본금리가 적용될 경우 1.45%의 금리가 적용된다. 따라서 최대 금리와 최소 금리의 차이는 5.0−1.45=3.55%p이다.

20

정답 ④

먼저 해당 고객의 경우 24개월의 기간으로 상품에 가입하였으므로 기본금리는 12개월 이상의 연 1.5%가 적용된다. 다음으로 보유하고 있는 개인사업자 계좌의 잔액은 변동 없이 500만 원을 유지하고 있으므로 개인사업자 계좌실적의 우대조건을 만족하고, 상품에 가입할 때 개인정보 수집 및 이용에 있어 전체 동의하였으므로 마케팅 동의 우대조건도 만족한다. 그러나 인터넷 뱅킹이나 스마트 뱅킹인 비대면 채널에서의 이체실적이 없으므로 비대면 채널 이체실적의 우대조건은 만족하지 않는다. 한편, 농업계고 졸업자가 졸업증명서를 제출할 경우 추가 우대금리 연 2.0%p가 제공되므로 해당 고객은 기본금리 연 1.5%에 연 1.0+0.2+2.0=3.2%p의 우대금리를 적용받을 수 있다. 따라서 고객이 적용받을 수 있는 총금리는 연 1.5+3.2=4.7%이다.

21

정답 ①

가입대상은 예상소득이 아니라 직전 과세기간 총급여액 또는 종합소득금액을 따지게 되며, 직전 과세기간 총급여액 또는 종합소득금액이 일정 수준 이상이라 하더라도 중소기업에 재직하는 청년은 가입이 가능하다.

22

정답 ④

• K고객 : 의무가입기간 이상 적금에 가입했기 때문에 이자소득세가 면제되고 대신 농어촌특별세(1.5%)가 과세된다. 따라서 400,000×(1−0.015)=394,000원이 이자(세후)로 입금된다.

• L고객 : 의무가입기간 이상 적금에 가입하지 않았지만, 해지 1개월 전 3개월 이상의 입원치료를 요하는 상해를 당했기 때문에 특별중도해지 사유에 해당하므로 이자소득세가 면제되고, 농어촌특별세만 과세된다. 따라서 200,000×(1−0.015)=197,000원이 이자(세후)로 입금된다.

23

정답 ③

우선 세 번째 조건에 따라 '윤지 – 영민 – 순영'의 순서가 되는데, 첫 번째 조건에서 윤지는 가장 먼저 출장을 가지 않는다고 하였으므로 윤지 앞에는 먼저 출장 가는 사람이 있어야 한다. 따라서 '재철 – 윤지 – 영민 – 순영'의 순이 되고, 마지막으로 출장 가는 순영의 출장지는 미국이 된다. 또한 재철은 영국이나 프랑스로 출장을 가야 하는데, 영국과 프랑스는 연달아 갈 수 없으므로 두 번째 출장지는 일본이며, 첫 번째와 세 번째 출장지는 영국 또는 프랑스로 재철과 영민이 가게 된다. 이를 정리하면 다음과 같다.

구분	첫 번째	두 번째	세 번째	네 번째
출장 가는 사람	재철	윤지	영민	순영
출장 가는 나라	영국 또는 프랑스	일본	프랑스 또는 영국	미국

따라서 영민은 세 번째로 출장을 간다는 ③은 참이다.

오답분석

① 윤지는 일본으로 출장을 간다.
② 재철은 영국으로 출장을 갈 수도, 프랑스로 출장을 갈 수도 있다.
④ 순영은 네 번째로 출장을 간다.
⑤ 윤지와 순영의 출장 순서는 두 번째와 네 번째로, 연이어 출장을 가지 않는다.

24

정답 ①

제시된 조건에 따라 가능한 경우의 수를 정리하면 다음과 같다.

구분	첫 번째	두 번째	세 번째	네 번째	다섯 번째	여섯 번째
경우 1	교육	보건	농림	행정	국방	외교
경우 2	교육	보건	농림	국방	행정	외교
경우 3	보건	교육	농림	행정	국방	외교
경우 4	보건	교육	농림	국방	행정	외교

따라서 교육부는 첫 번째 또는 두 번째에 감사를 시작한다.

오답분석

② 경우 3, 4에서 보건복지부는 첫 번째로 감사를 시작한다.
③ 농림축산식품부보다 늦게 감사를 받는 부서는 3개, 일찍 받는 부서는 2개로, 늦게 감사를 받는 부서의 수가 많다.
④ 경우 1, 3에서 국방부는 행정안전부보다 감사를 늦게 받는다.
⑤ 외교부보다 늦게 감사를 받는 부서는 없다.

25

정답 ④

제시된 조건에 따라 부서별 위치를 정리하면 다음과 같다.

구분	경우 1	경우 2
6층	연구·개발부	연구·개발부
5층	서비스 개선부	디자인부
4층	디자인부	서비스 개선부
3층	기획부	기획부
2층	인사교육부	인사교육부
1층	해외사업부	해외사업부

따라서 3층에 위치한 기획부의 직원은 출근 시 반드시 계단을 이용해야 하므로 ④는 항상 옳다.

오답분석

① 경우 1에서 김대리는 출근 시 엘리베이터를 타고 4층에서 내린다.
② 경우 2에서 디자인부의 김대리는 서비스개선부의 조대리보다 엘리베이터에서 나중에 내린다.
③ 커피숍과 같은 층에 위치한 부서는 해외사업부이다.
⑤ 엘리베이터 이용에만 제한이 있을 뿐 계단 이용에는 층별 이용 제한이 없다.

PART 3

26

정답 ②

원금 및 이자금액 그래프를 연결하면 4가지 경우가 나오며, 그에 대한 설명은 다음과 같다.

원금 그래프	이자금액 그래프	대출상환방식
A	C	원금을 만기에 모두 상환하고, 매월 납입하는 이자는 동일하므로 '만기일시상환' 그래프이다.
B	D	원금을 3회부터 납입하고, 2회까지 원금을 납입하지 않는다. 이자금액은 1회부터 3회까지 동일하며 4회부터 이자는 감소하므로 2회까지 거치기간임을 알 수 있다. 3회 이후 납입 원금이 동일하기 때문에 원금균등상환 방식이 된다. 따라서 거치기간이 있는 '거치식 원금균등상환' 그래프이다.
A	D	원금을 만기에 일시 상환하므로 이자는 만기까지 일정해야 한다. 따라서 두 그래프는 연결될 수 없다.
B	C	거치기간이 끝나고 매월 상환하는 원금이 같을 경우 그에 대한 이자는 줄어들어야 한다.

따라서 그래프와 대출상환방식이 바르게 연결된 것은 ㉠, ㉣이다.

27

정답 ④

• 갑 : 최대한 이자를 적게 내려면, 매월 원금과 이자를 같이 납입하여 원금을 줄여나가는 방식을 택해야 한다. 거치식상환과 만기일시상환보다 원금균등상환 또는 원리금균등상환이 원금을 더 빨리 갚아나가므로 이자가 적다. 따라서 갑에게 가장 적절한 대출상환방식은 이자가 가장 적게 나오는 '원금균등상환'이다.
• 을 : 매달 상환금액이 동일한 것은 '원리금균등상환'이다.
• 병 : 이자만 납입하다가 만기 시 원금 전액을 상환하는 '만기일시상환'이 가장 적절하다.
• 정 : 지금 상황에서는 이자만 납입하는 거치기간을 갖고, 추후에 상황이 안정되면 매달 일정 금액을 상환할 수 있는 '거치식상환'이 가장 적절하다.

28

정답 ③

'이용한도'에 따르면 해외 현금 인출(미국 달러 기준)은 4,000달러까지 하루에 가능하다.

오답분석

① '발급자격'에 따르면 만 14세 이상 만 19세 미만 미성년자인 경우 법정대리인의 동의서가 필요하며, 법정대리인의 신분증이 필요한 것이지 본인의 신분증이 필요한 것은 아니다.

② '이용한도'를 보면 1일 한도인 7백만 원을 초과하여 불가능하다.
④ 체크카드 결제한도가 있기 때문에 체크한도 지정형 카드임을 알 수 있다. 개별거래금액이 지정한도 이내의 거래이면 연결계좌에서 즉시 결제되지만 체크카드 결제한도를 초과하는 경우에는 전체 거래금액이 신용카드 기능으로 결제된다. 따라서 D씨는 한도 금액이 40만 원이 초과되는 60만 원짜리 상품을 구매했기 때문에 전액 신용카드 기능으로 결제된다.
⑤ 해외 구매 건의 경우, 카드 승인 시점에 승인금액의 104%가 계좌에서 인출된다고 되어 있어 언뜻 보기에는 맞는 보기 같지만, '해외 구매 시' 두 번째 항에 제3국 통화(KRW거래 포함)는 미국 달러로 환산되어 제공된다고 되어 있기 때문에 104만 원이 그대로 빠져나가는 것이 아니라 이를 달러로 환산한 금액의 104%가 인출될 것이다.

29

정답 ①

갑 ~ 무 각각에 해당되는 ATM의 조건을 적용하여 현금 인출 수수료를 계산하면 다음과 같다.

구분	갑	을	병	정	무
인출 수수료	2,000원	1,000원	2,000원	2,000원	1,000원
네트워크 수수료	400원(0.2%)	300원(0.1%)	800원(0.2%)	900원(0.3%)	600원(0.2%)
ATM 사용 수수료	–	–	10,000원	5,000원	–
총수수료	2,400원	1,300원	12,800원	7,900원	1,600원

총수수료가 높은 순서대로 나열하면 '병 – 정 – 갑 – 무 – 을'이므로 세 번째로 많은 수수료를 내는 사람은 갑이다.

30

정답 ②

K과장 가점평정 사항에 따라 점수를 계산하면 다음과 같다.

- 본부에서 36개월 동안 연구원으로 근무 → 0.03×36=1.08점
- 지역본부에서 24개월 근무 → 0.015×24=0.36점
- 특수지에서 12개월 동안 파견근무(지역본부 근무경력과 중복되어 절반만 인정) → 0.02×12÷2=0.12점
- 본부로 복귀 후 현재까지 총 23개월 근무 → 0.03×23=0.69점
- 현재 팀장(과장) 업무 수행 중
  - 내부평가결과 최상위 10% 총 12회 → 0.012×12=0.144점
  - 내부평가결과 차상위 10% 총 6회 → 0.01×6=0.06점
  - 금상 2회, 은상 1회, 동상 1회 수상
    → (0.25×2)+(0.15×1)+(0.1×1)=0.75점 → 0.5점(∵ 인정 범위)
  - 시행결과평가 탁월 2회, 우수 1회
    → (0.25×2)+(0.15×1)=0.65점 → 0.5점(∵ 인정 범위)

따라서 K과장의 가점은 1.08+0.36+0.12+0.69+0.144+0.06+0.5+0.5=3.454점이다.

31

정답 ④

예산이 가장 많이 드는 B사업과 E사업은 사업기간이 3년이므로 최소 1년은 겹쳐야 한다는 것을 기반으로 정리하면 다음과 같다.

연도 / 예산 / 사업명	1년	2년	3년	4년	5년
예산	20조 원	24조 원	28.8조 원	34.5조 원	41.5조 원
A		1조 원	4조 원		
B		15조 원	18조 원	21조 원	
C					15조 원
D	15조 원	8조 원			
E			6조 원	12조 원	24조 원
실질사용 예산합계	15조 원	24조 원	28조 원	33조 원	39조 원

따라서 D사업을 첫해에 시작해야 한다.

32

정답 ①

사원별 성과지표의 평균을 구하면 다음과 같다.

- A사원 : (3+3+4+4+4)÷5=3.6
- B사원 : (3+3+3+4+4)÷5=3.4
- C사원 : (5+2+2+3+2)÷5=2.8
- D사원 : (3+3+2+2+5)÷5=3
- E사원 : (4+2+5+3+3)÷5=3.4

성과지표 평균이 3.5를 넘는 사람은 A사원뿐이므로 A사원만 당해 연도 연봉에 1,000,000원이 추가된다. 각 사원의 당해 연도 연봉을 구하면 다음과 같다.

- A사원 : 300만+(3×300만)+(3×200만)+(4×100만)+(4×150만)+(4×100만)+100만=33,000,000원
- B사원 : 300만+(3×300만)+(3×200만)+(3×100만)+(4×150만)+(4×100만)=31,000,000원
- C사원 : 300만+(5×300만)+(2×200만)+(2×100만)+(3×150만)+(2×100만)=30,500,000원
- D사원 : 300만+(3×300만)+(3×200만)+(2×100만)+(2×150만)+(5×100만)=28,000,000원
- E사원 : 300만+(4×300만)+(2×200만)+(5×100만)+(3×150만)+(3×100만)=31,500,000원

따라서 가장 많은 연봉을 받는 사람은 A사원이다.

33

정답 ④

먼저 조건과 급여명세서가 알맞게 표시되어 있는지 확인해 보면, 국민연금과 고용보험은 조건의 금액과 일치한다. 4대 보험 중 건강보험과 장기요양을 계산하면 건강보험은 기본급의 6.24%로 회사와 50%씩 부담한다고 하여 2,000,000×0.0624×0.5=62,400원이지만 급여명세서에는 67,400−62,400=5,000원이 더 공제되어 다음 달에 5,000원을 돌려받게 된다. 또한 장기요양은 건강보험료의 7.0% 중 50%로 2,000,000×0.0624×0.07×0.5=4,368원이며, 약 4,360원이므로 맞게 지급되었다.

네 번째 조건에서 야근수당은 기본급의 2%로 2,000,000×0.02=40,000원이며, 이틀 동안 야근하여 8만 원을 받고, 상여금은 5%로 2,000,000×0.05=100,000원을 받아야 하지만 급여명세서에는 5만 원으로 명시되어 있다.

A대리가 다음 달에 받게 될 소급액은 덜 받은 상여금과 더 공제된 건강보험료로 50,000+5,000=55,000원이다.

소급액을 반영한 다음 달 급여명세서는 다음과 같다.

〈급여명세서〉

(단위 : 원)

성명 : A	직급 : 대리	지급일 : 2025-4-25	
지급항목	지급액	공제항목	공제액
기본급	2,000,000	소득세	17,000
상여금	−	주민세	1,950
기타	−	고용보험	13,000
식대	100,000	국민연금	90,000
교통비	−	장기요양	4,360
복지후생	−	건강보험	62,400
소급액	55,000	연말정산	−
		공제합계	188,710
급여계	2,155,000	차감수령액	1,966,290

따라서 A대리의 다음 달 수령액은 1,966,290원이다.

34

정답 ④

3월은 봄·가을철에 속하고, 하루에 저압전력으로 20kW씩 충전해야 하므로, 각 일정의 업무시간에 충전 가능 시간과 충전전력요금, 렌트비를 살펴보면 다음과 같다.

구분	충전 가능 시간	시간대별 부하	충전요금(원)	렌트비(원)
3월 10일(월)	8～9시	경부하	58.7×20+2,390=3,564	50,000
3월 11일(화)	20～21시	중간부하	70.5×20+2,390=3,800	45,000
3월 12일(수)	8～9시	경부하	58.7×20+2,390=3,564	50,000
3월 13일(목)	14～15시	최대부하	75.4×20+2,390=3,898	45,000
3월 14일(금)	14～15시	최대부하	75.4×20+2,390=3,898	45,000
3월 15일(토)	20～21시	중간부하	70.5×20+2,390=3,800	50,000

해당하는 전력량 요금에 기본요금을 더해 충전요금을 계산하고 렌트 비용은 해당 인원수에 맞춰 계산한다. 이때 5일 이상 연속으로 이용 시 렌트비 총금액에서 10%가 할인되므로 285,000×0.9=256,500원이고, 전력량 요금 계산 시 원 단위 이하는 절사하므로 금액을 정리하여 계산하면 다음과 같다.

∴ 3,560+3,800+3,560+3,890+3,890+3,800+256,500=279,000원

따라서 A대리가 제출할 3월 품의비는 279,000원이다.

35

정답 ③

정규시간 외에 초과근무가 있는 날의 시간외근무시간을 구하면 다음과 같다.

근무요일	초과근무시간			1시간 공제
	출근	야근	합계	
1～15일	-	-	-	770분
18(월)	-	70분	70분	10분
20(수)	60분	20분	80분	20분
21(목)	30분	70분	100분	40분
25(월)	60분	90분	150분	90분
26(화)	30분	160분	190분	130분
27(수)	30분	100분	130분	70분
합계	-	-	-	1,130분

A사원의 시간외근무시간은 1,130분으로 18시간 50분이며, 1시간 미만은 절사하므로 A사원이 받을 시간외근무수당은 7,000원×18시간=126,000원이다.

36

정답 ①

35명의 수용 인원과 최소 인원을 모두 충족하는 회의실은 별실이다. 따라서 오전 사용료는 400,000+10,000+30,000=440,000원이다.

10명의 수용 인원과 최소 인원을 모두 충족하는 회의실은 세미나 3·4실이며, 비용이 저렴한 쪽을 선택해야 하므로 세미나 3실을 선택한다. 따라서 오후 사용료는 74,000+37,000+20,000+50,000=181,000원이다.

N기업은 이용일 4일 전 오후 회의실 사용을 취소하였으므로 181,000원에서 10%를 차감한 162,900원을 환불해 줘야 한다.

37

정답 ③

상품별 직원 투표 결과를 정리하면 다음과 같다.

(단위 : 표)

상품	1인당 비용(원)	총무팀	영업팀	개발팀	홍보팀	공장 1	공장 2	합계
A	500,000	2	1	2	0	15	6	26
B	750,000	1	2	1	1	20	5	30
C	600,000	3	1	0	1	10	4	19
D	1,000,000	3	4	2	1	30	10	50
E	850,000	1	2	0	2	5	5	15
합계		10	10	5	5	80	30	140

㉠ 가장 인기 있는 상품은 D이다. 그러나 공장 1의 고려사항은 회사에 손해를 줄 수 있으므로 2박 3일 상품이 아닌 1박 2일 상품 중 가장 인기 있는 B상품이 선택된다. 따라서 750,000×140=105,000,000원이 필요하므로 옳다.

㉢ 공장 1의 A, B 투표 결과가 바뀐다면 A, B상품의 투표 수가 각각 31표, 25표가 되어 선택되는 상품이 A로 변경된다.

오답분석

㉡ 가장 인기 있는 상품은 D이므로 옳지 않다.

PART 3

38

정답 ④

- 물품 구입비는 5,000×2+1,000×4+2,000×1+1,500×2=19,000원이 든다. → 19,000원
- 서울 지부에서 김포공항까지 택시비가 소요된다. → 20,000원
- 세미나 시작 2시간 전인 12시 정각까지 세미나 장소인 부산 본사에 도착하여야 하며, 그러기 위해서는 택시로 이동하는 시간을 고려하여 11시 반에는 김해공항에 도착하여야 한다. 따라서 탑승이 가능한 항공편은 AX381뿐이다. → 38,500원
- 김해공항에서 내린 후 부산 본사까지 택시로 이동한다. → 20,000원
- 세미나 종료 후 다시 택시를 타고 김해공항으로 이동한다. → 20,000원
- 김해공항에 도착하면 18:30이 된다. 따라서 탑승이 가능한 항공편은 YI830뿐이다. → 48,000원
- 김포공항에서 다시 택시로 서울 지부로 이동한다. → 20,000원

따라서 부산 본사 출장 이후 서울 지부로 다시 돌아오기까지의 교통비와 물품 구입비의 합은
19,000+20,000+38,500+20,000+20,000+48,000+20,000=185,500원이다.

39

정답 ③

N은행 주요 고객이 뽑은 항목 순위에 따른 상품별 평점과 김사원이 잘못 기록한 평점 순위는 다음과 같다.

1) 중요 항목 순위에 따른 평점

구분	총점	상품순위
A적금	(4×50)+(2×30)+(3×15)+(2×5)=315점	2등
B적금	(2×50)+(4×30)+(2×15)+(3×5)=265점	4등
C펀드	(5×50)+(3×30)+(1×15)+(2×5)=365점	1등
D펀드	(3×50)+(3×30)+(4×15)+(2×5)=310점	3등
E적금	(2×50)+(3×30)+(1×15)+(4×5)=225점	5등

2) 1순위와 3순위가 바뀐 항목 순위에 따른 평점

구분	총점	상품순위
A적금	(3×50)+(2×30)+(4×15)+(2×5)=280점	2등
B적금	(2×50)+(4×30)+(2×15)+(3×5)=265점	3등
C펀드	(1×50)+(3×30)+(5×15)+(2×5)=225점	4등
D펀드	(4×50)+(3×30)+(3×15)+(2×5)=345점	1등
E적금	(1×50)+(3×30)+(2×15)+(4×5)=190점	5등

따라서 주요 고객이 뽑은 항목 순위에 따른 상품 순위보다 김사원이 잘못 기록한 순위에 따른 상품 순위에서 순위가 상승한 상품은 B적금과 D펀드이다.

40

정답 ④

단리 적금으로 P고객이 만기 시 받을 수 있는 이자액과 가입기간 동안 납입한 원금은 다음과 같다.

- 만기 시 받을 수 있는 이자액 : $120{,}000 \times \frac{24 \times 25}{2} \times \frac{0.025}{12} = 75{,}000$원
- 가입기간 동안 납입한 원금 : 120,000×24=2,880,000원

따라서 만기 수령액은 75,000+2,880,000=2,955,000원이다.

41

정답 ③

- 3월 7일 A씨는 N은행과 B기업에 대한 기업 한도액 3천만 원의 약정을 체결하고, 한도액의 개시일은 3개월 후이므로 '기업 한도 거래 수수료'를 6월 7일에 납부한다.
- 2월 11일 A씨는 회계 감사용 제증명서를 발급받기 위해 N은행에서 '제증명서 발급 수수료'를 즉시 납부한다.
- 5월 21일 A씨는 P은행과 N은행에 공동 대출을 신청하였으며 N은행에게 주선 업무를 맡겼는데 N은행 측에서는 한 달 후에 협약을 맺으므로 6월 21일에 '주선 수수료'를 납부한다.
- 1월 13일에 빌린 대출금 1억을 2024년 3월 23일에 일시에 미리 완납하므로 완납 시에 '대출 기한 전 상환 수수료'를 납부한다.
- 6월 18일 A씨는 부채 잔액을 증명하기 위하여 N은행에서 '제증명서 발급 수수료'를 즉시 납부한다.

따라서 가장 늦게 납부하는 수수료는 '주선 수수료'이다.

42

정답 ④

- 갑 : 대리은행 수수료에 해당하며, 대출금 취급 시 전체 약정금액의 3%로 500만 원×0.03=15만 원을 내었다.
- 을 : 대출 기한 전 상환 수수료로 기한 전 상환 시 상한금액의 3%인 1,000만 원×0.03=30만 원을 내었다.
- 병 : 주선 수수료는 전체 약정금액의 5%이므로 500만 원×0.05=25만 원이다.
- 정 : 제증명서 발급 수수료 중 부채 잔액 타행증명서를 발급받았으므로 6천 원을 냈다.
- 무 : 기업 한도 거래 수수료에 해당하며, 약정금액의 2.5%인 300만 원×0.025=7.5만 원을 내었다.

따라서 수수료를 가장 많이 낸 '을'은 30만 원, 가장 적게 낸 '정'은 6천 원이므로 차이는 300,000−6,000=294,000원이다.

43

정답 ③

- 5월 4일 지인에게 1,000만 원을 달러로 송금
  1,000만 원÷1,140.20원/달러=8,770달러(∵ 달러 단위 미만 절사, 환전 수수료 없음)
- 5월 22일 지인으로부터 투자수익률 10%와 원금을 받음
  8,770달러×(1+0.1)=9,647달러
- 5월 22일 환전함
  9,647달러×1,191.50원/달러≒11,494,400원(∵ 원 단위 미만 절사, 환전 수수료 없음)

• 투자수익률 계산

$$\frac{11,494,400-10,000,000}{10,000,000}\times 100 \fallingdotseq 15\%$$

따라서 A씨는 원금 대비 15%의 수익을 달성하였다.

44

정답 ③

A대리는 가입기간에 따른 기본금리 연 1.5%에 월급이체 우대 연 0.2%p, 제휴보험사 보험상품 가입 우대 연 0.2%p 우대금리를 적용받아 총 연 1.5+0.2+0.2=1.9%를 적용받는다.

A대리가 제시된 정보에 따라 별빛적금에 가입하였을 때, 만기 시 받을 수 있는 이자액을 계산하면 다음과 같다.

$$1,000,000\times\frac{36\times 37}{2}\times\frac{0.019}{12}=1,054,500\text{원}$$

A대리가 가입기간 동안 납입할 원금은 1,000,000×36=36,000,000원이다.

따라서 A대리의 만기 수령액은 1,054,500+36,000,000=37,054,500원이다.

45

정답 ②

A대리는 가입기간에 따른 기본금리 연 1.2%에 제휴통신사 우대 연 0.15%p, 우수거래 고객 우대 연 0.2%p 우대금리를 적용받아 총 연 1.2+0.15+0.2=1.55%를 적용받는다.

A대리가 제시된 정보에 따라 별빛적금에 가입하였을 때, 만기 시 받을 수 있는 이자액을 계산하면 다음과 같다.

$$1,500,000\times\frac{24\times 25}{2}\times\frac{0.0155}{12}=581,250\text{원}$$

따라서 A대리에게 적용되는 금리는 연 1.55%이며, 만기 시 받을 수 있는 이자액은 581,250원이다.

46

정답 ④

㉠ 지분율 상위 4개 회원국은 중국, 인도, 러시아, 독일이다. 네 국가의 투표권 비율을 합하면 26.06+7.51+5.93+4.15=43.65%이다.

㉡ 중국을 제외한 지분율 상위 9개 회원국의 지분율과 투표권 비율의 차를 구하면 다음과 같다.

- 인도 : 8.52−7.51=1.01%p
- 러시아 : 6.66−5.93=0.73%p
- 독일 : 4.57−4.15=0.42%p
- 한국 : 3.81−3.50=0.31%p
- 호주 : 3.76−3.46=0.30%p
- 프랑스 : 3.44−3.19=0.25%p
- 인도네시아 : 3.42−3.17=0.25%p
- 브라질 : 3.24−3.02=0.22%p
- 영국 : 3.11−2.91=0.20%p

따라서 중국을 제외한 지분율 상위 9개 회원국 중 지분율과 투표권 비율의 차이가 가장 큰 회원국은 인도이다.

㉣ 독일과 프랑스의 지분율 합은 4.57+3.44=8.01%이다. AIIB의 자본금 총액이 2,000억 달러일 때, 독일과 프랑스가 AIIB에 출자한 자본금의 합이 x억 달러라고 하면, 다음 식이 성립한다.

$$8.01=\frac{x}{2,000}\times 100$$

$$\therefore x=\frac{8.01\times 2,000}{100}=160.2$$

따라서 160억 달러 이상이므로 옳다.

오답분석

㉢ 지분율 상위 10개 회원국 중 A지역 회원국의 지분율 합과 B지역 회원국의 지분율 합을 구하면 다음과 같다.

- A지역 : 30.34+8.52+3.81+3.76+3.42=49.85%
- B지역 : 6.66+4.57+3.44+3.24+3.11=21.02%

21.02×3=63.06>49.85이므로 옳지 않은 설명이다.

47

정답 ②

㉠ 남성 박사학위 취득자 중 50세 이상이 차지하는 비율은 $\frac{1,119}{5,730}\times100 \fallingdotseq 19.5\%$이고, 여성 박사학위 취득자 중 50세 이상이 차지하는 비율은 $\frac{466}{2,966}\times100 \fallingdotseq 15.7\%$이다. 따라서 남성 박사학위 취득자 중 50세 이상이 차지하는 비율이 더 높다.

㉢ 남성과 여성의 연령대별 박사학위 취득자 수가 많은 순위는 30세 이상 35세 미만>35세 이상 40세 미만>50세 이상>40세 이상 45세 미만>45세 이상 50세 미만>30세 미만 순서로 동일하다.

오답분석

㉡ 전공계열별 박사학위 취득자 분포에서 여성보다 남성이 많은 전공계열은 사회계열, 공학계열, 자연계열, 의약계열, 예술・체육계열이고 이 중 의약계열과 예술・체육계열은 남성과 여성의 인원수가 비슷하므로 나머지 세 개의 전공계열에 대한 비율을 비교한다. 공학계열 박사학위 취득자 중 남성의 비율은 $\frac{2,441}{2,441+332}\times100 \fallingdotseq 88.0\%$, 사회계열 박사학위 취득자 중 남성의 비율은 $\frac{1,024}{1,024+649}\times100 \fallingdotseq 61.2\%$, 자연계열 박사학위 취득자 중 남성의 비율은 $\frac{891}{891+513}\times100 \fallingdotseq 63.5\%$이므로 남성의 비율이 높은 순위는 공학계열>자연계열>사회계열 순서이다.

㉣ 연령별 남녀 박사학위 취득자 수의 차이를 구해보면, 30세 미만은 196−141=55명, 30세 이상 35세 미만은 1,811−825=986명, 35세 이상 40세 미만은 1,244−652=592명, 40세 이상 45세 미만은 783−465=318명, 45세 이상 50세 미만은 577−417=160명, 50세 이상은 1,119−466=653명이다. 따라서 연령대가 올라갈수록 남녀 박사학위 취득자 수의 차이가 점점 커지고 있다는 설명은 옳지 않다.

48

정답 ③

㉡ B회사의 3등급은 1등급과 5등급의 평균값이다. B회사의 1등급이 나와 있지 않지만, 두 번째 조건을 통해서 B회사의 1등급이 A회사의 1등급인 0.36%보다 크거나 같을 것임을 알 수 있다. 따라서 B회사의 3등급은 $\frac{0.36+2.4}{2}=1.38\%$와 같거나 1.38%보다 클 것이다.

㉢ A회사의 2등급은 A회사의 1등급보다는 클 것이고, B회사의 2등급보다는 작거나 같을 것이므로 옳다.

오답분석

㉠ A회사의 3등급은 1등급과 5등급의 평균값인 $\frac{0.36+1.8}{2}=1.08\%$이다.

㉣ B회사의 4등급은 B회사의 3등급(1.38%) 초과 5등급(2.4%) 미만인 것만 알 수 있을 뿐 1.52%보다 큰지는 알 수 없다.

49

정답 ③

각 금융기관의 연간 보험료 산출식에 따라 보험료를 계산하면 다음과 같다.

구분	연간 보험료
A사	[(25.2억+13.6억)/2]×15/10,000=291억/10,000원
B사	21.5억×15/10,000=322.5억/10,000원
C사	12.9억×15/10,000=193.5억/10,000원
D사	5.2억×40/10,000=208억/10,000원
E사	[(20.8억+17.4억)/2]×15/10,000=286.5억/10,000원

따라서 A~E사 중 연간 보험료가 가장 낮은 곳은 C사이다.

50

정답 ①

WEEKDAY 함수는 일정 날짜의 요일을 나타내는 1에서 7까지의 수를 구하는 함수다. WEEKDAY 함수의 두 번째 인수에 '1'을 입력해 주면 '숫자 1(일요일)에서 7(토요일)까지'로 표시되고 '2'를 넣으면 '숫자 1(월요일)에서 7(일요일)까지'로 표시되며 '3'을 입력하면 '숫자 0(월요일)에서 6(일요일)까지'로 표시된다. '0'은 날짜에 대응하는 수를 지시하지 않으므로 ①은 옳지 않다.

51

정답 ⑤

상품이 '하모니카'인 악기의 평균 매출액을 구해야 하므로 AVERAGEIF 함수를 사용해야 한다. '=AVERAGEIF(계산할 셀의 범위, 평균을 구할 셀의 정의, 평균을 구하는 셀)'로 표시되기 때문에 '=AVERAGEIF(B2:B9,"하모니카",E2:E9)'가 옳다.

52

정답 ④

LARGE 함수는 데이터 집합에서 N번째로 큰 값을 구하는 함수이다. 따라서 ④를 입력하면 [D2:D9] 범위에서 두 번째로 큰 값인 20,000이 산출된다.

오답분석

① MAX 함수는 최댓값을 구하는 함수이다.
② MIN 함수는 최솟값을 구하는 함수이다.
③ MID 함수는 문자열의 지정 위치에서 문자를 지정한 개수만큼 돌려주는 함수이다.
⑤ INDEX 함수는 범위 내에서 값이나 참조 영역을 구하는 함수이다.

53

정답 ①

SUMIF 함수는 주어진 조건에 의해 지정된 셀들의 합을 구하는 함수이며, 「=SUMIF(조건 범위, 조건, 계산할 범위)」로 구성된다. 따라서 ①을 입력하면 계산할 범위 [C2:C9] 안에서 [A2:A9] 범위 안의 조건인 [A2](의류)로 지정된 셀들의 합인 42가 산출된다.

오답분석

② COUNTIF 함수는 지정한 범위 내에서 조건에 맞는 셀의 개수를 구하는 함수이다.
③·④ VLOOKUP 함수와 HLOOKUP 함수는 배열의 첫 열/행에서 값을 검색하여 지정한 열/행의 같은 행/열에서 데이터를 돌려주는 찾기/참조함수이다.
⑤ AVERAGEIF 함수는 주어진 조건에 따라 지정되는 셀의 평균을 구하는 함수이다.

54

정답 ②

deRef를 역참조(*)하여 출력했을 때 변수 year의 값 2024를 출력하려면 변수 year의 주소(&)를 포인터 변수인 deRef에 저장하여 출력하면 된다.

55

정답 ③

#define 선행처리 지시문에 인수로 함수의 정의를 전달하며, 함수처럼 동작하는 매크로를 만든다. SUB(a, b)와 PRT(c)의 매크로 함수를 정의한다. SUB(a1, a2)에서 a1은 정수 1, a2는 정수 2를 사용한다. result는 1−2의 값으로 −1이 저장된다. PRT(c)에는 result값을 출력하므로 −1이 출력된다.

02 일반, 카드, 글로벌

56
정답 ⑤

A팀장이 요청한 중요 자료를 먼저 전송하고, PPT 자료를 전송한다. 점심 예약전화는 오전 10시 이전에 처리해야 하고, 오전 내에 거래처 미팅일자 변경 전화를 해야 한다. 따라서 B대리가 가장 먼저 해야 하는 일은 ⑤이다.

57
정답 ③

A사는 기존에 수행하지 않던 해외 판매 업무가 추가될 것이므로 그에 따른 해외영업팀 등의 신설 조직이 필요하게 된다. 해외에 공장 등의 조직을 보유하게 됨으로써 이를 관리하는 해외관리 조직이 필요할 것이며, 물품의 수출에 따른 통관 업무를 담당하는 통관물류팀, 외화 대금 수취 및 해외 조직으로부터의 자금 이동 관련 업무를 담당할 외환업무팀, 국제 거래상 발생하게 될 해외 거래 계약 실무를 담당할 국제법무 조직 등이 필요하게 된다. 기업회계팀은 A사의 해외 사업과 상관없이 기존 회계를 담당하는 조직이라고 볼 수 있다.

58
정답 ①

N회사의 사내 봉사 동아리이기 때문에 공식이 아닌 비공식조직에 해당한다. 비공식조직의 특징에는 인간관계에 따라 형성된 자발적인 조직, 내면적·비가시적·비제도적·감정적, 사적 목적 추구, 부분적 질서를 위한 활동 등이 있다.

오답분석

② 영리조직에 대한 설명이다.
③·④ 공식조직에 대한 설명이다.
⑤ 비영리조직에 대한 설명이다.

59
정답 ③

경영전략 추진과정

- 전략목표 설정 : 비전 설정, 미션 설정
- 환경분석 : 내부환경 분석, 외부환경 분석
- 경영전략 도출 : 조직전략, 사업전략, 부문전략
- 경영전략 실행 : 경영목적 달성
- 평가 및 피드백 : 경영전략 결과 평가, 전략목표 및 경영전략 재조정

60
정답 ④

경영은 경영목적, 인적자원, 자금, 전략의 4요소로 구성된다.
㉠ 경영목적에 대한 설명이다.
㉡ 인적자원에 대한 설명이다.
㉤ 자금에 대한 설명이다.
㉥ 전략에 대한 설명이다.

오답분석

㉢ 마케팅에 대한 설명이다.
㉣ 회계에 대한 설명이다.

56

정답 ⑤

영상이 희미한 경우 리모컨 메뉴창의 초점 조절 기능을 이용하여 초점을 조절하거나 투사거리가 초점에서 너무 가깝거나 멀리 떨어져 있지 않은지 확인해야 한다.

57

정답 ③

아이를 혼자 두지 않고, 항상 벨트를 채워야 한다는 것은 유아용 식탁 의자의 장소 선정 시 고려해야 할 사항보다 사용 시 주의해야 할 사항으로 적절하다.

58

정답 ①

연마 세제나 용제는 유아용 식탁 의자를 손상시킬 수 있으므로 사용하지 않는다.

59

정답 ③

가정에 있을 경우 전력수급 비상단계를 신속하게 극복하기 위해 전력기기 등의 전원을 차단하거나 사용을 중지하는 것이 필요하나, 4번 항목에 따르면 안전, 보안 등을 위한 최소한의 조명까지 소등할 필요는 없다.

오답분석

① 가정에 있을 경우, TV, 라디오 등을 통해 재난상황을 파악하여 대처하라고 하였으므로, 전력수급 비상단계 발생 시 대중매체를 통해 재난상황에 대한 정보를 파악할 수 있다는 것을 알 수 있다.
② 사무실에 있을 경우 즉시 사용이 필요하지 않은 사무기기의 전원을 차단하여야 한다.
④ 공장에서는 비상발전기의 가동을 점검하여 가동을 준비해야 한다.
⑤ 전력수급 비상단계가 발생할 경우, 컴퓨터, 프린터 등 긴급하지 않은 모든 사무기기의 전원을 차단하여야 하므로 한동안 사무실의 업무가 중단될 수 있다.

60

정답 ④

ⓛ 사무실에서의 행동요령에 따르면 본사의 중앙보안시스템은 긴급한 설비로 볼 수 있다. 따라서 3번 항목의 예외에 해당하므로 중앙보안시스템의 전원을 차단해버린 이주임의 행동은 적절하지 않다.
ⓡ 상가에서의 행동요령에 따르면 식재료의 부패와 관련 없는 가전제품의 가동을 중지하거나 조정하도록 설명되어 있다. 하지만 최사장은 횟감을 포함한 식재료를 보관 중인 모든 냉동고의 전원을 차단하였으므로 적절하지 않다.

오답분석

ⓖ 집에 있던 중 세탁기 사용을 중지하고 실내조명을 최소화한 것은 행동요령에 따른 것으로 적절하다.
ⓒ 공장에 있던 중 공장 내부 조명 밝기를 최소화한 박주임의 행동은 적절하다.

제 2 회 최종점검 모의고사

01	02	03	04	05	06	07	08	09	10	11	12	13	14	15	16	17	18	19	20
⑤	②	⑤	④	④	⑤	②	②	⑤	②	③	②	②	⑤	③	④	③	①	④	①
21	22	23	24	25	26	27	28	29	30	31	32	33	34	35	36	37	38	39	40
⑤	③	②	③	④	④	②	②	①	③	①	④	⑤	③	①	②	③	④	②	④
41	42	43	44	45	46	47	48	49	50	51	52	53	54	55	56	57	58	59	60
④	②	④	③	③	①	①	④	④	④	③	②	③	④	③	⑤	④	⑤	②	④

01 공통(전체)

01

정답 ⑤

제시문은 집단을 중심으로 절차의 정당성을 근거로 한 과도한 권력, 즉 무제한적 민주주의에 대한 비판적인 글이다. 또한 민주주의에 의해 훼손될 수 있는 자유와 권리의 옹호라는 주제에 도달해야 한다. 따라서 빈칸에는 이를 언급한 ⑤가 가장 적절하다.

02

정답 ②

제시문에서 사치재와 필수재의 예에 대해서는 언급하고 있지 않다.

오답분석

①은 세 번째 문단, ③은 네 번째 문단, ④는 두 번째 문단에 제시되어 있다.

03

정답 ⑤

시민 단체들은 농부와 노동자들이 스스로 조합을 만들어 환경친화적으로 농산물을 생산하도록 교육하고 이에 필요한 자금을 지원하는 역할을 했을 뿐, 이들이 농산물을 직접 생산하고 판매한 것은 아니다.

04

정답 ④

(라) 문단에서는 부패를 개선하기 위한 정부의 제도적 노력에도 불구하고 반부패정책 대부분이 효과가 없었음을 이야기하고 있다. 따라서 부패인식지수의 개선방안이 아닌 '정부의 부패인식지수 개선에 대한 노력의 실패'가 (라) 문단의 주제로 적절하다.

05

정답 ④

1998년 개발도상국에 대한 은행 융자 총액은 500억 달러였는데, 2005년에는 670억 달러가 되었으므로 1998년 수준을 회복하였다고 볼 수 있다.

오답분석

① 경제적 수익을 추구하기 위한 것으로 포트폴리오 투자를 들 수 있으며, 회사 경영에 영향력을 행사하기 위한 것으로 외국인 직접투자를 들 수 있다.
② 지금까지 해외 원조는 개발도상국에 대한 경제적 효과가 있다고 여겨져 왔으나 최근 경제학자들 사이에서는 그러한 경제적 효과가 없다는 주장이 힘을 얻고 있다고 하였다.
③ 개발도상국으로 흘러드는 외국자본은 크게 원조, 부채, 투자가 있는데, 그중 부채는 은행 융자와 채권, 투자는 포트폴리오 투자와 외국인 직접투자로 나눌 수 있다.
⑤ 개발도상국에 대한 포트폴리오 투자액은 90억 달러에서 410억 달러로 320억 달러 증가하였고, 채권은 230억 달러에서 440억 달러로 210억 달러 증가하였다. 따라서 포트폴리오 투자의 증감액이 더 크다.

06

정답 ⑤

공유경제는 소유권(Ownership)보다는 접근권(Accessibility)에 기반을 둔 경제모델로, 개인이나 기업들이 소유한 물적·금전적·지적 자산에 대한 접근권을 온라인 플랫폼을 통해 거래하는 것이다. 따라서 자신이 타던 자동차를 판매하는 것은 제품에 대한 접근권이 아닌 소유권을 거래하는 것이므로 이를 공유경제의 일환으로 볼 수 없다.

07

정답 ②

제시문은 '직업안전보건국이 제시한 1ppm의 기준이 지나치게 엄격하다고 판결하였다.'와 '직업안전보건국은 노동자를 생명의 위협이 될 수 있는 화학물질에 노출시키는 사람들이 그 안전성을 입증해야 한다.'의 논점의 대립이다. 따라서 빈칸에는 ②와 같이 '벤젠의 노출 수준이 1ppm을 초과할 경우 노동자의 건강에 실질적으로 위험하다는 것을 직업안전보건국이 입증해야 한다.'는 내용이 오는 것이 적절하다.

08

정답 ②

제시문은 코젤렉의 '개념사'에 대한 정의와 특징에 대한 글이다. 따라서 (라) 개념에 대한 논란과 논쟁 속에서 등장한 코젤렉의 개념사 – (가) 코젤렉의 개념사와 개념에 대한 분석 – (나) 개념에 대한 추가적인 분석 – (마) 개념사에 대한 추가적인 분석 – (다) 개념사의 목적과 코젤렉의 주장 순으로 나열하는 것이 적절하다.

09

정답 ⑤

제시문에 따르면 열원에서 만들어진 냉온수를 압력 손실 없이 실별로 분배한 뒤 환수하는 분배기는 주로 난방용으로 이용되어 왔으나, 냉방기에도 이용이 가능하다.

오답분석

① 분배기는 냉온수를 압력 손실 없이 실별로 분배한 뒤 환수한다.
② 열원은 난방 시 열을 공급하고 냉방 시 열을 제거하는 열매체를 생산한다.
③ 패널은 각 실의 바닥, 벽, 천장 표면에 설치되어 열매체를 순환시킨다.
④ 복사 냉난방 패널 시스템은 열매체의 온도가 낮아 난방 시 에너지 절약 성능이 뛰어나다.

10

정답 ②

제시문에 따르면 국내 바이오헬스의 전체 기술력은 바이오헬스 분야에서 최고 기술을 보유하고 있는 미국 대비 78% 수준으로 약 3.8년의 기술격차를 보인다. 이는 기술격차를 줄이는 데 필요한 시간을 나타내는 것이므로 미국이 우리나라보다 3.8년 앞서 투자를 시작했다는 의미로 볼 수 없다. 따라서 미국이 우리나라보다 3년 이상 앞서 투자했다는 내용은 적절하지 않다.

11

정답 ③

제9조 제1항에 따르면 자율준수관리자는 경쟁법규 위반 가능성이 높은 분야의 임직원을 대상으로 반기당 2시간 이상의 교육을 실시하여야 한다. 따라서 반기당 4시간의 교육을 실시하는 것은 세칙에 부합한다.

오답분석

① 제6조 제2항에 따르면 임직원은 담당 업무 수행 중 경쟁법규 위반사항 발견 시 지체 없이 이를 자율준수관리자에게 보고하여야 한다.

② 제7조 제1항에 따르면 자율준수관리자는 경쟁법규 자율준수를 위한 매뉴얼인 자율준수편람을 제작 및 배포하여야 하는 의무를 지닌다.

④ 제10조 제2항과 제3항에 따르면 자율준수관리자는 경쟁법규 위반을 행한 임직원에 대하여 관련 규정 교육이수의무를 부과할 수 있으나, 직접 징계를 할 수는 없고, 징계 등의 조치를 요구할 수 있다.

⑤ 제11조 제3항에 따르면 자율준수이행 관련 자료를 작성하여 5년간 보관하여야 하는 것은 자율준수관리자가 아니라 자율준수담당자이다.

12

정답 ②

클라우드를 '그린 IT 전략'으로 볼 수 있는 것은 남는 서버를 활용하고 개인 컴퓨터의 가용률을 높여 자원을 유용하게 활용하기 때문이다.

13

정답 ②

제시문에는 북아메리카판과 유라시아판이 만나고 있으며 서로 멀어지고 있다는 정보만 있을 뿐, 어느 판이 더 빠르고 느린지 절대 속도에 대한 자세한 정보는 없다.

오답분석

① 세 번째 문단의 '열점이 거의 움직이지 않는다는 것을 알아내고, 그것을 판의 절대 속도를 구하는 기준점으로 사용하였다. 과학자들은 지금까지 지구상에서 100여 개의 열점을 찾아냈는데, 그중의 하나가 바로 아이슬란드에 있다.'는 내용으로 알 수 있다.

③ 두 번째 문단의 '아이슬란드의 중심부를 지나는 대서양 중앙 해령의 갈라진 틈이 매년 약 15cm씩 벌어지고 있다.'는 내용으로 알 수 있다.

④ 두 번째 문단의 '지구에서 판의 경계가 되는 곳은 여러 곳이 있다. 그러나 아이슬란드는 육지 위에서 두 판이 확장되는 희귀한 지역이다.'라는 내용으로 알 수 있다.

⑤ 첫 번째 문단의 '지구의 표면은 크고 작은 10여 개의 판으로 이루어져 있다. 아이슬란드는 북아메리카판과 유라시아판의 경계선인 대서양 중앙 해령에 위치해 있다.'는 내용으로 알 수 있다.

14

정답 ⑤

㉠에 해당하는 모딜리아니 – 밀러 이론은 이상적 시장 상태를 가정했을 때 기업의 자본 구조와 가치는 연관이 없다는 이론이고, 이에 반대하여 현실적 요소들을 고려한 상충 이론과 자본 조달 순서 이론이 등장하였다. 반박에 직면하여, 밀러는 다양한 현실적 요소들을 고려하였고, 그럼에도 불구하고 기업의 자본 구조와 가치는 연관이 없다는 결론인 ㉡을 도출하였다.

오답분석

①·③ 밀러의 기존 이론이 고려하지 않은 것을 고려하였다.

② 개량된 이론에서는 개별 기업을 고려하였지만, 기존 이론에서 밀러가 개별 기업을 분석 단위로 삼았다고 볼 근거가 없다.

④ 기업의 자본 조달에는 타인의 자본이 소득세를 통해 영향을 준다고 하나, 결국 기업의 가치와는 무관하다는 결론을 재확인했다.

15

정답 ③

다섯 번째 문단의 내용을 요건에 따라, 이론이 부채와 요건 간의 관계를 어떻게 보고 있는지를 정리하면 다음과 같다.

구분	기업 규모	성장성
상충 이론	비례	반비례
자본 조달 순서 이론	반비례	비례

문제에서 A씨는 상충 이론에 따르므로 2행만 참조하면 된다. N기업은 성장성이 높은 작은 기업이므로, A씨는 N기업에게 부채 비율을 낮출 것을 권고하는 것이 타당하다. 기업 규모가 작은 경우에는 법인세 감세 효과로 얻는 편익보다 기대 파산 비용이 높다고 판단되고, 성장성이 높은 경우에도 기대 파산 비용이 높다고 보이기 때문이다. 이를 통해서 ①, ②, ④가 옳지 않은 것은 쉽게 판단할 수 있다. ⑤의 경우에는, 타인 자본에는 부채가 포함되므로 상충 이론과 배치되는 주장이다. 상충 이론은 부채 발생 시의 편익 – 비용의 비율이 기업 가치에 영향을 끼친다고 주장하므로 이 의견을 다르게 표현하고 있는 ③이 바르게 판단한 것이다.

16

정답 ④

㉠ 공리주의자 밀은 세금 납부에 따른 경제적 희생, 즉 효용의 손실이 균등해야 공평하다는 균등 희생 원리를 주장하였다.

㉡ 후대 학자들은 이러한 밀의 주장을 누진 세율 구조를 옹호하는 근거로 활용하였고, 균등의 의미를 절대 희생 균등의 원칙, 비례 희생 균등의 원칙, 한계 희생 균등의 원칙으로 구분하여 논의하였다.

따라서 ㉡은 ㉠의 주장을 이어받아 세분화된 원칙으로 발전시켰으며, 고소득자의 자발적 희생이 아닌 국가의 강제적 누진 세율 구조의 소득세 제도에 찬성한다.

오답분석

①·⑤ ㉠ 공리주의자 밀의 주장은 ㉡ 후대 학자들에 의해 누진 세율 구조를 옹호하는 근거로 활용되었다.

②·③ ㉠ 공리주의자 밀은 세금 납부에 따른 경제적 희생이 균등해야 한다는 균등 희생 원리를 주장하였고, ㉡ 후대 학자들은 이러한 균등의 의미를 세분화하여 논의하였다.

17

정답 ③

소득 증가에 따라 한계효용이 체감하는 한계효용곡선 그림에서 면적 β는 개인의 희생된 효용의 절대량을 나타낸다. 만약 소득이 서로 다른 개인에게 동일한 세액이 부과된다면 고소득자보다 저소득자의 β 크기가 더 클 것이다. 이때 희생의 절대적 크기가 균등해야 한다는 절대 희생 균등의 원칙에 따르면 고소득자와 저소득자의 β 크기가 동일해야 하므로 고소득자가 저소득자보다 더 많은 세액을 부담해야 한다. 따라서 빈칸에 들어갈 내용으로 가장 적절한 것은 고소득자의 세액이 '저소득자의 세액보다 커야 한다.'는 ③이다.

18

정답 ①

갑돌이가 인출하지 않고 현금을 들고 갔더라도 600달러 이상이면 신고를 해야 한다.

오답분석

② 600달러 이상인 경우에 세관신고가 필요하다.

③ 5월이면 변경된 제도가 적용된 후이므로 600달러 이상 신용카드 결제를 했다면 관세청에 실시간으로 통보된다.

④ 신용카드 사용 내역이 실시간으로 제출되는 시점은 4월부터이므로 3월에 5,000달러 이상 카드 결제 내역은 4월에 국세청에 보고된다.

⑤ 5,000달러 이상을 가족 여러 명의 개인 카드로 사용할 경우 각각의 금액이 적어지므로 관세청에 내역이 들어가지 않을 수도 있다.

19

정답 ④

가입금액에서 '계약기간 3/4 경과 후 적립할 수 있는 금액은 이전 적립누계액의 1/2 이내'라고 했기 때문에 12개월의 3/4이 경과하지 않은 8개월째에는 조건에 해당하지 않는다.

20

정답 ①

A씨의 개산보험료는 250만 원×12×4×0.0136=1,632,000원이다. 또한, A씨는 납부기한 내에 보험료를 전액 일시 납부하였으므로 5%의 금액을 공제받아 1,632,000×0.95=1,550,400원을 개산보험료로 납부하였다.
A씨의 확정보험료는 (200만 원+190만 원+260만 원+250만 원)×12×0.0136=900만 원×12×0.0136=1,468,800원이다.
따라서 A씨가 실제 납부한 개산보험료와 확정보험료의 차이는 1,550,400−1,468,800=81,600원이다.

21

정답 ⑤

세 번째, 일곱 번째 조건에 의해 자전거 동호회에 참여한 직원은 남직원 1명이다. 또한 다섯 번째 조건에 의해 과장과 부장은 자전거 동호회 또는 영화 동호회에 참여하게 된다. 그중에서 여덟 번째 조건에 의해 부장은 영화 동호회에 참여하므로 과장이 자전거 동호회에 참여하므로, 자전거 동호회에 참여한 직원은 남자이고, 직급은 과장이다. 네 번째 조건에 의해 여직원 1명이 영화 동호회에 참여하므로 영화 동호회에 참여한 직원의 성은 여자이고 직급은 부장이다. 남은 동호회는 농구, 축구, 야구, 테니스 동호회이고 여섯 번째 조건에 의해 참여 인원이 없는 동호회가 2개이므로, 어떤 동호회의 참여 인원은 2명이다. 아홉 번째 조건에 의해 축구에 참여한 직원의 성은 남자이고, 여덟 번째 조건에 의해 야구 동호회에 참여한 직원의 성은 여자이고, 직급은 주임이다. 또한, 일곱 번째 조건에 의해 야구 동호회에 참여한 직원 수는 1명이므로 남은 축구 동호회에 참여한 직원은 2명이고, 성은 남자이며, 직급은 각각 대리와 사원이다.

22

정답 ③

다음의 논리 순서를 따라 제시된 조건을 정리하면 쉽게 접근할 수 있다.

- 첫 번째 조건 : B부장의 자리는 출입문과 가장 먼 10번 자리에 배치된다.
- 두 번째 조건 : C대리와 D과장은 마주봐야 하므로 2·7번 또는 4·9번 자리에 앉을 수 있다.
- 세 번째 조건 : E차장은 B부장과 마주보거나 옆자리이므로 5번이나 9번에 배치될 수 있지만, 다섯 번째 조건에 따라 옆자리가 비어있어야 하므로 5번 자리에 배치된다.
- 다섯 번째 조건 : E차장 옆자리는 공석이므로 4번 자리는 아무도 앉을 수가 없어 C대리는 7번 자리에 앉고, D과장은 2번 자리에 앉아야 한다.
- 일곱 번째 조건 : 과장끼리 마주보거나 나란히 앉을 수 없으므로 G과장은 3번 자리에 앉을 수 없고, 6번과 9번에 앉을 수 있다.
- 여섯 번째 조건 : F대리는 마주보는 자리에 아무도 앉지 않아야 하므로 9번 자리에 배치되어야 하고 G과장은 6번 자리에 앉아야 한다.

따라서 제시된 조건에 맞게 자리배치를 정리하면 다음과 같다.

출입문				
1 – 신입사원	2 – D과장	×	×	5 – E차장
6 – G과장	7 – C대리	8 – A사원	9 – F대리	10 – B부장

23

정답 ②

두배드림의 가입기간은 36개월로 상품가입 3년에 해당되며, 가입금액인 월 20만 원과 우대금리 조건인 입금실적이 본 은행의 12개월 이상이어야 한다는 조건에 모두 부합하기 때문에 두배드림을 추천할 수 있다.

오답분석

① 스마트 적금 : 스마트 적금은 가입기간이 입금금액이 700만 원이 될 때까지이므로, 월 20만 원씩 3년 동안 가입할 고객의 조건에 부합하지 않고, 우대금리 조건이 없는 적금이다.
③ 월복리 정기예금 : 적금에 가입한다고 하였으므로, 예금 상품은 해당하지 않는다.
④ DREAM 적금 : 우대금리의 대상이 은행신규고객이기 때문에 기존에 20개월 동안 이용한 고객의 조건에 부합하지 않는다.
⑤ 미래설계 적금 : 우대금리의 조건이 연금이체이기 때문에 추천할 상품에 해당하지 않는다.

24

정답 ③

근무지로부터 100km 이상의 출장에서 숙박하지 않을 경우 교통비와 일비는 전액을 지급받을 수 있지만, 식비는 1일분의 3분의 2 해당액을 지급받는다.

오답분석

① 근무지와 출장지 간의 거리가 편도 100km 미만일 때와 100km 이상일 때에 따라 지급되는 출장여비 지급 기준이 다르다.
② 근무지로부터 편도 100km 미만의 출장은 회사 차량 이용을 원칙으로 하나, 회사 차량을 이용할 수 없어 개인소유 차량으로 업무를 수행한 경우에는 사장이 따로 정하는 바에 따라 교통비를 지급한다.
④ 편도 50km 이상 100km 미만의 출장 중 출장일수가 2일 이상으로 숙박을 한 경우, 증빙자료 제출 시 숙박비를 지급받는다.
⑤ 임원 및 본부장의 경우 별표 1의 4호에 따라 1일 식비가 45,000원을 초과할 경우 실비를 지급받을 수 있다.

25

정답 ④

- 일비 : 20,000×2=40,000원
- 숙박비 : 70,000원(∵ 임원 및 본부장을 제외한 직원의 숙박비는 7만 원 한도로 실비 정산)
- 교통비 : 167,400−(23,900×2)=119,600원(∵ 사원의 경우 고속철도 일반실인 2등급 철도임 적용)
- 식비 : 30,000×2=60,000원

따라서 K사원은 총 40,000+70,000+119,600+60,000=289,600원의 출장여비를 받는다.

26

정답 ④

정보공개 대상별 정보공개수수료 자료를 바탕으로 보기의 정보열람인들이 지급할 금액을 정리하면 다음과 같다.
이때, A가 열람한 문서는 1일 1시간 이내는 무료이고 출력한 문서도 첫 장의 가격만 다르다는 점과, C가 열람한 사진필름은 첫 장은 200원, 두 번째 장부터 50원이라는 점, D가 출력한 문서는 첫 장의 가격만 다르며, 열람한 사진필름에 대해서도 첫 장만 가격이 다르다는 점에 주의한다.

구분	정보공개수수료
A	(5×1,000)+{300+(25−1)×100}=7,700원
B	2,000+(13×200)+(6×3,000)=22,600원
C	(2×1,000)+(3×5,000)+{200+(8−1)×50}=17,550원
D	{250+(35−1)×50}+{200+(22−1)×50}=3,200원

따라서 지급할 정보공개수수료가 많은 사람부터 나열하면 'B−C−A−D' 순서이다.

27

정답 ②

2분기 포인트 적립금은 직전 분기의 승인금액 합계에 따르므로, 2024년 1월부터 3월까지의 승인금액의 합인 595.3만 원에 대해 적립된다.
따라서 2분기 포인트 적립금은 59×950=56,050p이므로 A주임은 청소기를 사은품으로 수령하게 된다.

28

정답 ②

제시된 자료를 이용해 원격훈련 지원금 계산에 필요한 수치를 정리하면 다음과 같다.

구분	원격훈련 종류별 지원금	시간	수료인원	기업규모별 지원 비율
X기업	5,400원	6시간	7명	100%
Y기업	3,800원	3시간	4명	70%
Z기업	11,000원	4시간	6명	50%

PART 3

세 기업의 원격훈련 지원금을 계산하면 다음과 같다.

• X기업 : 5,400×6×7×1=226,800원
• Y기업 : 3,800×3×4×0.7=31,920원
• Z기업 : 11,000×4×6×0.5=132,000원

따라서 올바르게 짝지어진 것은 ②이다.

29

정답 ①

승진자 결정방식에 따라 승진대상자 5명의 승진점수를 계산하면 다음과 같다.

(단위 : 점)

구분	업무실적점수	사고점수	근무태도점수	가점 및 벌점		승진점수
				점수	사유	
갑	20	7	7	+2	수상 1회	36
을	17	9	10	+4	수상 2회	40
병	13	8	7	−	−	28
정	20	6	4	−	−	30
무	10	10	10	+4	수상 1회, 무사고	34

승진점수가 높은 직원 2명은 승진점수가 40점인 을과 36점인 갑이므로, 갑과 을이 승진하게 된다.

30

정답 ③

급여지급계는 지급내역의 총합이므로 1,800,000+70,000+100,000=1,970,000원이다.

공제내역별 계산 방법을 참고하여 각 빈칸의 공제액을 계산하면 다음과 같다.

• 건강보험료
  - 전체 : 1,800,000×0.0612=110,160원
  - 명세서에 기입될 건강보험료 : 110,160×0.5=55,080원
• 고용보험료
  - 전체 : 1,800,000×0.013=23,400원
  - 명세서에 기입될 고용보험료 : 23,400×0.5=11,700원
• 국민연금액
  - 전체 : 1,800,000×0.09=162,000원
  - 명세서에 기입될 국민연금액 : 162,000×0.5=81,000원
• 장기요양보험료
  - 전체 : 110,160×0.065=7,160.4≒7,200원
  - 명세서에 기입될 장기요양보험료 : 7,200×0.5=3,600원
• 공제총액 : 15,110+55,080+11,700+81,000+3,600+1,510+20,000=188,000원

따라서 실수령액은 1,970,000−188,000=1,782,000원이다.

31

정답 ①

i) 연봉 3천만 원인 N사원의 월 수령액은 3천만 원÷12=250만 원이고 월평균 근무시간은 200시간이므로 시급은 250만 원÷200=12,500원이다.

ii) N사원이 평일에 야근한 시간은 2+3+3+2=10시간이다. 따라서 야근 수당은 (12,500+5,000)×10=175,000원이다.

iii) N사원이 주말에 특근한 시간은 3+5=8시간이므로 특근 수당은 (12,500+10,000)×8=180,000원이다.

식대는 야근·특근 수당에 포함되지 않으므로 N사원의 한 달간 야근 및 특근 수당의 총액은 175,000+180,000=355,000원이다.

32

정답 ④

입사예정인 신입사원은 총 600명이므로 볼펜 600개와 스케줄러 600권이 필요하다.

A, B, C 세 업체 모두 스케줄러의 구매가격에 따라 특가상품의 해당 여부를 판단할 수 있으므로 스케줄러의 가격을 먼저 계산한다.

- A도매업체 : 25×6=150만 원
- B도매업체 : 135만 원
- C도매업체 : 65×2=130만 원

세 업체 모두 특가상품 구매 조건을 충족하였으므로 특가상품을 포함해 볼펜의 구매가격을 구하면 다음과 같다.

- A도매업체 : 25.5+(13×2)=51.5만 원
- B도매업체 : 48만 원
- C도매업체 : 23.5+(8×3)=47.5만 원

업체당 전체 구매가격을 구하면 다음과 같다.

- A도매업체 : 150+51.5=201.5만 원
- B도매업체 : 135+48=183만 원
- C도매업체 : 130+47.5=177.5만 원

따라서 가장 저렴하게 구매할 수 있는 업체는 C도매업체이며, 구매가격은 177.5만 원이다.

33

정답 ⑤

C도매업체에서 입사기념품을 구매하고 D도매업체에서 볼펜 50개를 구매하는 경우

- 입사기념품 구매가격 : 177.5만 원
- 볼펜 50개 구매가격 : 870×40(∵ 40개 이상 구매 시 10개 무료증정)=34,800원

∴ 전체 구매가격 : 177.5만 원+34,800=180.98만 원

오답분석

① A도매업체에서 입사기념품과 볼펜 50개를 구매하는 경우
- 볼펜 구매가격 : 29+(13×2)=55만 원
- 스케줄러 구매가격 : 150만 원
- ∴ 전체 구매가격 : 55+150=205만 원

② B도매업체에서 입사기념품과 볼펜 50개를 구매하는 경우
- 볼펜 구매가격 : 50만 원(볼펜 650개 특가)
- 스케줄러 구매가격 : 135만 원
- ∴ 전체 구매가격 : 50+135=185만 원

③ B도매업체에서 입사기념품을 구매하고 D도매업체에서 볼펜 50개를 구매하는 경우
- 입사기념품 구매가격 : 183만 원
- 볼펜 50자루 구매가격 : 870×40=34,800원
- ∴ 전체 구매가격 : 183만 원+34,800=186.48만 원

④ C도매업체에서 입사기념품과 볼펜 50개를 구매하는 경우
- 볼펜 구매가격 : 27+(8×3)=51만 원
- 스케줄러 구매가격 : 130만 원
- ∴ 전체 구매가격 : 51+130=181만 원

34

정답 ③

A씨의 퇴직일 이전 3개월간 지급받은 임금 총액은 6,000,000+720,000=6,720,000원이므로

1일 평균임금은 $\frac{6,720,000}{80}$=84,000원이다.

따라서 퇴직금은 84,000×30×$\frac{730}{365}$=5,040,000원이다.

35 정답 ①

홍보팀 팀원은 총 6명이므로 상위 20%는 6×0.2=1.2이므로 1등, 상위 20% 미만 50% 이상은 2등과 3등, 상위 50% 미만 90% 이상은 4등과 5등, 상위 90% 미만은 6등이다.

이에 따라 성과급 지급률을 파악하여 팀원별 성과급 지급액을 계산하면 다음과 같다.

항목 / 평가대상	성과점수(점)	등수	성과급 지급률	성과급 기준액 (만 원)	성과급 지급액 (만 원)
A과장	60	4	70%	120	84
B대리	55	5	70%	110	77
C대리	65	3	80%	110	88
D주임	70	2	80%	100	80
E주임	50	6	60%	100	60
F사원	75	1	100%	80	80

따라서 두 번째로 많은 성과급을 받는 사람은 84만 원을 받는 A과장이다.

36 정답 ②

변경된 가중치를 반영하여 변경된 성과점수를 산출하면 다음과 같다. 이에 따라 새로 등수를 매긴 뒤, 성과급 지급률을 파악하여 팀원별 성과급 지급액을 계산하면 다음과 같다.

항목 / 평가대상	변경된 성과점수(점)	등수	성과급 지급률	성과급 기준액 (만 원)	성과급 지급액 (만 원)
A과장	20+30×2+10=90	2	80%	120	96
B대리	15+25×2+15=80	4	70%	110	77
C대리	25+15×2+25=80	4	70%	110	77
D주임	20+25×2+25=95	1	100%	100	100
E주임	15+20×2+15=70	6	60%	100	60
F사원	30+15×2+30=90	2	80%	80	64

㉠ 위 결과에 따르면 A과장과 F사원은 각 90점으로 동일한 성과점수를 받고, B대리와 C대리도 각 80점으로 동일한 성과점수를 받는다.

㉢ 위 결과에 따르면 가장 많은 성과급을 지급받는 사람은 100만 원을 지급받는 D주임이다.

오답분석

㉡ 위 결과에 따르면 동일한 성과급을 지급받는 사람은 B대리와 C대리 2명이므로 옳지 않다.

㉣ C대리는 77만 원을, A과장은 96만 원을 받으므로 A과장의 성과급이 더 많다.

37 정답 ③

㉠ 동 지역 종합병원을 방문하였지만, 나이가 65세 이상이므로 본인부담금 비율이 다르게 적용된다. 진료비가 20,000원 초과 25,000원 이하이므로 요양급여비용 총액의 20%를 부담하여 67세 이○○씨의 본인부담금은 21,500×0.2=4,300원이다.

㉡ P읍에 사는 34세 김□□씨는 의원에서 진찰비 12,000원이 나오고, 처방전을 받아 약국에서 총액은 10,000원이었다. 본인부담금 비율은 의원은 총액의 30%, 약국도 30%이므로 김□□씨가 지불하는 본인부담금은 (12,000+10,000)×0.3=6,600원이다.

㉢ M면 지역 일반병원에 방문한 60세 최△△씨의 본인부담금 비율은 총액의 35%이고, 약국은 30%이다. 따라서 최△△씨의 본인부담금 총액은 25,000×0.35+60,000×0.3=8,750+18,000=26,750원이다.

따라서 세 사람의 본인부담금은 총 4,300+6,600+26,750=37,650원이다.

38

정답 ④

원리금균등분할상환이므로 월평균 상환원금은 1,200만 원÷12개월=100만 원이다. 또한 이자는 원금에 고객별 적용금리를 곱한 후 12개월로 나누어 계산하며, 이때 적용금리는 최고 연 8.01%, 최저 연 7.11%이다.

이를 토대로 월평균 상환원금과 이자를 정리한 다음 표에 따르면 적용금리가 최고금리(8.01%)인 경우 첫 달에 80,100원이던 이자는 매월 6,675원씩 감소하고, 최저금리(7.11%)인 경우 첫 달에 71,100원이던 이자는 매월 5,925원씩 줄어든다. 이는 매월 100만 원씩 원금을 상환하기 때문이다. 규칙적인 수치로 감소하므로 각각의 월마다 이자가 얼마인지 계산하지 않아도 된다.

구분	원금	적용금리	이자계산식	이자
1월	1,200만 원	8.01%	1,200만 원×0.0801÷12	80,100원
		7.11%	1,200만 원×0.0711÷12	71,100원
2월	1,100만 원	8.01%	1,100만 원×0.0801÷12	73,425원
		7.11%	1,100만 원×0.0711÷12	65,175원
…	…			
12월	100만 원	8.01%	100만 원×0.0801÷12	6,675원
		7.11%	100만 원×0.0711÷12	5,925원

이에 따라 적용금리가 최고금리인 경우와 최저금리인 경우의 총이자와 월평균 납입금액을 계산하면 다음과 같다.

- 최고금리 : 6,675×(1+2+3+4+5+6+7+8+9+10+11+12)=6,675×78=520,650원
  월평균 상환금액=1,000,000+(520,650÷12)≒1,043,388원[∵ (월평균 상환원금)+(월평균 이자금액)]
- 최저금리 : 5,925×(1+2+3+4+5+6+7+8+9+10+11+12)=5,925×78=462,150원
  월평균 상환금액=1,000,000+(462,150÷12)≒1,038,513원

따라서 최고금리일 때와 최저금리일 때의 월평균 상환금액의 차액은 1,043,388−1,038,513=4,875원이다.

39

정답 ②

A주임의 계획에 따르면 A주임은 기본금리를 연 2.1% 적용받으며, 모바일앱 가입 우대이율 연 0.2%p를 적용받아 총 연 2.3%의 금리를 적용받는다.

A주임이 만기 시 받을 수 있는 이자액과 가입기간 동안 납입한 원금은 다음과 같다.

- 만기 시 받을 수 있는 이자액 : $200,000\times\frac{36\times37}{2}\times\frac{0.023}{12}=255,300$원
- 가입기간 동안 납입한 원금 : 200,000×36=7,200,000원

따라서 A주임이 만기 시 수령할 총금액은 7,200,000+255,300=7,455,300원이다.

40

정답 ④

A주임의 수정한 계획에 따르면 A주임은 기본금리를 연 2.1% 적용받으며, 스마트폰 가입 우대이율 연 0.2%p와 주택청약종합저축 우대이율 연 0.4%p를 적용받아 총 연 2.7%의 금리를 적용받는다.

따라서 A주임이 만기 시 받을 수 있는 이자액은 $250,000\times\frac{40\times41}{2}\times\frac{0.027}{12}=461,250$원이다.

41

정답 ④

(만기 시 수령하는 이자액)$=200,000\times\left(\frac{24\times25}{2}\right)\times\left(\frac{0.02}{12}\right)=100,000$원

따라서 甲이 만기 시 수령할 총금액은 200,000×24+100,000=4,900,000원이다.

42 정답 ②

각 은행에서 적용되는 우대율을 구하면 다음과 같다.

구분	JPY	USD	1－우대율(JPY)	1－우대율(USD)
A은행	65%	54%	1－0.65＝0.35	1－0.54＝0.46
B은행	45%	50%	1－0.45＝0.55	1－0.50＝0.50
C은행	45%	45%	1－0.45＝0.55	1－0.45＝0.55
D은행	45%	60%	1－0.45＝0.55	1－0.60＝0.40

환전 수수료 식에서 매수 매도 차액은 엔화 환율과 달러 환율 모두 100원으로 같다. 위의 표에서 계산한 우대율을 적용하여 환전 수수료를 구하면 다음과 같다.

구분	JPY	USD	총 환전 수수료
A은행	$100\times0.35\times40,000\times\frac{1}{100}=14,000$원	$100\times0.46\times500=23,000$원	37,000원
B은행	$100\times0.55\times40,000\times\frac{1}{100}=22,000$원	$100\times0.50\times500=25,000$원	47,000원
C은행	$100\times0.55\times40,000\times\frac{1}{100}=22,000$원	$100\times0.55\times500=27,500$원	49,500원
D은행	$100\times0.55\times40,000\times\frac{1}{100}=22,000$원	$100\times0.40\times500=20,000$원	42,000원

따라서 총 환전 수수료가 가장 비싼 곳은 C은행이고, 가장 저렴한 곳은 A은행이다.

43 정답 ④

N씨는 B은행에서 출금하여 환전을 하므로 B은행에서는 10%의 우대율이 가산되고, N씨는 특별 가족할인 쿠폰을 보유하고 있으므로 A은행 10%, B은행 5%의 우대율이 가산된다. 또한 N씨는 C은행 카드 전월실적이 40만 원이므로 C은행에서는 15%의 우대율이 가산된다.

각 은행에서 적용되는 기본 우대율과 특별 추가 우대율을 정리하면 다음과 같다.

구분	EUR	USD	추가 우대율
A은행	60%	58%	+10%
B은행	60%	52%	+15%
C은행	50%	59%	+15%
D은행	65%	65%	－

최종 우대율을 계산하면 다음과 같다.

구분	EUR	USD	1－우대율(EUR)	1－우대율(USD)
A은행	70%	68%	1－0.70＝0.30	1－0.68＝0.32
B은행	75%	67%	1－0.75＝0.25	1－0.67＝0.33
C은행	65%	74%	1－0.65＝0.35	1－0.74＝0.26
D은행	65%	65%	1－0.65＝0.35	1－0.65＝0.35

매수 매도 차액은 유로 환율이 50원, 달러 환율이 100원이므로, 각 은행에 대한 총 환전 수수료를 구하면 다음과 같다.

구분	EUR	USD	총 환전 수수료
A은행	$50\times0.30\times1,300=19,500$원	$100\times0.32\times1,200=38,400$원	57,900원
B은행	$50\times0.25\times1,300=16,250$원	$100\times0.33\times1,200=39,600$원	55,850원
C은행	$50\times0.35\times1,300=22,750$원	$100\times0.26\times1,200=31,200$원	53,950원
D은행	$50\times0.35\times1,300=22,750$원	$100\times0.35\times1,200=42,000$원	64,750원

따라서 환전 수수료가 가장 저렴한 곳은 C은행이며, 총 환전 수수료는 53,950원이다.

44

정답 ③

종합청렴도 식은 (종합청렴도)={(외부청렴도)×0.6+(내부청렴도)×0.3+(정책고객평가)×0.1}-(감점요인)이므로, 내부청렴도에 관한 공식을 만들어보면 다음과 같다.

(내부청렴도)={(종합청렴도)-(외부청렴도)×0.6-(정책고객평가)×0.1+(감점요인)}$\times\frac{10}{3}$

위 식에 연도별 수치를 대입하여 내부청렴도를 구하면 다음과 같다.

- 2020년 : $\{6.23-8.0\times0.6-6.9\times0.1+(0.7+0.7+0.2)\}\times\frac{10}{3}=2.34\times\frac{10}{3}=7.8$
- 2021년 : $\{6.21-8.0\times0.6-7.1\times0.1+(0.7+0.8+0.2)\}\times\frac{10}{3}=2.4\times\frac{10}{3}=8.0$
- 2022년 : $\{6.16-8.0\times0.6-7.2\times0.1+(0.7+0.8+0.2)\}\times\frac{10}{3}=2.34\times\frac{10}{3}=7.8$
- 2023년 : $\{6.8-8.1\times0.6-7.3\times0.1+(0.5+0.4+0.2)\}\times\frac{10}{3}=2.31\times\frac{10}{3}=7.7$

따라서 내부청렴도가 가장 높은 해는 2021년, 가장 낮은 해는 2023년이다.

45

정답 ③

만기 시에는 기본금리와 동일한 우대금리가 적용되어 이율이 2배가 된다. 이때 수령하는 이자액은 10,000,000×(2×0.0045)=90,000원이다.

따라서 원금을 합하면 만기 시 수령할 총금액은 90,000+10,000,000=10,090,000원이다.

46

정답 ①

각각의 신용카드 혜택이 다르므로, 해당 지출내역에 따라 할인금액을 계산하면 다음과 같다.

- A신용카드
  - 버스・지하철, 택시, KTX 요금 20% 할인 : 20,000원 할인(20만 원의 20%가 할인되면 40,000원이 할인되나 월 2만 원이 한도)
  - 외식비 결제액 5% 할인 : 2,500원 할인
  - 학원 수강료 15% 할인 : 30,000원 할인
  - 연회비 : 15,000원 추가

  ∴ 20,000+2,500+30,000-15,000=37,500원

  A신용카드를 사용했을 경우 37,500원을 할인받을 수 있다.
- B신용카드
  - 버스・지하철, 택시, KTX 요금 10% 할인 : 10,000원 할인(20만 원의 10%가 할인되면 20,000원이 할인되나 월 1만 원이 한도)
  - 온라인 의류구입비 10% 할인 : 15,000원 할인
  - 도서구입비 권당 3천 원 할인 : 9,000원 할인(권당 가격이 1만 2천 원 이상인 경우에 해당되는 도서는 3권)

  ∴ 10,000+15,000+9,000=34,000원

  최대 총 할인한도액이 월 3만 원이므로 B신용카드를 사용했을 경우 3만 원을 할인받을 수 있다.
- C신용카드
  - 버스・지하철, 택시, KTX 요금 10% 할인 : 10,000원 할인(20만 원의 10%가 할인되면 20,000원이 할인되나 월 1만 원이 한도)
  - 카페 지출액 10% 할인 : 5,000원 할인
  - 재래시장 식료품 구입비 10% 할인 : 5,000원 할인
  - 영화관람료 회당 2천 원 할인 : 4,000원 할인

  ∴ 10,000+5,000+5,000+4,000=24,000원

  C신용카드를 사용했을 경우 24,000원을 할인받을 수 있다.

따라서 청구액이 가장 적은 카드 순서는 할인금액이 가장 많은 순과 같으므로 A-B-C이다.

47

정답 ①

우선 중도상환하는 금액이 얼마인지를 알아야 한다. 남은 대출원금을 전액 중도상환하는 것이므로, 대출원금에서 지금까지 상환한 금액을 빼면 중도상환하는 금액을 알 수 있다.

- $(\text{중도상환원금})=(\text{대출원금})-(\text{월상환액})\times(\text{상환월수})=24,000,000\text{원}-\left(\frac{24,000,000\text{원}}{60\text{개월}}\times 18\text{개월}\right)=16,800,000\text{원}$
- $(\text{중도상환수수료})=16,800,000\text{원}\times 0.025\times\frac{36\text{개월}-18\text{개월}}{36\text{개월}}=210,000\text{원}$

따라서 고객에게 안내할 중도상환수수료는 210,000원이다.

48

정답 ④

남성 인구 10만 명당 사망자 수가 가장 많은 해는 2015년이다.

전년 대비 2015년 남성 사망자 수 증가율은 $\frac{4,674-4,400}{4,400}\times 100 \fallingdotseq 6.23\%$이다.

오답분석

① • 2021년 전체 사망자 수 : 4,111+424=4,535명
  • 2023년 전체 사망자 수 : 4,075+474=4,549명
  따라서 2021년과 2023년의 전체 사망자 수는 같지 않다.

② 제시된 자료를 보면 2017년과 2023년 여성 사망자 수는 전년보다 감소했다.

③ 2022년, 2024년 남성 인구 10만 명당 사망자 수는 각각 15.9명, 15.6명이고 여성인구 10만 명당 사망자 수는 각각 2.0명, 2.1명이다. $15.9<2\times 8=16$, $15.6<2.1\times 8=16.8$이므로 옳다.

⑤ • 전년 대비 2012년 전체 사망자 수의 증가율 : $\frac{3,069-2,698}{2,698}\times 100 \fallingdotseq 13.75\%$
  • 전년 대비 2014년 전체 사망자 수의 증가율 : $\frac{4,740-4,106}{4,106}\times 100 \fallingdotseq 15.44\%$
  따라서 전년 대비 전체 사망자 수의 증가율은 2014년이 더 높다.

49

정답 ④

㉣ 농가 소득 중 농업 이외 소득이 차지하는 비율을 구하면 다음과 같다.

- 2018년 : $\frac{22,023}{32,121}\times 100 \fallingdotseq 68.56\%$
- 2019년 : $\frac{21,395}{30,148}\times 100 \fallingdotseq 70.97\%$
- 2020년 : $\frac{21,904}{31,031}\times 100 \fallingdotseq 70.59\%$
- 2021년 : $\frac{24,489}{34,524}\times 100 \fallingdotseq 70.93\%$
- 2022년 : $\frac{24,647}{34,950}\times 100 \fallingdotseq 70.52\%$
- 2023년 : $\frac{25,959}{37,216}\times 100 \fallingdotseq 69.75\%$

따라서 매년 증가하지 않는다.

㉤ 2023년 농가의 농업 소득 전년 대비 증가율은 $\frac{11,257-10,303}{10,303}\times 100 \fallingdotseq 9.26\%$로 10%를 넘지 않는다.

오답분석

㉠ 그래프를 통해 쉽게 확인할 수 있다.

㉡ 농가 수 그래프에서 감소폭이 큰 것은 2022년과 2023년인데, 2022년에는 21천 호가 줄고, 2023년에는 41천 호가 줄었으므로 전년 대비 농가 수가 가장 많이 감소한 해는 2023년이다.

㉢ 2018년 대비 2023년 농가 인구의 감소율은 $\frac{3,063-2,769}{3,063} \times 100 \fallingdotseq 9.6\%$이다.

50

정답 ④

DSUM 함수는 지정한 조건에 맞는 데이터베이스에서 필드 값들의 합을 구하는 함수이다. [A1:C7]에서 상여금이 100만 원 이상인 합계를 구하므로 2,500,000원이 도출된다.

51

정답 ③

IF문의 구문은 다음과 같다. IF(조건,조건이 참일 경우,조건이 거짓일 경우)

③을 풀어보면 거주지가 '팔달구'이거나 '영통구'이면 '매탄2동점'에, 아니라면 '금곡동점'에 배치하라는 의미이기 때문에 [D2] 셀에 들어갈 함수식으로 옳다.

오답분석

① 거주지가 '장안구'이거나 '영통구'이면 '금곡동점'에, 아니라면 '매탄2동점'에 배치하시오.

② 거주지가 '팔달구'이거나 '영통구'이면 '금곡동점'에, 아니라면 '매탄2동점'에 배치하시오.

④ 거주지가 '팔달구'이면서 '영통구'이면 '매탄2동점'에, 아니라면 '금곡동점'에 배치하시오.

⑤ 거주지가 '팔달구'이면서 '영통구'이면 '금곡동점'에, 아니라면 '매탄2동점'에 배치하시오.

52

정답 ②

- [D11] 셀에 입력된 COUNTA 함수는 범위에서 비어있지 않은 셀의 개수를 구하는 함수이다. [B3:D9] 범위에서 비어있지 않은 셀의 개수는 숫자 '1' 10개와 '재제출 요망'으로 입력된 텍스트 2개로, 「=COUNTA(B3:D9)」의 결괏값은 12이다.
- [D12] 셀에 입력된 COUNT 함수는 범위에서 숫자가 포함된 셀의 개수를 구하는 함수이다. [B3:D9] 범위에서 숫자가 포함된 셀의 개수는 숫자 '1' 10개로, 「=COUNT(B3:D9)」의 결괏값은 10이다.
- [D13] 셀에 입력된 COUNTBLANK 함수는 범위에서 비어있는 셀의 개수를 구하는 함수이다. [B3:D9] 범위에서 비어있는 셀의 개수는 9개이므로 「=COUNTBLANK(B3:D9)」의 결괏값은 9이다.

53

정답 ③

'MAX(B7:E7)' 함수 값은 [B7:E7] 범위에서 가장 큰 값인 91이며, COUNTA 함수는 범위에서 비어있지 않은 셀의 개수를 세주는 함수로 'COUNTA(B6:E6)'의 함수 값은 4가 된다. 따라서 'AVERAGE(91,4)'가 되며 91과 4의 평균인 47.5가 된다.

오답분석

① 'LARGE(B2:E2,3)' 함수 값은 [B2:E2] 범위에서 3번째로 큰 값인 80이며, 'SMALL(B5:E5,2)' 함수 값은 [B5:E5] 범위에서 2번째로 작은 값인 79이다. 따라서 'AVERAGE(80,79)'가 되며 80과 79의 평균인 79.5가 된다.

② 'MAX(B3:E3)' 함수 값은 [B3:E3] 범위에서 가장 큰 값인 95이며, 'MIN(B7:E7)' 함수 값은 [B7:E7] 범위에서 가장 작은 값인 79이다. 따라서 'SUM(95,79)'가 되며 95와 79의 합인 174가 된다.

④ MAXA 함수는 논리값과 텍스트도 포함하여 최댓값을 나타내는 함수로 'MAXA(B4:E4)'의 함수 값은 [B4:E4] 범위의 최댓값인 94가 된다. COUNT 함수는 범위에서 숫자가 포함된 셀의 개수를 세주는 함수로 'COUNT(B3:E3)'의 함수 값은 4가 된다. 따라서 'SUM(94,4)'가 되며 94와 4의 합인 98이 된다.

⑤ 'SMALL(B3:E3,3)' 함수 값은 [B3:E3] 범위에서 3번째로 작은 값인 93이며, 'LARGE(B7:E7,3)' 함수 값은 [B7:E7] 범위에서 3번째로 큰 값인 80이다. 따라서 'AVERAGE(93,80)'가 되며 93과 80의 평균인 86.5가 된다.

54

정답 ④

#define 연산자는 두 개의 토큰을 하나의 토큰으로 결합해주는 선행처리기 연산자이다. 이 연산자는 함수 같은 매크로뿐 아니라 객체 같은 매크로의 대체 리스트에도 사용할 수 있다. 이 연산자를 사용하면 변수나 함수의 이름을 프로그램의 런타임에 정의할 수 있다. XN(n)이라는 매크로 함수를 사용하여 변수의 이름을 저장한다. XN(2)에는 20이 저장되어 있다. x2에 저장되어 있는 20을 출력한다.

55

정답 ③

해당 프로그램은 오름차순으로 배열 arr을 정렬하는 코드이다. 프로그램을 실행하면 배열 arr은 12, 16, 17, 48, 85로 정렬된다. 따라서 arr[2]의 값은 17이다.

02 일반, 카드, 글로벌

56

정답 ⑤

T사 자동차는 소비자의 관점이 아닌 생산자의 관점에서 문제를 해결하려다 소비자들의 신뢰를 잃게 됐다. 따라서 기업은 생산자가 아닌 소비자의 관점에서 문제를 해결하기 위해 노력해야 한다.

57

정답 ④

제시된 시장 조사 결과 보고서를 보면 소비자의 건강에 대한 관심이 커지고 있어 가격보다는 제품의 기능을 중시해야 하고, 취급 점포를 체계적으로 관리하며 상품의 가격을 조절해야 할 필요성이 나타나고 있다. 그러므로 '고급화 전략을 추진한다.'와 '전속적 또는 선택적 유통 전략을 도입한다.'라는 마케팅 전략을 구사하는 것이 적절하다.

58

정답 ⑤

조직은 목적을 가지고 있어야 하고, 구조가 있어야 한다. 또한 목적을 달성하기 위해 구성원들은 서로 협동적인 노력을 하고, 외부 환경과 긴밀한 관계를 가지고 있어야 한다. 하지만 야구장에 모인 관중들은 동일한 목적만 가지고 있을 뿐 구조를 갖춘 조직으로 볼 수 없다.

59

정답 ②

항공보안교육에 반드시 이수해야 하는 교육대상자는 보안검색감독자, 보안검색요원, 장비유지보수요원이다. 보안검색팀의 경우 보안검색 협력사를 관리하고, 보안검색을 감독하는 업무를 담당하고 있으므로 보안검색요원은 보안검색요원교육을, 보안검색감독자는 보안검색감독자교육을 반드시 이수해야 한다. 또한, 보안장비팀은 항공보안장비를 구매하고 유지·관리하는 업무를 담당하므로 장비유지보수요원은 반드시 장비유지보수교육을 이수해야 한다. 따라서 항공보안교육을 반드시 이수해야 하는 팀은 보안검색팀과 보안장비팀이다.

60

정답 ④

효과적인 회의의 5가지 원칙 중 D는 매출성장이라는 목표를 공유하여 긍정적 어법으로 회의에 임하였다. 또한 주제를 벗어나지 않고 적극적으로 임하였으므로 가장 효과적으로 회의에 임한 사람은 D이다.

오답분석

① A : 부정적인 어법을 사용하고 있다.
② B : 적극적인 참여가 부족하다.
③ C : 주제와 벗어난 이야기를 하고, 좋지 못한 분위기를 조성한다.
⑤ E : 적극적인 참여를 하지 못하고, 회의 안건을 미리 준비하지 않았다.

03 IT

56

정답 ⑤

공기청정기를 약하고 기울어진 바닥에 두면 이상 소음 및 진동이 생길 수 있으므로 단단하고 평평한 바닥에 두어야 한다. 따라서 공기청정기를 부드러운 매트 위에 놓는 것은 적절하지 않다.

57

정답 ④

프리필터는 청소주기에 따라 1개월에 2회 이상 청소해야 한다.

오답분석

① 프리필터는 반영구적으로 사용하는 것이므로 교체할 필요가 없다.
②·③ 탈취필터와 헤파필터의 교체주기는 6개월 ~ 1년이나 사용 환경에 따라 차이가 날 수 있으며, 필터 교체 표시등을 확인하여 교체해야 한다.
⑤ 냄새가 심하게 날 경우 탈취필터를 확인하여 교체해야 한다.

58

정답 ⑤

스마트에어 서비스 기기 등록 시 스마트폰의 Wi-Fi 고급설정 모드에서 '개방형 Wi-Fi' 관련 항목이 아닌 '신호 약한 Wi-Fi 끊기 항목'과 '신호 세기'와 관련된 기능을 확인해야 한다.

59

정답 ②

모기 박멸에 효과적일 것으로 여겼던 DDT의 실패와 DDT의 위험성을 통해 ②가 가장 적절함을 알 수 있다.

60

정답 ④

Index 뒤의 문자 SOPENTY와 File 뒤의 문자 ATONEMP에서 일치하는 알파벳의 개수를 확인하면 O, P, E, N, T로 총 5개가 일치하는 것을 알 수 있다. 따라서 판단 기준에 따라 빈칸에 들어갈 Final Code는 Nugre이다.

제 3 회 최종점검 모의고사

01	02	03	04	05	06	07	08	09	10	11	12	13	14	15	16	17	18	19	20
②	④	⑤	③	④	④	②	②	①	④	⑤	①	④	④	①	③	⑤	③	④	⑤
21	22	23	24	25	26	27	28	29	30	31	32	33	34	35	36	37	38	39	40
⑤	⑤	④	③	③	①	②	⑤	②	②	③	②	④	④	③	③	①	③	②	④
41	42	43	44	45	46	47	48	49	50	51	52	53	54	55	56	57	58	59	60
⑤	③	②	③	②	②	①	①	④	①	⑤	⑤	④	⑤	④	④	②	④	④	③

01 공통(전체)

01

정답 ②

영국에서도 로마의 공정거래 관련법의 영향을 받아 1353년에 에드워드 3세의 공정거래 관련법이 만들어졌다고 하였으므로 옳은 내용이다.

오답분석

㉠ 인류 역사상 불공정거래 문제가 나타난 것은 자급자족경제에서 벗어나 물물교환이 이루어지고 상업이 시작된 시점부터라고 하였으므로 옳지 않다.

㉡ 아테네는 곡물 중간상들이 담합하여 일정 비율 이상의 이윤을 붙일 수 없도록 성문법으로 규정하고 있었으며, 해당 규정 위반 시 사형에 처해졌다고 하였으므로 사형도 규정되어 있었음을 알 수 있다.

㉣ 곡물 중간상 사건은 모든 곡물 중간상들이 담합하여 동일한 가격으로 응찰함으로써 곡물 매입가격을 크게 하락시킨 후에, 이를 다시 높은 가격에 판매한 것을 말한다. 중간상들이 곡물을 1년 이상 유통하지 않은 것은 아니다.

02

정답 ④

㉠의 앞부분에서 전체 돼지 농장의 수는 줄어들었지만 전체 돼지 사육 두수는 크게 증가하였다고 언급하였고, 뒷부분에서 이러한 상황을 '가축 밀집 상태'라고 표현한 것을 통해 ㉠에는 '농장당 돼지 사육 두수는 늘고 사육 면적당 돼지의 수도 늘어난'이 들어가야 적절하다. 그리고 ㉡의 앞부분에서 오늘날의 개별 소비자들은 적은 양의 육류가공제품을 소비하더라도, 엄청나게 많은 수의 가축과 접촉한 결과를 낳는다고 하였으므로 ㉡에는 '가축 간 접촉이 늘고 소비자도 많은 수의 가축과 접촉한'이 들어가는 것이 적절하다.

03

정답 ⑤

(마)의 핵심 화제는 공포증을 겪는 사람들의 상황 해석 방식과 공포증에서 벗어나는 방법이다. 공포증을 겪는 사람들의 행동 유형은 나타나 있지 않다.

04

정답 ③

두 번째 문단 마지막 문장에서 절차적 지식을 갖기 위해 정보를 마음에 떠올릴 필요가 없다고 하였으므로 적절하다.

오답분석

① 마지막 문단에서 표상적 지식은 절차적 지식과 달리 특정한 일을 수행하는 능력과 직접 연결되어 있지 않다고 하였으나, 특정 능력의 습득에 전혀 도움을 줄 수 없는지 아닌지는 제시문의 내용을 통해서는 알 수 없다.
② 마지막 문단에 따르면 '이 사과는 둥글다.'라는 지식은 둥근 사과의 이미지일 수도, '이 사과는 둥글다.'는 명제일 수도 있다.
④ 인식론에서 나눈 지식의 유형에는 능력의 소유를 의미하는 절차적 지식과 정보의 소유를 의미하는 표상적 지식이 모두 포함된다.
⑤ 절차적 지식을 통해 표상적 지식을 얻는다는 내용은 제시문에 나와있지 않다.

05

정답 ④

제시문은 인간에게 사회성과 반사회성이 공존하고 있다고 설명하고 있으며, 이 중 반사회성이 없다면 재능을 꽃피울 수 없다고 한다. 따라서 사회성만으로도 자신의 재능을 키울 수 있다는 주장인 ④가 반론이 될 수 있다.

오답분석

② 반사회성이 재능을 계발한다는 주장을 포함하는 동시에 반사회성을 포함한 다른 어떤 요소가 있어야 한다는 주장이므로 제시문에 대한 직접적인 반론은 될 수 없다.

PART 3

06

정답 ④

제시문을 통해 민간 부문에서 역량 모델의 도입에 대한 논의가 먼저 이루어진 것으로 짐작할 수는 있지만, 이것이 민간 부문에서 더욱 효과적으로 작용한다는 것을 의미한다고 보기는 어렵다.

07

정답 ②

- 첫 번째 빈칸 : 연료의 화학 에너지를 자동차를 움직이는 운동 에너지로 바꾸어 사용한다는 ㉠은 빈칸 앞 문장의 '필요에 맞게 에너지의 형태를 변환하여 사용'하는 예가 된다. 따라서 빈칸에는 ㉠이 적절하다.
- 두 번째 빈칸 : ㉢의 '이러한 원리'는 빈칸 앞 문장의 역학적 에너지를 전기 에너지로 변환하는 '압전 효과'와 연결되며, 빈칸 뒤의 내용에서는 ㉢에서 제시하는 압전 소자를 활용한 제품의 사례를 이야기하고 있다. 따라서 빈칸에는 ㉢이 적절하다.
- 세 번째 빈칸 : 빈칸 뒤 문장의 '작은 에너지를 직접 소형기기에 전달하여 사용하는 기술 방식'은 에너지 하베스팅이 소형기기에 적합한 에너지 활용 기술이 될 수 있다는 ㉡의 원인이 된다. 따라서 빈칸에는 ㉡이 적절하다.

08

정답 ②

제시문은 강이 붉게 물들고 산성으로 변화하는 이유인 티오바실러스와 강이 붉어지는 것을 막기 위한 방법에 대하여 설명하고 있다. 따라서 (가) 철2가 이온(Fe^{2+})과 철3가 이온(Fe^{3+})의 용해도가 침전물 생성에 중요한 역할을 함 – (라) 티오바실러스가 철2가 이온(Fe^{2+})을 산화시켜 만든 철3가 이온($Fe3^{+}$)이 붉은 침전물을 만듦 – (나) 티오바실러스는 이황화철(FeS_2)을 산화시켜 철2가 이온(Fe^{2+}), 철3가 이온(Fe^{3+})을 얻음 – (다) 티오바실러스에 의한 이황화철(FeS_2)의 가속적인 산화를 막기 위해서는 광산의 밀폐가 필요함 순으로 연결되어야 한다.

09

정답 ①

세 번째 문단에서 '금융시장이 통합되어 있으면 지역 내 국가들 사이에 경상수지 불균형이 발생했을 때 자본 이동이 쉽게 일어날 수 있을 것이며, 이에 따라 조정의 압력이 줄어들게 되므로 지역 내 환율 변동의 필요성이 감소하게 된다.'라고 했으나, 금융시장의 통합에 따른 편익의 계산 방식은 나타나지 않는다.

오답분석

②는 세 번째 문단, ③·④는 마지막 문단, ⑤는 첫 번째 문단에서 확인할 수 있다.

10

정답 ④

세 번째 문단에서 '상품에 응용된 과학 기술이 복잡해지고 첨단화되면서 상품 정보에 대한 소비자의 정확한 이해도 기대하기 어려워졌다.'는 내용과 일맥상통한다.

11

정답 ⑤

발표 내용을 볼 때, 펀드 가입 절차에 대한 내용은 찾아볼 수 없다.

오답분석

① 펀드에 가입하면 돈을 벌 수도, 손해를 볼 수도 있다는 내용을 세 번째 문단에서 확인할 수 있다.
② 첫 번째 문단에서 확인할 수 있다.
③ 마지막 문단에서 확인할 수 있다.
④ 주식 투자 펀드와 채권 투자 펀드에 대한 발표내용으로 확인할 수 있다.

12

정답 ①

주식 투자 펀드의 수익률 차이가 심하게 나는 것은 주식이 경기 변동의 영향을 많이 받기 때문이다.

오답분석

② 채권 투자 펀드에 대한 설명이다.
③ 채권을 사서 번 이익에서 투자 기관의 수수료를 뺀 금액이 수익이 된다.
④ 주식 투자 펀드에 대한 설명이다.
⑤ 주식 투자 펀드와 채권 투자 펀드 모두 투자 기관의 수수료가 존재한다.

13

정답 ④

오답분석

① 2천만 원의 차량 담보로도 진행할 수 있는 대출에 아파트라는 과도한 담보를 요구하고 있으므로 제5조 제2호에 어긋난다.
② 제6조 제2호에서 정한 취약한 금융소비자에 대한 이해수준 등을 파악하지 않고 일방적으로 상품 가입을 권유하고 있다.
③ 소비자가 충분히 고민하고 결정한 상품을 부정하고, 다른 상품을 강제로 권유하고 있으므로 제5조 제1호에 어긋난다.
⑤ 신용도가 떨어지는 소비자에게 대출이 가능하게 해주겠다는 것을 명분으로 사적인 만남을 제안하고 있으므로, 제5조 제3항에 어긋난다.

14

정답 ④

전자정부 서비스 만족 이유에 대한 답변으로 '신속하게 처리할 수 있어서(55.1%)', '편리한 시간과 장소에서 이용할 수 있어서(54.7%)', '쉽고 간편해서(45.1%)'로 나타났다. 따라서 '신속하게 처리할 수 있어서'의 이유가 55.1%로 가장 높았다.

오답분석

① 전자정부 서비스 실태를 인지도와 이용률, 만족도로 분류하여 조사하였다.
② 두 번째 문단에 따르면 전자정부 서비스 이용 목적으로 '정보 검색 및 조회'가 86.7%를 차지했다.
③ 두 번째 문단에 따르면 전자정부 서비스를 이용하는 이들의 98.9%가 향후에도 계속 이용할 의향이 있다고 답했다.
⑤ 마지막 문단에 따르면 고령층으로 갈수록 인지도와 이용률은 낮은 반면, 만족도는 전 연령층에서 고르게 높았다.

15

정답 ①

마지막 문단에서 최초진입기업이 후발진입기업의 시장 진입을 막기 위한 마케팅 활동을 한다고 설명한다. 그러나 최초진입기업과 후발진입기업 중에 누가 더 많은 마케팅 비용을 사용하는지에 대한 언급이 없으므로 알 수 없다.

오답분석

② 두 번째 문단에 따르면 후발진입기업의 모방 비용은 최초진입기업이 신제품 개발에 투자한 비용 대비 65% 수준이다.
③ 마지막 문단에 따르면 최초진입기업은 인지도 측면에서 후발진입기업보다 월등한 우위에 있다. 또한 첫 번째 문단에 따르면 기업이 시장에 최초로 진입하여 무형(인지도 등) 및 유형의 이익을 얻는 것을 A효과라고 한다.
④ 두 번째 문단에 따르면 후발진입기업은 절감된 비용을 마케팅 등에 효과적으로 투자하여 최초진입기업의 시장 점유율을 단기간에 빼앗아 오는 것이 성공의 핵심 조건이다.
⑤ 첫 번째 문단에 따르면 후발진입기업이 최초진입기업과 동등한 수준의 기술 및 제품을 보다 낮은 비용으로 개발할 수 있을 때만 B효과를 얻을 수 있다.

16

정답 ③

제시문은 인간에게 어떠한 이익을 주는가에 초점을 맞춰 생물 다양성의 가치를 논하고 있다. 즉, 인간 자신의 이익을 위해 생물 다양성을 보존해야 한다는 것이다. 따라서 인간 중심적인 시각을 비판하는 ③이 가장 적절하다.

오답분석

① 마지막 문단에 문제 해결의 구체적 실천 방안이 제시되었다.
② 생물 다양성의 경제적 가치뿐만 아니라 생태적 봉사 기능, 학술적 가치 등을 설명하며 동등하게 언급하였다.
④ 자연을 우선시하고 있지는 않지만, 마지막 문단에서 인간 중심에 따른 생태계 파괴의 문제를 지적하고 보존 대책을 제시하는 등 인간과 자연이 공존할 수 있는 길을 모색하고 있다.
⑤ 제시문에는 인간과 자연을 대립 관계로 보는 시각이 드러나 있지 않다.

17

정답 ⑤

ⓒ 온라인은 복지로 홈페이지, 오프라인은 읍면동 주민센터에서 보조금 신청서를 작성 후 제출하면 되며, 카드사의 홈페이지에서는 보조금 신청서 작성이 불가능하다.
ⓔ 오프라인으로 신청한 경우, 읍면동 주민센터 외에도 해당 카드사를 방문하여 카드를 발급받을 수 있다.

오답분석

ⓐ 어린이집 보육료 및 유치원 학비는 신청자가 별도로 인증하지 않아도 보조금 신청 절차에서 인증된다.
ⓑ 오프라인과 온라인 신청 모두 연회비가 무료임이 명시되어 있다.

18

정답 ③

• 연구개발팀이 이어달리기에 참가하지 않았을 경우
연구개발팀과 디자인팀은 같은 종목에 참가하지 않으므로 만약 연구개발팀이 이어달리기에 참가하지 않았다면 디자인팀이 족구에 참가하므로 연구개발팀은 족구에 참가하지 않고 남은 두 종목에 반드시 참가해야 한다. 이때, 총무팀이 모든 종목에 참가하더라도 고객지원팀과 법무팀은 항상 동시에 참가하므로 총무팀이 참가한 종목이 4팀인 종목은 존재할 수 없다.

구분	홍보팀	총무팀	연구개발팀	고객지원팀	법무팀	디자인팀
이어달리기	○	○	×	○	○	○
족구	○	–	×	–	–	○
X	○	–	○	–	–	×
Y	○	–	○	–	–	×

• 연구개발팀이 이어달리기에 참가한 경우
연구개발팀이 이어달리기에 참가하면 디자인팀이 족구팀에 참가하므로 족구에 참가하지 않고 남은 두 종목 중 한 종목에 참가한다. 남은 한 종목은 반드시 참가하지 않으며 이때, 연구개발팀이 참가하지 않은 종목에서 디자인팀이 참가하지 않고 고객지원팀과 법무팀이 참가하면 총무팀이 참가하는 종목 중 참가하는 팀이 4팀인 종목이 나올 수 있다.

구분	홍보팀	총무팀	연구개발팀	고객지원팀	법무팀	디자인팀
이어달리기	○	○	○	○	○	×
족구	○	-	×	-	-	○
X	○	-	○	-	-	×
Y	○	○	×	○	○	×

구분	홍보팀	총무팀	연구개발팀	고객지원팀	법무팀	디자인팀
이어달리기	○	○	○	○	○	×
족구	○	-	×	-	-	○
X	○	○	×	○	○	×
Y	○	-	○	-	-	×

따라서 참가하는 종목이 가장 적은 팀은 족구만 참가하는 디자인팀이다.

오답분석

① 족구와 남은 두 종목에서 총무팀과 법무팀이 동시에 참가하지 않는 종목이 있을 수 있다.
② 고객지원팀은 족구에 참가하지 않을 수 있다.
④ 법무팀은 모든 종목에 참가할 수 있다.
⑤ 제시된 조건을 모두 만족하는 경우는 2가지이며, 이 경우 모두 연구개발팀과 디자인팀이 동시에 참가하지 않는 종목이 있다.

19

정답 ④

다섯 번째 조건에 따라 C항공사는 제일 앞 번호인 1번 부스에 위치하며, 세 번째 조건에 따라 G면세점과 H면세점은 양 끝에 위치한다. 이때 네 번째 조건에서 H면세점 반대편에는 E여행사가 위치한다고 하였으므로 5번 부스에는 H면세점이 올 수 없다. 따라서 5번 부스에는 G면세점이 위치한다. 또한 첫 번째 조건에 따라 같은 종류의 업체는 같은 라인에 위치할 수 없으므로 H면세점은 G면세점과 다른 라인인 4번 부스에 위치하고, 4번 부스 반대편인 8번 부스에는 E여행사가, 4번 부스 바로 옆인 3번 부스에는 F여행사가 위치한다. 나머지 조건에 따라 부스의 위치를 정리하면 다음과 같다.

1) 경우 1

<table>
<tr><td>C항공사</td><td>A호텔</td><td>F여행사</td><td>H면세점</td></tr>
<tr><td colspan="4">복도</td></tr>
<tr><td>G면세점</td><td>B호텔</td><td>D항공사</td><td>E여행사</td></tr>
</table>

2) 경우 2

<table>
<tr><td>C항공사</td><td>B호텔</td><td>F여행사</td><td>H면세점</td></tr>
<tr><td colspan="4">복도</td></tr>
<tr><td>G면세점</td><td>A호텔</td><td>D항공사</td><td>E여행사</td></tr>
</table>

따라서 항상 참이 되는 것은 ④이다.

20

정답 ⑤

먼저 평가대상기관은 5개이므로 정성평가의 선정비율에 따라 '상', '중', '하'는 각각 1개, 3개, 1개의 기관에 부여되는 것을 알 수 있다.
상황의 정성평가 점수를 살펴보면, A기관의 20점은 분야별로 1개 기관에만 부여할 수 있는 '상'을 모두 A기관이 받았다는 것을 의미한다. 남은 기관은 더 이상 '상'을 받을 수 없으므로 B와 C기관의 11점은 선정비율과 배점에 따라 분야별로 모두 '중'을 받았다는 것을 의미한다. 따라서 나머지 기관은 분야별로 '중' 1개, '하' 1개의 평가를 받을 수 있다.
D와 E기관이 받을 수 있는 정성평가 점수는 각각 '중·중(6+5=11점) / 하·하(3+1=4점)', '중·하(6+1=7점) / 하·중(3+5=8점)', '하·중(3+5=8점) / 중·하(6+1=7점)', '하·하(3+1=4점) / 중·중(6+5=11점)'의 4가지로, 다음과 같이 정리할 수 있다.

(단위 : 점)

평가 / 기관	정량평가	정성평가				최종점수			
A	71	20				91			
B	80	11				91			
C	69	11				80			
D	74	11	7	8	4	85	81	82	78
E	66	4	8	7	11	70	74	73	77

따라서 E기관은 어떠한 경우에도 5위일 것이라는 ⑤는 옳다.

오답분석

①·② A기관과 B기관의 점수는 91점으로 서로 같지만, 최종점수가 동점일 경우 정성평가 점수가 높은 순서대로 순위를 결정한다는 처리 기준에 따라 A기관이 항상 1위이며, B기관은 항상 2위가 되므로 옳지 않다.

③·④ D기관의 점수가 81점이나 82점 또는 85점일 경우 D기관은 3위, C기관은 4위가 될 수 있으므로 옳지 않다.

21

정답 ⑤

- A : 해외여행에 결격사유가 있다.
- B : 지원분야와 전공이 맞지 않다.
- C : 대학 재학 중이므로, 지원이 불가능하다.
- D : TOEIC 점수가 750점 이상이 되지 않는다.
- E : 병역 미필로 지원이 불가능하다.

따라서 A～E 5명 모두 지원자격에 부합하지 않는다.

22

정답 ⑤

N교통카드 본사에서 10만 원 이상의 고액 환불 시 내방 당일 카드잔액 차감 후 익일 18시 이후 계좌로 입금받는다.

오답분석

① 부분환불은 환불요청금액이 1만 원 이상 5만 원 이하일 때 가능하며, N교통카드 본사와 지하철 역사 내 N교통카드 서비스센터에서 가능하다.

② 모바일 환불 시 1인 최대 50만 원까지 환불 가능하며, 수수료는 500원이므로 카드 잔액이 40만 원일 경우 399,500원이 계좌로 입금된다.

③ 카드 잔액이 30만 원일 경우, 20만 원 이하까지만 환불이 가능한 A은행을 제외한 은행 ATM기에서 수수료 500원을 제외하고 299,500원 환불이 가능하다.

④ N교통카드 본사 방문 시에는 월 누적 50만 원까지 수수료 없이 환불이 가능하므로, 13만 원 전액 환불 가능하다.

23

정답 ④

청년 우대형 주택청약의 상품 설명 중 대상의 조건을 살펴보면 된다. 무주택자이면서 병역복무기간(최대 6년)만큼 차감 가능하기 때문에 D씨는 군대 다녀온 기간(2년)을 차감하면 만 34세로 요건에 해당된다.

오답분석

① 연소득 3천만 원 이하만 가입 가능하기 때문에 해당되지 않는다.

② 주민등록등본에 함께 등재된 본인, 배우자, 부모, 자녀 모두 무주택인 무주택세대의 세대원은 가능하나, 부모님이 집을 소유하고 있기 때문에 해당되지 않는다.

③ 본인 명의의 집이 있기 때문에 해당되지 않는다.

⑤ 나이가 만 34세 이하여야 하기 때문에 해당되지 않는다.

24

정답 ③

중간에 통장이 바뀌었기 때문에 기간을 나누어서 계산해야 한다.

2018년 1월 ~ 2021년 12월 동안에는 매월 20만 원씩 납입하여 원금은 $20\times48=960$만 원이고, 이에 대한 이자율은 연 1.8%이므로 이자는 $20\times\frac{48\times49}{2}\times\frac{0.018}{12}\fallingdotseq35$만 원이다.

전환신규일에 전환원금과 이에 대한 이자 총 995만 원은 신규통장에 예치되고, 상품혜택 부문을 보면 이 원금을 37개월(2022년 1월 ~ 2025년 1월) 동안 다시 예치하기 때문에 단리 예금이자로 계산하면 $995\times0.018\times\frac{37}{12}\fallingdotseq55$만 원의 이자가 붙는다.

다음으로 청년 우대형 주택청약으로 바뀐 해를 계산하면 원금은 2022년 1월 ~ 2025년 1월 동안에 매월 20만 원씩 납입하여 $20\times37=740$만 원이며, 2022 ~ 2025년의 3년간 적용되는 이자율은 연 1.8%에 기본금리 부문에서 가입기간이 2년 이상이며, 무주택기간에 우대금리 연 1.5%p를 적용시켜 총 이자율은 연 3.3%가 된다. 이를 적용하면 이 원금에 대한 이자는 $20\times\frac{37\times38}{2}\times\frac{0.033}{12}\fallingdotseq38$만 원이다.

따라서 원금 및 이자를 모두 더하여 P씨가 2025년 2월에 받게 될 총금액은 $960+35+55+740+38=1,828$만 원임을 알 수 있다.

25

정답 ③

'서비스 이용조건'에서 무이자 할부 등의 이용금액은 적립 및 산정 기준에서 제외되므로 자동차의 무이자 할부 구매금액은 적립을 받을 수 없다.

오답분석

① '전 가맹점 포인트 적립 서비스'에서 가맹점에서 10만 원 이상 사용했을 때, 적립 포인트는 사용금액의 1%이다.
② '바우처 서비스'에서 카드발급 초년도 1백만 원 이상 이용 시 신청이 가능하다고 했으므로 K대리는 바우처를 신청할 수 있다.
④ '보너스 캐시백'을 보면 매년 1회 연간 이용금액에 따라 캐시백이 제공된다. 따라서 K대리가 1년간 4천만 원을 사용했을 경우 3천만 원 이상으로 5만 원을 캐시백으로 받을 수 있다. 매년 카드발급월 익월 15일에 카드 결제계좌로 입금이 되어 2025년 4월 15일에 입금이 된다.
⑤ '전 가맹점 포인트 적립 서비스'에서 즉시결제 서비스 이용금액은 전 가맹점 2만 원 이상 이용 건에 한해 0.2%가 적립되므로 온라인에서 즉시 결제한 이용금액은 적립 대상이 아니다.

26

정답 ①

K대리가 11월 신용카드 사용내역서에서 '서비스 이용조건'에 제시된 이용금액이 적립 및 산정 기준에서 제외되는 경우는 무이자 할부, 제세공과금, 카드론(장기카드대출), 현금 서비스(단기카드대출)이다. 이 경우를 제외하고, 전 가맹점에서 포인트 적립률은 10만 원 미만 0.7%, 10만 원 이상 1%이며, 2만 원 이상 즉시결제 서비스 이용 시 0.2%가 적립된다.

가맹점명	사용금액	비고	포인트 적립
○○가구	200,000원	3개월 무이자 할부	무이자 할부 제외
A햄버거 전문점	12,000원		0.7%
지방세	2,400원		제세공과금 제외
현금 서비스	70,000원		현금 서비스 제외
C영화관	40,000원		0.7%
◇◇할인점	85,000원		0.7%
카드론(대출)	500,000원		카드론 제외
M커피	27,200원	즉시결제	0.2%
M커피	19,000원	즉시결제	2만 원 미만으로 적립 제외
△△스시	100,000원		1%

따라서 K대리가 11월에 적립하는 포인트는

$\{(12,000+40,000+85,000)\times0.007\}+(27,200\times0.002)+(100,000\times0.01)=959+54.4+1,000=2,013.4$점이다.

27

정답 ②

항목별 환산점수 방법에 따라 점수를 부여하면 다음과 같다.

(단위 : 점)

구분	대상연령	입금가능금액	만기이자율	이자율 차이	만기기간	만족도
A적금	4	2	4	4−1=3	2	2
B적금	5	5	1	2.5−1=1.5	3	2
C적금	1	1	5	5−2=3	3	3
D적금	2	3	3	3.5−0.5=3	2	1
E적금	3	4	2	3−1=2	3	3

- A적금 : 4+2+4+3+2+2=17점
- B적금 : 5+5+1+1.5+3+2=17.5점
- C적금 : 1+1+5+3+3+3=16점
- D적금 : 2+3+3+3+2+1=14점
- E적금 : 3+4+2+2+3+3=17점

따라서 환산점수 총점이 가장 높은 적금상품은 B적금이다.

28

정답 ⑤

만 35세이므로 C적금은 제외되고, 만기기간이 짧은 적금은 2년 만기인 B, E적금이며 두 적금 모두 만족도는 보통 이상이다. 따라서 두 적금 중 만기이자율이 3%로 B적금보다 더 높은 E적금이 고객에게 가장 적절하다.

29

정답 ②

㉠ 근무 3개월 차 상표심사 목표점수가 높은 순서대로 나열하면 정민하(0.6×150×0.7=63점), 최연중(0.4×150=60점), 권순용(0.3×150=45점), 안필성(0.3×150×0.7=31.5점)이다.

㉣ 정민하와 안필성이 교육을 이수한 후 발령받았다면, 근무 3개월 차 상표심사 목표점수의 차이는 (0.6−0.3)×150=45점이다.

오답분석

㉡ • 6급 : (최연중+권순용)=0.8×150+0.5×150=1.3×150=195점
  • 5급 : (정민하+안필성)=0.9×150×0.7+0.5×150×0.7=0.98×150=147점
  따라서 상표심사과 인사 발령자 중 5급의 근무 5개월 차 상표심사 목표점수의 합은 6급의 근무 5개월 차 상표심사 목표점수의 합보다 작다.

㉢ 정민하와 최연중의 각 개월 차의 상표심사 목표점수를 구하면 다음과 같다.

구분	3개월 차	4개월 차	증가율
정민하	0.6×150×0.7=63점	0.8×150×0.7=84점	$\frac{84-63}{63}\times100 ≒ 33\%$
최연중	0.4×150=60점	0.6×150=90점	$\frac{90-60}{60}\times100=50\%$

근무 3개월 차 대비 근무 4개월 차 상표심사 목표점수의 증가율은 정민하가 최연중보다 작다.

30

정답 ②

A주임의 지급액을 계산하면 다음과 같다.

<table>
<tr><th>항목</th><th colspan="4">지급액(원)</th></tr>
<tr><td>기본급</td><td colspan="4">2,200,000</td></tr>
<tr><td>고정수당</td><td colspan="4">450,000</td></tr>
<tr><td>실적수당</td><td>2024년도 경영평가 등급</td><td colspan="2">C</td><td>2,200,000×14%=308,000</td></tr>
<tr><td>급여성 복리후생비</td><td colspan="4">220,000</td></tr>
<tr><td>성과상여금</td><td>2024년도 개인 성과평가 등급</td><td colspan="2">A</td><td>2,200,000×30%=660,000</td></tr>
<tr><td>파견수당</td><td colspan="2">국내 파견</td><td colspan="2">140,000×2=280,000</td></tr>
<tr><td>합계</td><td colspan="4">4,118,000</td></tr>
</table>

여기에서 공제될 금액을 계산하면 다음과 같다.

항목	공제액(원)
국민연금	99,000
건강보험	72,600
장기요양보험	253,000
고용보험	17,600
소득세	110,000
지방소득세	11,000
공사기여금	2,200,000×3%=66,000
합계	629,200

따라서 지급합계에서 공제합계를 빼면 A주임이 수령할 금액은 4,118,000−629,200=3,488,800원이다.

31

정답 ③

김대리는 특수직에 해당되므로 성과평가 구성 중 특수직 구분에 따른다.
김대리에 대한 평가등급에 따라 가중치와 구성비를 고려한 항목별 점수는 다음과 같다.

(단위 : 점)

<table>
<tr><th>구분</th><th>분기실적</th><th>직원평가</th><th>연수내역</th><th>조직기여도</th><th>총점</th></tr>
<tr><td rowspan="2">점수</td><td>0.6×8=4.8</td><td>0.4×10=4.0</td><td rowspan="2">0.2×5=1.0</td><td rowspan="2">0.3×6=1.8</td><td rowspan="2">4.4+1.0+1.8=7.2</td></tr>
<tr><td colspan="2">{0.5×(4.8+4.0)}=4.4</td></tr>
</table>

따라서 김대리는 6.8점 이상 7.6점 미만 구간에 해당되므로, 100만 원의 성과급을 지급받게 된다.

32

정답 ②

먼저 M사원의 시간당 통상임금을 구하면 4,493,500÷209=21,500원이다.
주중 초과근무를 한 날짜와 시간을 확인하면 11일 2시간, 12일 2시간, 19일 2시간, 23일 3시간(∴ 3시간까지만 인정)이다. 그러므로 주중 초과근무수당은 21,500×1.5×(2+2+2+3)=290,250원이다.
다음으로 주말과 공휴일의 초과근무수당을 확인하면 5일과 27일에 각각 8시간을 채워서 일당으로 초과근무수당을 받을 수 있다. 그러므로 주말과 공휴일의 초과근무수당은 (21,500×8)×1.5×2=516,000원이다.
따라서 M사원의 지난달 초과근무수당은 290,250+516,000=806,250원이다.

33

정답 ④

크루즈 이용 시 A석 또는 S석으로 한다고 하였으므로 M크루즈는 제외된다. 나머지 교통편을 이용할 때 비용을 비교하면 다음 표와 같다.

구분	비용
H항공사 비즈니스 석	(310,000+10,000)×2=640,000원
H항공사 퍼스트클래스	479,000×2×0.9=862,200원
P항공사 퍼스트클래스	450,000×2=900,000원
N크루즈 S석	(25,000+292,000+9,000)×2=652,000원

따라서 김대리는 가장 저렴한 H항공사의 비즈니스 석으로 선택할 것이며, 그 비용은 640,000원이다.

34

정답 ④

진급 대상자의 항목별 점수에 따른 합산 점수를 정리하면 다음과 같다.

(단위 : 점)

성명	직급	재직기간	공인영어	필기	면접	인사평가	합산 점수
최근원	사원	5	3	10	20	5	43
김재근	대리	10	3	10	10	×	제외
이윤결	대리	5	×	10	20	20	제외
정리사	사원	5	5	15	5	10	40
류이현	사원	5	10	10	5	10	40
정연지	사원	5	3	15	20	10	53
이지은	대리	10	5	×	10	20	제외
이윤미	사원	5	×	20	5	20	제외
최지나	대리	5	3	15	×	×	제외
류미래	사원	2	3	20	×	20	제외

따라서 총 4명의 사원이 진급하며, 가장 높은 점수를 받은 사람은 53점의 정연지이다.

35

정답 ③

11월 21일의 팀미팅은 워크숍 시작 시간 전 오후 1시 30분에 끝나므로 3시에 출발 가능하며, 22일의 일정이 없기 때문에 11월 21 ~ 22일이 워크숍 날짜로 적절하다.

오답분석

① 11월 9 ~ 10일 : 다른 팀과 함께하는 업무가 있는 주로 워크숍이 불가능하다.
② 11월 18 ~ 19일 : 19일은 주말이므로 워크숍이 불가능하다.
④ 11월 28 ~ 29일 : E대리 휴가로 모든 팀원 참여가 불가능하다.
⑤ 11월 29 ~ 30일 : 말일이므로 워크숍이 불가능하다.

36

정답 ③

- 금연진료·상담료 : N씨는 고혈압진료를 병행하였으므로 금연(동시)진료 비용으로 책정해야 한다.
  - 최초상담료 : 22,500×0.2−1,500=3,000원
  - 유지상담료 : 13,500×0.2−900=1,800원

  3회 차부터 금연진료·상담료의 본인부담금은 없으므로 L씨의 금연진료·상담료의 본인부담금은 3,000+1,800=4,800원이다.
- 약국금연관리비용 : 약국을 2회 방문하였고 금연치료의약품을 처방받았으므로 약국금연관리비용 본인부담금은 1,600×2=3,200원이다.
- 금연치료의약품비용 : N씨가 처방받은 금연치료의약품은 챔픽스정이다. 챔픽스정의 1정당 본인부담금은 400원이고 7주간 처방받은 챔픽스정은 2×(28+21)=98정이다. 즉, 금연치료의약품 본인부담금은 400×98=39,200원이다.

따라서 N씨가 낸 본인부담금은 4,800+3,200+39,200=47,200원이다.

PART 3

37

정답 ①

세대당 월평균 사용량을 구하면 $400\div2\div4=50\text{m}^3$이다.

i) 상수도요금

- 사용요금 : 1세대 1개월 요금은 사용요금 요율표를 적용하면 $(30\times360)+(20\times550)=21,800$원이므로 사용요금은 $21,800\times4\times2=174,400$원이다.
- 기본요금 : 계량기 구경이 20mm이므로, $3,000\times2=6,000$원이다.

그러므로 상수도요금은 사용요금과 기본요금을 합친 $174,400+6,000=180,400$원이다.

ii) 하수도요금

1세대 1개월 요금은 사용요금 요율표를 적용하면 $(30\times360)+(20\times850)=27,800$원이다.

그러므로 하수도요금은 $27,800\times4\times2=222,400$원이다.

iii) 물이용부담금

1세대 1개월 요금은 사용요금 요율표를 적용하면 $50\times170=8,500$원이다.

그러므로 물이용부담금은 $8,500\times4\times2=68,000$원이다.

따라서 A씨 건물의 요금총액은 $180,400+222,400+68,000=470,800$원이다.

38

정답 ③

환율을 x원, 일정한 인출 수수료는 y유로, 카드 결제 수수료율을 z라고 하고, 우선 인출 1과 2에 관해 정리하면 다음과 같다.

$(650+y)\times x=850,200$ … ㉠

$(450+y)\times x=590,200$ … ㉡

㉠에서 ㉡을 빼면 $200x=260,000 \rightarrow x=1,300$

2월 9일에 환율은 1유로당 1,300원이었으며, 인출 수수료는 $(450+y)\times1,300=590,200 \rightarrow 450+y=454 \rightarrow y=4$로 4유로이다.

마지막으로 카드 결제 시 금액은 $400\times1,300=520,000$원이어야 하지만 $521,040-520,000=1,040$원이 추가로 결제되었으므로

카드 결제 수수료율은 $400\times z\times1,300=1,040 \rightarrow z=\dfrac{1,040}{400\times1,300}=0.002$, 즉 0.2%이다.

따라서 카드 결제 수수료율은 0.2%이고, ATM 인출 수수료는 4유로이다.

39

정답 ②

유로/달러 환율은 (원/달러 환율)÷(원/유로 환율)로 구할 수 있다. 유로/달러 환율은 10월에 약 0.808로, 약 0.801인 11월보다 높다.

오답분석

① 9월에는 전월 대비 원/달러 환율은 불변이고, 원/100엔 환율은 증가했다. 또한 10월에는 전월 대비 원/달러 환율은 증가하지만, 원/100엔 환율은 불변이다.

③ 9월에 원/달러 환율이 원/유로 환율보다 낮으므로 유럽보다 미국으로 유학을 가는 것이 경제적으로 더 이득이다.

④ 12월의 원/100엔 환율은 1,100.00으로 7월 환율의 110%인 1,108.80보다 낮으므로 옳지 않은 설명이다.

⑤ 7월보다 11월에 원/100엔 환율이 더 높으므로 11월에 하는 것이 더 경제적이다.

40

정답 ④

- 우대금리 : ⓐ+ⓑ=0.7%p
- 만기 시 적용되는 금리 : $2.3+0.7=3.0\%$
- 만기 시 이자액(단리) : $100,000\times\dfrac{24\times25}{2}\times\dfrac{0.03}{12}=75,000$원
- 만기 시 수령액 : $100,000\times24+75,000=2,475,000$원

따라서 K고객에게 안내할 만기 수령액은 2,475,000원이다.

41

정답 ⑤

㉠ 면적이 넓은 유형의 주택일수록 공사 완료 후 미분양된 민간부문 주택이 많은 지역은 인천, 경기 두 곳이다.

㉡ 부산의 공사 완료 후 미분양된 민간부문 주택 중 면적이 $60\sim85m^2$에 해당하는 주택이 차지하는 비중은 $\frac{161}{350}\times100=46\%$로, 면적이 $85m^2$를 초과하는 주택이 차지하는 비중인 $\frac{119}{350}\times100=34\%$보다 10%p 이상 높다.

㉢ 면적이 $60m^2$ 미만인 공사 완료 후 미분양된 민간부문 주택 수 대비 면적이 $60\sim85m^2$에 해당하는 공사 완료 후 미분양된 민간부문 주택 수의 비율은 광주는 $\frac{28}{16}\times100=175\%$이고, 울산은 $\frac{54}{36}\times100=150\%$이므로 광주가 울산보다 높다.

42

정답 ③

K씨의 상품 가입기간은 2년(=24개월)으로 기본금리는 연 1.85%이다. 받을 수 있는 우대금리가 있는지 이용실적을 확인해 보면, N사랑 체크카드의 경우 우대금리를 받을 수 있는 카드 종류에 해당하지 않으므로 제외하고, N채움 신용카드의 경우 8개월 동안 월 평균 17만 원씩 사용하였다고 했으므로 8×17=136만 원으로 해당 이용실적을 채우지 못해 우대금리를 받지 못한다. 따라서 만기 시 적용되는 금리는 연 1.85%이다.

- 세전 이자 : 15,000,000×2×0.0185=555,000원
- 이자 과세 : 555,000×0.154=85,470원
- 세후 이자 : 555,000−85,470=469,530원

∴ 세후 총수령액 : 15,000,000+469,530=15,469,530원

따라서 K씨가 만기 시 받을 수 있는 금액은 15,469,530원이다.

43

정답 ②

S씨의 상품 가입기간은 K씨와 동일한 2년으로 기본금리는 연 1.85%이며, 거래실적을 통한 우대금리의 경우 N채움 체크카드의 이용실적은 14×6=84만 원, N채움 신용카드의 이용실적은 24+10+38=72만 원으로 총합이 156만 원이 되어 0.1%p의 우대금리를 받을 수 있다. 따라서 고객추천 우대금리인 0.1%p와 합하여 총 연 0.2%p의 우대금리를 받을 수 있어 만기 시 적용되는 총금리는 연 1.85+0.2=2.05%가 된다.

- 세전 이자 : 15,000,000×2×0.0205=615,000원
- 이자 과세 : 615,000×0.154=94,710원
- 세후 이자 : 615,000−94,710=520,290원

∴ 세후 총수령액 : 15,000,000+520,290=15,520,290원

이때 42번 해설에 제시된 K씨의 총수령액은 고객추천 우대금리(0.1%p)를 받은 것이 아니므로, 이를 다시 계산하면 다음과 같다.

- 세전 이자 : 15,000,000×2×0.0195=585,000원
- 이자 과세 : 585,000×0.154=90,090원
- 세후 이자 : 585,000−90,090=494,910원

∴ 세후 총수령액 : 15,000,000+494,910=15,494,910원

따라서 K씨와 S씨가 만기 시 받게 되는 총수령액의 차이는 15,520,290−15,494,910=25,380원이다.

44

정답 ③

3주택자가 팔려고 하는 부동산은 취득한 지 3년이 지났으므로 일반지역 3주택 기본세율로 계산하면 된다. 4,600만 원 초과 8,800만 원 이하의 경우 세율은 24%이며, 누진 공제액은 522만 원이다.

따라서 3주택자가 8,000만 원짜리 일반지역 부동산 1채를 팔려고 할 때, 지불해야 하는 세금은 8,000×0.24−522=1,398만 원임을 알 수 있다.

PART 3

45

정답 ②

정주임은 N카드사 신규고객이며, 특별우대금리 2를 적용받아 총 연 1.7+0.5=2.2%의 금리를 적용받을 수 있다.

$$200,000\times\frac{\left(1.022^{\frac{13}{12}}-1.022^{\frac{1}{12}}\right)}{\left(1.022^{\frac{1}{12}}-1\right)}=200,000\times\frac{(1.0239-1.0018)}{0.0018}\fallingdotseq 2,455,555\fallingdotseq 2,456,000\text{원}$$

따라서 정주임이 만기에 수령할 원리금은 2,456,000원이다.

46

정답 ②

정주임은 N카드사 기존고객이며, 특별우대금리 1을 모두 적용받아 총 연 1.5+3.5=5.0%의 금리를 적용받을 수 있다.

$$200,000\times\frac{\left(1.05^{\frac{13}{12}}-1.05^{\frac{1}{12}}\right)}{\left(1.05^{\frac{1}{12}}-1\right)}=200,000\times\frac{(1.054-1.004)}{0.004}=2,500,000\text{원}$$

따라서 정주임이 만기에 수령할 원리금은 2,500,000원이다.

47

정답 ①

2024년의 수리답 면적을 $x$ha라 하면, 다음 식이 성립한다.

$$\frac{x}{934,000}\times 100=80.6$$

$$\rightarrow \frac{x}{934,000}=0.806$$

$$\therefore\ x=752,804$$

따라서 2024년의 수리답 면적은 752,804ha이므로 백의 자리에서 반올림하면 753천 ha이다.

48

정답 ①

㉠ 해당 연도별 전체 경지 면적에서 밭이 차지하는 비율은 다음과 같다.

- 2017년 : $\frac{712}{1,782}\times 100\fallingdotseq 39.96\%$
- 2018년 : $\frac{713}{1,759}\times 100\fallingdotseq 40.53\%$
- 2019년 : $\frac{727}{1,737}\times 100\fallingdotseq 41.85\%$
- 2020년 : $\frac{731}{1,715}\times 100\fallingdotseq 42.62\%$
- 2021년 : $\frac{738}{1,698}\times 100\fallingdotseq 43.46\%$
- 2022년 : $\frac{764}{1,730}\times 100\fallingdotseq 44.16\%$

따라서 전체 경지 면적에서 밭이 차지하는 비율은 계속 증가하고 있다.

2022년까지 전체 경지면적은 줄어들고 있는 반면 밭의 면적은 계속 늘어나고 있으므로, 경지면적에서 밭의 비율은 일일이 계산해보지 않더라도 증가함을 알 수 있다.

㉡ 2017 ~ 2024년 논 면적의 평균은 $\frac{1,070+1,046+1,010+984+960+966+964+934}{8}=991.75$천 ha이고, 이보다 논 면적이 줄어들기 시작한 해는 2020년부터이므로 옳다.

오답분석

㉢ 전체 논 면적 중 수리답 면적을 제외한 면적만 줄어들고 있다면 수리답 면적은 그대로이거나 증가해야 한다. 그런데 이는 2017년과 2018년 수리답 면적만 확인해 보아도 사실이 아님을 알 수 있다.

2013년 수리답 면적을 x천 ha라 하면, $\frac{x}{1,070}\times 100=79.3\rightarrow x=848.51$천 ha이고, 2018년 수리답 면적을 y천 ha라 하면,

$\frac{y}{1,046}\times 100=79.5\rightarrow y=831.57$천 ha이다.

따라서 논 면적이 감소하면서 수리답 면적도 함께 감소하였으므로 수리시설로 농업용수를 공급받지 않는 면적이 증가하고 있다.

49

정답 ④

표준편차는 변량의 분산 정도를 표시하는 척도이다. 부가서비스별로 선호하는 비중은 남성의 경우 7 ~ 19% 사이에 위치하고, 여성의 경우 6 ~ 21%에 위치하고 있다. 평균이 약 11.1%(=100%/9항목)인 것을 감안했을 때, 여성의 비중이 평균에 비해 더 멀리 떨어져 있으므로 표준편차의 값은 남성보다 여성이 더 큰 것을 알 수 있다.

오답분석

① 성별 비율이 각각 50%라면, 포인트 적립 항목의 경우 전체 비율이 19×0.5+21×0.5=20%가 나와야 한다. 그러나 표에서는 19.8%라고 하였으므로 P대리가 설명한 내용은 옳지 않다. 올바르게 설명하려면 남성의 비율은 60%, 여성은 40%라고 언급해야 한다.

② 무응답한 비율은 전체 8.4%이므로 1,000×0.084=84명이다. 그러나 남녀 비율이 6 : 4이므로 남성은 600×0.1=60명, 여성은 400×0.06=24명이라고 설명해야 한다.

③ 남성이 두 번째로 선호하는 부가서비스도 무이자 할부(17%)이다.

⑤ 남성과 여성이 선호하는 부가서비스는 서로 순위의 차이는 있지만, 완전히 정반대인 것은 아니다.

50

정답 ①

DCOUNT 함수는 범위에서 조건에 맞는 레코드 필드 열에 수치 데이터가 있는 셀의 개수를 계산하는 함수로, 「=(DCOUNT(목록 범위,목록의 열 위치,조건 범위)」로 구성된다. [E2] 셀에 입력한 「=DCOUNT(A1:C9,2,A12:B14)」 함수식을 볼 때, [A1:C9] 목록 범위의 두 번째 열은 수치 데이터가 없으므로 결괏값은 0이 산출된다.

51

정답 ⑤

LEN 함수는 문자열의 문자 수를 구하는 함수이므로 숫자를 반환한다. 「=LEN(A2)」는 '서귀포시'로 문자 수가 4이며 여기서 −1을 하면 [A2] 열의 3번째 문자까지를 지정하는 것이므로 [C2] 셀과 같이 나온다. 텍스트 문자열의 시작지점부터 지정한 수만큼의 문자를 반환하는 LEFT 함수를 사용하면 「=LEFT(A2,LEN(A2)−1)」이 적절하다.

52

정답 ⑤

- COUNTIF : 지정한 범위 내에서 조건에 맞는 셀의 개수를 구한다.
- 함수식 : =COUNTIF(D3:D10,">=2021-07-01")

오답분석

① COUNT : 범위에서 숫자가 포함된 셀의 개수를 구한다.
② COUNTA : 범위가 비어 있지 않은 셀의 개수를 구한다.
③ SUMIF : 주어진 조건에 의해 지정된 셀들의 합을 구한다.
④ MATCH : 배열에서 지정된 순서상의 지정된 값에 일치하는 항목의 상대 위치 값을 찾는다.

53

정답 ④

오답분석

①·② AND 함수는 인수의 모든 조건이 참(TRUE)일 경우에 성별을 구분하여 표시할 수 있으므로 적절하지 않다.
③ 함수식에서 "2"와 "3"이 아니라 "1"과 "3"이 들어가야 한다.
⑤ 함수식에서 "남자"와 "여자"가 바뀌었다.

54

정답 ⑤

int는 정수형 타입으로 할당되는 메모리의 크기는 4바이트이다. int의 데이터 표현 범위는 −2,147,483,648부터 2,147,483,647이다. 해당 타입이 표현할 수 있는 범위를 벗어난 데이터를 저장하면 오버플로우가 발생한다. num에 1234567891011121314151617181920을 저장하면 입력한 상수가 커서 실행되지 않는다.

55

정답 ④

#define 연산자는 두 개의 토큰을 하나의 토큰으로 결합해 주는 선행처리기 연산자이다. 이 연산자는 함수 같은 매크로뿐 아니라 객체 같은 매크로의 대체 리스트에도 사용할 수 있다. 이 연산자를 사용하면 변수나 함수의 이름을 프로그램의 런타임에 정의할 수 있다. XN(n)이라는 매크로 함수를 사용하여 변수의 이름을 저장한다. XN(2)에는 20이 저장되어 있다. x2에 저장되어 있는 20을 출력한다.

02 일반, 카드, 글로벌

56

정답 ④

조직 개편 방향에 따르면 마케팅본부를 신설한다고 하였다.

57

정답 ②

- 경영본부 : 기획조정실, 경영지원팀, 재무관리팀, 미래사업팀, 사회가치실현(TF팀), 인사관리팀 → 6팀
- 운영본부 : 물류전략실, 항만관리팀, 물류단지팀, 물류정보팀, 안전·보안(TF)팀 → 5팀
- 건설본부 : 항만개발실, 항만건설팀, 항만시설팀, 갑문운영팀, 스마트갑문(TF)팀 → 5팀

58

정답 ④

제시문의 내용을 살펴보면, P전자는 성장성이 높은 LCD 사업 대신에 익숙한 PDP 사업에 더욱 몰입하였으나, 점차 LCD의 경쟁력이 높아짐으로써 PDP는 무용지물이 되었다는 것을 알 수 있다. 따라서 P전자는 LCD 시장으로의 사업전략을 수정할 수 있었지만 보다 익숙한 PDP 사업을 선택하고 집중함으로써 시장에서 경쟁력을 잃는 결과를 얻게 되었다.

59

정답 ④

㉠ 집중화 전략에 해당한다.
㉡ 원가우위 전략에 해당한다.
㉢ 차별화 전략에 해당한다.

60

정답 ③

김과장의 개인 주간 스케줄 및 업무 점검을 보면 홍보팀, 외부 디자이너와의 미팅이 기재되어 있다. 즉, 김과장은 이번 주에 내부 미팅과 외부 미팅을 할 예정이다.

03 IT

56

정답 ④

본 제품에는 배터리 보호를 위하여 과충전 보호회로가 내장되어 있어 적정 충전시간을 초과하여도 큰 손상이 없으므로 고장의 원인으로 적절하지 않다.

57

정답 ②

청소기 전원을 끄고 이물질 제거 후 전원을 켜면 파워브러시가 재작동하며 평상시에도 파워브러시가 멈추었을 때는 전원 스위치를 껐다 켜면 재작동한다.

58

정답 ④

사용 중 갑자기 흡입력이 떨어지는 이유는 흡입구를 커다란 이물질이 막고 있거나, 먼지 필터가 막혀 있거나, 먼지통 내에 오물이 가득 차 있을 경우이다.

59

정답 ④

사용 중인 공유기의 IP주소가 http://190.275.2.3으로 HI-804A의 IP주소와 동일할 경우 HI-804A 공유기가 아닌 사용 중인 공유기의 IP주소를 다른 IP주소로 변경하여야 한다.

60

정답 ③

PC와 분리한 외장형 모뎀을 인터넷케이블로 HI-804A의 INTERNET포트인 1번 또는 2번 포트에 연결한다. 그리고 LAN케이블로 PC를 HI-804A의 LAN포트인 3번 또는 4번 포트에 연결한다. 따라서 공유기가 바르게 설치된 것은 ③이다.

오답분석

①·④·⑤ 외장형 모뎀과 PC는 별도의 케이블로 직접 서로 연결되지 않고, HI-804A의 INTERNET포트와 LAN포트를 통해 연결된다.

② 외장형 모뎀은 INTERNET포트인 2번 포트에 맞게 연결되었으나, PC는 5번 포트가 아닌 3번 또는 4번 포트에 연결되어야 한다.

얼마나 많은 사람들이 책 한 권을 읽음으로써 인생에 새로운 전기를 맞이했던가.

– 헨리 데이비드 소로 –

NH농협은행 5급 필기전형 OMR 답안카드

성 명

지원 분야

문제지 형별기재란	
(　　　)형	Ⓐ Ⓑ

수 험 번 호						
⓪	⓪	⓪	⓪	⓪	⓪	⓪
①	①	①	①	①	①	①
②	②	②	②	②	②	②
③	③	③	③	③	③	③
④	④	④	④	④	④	④
⑤	⑤	⑤	⑤	⑤	⑤	⑤
⑥	⑥	⑥	⑥	⑥	⑥	⑥
⑦	⑦	⑦	⑦	⑦	⑦	⑦
⑧	⑧	⑧	⑧	⑧	⑧	⑧
⑨	⑨	⑨	⑨	⑨	⑨	⑨

감독위원 확인
㊞ 인

1	①	②	③	④	⑤	21	①	②	③	④	⑤	41	①	②	③	④	⑤
2	①	②	③	④	⑤	22	①	②	③	④	⑤	42	①	②	③	④	⑤
3	①	②	③	④	⑤	23	①	②	③	④	⑤	43	①	②	③	④	⑤
4	①	②	③	④	⑤	24	①	②	③	④	⑤	44	①	②	③	④	⑤
5	①	②	③	④	⑤	25	①	②	③	④	⑤	45	①	②	③	④	⑤
6	①	②	③	④	⑤	26	①	②	③	④	⑤	46	①	②	③	④	⑤
7	①	②	③	④	⑤	27	①	②	③	④	⑤	47	①	②	③	④	⑤
8	①	②	③	④	⑤	28	①	②	③	④	⑤	48	①	②	③	④	⑤
9	①	②	③	④	⑤	29	①	②	③	④	⑤	49	①	②	③	④	⑤
10	①	②	③	④	⑤	30	①	②	③	④	⑤	50	①	②	③	④	⑤
11	①	②	③	④	⑤	31	①	②	③	④	⑤	51	①	②	③	④	⑤
12	①	②	③	④	⑤	32	①	②	③	④	⑤	52	①	②	③	④	⑤
13	①	②	③	④	⑤	33	①	②	③	④	⑤	53	①	②	③	④	⑤
14	①	②	③	④	⑤	34	①	②	③	④	⑤	54	①	②	③	④	⑤
15	①	②	③	④	⑤	35	①	②	③	④	⑤	55	①	②	③	④	⑤
16	①	②	③	④	⑤	36	①	②	③	④	⑤	56	①	②	③	④	⑤
17	①	②	③	④	⑤	37	①	②	③	④	⑤	57	①	②	③	④	⑤
18	①	②	③	④	⑤	38	①	②	③	④	⑤	58	①	②	③	④	⑤
19	①	②	③	④	⑤	39	①	②	③	④	⑤	59	①	②	③	④	⑤
20	①	②	③	④	⑤	40	①	②	③	④	⑤	60	①	②	③	④	⑤

※ 본 답안카드는 마킹연습용 모의 답안카드입니다.

〈절취선〉

NH농협은행 5급 필기전형 OMR 답안카드

성 명

지원 분야

문제지 형별기재란	
(　　)형	Ⓐ Ⓑ

수 험 번 호						
⓪	⓪	⓪	⓪	⓪	⓪	⓪
①	①	①	①	①	①	①
②	②	②	②	②	②	②
③	③	③	③	③	③	③
④	④	④	④	④	④	④
⑤	⑤	⑤	⑤	⑤	⑤	⑤
⑥	⑥	⑥	⑥	⑥	⑥	⑥
⑦	⑦	⑦	⑦	⑦	⑦	⑦
⑧	⑧	⑧	⑧	⑧	⑧	⑧
⑨	⑨	⑨	⑨	⑨	⑨	⑨

감독위원 확인
ⓘ인

1	①	②	③	④	⑤	21	①	②	③	④	⑤	41	①	②	③	④	⑤
2	①	②	③	④	⑤	22	①	②	③	④	⑤	42	①	②	③	④	⑤
3	①	②	③	④	⑤	23	①	②	③	④	⑤	43	①	②	③	④	⑤
4	①	②	③	④	⑤	24	①	②	③	④	⑤	44	①	②	③	④	⑤
5	①	②	③	④	⑤	25	①	②	③	④	⑤	45	①	②	③	④	⑤
6	①	②	③	④	⑤	26	①	②	③	④	⑤	46	①	②	③	④	⑤
7	①	②	③	④	⑤	27	①	②	③	④	⑤	47	①	②	③	④	⑤
8	①	②	③	④	⑤	28	①	②	③	④	⑤	48	①	②	③	④	⑤
9	①	②	③	④	⑤	29	①	②	③	④	⑤	49	①	②	③	④	⑤
10	①	②	③	④	⑤	30	①	②	③	④	⑤	50	①	②	③	④	⑤
11	①	②	③	④	⑤	31	①	②	③	④	⑤	51	①	②	③	④	⑤
12	①	②	③	④	⑤	32	①	②	③	④	⑤	52	①	②	③	④	⑤
13	①	②	③	④	⑤	33	①	②	③	④	⑤	53	①	②	③	④	⑤
14	①	②	③	④	⑤	34	①	②	③	④	⑤	54	①	②	③	④	⑤
15	①	②	③	④	⑤	35	①	②	③	④	⑤	55	①	②	③	④	⑤
16	①	②	③	④	⑤	36	①	②	③	④	⑤	56	①	②	③	④	⑤
17	①	②	③	④	⑤	37	①	②	③	④	⑤	57	①	②	③	④	⑤
18	①	②	③	④	⑤	38	①	②	③	④	⑤	58	①	②	③	④	⑤
19	①	②	③	④	⑤	39	①	②	③	④	⑤	59	①	②	③	④	⑤
20	①	②	③	④	⑤	40	①	②	③	④	⑤	60	①	②	③	④	⑤

※ 본 답안카드는 마킹연습용 모의 답안카드입니다.

NH농협은행 5급 필기전형 OMR 답안카드

성 명

지원 분야

문제지 형별기재란	
(　　　)형	Ⓐ Ⓑ

수 험 번 호						
⓪	⓪	⓪	⓪	⓪	⓪	⓪
①	①	①	①	①	①	①
②	②	②	②	②	②	②
③	③	③	③	③	③	③
④	④	④	④	④	④	④
⑤	⑤	⑤	⑤	⑤	⑤	⑤
⑥	⑥	⑥	⑥	⑥	⑥	⑥
⑦	⑦	⑦	⑦	⑦	⑦	⑦
⑧	⑧	⑧	⑧	⑧	⑧	⑧
⑨	⑨	⑨	⑨	⑨	⑨	⑨

감독위원 확인
ⓘ인

1	① ② ③ ④ ⑤	21	① ② ③ ④ ⑤	41	① ② ③ ④ ⑤
2	① ② ③ ④ ⑤	22	① ② ③ ④ ⑤	42	① ② ③ ④ ⑤
3	① ② ③ ④ ⑤	23	① ② ③ ④ ⑤	43	① ② ③ ④ ⑤
4	① ② ③ ④ ⑤	24	① ② ③ ④ ⑤	44	① ② ③ ④ ⑤
5	① ② ③ ④ ⑤	25	① ② ③ ④ ⑤	45	① ② ③ ④ ⑤
6	① ② ③ ④ ⑤	26	① ② ③ ④ ⑤	46	① ② ③ ④ ⑤
7	① ② ③ ④ ⑤	27	① ② ③ ④ ⑤	47	① ② ③ ④ ⑤
8	① ② ③ ④ ⑤	28	① ② ③ ④ ⑤	48	① ② ③ ④ ⑤
9	① ② ③ ④ ⑤	29	① ② ③ ④ ⑤	49	① ② ③ ④ ⑤
10	① ② ③ ④ ⑤	30	① ② ③ ④ ⑤	50	① ② ③ ④ ⑤
11	① ② ③ ④ ⑤	31	① ② ③ ④ ⑤	51	① ② ③ ④ ⑤
12	① ② ③ ④ ⑤	32	① ② ③ ④ ⑤	52	① ② ③ ④ ⑤
13	① ② ③ ④ ⑤	33	① ② ③ ④ ⑤	53	① ② ③ ④ ⑤
14	① ② ③ ④ ⑤	34	① ② ③ ④ ⑤	54	① ② ③ ④ ⑤
15	① ② ③ ④ ⑤	35	① ② ③ ④ ⑤	55	① ② ③ ④ ⑤
16	① ② ③ ④ ⑤	36	① ② ③ ④ ⑤	56	① ② ③ ④ ⑤
17	① ② ③ ④ ⑤	37	① ② ③ ④ ⑤	57	① ② ③ ④ ⑤
18	① ② ③ ④ ⑤	38	① ② ③ ④ ⑤	58	① ② ③ ④ ⑤
19	① ② ③ ④ ⑤	39	① ② ③ ④ ⑤	59	① ② ③ ④ ⑤
20	① ② ③ ④ ⑤	40	① ② ③ ④ ⑤	60	① ② ③ ④ ⑤

※ 본 답안카드는 마킹연습용 모의 답안카드입니다.

〈절취선〉

NH농협은행 5급 필기전형 OMR 답안카드

성 명

지원 분야

문제지 형별기재란	
( )형	Ⓐ Ⓑ

수 험 번 호						
⓪	⓪	⓪	⓪	⓪	⓪	⓪
①	①	①	①	①	①	①
②	②	②	②	②	②	②
③	③	③	③	③	③	③
④	④	④	④	④	④	④
⑤	⑤	⑤	⑤	⑤	⑤	⑤
⑥	⑥	⑥	⑥	⑥	⑥	⑥
⑦	⑦	⑦	⑦	⑦	⑦	⑦
⑧	⑧	⑧	⑧	⑧	⑧	⑧
⑨	⑨	⑨	⑨	⑨	⑨	⑨

감독위원 확인
ⓘ인

1	① ② ③ ④ ⑤	21	① ② ③ ④ ⑤	41	① ② ③ ④ ⑤
2	① ② ③ ④ ⑤	22	① ② ③ ④ ⑤	42	① ② ③ ④ ⑤
3	① ② ③ ④ ⑤	23	① ② ③ ④ ⑤	43	① ② ③ ④ ⑤
4	① ② ③ ④ ⑤	24	① ② ③ ④ ⑤	44	① ② ③ ④ ⑤
5	① ② ③ ④ ⑤	25	① ② ③ ④ ⑤	45	① ② ③ ④ ⑤
6	① ② ③ ④ ⑤	26	① ② ③ ④ ⑤	46	① ② ③ ④ ⑤
7	① ② ③ ④ ⑤	27	① ② ③ ④ ⑤	47	① ② ③ ④ ⑤
8	① ② ③ ④ ⑤	28	① ② ③ ④ ⑤	48	① ② ③ ④ ⑤
9	① ② ③ ④ ⑤	29	① ② ③ ④ ⑤	49	① ② ③ ④ ⑤
10	① ② ③ ④ ⑤	30	① ② ③ ④ ⑤	50	① ② ③ ④ ⑤
11	① ② ③ ④ ⑤	31	① ② ③ ④ ⑤	51	① ② ③ ④ ⑤
12	① ② ③ ④ ⑤	32	① ② ③ ④ ⑤	52	① ② ③ ④ ⑤
13	① ② ③ ④ ⑤	33	① ② ③ ④ ⑤	53	① ② ③ ④ ⑤
14	① ② ③ ④ ⑤	34	① ② ③ ④ ⑤	54	① ② ③ ④ ⑤
15	① ② ③ ④ ⑤	35	① ② ③ ④ ⑤	55	① ② ③ ④ ⑤
16	① ② ③ ④ ⑤	36	① ② ③ ④ ⑤	56	① ② ③ ④ ⑤
17	① ② ③ ④ ⑤	37	① ② ③ ④ ⑤	57	① ② ③ ④ ⑤
18	① ② ③ ④ ⑤	38	① ② ③ ④ ⑤	58	① ② ③ ④ ⑤
19	① ② ③ ④ ⑤	39	① ② ③ ④ ⑤	59	① ② ③ ④ ⑤
20	① ② ③ ④ ⑤	40	① ② ③ ④ ⑤	60	① ② ③ ④ ⑤

※ 본 답안카드는 마킹연습용 모의 답안카드입니다.

2025 최신판 시대에듀 NH농협은행 5급 필기전형
최신기출유형 + 모의고사 6회 + 무료NCS특강

개정14판1쇄 발행	2025년 05월 20일 (인쇄 2025년 04월 23일)
초 판 발 행	2011년 10월 20일 (인쇄 2011년 09월 22일)
발 행 인	박영일
책 임 편 집	이해욱
편 저	SDC(Sidae Data Center)
편 집 진 행	안희선 · 한성윤
표지디자인	김지수
편집디자인	유가영 · 장성복
발 행 처	(주)시대고시기획
출 판 등 록	제10-1521호
주 소	서울시 마포구 큰우물로 75 [도화동 538 성지 B/D] 9F
전 화	1600-3600
팩 스	02-701-8823
홈 페 이 지	www.sdedu.co.kr

I S B N	979-11-383-9237-2 (13320)
정 가	26,000원

NH농협은행 5급

정답 및 해설